KB241249

문학 ✿ 역사 ✿ 사회

문학 · 역사 · 사회

2001년 11월 20일 인쇄
2001년 11월 30일 발행

편 · 저자 • 이상섭 외 20인
발행 • 김진수

발행처 • 한국문화사
등록번호 • 2-1276호
주소 • 서울시 성동구 성수1가2동 13-156 2F 133-112
전화 • 464-7708, 3409-4488
팩스 • 499-0846
홈페이지 • www.hankookmunhwasa.co.kr
e-mail • hkm77@korea.com
값14,000원

ⓒ 한국문화사, 2001
잘못된 책은 교환해드립니다.

ISBN 89-7735-875-2 93300

문학 ❀ 역사 ❀ 사회

이상섭 편

한국문화사

머리말

『문학, 역사, 사회』—여기 흔한 제목의 책이 또 한 권 나오고 있다. 그러나 내용을 대강 훑어만 보아도 예사로운 책이 아님을 곧 알 수 있을 것이다. 글쓴이들은 모두 영문학자들로서 오늘날 성가 높은 여러 문학 이론에 비추어 과거로부터 현재의 이르기까지의 문학 텍스트들을 능숙하게 다루고 문학의 기본 문제들을 깊이 성찰하고 있다. 나이를 가장 많이 먹은 나만 빼고는, 아마 이렇게 우수한 영문학자들이 한 자리에 모인 적이 없을 것이다.

이들 젊은 학자들과 대학에서, 또는 학회 활동에서 사귈 수 있었던 나는 대단한 행운아이다. 나는 1962년부터, 그러니까 40년 동안 한 대학에서 가르치고 한국영어영문학회를 통하여 학술 활동을 하는 동안 참으로 많은 친구들을 사귀었는데, 좀 기이하게도 학문적으로 내가 가장 친근하게 여기는 이들은 이처럼 나보다 한참 젊은 분들이다.

앞으로 강단을 떠나 나 나름으로는 학문을 손에서 아주 놓지는 않을 터이지만 젊은 학자들이 활동하는 마당에 스스럼없이 뛰어들 기운이 크게 모자람을 솔직히 털어놓는다.

글은 대체로 주제에 따라 역사적 차례로 실었고 현대 이론에 관한 것은 특별한 순서가 없다.

이 책에 들어 있는 여러 글이 한국의 문학 문화의 수준을 크게 높이리라 믿어 의심치 않는다. 글쓴이들에게 감사하며 편집의 일을 맡아 수고한 이경덕, 고부응 선생에게 고마움을 전한다.

2001. 11
이 상 섭

차례

19세기 문학과 사상

현대문학 이론

이상섭

'테크네'와 '미메시스'

아리스토텔레스가 시를 그림, 조각, 음악, 춤과 한데 아울러 생각한 것은 천 수백 년 후에 발전한 이른바 '예술'(art)의 개념을 처음 보여준 것으로 간주된다. 이들 예술들이 공통적으로 가지는 성질을 우리는 '미'(beauty)라고 하며 따라서 미에 대한 규명은 그들 여러 예술들의 본질을 설명하는 것이 된다. 그것이 '미학'(aesthetics)이다. 그런데 우리는 『시학』을 바로 알기 위해서는 근대에 유럽 사람들이 발전시킨 이 관점에서 벗어나야 한다. 아리스토텔레스는 이른바 미학에 관심을 가졌던 것이 아니며 그런 활동들의 공통점이 미에 있다고 보지도 않았다.[1] 그가 그들을 한데 아울러 거론한 것은 그들이 모두 '모방'(mimesis)의 기술의 산물이라고 보았기 때문이다. 따라서 그것들은 천재적 개인들이 놀랍게 발휘하는 '예술'들이 아니라 '모방의 기술'(techne)들이었다. 이 '테크네'라는 헬라 용어를 로마 사람들은 '아르스'(ars)로 번역하여 썼는데 (그래서 후세 사람들은 호라티우스의 시론의 명칭을

---

[1] 1894에 초판이 출판된 이래 1950년대까지 막강한 영향력을 행사한 새무엘 부처Samuel Butcher의 『시학』 번역 및 해설서의 제호는 *Aristotle's Theory of Poetry and Fine Art* 였다. 제호로만 보아서는 이 책은 아리스토텔레스의 예술론을 다루는 책이고 『시의 기술에 관하여』의 번역 해설서라는 인상을 주지 않는다. 낭만주의는 시를 결코 기술의 측면에서 다루려고 하지 않았다. 이 책은 『시학』을 관념적 미학 사상을 다룬 고전으로 해석하고 있다.

『아르스 포에티카』(Ars poetica) 즉 『시의 기술』이라 했다. 본래는 '피소 부자에게 보내는 운문 편지'였다.) 기이하게도 19세기 초에 유럽인들은 바로 이 '아르스'를 '아트' 즉 '예술'이라는 신비로운 천재의 능력으로 뜻을 확 바꾸어 쓰기 시작했던 것이다. 그러나 '아르스'의 동의어인 '테크네'는 그런 변용을 겪지 못한 채 오늘날에도 '테크닉'(technique), '테크놀로지'(technology) 같은 '기교', '기법', '공학 기술'을 뜻하는 말 속에 살아남아서 본래의 뜻을 그대로 지니고 있다. 그런 기이한 경로로 해서 기술과 예술은 서로 정반대의 뜻을 가진 두 용어로 정착된 느낌이 있다. 그러나 『시학』은 결코 근대적 의미의 '예술론'이 아니었다.2)

시의 기술적 측면을 다룸에 있어 아리스토텔레스가 미메시스라는 말을 사용한 것은 의미가 깊다. 시와 시의 대상이 되는 사물과의 관계를 미메시스, 즉 모방의 차원에서 보았다는 말이다. 시를 미메시스의 관점에서 보는 것은 아리스토텔레스의 독창은 아니고 헬라의 꽤 오랜 전통이었다. 일찍이 기원전 7세기의 헬라 시인 헤시오도스(Hesiodos)의 시에서 '우리는 진실과 닮은 온갖 거짓을 말하는 법을 알도다. 그러나 또한 마음만 먹으면 진실을 말하는 법도 알도다'고 제우스의 딸들인 시신들이 말하는 장면을 그렸다. 또한 '그들이 내 속에 거룩한 노래를 숨쉬어 넣어주어 나로 하여금 과거와 미래를 말하게 했다'3)고 했다. '진실을 닮은 거짓을 말하는 법'이야말로 오늘의 '허구'(fiction)를 뜻하는 말로서 헬라 사람들은 일찍부터 시를 그 허구적 성격에서 바라본 듯한데 (이는 동양의 사상에서 찾아보기 힘든 관점이다.)

---

2) 19세기 유럽에서 문학 이론, 문예 미학, 심미주의 사상이 새로운 영역으로 대두하면서 『시학』은 철학의 기반을 벗어난 독자적 문학론의 바이블로 간주되는 경향이 있었다. 즉 문학은 철학이나 과학의 기준과는 관계없는 별도의 독자적 기준을 가지고 있다는 주장을 아리스토텔레스 자신이 했다고 믿어왔다. 하기는 그는 "시에 대한 시비의 기준은 정치학 등의 학술이나 기술의 기준들과 같지 않다"고 『시학』에서 분명히 말했다. 그러나 이 말의 진의를 그의 철학의 기본 문맥에서 분리하여 확대 해석하는 것은 재고해야 한다. 이 관점은 아직도 상당히 널리 유포되어 있지만 오늘의 시점에서 볼 때 『시학』의 저자가 본격 철학의 조상이라는 사실을 너무도 쉽게 간과한 것이라 오히려 허탈감마저 줄 지경이다.

3) 테오고니아 *Theogonia* 27-28, 33-34. W.K. Wimsatt, Jr. & C. Brooks, *Literary Criticism, a Short History* (1965), 9쪽에서 재인용.

바로 이러한 관념에서 미메시스의 개념이 생겨난 것이라 할 수 있다. (위의 인용구에서 뒷부분은 시의 영감설을 뒷받침하는 말이다.) 플라톤은 시의 그 거짓말스러움을 빌미로 잡아 시를 공격했다.

플라톤은 미메시스가 단지 사실 또는 실재에 기생하는 무가치 내지 유해한 것에 불과하다고 보았다. 소크라테스는 플라톤의 형 글라우콘과 다음과 같은 대화를 나누면서 미메시스의 무가치함을 설파한다.

"이 대단한 존재는 가구뿐 아니라 땅에 자라는 만물을 만들고 모든 생물을 지으며 자기 자신을 포함하여 땅과 하늘과 신들과 저 위의 하늘에 있는 것, 땅 아래 하데스에 있는 것까지 모두 만든다오."

"신기하네요. 진짜 만물 박사시군요…,"

"쉬운 일이오. 어니서든지 또 아주 빠르게 기술적으로 만들 수 있소. 거울을 들고 사방으로 비추고 다니면 아주 빨리 만들 수 있다는 말이오. 그렇게 하면 태양도 만들 수 있고 하늘에 있는 모든 것도 만들며 당장에 땅덩이도 만들 수 있고 당신 자신과 짐승과 가구와 식물과 기타 모든 것도 만들 수 있소."

"아, 물론. 겉모양 말이군요. 하지만 그런 것들은 정말로 존재하는 것들은 아니오."

"잘 맞췄소. 우리의 논의에 필요한 게 바로 그거요! 화가가 그런 장인 중의 하나요. 안 그렇소?"

바로 이 관점에서 문학이 사실에 대한 '거울'이라는 서양의 사실주의 문학관이 생겨난 것이다. 셰익스피어가 햄릿의 입을 통하여 '시는 마치 자연에 거울을 들이대는 것'(to hold, as 'twere, the mirror up to nature. 3막 2장 23행)이라는 말을 한 것도 그 문맥에서이다. 화가는 만물을 '만드는' 사람인데 그것은 만물의 겉모양을 거울에 비쳐 보이듯 흉내낼 뿐이고 '정말로 존재하는 것' 즉 실재 자체를 만드는 일과는 전혀 관계가 없다. 그것은 신만이 할 수 있는 일이며 그에 대한 설명은 이성적인 철학자만이 할 수 있다. 그만큼 화가의 흉내는 오로지 사람의 감각에만 호소하는 것으로, 무가치하다. 그러나 위의 글라우콘의 첫 반응처럼 사람들은 만물을 그렇게 만든다는 장인을 신, 또는 신기한 만물박사로 여길 수 있으니 사람을 속이는 해악이 되는 것이다.

이처럼 플라톤은 사물이 아닌 그림을 만드는 일을 사물을 거울로 비쳐 그림자를 만드는 일로 폄하하려는 의도에서 그림과 시를 자주 한데 아울러 거론했다. 시인이나 화가나 다 모방의 손재간을 익힌 '장인'들, 심하게 말하면 '쟁이'들이었다. 단순한 손재간이 아닌 '기술'이란 실제적으로 어떤 일을 하는 기능과 그 일에 대한 체계적 지식을 뜻한다. 특정한 지식이므로 가르치고 배울 수 있고 기능이므로 거듭되는 경험에 의하여 익힐 수 있는 것이다. 그런데 플라톤은 시적 모방의 '쟁이'가 기능은 가지고 있을지 모르나 (그것조차 의심쩍게 보았지만) '지식'은 가지고 있지 못하므로 남에게 자기 일거리를 논리적으로 설명할 수도, 배워줄 수도 없다고 했다. 그게 『이온』의 요지이다. 그는 비아냥거리는 말투로 시인은 자기가 다루는 여러 주제에 대한 합리적 지식에 근거하는 것이 아니라 정체불명의 신이 넣어 준 '영감'이란 것의 힘으로 자기가 전혀 알지도 못하는 소리를 지껄일 뿐이라고 했다. 시인은 신의 꼭두각시일 뿐이다. 그는 『국가론』에서는 이렇게 노골적인 야유는 퍼붓지 않았지만 모방의 허위성과 해악을 그 나름의 물샐틈없는 이론으로 파헤친 것은 그런 야유보다 훨씬 더 가혹하다.

그러나 아리스토텔레스는 시를 미메시스로 보는 관점을 받아들이면서도 플라톤처럼 시를 무가치하고 해악적인 것으로 폄하하지는 않았다. 그는 기술이 전적으로 배워서 익힐 수 있는 것만이 아니고 사람의 타고난 재주나 성향, 요새말로 적성에 관계가 있는 것임을 인정하였다. 그래서 그는 시의 '영혼'인 플롯을 구성하는 재간은 타고 난 경우도 있고 남이 하는 것을 따라서 익힌 경우(즉 학습)도 있다고 했다. 또한 멋진 비유를 발견하는 능력은 배울 수 없는 타고난 재주라고 인정했다. 그러나 그는 당연히 개인이 타고나는 능력에 대하여서는 별로 할 말이 없었다. 개인의 놀라운 능력, 곧 천재성에 대해서는 오직 찬사와 탄복이 있을 뿐이다. 아니면 완전히 뒤집어서 플라톤 식의 경멸이 있을 뿐이다. 그것은 특수한 것이므로 보편적 지식의 대상이 될 수 없음은 자명하다. 어느 정도 기본 능력을 가진 사람이라면 공유할 수 지식을 체계화하는 것이 그의 관심사였다.

미메시스의 기술은 확실히 자연(우주 만물의 변화와 사람의 무자각한 일상)을 관찰하는 사람이 실천적 지능을 발휘할 때에 가능한 것이다. 결코 얼빠진 상태에서 무자각하게 벌이는 행태가 아니다. 시뿐 아니라 악기 연주, 노래, 춤, 그림, 조각을 모두 미메시스의 범주에 넣어 생각한 것은 이들이 공통적으로 '미'를 구현해서가 아니라 다 같이 미메시스 기술의 산물이라고 보았기 때문이다. 즉 합리적으로 설명이 가능하고 따라서 실천에 실질적 도움이 되는 지식에 근거한다고 본 것이다.

아리스토텔레스의 『윤리학』에 보면 '기술이란 진정한 이성 작용에 관련되는 만들기 능력이다. … 모든 기술은 사물의 생성과 관련된다. 다시 말하면 어떻게 사물이 생성될 수 있는지를 고안하고 생각하는 일에 관련되며, 그 근원은 사물 자체가 아니라 그 만드는 사람에게 있는 것이다. (1040a9)' 즉 기술은 자연적으로 생성되는 사물이 아니라 사람이 생각하여 만든 사물과 관련된다. 이는 기술이 객관적이고 이성적 기준에 의존한다는 말이다.

논리적으로는 기술과 지식(에피스테메episteme)은 물론 서로 구별되는 것으로 아리스토텔레스 자신도 그 구별을 강조하기도 하였으나 또한 실질적으로 동일한 것으로 다루기도 했다. 우리도 오늘날 공학과 기술을 구별하면서도 동일시하기도 한다. 그래서 둘을 합쳐 '과학기술'이라 한다. 즉 지식과 기술을 합쳐 부르는 것이다. 그럴 수 있을 만큼 둘은 실질적으로 겹치는 부분이 아주 많을 수 있는 것이다. 아리스토텔레스가 지식과 기술의 긴밀한 연결을 강조하는 이유는 기술이 순전한 '쟁이'의 습관적, 반복적 행위와는 다르다는 점을 역설하기 위함이었다고 생각된다. 이는 물론 시적 모방이 지식과는 전혀 관계가 없는 '쟁이'의 짓이라고 보려 한 플라톤에 대한 대답이었다. 역시 오늘날 기술자들은 스스로를 '공돌이' 아닌 '공학자'로 불리기를 원한다. 기술은 단지 버릇 같은 숙련의 결과가 아니라 학술적 연구의 결과라는 것이다.

아리스토텔레스는 기술의 사물 생성 능력이 자연의 필연적인 사물 생성 능력과는 전혀 다르다는 점을 강조했다. '기술은 필연적으로, 또는 자연에 따라 존재하든가 생성되는 사물들과는 상관이 없다. 이들은 그들 자체에 근원이 있다. 만들기와 행동은 서로 다르다. 기술은 만드는 일이지 행동이 아니다…. 그러므로 기술은 진정한 합리적 사고 과정을 내포하는 만들기에 관련된 것이며, 반대로 기술이 없다는 것은 그릇된 사고 과정을 내포하는 만들기에 관련된 것이다(1040a13-23).' 이처럼 기술은 자연의 필연적 생성과는 달리 사람이 합리적 사고 과정을 통하여 만드는 것을 뜻한다. 기술이 모자란다는 것은 합리적 지식이 모자란다는 것을 뜻한다.

우리는 흔히 '예술은 자연을 모방한다'는 말을 들으며 이 말이 고전 예술론의 진수가 된다고 믿는다. 실제로는 고전주의자뿐 아니라 낭만주의자도 그렇다고 확신했다. 그 두 상반된 주의에 뚜렷한 공통점이 있다면 바로 그 개념이다. 아리스토텔레스도 바로 그 점을 강조한 것으로 전해지고 있다. 실제로 그는 『물리학』에서 '테크네가 자연(physis)을 모방한다'고 했다.(194a21). 이를 '예술은 자연을 모방한다', 또는 '예술은 자연을 닮는다'고 옮기면 바로 후세의 고전주의자나 낭만주의자나 꼭 같이 금과옥조로 삼을 만한 문구가 된다. 그런데 여기서 '예술'이란 말을 '기술'로 바꾸어 놓으면 뜻이 기이하게 되기 시작한다. 게다가 '퓌시스'(physis)를 곧이곧대로 '물질'이나 '몸뚱이'로 옮겨 놓으면 더욱 괴상하게 된다. 라틴어의 '자연'(natura)은 헬라어의 '퓌시스'(physis)를 옮긴 말인데 아르스(ars)의 경우처럼 퓌시스와는 엄청나게 다른 신비로운 뜻까지 내포하게 되었다4). 그래서 'Art imitates nature'는 '기술은 물질을 모방한다'는 헬라 원문과는 거의 상관없는 굉장한 울림을 가지고 있다. (물론 헬라 사상에서 퓌시스란 말의 뜻은 단순한 물질 이상인 그야말로 '자연'을 뜻했다.) 이 유명한 문구는 실제로는 '기술이 자연의 작용 절차와 유사한 절차를 따른다'는 말이다. 그러므로 자연과 기술의 작용 양상을 보면 둘은 비슷한(analogous) 방식을 따름을 발견할 수 있다. 그런데 이는 이른바 모방 예술들만이 그렇다는 것이 아니라 모든 기술이 다 그렇다는 말이다.

---

4) 퓌시스의 '물질'이라는 뜻에서 '물리학'을 뜻하는 퓌시카physika, physics가 생겼고, 한편 '몸뚱이'라는 뜻에서 영어의 육체적physical이라는 말이 생겼으며 '약'을 뜻하는 physic이라는 말과 '의사'를 뜻하는 physician이라는 말이 생겼다. 퓌시스와 자연이 궁극적으로 같은 말이라는 사실을 어렵지만 이해해야 한다. 아리스토텔레스의 『물리학』 *Physika*라는 책은 실상 '자연론'이라고 옮겨야 옳다. 그의 저작들의 정리에서 바로 이 책을 건너 뛰어(meta) 놓인 책이라고 하여 『형이상학』*Metaphysika*이라고 부르는 책이 있는데 그 두 책은 하늘과 땅처럼 서로 상극적인 내용을 다룬 것이 아니라 인접하는 책들이라는 이해가 필요하다.

의학도, 조선술도, 약학도, 건축학도 마찬가지이다. 이들도 모두 '기술'이다.

그러므로 '테크네'를 '예술'로 옮기는 것은 분명히 잘못된 것이며 이는 예술을 특별 취급하는 듯하나 실은 모든 기술(인공적인 작업)들의 세계에서 고립, 소외시키는 짓이기도 하다. 기술은 자연의 작용을 다만 닮지만 않고 경우에 따라서는 자연의 일을 완성할 수도 있고 또는 자연의 결함을 보충할 수도 있다. 바로 이 점이 중요하다. 자연의 일을 완성하기 위해서는 자연의 일이 무엇인지를, 즉 자연의 본질이 무엇인지를 알아야 하며, 그 결함을 보충하기 위해서도 완전한 자연이 무엇인지, 즉 자연의 본질을 알아야 한다. 기술은 그러한 지식이 필요하다. 한 마디로 기술과 자연은 한 가지 목적을 지향한다고 할 수 있다. 둘 다 어떤 목적을 향하여 작용하는 것이다. 자연의 본성은 그처럼 어떤 목적을 향하여 작용하는 것이다. (그러나 플라톤은 그러한 변화와 생성이 벌어지는 세계를 진리의 세계로 보지 않았다.) 이런 점에서 기술이 자연을 '모방'한다고 하는 것이다. 넓게 보면 사람과 더불어 사람의 행위의 하나인 테크네도 '자연'에 속한다. 그러므로 기술에 대한 설명은 반드시 자연에 대한 설명을 수반하든가 암시하게 된다. 아리스토텔레스 철학에서 가장 중요한 것이 바로 '목적론'(teleology)이라는 사실을 상기할 필요가 있다. 좀더 철학적으로 말하자면 테크네가 모델로 삼는 것은 질료(material) 속에서 형식(form)의 실현을 지향하는 자연이다. 그러므로 자연 자체가 아닌 어떤 한정된 작은 사물을 질료로 삼을 때 그것에 관련된 테크네는 그 질료가 본질적으로 내포하고 있는 목적이 실현되도록 적절한 형식을 마련해 주는 일을 한다. 모든 질료는 각각 독특한 형식에 의하여 목적을 성취하도록 되어 있는 것이 보편적 법칙, 곧 자연의 법칙인 것이다.

다른 모든 부면의 기술자들처럼 시인은 나름대로 자기에게 주어진 질료의 목적을 알아보고 적절한 형식을 통하여 그것을 실현하는 일을 한다. 즉 그는 나름대로 자연을 '모방'한다. 이런 일을 해내는 '장인'이 과연 플라톤이 경멸하여 마지않은 '흉내쟁이'와 같다고 할 수 있는가? 그는 확실히 무엇을 만드는 장인(시인을 뜻하는 '포에타'(poeta)는 만들다(poiein)는 말에서 온 것이다)이되 단순한 화가보다는 윗길이며 침대 목수보다도 윗길이며 옛 사실을 있는 그대로 전하는 역사 이야기꾼보다도 윗길이며 철학자는 못 되어도 상당히 철학적이므로 철학적으로 다룰 만한 가치가 있다. 철학적으로 다룰 만하다는 말은 지적인 토론을 할 만하다는 말이다. 우리가 잊지 말아야 하는 사실은 시인 즉 모방 기술자가 만드는 것은 구체적인 사물이 아니라 사람의 행동의 재현, 곧 플롯인 것이다. 이 '생산품'은 정신으로만 파악될 수 있는 '물건'이다. 즉 사람의 정신이 알아보고 정신의 어떤 필요에 쓸 물건인 만큼 사람의 보편적 인지 내지 지식과 관계가 있게 만든 것이다.

그런데 피리를 잘 부는 기술과 구두를 잘 만드는 기술은 다 같이 기술이기는 하되 분명히 구별되는 데가 있다. 구두 제작 기술은 실용적 기술이다. 피리 연주 기술은 무슨 기술인가? 이를 후세 사람들이 '예술'이라 하여 제화 기술과 같이 돈벌이가 목적인 기술과는 달리 아름다움을 구현하는 고상한 행위로 높였지만, 아리스토텔레스는 상식적으로 '즐거움'을 주기 위한 기술이라고 했다. 모방의 기술은 모두 즐거움을 주는 것을 목적으로 한다. 실제에 있어 둘은 천양지판도 아니다. 좋은 구두가 인생의 행복에 도움이 되듯 피리 음악이 주는 즐거움도 인생의 행복에 큰 도움이 되므로 실용적 기술과 즐거움의 기술은 결국 사람의 행복을 목적으로 하고 있으니 같은 일을 하는 기술들인 것이다. 다만 둘은 일상 생활의 필요에 부응하는 기술과 생활의 필요가 충족된 후에 즐거움을 주는 기술이라는 차이가 있다. 그래서 즐거움을 주는 기술이 생활의 여유와 관계가 있으므로 더 기림을 받는다고 아리스토텔레스는 말했다.[5] 그러나 실용성이나 즐거움과 같은, 실질적 목적이 없는 순수한 지식, 예컨대 수학은 가장 높은 지혜에 관련된다고 했다. 최고의 지혜는 특수한 즐거움을 줄 것이다. 그는 인생의 목적은 즐거움─행복─이라고 했다.

아리스토텔레스는 즐거움이란 사람이 자기의 능력이나 지식을 본래의 목적대로 사용하는 경우에 경험되는 것이라고 하였다. 즉 즐거움은 자연의 잠재력을 실현하는 데서 주어지는 것으로서, 그러한 실현을 위한 행동이 어떤 종류의 것이냐에 따라 즐거움의 종류도 구별된다. 그는『시학』에서 시가 주는 즐거움의 여러 종류를 언급했다.

---

5)『형이상학』1권 1장. 981b17-19.

첫째로 4장에서 그는 일반적으로 모방의 작품이 주는 즐거움을 말했다. 그 자체로서는 무섭고 끔찍하고 혐오스러운 사물일지라도 그것의 미메시스는 즐겁다는 것이다. 이 즐거움은 지적 이해 즉 일종의 학습을 수반하는 경험이다. 무서운 실제의 경험은 괴로운 것이나 그러한 실제에 대한 미메시스는 지식, 인지, 깨달음을 주며, 이러한 인지의 경험은 즐거운 일이다. 미메시스는 당장의 실제적 두려움을 제거한다. 도깨비는 무섭지만 도깨비 이야기는 그 나름의 논리에 따라 전개시킨 경우 도깨비의 모습, 성격, 행동 방식 따위를 배우든가 알아보든가 깨닫는 즐거움을 준다. 이는 물론 근대적 미학 사상에서 말하는 예술의 미가 주는 '절대적 쾌감'과는 관련이 없는 관점이다.6)

둘째로, 역시 4장에서 말하고 있는 바와 같이 미메시스의 기술이 주는 즐거움이다. 바로 위에서 언급한 바와 같이 도깨비 이야기는 언제라도 즐거운 것이 아니라 '그 나름의 논리'에 맞아야 즐겁다. 같은 이야기라도 더 잘 한 이야기가 있다. 이것이야말로 '기술'이 주는 즐거움이다. 그런데 이러한 기술의 즐거움을 맛보려면 비슷한 작품을 상당히 많이 경험하였어야 할 것이다. 넓게 말하여 예술 작품에 대한 교양 또는 문화가 필요하다. 그러나 이 역시 오늘날의 미학에서 말하는 '기법' 또는 '형식'의 절대적 중요성과는 다르다.

셋째로 시의 경우에는 '귓맛이 좋은' 언어의 즐거움이 있다. 언어의 리듬, 가락, 소리가 주는 즐거움은 남녀노소 누구나 경험할 수 있다. 아리스토텔레스는 오늘날의 이론과는 달리 그런 소리의 요소들을 시의 본질적 요소들로 보지 않고 다만 '장식' 또는 '치장'이라고, 즉 본질에 첨가된 것들이라고 했다. 그에게 있어 시는 행동의 모방이고 언어 자체의 기술이 아니었다. 시는

---

6) 『시학』이 내용을 고려하지 않고 순전한 형식적 미와 윤리와 관계가 없는 미적 쾌감의 효과를 추구하는 근대적 심미주의 내지 형식주의의 효시가 된다는 뜻으로 해석해서는 안 된다. 아리스토텔레스는 형식이 내용과 간단히 분리될 수 있다는 소리를 그의 철학 어디서도 한 일이 없다. 더욱이 시적 모방이 독특한 즐거움의 효과를 준다고 한 말을 왜곡하여 아리스토텔레스가 일종의 미적 쾌락주의를 승인했다고 하여서는 안 된다. 그는 윤리학에서 즐거움 또는 행복에 대한 심각한 논의를 폈는데 한번도 지적 인식과 감정을 분리하여 말한 적이 없다. 그는 비극과 서사시라는 모방의 기술을 경험하는 과정에서 얻게 되는 즐거움과 인지 또는 이해를 강조했다.

우선 희곡이나 서사시였지, 서정시가 아니었다. 서정시, 즉 노래는 불완전하든가 매우 지엽적인 시의 장르였다. 더욱이 그는 윤리학적인 견지에서 소리라는 감각의 즐거움을 고급한 종류의 즐거움으로 보지 않았다.

넷째로, 연극의 경우 무대의 온갖 시각적 장치들도 즐거움을 준다. 때로는 무대의 볼거리(무대 장치, 배우의 의상, 분장 등)가 대단한 정서적 효과를 낸다는 것을 아리스토텔레스는 인정했다. 그러나 그는 그것을 비극의 본질적 요소로 보지 않았다. 더욱이 내용은 별 것 아닌 것을 다만 굉장한 무대 볼거리로 꾸밀 수도 있으므로 그에서 오는 즐거움은 경계해야 할 것이라고 했다. 보는 즐거움은 역시 감각의 즐거움이므로 낮은 수준의 즐거움이다. 비극은 서사시처럼 읽어서 감상될 수도 있는 시이다. 오늘날 모든 예술을 '퍼포먼스'(performance), 즉 상연 또는 연출의 면에서 보는 경향이 있는데 아리스토텔레스의 비극관과는 거리가 매우 멀다.

다섯째로, 『시학』의 여러 곳에서 아리스토텔레스는 비극의 즐거움을 말했다. 그는 비극은 '미메시스를 통하여 연민과 두려움에서 생기는 즐거움'을 준다고, 비극에 관련된 특별한 두 정서를 지적했다. 연민과 두려움 자체는 일상적인 정서 생활에서는 괴로운 정서들이나 비극적 미메시스를 통하여 특유의 즐거움으로 변한다. 여기서 비극의 즐거움이 앞에서 말한 둘째의 즐거움의 일종임을 알 수 있다. 또한 비극의 즐거움은 희극의 즐거움과 종류가 다르다. 아리스토텔레스는 『윤리학』에서 사람의 활동에 따라 즐거움의 종류가 달라짐을 다음과 같이 말하고 있다.

종류가 다른 사물들은 서로 다른 사물들에 의하여 완성된다. 이 사실은 자연적 사물과 기술에 의한 사물들, 즉 동물, 나무, 그림, 조각, 집, 도구 따위를 보아 알 수 있다. 마찬가지로 종류가 다른 행동들은 서로 다른 사물들에 의하여 완성된다. 정신의 여러 활동은 감각의 활동들과 다르며 여러 활동들 자체도 서로 다르다. 마찬가지로 그런 활동들을 완성시키는 즐거움 역시 서로 종류가 다르다. 이 사실은 한 활동이 그 특유의 즐거움에 의하여 완성되므로 언제나 그 즐거움과 결부된다는 사실에서도 알 수 있다. 하나의 행동은 그 특유의 즐거움으로 강화된다. 활동을 즐겁게 수행하는 사람이 사물을 더 잘 판단하고 정확을 기할 수 있다. (10권 5장, 1175a24-33)

우리는 바로 이 점에 유의해야 한다. 비극은 그 나름의 특수한 즐거움이 있다는 것이다. 또한 모든 행동은 즐거움으로 완성되는 것이라는 생각, 즉 모든 행동의 목적은 즐거움이라고 하는 아리스토텔레스의 관점에 유의해야 한다. 비극 작가의 기술은 어떤 행동의 미메시스를 통하여 바로 그 특유한 즐거움을 성취하는 기술이다. 능숙한 비극적 기술 자체도 즐거움을 주는 것은 물론이다. 이는 위의 둘째 종류의 즐거움이다.

방금 언급한 바와 같이 비극의 즐거움이 감각적 즐거움이 아니라 앞의 첫째와 둘째 종류의 즐거움에 속하는 것이라면 이 즐거움은 인지, 이해, 지식의 경험과 결부된 즐거움일 수밖에 없다. 아리스토텔레스는 그의 『형이상학』을 "모든 사람은 본성적으로 알고자 하는 욕구를 가지고 있다(980a21)"는 말로 시작한다. 본성의 만족은 당연히 즐겁다. 비극은 다만 감정적인 효과뿐 아니라 그러한 알고자 하는 사람의 본성을 충족시켜 주므로 즐거운 것이다. 모방의 행위는 궁극적으로 알고자 하는 행위이며 그러한 욕구의 충족은 즐거움을 준다. 또는 거꾸로, 알고자 하는 욕구가 모방의 행위를 유발하며 그리하여 그 욕구가 충족되었을 때 즐거움을 얻는다. 스스로 모방하면서 즐거움을 얻을 뿐 아니라 남이 모방하는 것을 보고서도 즐거움을 얻을 수 있다. 둘 다 알고자 하는 욕구를 충족시키는 까닭이다. 이는 지적 요소를 완전히 제거하고자 한 일부 근대 예술관과는 반대되는 것임에도 불구하고 마치 아리스토텔레스가 그런 관점의 원천인 듯이 견강부회하는 일이 없지 않다.

그런데 모방의 대상이 무엇인지 모를 경우에도 그 모방의 기술에서 즐거움을 얻을 수 있다는 말은 오늘날의 미학적 관념에 훨씬 가까이 접근하는 것 같다. 예컨대 추상파의 미술 작품은 실질적으로 어떤 알아볼 만한 대상을 모방한 것이 아니고 단지 색채와 선에 의한 특수한 기술의 발휘이므로 이는 바로 그런 특수한 기술에 대한 인지적 능력을 발휘하게 해 준다. 즉 역시 인지적 욕구를 충족시킨다는 것이다. 이 관점은 미메시스의 가치가 외부에 존재하는 어떤 모델(대상)과의 닮음의 정도에 따라 정해진다는 단순한 모방론(또는 반영론)을 넘어서서 아리스토텔레스를 미학적 형식주의자처럼 보이게 한다. 그러나 분명한 것은 아리스토텔레스의 미메시스는 외부의 실재를 충실하게 흉내낸 것, 즉 정확한 거울의 영상은 아니다. 그가 역사를 낮추어 본 이유도 여기 있는 것이다. 그렇다고 해서 그를 근대적 의미의 절대적 형식주의자로 간주할 수 없다. 그는 형식을 통하여 '가능한' 또는 '개연적인' 실재(비록 가정적인 것이라도)를 알아볼 수 있다고 생각했다. 그래서 그것을 '모방'이라고 했던 것이다. 그리고 그것을 우리는 '허구'라고도 하는 것이다. 형식은 어디까지나 어떤 질료(내용)를 전제한다고 본 것이다. 현대 형식주의 미학에서는 형식의 절대성을 강조하여 어떠한 종류의 실재도 상정하지 않으며, 구상(모방적), 비구상(순수 형식)의 구별은 절대적이다. 이는 아리스토텔레스의 사상과는 전혀 관계가 없다.

여기서 새삼 '시는 역사보다 더 철학적이며 더 심각하다'는 너무나도 잘 알려진 그의 말을 음미하게 된다. 4장에서 아리스토텔레스는 어떤 대상을 그린 그림에서 그 대상을 '알아보아 생기는 즐거움'을 말하여 누구나 쉽게 이해할 수 있도록 그림의 예를 들었지만 여기 9장에서는 시적 미메시스가 주는 인식의 성질을 한층 더 높은 차원에서 설명하고 있다. 그는 그 앞에서 특히 플롯의 통일성이 '필연성'과 '개연성'에 의존함을 강조하였다. 이 두 성질은 사람의 행동 또는 사건들의 논리적, 인과적 관련성을 보장한다. 다시 말하면 보편성을 드러낸다. 바로 이 조건 때문에 시는 개별 사건들이 우연히 시간적으로 연속되는 역사와는 확실하게 구별된다. 그러므로 시, 또는 희곡에서 독자 또는 관객은 인간 행동의 보편성을 알아보게 된다. 보편성에 대한 인식이야말로 철학적 지식이며 이는 개별적 사실들을 알아보는 것보다 훨씬 심각하다. 단순히 어떤 그림이 무엇의 그림인지를 알아보는 것은 어떤 개별적 사실에 대한 묘사가 무슨 사실을 가리키는 묘사인지를 알아보는 것과 같은 차원의 '낮은' 인식에 불과하나, 여기서는 일련의 사건들의 필연적, 개연적 통일에 의하여 인간 행동의 보편성을 깨닫게 되어 심각한 철학적 인식에 도달한다는 것을 말하고 있다. 이처럼 아리스토텔레스는 시적 미메시스가 저급한 그림의 차원을 훨씬 뛰어넘는 것임을 밝힌다. (그러나 플라톤은 시적 모방과 그림을 같은 수준의 저급한 모방으로 매도했다.) 그리고 그러한 미메시스에서 얻는 즐거움은 바로 그러한 '철학적' 인지에서 오는 즐거움이다. 시적 모방의 목적은 그러한 종류의 즐거움이다. 그러나 분명히 아리스토텔레스의 시학은 순수 쾌감을 절대적 목표로 하는 근대적 미학과는 상관이 없다. 바로 이 때문에 그의 미메시스의 개념이 다분히 어려워진다.

이제 우리는 르네상스 시대를 거치면서 창안되고 낭만주의 시대에 극치에 도달했으며 모더니즘 시대에 기이하게 발전한 창조성, 또는 창작력은 아리스토텔레스의 미메시스와는 별로 상관이 없다는 것을 짐작할 수 있다. 헬라 철학은 전통적으로 사물의 원인을 탐구하는 것인데, 그들에게는 '없음으로부터의(ex nihilo) 창조'란 개념은 도대체 불가능했다. 이 개념은 중세에 기독교 신학에서 신의 절대적 능력에 관련하여 개발한 것임을 우리는 알고 있다. 모방 기술자, 즉 시인은 신처럼 절대적 창조를 하는 사람이 아니다.

플라톤은 『이온』에서 시인의 능력은 기술도, 지식도 아니고 엉뚱한 '영감'이라는 데서 오는 것이라는 말을 시험적으로 했고 『국가론』에서는 시의 기술이 극히 현혹적이나 매우 저급한 기술에 지나지 않는다고, 시인의 능력에 대하여 적어도 두 가지 서로 다른 이론으로 설명하려고 했다. 그러나 아리스토텔레스는 미메시스가 '기술', 다른 말로 하자면 방법적 지식의 하나라는 전제를 철저히 고수했다. 하나의 완전한 기술인 만큼 합리적인 활동이며 그 방법은 정확히 설명할 수 있는 성질의 것이다. 물론 앞에서 언급했듯, 시적 미메시스는 말의 사용을 필수로 하고 있고 말의 사용에는 정확히 설명할 수 없는 양상도 있음을 그는 인정했다. 그는 '비유의 발견은 타고난 재주에 의한다'(59a7)고 말했다. 플라톤은 이성적으로 설명할 수 없는 시의 성격에 대하여 영감론으로 덮어버리려고 했으나 아리스토텔레스는 영감론에 관심이 없었거나 찬성하지 않았다. 그는 『수사학』에서 거의 지나가는 말처럼 영감론을 언급한 일이 있다. 그는 웅변가 이소크라테스(Isocrates)의 멋진 문구를 인용하고서는 다음과 같이 논평하고 있다.

사람들은 열광의 상태에서 그런 말을 한다. 확실히 청중은 같은 상태에서 그런 말을 받아들인다. 그래서 그런 말이 시에도 적합한 것이다. 시는 영감 받은 물건인 까닭이다. (1408b17-19)

여기서 그가 시를 일러 '영감 받은 물건' 운운하는 말투가 다분히 반어적이라고 해석하는 사람도 있다. '이른바 영감 받았다는 물건'이라는 뜻이라는 것이다. 어쨌든 여기서 그가 말하는 시는 서정적 노래를 말하는 것이고 시적 모방의 전형인 희곡을 말하는 것이 아니라는 사실을 중요하게 보아야 한다. 그가 모방적 성격을 강조한 것은 그러한 '영감'에 의존한다는 열광적인 발언으로서의 시를 자기의 논의에서 멀리하고자 한 의도에서였다고 생각된다. 그는 말의 특수한 사용을 시적 미메시스와 직접 관련시키려 하지 않았던 것이다. 그는 서정시를 모방 예술의 본령에서 그 주변부로 밀어내고자 했다. 그는 말에 의한 정확한 묘사를 미메시스로 생각하지 않았다. 로마의 호라티우스가 '시는 그림과 같다'(ut pictura poesis) 『시의 기술』359행)고 한 말이 훨씬 후 르네상스 시대에 유럽에서 시가 여러 묘사적 기술에 의하여 일종의 그림을 그리는 것이라는 '회화주의'(pictorialism)로 발전하였지만 아리스토텔레스의 모방론은 그러한 회화주의와 전혀 관계가 없다.

그러므로 한 편의 비극이 성공적이라고 하면, 그것은 그 작가의 위대한 창조력이나 영감에 의한 것이 아니라 비극이라는 장르의 잠재적 성질을 최대한으로 실현한 까닭이라는 것이 아리스토텔레스의 관점이었다. 자연적 사물과 마찬가지로 사람의 문화적 산물도 모두 어떤 목적을 향하여 생성변화한다는 그의 기본 철학에 따라, 비극도 하나의 '자연'으로서 사람이 오랜 경험을 통하여 그것의 잠재적 성질을 차차 실현하는 방법을 알아내게 되어 마침내는 그것의 완성을 위한 '기술'을 합리적으로 설명할 수 있는 발전 단계에 이르렀다는 것이었다. 그래서 그는 『시학』제4장에서 비극 발전의 역사를 말했다. 즉 비극도 시작에서 끝에 이르는 자연 만물의 이치를 보여준다고 믿었다. 그는 헬라 비극의 아버지라는 테스피스(Thespis)에서 차차 완성을 향하여 발전한 비극이 소포클레스와 에우리피데스의 비극에서 그 완성을 보고 더 발전하지 않았다고 했다(4장, 1449a). 그러므로 『시학』은 테스피스 시대에는 쓸 수 없었을 것이다. 『시학』은 이처럼 비극 장르가 완성에 이르렀으므로 그 기술의 전모를 밝힐 수 있다는 관점에서 쓴 것이다. 역사적으로 보아도 헬라 특유의 비극은 에우리피데스로 그 역사를 다했다해도 과언이 아니다. 로마나 근세 유럽의 비극들은 헬라 비극의 계속적 발전의 단계들이 아니라 새로운 시작에서 나름대로의 종말에 이른 장르들이었다. 이러한 비극관에서 개인의 창조력이나 영감은 중요한 것이 아니다. 소포클레스의 기술은 비극이 본래 가지고 있는 속성을 찾아낸 것이지 스스로 창조하거나 갑자기 영감을 받은 것으로 생각되지 않았다. 그가 우수한 재능을 타고 난 사람이라는 것을 아리스토텔레스는 인정했다. 그러나 그가 '미쳐서' 또는 느닷없이 신의 '영감'을 받아서 그런 우수한 비극의 기술을 발휘한 것은 아니었다. 『시학』 17장에서 아리스토텔레스는 '편집광이 아니라 재능을 타고난 사람이 우수한 시 창작자가 된다. 이 두 부류의 사람 중 전자는 한 가지 감정에 휩쓸려버리나 후자는 자기 감정에 적절히 변화를 줄 수 있다.'(55a32-4)고 했는데 '편집광'이란 소위 영감을 받은 시인을 가리키는 아리스토텔레스의 비아냥거리는 말이다. 우수한 사람은 비극의 기술을 잘 터득한 사람이다. 22장에서도 비유를 설명하면서 '가장 중요한 것은 은유를 능숙하게 구사하는 일이다. 이것만은 타고난 능력의 표시이며 남에게서 절대로 배울 수 없는 것이다(59a6-7)'라고 했다. 시적 언어의 중요한 기술인 비유의 사용은 타고난 능력에 의한다는 것인데 이 역시 시인이나 수사학자의 타고난 우수한 능력을 말하는 것이다. 그러나 아리스토텔레스는 타고난 우수한 능력이 곧 '거룩한 영감'이라고 생각지 않았던 것이다. 타고난 능력이란 잘난 용모나 튼튼한 체격처럼 자연적인(natural) 능력의 하나다. (이 구절을 가지고 아리스토텔레스가 시는 '미친 상태'에서 짓는 것이라고 했다고 곡해한 역사가 꽤 길다. 영감설을 중시하던 르네상스로부터 낭만주의 시대까지 이어진 곡해였다.) 그것이 '자연적' 능력의 하나이므로 기술적으로 설명이 가능한 것은 물론이다. 즉 우수한 비극, 우수한 비유의 구성 원칙을 이성적으로 설명할 수 있다는 말이다. 바로 그 일을 아리스토텔레스가 하고 있는 것이다.

이러한 아리스토텔레스의 기본 입장이 근세에 왜곡되어 모든 예술은 분명히 처방할 수 있는 방법에 따라 만들어지는 것이라는 신고전주의의 극단적 입법적 예술관을 낳은 것도 사실이다. 이것은 호라티우스의 『시의 기술』을 아리스토텔레스의 『시학』을 보다 친근하게 풀이한 것으로 받아들이면서 빚은 오해였다. 신고전주의의 강령을 명쾌하게 표현한 영국 시인 폽(Pope)의 말대로 하자면 '고대의 예술 규칙들은 지어낸 것이 아니라 발견된 것이니…. 규칙은 곧 자연인 것'7)이라는 극단적 관점도 생겼던 것이다. 그러나

폽의 말을 3통일, 5막 극, 어울림 따위의 융통성이 없는 규칙을 뜻하는 것이 아니고 문학이라는 미메시스를 형성하기 위한 테크네를 뜻한다고 해석한다면 이는 바로 아리스토텔레스의 기본 관념에서 멀지 않다고 할 수 있다.[8]

7) Alexander Pope, "Essay on Criticism," 88-89행.
8) 이 글은 본인의 『아리스토텔레스의 '시학' 연구』(문학과지성, 근간)의 한 부분임을 밝힌다.

마리 드 프랑스의 『레이』: 위반과 환상의 여성시학

마리 드 프랑스(Marie de France)가 『레이(lais)』를 썼던 12세기 후반 (1170년경으로 추정)에 있어, 여성작가는 마리 이외에 아벨라르와의 연애편지를 남긴 엘로이즈, 소수의 여성 트로바도르 작가, 몇 명의 여성 명상가가 모두였다.[1] 12세기 프랑스의 문학장르를 살펴보면, 트로바도르 서정시가 11세기 이래로 계속 씌어졌고, 12세기 후반 크레띠엥 드 트롸에 의해 로만스 문학이 처음으로 생겨나고 있었다. 이런 배경에서, 마리의 『레이』가 다루는 소재들 중 가장 두드러지는 것으로 순수한 감정에 의한 결혼 바깥에서의 연애는 간통의 연애를 주로 하는 '궁정식 연애'에 부합한다는 해설을 일으키기도 하였다. 구체적으로 남프랑스에서 생겨나서 북쪽으로 옮겨온 트로바도르 서정시의 간통스런 연애가 『레이』에 도입되었다고 보는 견해도 있다. 마리의 신원에 관하여서는 알려진 바가 거의 없지만, 헨리 2세의 궁정(왕비

---

[1] 중세에서는 작가가 여성임이 분명히 밝혀지는 것만으로도 주목의 대상이 될 만하다. 앵글로색슨 문학 전체가 영국이 기독교화한 후 남성 성직자에 의해 문자화하였고, 「아내의 한탄」(The Wife's Lament)과 같은 짧은 시도 논란의 여지는 있지만, 남성에 의한 것으로 되어 있다. 트로바도르 서정시인 중에서 트로베리쯔(trobairitz)는 여성작가들로 보여지지만, 이들의 작품이 남성에 의해 검열되지는 않았는지, 남성작가가 단지 여성 퍼소나를 이용한 것인지가 논란거리이다. 15세기의 『마저리 켐프의 책』의 경우에도 자서전이라 하지만, 문맹이었을 가능성이 높은 마저리를 대신해 기록해 주었던 이들은 남자들이었다.

엘레너 오브 아퀴텐느Eleanor of Aquitaine과 그녀의 딸 마리 드 샹파뉴 Marie de Champagne)으로부터 후원을 받고 있었으므로, 마리의 궁정식 연애의 여성 글쓰기의 가능성이 짐작된다. 그러나, 『레이』의 연애가 궁정의 귀족스런 격식을 갖춘 연애방식과는 달리 남녀 사이의 순수한 감정에 의해 주도된다는 점에서, '궁정식 연애'에 위배되는 사랑의 방식을 지향한다는 의견이 오히려 설득력을 갖는다 (Donovan 147; Mickel, "Reconsideration" 41, 46). 사실상, 사랑의 이야기로서의 『레이』는 귀족의 연애를 다루는 로맨스보다 훨씬 더 일상적이고 구체적이다. 또한, 『레이』는 트로바도르 서정시처럼, 추상적 대상과의 때로는 간통스런 연애의 욕망에서 스스로에게 고통을 부과하는 마조히즘의 문학은 아니다. 마리의 레이에는 구체적 억압의 주체가 있고, 현실적 사랑의 대상이 분명히 존재한다. 그런 한편, 『레이』가 라틴 문화나 교부신학의 권위에서 벗어나 자국어로 씌어졌고 귀족계층의 연애와 모험을 주로 다룬다는 점에서는 로맨스 문학에 많이 접근해 있지만, 여성의 입장에서 여성의 욕망과 고통을 말하고 있으며 (Ferrante 95-97), 켈트 문화를 빌어 대중문화의 편에서 남성 귀족문화에 수정을 가하는 변두리 문학양태라는 점에서는 로맨스와 차이가 있다. 마리의 『레이』는 짧은 운문 로맨스라 불리기도 하지만, 로맨스와 차별이 있는 문학 영역을 확보하는, 새로운 귀족 여성계층의 글쓰기이다 (Nichols, "Anthropology" 88-89).

마리가 레이 글쓰기를 선택하여 시도하는 목적과 그 과정에서 드러나는 여성 글쓰기의 성격을 이해하는 일은 중요하다. 마리는 어떤 연유에서 레이를 택했으며, 레이는 다른 장르의 사랑과 모험의 이야기와는 어떻게 다른가? 『레이』의 주된 모티프가 되어 있는바, 기존 규율과 법률을 '위반'하는 인물들의 이야기를 통해서, 이 위반이 이루어지는 환상세계와 여성의 '위반'의 본질은 무엇인지도 토론해 볼 필요가 있다. 이 '위반'의 결과로서, 위반의 매개가 되는 목소리의 물상(物象)들이 고착화하고 침묵하게 되는 경우가 『레이』에서 자주 나타난다. 은밀한 위반을 부추기는 이 목소리의 존재는 무엇에 대한 저항이며, 그들이 침묵 당함은 단지 그것들의 부재로서 끝이 나는가, 아니면, 어떤 여운을 지니는 영속적인 상징물로서 남는가 하는 문제도 토론해 볼 흥미 있는 주제이다. 마리의 『레이』를 여운을 남기는 모호성과 유동의 글쓰기라 규정할 수 있다면, 『레이』가 남성글쓰기와의 관계에서 이루어내는 차별도 고찰해 볼 만하다. 마지막으로, 『레이』에 실린 열 두 편의 이야기들을 하나의 전체로 두고 보면, 『레이』에 등장하는 사건과 가치관의 전개가 보수와 혁신의 여러 갈래의 담론들이 교차하는 12세기의 역사적 시점에서 동떨어져 있지 않음을 알게 된다. 이 담론들의 그물망에서 『레이』의 '위반'은 어떤 위상을 지니는가 하는 문제도 조심스런 분석을 요하는 작업이다.

1. 주석으로서의 글쓰기

마리가 『레이』를 쓰게 된 동기는 무척 흥미로와, 끊임없는 주목을 받아 왔다. 마리는 「프롤로그」에서 다음과 같이 쓰고 있다. 여기에는 주석을 요구하는 고전문헌과 주석으로서의 동 시대문헌, 남성과 여성의 글쓰기의 차별, 구전문화와 문자문화 등에 대한 마리의 진지한 고찰이 제공되어 있다.

고대인들은 그들이 쓴 책에서 (프리시언Priscian이 이를 입증하고 있는데)[2] 그들 자신을 매우 모호하게 표현하였으므로, 그 책들을 배워야 하는 후세대 사람들이 그 텍스트에 주석을 제공하면서 그 글들의 의미에 마지막 가필(加筆; finishing touches)을 부여하는 것은 관습적인 일이었다. … 이 이유 때문에 나는 훌륭한 어떤 이야기에 작업하여, 라틴을 불어로 번역하는 일을 생각하기 시작했다. 그러나, 다른 이들이 이와 비슷한 작업에 종사해 왔기 때문에, 이 일은 가치가 적을 수도 있을 것이다. 그래서 나는 내가 들어 왔으므로 의심할 필요가 없는 노래(lay)들을 생각했다. 왜냐하면, 이 노래들은, 그것들을 처음으로 들었고, 들었던 모험이야기의 기억을 영속화하기 위해 유포시켰던 이들에 의해 지어졌다는 것을 나는 너무나 잘 알고 있기 때문이다. 나 자신 여러 개의 이야기들을 들어왔는데, 그

---

2) 프리시언은 6세기 문법학자이다. 그의 책 (*Institutio Grammatica*)은 흔히 귀족 자녀들의 교과서로 사용되었다고 하는데, 마리의 「프롤로그」도 이 책의 한 부분을 인용한다고 여겨진다. 프리시언은 이 책에서 라틴어 문법이 그리스 문법보다 덜 모호한 까닭은 후세대인 라틴어가 그리스어를 원용하고, 교정하고, 확장시켰기 때문이라고 한다 (Donovan 147에서 재인용).

이야기들을 간과하거나 소홀히 하기를 원치 않는다. 나는 그것들에 운율을 붙여 시로 만들며, 밤늦게까지 작업하였다.3)

마리는 옛 글들이 '모호하게' 씌어져, 후세가 이를 명쾌히 하기 위해 주석 붙이는 작업(glossing)을 하게끔 되어 있다고 말한다. 주석 붙이는 일은 새로운 해석을 가한다는 뜻과 통한다. 기존의 텍스트는 언제나 '결핍'의 존재이며, 주석달기는 여기에 의미를 부여하려는 욕망이다. 구전된 오랜 이야기를 문자화하는 마리의 작업도 옛 이야기에 새로운 의미를 부여하는 주석 붙이기에 해당한다고 할 수 있다. 「밀룅」(Milun)의 시작에서, 마리는 "새로운 이야기를 제공하길 의도하는 사람은 새로운 방식으로 문제에 접근하여야 한다"고 말한다. 마리는 또한 자신의 능력에의 자신감을 피력하면서, 자신의 재능을 썩히지 않겠다고 말하고 (「귀즈마르」Guigemar의 서문), 이 레이를 왕(헨리 2세)에게 바치는 주제넘음을 용서하시라고 말한다 (「프롤로그」). 이 구절은 성서의 '달란트의 비유'에 관계된 언급으로 해석될 수 있기도 하다. 새로운 '주석'을 보탠다는 말은 재능을 썩히지 않고 이용한다는 것이고, 이 것은 탈렌트를 이용하여 주어진 자본에 이득을 남긴다는 잘 알려진 성서의 비유와 유추적인 관계에 있을 수 있다. 여기서 마리는 주석을 붙이는 주해자로서 '신실한 하인'이면서, 새로운 텍스트를 후대에 남겨주는 자본가의 역할도 한다 (Fitz 참조). 또한, '증가하다, 보태다'를 뜻하는 "augare"가 권위(*auctoritas*)라는 라틴어 낱말과 어원적으로 연관되었음을 떠올리면, 원전에 붙이는 주석의 '보탬' 자체가 자기의 해석에 권위를 획득하는 방식으로 이해될 수 있다. 새로운 해석을 가하는 권위의 작업은 중세에서는 남성의 전유물이었고, 이러한 남성의 역할을 여성인 마리가 하려는 것이다. 이런 점에서, 고대로부터의 철학과 신학의 주해(註解) 방법을 마리가 답습하여, 남성위주의 문학과 신학 글쓰기 관행의 반열에 동참한다고 말할 수도 있다 (Spitzer 참조).

고대문화가 후세대에게 요구하는 작업, 즉 모호한 글에 주석을 붙임으로

---

3) 마리의 『레이』에서의 인용은 *The Lais of Marie de France*, trans., Glyn S. Burgess & Keith Busby (Harmondsworth: Penguin, 1986)에 의거함.

써 텍스트의 의미를 나름대로 종결시키는 "마무리 가필"을 마리는 여성의 신분으로 시도하려 한다. 그러나, 마리는 곧바로 이 작업, 즉 라틴원전을 프랑스어로 옮기는 일을 피하려 하는데, 이 일은 다른 이들이, 말하자면 남성들이 주로 하고 있다는 인식에서이다. 중세에서도 500~700년 경 이후 라틴어는 더 이상 사용되지 않은 죽은 언어여서, 문자로 읽히도록 되어버린 언어였음으로 (Ong 6), '라틴'이라는 명칭은 문서화된 텍스트로서 남성에게 독점되어 있었던 학문적 담론을 주로 지칭한다. 그래서 마리는 이러한 남성담론의 영역을 피해서, 떠도는 이야기의 영역인 브레통(Breton) 민담을 생생한 기억에 의존하여 글로 옮기겠다는 것이다.[4] 그리고, 마리는 "좋은 이야기거리가 있을 때, 이를 이야기할 기회를 부여받은 이는 자신의 재능을 썩히면 안 된다"면서, "마리의 이야기를 들어보시라"(「귀즈마르」의 서문」)라고 하는데, 『레이』의 여러 여성 인물들이 남편에 의해 감금당하여 대화를 나눌 상대조차 갖질 못하는 상황에 처해 있는 것처럼, 중세 때에 일반적으로 여성에게 가해진 침묵의 강요를 마리는 여기서 의식하고 있다고 말할 수 있다.[5] 여성작가로서의 당당함이 여기에 분명하다. 이런 선택과 결정의 과정은 여성작가로서의 마리가 학문의 남성담론영역에서 통속적인 현실 영역으로 옮겨가고 있는 모습을 보여준다. 구전되는 켈트 민담과 전설을 『레이』에 옮겨 보겠다는 이 글쓰기는 — 사실은 이 민담들이 마리의 『레이』에서 차용된 바가 많지 않다고 하더라도 (Sankovitch 179) — 적어도 기존의 남성 글쓰기와의 차별을 추구하는 마리의 의식을 보여줌이 확실하다.

중세인들이 권위를 담보하고 있는 예전의 인물이나 문서를 들어 자기의

---

4) 브레통 사람들이 살았던 브리타뉴(Brittany) 지방은 '제2의 브리튼'이라 불리기도 하는데, 이곳은 로마의 영국 통치 시절에 영국 원주민(Britons)들이 옮겨가서 살았던 프랑스 지역이다. 제프리 오브 만모쓰가 지은 『브리튼 왕들의 역사』(Historia Regum Britanniae: 1135년경 저작), 그리고 이를 불어로 개작한 와스(Wace: 1155년경)의 저술은 브레통 역사에 당시의 관심이 환기되었음을 보여준다. 물론, 이 역사 − 로만스 문학은 성(性), 장르, 글쓰기 양태에서 있어 『레이』와는 매우 다르다. '왕국의 이동' (translatio imperii)의 주제에 마리의 관심이 있지는 않다.

5) 마리와 비슷한 시기의 크레티엥 드 트라에 의해 저작된, 『에릭과 에니드』에서 말많음으로 규정되던 여성으로서의 에니드가 남편 에릭의 침묵에의 강요를 '위반'함으로써 그를 구제하는 예가 여기에 의미있게 떠오른다.

해석에 권위를 부여하려 했다는 것은 잘 알려진 사실이다. 엄격하게 말하면, 중세에 있어, 로고스를 지향하는 목소리 문화는 문헌화한 텍스트의 '권위'에 의해 더 많이 유포되어졌다. 흔히 글쓰기와 주석 붙이기는 단일하고 최종적인 의미와 권위를 가진 절대 담론으로서의 로고스에 가까이 가기 위한 시도로 여겨졌다. 그래서, 과거, 선례, 권위적인 저자를 거론하여 원전에 가까운 '목소리'의 환상을 갖게 하고, 라틴어처럼 일반인이 읽을 수 없는 문자로 기록함으로써, 거리감, 경외감, 권위를 텍스트에 부과할 수 있었다. 마리는 자신의 글쓰기를 주석 붙이기에 비교함으로써, 이 남성적 주석 붙이기로서의 글쓰기 전통을 답습하는 듯 보이지만, 사실은 마리의 방법이 이 전통에서 벗어나 있는 글쓰기라는 점이 중요하다. 마리가 따르고 있는 통속적, 대중적 전통은 중세 스콜라철학적인 이성적 논증술, 그리고 라틴 문헌학의 비통속성에서 벗어난 보다 폭넓은 글쓰기이고, 구술문화를 문자화하는 그녀의 작업은 고정되지 않고 변용되는 구술문화에 대해 글쓰기가 부과할 수 있는 새로운 의미형성을 가리키고 있다. 이것은 마리가 드러내는 새로운 출발점, 기원, 차별화에 대한 욕망이다 (Freeman 861). 과거에 남성들이 해 오던 주석 붙임의 관행, 즉 기존의 텍스트에 기존의 권위를 빌어와 주석을 붙이는 일은 여성작가로서의 마리가 하도록 허용된 일도 아니며, 그녀 스스로도 탐탁지 않게 여긴다. 마리는 이러한 영역으로부터 자유롭기 위해 새로운 전거를 제공하는 원전을 찾아, 구전문화 변두리에 위치해 있는 켈트 민담을 탐색하였고, 그것은 이런 구술문화를 정착시킨 텍스트의 전거가 별로 없었다는 점에서 새로운 출발이었다.6)

다른 남성작가들이 구체적인 문서의 전거를 들먹이는 자리에 마리는 이 이야기를 많이 "들어왔다"라는 말을 위치시킨다. 마리는 "우리의 선조들이 이 레이를 지었고, 나는 그것을 문자로 옮긴다"(「밀륑」의 끝)라고 말하고, 개별 이야기들 끝에서 자주 "브레통 사람들이 이 이야기를 레이로 지어 불렀다"라고 말함으로써, 그리고 "하프와 함께 [요즈음에도] 노래되는 이 이야

---

6) 물론 「셰브르프왈」(Chevrefoil)에서 사용된 트리스탄 이야기는 문자화된 텍스트가 있었고, 마리도 읽었다고 했다. 아마도 토마스(Thomas)의 트리스탄 이야기(1155-70년경)가 대표적이었을 것이다.

기는 방금 여러분이 들었던 이야기에서 지어진 것이다"(「귀즈마르」의 끝)라고 말함으로써, 브레통 사람들의 구전 노래와 마리 자신의 문자화된 노래 사이에 어떤 차별을 두려 하지 않는다. 일반적인 주석 달기가 추구하는 바처럼, 기존의 이야기에 최종적인 "마무리 가필"을 한다는 의식은 안 보이는 것이다. 마리 자신이 "새로운 이야기를 제공하길 의도하는 사람은 새로운 방식으로 문제에 접근하여야 한다"고 말했듯이, 마리의 글쓰기는 새로운 해석의 여지를 남기며, 새로운 주석을 계속 요구하는 텍스트를 산출하고자 한다.

또한, 마리는 밤늦게 작업하여, 『레이』를 왕에게 선물로 바친다고 한다. 이에 대해서, 스티븐 니콜즈는 '밤의 작업'은 고전문헌에서 적지 않게 발견되는 일종의 수사적 모티프(*topos*)이지만, 여성인 마리의 글쓰기에서는 그 의미가 에로틱한 관계에서 생각되어질 수 있을 정도의 통속적 모티프로 변환된다고 말한다. 즉, 관습적이고 공적인 고전적 모티프로서의 '밤의 작업'과 왕에게의 '선물'은 마리에 의해서 개인적이고 은밀한 관계의 수사학으로 변환한다. 여성인 마리가 남성인 왕을 친밀한 대상으로 전환하여, 그에게 『레이』를 대담하게 바치는 것이므로, 남성의 독점물이었던 이런 작업을 위반하고 변용하는 마리의 작업은 젠더의 경계를 뛰어넘는 성의 정치학의 의미도 띠게 된다. '고전적 모티프'(*locus classicus*)에서 '대중적 모티프'(*locus communis*)로의 전환이 계층과 젠더의 경계넘음을 가능케 해주는 것이다. 이런 점에 주목하면, 마리의 글쓰기에서 느껴지는 것은 중세 성직자들의 주해(exegesis)를 중심으로 하는 학문영역과 대중적 해석을 가하는 통속문화 영역 사이의 긴장 정도가 아니다. 『레이』 글쓰기는, 이를 훨씬 넘어, 학문과 귀족의 영역에서 통속적이고 대중적인 문화영역으로의 대담한 전환을 시도한다는 견해가 더 타당한 관측으로 생각된다 (Nichols, "Commonplaces" 참조). 위대한 고전에 주석을 붙임으로써, 그것의 의미를 더 명쾌하고 향상된 것으로 만드는 것이 아니라, 고전적 모티프를 위반적으로 수용하고 변용하여, 통속문화로써 고급문화를 대체하거나, 적어도 중첩되는 영역을 확보하려는 시도이다. 샤트르의 버나드(Bernard of Chartres) 같은 12세기의 '현대파'(*moderni*)들이 말했듯이, "거인의 어깨 위에 앉은 난쟁이처럼" 고대작가에 기대어 더 나은 학문의 결과를 이끌어 내겠다는 의도가 아니라, 공식 귀족문화에서 통속문화로의 완전한 전환 혹은 공식문화의 위반적 변용을 모색하는 것이다.

구전 레이를 글로 옮기려는 마리의 작업은 이미 문서화하여 상당한 권위와 전통을 가지고 공식화한 옛 글에 주석을 붙이는 작업과는 다른 종류의 글쓰기이다. 유동하는 구어문화의 전거에, 최종적임을 표방하지 않는 유동하는 해석을 부여하고, 그래서 그 원전은 여전히 유동하는 채로 남아 있어, 후세의 독자가 또한 주석 붙이기를 하게끔 요구하는 글쓰기인 것이다. 마리의 『레이』는 글을 읽는 상층평민 이상의 진지한 독자를 대상으로 하고, 귀족계층을 소재로 하는 이야기들이지만, 주변화한 여성의 감정과 켈트 민담의 통속적 요소를 귀중하게 여기는 정서에서 씌어졌다. 『레이』는 12세기에 샤르트르와 파리를 중심으로 새로이 부흥되었던 문예숭상의 풍조와는 별도로, 그러나 12세기 개인성의 발현에는 보조를 함께 하면서, 남성 위주, 귀족계층, 혹은 식자층에 의해 주도되던 문학장르의 어느 편에도 끼이지 않는 글쓰기로 남아 있다.

2. 위반과 여성성

중세불문학자 하워드 블록(R. Howard Bloch)은 중세불어 "lai"의 어원과 뜻을 추적하는 가운데, 연관이 가능한 여러 낱말들 중 "평민"(lay), "법률"(law), "거짓말"(lie)의 의미에 주목하면서, 마리의 『레이』 글쓰기가 기존의 상위문화의 규율과 가치체계를 '위반'하는 평민스러운 문학이라고 규정한다("Provocation" 101-102; "Philology" 47-48). 이 어원은 라틴 어원 찾기와 같이 엄격한 의미에서의 고정적인 말의 어원이 아니라, 당시 사람들이 통속적으로 연관시켰을 법한 비슷한 음성적 자질을 가진 낱말들을 통한 어원탐색이다. 이런 측면의 낱말들이 "레이"에 연관되는 것은 레이의 통속성을 염두에 두면 오히려 자연스럽다. 마리의 『레이』는 위반(transgression)의 시학이라 불릴 수 있을 만큼 많은 '위반'을 포함한다. 우선 마리의 『레이』 글쓰기 자체가 위반이랄 수 있다. 마리는 자신의 『레이』의 원전에 새롭고 독자적인 해석과 수정을 가하면서, 즉 "새로운 주석을 보탬으로써," 구어원전의 경계를 넘어간다. 이 경계의 깨뜨림은 작품의 구체적인 내용에 있어서는 기존 사회의 질서와 가치를 위반하는 여러 경우의 예에서 구체화된다. 그 중 가장 두드러진 것은 주로 사회와 가문에 의해 강제된 결혼과 자연스런 사랑의 감정에 의해 맺어지는 남녀관계 사이의 갈등구조이다. 억압된 여성의 욕망은 자주 일탈적인 환상의 세계에서 풀려져 나오는데, 이 욕망의 성취는 위법이고 위험한 것이어서, 『레이』의 세계에서 징벌되긴 하지만, 정서적으로는 승리한다.

환상과 위반의 연관이 가장 뚜렷한 예는 「요넥」(Yonec)이다. 이 이야기에서, 늙고 질투심 많은 남편의 압제와 남편의 여형제의 감시 속에서, 죽음보다 고통스런 삶을 살며, 심각한 우울증에 시달리는 아내는 젊은 남자의 출현을 환상 속에서 기원하는데, 이것은 큰 새가 젊은 기사로 변하며 그녀에게 다가오는 것에 의해 현실화된다. 이 기사는 "당신이 원치 않았다면 오지 않았을 것이다"라고 말한다. 그녀는 기사(Muldumarec)를 만나는 즐거움에 생기를 되찾지만, 아내의 밝아진 모습을 수상히 여긴 남편에 의해 그들의 밀회는 발각된다. 이 새는 남편이 놓아둔 덫의 쇠가시에 찔려 치명적인 상처를 입지만, 늙은 남편이 아내의 부정을 기억하지 못하게 해주는 마법의 반지를 여인에게 준다. 이 이야기는 파블리오 문학의 단골 주제로서, 젊은이들이 통정하기 위해 늙은 남편을 속여넘기는 기지의 재미가 아니라, 심각한 신경증으로부터의 탈출을 환상 속에서 꿈꾸고, 그 환상은 곧 바로 현실로 이루어지는 진지한 욕망의 이야기이다. 「귀즈마르」의 여성도, 「요넥」의 여성처럼, 늙고 질투심 많은 남편에 의해 감금당해 있다. 하반신을 잃은 사제가 젊은 부인을 감시하는 이 방에는, "연애를 어떻게 제어하느냐"에 대한 오비드의 책(『연애 치유법』 *Remedia Amoris*)을 불태우는 사랑의 여신 비너스의 그림이 함께 있는, 지극히 모순적인 장소이다. 남편의 가부장적 소유와 권력의 영역의 폐쇄성을 단언하는 이 장소는 사제가 뜻하는 바 금욕의 종교영역이지만, 비너스가 가리키는 바 여성의 자유의 욕망은 마법의 힘을 빌어 '가상적으로' 이를 탈출한다. 즉, 귀즈마르라는 기사를 실은 마법의 선박이 그녀에게로 오고 이 두 사람은 곧 불법적인 연애에 빠지게 된다. 그리고, 그들의 연애가 발각되어 귀즈마르가 추방된 후에, 이 여인은 대리석 탑에 감금당하고, 고통 속에서 죽기를 갈망하는 어느 순간, 문의 빗장이 풀리고, 또 한번 마법의 배가 그녀에게 다가온다. 현실적 고통에 대한 이 환상에서의 해법은, 흔히 로만스 문학에 등장하는 바 악마에게 고통받는 여성을 구하러 오는 기사에 의해서가 아니라, 다름 아닌 남편에 의해 감금된 아내를 해방시키려 와서 간통의 연애를 하는 기사에 의해서이다. 또 다른 이야기 「로스틱」(Laüstic)에서는 기혼의 한 여성이 이웃의 기사를 사랑히는데, 밤마다 나이팅게일을 보러 나간다고 남편을 속이고 은밀히 그를 만난다. 「밀뤵」에서는 한 귀족의 딸이 어떤 기사의 명성에 매혹되어 그와 비밀스런 연애를 한다 (이 여인은 나중 아버지의 의지대로 부자이웃 귀족과 결혼하게 되지만). 이 예들이 일관성 있게 제시하는 것은, 부모나 사회관습에 의해 강요된 결혼의 문제점과, 상호간의 차발적 의지로 이루어지는 불법적 연애에 대한 관용적인 태도이다. 당사자의 자유의지에 의하지 않은 결혼생활에 있어, 젊은 아내가 젊은 외간남자와 벌이는 애정행각이나 남편에게의 '거짓말'은 적어도 정서적으로는 전혀 문제시되지 않고, 늙은 남편의 질투와 가혹행위에 대한 그들의 보복도 정당화되는 정도이다. 마리의 『레이』는 억눌린 욕망이 성취되는 환상을 당연시하며, 기존질서에 대한 범죄스런 위반을 정상적이고 일상적인 것으로 수용하는 세계이다 (Nichols, "Anthropology" 89).

간통의 연애에 대한 마리의 이러한 태도를 단지 관대하다고 말해 버리는 것은 억압적인 가부장제 결혼제도를 향한 여성저항의 사회적 함의를 간과하는 것이 된다. 중세에서 여성의 간통은 남자의 그것보다 훨씬 더 엄격하게 처벌되었음에도 『레이』의 억압받는 아내의 간통이 거부감을 일으키지 않고 오히려 정상적인 것처럼 다뤄지는 것은, 여성의 간통이 가부장제의 권위와 사회규율의 강제에 대한 진지한 여성저항의 한 형태일 수 있기 때문이다. 전통적으로 가부장제도 안에 있는 여성이 사회화하는 과정은, 여성이 스스로를 상품화하여 가치를 지니는 길과 통한다고 생각되어진다. 남성은 여성을 상품가치로 환산하여 교환하고 소유하는 욕망을 견지해야만 가부장사회가 유지된다. 이리가레이(Luce Irigaray)는 가부장제도 하에서 여성은 결혼

전에는 남자들 사이의 '교환가치'로, 결혼 후에는 남편이 독점하는 '이용가치'로, 어디까지나 남성에게 상품가치로 전락한다고 말한다 (Irigaray 183-189). 따라서, 여성의 간통은 결혼 후에도 한 남자의 독점적 이용가치에 종속되기를 거부하려는 것이고, 이는 기존의 가부장제 질서 전체를 위협하는 심각한 여성저항인 것이다. 예를 들어, 결혼 전 자신의 의지대로 은밀하고 불법적인 연애를 하는 「밀룅」의 여인은 아버지와 다른 귀족 사이의 교환가치로서의 딸에 대한 관념에 저항하는 셈이다. 결국은 아버지가 정해 주는 귀족과 결혼하지만, 결혼 후 혼전의 외간남자와 재회하여 이루는 연애는 남편의 재산의 일부로서의 아내에 대한 남편의 법적 권리를 거부하는 행위라할 수 있다. 『레이』에서의 간통은 남성권력 영역의 폐쇄성과 최종성에 도전하고 탈출하고자 하는 여성의 의지적 행위, 혹은 적어도 그 환상의 성취이다.

마리의 『레이』에서 여성성의 옹호는 성역할의 역전 혹은 위반에서도 찾아질 수 있다. 중세만큼이나 반(反)여성적 문서가 공식화하였던 때는 없었을 것이다. 여성혐오의 텍스트가 유포하는 반여성주의적 스테레오 타입은 점잖은 공식문화 규율에서의 일탈을 허용하는 다른 영역의 유연한 발상에 의해 위반을 겪게 된다고 말할 수 있다. 「랑발」(Lanval)에서 랑발은 자신을 도와준 여인과의 사랑의 관계를 비밀로 해야 하는, 이른바 궁정식 연애의 약속을 위반한다. 그는 왕비 귀네비어의 유혹을 거부하는데, 귀네비어가 그를 동성애자로 몰아 붙이자, "나의 연인의 하녀마저도 왕비 당신보다 용모나 지혜에 있어 더 가치 있다"고 말해 버린다. 이에 분노한 귀네비어는 랑발이 자신을 유혹하려다 실패하자 모욕의 말을 하였다고 누명을 씌우는데, 랑발은 이제 자신의 말의 진실을 증명해 보이지 않으면 안 되게 되었다.7) 랑발은 이로써

---

7) 랑발의 언어의 위반은 일차적으로 궁정식 연애격식에 대한 반발이고, 보다 중요한 것은 그 이면에 자리잡고 있는 규율과 관습으로서의 언어에 대한 랑발의 태도이다. 자신이 지키겠다고 승인한 법률과 관습을 철회하고 위반하는 행위의 이면에는 언어의 구속력과 약속의 타당성의 문제, 그 언어를 구사하는 계층문화에 대한 신뢰성의 문제가 도사리고 있다. 아써 궁에서 주류가 못 되었던 그에게 남색주의자라는 오명은 귀족문화로부터의 변두리적 존재로서의 그의 위상을 더욱 더 가중시켰다고 할 수 있다. 이런 오명을 받는 순간, 랑발에게 — 비록 자기를 도와 준 아발론 여인의 요청이었지만 — 귀족의 연

말에 관련된 반여성적 공식관념 (여기서는 자랑, 성급한 말, 약속위반이 문제시되는데)을 깨뜨리는 성역할의 역전을 보여 준다. 나아가, 말의 위반의 주체인 이 남성은 여성이 그 약속의 위반을 이해해 주는 관대함에 의해 구제된다. 랑발의 말의 진실을 증명하기 위해, 여자가 남자의 방어자, 챔피언이 되어, 당사자인 아발론의 여인이 스스로 모습을 드러내어 주는데, 이것은 귀족 로만스 문학에서는 보기 힘든 현상이다. 또한, 귀족인 「밀룅」의 여성과 「엘리덕」(Eliduc)의 여성 기이아됑(Guilliadun)은 스스로 기사에게 연인이 되어 달라고 요청한다. 남성의 사랑을 구하는 귀족여성일지라도, 적어도 궁정식 연애의 공식화된 과정은 거치도록 되어 있기 때문에, 이 여성인물들도 귀족사회가 규정하는 전통적 성역할을 위반하는 예가 될 수 있다. 이러한 궁정식 연애의 위반은 귀족사회에서 변두리화한 이질적인 문화영역에서 가능한 감정의 표출이라고 할 수 있다. 귀족관행을 위반하는 랑발은 이미 아써 궁에서 천시되는 주변인물이 되어 있었고, 랑발을 벌하려는 것은 결국 귀족여인이며 궁정식 연애를 거부당한 귀네비어의 누명에 의해서일 뿐, 위반을 당한 당사자인 아발론 여인은 오히려 랑발의 위반을 이해하기 때문이다. 아발론의 여인은 랑발의 말이 '격식의 위반'은 될지언정, '진실의 위반'은 아님을 증명해 보이고, 궁정에서 발붙이기 어렵게 된 랑발을 초자연의 영역인 아발론으로 데려가는 은혜도 베푼다. 그러므로, 브레통 레이로서의 「랑발」의 일탈과 위반이 비귀족적 영역으로서의 켈트 민담에 그 전거를 두고 있다는 사실은 의미가 있다. 바흐찐이 말하는 바, 귀족사회의 진지한 격식과 규율 속에 잠재하는 허구성은 통속적 영역에서 허용되는 위반과 일탈에 의해서 자주 스스로를 들추어내는 수단을 발견하기 때문이다 (Stallybrass 6-26;

애예법의 준수는 구속력이 강한 약속이기는 어려운 것이다. 남색주의자는 흔히 마녀, 늑대인간, 악마(Dollimore 238)와 같은 변두리적 존재로, 기독교 귀족문화에서 가장 먼저 배제되는 존재들이었다. 이런 측면에서, 주변화한 존재로서의 랑발의 말의 위반은 귀족문화의 관습과 규율에 대한 저항의 목소리이다. 귀족연애의 언어관행을 위반한 랑발이 — 이 위반은 아발론 여인과의 약속을 저버린 것이지만 — 귀족사회의 여성 구성원이며 (랜슬롯과의 관계에 있어) 궁정식 연애의 대표자격인 귀네비어로부터의 징벌을 면치 못한다는 것은 자연스럽다고 하겠다. 말의 위반에 대한 응징은 말의 금지일 것인 바, 귀네비어가 씌운 누명에 의해 랑발은 처형이라는 신체훼손의 위기에 직면함으로써, 침묵을 강요받는다.

Bloch, *Mysogyny* 139-141).『레이』의 세계는 이리하여 위반적이고 일탈적인 비정상의 환상세계와 통속적 영역이 정상적이 되고, 진지하며 경건하고 이성적인 귀족사회가 폭력과 압제와 모순투성이의 미개인 세상처럼 보이게 되는, 전도된 세계를 내어놓는다 (Nichols, "Commonplaces" 147-148).

성역할의 역전과 위반에 관계하여,『레이』에서 지적되어야 할 것은 여성 유대라는 주제이다.「르 프레슨」(Le Fresne)에서, 버려진 아이 르 프레슨은 게룅(Gurun)이라는 유력자의 총애를 받아 그의 정부가 된다. 르 프레슨은 게룅과의 자발적 사랑의 연인이지만, 신분 때문에 일시적인 열애의 대상밖에 될 수가 없다. 이 귀족에게 혈통유지를 위해 추천된 결혼대상은 또 다른 쌍둥이 자매 라 코드르(La Codre)인데, 르 프레슨은 라 코드르의 결혼 준비를 도와주는 중에 서로가 자매임을 알게 되고, 라 코드르는 순수한 연애의 대상이었넌 르 프레슨이 게룅과 결혼하도록 양보한다.「엘리덕」에서도 이미 결혼한 기사 엘리덕은 아내와 연인 사이를 오락가락하는데, 결국 일생의 동반자가 되는 이는 원래의 아내가 아니라, 사랑의 관계로 맺어진 새로운 연인이다.「엘리덕」에서는 두 마리의 족제비가 등장하는데, 한 족제비는 다른 죽은 족제비의 입에 약초를 물어 넣어주어 소생케 한다. 이 장면을 목격한 아내는 남편의 연인을 같은 방식으로 살아나게 하여, 남편과 결혼하게 한다. 자연스럽고 순수한 사랑의 관계가 마리의 세계에서 얼마나 귀중하게 취급되는지는 말할 필요가 없지만, 이 두 레이에서 주목하게 되는 점은 아내와 남편의 연인이 서로 질투하거나 다투는 것이 아니라, 오히려 서로를 도와, 법적인 아내는 자연적인 사랑의 대상에게 기꺼이 자리를 내어 준다는 것이다. 여성들이 서로를 돕는 일이 이처럼 두드러져 나타나는 예는 남성유대가 특출한 하나의 특징이었던 중세사회에서 유별난 경우라 할 수 있다. 이 이야기들에서 여성 유대는, 또한 남성의 부정적인 행동을 묻어 주어 남성사회에 봉사한다. 엘리덕은 연인에게 자신이 유부남이라는 말을 안 했고, 아내에게도 연인에 대한 이야기를 안 했음에도, 여인들은 서로를 도와 엘리덕이 연인과 결합하게 해준다. 상처를 치료해 주거나, 궁핍하고 고립된 남성을 도와주는 여성의 전통적 역할도『레이』에는 여성의 덕목으로 비춰지고 있다. 궁정의 여성에게는 전혀 무관심한 귀즈마르는 사냥 중 튕겨 나온 화살에 허벅지를 다치는 벌을 받는데, 여성의 사랑에 의하지 않고는 치유될 수 없는 상처이다. 그는 마법의 선박에 태워져 한 여인을 만나 사랑에 빠짐으로써 구제된다. 아써 궁에서 제대로 대접받지도 못하는 기사 랑발를 찾아오는 부유한 요정나라 여인은 빈궁한 기사인 랑발을 도와주고, 귀네비어의 유혹과 부당한 누명으로부터 그를 구제해 준다. 마리의『레이』에서 여성성 혹은 여성 유대는 남성을 적으로 하는 정치군사적 단결이 아니라, 남성에게 관대하고 이득을 가져다주는 베풂의 여성성과 관련되어 있다. 비슷한 때에 저작되었던 서사시적 로만스『에네아스의 로망』(Roman d'Eneas)에서의 까미으 (Camille)처럼 아마존스런 여성만의 유대와는 거리가 멀다.

마리의『레이』에는 이처럼 남성의 억압과 독점욕, 여성의 관대함과 베풂의 대조가 뚜렷하다. 이 성 차이의 양상에 대해서는 현대 여성학자 헬렌 식수(Helene Cixous)의 통찰에서 설명을 구할 수 있을 것이다. 식수에 따르면, 남성에게는 거세 공포 때문에 언제나 잃어버림에 대한 불안이 있어서, 자기 것으로 챙기고, 소유하려는 욕구가 있다는 것이다. 어린 여인을 교환가치에 따라 구매하여, 자신의 성 안에 가두어 감시하고 독점하려는 나이든 남편의 모습이 바로 그것이다. 가부장제의 혈통을 잇는 남성의 이름의 고유함과 단일한 계보(proper), 재산의 독점과 자기확대(property), 남의 것을 사취하는데서 생기는 지배영역의 확대(appropriation)는 모두 같은 어원에서 비롯된 남성적 특성인 것이다. 그러나 여성의 경우는 남성이 가진 이러한 "결핍감을 결핍"하기 때문에, 보답을 바라지 않는 관대함과 경계를 벗어나는 베풂을 줄 수 있으며, '가까움'(proximity)의 친밀감을 누릴 수 있다고 한다 (Cixous 참조; Irigaray 31). 남성영역에 있어서 '베풂'을 주고받는다는 것은 열등함과 우월함의 역학적 관계설정이 될 수 있지만, 여성에 있어 베풂은 권력관계와 거리가 멀다.『레이』에서 여성유대가 남성에까지 도움을 주는 이러한 양상은 딸과 아내를 교환가치와 이용가치로 교환하고 독점하려는 가부장적인 남성의식과 날카로운 대조를 이룬다. 이것은 남편이 연인을 가졌을 때 아내의 자리를 내어주는 여성인물과, 아내가 연인을 가졌을 때 아내의 연인을 찾아내어 징벌하지 않으면 안 되는 남성인물의 차이이기도 하다. 이 대조적 양상은 전통적인 남성중심 사회의 불평등한 결혼생활의 실제를 보여주는 것이기도 하겠지만, 심층적으로는 '재산'(property)을 고집하는 남성성과 '선물'(gift)할 수 있는 여성성의 대조를 반영하는 예라고 할 수 있다.

『레이』에서 여성의 위반은 남성사회가 규정한 것으로서의 여성성을 위반함이거나, 남성중심의 사회제도 하에서 억눌린 여성의 욕망이 환상 속에서 일탈적인 풀림을 성취하는 양상으로 나타난다. 이 일탈행위가 정당성을 확보하는 것으로 느껴진다면, 그것은 공식문화의 이데올로기가 퍼뜨리는 성의 이분법 자체가 모순을 포함하고 있기 때문이다. 종교와 가부장제의 가르침은 문서를 도구로 하여, 성의 역할과 본질을 분리하고 명확히 해두려 하지만, 성차별 규정의 불안정성과 모순을 이러한 이데올로기적 장치에 의해 숨기려는 시도는 제도권 바깥의 통속적 영역의 이질적 발상에 의해서 깨지는 순간을 맞이한다. 또한, 관습적으로 부과된 성 차이의 경계를 위반함은 젠더에 대한 기존의 가치관과 질서의식의 모순을 드러내 보이는 기능도 하지만, 나아가, 차별화된 양성의 영역을 근접시키고 혼합하려는 시도이기도 하다. 즉, 여성이 남성의 챔피언이 된다거나, 여성이 먼저 남성에게 다가간다거나, 남성이 언어의 위반을 저지르거나 하는 예는, 여성이 남성영역의 활동에 참여하고, 남성이 '여성적인 것'이라고 규정하였던 속성을 남성 자신이 지니기도 한다는 것을 입증해 주기 때문이다. 일찍이 『데카메론』이나 17세기 초엽 영국문학에 자주 나타나는 남녀의 '옷 바꿔입기'에서 한 예를 구하면, 귀족여성이 부르주아 남성의 옷으로 변장한다는 것은 계층과 성의 경계를 동시에 위반할 수 있는 사회변동이 형성되었음을 반영하는 것이다. 시기적으로 이만큼 대단할 수는 없지만, 『레이』에서의 귀족 격식과 남녀 활동영역의 위반도 마찬가지로 성과 계층 모두의 경계를 어기는 것이며, 여성이 타자의 입장에서 벗어나 성 차이의 관념에서 자유로운 하나의 문화 속으로의 편입을 시도하는 것이라 할 수 있다. 이분법으로 고착하고 제한하는 남성 귀족문화의 '배제' 논리에 허구가 있고, 바로 그 논리의 모순 때문에 일탈적인 여성의 정당한 위반의 기회가 주어진다 (Dollimore 87-88). 마리의 『레이』가 보여주는 여성성의 탐색과 성역할의 위반은 귀족과 평민, 남과 여, 규율과 위법의 이분법의 허구를 드러내어 그 경계를 깨뜨리고 양자 사이를 중개한다.

3. 목소리의 침묵

「프롤로그」에서 마리는 이미 문서화한 라틴을 자국어로 옮기는 일보다, 브레통 구전문화를 문자화하는 작업을 택한다고 하였다. 전설, 민담, 등의 구전 이야기는 얼마든지 달리 표현될 길이 열려 있는데, 이를 텍스트화함으로써, 즉 하나의 버전, 하나의 의미부여를 선택함으로써, 구술문화가 지니는 '풍부'(copia)의 가능성은 깨어지는 것이나 (Ong 3). 인쇄술이 발명되기 이전의 중세 필사본문화에서는 구전문화도 병행되었으므로, 필사본작업은 유동 중에 있는 이 구전언어를 하나의 문자언어로 고착시키는 작업이 되어, 이것은 사실상 이야기의 의미와 유포를 온전한 상태로 전달하는 것은 아니다. 문자화한다는 것은 개인의 해석에 따라 유동 중에 있는 목소리를 텍스트로 고정하려는 것이므로, 구어원전의 경계를 넘어가는『레이』글쓰기 자체가 이런 의미에서 기존 언어의 질서를 '위반'하는 행위이다.

목소리가 문자화하는 것은 다양한 의미체계의 가능성을 훼손하여 하나의 해석으로 고정하고 그런 의미에서 목소리의 생동감을 '죽이는' 것이라 할 수 있는데, 흥미롭게도『레이』에서는 목소리를 지닌 존재들이 결국은 고정되어 죽은 존재가 되는 경우가 많다. 신체의 훼손, 목소리의 침묵, 움직이는 매개체의 고착화의 예는『레이』에서 자주 발견된다. 「요넥」에서, 기사(새)와 아내의 만남을 목격한 남편 측은 창가에 쇠가시가 달린 덫을 놓아둔다. 노래하는 목소리의 존재인 이 새는 상처를 입어 죽게 되어 결국 무덤에 묻힌다. 「로스틱」에서 기사와 밀회하는 부인은 나이팅게일 소리를 들으러 밤에 깨어 밖에 나간다고 남편을 속이는데, 늙은 남편은 질투 때문에 나이팅게일을 잡아죽인다. 「밀룅」에서는, 밀룅의 아이를 낳은 여인은 나중 아버지의 의지대로 돈 많은 귀족과 결혼하지만, 밀룅이 고향에 돌아온 이래 이십 년 간이나 백조의 깃털 속에 편지를 넣어 서신 왕래를 한다. 백조도 또한 목소리의 존재이며, 남녀 사이의 사랑의 메시지의 전달매체이다. 감금당하여 대화가 단절된『레이』의 여성들은 사실상 목소리의 침묵을 강요당하는 것이고, 메시지를 전달해 주는 이 목소리의 물상들에 의해 즐거움과 생기를 되찾는다.

이 예들에서 보듯이, 목소리의 존재에 의해 매개되던 사랑의 열정은 사회규율과 법률의 위반을 낳게 되고, 대개는 신체와 목소리의 죽음, 부재, 침묵으로 귀착된다. 숨겨지고 금기시 되는 욕망을 드러내고 성취하려는 것은 기존 질서를 위협하는 것이므로 죽음으로 결말지어진다. 하워드 블록은 『레이』에서 사람들 사이를 매개하는 목소리의 존재들이 고착화하는 현상이, 유동적인 구술문화를 고정적인 문자문화로 변환하는 마리의 창작행위와 유추적인 관계에 있다고 해석한다. 모호성과 다양성의 목소리의 현현을 문자의 무덤 속에 가두는 마리의 글쓰기 자체가, 『레이』의 이야기들이 자주 결말지어지는 목소리의 없어짐, 온전한 신체의 훼손, 무덤, 부재, 죽음과 유추적 관계에 있다는 것이다 ("Philology" 52-58; *Mysogyny* 137-138).

블록이 지적하는 구술문화와 문자문화의 관계에서 보면, 텍스트는 목소리의 위반이며, 구술문화로 인해 구현될 수 있는 의미의 다양성을 배반하는 것인데, 블록은 이것이 『레이』가 하는 일이라는 것이다. 그런데, 중세고전문화에서 목소리의 존재는 흔히 로고스의 현현 또는 '온전한 신체'의 위상을 지향하는 단일성의 남성담론을 가리킬 수 있다. 이와 더불어, 목소리가 텍스트화함으로써 복잡성을 띠게 되고, 의미고정이 지연된다는 해체주의의 관점을 받아들인다면, 이것은 구술문화의 다양성을 단일한 의미로 고정시키는 문자언어의 역할을 주장하는 블록의 이론과는 상반된다. 마리의 『레이』텍스트가 고착과 유동 중, 어느 쪽을 지향하는지는 좀 후에 따져보겠지만, 『레이』에서 고착화되는 목소리의 존재는 공식담론의 목소리에 저항하는 유동적인 목소리들임은 틀림없다. 이 목소리의 물상들은 위반을 조장하거나 매개한다는 점에서, 문서화하여 단일한 권위를 지향하는 남성의 공식적 '목소리'에 저항하는 것이고, 결국 이들이 죽음, 부재, 고착화를 겪는 것은 또 한 번 공식문화의 부당한 폭력과 권위에 의해서이다.

다시 말하면, 마리는 목소리의 '풍요'에서 하나의 의미를 취하고 변용함으로써 '풍요'를 위반하지만, 이것은 새로운 해석을 부여하는 행위이기도 하므로, 근본적으로 풍요를 훼손하는 작업은 아니다. 또한, 로고스로서의 목소리는 고착화와 규율화를 뜻하는 것이므로, 이를 위반하는 『레이』의 물상(物象)의 목소리는, 단일한 로고스의 목소리와는 다른 종류의 목소리가 존재할 수 있음을 확인하는 것이 된다. 요컨대, 이것은 라틴 류의 권위적, 남성적, 공식적 목소리와 지하의 은폐된 목소리, 자연의 욕망의 목소리의 대조이다. 제도화된 믿음, 관습적인 약속, 강요된 계약을 저버리는 위반의 행위로서의 레이의 법률은 한 가지 의미 밖에 못 가지는 남성규율의 목소리를 위반하는 행위이며, 다양성으로 열린 언어를 향한 태도를 반영한다. 그런 한편, 『레이』에서 여성의 욕망과 간통을 매개하는 목소리의 존재는 이성과 정신이 아닌, 여성의 위반의 몸 전체를 담아내는 목소리이다. 이것은 이성과 정신에 의해서 분명하게 규정되는 내용물을 담는 목소리가 아니라, 감춰진 욕망과 감정이 금기시된 영역을 침범하는 육체를 통해 그 자체를 드러내는 은밀하고 모호한 위반의 메시지이다. 위반의 목소리가 온몸과 동일시되므로, 남성 담론은 온전한 신체를 훼손하여 '위반'의 목소리를 침묵시키고자 하는데, 이것은 이질적인 목소리를 부재케 하거나 한가지 목소리로 고착시킴을 계속 유지하려는 시도와 다름없다.

단일한 로고스의 목소리를 깨뜨리는 다양성의 흔적을 『레이』에 새겨 넣는 작업은, 레이라는 짧은 내러티브에 마리가 불가피하게 혹은 의도적으로 만들어 놓는 빈 공간의 글쓰기로써도 이루어진다. 레이는 매우 짧은 내러티브이기 때문에 기사들의 편력을 길게 이야기하고 작가의 해석을 보탤 여지가 많은 로만스와는 달리, 말해지지 않고 숨겨진 채로 남는 모호한 부분이 많게 된다. 미셸 프리먼(Michelle A. Freeman, 867-877)의 분석에 따르면, 「로스틱」의 예에서, 연인을 만나러 나가는 부인은 남편에게 나이팅게일 소리를 들으러 나간다고 했는데, 나이팅게일 소리는 부정한 연애를 부추기는 새소리로 알려져 있음에도, 왜 그런 구실을 댔는지, 그리고 남편이 이 변명 때문에 부인의 부정을 알아차렸는지는 분명치 않다.[8] 연인은 여인을 만나러 올 때 밤마다 나이팅게일의 울음소리를 냈는지 독자는 알고 싶어진다. 남편

---

[8] 「부엉이와 나이팅게일」이라는 글에서, 부엉이는 "나이팅게일의 노래는 귀부인을 잘못 된 연애로 유인하고, 육체를 수치스럽고 부정하게 사용하도록 부추긴다. 머지 않아 이를 눈치채는 남편은 끈끈이와 덫을 놓아, 그 새를 잡고야 마는 것이다"라고 말한다 (1049-1957행). 프랑스 풍의 자유로운 연애가 수입되던 당시의 상황을 반영하는 이 '논쟁' 장르의 문학에서, 「로스틱」에 등장하는 바, 기존규율의 '위반'을 조장하는 존재로서의 나이팅게일에 대한 통속적이고 시류적인 인식이 확인된다.

이 처 놓은 올무에 걸려 죽는 나이팅게일은 우연히도 그때에 거기로 온 것인가? 여인이 남자연인에게 죽은 나이팅게일과 함께 보낸 그 메시지의 내용은 무엇이었는지도 독자는 단지 짐작할 수 있을 뿐이다. 「셰브르프왈」에서도 마찬가지로, 내러티브에 각인된 여러 개의 모호성의 간극이 쉽게 눈에 띤다. 트리스탄은 개암나무 가지를 꺾어 자기 이름을 새겨 넣고, 여왕이 틴테절(Tintagel) 성으로 가는 길목에 놓아둔다. 트리스탄은 여기에 자기의 이름을 어떤 식으로 새겨 넣은 것일까? 학자들이 분석하듯, 트리스탄이란 이름의 철자법("TR-IST-AN")은 중앙에 이줴트(Iseut, 혹은 발음상으로 '이줴')의 이름을 품고 있어, 가지에 새겨진 이 트리스탄의 이름은 은밀하게 이줴트를 부르고 있는 것일까? 이줴트는 이 나뭇가지를 보게 되는데, 사실은 이미 이전에 트리스탄은 이줴트에게 자기가 왔다는 메시지를 전달하였다. 그러나 어떤 메시지가 전달되었는지는 모호한 채로 남아 있다. 이줴트는 그 메시지를 듣고도 왜 못 온 것일까? 그리고 이 두 사람의 애틋한 관계가 개암나무 가지와 인동덩굴의 얽힘으로 상징적으로 제시되는데, 이것이 실제 있었는지, 이전에 트리스탄이 보낸 메시지에 포함된 것인지, 아니면 작가가 두 사람의 관계를 그렇게 표현한 것인지 분명치 않다. 이줴트의 이름을 감싸고 있는 가지 위의 트리스탄의 이름은 이 두 식물의 엉킴과 똑같은 느낌을 주는가? 이줴트는 이 짧은 만남에서 트리스탄에게 왜 마크 왕과 화해하라고 말하며, 이 레이에서 두 사람의 사랑은 왜 더 이상 발전하지 않은 채로 끝나는가? 트리스탄은 "그녀를 만난 기쁨 때문에, 그리고 내가 썼었던 말을 그녀가 기록하라고 한 요청으로 하여, 나는 레이를 지어 불렀다"고 하는데, 이 짧은 재회가 그에게 기쁨만을 가져다 주었을까? 이줴트가 기록하라고 한 트리스탄의 메시지 내용은 무엇이었을까? 이런 측면에서 트리스탄이 지은 레이의 내용이 자못 궁금하며, 이 점에 대한 학자들의 논쟁도 많이 있었다 (Hoepffner 118). 「셰브르프왈」의 주제라 할 수 있는 사랑하는 이들의 만남—헤어짐—다시 만남은, 인동덩굴이 얽혀진 개암나무 가지의 표상처럼, 헤어져서는 서로가 살 수 없음을, 그러나 헤어져야만 하는 강렬한 비극성을 극도로 축약하여 제시한다. 이 슬픔은 죽음만이 서로를 영원히 함께 있을 수 있게 해주며, 죽음만이 사랑을 완성으로 만든다는 비장한 초월적 의식을 내포하는 것일까? 마리의『레이』에 만들어진 이런 '침묵'의 간극은 독자로 하여금 그 의미를 유추하고 완성하게끔 유도한다. 마리는 인물들의 섬세한 감정을 이런 이미지들과 내러티브의 간극을 통해 재현하고 암시하고자 하며, 이를 토론하거나 분석하지는 않는다. 내러티브의 이 과묵함이 바로『레이』가 작가의 개입을 하나의 특징으로 하는 로만스 내러티브보다는9) 민속 발라드에 더 가까운 이유이다 (Stevens 138, 145).

축약된 공간의 내러티브 안에 만들어지는 이런 '간극'들이 마리의『레이』를 '침묵의 시학'으로 만든다 (Freeman 865; Burgess 66-67). 특히「셰브르프왈」은 118행을 넘지 않으며,「로스틱」은 160행에 해당하는 고도로 압축적인 내러티브이다. 마리의 글쓰기가 남기는 침묵의 공간은 새로운 주석 붙이기를 계속 허용하는 '모호함'의 글쓰기이다. 이렇게 모호하며 영속화하는 글쓰기는 여성시학과 통한다. 남성시학이 의미의 단일성, 고정성, 고착화를 지향한다고 말할 수 있다면,『레이』에 있어서 폭력, 압제, 침묵시킴의 주체는 모두 남성인 것이다. 여성을 감금하여 대화를 단절시키며 독점하려는 욕망, 쇠창살에 고착되는「요넥」의 새,「로스틱」에서 나이팅게일의 살해 등의 예에서, '위반을 매개하는 유동하는 목소리의 몸'을 고착화시키는 폭력은 예외 없이 남성의 것이다 (Faust 188-189). 그러나, 남성이 고착화시키려는 물상은 그렇지 쉽게 고착되어지지는 않는다. 상자 속에 넣어져 영원한 기념물이 되는 나이팅게일, 개암나무 가지에 새겨진 트리스탄의 이름, 그리고 인동덩굴이 개암나무에 얽혀 있는 모습, 환상 속에서 나타난 요넥의 아버지 큰 새,「밀룅」의 전달매체인 백조,「엘리덕」의 족제비 두 마리, 등 많은 물상들은 남성의 '이성의 눈'에 의해서는 의미가 확정적이지 않고 모호한 채로 남아 있으면서, 위반의 목소리를 바깥 세상에 유포하는 영속적인 여운을 지니는 상징물들로 기능한다. 남성의 '의미 부여하기'(signifying)의 욕망의 상징으로서의 남근중심주의는 로고스를 지향하는 단선적인 글쓰기이지만, 여성 글쓰기는 다양한 욕망충족의 원천을 지닌 다형적인 여성신체를 흉내낸 글쓰

---

9) 이 특징을 포함한 로만스 문학의 언어현상에 대해서는, 졸고「12세기 무훈시, 로만스, 서정시: 개인성과 집단성의 언어와 욕망」,『중세영문학』, 제7집 (1999), 267-303을 참조할 수 있다.

기로서, 의미의 지연을 유도하고, 성급하고 부당한 종결성을 거부한다. 환상, 축약, 모호함, 공간, 침묵의 여성시학은 남근중심주의의 구속으로부터의 해방을 추구한다. 이것은 또한, 블록이 주장하는 바, 『레이』가 모호함을 허용치 않는 글쓰기라든가, 다양성을 위반하여 고착화한다든가 하는 견해가 『레이』의 모든 양상을 설명하기에는 지나친 일반화라는 점을 지적한다. 구전문화의 다양성과 문자문화의 고착성의 대조를 『레이』의 목소리의 침묵에 적용하는 블록의 분석과는 달리, 『레이』의 목소리 자체는 — 고착되더라도 — 남성담론에의 배반과 침범을 영속화할 수 있는 또 다른 다양성의 목소리가 되어 있다. 『레이』는 고도로 압축적이지만, 그 텍스트 안의 간극이 만들어내는 모호성 때문에, 오히려 '잉여'의 의미를 산출한다. 이 점에서 『레이』의 텍스트는 블록의 견해보다는, 해체주의적 관점을 충족시키는 바가 있다고 할 수 있다.

그런 한편, 위반의 결과로서 남는 마리의 노래와 고정된 위반의 매개체들은 영속적인 상징물 혹은 유포되는 또 하나의 노래로 전파되면서, 텍스트가 종결된 후에도 살아 남는다. 이 목소리는 남성담론의 대안으로서 은밀한 지하의 목소리이고, 또한 민담처럼 떠돌며 남아있는 창조물이 된다. 『레이』에서 위반의 목소리는 고착화된 물상으로 바뀌고, 또 한번 영속화하는 목소리로 살아남는 연속적인 치환을 거치면서, 점차적으로 복합적인 의미구조를 형성한다. 「로스틱」에서, 불법적이지만 순수한 사랑은 나이팅게일로 표상되는데, 여인은 죽은 나이팅게일을 남자연인에게 보내고, 남자연인은 이것을 궤에 넣어 보관하여 어디든 지니고 다닌다. 사랑의 감정은 목소리의 존재에 의해 매개되고, 이 위반의 목소리는 물상으로 고착되고, 죽은 물상은 다시 목소리의 존재로, 연이어 치환되는 것이다. 트리스탄과 이쉐트의 짧은 만남을 이야기하는 「셰브르프왈」에도 비슷한 분석을 할 수 있다. 그들의 사랑은 개암나무 가지에 써넣은 글로써 은밀히 전해지고, 개암나무 가지와 인동덩굴의 뒤엉킴으로서 표현된다. 트리스탄과 이쉐트의 사랑의 감정은 이 두 가지 위반의 물상들에 옮겨 내포되고, 이 감정은 또한 트리스탄이 지은 노래, 즉 위반의 목소리에 담겨져 유포된다. 프리먼이 분석하듯이, 등장인물의 감정과 이를 매개하는 물상들이 서로를 치환하는 과정을 거듭하면서, 의미가 첨가되고 반복되어 『레이』는 다층적인 의미구조가 된다 (Freeman 870).

　이렇게 사라지지 않고 고착화하지도 않는 물상의 목소리는 마리의 『레이』 노래짓기와 더불어 영속성의 노래로서 하나가 된다. 즉, 트리스탄 이야기는 이전에도 있어 왔었고 (마리 자신도 그렇게 말한다), 이췌트와의 짧은 만남 후에 트리스탄은 이를 레이로 만들어 표현하고, 마리의 노래가 또한 이 트리스탄의 민남을 또 다른 레이로 되풀이 노래한다. 전통적으로 내려오는 트리스탄 이야기의 변용을 트리스탄과 마리는 함께 노래하는 것이다. 「세티벨」(Chaitivel)에서, 네 명의 남편 후보감을 한꺼번에 잃은 여인은 "이 네 명의 기사에 대한 레이를 지어 '네 명의 슬픔'이라고 이름 붙이겠다"고 말하지만, 살아남았으나 남자로서는 무용지물이 되어버린 그 기사는 이 노래를 "불행한 한 사람"이라고 불러야 한다고 말한다. 그래서 이 이야기의 별명은 "불행한 한 사람" 혹은 "네 명의 슬픔"이다. 같은 이야기에 두 가지 변용이 생긴 셈이다. 트리스탄이 지은 자신의 사랑의 노래나, 궤에 담겨진 나이팅게일이 전달하는 「로스틱」의 사랑의 이야기나, 네 명의 연인을 잃은 여인의 노래는, 마리가 또 한번 되풀이하며 유포하는 이야기와 다른 버전일 뿐 사실상 동일한 것이다. 이런 점에서, 마리가 자신의 '주석'이 이야기에 "최종적 마무리"를 가하여 하나의 '권위'로 고착시킴을 의도하지 않는다고 말함이 자연스럽게 느껴진다. 『레이』 글쓰기는 유동과 통하며, 새로운 해석을 계속 유인하는 글쓰기이므로 (Sankovitch 185), 같은 이야기의 다른 버전들이 여럿 동시에 존재해도 좋은 것이다. 옛 인물이나 문서의 권위를 빌어와 최종임을 자처하는 주석 달기가 아니라, 문서화하지 않은 옛 이야기의 '기억'에 새로운 경험과 의미를 첨가하는 유동적인 글쓰기인 것이다. 이미 널리 유포되어 있는 이야기를 바탕으로 하여, 이야기 속의 인물은 자신의 경험을 새롭게 노래하는데, 마리의 레이도, 사실상, 이와 똑같은 작업을 하는 셈이므로, 결국은 마리도 그 이야기 속에 편입되어, 그들의 민속적 글쓰기와 노래하기의 일부가 된다. 타자의 이질적인 목소리를 침묵시킴이 아니라, 식수와 이리가레이가 말하듯, "여러 개의 혀"가 동시에 말함을 허용하는 여성 글쓰기이다 (Moi 112-113).

4. 마리의 『레이』의 사회학

마리의 『레이』에 나타나는 바, 혈통계승을 위한 강제스런 결혼과 개인의 지에 의한 자연스런 연애에 대한 당시의 관행을 이해하기 위해서는, 12세기 결혼풍습에 대한 조르쥬 뒤비(Georges Duby)의 연구가 도움이 될 것이다. 뒤비의 연구에 따르면, 북프랑스에서 카롤링거 왕조의 붕괴 후 10세기와 11세기 초반에 걸쳐 가계의 확립과 계승을 위한 가문끼리의 결혼관습 ('세속적 귀족계층의 모델')이 생겨났고, 이것은 11세기 후반과 12세기 초엽에 새롭게 생겨난 개인 상호간의 의사를 중시하는 결혼('교회의 가르침의 모델')과의 갈등관계에 있게 되었다는 것이다 (Duby, *Marriage* 1-22). 마리의 『레이』의 대부분의 이야기는 순수한 연애가 결국 승리하는 후자에 해당되는 것처럼 보일 수 있다. 『레이』는 당시의 상황에서 보면 유독 "토지, 유산, 친족계승이 덜 드러나는" 결혼의 양상을 그리고 있다고 말할 수 있고, 이런 예들은 세속적 귀족가계의 모델이 시기적으로 깨어지기 시작하는 징후라고 말할 수 있을는지 모른다 (Bloch, *Etymologies* 190-191).

그럼에도 불구하고, 그렇지 않은 흔적이 사실상 훨씬 더 많다. 『레이』의 결혼관습은 세속 모델과 교회 모델이 적어도 중첩되어 있는 경우라고 말하는 것이 더 타당하다. 당시의 상황을 보더라도 당사자의 상호 승낙에 의한 결혼은, 교회에서 엄수되지 않는 경우, 은밀한 연애나 결혼의 실행을 낳게 되었고, 이것은 이중혼의 혼란을 가져오기도 하였다는 것이다 (Shahar 83-84). 『레이』에서 이와 비슷한 현상을 찾기는 어렵지 않다. 결혼 이전에 연애하여 아이를 가졌음에도 가문의 권유에 의해 결혼하고, 나중 원래의 연인과 이십 년 간이나 서신을 교환하는 「밀룅」의 여인에게서, 이중혼의 요소는 비교적 뚜렷하다. 엘리덕은 기혼이면서 이 사실을 숨기고 처녀와 연애하므로, 이중혼의 요소가 분명하다 (Bloch, *Mysogyny* 137). 이밖에도, 「요넥」, 「귀즈마르」, 「로스틱」의 여인들처럼, 『레이』의 많은 인물들이 세속적 귀족 모델의 결혼으로 시작하지만, 결국 결혼 밖의 남자와 연애하게 되므로 ― 간통은 교회의 가르침에는 정면으로 위배되는 것이지만 ― 결국 상호의사에 의한 연애로 향하는 추세를 보여준다고 할 수 있을 것이다. 그런데, 사정이 그러할지라도, 중요한 것은, 마리가 법적으로 공식적으로 이중혼을 허용하는 쉬운 도덕률의 제공자는 아니라는 점이다. 『레이』에서 남편들은 결코 부인과 젊은 남자와의 관계를 허용하거나 묵인해 주지 않으며, 불법의 은밀한 연애가 지속되더라도, 대부분의 경우에 있어, 원래의 남편이 죽을 때까지는 이 연애가 행복한 결혼에 도달함이 보류된다. 그래서, 로즈마리 울프는 『레이』에서 남녀 상호 간에 교환되는 애정의 올바름이 불행하고 애정 없는 결혼생활보다 더 귀중하게 취급됨을 인정하지만, 그렇다고 해도 결혼의 사회도덕률적인 의무를 무화시키지는 않는 예를 또한 마리에게서 지적한다. 사실상의 이중혼이라 할지라도, 법적으로는 이를 허용하지 않는 마리의 섬세하지만 확고한 도덕적 감수성이 살아 움직이고 있는 것이다 (Woolf 230). 요컨대, 12세기 결혼의 세속모델과 교회모델의 변증법적인 갈등 관계에 있어, 『레이』에 잠재되어 있는 이 은밀한 이중혼의 요소가 시기적으로 후자가 전자를 대체하는 결정적인 전환점을 가리킨다고 말하는 것은 지나치지 않다.

마리의 『레이』가 은밀한 연애의 불가피함을 다수 그리고 있다고 해도, 넓은 맥락에서 보면, 『레이』의 결혼 이야기의 많은 경우에 있어, 아버지, 늙은 남편, 봉건영주 등 가부장제의 중심인물들이 여전히 상당한 정도의 영향력을 끼치고 있음은 놓치기 힘든 사실이다 (Bloch, *Etymologies* 190-191). 「두 연인」(Les Deus Amanz)에서는 딸을 쉽게 결혼시키지 않으려고, 신랑후보가 딸을 업고 산꼭대기까지 올라가야 한다는 과도한 조건을 내거는 아버지의 압제적 횡포가 그려져 있다. 은밀하게 밀룅에게 접근했던 여인은 밀룅이 용병으로 떠나간 후, 그녀의 아버지의 의지대로 귀족과 결혼할 수밖에 없다. 「밀룅」, 「요넥」, 「로스틱」 등에서는 질투 많은 남편의 횡포가 주를 이룸은 앞에서 토론한 바이다. 「에퀴탕」에서는 궁전의 집사(執事)와 봉건영주 사이의 신분의 차이가 드러나며, 여인은 봉건영주의 의지와 지위의 유혹을 떨쳐버리지 못한다. 「르 프레슨」에서는 신분이 불투명한 르 프레슨은 내연의 처에 불과하고, 왕은 신하들의 제청에 따라 귀족신분인 라 코드르를 아내로 맞이하려 한다. 이 두 사람의 차이에 대해 신하들은 "개암나무에는 [우리가] 즐길만한 개암이 열리지만, 물푸레나무는 결코 열매를 맺지 않는다"라고 말한다.10) 이 예들은 『레이』에서 가부장제 권력과 사회윤리가 여전히 권위를 보유하는 결혼제도의 실상을 제시한다.

이와 유사하게, 순수한 애정에 의한 남녀의 만남처럼 보일 수 있지만, 실제로는 귀족가계의 확립과정에서 생겨난 부산물과 맞물려 있는 남녀관계도 있다. 고향을 떠나 있으며 아써 궁에서도 대접을 못 받는 궁핍한 기사 랑발에게 아발론의 여인은 풍부한 물질적 혜택을 베풀면서 사랑하는데, 이들의 연애는 상호간의 의지에 의한 순전한 사랑 때문만은 아닐 수 있다. 조르쥬 뒤비의 중세 프랑스 가족사 연구를 다시 참조해 보면, 10~11세기의 봉건제 재편의 움직임에 따라, 유력한 상위귀족들은 좁은 의미의 혈통계승을 꾀하여 가문의 확립을 시도하던 추세였다는 것이다. 귀족가문의 장자상속권이 실행되기 시작하여 여기에서 제외된 차남 이하 '어린 남자들'(*juvenes*), 그리고 상위귀족에 종속되어 퇴락한 하위귀족의 자식들은 무리를 지어 떠돌면서, 돈 많은 상위귀족 여상속인의 총애를 추구하였는데, 이것이 이른바 '궁정식 연애'에 관한 하나의 역사적 설명을 제공한다고 한다 ("Youth" 117-119). 사랑의 제안을 거부당한 귀네비어가 랑발을 동성애자 혹은 성불구자라고 낙인찍으면서, 그가 "여자에 대한 욕정이 없고, 잘 훈련된 젊은이들과 함께 즐거이" 어울려 다닌다고 했는데, 이 젊은이들이란, 사실은, 바로 차남 이하의 어린 기사들의 무리를 가리킬 수 있다. 아써 궁에서 다른 기사들과는 달리, "배우자도 토지도" 할당받지 못하고, "용돈도 다 써 버리고" 궁핍한 생활을 하는 랑발을 사랑하고 도와주는 아발론의 부유한 여성은11) 가문의 확립 과정에서 소외된 이러한 떠도는 남성들의 소망이 충족되는 여성의 한 모델이 아닐까 하는 생각이 가능하다 (Bloch, *Mysogyny* 166-168).12)

---

10) 이 두 나무는 각각 '라 코드르'와 '르 프레슨'의 이름이 뜻하는 바다 (Mickel, "Irony" 151).

11) 크레티엥 드 트롸의 『에릭과 에니드』에서는, 원래 아발론 요정의 여인의 한 사람인 모간(Morgan le Fay)이 랑발이 아닌, 귀즈마르의 연인으로 잠깐 비친다. 여기서 귀즈마르는 아발론 섬의 영주로 되어 있다 (Kibler & Carroll, trans., p.61). 『레이』의 내용에 있어서, 랑발이 아발론으로 가는 것처럼, 귀즈마르도 마법의 배에 태워져 미지의 나라로 가서 상처를 치유 받기는 한다. 물론 귀즈마르의 연인은 모간과는 달리 고통받는 부인이지만.

12) 여기서 아발론의 여인이 랑발에게 연애사실을 비밀로 해 달라는 주문은 — 귀부인의

「엘리덕」에서도, 동료 기사들의 시기심 때문에 엘리덕이 다른 나라로 추방되어 어느 왕가에 머물게 되는데, 그의 주위에는 "선물이나 돈을 기다리는 가난한 기사"들이 많이 몰려들었으며, 엘리덕을 총각기사로 생각하여 먼저 연정을 표현한 기이아탱은 "세력은 있으나, 매우 늙고," "아들은 없는" 왕의 딸이므로, 이 가계를 계승해야 하는 '상속녀'임이 분명하다. 「밀룅」의 젊은 기사도 한 예가 될 수 있다. 그는 귀족여성과 은밀하게 연애하나, 용병으로서 돈을 벌고 명성을 얻기 위해 떠난다. 상속 없이 떠도는 젊은 기사는 재산과 안온한 붙박이 거처를 필요로 하며, 어느 한 곳에서 목적을 성취할 수 없으면, 다른 곳으로 떼지어 옮아가는 일이 일쑤였던 상황이었다. 밀룅도 토나멘트와 전쟁을 치르며 여러 곳을 거쳐왔다. 또한, 뒤비에 의하면, "브레통 로만스에 자주 등장하는바," 기사와 여인의 간통스런 연애는 토나멘트가 있는 날, 편력하는 기사와 여인의 하룻밤의 연애 식으로 자주 있었다는 것이고, 마리의 『레이』에서 먼저 사랑을 표현하는 여인들도 이런 부류에 속한다고 할 수 있다. 편력 기사와 귀부인과의 이런 연애는 순수한 감정에 의한 연애라기보다는, 간통을 금하는 규율을 조롱하듯이, 그리고 상위귀족 영주에 대한 앙갚음으로서, 흔히 이루어졌다는 것이다 (*Marriage* 13-14). 그러므로, 이런 간통스런 연애를 순수한 감정을 앞세우는 '교회모델'에 부합한다고 말하는 것은 섣부른 관측이다. ('교회모델'은 간통을 금지하였던 도덕률 외에도 일부일처제, 혼전순결, 이혼의 금지, 등을 엄격하게 규정하였던 것이다.) 뒤비의 12세기 '젊은 기사' 이론에 의해 조명되는 『레이』의 이러한 예들은, 순전한 자유연애의 감정에 의해서 이루어지는 것처럼 보이는 『레이』의 남녀관계들도, 사실은, 여전히 좀더 이른 시기의 가부장제 혈통 유지의 제도와 관념 안에서 움직이는 바가 많다는 것을 잘 보여 준다.

신분은 더욱이 그렇겠지만, 결혼하기 전의 상속녀일지라도 — 이 사랑이 젊은 기사를 자기 집안의 방어를 위해 묶어 둘 필요 때문이지, 이를 결혼으로 현실화할 의지가 없다는 것을 암시한다고 할 수 있다. 조르쥬 뒤비의 관측에 따르면, 젊은 기사와 영주의 아내의 연애는, 어디까지나, 영주의 통제력 안에서 이루어졌다는 것이다. 「셰티벨」에서 네 명의 기사들을 모두 연인으로 묶어두고 조작하여 경쟁토록 하는 여인의 행동도 어느 한 명과 결혼은 하지 않으면서, 연애를 미끼로 젊은 기사들을 자신의 영지에 체류케 하려는 '궁정식 연애'의 정치적 측면을 드러내는 부분이랄 수 있다.

위에서 살핀 예들은『레이』의 결혼양상이 세속모델과 교회모델이 중첩되던 시대의 특정한 관습적 변동의 일부를 꽤 충실하게 반영한다는 결론에 다다르게 한다. 간통과 이중혼의 법률적 위상에 대한 마리의 유보적인 도덕관, 공적인 사회도덕률의 중시, 가부장제의 결혼관습의 여전한 위세, '젊은 기사'들의 소망 성취를 위한 방랑과 편력 등, 이 풍부한 예들은 자유로운 연애를 허용하는 마리가, 법률과 사회도덕률의 차원에 있어서는, '위반'에 대해 매우 신중한 자세를 취하는 것을 보여준다. 여기에서 한 걸음 더 나아가, 마리의 신중한 가치관은 전통적 봉건제 질서의 어떤 부분들을 가감 없이 수용하는 예들에서 더욱 강화된다.『레이』에 포함된 열두 편의 내러티브는 격식과 도덕률을 벗어나는 연애를 가장 큰 주제로 삼고 있지만, 이를 제외한 다수의 이야기들은 대부분 절제를 모르는 과도한 격정의 연애가 비극으로 치달음이나, 사랑의 충직성을 저버리는 비정서적 욕망의 허망함을 지적하는 이야기들이다. '충직'이나 '절제'는 중세봉건제 문화의 안정된 질서와 유지를 위해, 더 없이 귀히 여겨진 덕목으로서, 이 부류의 이야기들은 마리가 중세의 전통적 질서관에서 크게 벗어나 있지 않다는 사실을 직접적으로 확인시켜 준다. 「에퀴탕」에서 왕궁의 집사의 아내는 신분의 차이를 의식함에도 불구하고, 왕의 연인이 되기를 도모하여, 남편을 죽이려고 뜨거운 물을 준비하지만, 오히려 자신과 왕이 그 물에 데여 죽음을 맞이한다. 「비스클라브레」(Bisclavret)에서는 남편이 늑대인간임을 알아차린 아내는 남편의 옷을 감춤으로써 그가 보통사람으로 되돌아오는 방도를 잃게 하고, 다른 남자와 결혼하지만, 결국은 늑대인간에게 코를 떼이는 처지가 된다.[13] 남녀를 불문하고 충직성의 위반은 문제가 되며, 여전히 봉건제의 신분관계는 중요하게 여겨지는 것이다. 뿐만 아니라, 순수한 동기에 의하지 않은 여성의 부정 또한 인과응보의 대상이 된다. 「르 프레슨」에서 한 여인은 이웃여인이 낳은 쌍둥이 아이를 질투하여, 쌍둥이는 부정에 의해 태어난다고 비방하는데, 정작 그 대가로 그녀 자신도 쌍둥이를 가지게 되어, 한 명을 버려야 하는 고통을 겪는다. 「세티

---

13) 아내가 남편을 살해하는 일은 부하가 상관을 죽이는 일과 똑같이 취급되었다. 중세 시실리에서는, 법률에 따라, 간통을 저지른 여인의 코를 잘라내었다고 한다 (Shahar 18).

벨」에서, 네 명의 기사를 다 갖기 위하여 조작하는 허영스런 귀족여인은 이들을 서로 경쟁하도록 만들지만, 결국 모두를 잃는 결과를 초래한다. 게다가, 절제를 모르는 동물적 열정(*démesure*)은 순수한 사랑의 경우에 있어서도, 인간의 이성을 위반하므로, 문제를 야기한다. 「두 연인」에서는, 산꼭대기까지 여인을 업고 올라가는 테스트에서 여인은 남자에게 영약(potion)을 권하는데, 남자는 이를 뿌리치는 열정으로 산정에 오르지만, 결국 기진맥진하여 죽는다. (여인이 산등성이에 뿌린 영약을 먹고 꽃들이 피어오르는데, 죽은 기사의 오비드적인 '변신'을 연상케 한다.) 심지어 「요넥」처럼 열정적인 연애 이야기에서조차도, 기사는 여인에게 "당신이 원하면 언제든 올 터이지만," "발각되지 않도록 절제하라고" 말해 줄 정도이다. 『레이』에서 상호 충직의 어김, 현실적 이득을 위한 사랑, 신분상승이나 부당한 이유로 인한 결혼의 위반, 절제의 위반 등, 전통적 봉건제가 귀히 여기는 가치를 위반함은 모두 징벌의 대상이 된다.

*

마리의 『레이』에서 억눌린 여성의 위반스런 욕망의 분출은 강렬하고 적극적인 것처럼 보이지만, 극도로 억압되고 고립된 여성의 고통에서 불가피하게 생겨난 것이고, 대부분 은밀한 공간에서의 환상의 힘으로 가능한 것이었다. 열정과 욕망은 위반을 낳지만, 그 위반은 개인공간에 머물고, 환상의 서정적 공간이나 가족차원의 개별적 공간에서 종결된다. 억눌린 여성의 은밀한 환상과 욕망을 풀어냄은 기존의 중세 담론형식에서 자리잡을 공간을 찾기 어렵다. 이것은 마치 중세 때에 여성담론이, 고딕문학이나 자서전적 여성명상 담론처럼, 극단화한 공간에서만이 그나마 자유로운 재현의 기회를 가질 수 있었던 것과 마찬가지의 이치이다. 고딕문학은 여성의 욕망의 억눌림과 정체성의 위기의식이 '히스테리'를 넘어 노출되는 지경을 담아낼 수 있는 내러티브이다. 명상의 세계에서는 여성의 은밀한 욕망이 초월적 대상을 빌어서 분출됨이 정당화되고 허용될 수 있는 공간이다. 여기서는 남녀의 성차이가 해소되고 모든 인간 영혼은 평등하게 신의 여성 배우자이며, 때로는 신의 여성성까지도 주장할 수 있는 여지가 확보된다. 비슷한 방식으로, 마리의 레이는 켈트 민담의 통속성과 환상세계의 모티프를 빌어 여성의 욕망을 구현하였던 것인데, 이것은 특수한 형식을 빌리지 않고서는 접근할 수 없는 급박한 감정을 탐구할 수 있는 허구적 공간을 마련해 주었다. 이 비범한 내러티브들은 모두 가부장제의 억압 하에서 부재와 타자로서의 존재를 강요받는 여성의 주체가 그나마 스스로의 욕망과 쾌락을 제한적으로 재현할 수 있는 담론의 공간들이다.

마리의 세계에 있어 초자연력과 모험의 세계는 여느 로만스 문학에서 기사들이 비교적 자의적으로 조우하게 되는 모험과 초자연의 세계와는 다르다. 로만스 문학에서 초자연적 세계는 주인공이 무술과 자선의 행위를 시험할 수 있는 극도로 증폭된 공간이고, 이 모험의 공간을 통과하는 것이 더 나은 기사가 되는 편력에 해당된다. 『레이』에 있어서 환상의 공간은 현실규율의 위반과 연결되어 있는 욕망이 표현되고 성취됨을 얻는 사건이 반드시 일어나는, 그런 의미에서 현실과 긴밀한 연관을 갖는 공간이랄 수 있다. 마리의 『레이』는 남성담론이 아직 공식화하지 못한 영역으로서의 구전문화를 문자화함으로써, 그리고 켈트 민담의 초자연적 세계의 형식을 빌어, 오로지 여성의 것일 수밖에 없는 욕망과 판타지의 세계를 구성한다. 더불어, 브레통 민담에 잠재한 통속성의 요소도 마리의 '위반'이 귀족문화의 격식에 대해 반기를 드는데 한몫 하였다. 궁정연애기법을 깨뜨리는 랑발의 언어의 위반, 먼저 구애하는 여성들, 반여성주의의 고정관념을 뒤엎는 여성유대와 관대함 등, 공식문화의 점잖음과 궁정문화의 격식과 규율을 깨뜨리는 일탈의 자유로움은 바흐찐이 지적하는 대중문화에 잠재되어 있는 희화화 내지는 뒤집음의 가능성을 떠올리게 한다 (Stallybrass 참조). 그럼에도, 마리가 중세 가부장제도 자체를 위협하려는 것은 아님은 이미 토론한 바와 같다. 마리는 이 제도 아래서 치러진 결혼 중 잘못된 결혼(mal mariées)의 부당함을 생생한 현실로 거듭 강조하여 제공하고, 이 장애를 극복할 바람직한 현실적 해결방도가 찾아지지 않는 때에, 이를 비범한 방법으로 해소하려는 것이다. 가부장제의 결혼제도나 그 신분의식에 직접 도전한다거나, 간통을 인정한다기보다는, 억압받는 여성의 욕망이 어떤 형태로든 탈출구를 찾는 방향에서의 해결책이다. 부당하게 억압적인 현실에 대해 "낭만적이고, 미학적으로 만족스런 탈출구"를 모색할 뿐, 사회제도 자체를 무화시키지는 않는다 (Woolf 238).

마리의 여성들은 농부여성도, 도회지 중산층의 일하는 여성도 아니다. 감시를 받으며 '남성의 성'에 갇혀 있는, 무력하고 신경중적인 '가정적' 귀족여성이다 (「랑발」의 부유하고 독립적인 요정의 여인은 물론 예외이다). 이들에게서 봉건제 귀족사회의 질서에 위협을 가하는 — 12세기 프랑스에서 발현되기 시작했었던 — 부르주아적 태도는 찾기 어렵다 (Burgess 129-130). 「에퀴탕」에서 미약하게나마 신분상승을 꾀하는 여인의 예가 이러한 부르주아적 가치관에 가장 근접해 있는 예일 것이지만, 여기에서도 영주는 점잖고 신실한 귀족예법과 가치를 존중하며, 세속적 타산이나 일시적 충동에 의한 '상놈'들의 연애관행을 경계하는 인상적인 논변으로 여인에게 다가간다. 요컨대, 『레이』의 대부분의 연애 이야기는 억압받는 여성의 정치 사회적 측면보다, 일상적인 결혼생활에서 느껴지는 정서적 고통을 조명하는 것이다. 히스테리의 변경에까지 이른 여성의 억눌린 감정은 환상세계를 현실의 대용물로서 상정하는데, 현실과 환상세계가 이음매 없이 매끄럽게 이어지는 『레이』의 이 내러티브는, 부당한 현실로부터 거리를 두고 싶어하는 마리의 심정을 대변한다고 할 수 있을 것이다. 그럼에도, 소망성취가 이루어지는 환상세계가 불법이고 위반임이 분명한 세계로 그려지는 만큼, 『레이』는 현실과의 연관을 놓치지 않고 있다. 현실 규율의 위반을 꿈꾸는 환상, 그리고 이 환상세계에서의 욕망의 성취, 그리고 이 위법 때문에 고통과 벌받음의 과정은 현실규율의 위반과 환상에서의 소망성취가 서로 대체하는 관계에 있는 것이 아니라, 맞물려 있음을 가리킨다. 『레이』의 환상세계는 단순한 가상의 세계가 아니며, 꿈의 세계처럼 현실에 대한 완전한 대용물도 아니다. 토도로프(Zvetan Todorov) 식으로 말하자면, 『레이』의 사건을 구성하는 요소들에서 '징벌'의 이야기 코드(Culler 216)가 제외되어 있지는 않는 것이다. '위반'에 따르는 '징벌'의 코드로부터 자유로운 장르의 문학 — 순수한 환상의 문학, 웃음을 지향하는 파블리오, 본격적인 개인성이 발현되는 후세대의 문학(이런 문학들도, 사실은, 온전히 급진적이지는 않지만) — 과 마리의 『레이』는 같은 부류의 문학이 아니다. 그러므로 『레이』에서, 사랑의 순수성에 의한

'위반'으로 성취할 수 있는 급진적 유토피아의 가능성은 위반과 소망 성취의 현장이 환상세계라는 수단에 의존하고 있을 뿐만 아니라, 주군과 기사, 남편과 아내 사이의 상호충직성, 보수적인 사회계층의식, 전통적인 여성의 역할 관념 등의 현실인식과 내면화된 기존가치의 존중에 의해 강하게 제한된다.

　이런 점에서 근대적 주체의 한계성에 따른 위반의 제약을 주장하는 미셸 푸코의 통찰도 부분적으로 마리의 위반에 대해 조명하는 바가 없진 않다. 푸코는 위반이 아침의 빛이 아니라, 한밤의 어둠을 더욱 강렬하게 인식시키는 밤하늘의 번개같은 섬광이다라고 하였나 (Foucault 35-36). 위반은 기존의 가치나 그 가치에 상응하는 경계를 거부하는 것도 아니고, 어떤 새로운 가치영역과 경계를 설정하려는 것도 아니다. 단지 그 가치들을 경계에까지 몰고 가는 항변이다. 마리는 단일한 목소리보다는 다양한 목소리가 있을 수 있음을 주장하여, 귀족사회 규율에 대해 서민스런 정서를, 학문의 영역보다는 통속적 구술문화의 전통을, 남성보다는 여성의 목소리를 내어놓지만, 이 주장은 기존의 사회질서와 남성세계 영역 안에 위치하여 다시금 제한된다. 계속적인 재편의 과정 속에서 유동하는 사회질서의 법률에 의해 반동과 위반의 기회가 생성되지만, 위반은 기존의 법률에 의해서 다시 제약을 받는 것이다 (Dollimore 81-91). 12세기 후반의 역사적 시점에서 교차하는 여러 담화들의 거물망을 『레이』가 예외적으로 피해 갈 수는 없다. 가계의 요구와 개인의 승낙에 의거하는 12세기 결혼의 두 모델과, 가까스로 태동하는 부르주아 가치를 수용하기에는 아직도 미진한 봉건제 질서를 포용하며, 헨리 2세의 궁정의 후원을 받는 궁정시인의 사회신분에 갇힌 바 되어 있는 상황에서, 마리의 주체는 자유로울 수 없다. 『레이』의 위반은, 그러므로, 역사적 상황 안에서의 자유의 추구이고, 그 안에서 반동의 정도를 조절하고 규범화한다. 『레이』는 현실적 고통이 없는 초월적 세계를 요청하지만, 그 안에는 그러한 이상향을 손쉽게 제시하지 않는 섬세하고도 단호한 현실인식 또한 생생하게 살아 움직인다. 마리의 『레이』에는 위반과 규범이 함께 한다.

참고 문헌

The Lais of Marie de France. Trans. Glyn S. Burgess & Keith Busby. Harmondsworth: Penguin, 1986.

"The Owl and the Nightingale." *Medieval English Literature.* Ed. Thomas J. Garbáty. Lexington, Mass.: D.C. Heath, 1984.

Chretien de Troyes. *Arthurian Romances.* Trans. William W. Kibler & Carleton W. Carroll. Harmondsworth: Penguin, 1991.

Bloch, R. Howard. *Etymologies and Genealogies.* Chicago: U of Chicago P, 1983.

_____. "New Philology and Old French." *Speculum* 65 (1990): 38-58.

_____. "The Medieval Text — 'Guigemar' — As a Provocation to the Discipline of Medieval Studies." *The New Medievalism.* Ed. Marina S. Brownlee, Kevin Brownlee, & Stephen G. Nichols. Pp.99-112.

_____. *Medieval Mysogyny and the Invention of Western Romantic Love.* Chicago: U of Chicago P, 1991.

Brownlee, Marina S., Kevin Brownlee, & Stephen G. Nichols. ed. *The New Medievalism.* Baltimore: Johns Hopkins UP, 1991.

Burgess, Glyn S. *The Lais of Marie de France: Text and Context.* Athens: U of Georgia P, 1987.

Cixous, Helene. "Castration or Decapitation?" Trans. Annette Kuhn. *Signs* 7 (1981): 41-55.

Culler, Jonathan. *Structuralist Poetics.* London: Routledge & Kegal Paul, 1975.

Dollimore, Jonathan. *Sexual Dissidence: Augustine to Wilde, Freud to Foucault.* Oxford: Clarendon Press, 1991.

Donovan, Mortimer J. *The Breton Lay: A Guide to Varieties.* Notre Dame: U of Notre Dame P, 1969. Rpt. *Classical and Medieval Literature Criticism.* Vol. 8. Ed. Dennis Poupard & Jelena O. Krstovic. Pp.145-150.

Duby, Georges. "Youth in Aristocratic Society." *The Chivalrous Society*. Trans. Cynthia Postan. Berkeley: U of California P, 1977. Pp.112-122.

_____. *Medieval Marriage: Two Models from Twelfth-Century France*. Trans. Elborg Forster. Baltimore: Johns Hopkins UP, 1978.

Faust, Diana M. "Women Narrators in the 'Lais' of Marie de France." *Women in French Literature: A Collection of Essays*. Ed. Michel Guggenheim. Anma Libri, 1988. Rpt. *Classical and Medieval Literature Criticism*. Vol. 8. Ed. Dennis Poupard & Jelena O. Krstovic. Pp.185-189.

Ferrante, Joan M. *Woman as Image in Medieval Literature*. New York: Columbia UP, 1975.

Fitz, Brewster E. "The Prologue to the *Lais* of Marie de France and the Parable of the Talents: Gloss and Monetary Metaphor." *MLN* 90 (1975): 558-564.

Foucault, Michel. "A Preface to Transgression." *Language, Counter-Memory, Practice*. Trans. Donald F. Bouchard & Sherry Simon. Ithaca, Cornell UP, 1977. Pp. 29-52.

Freeman, Michelle A. "Marie de France's Poetics of Silence: The Implications for a Feminine *Translatio*." *PMLA* 99 (1984): 860-883.

Hoepffner, Ernest. "The Breton Lais." *Arthurian Literature in the Middle Ages*. Ed. Roger Sherman Loomis. Oxford: Clarendon P, 1959. Pp. 112-121.

Irigaray, Luce. *This Sex Which is Not One*. Trans. Catherine Porter. Ithaca: Cornell UP, 1985.

Moi, Toril. *Sexual/Textual Politics*. London: Routledge, 1985.

Mickel, Emanuel J., Jr. "A Reconsideration of the *Lais* of Marie de France." *Speculum* 46 (1971): 39-65.

_____. "Marie de France's Use of Irony as a Stylistic and Narrative Device." *SP* 71 (1974). Rpt. *Classical and Medieval Literature Criticism*. Vol. 8. Ed. Dennis Poupard & Jelena O. Krstovic. Pp.150-157.

Nichols, Stephen G. "Marie de France's Commonplaces." *Contexts: Style and Values in Medieval Art and Literature*. Ed. Daniel Poirion and Nancy Freeman Regalado. Special issue of *Yale French Studies* (1991). Pp.

134-148.

_____. "An Intellectual Anthropology of Marriage in the Middle Ages." *The New Medievalism.* Ed. Marina S. Brownlee, Kevin Brownlee, & Stephen G. Nichols. Pp.70-95.

Ong, Walter J. "Orality, Literacy, and Medieval Textualization." *NLH* 16 (1984): 1-12.

Poupard, Dennis & Jelena O. Krstovic. *Classical and Medieval Literature Criticism.* Vol. 8. Detroit: Gale Research Co., 1988.

Sankovitch, Tilde A. *French Women Writers and the Book: Myths of Access and Desire.* Syracuse: Syracuse UP, 1988. Rpt. *Classical and Medieval Literature Criticism.* Vol. 8. Ed. Dennis Poupard & Jelena O. Krstovic. Pp.177-185.

Shahar, Shulamith. *The Fourth Estate: A History of Women in the Middle Ages.* Trans. Chaya Galai. London: Methuen, 1983.

Spitzer, Leo. "The Prologue to the *Lais* of Marie de France and Medieval Poetics." *MP* 41 (1943-4): 96-102.

Stallybrass, Peter & Allon White. *The Politics and Poetics of Transgression.* Ithaca: Cornell UP, 1986.

Stevens, John. "The 'Granz Biens' of Marie de France." *Patterns of Love and Courtesy: Essays in Memory of C. S. Lewis.* Ed. John Lawlor. Evanston: Northwestern UP, 1966. Rpt. *Classical and Medieval Literature Criticism.* Vol. 8. Ed. Dennis Poupard & Jelena O. Krstovic. Pp.137-145.

Woolf, Rosemary. "Moral Chaucer and the Kindly Gower." *J.R.R. Tolkien, Scholar and Storyteller: Essays in Memoriam.* Ed. Mary Salu & Robert T. Farrell. London, 1979. Pp.221-245.

이진아

르네상스 휴머니즘의 윤리 사상과 성(gender)

본 글에서는 르네상스 휴머니즘(Renaissance humanism)에 있어서 윤리와 성1)의 문제, 또는 윤리의 성별화에 대해 연구하고자 한다. 르네상스 휴머니즘에서 추구한 높은 도덕성은 르네상스 문학관에도 매우 중요한 영향을 미쳤으므로, 르네상스 휴머니즘의 윤리사상의 성별화에 대한 연구는 르네상스 문학이론과 그 영향을 받은 근대 초기의 문학작품들과 윤리서들을 연구하는 데 있어서 중요할 것으로 사료된다. 윤리는 철학의 한 분야이면서 또한 문학 연구에 있어서 전통적으로 매우 중요한 비평 용어이다. 근자에 이르러 문학과 윤리에 대한 연구는 작품 속에 내재된 도덕적 가치에 대한 연구 뿐 아니라 데리다(Derrida), 하버마스(Habermas), 이리가라이(Irigaray), 특히 푸코(Foucault) 등의 영향을 받아 읽기, 쓰기, 해석, 비평의 윤리, 또는 담론, 장르, 문화, 제도의 윤리, 또는 인간 관계성의 윤리 등 다양한 주제들로 발전되어 나가고 있다. 또한 르네상스/근대 초기 영국문학 연구에 있어서, 최근 활성화된 신역사주의 연구에 힘입어 계층(class) 문제와 함께 성이 역사적 분석의 범주에 포함되기 시작하여, 근대 초기 영국문학에 대한 이해의 폭을 넓혀주고 있다. 이러한 맥락에서 르네상스 휴머니즘 윤리 사상을 성의 관점

---

1) 본 글에서 특별히 명시되지 않는 한 성은 gender를 의미하기로 한다.

51

에서 읽는 작업은, 르네상스 문학 연구에서 비평적 범주로서의 윤리와 성을 접목시킬 수 있는 시각 또한 제시할 것이라 기대된다.

13세기 말에서 15세기에 걸쳐 이탈리아 도시 국가를 중심으로 부흥하여 그 후 북유럽으로 퍼져나간 르네상스라고 하는 현상은 유럽 문화의 모든 분야에서 중세의 전통을 이어받으면서도 새롭게 혁신된 기운을 유럽 사회 전체에 불어넣었다. 르네상스의 영향들은 17, 18세기에도 이어졌으며, 근대세계로 가는 문을 열어주었고, 근대 서구문화를 형성하는데 지대한 공헌을 하였다.

이러한 르네상스 문화를 이끌어 나갔던 중추는 바로 휴머니즘 운동이었다. 휴머니즘이란 용어는 전통적으로 르네상스와 함께 연상되어 왔는데, 실제로 이 용어는 19세기 초 독일 교육자 F. J. 니트함머(F. J. Niethammer)가 당시 고등교육에서 보다 과학적이고 실용적인 교육적 요구에 대해 고전 연구를 강조하기 위해 처음 사용하였다. 휴머니즘이란 용어가 교육영역에 관련되어 널리 사용되기 시작되었듯이, 르네상스 휴머니즘은 르네상스 문화의 여러 분야들 가운데, 특히 교육분야와 밀접한 관계가 있다. 르네상스 휴머니즘 연구에 있어서 가장 영향력 있는 학자인 폴 오스카 크리스텔러(Paul Oscar Kristeller)에 의하면, 르네상스 휴머니즘은 당시 중고등 교육기관의 교육과정의 개혁 운동이었다(*Renaissance Humanism*, vol. 3, 271-309). 많은 휴머니스트들이 전문적인 교사들이었고 이들의 교육과 연구 저술 활동들을 통해 고전 문화의 부흥, 인간에 대한 관심 등 중요한 가치들이 르네상스 문화의 중심에 자리잡게 되었다. 휴머니스트들의 교육과정인 인문학 연구분야(studia humanitatis) 중에는 중세 교육의 핵심인 논리학, 신학 등은 빠져 있지만, 철학분야에서 유일하게 강조된 분야는 도덕 철학(moral philosophy)이었다. 도덕적 품성의 함양에 깊은 관심을 가졌던 휴머니스트 교육자들은 그리스 로마 고전 문학과 역사, 철학 저술들을 읽음으로써 그 속에 스며있는 도덕적 가르침을 배울 수 있다고 믿었다. 나아가서 이들 휴머니스트들은 또한 고대와 중세의 전통을 물려받아 문학 작품을 통한 인간의 도덕성 함양은 문인의 주요 의무라는 점과 문학의 도덕적 효용성을 강조하여, 이들이 쓴 문학 작품들 속에는 도덕적 교훈들과 가르침들이 깊이 배여 있다.

르네상스 휴머니즘에서 높은 가치를 둔 인간의 도덕성 또는 도덕적 행위를 다루는 학문이 바로 윤리/학인데, 윤리/학(ethics)이란 용어는 그리스어로 한 인간의 성향이나 성격을 의미하는 에토스(ethos)에서 유래한다. "윤리는 '타자'에 대한 관심과 주장들 ― 도덕률, 인간 타자, 문화적 규준들, 선 자체 등 ― 이 명료화되고 협상되는 영역이기도 하다(*Critical Terms* 394)." 이 명료화와 협상의 과정은 개인의 성(sex와 gender 둘 다의 의미에서)에 의해 영향을 받지 않을 수가 없다. 인간의 모든 행위는 시대에 따라 문화적 종교적 사회적으로 계층화되고 성별화되어 있는데, 윤리적 행위 또한 성별화되어 왔다. 근대 초기에도 인간의 사회적 행위가 계층화되고 성별화되었고 윤리도 성별화되었다는 점은 르네상스 시대의 많은 윤리서들을 통해 입증된다. 에라스무스(Erasmus)의 『그리스도인 군주의 교육』(*Education of a Christian Prince*), 마키아벨리(Machiavelli)의 『군주론』(*Prince*)과 같이 군주의 교육은 휴머니스트 문인과 정치가, 교육자, 종교인 등의 큰 관심의 대상이었기에 이 주제에 대해 많은 윤리 저술들이 르네상스시대에 쓰여졌다. 군주뿐 아니라, 발데사르 카스틸료네(Baldesare Castiglione)의 『궁정인의 책』(*The Book of the Courtier)*과 에드먼드 스펜서(Edmund Spenser)의 『선녀여왕』(*The Faerie Queene*), 토마스 엘리웃트 경(Sir Thomas Elyot)의 『교육서』(*Boke Named the Governour*), 스테파노 구아쪼(Stephano Guazzo)의 『시민의 생활태도에 관하여』(*On Civil Conversation*)처럼 시민, 궁정인, 귀족 등 지배계층의 이상적인 인물을 교육하려는 윤리서들도 많이 쓰여졌다. 공적인 삶을 영위하는 남성들 뿐 아니라, 후안 비베스(Juan Vives)의 『그리스도인 여성 교육에 관하여』(*On the Education of a Christian Woman*)와 같이 여성들의 결혼과 가정에서의 모범적인 삶에 대한 글들도 많이 쓰였는데, 여성교육을 위한 윤리지침서들이 많이 쓰여진 것도 휴머니즘 교육의 특성이기도 하다.

휴머니스트들이 수많은 도덕 철학적인 글들을 저술하였다는 것은 근대 초기의 매우 주요한 역사적 현상인데, 그들의 도덕 사상에 가장 주요한 영향을 미친 철학자는 아리스토텔레스이다. 윤리학, 정치학, 경제학, 수사학에 관한 아리스토텔레스의 저술들은 모두 라틴어로 번역되어 유럽의 대학들에서 철학 교재로 사용되었다(Kristeller 32-49). 르네상스 도덕 철학은 아리스토텔레스의 『니코마쿠스 윤리학』(*Nicomachean Ethics*), 『경제학』(*Oeconomics*), 『정치학』(*Politics*)의 분류에 상응하게 윤리, 경제, 정치의 세 분야로 나뉘어져 있었으며, 윤리학에서부터 시작하여 다른 두 분야로 발전되어 나갔다. 『니코마쿠스 윤리학』은 르네상스 윤리 사상의 중심이었으며, 이 책에 대한 주석 형태의 글들이 르네상스 윤리서들의 상당부분을 차지하고 있기도 하다.

르네상스 휴머니스트들이 여성의 교육에도 관심을 가졌다고는 하나, 조안 켈리-개돌(Joan Kelly-Gadol)이 "여성에게도 르네상스가 있었는가?"(Did Women have a Renaissance?; *Becoming Visible* 175-201)라고 반문했듯이, 남성과 여성이 르네상스라는 역사적 문화적 경험을 똑같이 했다고는 볼 수 없다. 르세상스 휴머니스트들이 여성의 교육도 중시했다고 하지만 르네상스 운동은 무엇보다도 남성들만이 입학이 허용된 대학을 중심으로 일어난 운동이었다. 르네상스 휴머니즘은 근본적으로 대학을 중심으로 시민으로서 공적인 삶을 영위하고 국가와 사회를 이끌어 가는 훈련을 받는 남성의 전인(全人) 교육을 목표로 하였다. 이 같은 남성 중심적인 경향은 르네상스 휴머니즘이 건전한 시민 혹은 신하로서의 인격 형성을 위해 매우 중요하게 다룬 윤리분야에서도 마찬가지이다. 근자에 이르러 페미니스트 철학자들이 활발하게 입증하고 있듯이, 르네상스 도덕 사상에 가장 큰 영향을 끼친 아리스토텔레스의 윤리관은 남성의 경험을 중심으로 이루어졌으며, 여성의 도덕성은 남성과의 관계 안에서 규정되었다. 르네상스 휴머니즘 도덕 사상은 아리스토텔레스적이라고 단정지을 수 있으므로, 아리스토텔레스가 자신의 윤리사상을 어떻게 성별화하고 있는가를 살펴보는 것은 르네상스 휴머니즘의 윤리 이데올로기를 이해하는데 가장 중요하다.

아리스토텔레스의 윤리관의 성별화를 이해하기 위해서는 그의 남성 여성에 대한 성 이분법을 먼저 살펴볼 필요가 있다. 남성과 여성의 정체성과 그 차이에 대해서는 이미 아리스토텔레스 이전에 헤라클리투스(Heraclitus), 피타고라스(Pythagoras), 파르메니데스(Parmenides), 플라톤(Platon), 제노폰(Zenophon) 등에 의해 형이상학, 자연 과학, 현상학, 윤리학 등의 분야에서 논의가 되었고, 두 성의 관계에 대해 상호 보완성, 또는 이분화된 양극성, 상호 동일성 등의 견해들이 개진되었다(Prudence 8-83). 이들이 논한 남성 여성은 인간에게만 국한되는 것이 아니라 존재하는 생명체들 중 두 성을 가진 모든 피조물들에 해당된다. 이 개념들 가운데, 그리스 시대 이후 현대에 이르기까지 남성 여성의 관계에 있어서 중추가 되어온 양극적인 이분법은 아리스토텔레스에 의해 처음으로 포괄적인 개념의 틀로 자리를 잡게 되었다.

아리스토텔레스는 우선 플라톤이 제시한 성 단일성을 거부한다. 플라톤은 영혼-육체의 이원론적인 형이상학에서 출발하여 성과 관계없이 존재하는 영혼이 남성 혹은 여성으로 육화된다고 가정하고, 남성과 여성의 겉모습이 다를 지라도 실제로는 같은 본질을 가지고 있기 때문에 남성과 여성은 근본적으로 같다고 본다. 이에 반해 아리스토텔레스는 형상(form)과 물질(matter)은 서로 별개로 존재할 수 없으며 영혼과 육체는 완전히 분리할 수 없는 하나로, 인간의 경우 남성은 남성 인간으로 여성은 여성 인간으로 각각 태어나고 이들이 육체적으로 다르므로 절대적으로 다르다고 보았다. 이렇게 남성 여성의 차이를 기반으로 남성 여성은 서로 상반되는 짝이라고 간주하였다.

아리스토텔레스는 인간을 포함한 피조물들에게서 나타나는 서로 상반된 수컷과 암컷의 차이를 설명할 때 남성적인 특성들에 특권적인 위치를 부여하고 여성적인 특성들을 열등하게 취급하였다. 서로 상반되는 것들의 경우 어느 한쪽은 언제나 다른 한쪽이 가진 것을 가지지 못한 상태, 결핍 혹은 남성이 기형적으로 변형된 상태라고 보았기 때문이다. 여성은 남성의 결핍이라는 아리스토텔레스의 견해는 여성/여성성/여성적인 것 등 여성에 관계된 모든 것을 열등하게 평가하는 기초가 된다. 또 물질적인 존재는 모두 물질과 형상을 가지고 있는데, 남성/적인 것은 형상, 여성/적인 것은 물질을 제공하고 형상은 물질보다 우월하므로 남성은 여성보다 우월하다고 보았다. 성에 대한 아리스토텔레스의 이러한 이분법은 자연과학, 현상학, 윤리학에 그대로 적용된다. 자연의 생산체계에서 남성은 생명의 주체인 형상(영혼)을 제공하여 생명의 일차적인 동인이고 여성은 물질만을 제공할 따름이다. 현상학의 분야를 보면, 지식이란 인간의 이성적 능력과 관계가 있는데, 여성은 남성과 같은 종류의 이성을 가지고 있으나, 이성의 능력에 있어서 남성은 보다 높은 이성 능력을 가지고 있고 여성은 비이성적이라고도 할 수 있는 보다 열등한 이성 능력을 가지고 있다. 그래서 여성은 올바른 견해는 가질 수 있으나, 남성과 같은 차원의 지식은 가질 수 없으며 남성과 같이 지혜롭지도 못하다. 여성이 지혜를 추구하는 철학자가 될 수 없는 것도 바로 이런 연유에서이다. 아리스토텔레스는 남성은 이성적, 여성은 비이성적, 또는 이성은 남성직 감정/정열은 여성적이라는 분류를 서구 철학사에서 처음 확립시켰다.

아리스토텔레스는 이러한 이분법의 맥락에서 각 동물의 암컷과 수컷의 특성들을 다음과 같이 설명하였다.

> 다른 모든 동물들에게 있어서도 암컷이 성격이 부드럽고, 보다 심술궂고, 덜 단순하고, 더 충동적이고, 어린 것을 키우는데 더 주의를 기울인다; 한편 수컷은 보다 활기가 있고, 더 사납고, 더 단순하고 덜 교활하다. 이러한 특성들은 … 특히 인간에게서 … 두드러지게 나타난다. 여성은 남성보다 동정심이 많고, 눈물을 더 쉽게 흘리고, 동시에 질투가 더 많고, 더 수다스럽고, 잔소리를 하고 공격적인 성향이 더 강하다. 더욱이 여성은 남성보다 낙담을 더 잘 하고, 희망을 더 적게 가지고, 더 뻔뻔하고, 거짓말을 더 잘 하고, 속이기를 더 잘 하고, 더 오래 기억한다. (*History of Animals* 608b 1-14)

인간을 포함한 동물들의 여성성과 남성성의 특성들을, 그것들이 옳든 그르든, 이렇게 상세하게 다른 것으로 구별한 것은 타당하다. 그런데 이 성 이분법의 기준은 아리스토텔레스의 윤리관에도 그대로 적용된다. 아리스토텔레스에 의하면 윤리는 추상적인 것을 다루는 것이 아니라 실제적인 지혜로, 이성적인 능력을 필요로 한다. 문제는 여성이 이성적인 능력에 있어서 남성보다 열등한데, 바로 그렇기 때문에 여성은 도덕적인 행위를 할 능력이 없다는 점이다. 위의 인용문에서 아리스토텔레스가 기술한 대로 여성이 도덕적으로 부족한 것은 절대적으로 이성적인 능력이 부족한데 기인한다. 여성은 도덕적으로 우월한 남성에게 복종함으로써 도덕적이 될 수 있으며, 남성은 여성이나 노예, 어린아이들을 지도할 도덕적 책임을 가지게 된다. 이렇게 성의 이분법으로 인해 자연스럽게 윤리의 영역에서도 남성 지배 여성 복종의 관계가 성립되게 되는 것이다. 그리고 한 개인은 각자가 가진 혹은 가졌다고 간주되는 남성적 특성들과 여성적 특성들을 기초로 각기 다른 윤리 규범들을 실천하도록 요구되는 것이다. 이렇게 이분법적인 아리스토텔레스의 윤리기준에 따라 근대 초기 서구 사회에서 남성의 경험을 기준으로 여성과 남성의 윤리 영역은 분명하게 구별되어 있다.

　이제 아리스토텔레스의 모든 사상의 기본이 되는 이 성 이분법이 『니코마쿠스 윤리학』에서는 어떻게 나타나는지 분석해 보자. 아리스토텔레스의 정의에 따르면,

　　덕이란 우리와 관계된 행동과 감정의 선택을 결정하는 정신의 안정된 성향인데, 이 선택은, 말하자면, 신중한 사람이 결정할 만한 그런 원칙에 의해 결정된다. 그리고 덕은 지나침과 모자람이라는 두 악덕 사이에 중용을 취한 상태이다. (*Nicomachean Ethics* II, 15-16)

　아리스토텔레스에게 있어서 덕은 개인적인 성향을 거슬러 행동하거나 감정을 가지는 것이 아니라, 덕을 닦음으로서, 달리 말하면, 윤리 교육을 통하여 형성되는 개인의 성향으로부터 나오는 행위이다. 예를 들어, 잘 훈련된 군인은 매우 용기 있게 싸움에 임할 수 있는데, 이것은 그가 용기가 있기 때문이라기보다는 용기를 가지도록 훈련을 받은 것과 같은 이치이다. 한 인간의 도덕적 자아는 도덕적인 행위를 하기 위해 먼저 올바른 행동과 감정이 어떤 것인 가를 숙고한 후 "선택"을 한다. 그 선택에 있어서 중요한 것은 한 인간에게 있어서 일반적으로 좋은 것이라기보다는, 어느 한 상황에 처한 그에게 좋은 것/이로운 것이 무엇인가 하는 것이다. 아리스토텔레스는 이성의 활동이 없이는 주어진 구체적 상황에서 지나치지도 모자라지도 않게 좋은 중용의 행동이나 감정을 신중하게 "선택"하는 것이 불가능하다고 간주한다. 따라서 도덕적인 행위의 기초가 되는 것은 이성에 의한 합리적인 판단 능력이다.

이성이 도덕적 행위의 기준이 될 때, 아리스토텔레스의 인간관에서는 남성이 자연히 도덕적으로 우월한 위치를 점유하게 된다. 남성은 여성보다 뛰어난 이성능력을 갖추고 있기 때문이다. 남성은 도덕적인 선택을 위한 이성적 능력을 갖추고 있고 여성은 이성적 능력에서 남성보다 열등하므로, 도덕률은 자연히 남성의 경험을 기준으로 삼게 된다.2) 이렇게 아리스토텔레스가 도덕률의 기초를 이성에 둠에 따라, 여성은 문화적, 합리적, 보편적인 남성에게 복종하여 행동할 때 가장 덕성스럽게 되는 것이다. 또한, 남성은 공적인 영역에서 활동하므로 그에 알맞은 덕을 키워야하고, 여성의 활동영역은 가정이므로 그에 맞는 덕을 가꾸어 나가게 되어, 생물학적 우월성 혹은 열등성을 기초로 남성 여성의 도덕성 또한 사회적 문화적으로 만들어지게 된다.

아리스토텔레스 윤리 사상의 기준인 이 이성적 능력은 그리스 시대 이후 서구 문화에서 신념과 가치체계의 기준이 되어 왔을 뿐 아니라, 인간의 품성/성격을 평가하는데 있어서도 기준이 되어 왔다. 이성은 진리를 판단하는 기준일 뿐 아니라 한 인간이 어떤 인물인지를 판단하는 기준이 된 것이다. 달리 말하면, 이성은 선한 인간이 되기 위해서 반드시 지녀야할 자격들 중의 하나인 것이다. 인간 중에 남성이 이성적이며, 또 역으로 이성이 남성적이라는 확신은 서구 사상사에서 많은 도덕적 이상과 정치적 이상들의 저변에 깔려있다. 아리스토텔레스의 윤리관의 이성 중심성을 강조하는 전통 윤리 이론에서는 도덕률의 주체는 독립적이고 자주적이고 이성적이다. 특히 18세기 이후 현대에 이르기까지 서구 윤리 철학을 지배한 칸트의 윤리 이론은 이성 중심적인데, 선택의 능력을 가진 자유롭고 독립적인 자아를 도덕적 행위자의 중심으로 강조하고 도덕적 행위에 있어서 사회적 조건이나 역할 등으로부터 초연한 객관성 중시하였다. 이 자아의 개념은 현대 사회에 만연하는 외로움과 소외를 조장해 왔을 뿐 아니라, 여성이 가진 도덕적 목소리 또한 침묵시키거나 주변화시켜 왔다.

이렇게 이성 중심적이고 남성의 경험에 기초를 둔 윤리관에 대해 현대 페

---

2) 그리스 시대에 남성 중심이 된 도덕률의 성격은 로마시대에 와서 덕(virtue)이라는 용어를 라틴어로 남성(vir)이라는 어원과 연결시킴으로써 의미상으로도 도덕은 남성으로 표현된다.

미니스트 윤리학자들은 그 대안을 찾고자 모색해 왔다. 이들은 실험을 통해 여성이 도덕적 결정을 내리고 도덕적 선택을 할 때 남성과는 다른 기준에 의거하고 있으며, 이 여성적인 윤리적 판단이나 결정도 전통적인 윤리규준으로 인정받아온 남성적 윤리성 못지 않게 중요함을 입증하였다. 그리고 현대 여성 윤리학자들은 아이러니컬하게도 아리스토텔레스의 윤리 이론에서 이성을 중심으로 성별화된 서양의 윤리사상을 비판하고 인간의 성별화된 도덕적 능력을 새롭게 평가할 수 있는 길을 발견하였다.

아리스토텔레스의 윤리관에 이미 여성 고유의 도덕적 목소리를 낼 수 있는 요소가 있다는 점을 지적하기 위해서는, 그가 윤리적 행위에 있어서 이성 외에 중요하게 간주한 요인들을 살펴볼 필요가 있다. 아리스토텔레스의 윤리사상이 현대의 여성 윤리학자들의 견해와 접목될 가능성을 열어준 것은 우선 그의 윤리 사상에 내포된 상대성의 개념이다. 이 상대성은 현대 여성 윤리학자들이 여성이 남성과는 구별되나 결코 열등하다고 할 수 없는 윤리적 특성들을 지닌다고 주장하는 윤리적 상대성과 일맥 상통한다. 물론 이 윤리의 상대성은 극단적으로 치달으면 윤리의 카오스 상태를 유발시키는 그런 상대성이 아니라 윤리의 다양성이라고도 표현할 수 있는 그런 상대성이다. 아리스토텔레스의 사상 또한 이 상대성을 중시한다. 그는 인간의 도덕적 행위는 선을 지향하고 있다고 간주하는데, 플라톤 적인 절대적 선, 선의 이데아를 거부하고 선의 개념을 상대화한다.

> 다시 말해 '선'이란 단어는 '존재하다'는 단어처럼 많은 의미로 사용된다; 왜냐하면, 선을, 예를 들어 신이나 지성의 경우처럼 본질의 범주에서 단정할 수 있고; 우수함의 경우처럼 질의 범주에서; 적절한 양처럼 양의 범주에서; 유용함처럼 관계의 범주에서, 적절한 시기처럼 시간의 범주에서, 적합한 주거처럼 장소의 범주 등등에서 단정할 수 있기 때문이다. 너무도 명백히 선은 단 하나의 보편적이고 일반적인 개념이 될 수 없다. 만일 그렇다면, 모든 범주에서가 아니라 단 하나의 범주에서만 단정할 수 있을 것이기 때문이다. (*Nicomachean Ethics* I.vi.3)

아리스토텔레스가 절대적 윤리/선이라는 단일성을 거부하고 윤리/선의 다양성을 인정한 것은 관점의 다양성 혹은 상대성을 주장하는 현대인에게 매우 큰 호소력을 가질 수 있다. 이 상대적 개념으로서의 선은 곧 윤리의 상대성에로 개방된다. 선이란 절대 보편적, 유일한 것이 아니라 상대적이고 개별적이며, 선은 여러 가지 관점에 따라 여러 가지 모습으로 나타날 수 있는 것이다(*Eudemian Ethics* I.viii.1-8). 뛰어난 선은 알맞은 정도로 유익한 관계 속에서 적절한 시기와 장소 속에서 이루어지는 것이다.

이렇게 상대적인 다시 말해 구체적인 시간과 장소, 상황 속에서 한 개인은 덕성스럽고 시기 적절하고 행복을 가져다 주는 도덕적 행위를 선택한다(*Nicomachean Ethics* II.iii.7). 인간은 이럴 수도 저럴 수도 있는 개연적 상황에서 가장 유익한 것, 최고선을 가져다 줄 수 있는(expedient) 것을 신중하게 택하기 마련이다. "편의"(expediency)라는 요소는 윤리적 행위를 "단 하나의 보편적이고 일반적인" 법칙에 따라 움직이는 것이 아니라 실제적이고 구체적인 선을 향하여 움직이게 한다. 이 "편의"는 해석에 따라 달라 질 수 있는 유동적인 개념이기 때문에, 마키아벨리처럼 극단적으로 이 요소를 강조할 경우 윤리적 행위의 개념은 자신의 이기적 편의만을 위한 것이 변질될 수도 있다. 허나 아리스토텔레스에게 있어서 "편의"이라는 요소는 선을 이룰 수 있는 가장 적절한, 가장 유익한 선택을 위한 것이다.

최고선을 지향하는 도덕적 행위를 성립시키는 여러 가지 요소들 중에서, 아리스토텔레스는 또한 시간을 매우 중요하게 여긴다. 인간 행위의 동기 혹은 목적이 되는 것은 시간에 따라 변한다. 도덕적 행위는 구체적 시간과 상황 안에서 일어나므로 인간의 행위에 영향을 미치는 상황은 절대 불변의 것이 아니다. 영원불변한 절대성을 설정하고 그 단일한 원칙에 인간의 윤리적 삶을 맞추는 것이 아니라 가변적인 구체성에서 출발하여 일반적인 윤리적 규율들이 나와야 하는 것이다(*Eudemian Ethics* I.viii.12). 왜냐하면, 인간의 삶은 인간의 힘만으로는 통제할 수 없는 힘들에 의해 움직여 나갈 수 있고 정확하게 규율에 의해서 움직이는 것이 아니기 때문에 인간의 행위는 불변하는 고정된 필연적인 법칙이 아니라 각 경우에 따라 그 역사성을 고려해야 한다. 그리고 "어느 누구도 변할 수 없는 것들에 대해 고려하지도 않고 자신의 힘이 할 수 있는 범위 밖에 있는 것을 고려하지도 않는다(*Nicomachean*

Ethics VI.vi.3)."

시간이라는 요소와 함께 도덕적 행위에 중요한 것은 행위의 관계성이다. 아리스토텔레스는 이성을 도덕적 행위의 기본으로 삼았지만, 사회적 동물로서의 인간이 구체적 상황 속에서 맺는 관계성 또한 도덕적 행위의 중요 요건으로 간주하였다. 한 인간이 도덕적이 되는 것은 다른 이들과의 관계 속에서 일어나는 것이다. 다른 이들과의 관계에서 정의로울 수 있고 겁쟁이가 될 수 있고 부드러울 수 있고 난폭할 수 있기 때문이다. 한 인간의 도덕적 성품을 개발하기 위해서는 그 개인의 의지, 이성의 능력이 필요하지만, 그 개인 홀로 이성능력을 가지고 자신의 도덕성을 키우는 것이 아니다. 그의 도덕적 품성은 그가 사회 속에서 어떠한 삶을 영위하는 가하는 것에 크게 영향을 받는다. 다시 말해, 아리스토텔레스는 도덕성이 개인의 능력에 의해서 보다는 그가 타인들과 관계를 맺고 있는 사회 속에서 키워지는 것으로 본다(*Nicomachean Ethics* II.i.7).

아리스토텔레스가 윤리적 행위의 요소로 강조한 구체적 역사성과 관계성은 현대 여성 윤리학자들이 여성의 경험들을 통하여 발견한 여성적인 윤리적 자아의 핵심으로 포착한 점들이다. 그들의 실험과 연구에 의하면 여성의 윤리적 자아는 무엇보다도 한 개인을 둘러싼 동료 인간들과 맺어 주는 구체적 관계성 속에서 형성된다(*Mapping the Moral Domain*에서 Gilligan과 Lyons의 글들 참조). 여성의 윤리적 자아의 관계성, 구체성은 바로 아리스토텔레스가 윤리적 행위에 있어서 이성적 능력과 마찬가지로 강조한 점들이다. 이 구체적 역사성과 관계성의 개념을 통해, 캐롤 질리건(Carol Gilligan)을 중심으로한 여성 윤리학자들의 연구는 서구 도덕 이론의 저변에 깔린 이성 중심적이고 남성 중심성에 도전을 하고 있다(*In a Different Voice* 참조).

질리건은 여성들의 도덕성이 남성과의 관계 속에서 규정되는 것이 아니라 남성과는 별개의 그러나 남성과 동등하다고 할 수 있는 도덕적 능력을 가지고 있다고 가정한다. 그녀는 전통적 이론에서의 이분법적 사고방식을 접어두고, 구체적인 여성들과 남성들을 대상으로 실험하였을 때, 여성들과 남성들이 윤리적 발달 과정에서 서로 차이를 보이고 있음을 발견하였다. 질리건은 아리스토텔레스와 마찬가지로 도덕적 행위의 본질은 선택에 있고 그 선택에 대한 자발적인 책임이라고 본다. 그 선택 행위에서 이성만을 강조하는 이성 중심의 도덕률을 "정의의 관점" 혹은 "정의의 윤리"(justice perspective, ethic of justice)이라 부르고 그에 대조되는 개념을 "배려의 관점" 혹은 "배려의 윤리"(care perspective, ethic of care)라 표현한다. "정의의 관점"은 이성적 추론과 기본이 되는 원칙을 따라 보편적이고 추상적인 이성의 추론을 이용한다. 이와는 대조적으로 "배려(와 책임)의 관점"은 다른 이들과의 관계를 중시하여 구체적 상황에서 정서적으로 타인들에게 민감하게 반응하고 배려하고 돌보고 사람들과 관계를 유지하는 것에 초점을 둔다. 질리건은 실험에서 남성들은 대부분 "정의의 관점"을 따라 도덕적 결정을 내리고, 여성들은 "배려의 관점"을 따라 결정을 내리는 것을 발견하였다.

이 성별화된 도덕성에 대한 현대 이론은 르네상스 시대의 윤리이론처럼 윤리가 성별화되었음을 전제로 하는데, 아리스토텔레스 윤리학에서 강조한 구체적 역사성과 인간 관계성을 여성의 윤리적 특성임을 발견한 점이 다르다. 여성들이 구체적 상황들에서 추론하지 않는 경향과 이성적으로보다는 오히려 정서적으로 먼저 반응하는 점 등은 보편성과 합리성을 기준으로 삼는 남성적 도덕률에 비추어 보아 성숙하지 못하고 도덕성의 발달단계에서 하위에 머무르는 것으로 해석되어 왔다. 인간 능력들 중의 하나인 이성만을 기준으로 하지 않고 남성 여성을 각 개체로 보고 각각의 경험들을 동등하게 취급할 때, 여성은 남성보다 도덕적으로 열등한 것이 아니라 다른 목소리를 내는 것이다. 이러한 현대 여성 윤리학자들이 발견한 성별화된 윤리의 특색들은 르네상스 휴머니즘의 아리스토텔레스적 윤리사상을 현대적 관점에서 이해하는 데 큰 도움이 될 것이다. 또한 현대의 독자들이 아리스토텔레스의 윤리사상의 영향을 받아 쓰여진 수많은 르네상스 휴머니즘 윤리저술들과 문학작품들에 나타난 윤리의 성별화를 이해하는데 큰 도움을 줄 것이라 생각된다.

참고 문헌

Allen, Sr. Prudence, R.S.M. *The Concept of Woman: The Aristotelian Revolution, 750 B.C.-A.D. 1250.* Cambridge, U.K.: Eeerdmans, 1985.

Aristotle. *The Athenian Constitution, The Eudemian Ethics, On Virtues and Vices.* Tr. H. Rackham. Cambridge, MA.: Harvard UP, 1935.

_____. *Nicomachean Ethics.* Tr. H. Rackham. Cambridge, MA.: Harvard UP, 1926.

_____. *The History of Animals,* Tr. A. L. Peck. Cambridge, MA.: Harvard UP, 1965.

Bridenthal, Renate, Claudia Koonz, and Susan Stuard, eds. *Becoming Visible: Women in European History.* 2nd ed. Boston: Houghton Mifflin, 1987.

Buell, Lawrence, "In Pursuit of Ethics." *PMLA* 114(1999): 7-19.

Cole, Eve Browning and Susan Coultrap McQuin, eds. *Explorations in Feminist Ethics: Theory and Practice.* Bloomington, IN.: Indiana UP, 1992.

Ferguson, Margaret W., Maureen Quilligan, and Nancy J. Vickers, eds. *Rewriting the Renaissance: The Discourses of Sexual Difference in Early Modern Europe.* Chicago: U of Chicago P, 1987.

Gilligan, Carol, Janie Victoria Ward, and Jell McLean Taylor, eds. *Mapping the Moral Domain.* Cambridge, MA.: Harvard UP, 1988.

Gilligan, Carol. *In a Different Voice: Psychological Theory and Women's Development.* Cambridge, MA.: Harvard UP, 1982.

Kittay, Eva Feder and Diana T. Meyres, eds. *Women and Moral Theory.* Rowman & Littlefield, 1987.

Kourany, Janet A. *Philosophy in a Feminist Voice: Critiques and Reconstructions.* Princeton, NJ.: Princeton UP, 1998.

Kristeller, Paul Oskar. *Renaissance Thought and Its Sources.* Ed. Michael Mooney. New York: Columbia UP, 1979.

Lentricchia Frank and Thomas McLaughlin, eds. *Critical Terms for Literary Study.* 2nd ed. Chicago: U of Chicago P, 1995.

Lloyd, Genevieve. *The Man of Reason: "Male" & "Female" in Western Philosophy.* Minneapolis: U of Minnesota P, 1993.

MacIntyre, Alasdair. *After Virtue: A Study in Moral Theory.* Notre Dame, IN.: U of Notre Dame P, 1984.

Miller, Nancy K., ed. *The Poetics of Gender.* New York: Columbia UP, 1986.

Rabil, Albert, Jr., ed. *Renaissance Humanism: Foundations, Forms, and Legacy.* Vols. 1, 2, and 3. Philadelphia: U of Pennsylvania P, 1988.

Schmitt, Charles and Quentin Skinner, eds. *The Cambridge History of Renaissance Philosophy.* Cambridge, U.K., Cambridge UP, 1988.

Sterba, James P., ed. *Ethics: Classical Western Texts in Feminist and Multicultural Perspectives.* Oxford: Oxford UP, 2000.

Williams, Bernard. *Ethics and the Limits of Philosophy.* Cambridge, MA.: Harvard UP, 1985.

관객을 중심으로 살펴 본 셰익스피어 시대의 연극과 마당극

1. 서론

　셰익스피어 시대의 연극은 이전에 있었던 모든 연극적 전통을 종합하여 상업화한 것으로서 연극사에서 최초로 이윤을 목적으로 한 연극 전용극장에서 전문극단이 공연을 한 것이다. 반면에 우리 마당극은 서양 번역극 중심의 기존 상업연극에 대항하여 나타난 하나의 대항연극으로서 상업성에 대한 저항으로 나타났다. 따라서 마당극은 상업성에 의해 완전히 분리된 관객과 연극의 세계를 새롭게 일치시키려고 노력하였다. 이러한 방법으로 우리 마당극 운동은 현장에서 공연을 통하여 관객들이 일상생활에서 경험하는 현실세계의 모순을 극화하여 관객과 하나되고자 노력하였다. 한편 셰익스피어 시대의 연극은 상업성을 위하여 관객의 세계와 하나되고자 하였다. 월트 코헨이 지적하듯이 "중세 시대의 관객은 연극의 세계로 온 것이 아니라, 극장이 관객의 세계로 다가갔다."[1] 반면에 셰익스피어 시대의 연극은 공연을 하는 장소가 극장으로 한정되어 있고 전문극단이 이를 맡아서 했으므로, 관객들

---

1) Walter Cohen, *Drama of a Nation* (New York and London: Cornell Univ. Press, 1985), p. 35.

이 극장으로 찾아와 즐거움을 위하여 입장료를 내고 연극을 관람하였다. 따라서 관객의 취향에 상응하는가의 문제는 흥행에 직접적인 영향을 미치므로 관객의 존재 자체가 연극의 큰 틀을 형성하는 가장 큰 요인으로 이해될 수 있다.

이와 달리 마당극은 연극이 관객을 찾아가는 것을 기본으로 하였다. 관객의 현실 속으로 들어간다는 생각을 기본으로 공장, 농촌, 대학 캠퍼스로 연극이 찾아가 현실의 모순을 연극세계에 담으려고 노력한 것이다. 그러므로 마당극 공연은 장소에 따라서 공연형태가 다르게 나타나며, 마당극의 공연을 현재 남아있는 대본만으로 이해하기는 어렵게 된다. 70, 80년대에 공연된 많은 마당극들의 대본이 현재 남아있지 않고, 공연 당시의 정치, 사회적 상황이 중요한 역할을 하였기 때문에 여기서는 대본보다는 마당극 운동을 이론적으로 정리한 것을 중심으로 셰익스피어 시대의 연극과 비교하고자 한다. 셰익스피어 시대의 연극은 한정된 공간인 상업 극장에서 공연이 되었으므로 마당극에 비해서는 공연의 형태가 더욱 더 정형화되어 있던 것으로 볼 수 있다. 그리고 당시의 공연 대본 중 상당 부분이 출판이 되었기에 대본을 중심으로 당시의 공연을 접근해 볼 수가 있다. 이러한 차이점에도 불구하고 마당극과 셰익스피어 시대의 연극이 관객을 중심으로 생각할 때는 일치되는 묘한 지점이 나타나는 것이다.

셰익스피어 시대의 관객은 현실세계와 완전히 다른 가상의 세계로서 연극의 세계를 처음으로 경험하게 되었다. 따라서 극단은 관객이 이전까지 가지고 있던 공연에 대한 이해를 바탕으로 작품을 공연해야만 관객의 호응을 얻을 수 있었다. 이것이 바로 민중적 전통을 포함한 중세적인 연극전통에 이 시대의 연극이 기초할 수밖에 없었던 이유가 된다. 하지만 중세 민중전통을 받아들인 것은 새로운 연극의 세계를 만들기 위한, 특히 관객을 끌어들이기 위한 방편으로 이해되어야 한다. 그러므로 셰익스피어 시대의 연극은 "관객의 감수성과 수용능력, 극의 정신과 예술이 상호 간에 매우 영향을 미쳤으므로 오직 이러한 상호 연관성을 계속해서 깨닫는 것을 통해서만 하나의 새로운 역사적인 종합이 태어날 수 있었던 것이다."[2] 즉 관객, 배우, 극작가의 관점이 종합되어 하나의 허구적 현실로서 연극의 세계를 만들어 냈던 것이다. 하지만 관객, 배우, 극작가의 관점이 하나로 통일되는 것은 일차적으로는 극장 내에서 의미를 가지게 되고, 새로운 문화상품으로서 연극 공연을 가능케 만들었다. 반면에 마당극의 경우는 관객, 배우/극작가가 기존의 문화 및 사회질서에 대항하는 대항문화를 창조함으로써 사회 속에서 문화를 통한 저항을 위하여 출현한 연극운동으로 보아야 한다.

그렇기 때문에 관객과 극장 내지는 무대를 중심으로 살펴볼 때 셰익스피어 시대의 연극과 마당극이 어떻게 비교될 수 있는지가 명확해진다. 마당극과 비교를 할 때 반드시 염두에 두어야 하는 것은 셰익스피어 시대의 연극을 읽기 문학작품으로 이해하는 것이 아니라, 반드시 공연을 위한 대본으로 받아들여야 한다는 것이다. 셰익스피어를 예로 들면, 그의 연극을 공연을 위한 것이 아니라, 읽는 문학 작품으로 이해하는 비평은 셰익스피어 시대에 이미 나타났다고 볼 수 있다. 그리고 이러한 비평 방식이 400년 간 셰익스피어 비평의 주류로 굳건히 자리를 잡아버린 것이다. 이러한 사조의 시작은 Folio 제1판에 부친 벤 존슨의 헌시에서 시작된다.

> 따라서 나는 시작하리, 시대의 영혼이여,
>   찬사를! 기쁨을 그리고 우리 무대의 경이로움을!
> 나의 셰익스피어여, 일어나라; 나는 그대를 쵸서나
>   스펜서 곁에 두지 않고, 버몬트보다
> 더 앞선 곳에 그대의 자리를 마련하리:
>   그대는 묘비석 없는 기념비이며,
> 그대의 책이 살아있고, 우리가 그것을 읽을 지혜가 있어
>   찬양하는 한, 그대는 여전히 살아 있노라.3)

---

2) Robert Weimann, *Shakespeare and the Popular Tradition in Theatre: Studies in the Social Dimension of Dramatic Form and Function*, ed. Robert Schwarz (Baltimore and London: The Johns Hopkins Univ. Press, 1978), p. xii.
3) Ben Jonson, "To the memory of my beloued, The Avthor Mr. Willian Shakespeare: and what he hath left vs", in *Mr. William Shakespeare's Comedies, Histories and Tragedies*, vol. 1(London: Routledge/Thoemmes Press, 1997 rpt. of the 1623 edition), 18-25.

벤 존슨은 셰익스피어 작품의 의의를 극장에서의 공연보다는 '책'에 있음을 최초로 주장했으며, 우리가 그 작품을 공연을 관람하는 것이 아니라 읽음으로서 의미를 찾을 수 있다고 말하고 있다. 그리고 벤 존슨의 이러한 관점은 Folio 제2판에 부친 밀턴의 헌시에서 더욱 더 강화된다.

그러나 여기서는 관객과 연극의 세계를 중심으로 셰익스피어 시대의 연극이 어떻게 만들어지고 공연되었는지를 관객의 관점을 중심으로 살펴보고자 한다. 이렇게 관객의 관점을 중심으로 살펴 볼 때, 셰익스피어 시대의 연극과 마당극이 어떤 점에서 비교될 수 있는지가 명확해질 것이며, 또한 차이점도 뚜렷해질 것이다. 셰익스피어의 극에만 국한시킬 것이 아니라, 당시 공연되었던 여러 가지 연극 대본을 통해 좀더 큰 틀에서 당시의 연극 공연에 대한 이해를 넓혀보고자 한다. 하지만 마당극의 경우는 대본을 구체적으로 분석하는 대신 마당극이 추구했던 하나의 가치관을 중심으로 셰익스피어 시대의 연극과 비교를 해보고자 한다.

2. 관객(the audience, the spectator, the playgoer)

관객의 일상세계와 가상의 연극 세계를 어떻게 연결시킬 것인가가 연극의 첫 번째 과제로 떠오른다. 여기에는 여러 가지 극적인 수단이 사용된다. "프롤로그, 에필로그와 코러스가 하는 대사는 실재와 환상이라는 두 영역을 확실하게 연결해 준다. 드라마 자체 내에서 광대들이 하는 방백, 끝맺는 말이나 극적인 독백은 관객과 직접 접촉을 하는 것을 보여주기도 한다."4) 이러한 여러 가지 극적 장치 중에서 가장 포괄적인 것이 프레임(frame)이다. 프레임 중에서 도입장치(induction)는 극적인 세계를 이 장치가 완전히 포괄하는 것으로서 이러한 극적 장치를 통하여 관객이 그들의 일상세계와 극적인 가상세계를 연결하는 것이다. 그러므로 도입장치는 관객을 연극의 세계

---

4) Ann Righter, *Shakespeare and the Idea of the Play* (London: Chatto and Windus, 1964), p. 60.

로 끌어들이는 하나의 극적인 장치로 볼 수가 있다.

먼저 중세 말기의 막간극인 『퓰젠과 류크리스』(1497)를 살펴보자. 이 연극은 베니스에서 온 대사들을 위한 파티 후에 여흥을 즐기기 위하여 공연된 것으로 알려져 있다. 이 연극에서 중요한 점은 연극의 세계가 어떻게 만들어 지는가를 관객의 입장에서 명확하게 드러내면서 공연이 시작된다는 것이다. A라는 하인이 먼저 등장하여, 관객(손님)들에게 직접 말한다: "자 여러분/ 손님 여러분께서는 왜 이렇게 조용히 계속 있는 것입니까?"[5] 지금까지 관객은 식사를 즐긴 후 가만히 앉아있는 상태이다. 이때, 하인을 가장한 배우이자 극중 인물인 A는 관객들의 입장을 최대한 대변한다. "이렇게 즐겁게 미셨으니/ 재미있게 즐겨야 하지 않겠는지요"[6]. 낭연히 공연을 위한 공간도 없는 것이다. 식사를 곧 바로 연극으로 전환시키기 위해 식사 시중을 들던 하인을 등장시켜, 일상에서 연극으로의 전환을 시도하는 것이다. 또 공연을 위한 공간도 서서히 만들어 나간다. A 등장 후 또 다른 하인을 가장한 B가 등장한다. A와 B의 대화는 관객들만의 대화에서 벗어나는 극적인 대화를 만들어낸다. B는 한 단계 더 나아가 곧 연극 공연이 있을 것임을 넌지시 귀띔한다. 이렇게 하여 관객은 자연스럽게 연극의 세계로 인도되는 것이다. A 와 B가 서서히 극의 세계로 움직이는 것은 바로 관객을 끌어들이기 위한 것이다. 그리고 이렇게 시작된 연극에서는 배우가 직접 관객에게 이야기를 하는 것이 훨씬 용이한 것이다. 그래서 연극 중간에 관객이 문을 열어주기도 하고, A와 B는 해설자와 같은 역할로서 관객과 연극의 세계를 왔다갔다하면서 이를 매개할 수 있는 것이다. 엄밀하게 말하면 A와 B는 순수한 극중인물이 아닌 관객과 배우 사이의 중간인물로 극적인 역할을 부여받은 인물로 보아야 할 것이다.

하지만 연극이 끝날 때는 B가 자신도 배우였음을 명백히 밝힌다.

---

5) Henry Medwell, Fulgens and Lucres, in *English Moral Interludes*. ed. Glynne Wickham, (London: Dent, 1976), part I, 1-2.
6) *Fulgens and Lucres*, part I, 14-15.

그리고 만약 기분 나쁘신 일이 있었다면…
어느 대목에서인지 우리가 떠나기 전에 말씀을 하소서
만일 우리가 이런 잘못을 똑같이 저지른다면,
이는 우리의 빈약한 재주 때문일 것입니다.[7]

이와 같이 극의 시작에서는 관객의 입장을 대변하여 연극의 세계를 만들었던 중간인물인 B가 연극의 마지막 장면에서는 완전히 연극세계에 대한 변호를 하는 에필로그의 역할을 맡고 있다. 이는 연극의 도입부가 현실 세계에서 연극의 세계로 관객을 인도할 때 관객의 입장을 최대한 반영하기 위한 극적인 장치로서 매개적 인물인 A와 B를 등장시켰다는 사실을 설명해 주는 것이다.

죠지 피일(George Peele)의 『늙은 할멈의 이야기』(1595, 출판)는 관객과의 관계를 다른 측면에서 보여주는 작품이다. 이 극에서는 극적인 것이 이야기(narrative)의 틀 속에 완전히 포함된다. 이야기는 당시의 관객에게 매우 친숙한 형식이다. 친숙한 이야기 형식을 통하여 연극의 세계로 관객을 이끌어 나가는 작품이 『늙은 할멈의 이야기』이다. 안틱(Antic), 프롤릭(Frolic)과 판타스틱(Fantastic)이라는 세 명의 하인들이 숲에서 길을 잃고 헤맬 때 클런치(Clunch)라는 대장장이가 나타나서 자기 집에서 하룻밤 재워주는 호의를 베푼다. 그들을 데리고 가면서 말하기를, "늙은 내 마누라의 이야기로 밤을 지새워 보세"[8]라고 한다. 관객들에게 완전히 극적인 인물로 이해는 되지 않았지만, 세 명의 하인들은 극중 인물이다. 하지만, 늙은 할멈이 이야기를 시작한다면, 그들은 졸지에 이야기를 듣는 구경꾼이 될 수밖에 없다. 모두들 쭉 둘러앉아 이야기를 듣고 있는데 갑자기 이야기 자체가 극으로 전환이 된다.

---

7) *Fulgens and Lucres*, part II, 910-913.
8) George Peele, *The Old Wife's Tale*, ed. Charles Whitworth (London: A & C Black, 1996), 89-90.

할멈. . . . 여기 오는 자가 누구지?
　　　　두 형제 등장
프롤릭.　쉿, 할머니, 할머니 대신 이야기를 해줄 사람이 와요.
판타스틱.　그들 마음대로 하게 내버려두고, 우리는 그들이 하는 말을 들어보지
　　　　요.9)

이 시점에서 순수한 극적인 공연이 일어나고, 순수 극중인물도 등장한다.
따라서 Madge와 세 하인은 무대 위에서 연극을 구경하는 '관객 내 관객
(audience within audience)'이 되는 것이다. 일반 관객의 입장에서는 친숙한
이야기의 구경꾼을 통하여 극의 세계로 인도되기 때문에 쉽게 연극의 세계
를 받아들이게 된다. 완전히 다른 세계를 보는 것이 아니라 관객 가운데 위
치하는 관객이라는 거름장치를 통하여 접근하기 때문에 극적 세계와 관객의
세계가 완전히 분리되는 것이 아니라, 느슨한 형태로 맞물려 있게 된다. 그
리고 새로운 인물이 등장할 때마다, 이야기꾼인 할멈 매쥐(Madge)가 그 인
물에 대해 관객에서 설명을 한다. 예를 들면:

매쥐.　물론 그렇지. 그에게 간 이 사람이 거지이고
　　　　들판에 살던 사람이지. 그런데, 쉿. 누가 오는 것이지? 아
　　　　수확하는 일꾼들이군. 그들은 십중팔구는 풀을 베는 노래를
　　　　부르지.10)

관객을 위하여 등장인물을 소개할 뿐만 아니라, 중간 중간에 춤과 노래를
넣어서 극적인 재미를 더하고 있다. 브레히트가 잘 설명했듯이 음악과 춤을
극에 도입하는 것은 "극적인 시간을 일정 정도 끊어주는 역할"11)을 한다.
달리 말하면, 비록 관객 내 관객을 통하여 느슨하게 연결되어 있는 관객과
연극의 세계를 중간 중간에 끊어줌으로써 관객과 연극의 세계를 일치시키는

---

9) *The Old Wife's Tale*, 122-124.
10) *The Old Wife's Tale*, 237-240.
11) Bertolt Brecht, *Brecht on Theatre: The Development of an Aesthetic*. trans. and ed.
　　John Willet, (London: Methuen, 1964), p. 80.

극적 장치를 도입한 것이다.

그리고 극의 맺음도 이야기꾼인 할멈에 의해 이야기의 형식으로 이루어진다.

> 판타스틱. 할머니 이제 이야기를 마친 것이에요?
> 매쥐.　　그럼, 그럼. 이제 이야기가 끝났으니 나는 **빵**과 치즈를 가지러
> 　　　　가겠네. 그리고 자네들은 떠나기 전 아침을 들게나.12)

연극의 세계에 완전히 몰입하는 것이 아니라, 이야기라는 형식을 통하여 다시 관객이 일상의 세계로 돌아오는 것을 돕는 것이다. 이처럼, 관객의 관점이 가장 중요하게 극을 짜는 힘이 되고 있는 것이다.

일반적으로 관객과 극적인 세계의 관계는 상호 보완적이다. 하지만 프란시스 버몬트(Francis Beaumont)의 『불타는 절구공이 기사』는 둘의 관계가 매우 대립적으로 드러난다. 이것을 이해하기 위해서 먼저 당시의 연극 무대에 대해 간단히 살펴보자.

> 무대 앞면은 과거에 우리가 이해한 것보다 훨씬 더 신축적이고 바꿀 수 있었다, 왜냐하면 연기를 하는 공간으로서 무대 앞쪽은 공연 중에도 무대로 인식되는 마음대로 상상할 수 있는 중립적인 공간이다. … 세 곳이나 혹은 사방에 관객들이 있는 이 무대의 주된 공간을 이렇게 신축적으로 활용하려면, 엘리자베스 시대의 극작가와 배우가 관객의 반응과 아주 밀접한 관계를 가지고 있었다는 것을 보여주는 것이다.13)

무대 자체가 완전히 극적인 세계가 일어나는 장소로 관객과 분리되어 이해될 것이 아니라 무대의 가장자리는 극적인 세계에서 벗어나 관객과의 대화나 직접적인 설명이 가능한 장소로 관객의 관점에서 이 장소를 이해해야

---

12) *The Old Wife's Tale*, 895-898.
13) Robert Weimann, p. 210.

한다는 것이다. 실제로 당시에는 조명 없이 대낮에 공연을 했고, 무대의 크기가 현대의 실내 무대보다 크다는 것을 생각하면 매우 설득력 있는 주장이다. 또, 새로 지은 글로브(Globe) 극장에서의 공연을 통하여 이러한 점이 입증되고 있다. 마당극에서 공연이 이루어지는 원형으로 된 공간도 이와 유사하게 이해할 수 있다.

뿐만 아니라 중세 극의 전통을 이어받은 셰익스피어 시대의 연극은 무대 공간을 극 중의 한 장소로 한정시키지 않고 나누어서 자유롭게 사용하기도 하였다. 글린 위캄(Glynne Wickham)의 지적대로, "배우가 무대 위에 서 있으면 무대는 예루살렘, 로마, 베니스, 런던, 버지니아 등 배우들이 대사로 나타내는 대로 변한다. (상상적으로) 무대 가운데를 나누어 배우는 무대를 동시에 두 개의 장소로 만들 수도 있다."[14] 탈춤의 극적 원리를 계승한 마당극에서도 이와 마찬가지로 무대가 여러 장소를 동시에 나타낼 수도 있다. 뿐만 아니라, 마당극에서는 "놀이판(공연무대)과 관중석이 서로 통하고 있으며 더구나 관중의 개입이 적극성을 띰에 따라 공간의 형태는 고정된 상태로 있지 않고 점차로 유동한다."[15]

셰익스피어 시대의 연극 중 관객이 공연에 가장 적극적으로 개입하는 예로『불타는 절구공이 기사』(1607/8)를 들 수 있다. 이 작품은 공연을 시작하자마자 관객의 제지로 공연이 중단된다.

도입장치

신사들 무대 위에 앉아 있다. 한 시민과 그 부인 그리고
래이프가 무대 밑의 관객 사이에 앉아 있다.

프롤로그 등장

프롤로그. 이렇게 왕궁에서 가까운 훌륭한 곳에서
런던 성곽 내에 위치한 이곳에서

---

14) Glynne Wickham, *Early English Stages 1300 to 1660*, vol. 2. (London: Routledge and Kegan Paul, 1972), pp. 174-175.
15) 임진택, 『민중연희의 창조』, (서울: 창작과 비평사, 1990), p. 33.

이제 우리는 우리의 연극을 시작하려 합니다 —

[무대 밑 관중석으로부터] 한 시민 등장

시민. 시끄럽다, 조용히 해라, 이 꼬마야.

프롤로그. 무슨 말씀이신지요?

시민. 너희들의 의도가 좋질 않아. 최근 7년 간 이곳 극장에서
연극을 해 왔는데 내 그것을 모두 보았지. 네 놈들은 여전히
시민들을 비웃고 있어. 그리고 이제는 연극을 『런던 상인』이라고!
간판을 내려! 이 꼬마야. 간판을 내려!16)

당시 사설극장에서는 돈을 더 낸 관객이 무대에 앉아서 연극을 관람하였
다. 하지만 여기서 등장하는 시민은 무대 아래 객석에서 일반 관객과 더불어
있다가 무대 위로 올라와 공연을 제지한다. 극단이 공연을 막 시작하려는
『런던 상인』이 상업에 종사하는 시민들에게 무례한 것이니 다른 작품을 공
연할 것을 주장한다. 우리는 이 시민의 행동을 관객의 입장에서 이해하게
만드는 시도로 이해할 수 있다. 더 나아가 이 시민은 자기 도제를 공연에
참가시킬 것을 주장한다. 그러자 프롤로그가 "그러한 생각을 한 달 전에는
말씀했어야죠. 이제는 공연을 시작하려고 하는데"17)라고 대답하며 난색을
표시하자, 무대 밑에 있던 자기의 부인과 도제 래이프가 연이어 무대위로
올라온다. 여기에서 애초에 극단에서 계획했던 극의 공연은 완전히 봉쇄되
어 버린다.

이렇게 하여 극단에서 원래 계획했던 『런던 상인』과 함께 래이프가 주연
을 맡는『불타는 절구공이 기사』라는 작품이 동시에 같은 무대에서 폭력적
으로 결합되어 제1막부터 공연된다. 이때 시민과 그의 부인은 무대 위에 앉
아있는 '관객 내 관객'으로 남아있다. 하지만 조용히 극의 흐름을 따라가면
서 관객의 입장에서 감상하는 관객이 아니라, 아무 때나 극중에 개입하여
극의 흐름을 바꾸어 버리는 관객이다.

---

16) Francis Beaumont, *The Knight of the Burning Pestle*, ed. Michael Hattaway (London: A & C Black, 1995), induction 1-9.

17) *The Knight of the Burning Pestle*, induction, 31.

소년 등장

시민. 래이프가 저 사람과 싸우게 해야겠어.
　　　그리고 저 놈을 흠씬 패주라고 해야겠어, 암. 시끄러 꼬마야,
　　　이리 와서 래이프를 등장시켜 재스퍼와 싸우게 해.

　　　　　　　.　　.　　.

부인. 예, 저 자를 패주어요. 래이프는 불행한 아이예요.
소년. 선생님, 죄송합니다만, 우리가 계획한 연극은 그 반대인데요.
　　　그리고 그렇게 하면 우리 연극을 망칠 우려가 있습니다.
시민. 나에게는 너희 이야기를 말하지마. 나는 래이프가 등장하게 할거야.
　　　그렇지 않으면 이 극장을 아주 엉망으로 만들 거야.
소년. 예, 선생님, 그렇게 하겠습니다. 하지만 만에 히니 연극이 잘못되면,
　　　이 자리에 계신 관객들께서는 저희를 용서해 주셔야만 합니다.[18)]

　이때 일반 관객이 즐기는 것은 극적인 세계가 아니라, 시민 부부와 극단
간에 티격태격하여 싸우는 모습이 된다. 이것은, 달리 말하면, 극적인 가상
의 세계에 대한 진실성이 완전히 깨어지고, 관객이 결코 극적인 세계에 몰입
되지 않으면서 극으로부터 거리감을 가진 채 극을 객관적으로 즐기게 된다
는 것이다. 가상적인 극의 세계를 만들어 나가는 것보다 오히려 극이 어떻게
만들어지고 변할 수 있는가에 대해서 관객에게 적나라하게 보여줌으로써,
관객을 역으로 넓은 의미의 극의 세계에 끌어들이는 것이다.
　더 나아가 시민 부부는 극중 행동에도 직접 참가하며, 극의 마무리에도
적극 개입한다.『런던 상인』은 극단에서 준비한 것이기 때문에 예정대로 끝
날 수 있지만, 래이프가 등장하는 연극의 이야기를 어떻게 끝내야 할지가
문제로 된다.

부인. 여보, 래이프를 등장시켜 죽게 합시다.
시민. 넬, 그렇게 하도록 하지.─래이프, 즉시 나와서 죽어라.
소년. 선생님, 그가 죽는 것은 어떤 경우에도 어울리지가 않아요.
　　　특히 이런 코미디에서는요.[19)]

───────────────

18) *The Knight of the Burning Pestle*, II, 261-269.

극의 흐름과 전혀 상관없이 코미디에서 래이프가 등장하는 극의 역할을 끝내기 위하여 래이프는 마지막에 장렬하게 자살을 하고 만다. 하지만 이 모든 것이 원래 극단에 의해서 의도되었기에 마지막 에필로그는 부인이 맺는다: "래이프에 대해 참고 지원을 보낸 모든 신사 여러분께 감사 드립니다."[20]

처음에 지적했듯이 시민 부부가 앉아있는 부분이 무대의 가장자리이므로, 이들의 비록 무대 위에 있지만 관객과 밀접한 관련을 가지므로 상대적으로 극중세계로부터 자유롭다. 따라서 오히려 관객과의 친밀성을 바탕으로 극의 세계에 개입을 하는 것이다. 이를 통하여 극적 세계의 창조는 형식적으로 실패하고 만다. 그러므로 일반 관객이 진정으로 이 극에서 즐기는 것은 허구적인 극의 세계에 함몰되는 것이 아니라, 시민 부부의 적극적인 개입으로 창출되는 극적 장치인 소외 효과에 의해 극적인 세계화 현실의 세계가 충돌하면서 관객의 관점이 직접적으로 개입하면서 연극의 세계가 만들어지는 것이다. 그러므로 이 연극에서 시민 부부로 대변되는 관객의 역할은 너무 크기 때문에 이 연극은 "이 시대 두 명 이상의 극작가 간의 공동 창작이 아닌, 관객과 극단 사이의 가장 폭넓은 공동 창작 작품"[21]이 된다.

3. 극장의 세계

현존하는 셰익스피어의 대본은 동시대 다른 극작가들의 작품들과 차이가 있다. 그 중 공연의 관점에서 중요한 것이 프롤로그, 에필로그가 많지 않다는 것이다. 하지만, 연극을 공연할 때, 공연할 시점에 맞게 원래 대본의 작가가 아닌 극단 소속작가가 프롤로그, 에필로그를 썼다는 것을 염두에 두면 셰익스피어의 작품도 이러한 극적 장치가 공연 시에는 있었을 것으로 생각

---

19) *The Knight of the Burning Pestle*, V, 272-275.
20) *The Knight of the Burning Pestle*, epilogue, 2-3.
21) Jeffery A. Masten, "Beaumont and/or Fletcher: Collaboration and the Interpretation of Renaissance Drama", *English Literary History* 59(1992), p. 348.

된다. 예를 들어 『말콘텐트』의 경우 작품은 존 마스턴(John Marston)이 썼지만 도입 부분은 존 웹스터(John Webster)가 썼다. 『말콘텐트』는 사설극장인 블랙프라이어스(Blackfriars)와 대중극장인 글로브 극장에서 모두 공연된 작품이다. 원래 작품에는 없던 도입부분을 1600년에서 1604년 초반 사이로 추정되는 대중극장인 글로브 극장에서의 공연을 위하여 웹스터가 쓴 것이다. 이처럼 프롤로그, 에필로그, 도입부분은 작품의 세계와 직접 관련이 되는 것이 아니라, 극장에서의 공연과 직접적인 관련이 있는 것이다. 이와 같이 프롤로그, 에필로그, 도입 부분은 관객의 세계와 극장에서 이루어지는 연극의 세계를 연결하기 위한 극적인 장치로 이해하여야 한다. 따라서 이러한 극적 장치와 무대에서 공연되는 연극의 세계는 직접적으로 연결되지 않는다.

a. 프롤로그(극중 세계로의 초대)

셰익스피어의 작품 중 이러한 측면을 보여주는 프롤로그는 『로미오와 줄리엣』, 『헨리 5세』, 『두 사람의 귀족 친척』(존 플레쳐와의 공동작품), 『말괄량이 길들이기』, 『겨울이야기』 등이 있다. 그 중 『로미오와 줄리엣』의 프롤로그를 예로 살펴보자. 존슨 박사는 『로미오와 줄리엣』의 프롤로그에 대해 비판을 하였다. 그 이유는 프롤로그가 "연극의 진행에 이바지하는 바가 없으며, 도덕을 함양시키는 것을 추가하지 않고 단지 이미 알려진 내용이거나 다음 장면에서 공연될 것과 연관되지 않기"22) 때문이다. 하지만 앞에서도 지적했듯이 프롤로그는 관객을 연극의 세계로 초대하는 극적인 장치로 이해해야만 한다. 소네트 형식으로 되어 있는 『로미오와 줄리엣』의 코러스의 프롤로그는 곧 무대에서 공연될 작품의 간략한 스토리를 이야기한다. 첫 번째 네 줄은 공연될 작품의 배경에 대한 설명에 불과할 뿐 결코 무대에서 공연되는 내용은 아니다. 그리고 그 다음 네 줄에 무대에서 공연될 작품의 내용이 요약되어 나오고, 끝을 다음과 같이 맺는다.

---

22) Samuel Johnson, *Selections from Johnson on Shakespeare*, ed. Bertrand H. Bronson and Jean M. O'Meara (New Haven: Yale Univ. Press, 1986), p. 314.

코러스. 죽고 마는 그들 사랑의 무서운 이야기와
　　　자식들의 죽음만이 없앨 수 있는
　　　부모들 간의 원한,
　　　자 이제 이 이야기가 무대에서 두시간 정도 공연됩니다.
　　　참고 우리의 공연에 귀기울여 주시면
　　　부족한 점은 앞으로 노력하여 고치겠나이다.23)

　　로미오와 줄리엣의 이야기를 알고 있는 관객이 많을 수 있다. 하지만, 곧 무대에 오를 작품은 이야기는 같지만 자기 극단이 노력해서 두 시간 동안 공연할 독특한 것이라는 점을 프롤로그는 강조하고 있다. 무대에서 공연될 연극의 세계가 자기 극단에 의해 독창적으로 창작된 세계임을 명확하게 밝히는 것이다. 그러므로 프롤로그는 관객과 연극의 세계를 연결하지만, 프롤로그가 끝나면 극단에 의해 공연되는 관객의 세계와는 다른 연극의 세계가 극장을 지배할 것임을 밝히는 것이기도 하다. 연극의 세계가 시작되면 그만큼 관객의 관점이 사라진다는 것을 의미하는 것이다.
　　똑같은 방식의 프롤로그를 『헨리 5세』에서도 볼 수 있다.

코러스. 하지만 신사 여러분 용서하소서,
　　　이 비천한 인간들이 감히
　　　그렇게 위대한 일들을 이 보잘것없는 무대에
　　　올리겠다는 일을! 이 닭싸움 장에 불과한 극장이
　　　어떻게 광활한 프랑스의 전장을 담을 수 있으리요?
　　　이 보잘것없는 나무로 지은 극장에서 아진코트의
　　　하늘을 놀라게 한 투구라도 담아낼 수 있겠소?
　　　　　.　.　.
　　　저로 하여금 이 역사의 코러스를 허락하소서,
　　　우리가 올리는 연극을 좋게 보아주시고, 바라건대
　　　잘 평가해 주시길 바라나이다.24)

---

23) Shakespeare, *Romeo and Juliet*, ed. Brian Gibbons (The Arden Edition, 1980), prologue, 9-14.

24) *Shakespeare, King Henry V*, ed. T. W. Craik (The Arden Shakespeare, 1995), chorus,

동일한 방식으로 프롤로그는 관객에게 익숙한 헨리 5세의 이야기를 이제 연극으로 공연한다는 것을 알리는 것이다. 모든 사람이 알고 있는 이야기라도 극장에서 배우가 어떻게 그것을 공연하며, 관객과 어떠한 관계에서 그것을 만들어 나가는가에 따라 극장의 세계가 어떻게 새롭게 형성되는가를 보여준다고 말할 수 있다.

뿐만 아니라, 이보다 더 중요한 것이 전문극단에 의해 공연될 연극의 세계는 현실의 세계와는 다른 배우들에 의해 무대 위에서 재현되는 새로운 세계라는 점이 강조된다. 관객들이 일상적으로 경험하는 현실의 세계와 무대 위에서 제시되는 연극의 세계가 다르다는 점이 강조되는 것이다. 이는 연극은 전문가 집단에 의해 창조되고, 관객들은 입장료를 지불한 대가로 향유하게 된다는, 다시 말해서 연극의 세계와 관객들이 경험하는 일상의 세계가 기본적으로 구분된다는 것을 명시하는 말이다. 그러므로 프롤로그가 관객들에게 무대 위에서 펼쳐질 연극의 세계를 '친절하게 구경하고 평가해 주시라'고 당부의 말씀을 드리는 것이다. 평가를 한다는 말은 평가의 대상이 되는 연극의 세계와 평가의 주체가 되는 관객 사이에 일정한 거리가 있다는 것을 의미하기도 한다.

이와 같이 비록 관객의 입장을 고려하여 연극으로 초대하는 극적인 장치가 있음에도 불구하고 근본적으로는 연극의 세계는 관객과 일정한 거리를 둔 독자적인 세계로 창조되었다는 점이 드러나고 있다. 이는 연극이 독자적으로 자기의 세계를 발전시킬 수 있는 기반이 됨과 동시에 창조적인 연극의 세계가 독자성을 가지면 가질수록 관객은 수동적인 수용자의 지위를 차지할 수밖에 없게 된다는 현실을 보여주기도 한다. 관객의 세계가 연극의 세계에 압도당하는 것이다.

b. 극장의 세계의 확대(에필로그)

극장의 세계 내에는 관객의 세계와 순수한 극중 세계가 중첩되어 있다고 말할 수 있다. 순수한 극중 세계와 극장의 세계가 중첩되어 나타나는 데서

8-14, 32-24.

셰익스피어 시대의 연극이 극장을 하나의 특유한 문화공간으로 이해할 수 있는 기초가 주어지는 것이다. 이는 또 여기에 참여하는 관객의 암묵적인 동의가 없이는 극장의 세계가 이루어질 수 없기 때문에 비록 연극의 세계가 무대에서 공연됨과 동시에 관객의 입장이 연극의 세계에 압도당하지만 관객의 입장이 매우 존중되고 있다는 것도 알 수 있다. 이처럼 관객과 배우가 함께 하나의 독특한 문화 공간으로서의 극장의 세계를 함께 만들어 간다는 데서 셰익스피어 시대의 연극과 우리 마당극과의 유사성을 찾을 수 있다.

어쨌든 간단히 말하자면 관객은 프롤로그를 통하여 극중세계로 들어가고 극중 세계가 끝나면 다시 극장의 세계로 돌아오게 된다. 여기서 관객을 극중 세계에서 극장의 세계로 되돌려 주는 극적 장치가 바로 에필로그라고 할 수 있다. 간단히 두 개의 예를 보자.

에필로그

로잘린드. (관객에게) 여인의 역으로 에필로그를 하는 것을 보는 것이
격식에 맞는 것은 아닙니다만 남성이 프롤로그를 하는 것을
보는 것보다 흉할 것도 없습니다.

．　　．　　．

저는 여러분께
간청을 드릴까 합니다. 먼저 여성으로 시작을 하겠습니다.
여성 여러분, 남자에 대한 여러분의 사랑에 두고,
좋으시다면 이 연극을 사랑해 주세요.
남성 여러분, 여성에 대한 여러분의 사랑에 두고, 바라건대,
여러분의 웃음으로 보아 여인을 미워한 사람은 없군요.
여러분과 여인 사이에 이 연극이 즐거움을 주었길 바랍니다.
제가 만일 진짜 여자라면, 저를 즐겁게 할
수염을 가진 분께 빠짐없이 키스를 해드리고 싶군요.[25]

에필로그가 처음에는 극중인물인 여성 로잘린드로 시작했지만, 곧 바로

---

25) Shakespeare, *As You Like It*, ed. Agnes Latham (The Arden Edition, 1994), epilogue, 198-216.

여자 역할을 맡았던 남자배우로 돌아간다. 이것은 극중인물이 주도했던 극중세계에서 일반배우로 돌아간 것으로 더 큰 극장의 세계로 관객들이 돌아온 것을 알려주는 것이다. 바이만의 설명에 따르면, "셰익스피어 연극의 마지막 부분에서 허구적 텍스트로부터 문화적 현실로의 미묘하게 균형 잡힌 이동이 있을 때, 연극은 스스로 더 이상 재현을 하지 않는 사회적 맥락으로 돌아옴으로써 재현하는 차원을 마치는"26) 것이다. 물론 이 작품에서는 여성인 등장인물에서 남성인 배우로의 성적 전환이 덧붙여져 효과가 더 크다고 할 수 있다.

『태풍』의 에필로그도 같은 맥락에서 이해될 수가 있다. 이 작품의 에필로그를 셰익스피어 개인의 경력과 관련하여 해석되기도 하였다. 이러한 경향은 셰익스피어의 작품을 작가 개인의 상상력에 의한 것으로만 해석하고 극장에서 공연되고 관객에 의해서 향유되었다는 공연의 관점을 전혀 배제할 때에만 가능한 것이다. 그리고, 이 작품이 셰익스피어의 마지막 작품이 아니며, 공연은 언제든지 다시 무대에서 이루어질 수 있다는 사실을 감안하면, 극장의 세계 속에서 에필로그를 이해하는 것이 더 설득력을 가진다.

> 프로스페로. 자 이제 저의 마법은 끝이 나고,
> 제 자신이 가진 힘만 남았습니다.
> 너무나 미약한 것이지요.
>
> ·　　·　　·
>
> 하지만 여러분의 친절한 갈채로
> 저를 속박에서 풀어 주십시오.
>
> ·　　·　　·
>
> 자 이제 저는
> 부릴 정령도 없고, 마법의 재주도 없습니다.

---

26) Robert Weimann, "Performing at the Frontiers of Representation: Epilogue and Post-Scriptural Future in Shakespeare's Plays", in *The Arts of Performance in Elizabethan and Early Stuart Drama: Essays for G. K. Hunter*, eds. Murray Biggs, Philip Edwards, Inga-Stina Ewbank and Eugene M. Waith (Edinburgh: Edinburgh Univ. Press, 1991), p. 105.

저의 끝은 절망입니다.
기원으로 여러분이 풀어주시기 않는다면.27)

여기서도 마법이 다했다는 것을 셰익스피어 개인의 문제로 돌릴 것이 아니라, 프로스페로 역을 맡았던 배우가 극중세계의 인물을 대변해서 극중세계는 끝났다는 것을 알리는 역할로 보는 것이 타당하다. 이렇게 해서 극중세계가 끝나는 순간, 관객의 도움으로 배우는 극장의 세계로 돌아오고 극장은 관객과 배우가 하나가 되는 순간을 맛보는 것이다.

이러한 에필로그뿐만 아니라 극중인물이 하는 대사도 가끔씩 더 넓은 의미의 극장의 세계를 염두에 두고 하는 것으로 이해될 수가 있다. 『로미오와 줄리엣』은 연극을 마치면서 공작이 "자 가서 이 슬픈 이야기를 더 말하시오. 어떤 자는 용서받을 것이며 어떤 이는 벌받을 것이오. 왜냐하면 이 줄리엣과 로미오의 이야기보다 더 슬픈 이야기는 없기 때문이오"28)라고 말함으로써 끝난다. 연극은 끝났는데 무슨 이야기를 더 하자는 말인가? 이는 관객들이 집으로 돌아가더라도, 길거리에서 이번 공연 이야기를 많이 하여 선전이 되게 하자는 것으로 이해할 수 있다. 이는 극장의 세계 자체가 일상의 세계로 확대되는 것으로 이해되어야 할 것이다. 이러한 극장의 세계의 확대가 나타나는 또 다른 예는 『햄릿』에서 명확하다. 햄릿이 죽으면서 호라시오에게 "이를 모르는 사람들에게 나와 나의 동기에 대해 정확하게 알려주게"29)라고 부탁을 한다. 그래서 호라시오가 포틴브라스에게 햄릿에 관한 자초지종의 모든 이야기를 하겠다고 하자, 포틴브라스는 "자, 우리 서둘러 그것을 들어보세"30)이라고 답변한다. 여기서 '이를 모르는 이'가 누구인지가 불명확하다. 그리고 극이 모두 끝났는데 포틴브라스는 누구와 함께 햄릿에 관한 이야기를 듣겠다는 것인가? 이러한 문제를 극중 세계, 극장의 세계, 일상의 세계의 관계 속에서 이해하면 풀 수 있는 실마리를 찾을 수가 있는 것이다. 이것

---

27) Shakespeare, *The Tempest*, ed. Frank Kermode (The Arden Edition, 1994), epilogue, 1-16.
28) *Romeo and Juliet*, V, iii, 306-309.
29) Shakespeare, *Hamlet*, ed. Harold Jenkins (The Arden Edition, 1982), V, ii, 343-344.
30) *Hamlet*, V, ii, 392.

이 바로 셰익스피어 시대의 연극이 극중의 세계를 극장 내의 관객의 세계로 또, 그들의 일상의 세계로 확대했다는 면에서 우리 마당극과의 유사성을 찾아 볼 수 있는 것이다.

하지만 셰익스피어 시대의 연극이 에필로그라는 극적 장치를 통하여 연극의 세계에서 관객을 다시 일상의 세계로 보내는 반면, 공동체 의식을 중요한 요소로 삼고 있는 마당극에서는 연극의 세계를 통한 공동의 체험을 공동의 결의와 실천으로 연결시키고자 한다. 이 점에서 형식적인 유사성에도 불구하고 근본적인 차이가 보인다.

4. 결론

일반적으로 마당극은 "70년대 중·후반에 새롭게 태어난 민중적·민족적 연극 행위들"[31]로 정의될 수 있다. 하지만 '민중적·민중적'이라는 말이 내포하듯이 마당극은 전통적으로 민중들에 의해 향유된 연극 행위의 형식적인 측면을 의미하기도 하고, 다른 한편으로는 마당극이 내용으로 담고, 하나의 연극운동으로 지향해야 할 바가 민중적, 민족적 삶과 가치에 기반을 둔 세계관이어야 한다는 의미를 동시에 가지고 있다. 셰익스피어 시대의 연극이 상업극장으로서 연극활동을 한 반면, 마당극은 민중적 가치를 민중적 관점에서 추구하고자 한 연극 행위이다. 그러므로 "마당극에 있어서는 관객과 무대를 가장 원초적이며 핵심적인 요소"로 보며, "관중이 연극의 주인이 된다"[32]라는 점에서 관객의 관점과 참여가 중요한 문제로 떠오르게 된다. 그러므로 형식적인 측면에서 마당극과 셰익스피어 시대 연극이 유사성을 보임에도 불구하고 지향하는 바는 확연한 차이를 보인다.

앞에서 살펴보았듯이, 『플젠과 류크리스』와 『늙은 할멈의 이야기』와 같은 작품에서는 무대 연극에 익숙하지 않은 관객을 무대의 세계로 초대하기

---

31) 이영미, "한국연극의 반성과 마당극운동론의 등장", 『민족극과 예술운동』, 제4호, 1992년 겨울, 민족극연구회, p. 39.
32) 임진택, p. 18.

위하여 관객의 입장을 고려하여 구성한 연극이다. 하지만 마당극의 도입 부분에서 나타나는 앞풀이나 난장 등은 관객을 연극의 세계에 초대하는 의미보다는 관객 스스로가 연극에서 펼쳐질 세계의 주인이며, 연극의 세계가 현실과 분리되는 세계가 아니라 관객이 모두 함께 인식하고 바꾸어 나가야할 세계라는 점을 강조하기 위한 극적 장치이다. 그러므로 마당극은 "현실 속에서 살아가는 사람들을 관중으로 그들의 생활의 현장 한복판에 들어가 그 현실의 연장으로서의 공연을 하며, … 그 현장에서 자신들의 공동으로 겪고 있는 현실의 갈등과 모순을 거침없이 꺼내놓고 이를 공유하며 해결을 모색하여 이를 공동의 바람으로 만드는 민주적인 연극"[33]을 지향하는 연극행위가 된다. 셰익스피어 시대의 연극이 전문극단에 의해 만들어진 가상의 연극세계를 관객에게 공연을 통하여 제시한다면, 마당극은 관객 스스로가 연극의 세계의 주인이 되는 연극이다.

『로미오와 줄리엣』,『뜻대로 하세요』,『태풍』의 예에서 설명했듯이 에필로그는 극장의 세계로부터 관객들을 벗어나게 하는 장치이다. 물론 관객의 관점을 고려한 장치이지만, 관객이 연극의 세계와 공연이 끝난 후 일상의 세계 속에서 새로운 주체로 인식되는 것이 아니라, 단지 극장에서의 공연을 즐기는 객체적인 존재로 이해될 뿐이다. 셰익스피어 시대에는 에필로그 외에도 공연이 끝나고 여흥을 즐기는 시간이 있었던 것으로 보인다. 1599년에 영국을 방문했던 토마스 플라터(Thomas Platter)는 당시의 공연과 관련하여 매우 흥미있는 기록을 남겼다.

9월 21일 점심을 먹은 후 2시경, 나와 나의 일행은 템즈 강을 건너, 갈대 지붕을 인 극장에서 15명 가량이 출연하는 로마 첫 번째 황제 시저의 비극의 멋진 공연을 관람했다. 공연이 끝난 후 배우들이 마치 그들이 원했듯이 우아하고 훌륭하게 함께 춤을 추었으며, 그 중 두 사람은 남자 복장을 하고 두 사람은 여자 복장을 하고 있었다.[34]

---

33) 이영미, p. 45.
34) Thomas Platter and Horatio Busino, *The Journals of Two Travellers in Elizabethan and Early Stuart England*, ed. Peter Razzell (London: Caliban Books, 1995), pp. 26-27.

비극의 공연이 끝난 후에 무대에서 배우들이 춤을 추며 여흥을 돋구었다는 사실이 매우 특징적이다. 하지만 이러한 공연 후의 여흥시간은 단지 관객들에게 즐거움을 주려는 방편으로 이해해야 할 것이다. 반면에 마당극에서 나타나는 관객과 배우가 어우러지는 뒤풀이는 관객이 전체 공연의 주인으로 다시 서는 과정을 강조한 것으로 셰익스피어 시대의 연극에서 보이는 여흥과는 큰 차이를 보인다.

이처럼 마당극과 셰익스피어 시대의 연극이 보이는 차이점의 가장 중심에는 관객이 있다고 볼 수 있다. 셰익스피어 시대의 연극은 중세의 민중전통을 계승하여 관객에 대한 관점을 어느 정도까지는 포함하고 있으나, 점차 연극의 세세가 더욱 더 독자성을 띠는 공긴으로 발달헤 나가면서 관객의 역할은 줄어들고 있다. 하지만 마당극의 경우는 관객을 공연의 주인으로 인식하고 있다. 이는 물론 연극 공연을 바라보는 시각 자체의 차이에서 비롯된다. 마당극은 놀이패와 구경꾼이 분리되지 않았던 전통민속극의 전통을 관중을 주인으로 다시 세움으로써 계승하려고 한 반면, 셰익스피어 시대의 연극은 관객의 입장을 반영하여 연극의 세계를 독자적인 세계로 만들어 나가려고 했던 것이다.

우리의 마당극 운동이 배우나 극작가와 같은 개인적 전문가 중심이 아니라 관객을 포함한 "참여자 모두의 보편적 염원과 공동감을 민주적으로 집결하는 방식이고 나아가 문제의 핵심을 발견하고 의견을 통일하여 노선을 정리하는 자체 의식화 교육의 일환"35)이었다는 점에서, 상업적인 전문 극단을 추구했던 셰익스피어 시대의 연극과 근본적인 차이를 보인다. 그러므로, 셰익스피어 시대의 연극이 공연의 세계와 관중의 세계를 연결하는 극적 장치는 가지지만, 연극의 세계를 현실의 세계로 이해하려고 한 마당극과는 관중을 이해하는 세계관과 관중을 극의 세계로 끌어들이는 극적 방식에서 다를 수밖에 없는 것이다.

---

35) 채희완, "마당굿의 과제와 전망",『한국의 민중극』, 채희완, 임진택 편 (서울: 창작과
비평사, 1985), p. 12.

이경원

존 드라이든의 민족의식과 영국의 주체 구성

I. 왕정복고기 문학의 정치성

영국사에서 사회적·정치적 지각변동이 가장 심했던 시대를 꼽는다면 아마도 청교도혁명, 왕정복고, 명예혁명으로 이어지는 17세기 후반이 될 것이다. 이를 두고 역사학자 힐(Christopher Hill)이 "혁명의 세기" 혹은 "세계가 거꾸로 뒤집어진 시대"로 표현했듯이, 17세기 영국은 전례 없는 갈등과 변화의 시대였다. 대내적으로는 중세 봉건주의와 근대 자본주의, 절대군주제와 의회공화정, 로마 카톨릭과 영국 프로테스탄트 등의 여러 대립적인 제도와 이데올로기의 충돌을 통해 영국이 근대적 민족국가로 태어난 시대이며, 대외적으로는 영국이 켈트 변방뿐만 아니라 인도, 북아메리카, 카리브 연안으로 식민지 팽창의 범위를 넓히며 유럽 제국주의의 중심 세력으로 발돋움한 시대이다. 이러한 역사적 전환기를 맞아 당시의 영국 문학은 그 어느 때보다도 정치적 색채를 강하게 띠고 있었다. 문학이 '정치적'이었다는 말은 당시의 사회적 갈등과 종교적 대립이 문학의 매개를 통해 표출되었으며, 따라서 문학은 외부 영향과 압력으로부터 자유로울 수 없었음을 의미한다. 17세기 후반의 영국이 혼란과 위기의 시대였다고 할 때, 문학은 역사의 소용돌이에서 비켜난 것이 아니라 오히려 그 한가운데서 이데올로기적 투쟁을 주도하고 있었다. 즉 문학이 사회적 변화를 수동적으로 반영하는 거울이었을 뿐더러 문학 자체가 그 변화의 진원지이자 추동력이었던 것이다.

문학의 '정치적' 기능은 역사적 전환기마다 요구되기 마련이지만, 17세기 후반의 영국 문학은 다른 시대에서 찾아보기 힘든 특징을 갖고 있다. 그것은 문학이 동시대의 사회상을 반영이라도 하듯 매우 편향적이고도 단성적(單聲的)인 성향을 띠었다는 점이다. 이는 양립 불가능한 세력들이 가파른 부침(浮沈)을 거듭하는 정치적 현실로부터 문학이 '미학적 거리 두기'를 할 수 없었기 때문이다. 이러한 특징은 왕정복고기 문학에서 특히 두드러진다. 검열과 후원의 제도적 족쇄를 차고 체제 옹호의 멍에를 져야 했던 왕정복고기 문학은 형식주의 비평의 시금석인 미학적 '자율성'이나 '사심 없음'은 물론이고 최근의 수정주의 비평에서 자주 논의되는 정치적 '양가성'도 구현할 수 없었다. 문학에게 요구되고 또한 문학이 수행한 일은 지배 이데올로기의 합리화와 찬양이었을 뿐 그것에 대한 성찰이나 비판과는 거리가 멀었던 것이다. 이는 혁명과 반혁명을 오가는 격렬한 진자운동이 계속되는 상황에서 지배 권력이 불안정하고 단명했던 만큼 체제 비판적 목소리를 문학 텍스트에서 수용할 만한 이데올로기적 유연성이 없었기 때문이다. 따라서 왕정복고기 문학은 명멸(明滅)하는 지배 권력의 파트너로서 정치적 입장은 분명히 했지만, 이질적 계층의 다양한 목소리를 포괄하는 정치적 복합성과 다의성은 지니지 못했다고 봐야 할 것이다.

이러한 왕정복고기 문학의 정치성을 가장 확연하게 드러내는 작가 중의 하나가 바로 드라이든(John Dryden, 1631-1700)이다. 시인과 극작가로서 뿐만 아니라 비평가와 번역가로서도 중요한 업적을 남긴 드라이든은 그 당시 작가의 최고 영예였던 계관시인과 왕실사료편찬가의 두 직책을 동시에 보유하며 문학과 정치의 파트너쉽을 누구보다도 적극적으로 실천한 인물이다. 드라이든의 문학적 궤적을 훑어보면, 그가 왕정복고기의 가장 명망 있는 시인만이 아니라 스튜어트 왕조의 이데올로기적 대변인이었음을 알 수 있다. 실제로 드라이든이 작가로서의 명성을 드높인 시기도 왕정복고가 이루어진 1660년경부터 명예혁명이 일어난 1688년 사이이며, 명예혁명과 더불어 계관시인의 직위에서 물러난 이후에는 번역을 제외하면 그다지 뚜렷한 활동을 하지 못했다. 이는 스튜어트 왕조의 부침과 영욕이 드라이든의 삶과 문학에 직접적 영향을 미쳤기 때문이다. 그래서인지 드라이든의 문학은 보편적이거나 중립적이지 않고 오히려 노골적으로 당파성을 표방한다. 드라이든의 개별 작품은 동시대 역사적 사건에 대한 구체적 반응으로서, 알레고리와 패러디 등의 형식을 취하고 있지만 약간의 역사적 배경 지식이 있는 독자라면 작품에서 드라이든의 적과 동지를 어렵잖게 가려낼 수 있다. 대개의 경우, 적은 청교도혁명과 명예혁명의 주체 세력인 프로테스탄트 의회파이며, 동지는 절대군주제를 옹호하며 왕정복고를 지지한 카톨릭 왕당파이다. 어느 비평가가 드라이든을 두고 "당파를 위한 문필가"이며 그의 문학은 "토리당의 프로퍼갠더"라고 얘기한 것은 결코 지나친 평가가 아니다.[1]

이 논문에서 논의하려는 것도 드라이든이 구현한 문학의 정치성이다. 드라이든은 스튜어트 왕조의 이데올로기적 기반인 절대군주제의 변론인이면서 또한 17세기부터 대두하기 시작한 영국 민족주의와 식민주의의 옹호자이기도 하다. 드라이든의 문학에서 나타나는 가장 일관된 관심사도 군주/민족/제국 삼자간의 상호연관성이다. 특히 민족주의와 식민주의는 근대 영국사에서 제한된 기간동안 특정 계층과 당파 내에서만 유통된 절대군주제보다 훨씬 삼투작용이 강하고 광범위한 지배 이데올로기였다. 셰익스피어 시대만 해도 발아단계에 있던 영국 민족주의와 식민주의는 드라이든 시대에 와서 더욱 체계화되고 보편화된 이데올로기로 뿌리를 내리게 되었으며, 그 과정에서 드라이든은 적어도 문학의 영역에서는 필적할 작가를 찾기 힘들 정도로 많은 공헌을 했다. 이 글에서는 왕정복고기를 대표하는 시인 드라이든이 민족의식 혹은 민족주의를 어떻게 문학적으로 형상화했는지를 분석하는 동시에 문학을 통한 드라이든의 담론적 실천이 영국의 민족국가와 식민제국의 건설에 어떻게 기여했는지를 탈식민주의적 시각에서 살펴보고자 한다.

---

1) Philip Harth, *Pen for a Party: Dryden's Tory Propaganda in Its Context* (Princeton: Princeton University Press, 1993)를 참조하라.

II. 영국 민족주의의 종교적 수사학

영국 민족주의의 기원과 변천에 관해서는 다양한 주장이 개진되어 왔다. 영국의 민족주의가 근대성 혹은 모더니티의 산물이라는 점에는 대부분 동의하지만, 민족주의의 개념을 어떻게 규정하느냐에 따라, 어느 분야에 논의의 무게중심을 두느냐에 따라 그 시발점은 달라지게 마련이다. 어떤 역사학자들은 장미전쟁의 종결과 튜더 왕조의 등극으로 중세가 막을 내린 이후 중앙집권적 절대군주제가 확립된 16세기 초가 영국 민족주의의 출발점이며, 특히 헨리 8세가 로마 카톨릭 세력의 그늘에서 벗어나려고 1534년에 영국을 '제국'으로 선언하고 영국 국교회를 설립하여 교회의 권위를 국왕에 종속시킨 종교개혁이 민족의식을 고취하는 결정적인 계기가 되었다고 주장한다.2) 그러나 16세기 영국은 아직 근대 민족주의의 단계에 들어서지 못했다는 것이 일반적인 견해이다. 왜냐하면 르네상스 시대만 하더라도 중세를 지탱해 온 기독교적 보편주의와 봉건주의적 가치관이 존속되고 있었으며, 영국의 민족적·문화적 정체성의 확립을 외치는 목소리들이 간헐적으로 표출되기는 했지만 그러한 정서가 일부 작가들과 지배 계층에게만 호소력을 가졌을 뿐 사회 전반으로 확산되지 못했기 때문이다. 더구나 당시의 민족의식은 프로테스탄트 교회에 대한 옹호와 군주를 향한 충성심의 그늘에 가려진 채 국민들의 단합과 복종을 이끌어내는 보조수단의 역할만 했을 따름이다.3)

반면에 사회경제적 접근을 시도한 앤더슨(Benedict Anderson)의 주장을 따라 18세기를 영국 민족주의의 기원으로 파악하는 경향도 적지 않다. 앤더슨의 기본 전제는 "계몽주의와 세속적 합리주의 시대"인 18세기가 유럽 민족주의의 여명기였으며 영국의 경우도 예외가 아니라는 것이다. 앤더슨에 따르면, 유럽 민족주의는 "근대적 생산양식(자본주의)과 의사소통 기술(인

---

2) R. B. Mowat and Preston Slosson, *History of the English-Speaking Peoples* (London: Oxford University Press, 1943), pp. 83-92.
3) Peter Furtado, "National Pride in Seventeenth-Century England," in Raphael Samuel, ed., *Patriotism: The Making and Unmaking of British National Identity*, vol. 1 (London: Routledge, 1989), p. 44.

쇄), 불가피한 언어적 다양성이라는 세 요소들간의 예기치 않았던 폭발적인 상호작용"의 부산물이다. 프로테스탄티즘과 인쇄 자본의 결합은 유럽의 지배 언어였던 라틴어의 쇠퇴와 범유럽적 기독교 세계의 와해를 초래함으로써 민족국가 단위의 정체성을 형성하는 데 중요한 촉매로 작용했다. 즉 라틴어를 매개로 한 초국가적, 종교적 공동체 의식이 자본주의의 세속적 가치에 의해 분열되고 그 역할을 영토를 바탕으로 한 수평적, 지역 분권적 공동체 의식이 대신하게 되었다는 것이다.4)

그렇지만 앤더슨의 견해를 영국에 적용하기에는 다소 무리가 따른다. 왜냐하면 17세기 영국에는 앤더슨이 의미한 '민족의식'이 청교도혁명을 기점으로 이미 형성되기 시작했기 때문이나. 콘(Hans Kohn)에 의하면, 17세기 영국에는 정치, 종교, 사회의 다방면에 걸쳐 민족주의의 효시로 여겨질 만한 공동체 의식이 부상하고 있었으며, 비록 그것이 18세기말에 등장한 세속적 형태의 민족주의와는 같다고 보기는 힘들지만 르네상스와 절대군주제 시대의 '국가주의'(statism)나 '애국심'(patriotism)과는 확연히 구분되는 것이다.5) 특히 청교도혁명은 대내적으로는 중상주의와 의회공화정을 표방하는 신흥 중산층이 정치적 헤게모니를 장악한 사건이지만, 동시에 대외적으로는 영국이 스페인과 프랑스를 비롯한 유럽의 카톨릭 영향권에서 벗어나 주권국가로서의 자율성을 확보하는 계기가 되었다. 이 과정에서 민족주의의 등장은 역사적 필연이었다. 크롬웰의 혁명정부는 오랜 내전과 찰스 1세의 강압적 폐위로 인해 분열된 민심을 수습하고 불안정한 권력기반을 공고히 하기 위해 민족이라는 초당파적 담론을 적극적으로 동원했다. 더구나 당시의 민족 담론은 폭력으로 쟁취한 권력에 도덕적 정당성을 부여하기 위한 것이었기에 그 어느 시대보다 기독교적 색채를 강하게 띠고 있었다. 말하자면, 정치적 이해관계를 종교적 논리와 언술로 포장한 것이다. 가령, 크롬웰은 출애굽 이

---

4) Benedict Anderson, *Imagined Communities: Reflections on the Origin and Spread of Nationalism* (London: Verso, 1983), pp. 11, 19, 42-43.

5) Hans Kohn, "The Genesis and Character of English Nationalism," *Journal of the History of Ideas* 1(1940), p. 80. 17세기 영국 민족주의의 발생에 관한 더 상세한 논의는 콘의 저서 *The Idea of Nationalism: A Study of Its Origin and Background* (New York: Macmillan, 1944), pp. 155-83을 보라.

후 이스라엘 백성을 "젖과 꿀이 흐르는 약속의 땅 가나안"으로 인도한 여호수아로, 그가 통치하는 프로테스탄트 영국은 하나님을 경외하는 현대판 이스라엘 민족으로, 그리고 청교도혁명은 신의 섭리가 인간의 역사 속에 구현된 것으로 해석되었다.6)

영국 민족주의의 발현 시점을 17세기 중엽으로 설정할 수 있는 또 다른 근거는 영국의 식민지 진출이다. 당시 영국은 대내적으로는 끊임없는 위기와 혼란에 시달리면서도 대외적으로는 르네상스 시대 이후 싹터 온 팽창주의적 야망을 실현해가고 있었다. 물론 이전의 엘리자베스 시대에도 영국은 로마제국의 계승자로 자처하며 식민제국 건설을 기획했지만, 그것은 담론적 차원에 머물러 있었을 뿐 그에 상응하는 물질적 실천을 수반하지는 못했다. 모어(Thomas More)의 『유토피아』(Utopia), 스펜서(Edmund Spenser)의 『선녀 여왕』(Faerie Queene), 셰익스피어의 『태풍』(The Tempest) 등은 모두 식민주의적 동경과 욕망을 투영하고 있지만, 르네상스 영국인들이 경험한 제국은 문학적 상상력이 창조한 '가상의 제국'에 불과했다. 비근한 예로, 콜럼부스의 신대륙 발견에 관한 보고서가 유럽 전역에 유포되고 있던 무렵 영국에서는 어떤 출판업자도 관심을 보이지 않았고, 롤리경 일행이 버지니아에 식민지 개척을 시도하기 65년 전에 이미 코르테즈는 멕시코 정복을 완수하고 있었다. 기껏해야 북유럽 근해에서 목재나 생선을 찾아다니던 영국인들은 아메리카의 황금과 농작물을 독점하는 스페인을 바라보면서, 스페인이 누리는 물질적 풍요를 의도적 무관심으로 애써 외면하거나 아니면 영국의 "물질적 왜소함"을 "정신적 위대함"으로 해석하며 자신들의 고립과 소외를 위로해야 했다.7) 1588년 스페인 무적함대를 운 좋게 격퇴했을 때 영국인들이 맛본 것은 자신감이 아니라 안도감이었으며, 이후에도 영국은 지리적으로나 사회경제적으로 스페인 제국의 '주변적' 위치를 벗어나지 못했다.8) 종

---

6) *The Letters and Speeches of Oliver Cromwell*, ed. S. C. Lomas (Oxford: Clarendon, 1988), vol. 3, pp. 11-13.

7) Jeffrey Knapp, *An Empire Nowhere: England, America, and Literature from 'Utopia' to 'The Tempest'* (Berkeley: University of California Press, 1992), pp. 18-20.

8) Carol Wiener, "The Beleagured Isle: A Study of Elizabethan and Early Jacobean Anti-Catholicism." *Past and Present* 51(1971), pp. 57-60.

교적으로도 프로테스탄트 영국인들은 마치 자신들이 유럽 대륙의 거대한 카톨릭 세력권에 "에워싸인 외딴 섬"에 살고 있는 것처럼 느꼈으며, 독일의 종교전쟁을 영국이 중립을 명분으로 관망할 수밖에 없었던 것은 프로테스탄트 영국인들에게 참기 힘든 수치요 모독이었다.9)

그러나 유럽의 '주변도서국'이자 식민지 진출의 '후발주자'였던 영국은 17세기 중반 이후부터 특히 청교도혁명을 계기로 켈트 변방의 '내부 식민주의' 문제를 해결하면서 본격적으로 유럽 바깥으로 진출하기 시작했다. 크롬웰 통치하의 청교도 공화국은 이전의 영국 왕조가 보유하지 못했던 강력한 해군력을 바탕으로 스코틀랜드를 합병하고 아일랜드를 정복했을 뿐더러, 해상무역의 주도권을 둘러싼 네덜란드와의 전쟁에서 승리하여 항해 조례를 선포하고 유럽 근해의 제해권을 장악하게 되었다. 그리고 1655년에는 식민지 진출을 위한 목적으로는 처음으로 영국이 정부 병력을 동원하여 서인도제도를 침략하고 자메이카를 점령하였다.10) 특히 스페인이 독점하였던 북미 지역도 영국이 잠식해 들어가면서, 영국은 월러스틴(Immanuel Wallerstein)이 의미한 '근대 세계체제'의 중심국으로 발돋움하는 기틀을 마련하였다. 그 결과, 아메리카는 더 이상 영국인들에게 있어서 문학적 상상 속에서만 존재하는 유토피아나 모험심과 명예욕의 시험무대가 아니라 더 나은 미래를 위하여 이주하고 정착하여 살고 싶은 세계였으며 "생육하고 번성하여 땅에 충만하라"는 신의 계시가 구현되는 "약속의 땅"이었다.11) 즉 셰익스피어 시대의 영국인들이 가졌던 '영국 제국'의 꿈이 드라이든의 시대에 와서 현실로 다가오고 있었고, 침략과 정복은 왕정복고기 영문학에서 가장 인기 있는 주제 중의 하나로 자리잡게 되었다.

그런데 영국중심주의적 선민사상에 기초한 민족주의 담론은 청교도혁명

---

9) Christopher Hill, "The English Revolution and Patriotism," in Raphael Samuel, ed., *Patriotism: The Making and Unmaking of British National Identity,* vol. 3 (London: Routledge, 1989), p. 161.

10) 같은 글, pp. 159-60, 164-65.

11) Robert M. Bliss, *Revolution and Empire: English Politics and the American Colonies in the Seventeenth Century* (Manchester: Manchester University Press, 1990), pp. 15-16.

정부의 전유물로 남아있지 않고 근대 영국사를 관통하는 일종의 시대정신으로 발전해갔다. 청교도혁명이 국민의 충성심을 군주에게서 국가로 전이시킴으로써 민족주의를 '공식적' 담론의 형태로는 처음 등장시키는 계기를 마련했지만, 민족주의는 혁명의 역행을 목격한 왕정복고 시대에도, 그리고 절대왕정이 붕괴된 명예혁명 이후에도 계속 확산되어 나갔다. 17세기 후반의 영국 사회는 왕당파와 의회파, 토리당과 휘그당, 카톨릭과 프로테스탄트, 국교회와 비국교회 등의 세력들이 각각 보수와 진보를 표방하며 헤게모니 싸움을 전개했지만, 이들의 수사학적 공통분모는 영국 민족의 우월성이었다. 민족주의는 이질적이고도 적대적인 계층, 당파, 종파, 제도가 모두 공유하는 — 그러면서도 서로 자기네들만의 것으로 전유하려는 — 보편적 대의명분으로 자리잡게 된 것이다. 이는 앤더슨이 의미한 '상상의 공동체'라는 집단의식이 권력체제의 거듭된 변화에도 불구하고 영국이 근대적 민족국가로 태동하는 과정에서 결정적 역할을 했음을 뜻한다. 엄밀하게 얘기하면, 오히려 그러한 사회적 · 정치적 변동 덕분에 민족주의가 대두하게 되었다고 할 수 있다. 위기와 혼란의 시대가 사회 통합의 이데올로기를 필요로 했기 때문이다.

17세기 영국 민족주의의 공시적(共時的) 보편성과 통시적(通時的) 연속성은 드라이든과 밀턴(John Milton)을 비교해 보면 잘 드러난다. 밀턴과 드라이든은 정치적으로나 종교적으로나 상반된 입장에 서서 각각 청교도혁명과 왕정복고의 대변인 역할을 수행했던 인물이다. 하지만 두 시인은 민족의식의 확립과 식민지 팽창에 관해서는 일치된 견해를 표명했다. 프로테스탄트 의회파이든 카톨릭 왕당파이든 간에 민족과 제국을 내세우는 것이 전복적 목소리를 봉쇄하고 권력체제를 강화하기에 가장 효과적인 전략이었기 때문이다. 이러한 민족주의적 제창(齊唱)은 당시 영국 사회의 이데올로기적 풍토를 상징하는 것이기도 하다. 즉 영국 안에서는 진보와 보수 세력이 첨예하게 대립하면서도 영국 바깥을 향해서는 이구동성으로 민족국가와 식민제국 건설을 옹호한 것이다. 이는 영국 민족주의 자체가 안과 밖, 우리와 그들, 중심과 주변의 이분법에 기초한 자민족중심주의를 내포하고 있었기 때문이다. 동일성의 신화에 의존한 민족 담론은 타자와의 차이를 생산했고 그 차이는 곧 우열(優劣)로 치환된 것이다. '우리'의 범주에 포함되지 못한 '그들'에게는 민족주의가 배제와 차별의 실천이었을 뿐이다. 이것은 영국중심주의적 민족주의의 윤리적 모순이자 논리적 귀결이었다. 유일신만을 인정하는 기독교가 다른 종교를 향해 철저히 배타적이듯이, 선민사상에 바탕을 둔 영국 민족주의는 처음부터 편협하고 공격적인 이데올로기로 굳어질 수밖에 없었다.

이 점에 관한 한, 17세기 영국 시인 중에 가장 진보적이라고 평가받는 밀턴도 예외가 아니다. 밀턴의 주장에 따르면, 이성과 자유의 구현을 방해하는 인류의 대적(大敵)은 권위와 관습이었는데 청교도혁명이 봉건적 권위주의의 오랜 족쇄를 타파함으로써 합리주의와 진보주의가 나아갈 길을 열어놓았다. 그리고 선택받은 민족으로서의 영국은 신이 허락한 문명의 축복을 야만과 미개가 지배하는 영국 바깥으로 전파할 책임이 있다.12) 그러나 밀턴은 자신이 외치는 기독교 휴머니즘의 밑바닥에 팽창주의적 욕망이 깔려 있음을 인식하지 못했다. 오히려 밀턴은 청교도 혁명정부가 문명의 전파라는 명분 하에 켈트 변방, 아일랜드, 아메리카의 원주민에게 행한 식민지 침탈에 대해서는 시종일관 침묵했으며 심지어는 그것을 정당화하고 찬양하는 태도를 취하기까지 했다. 이성과 자유의 확산이 영국의 인종적·문화적 타자에게는 예속과 억압일 수 있다는 사실에 대해 당대의 대표적 '진보주의자'였던 밀턴마저 무관심하고 무감각했던 것이다. 이러한 모순은 밀턴뿐만 아니라 드라이든, 마블(Andrew Marvell), 월러(Edmund Waller)같은 17세기 시인들에게 공통적으로 나타난 현상이었다. 이는 당시에 부상하기 시작한 영국 민족주의와 식민주의가 동시대 영국인들이게 비판적 자의식을 좀처럼 허용하지 않는 지배 이데올로기로 작용하고 있었음을 의미한다.

---

12) *Milton's Prose,* ed. Malcolm W. Wallace (London: Oxford University Press, 1925), pp. 315, 377-78.

III. '영국다움'의 시학과 정치학

　여느 민족주의 담론에서와 마찬가지로 드라이든이 창조한 영국 민족도 철저히 주체와 타자의 이항대립적 논리에 근거하고 있다. 그런데 한 가지 특기할만한 것은 영국이라는 주체의 구성을 위해 전유되는 타자의 모습이 획일적이지 않다는 점이다. 드라이든의 텍스트에 등장하는 타자는 때로는 동경과 모방의 대상이고 때로는 차별과 억압의 대상이다. 이는 민족국가로서의 정체성이 채 확립되지 못한 '유아기적' 단계에서의 영국의 주체구성이 복합적이고도 자기 모순적인 과정을 수반하기 때문이다. 정신분석학적 용어로 얘기하자면, 개인이나 집단의 주체구성은 타자를 향한 욕망과 두려움, 승인과 부인, 은유적 나르시시즘과 환유적 공격성 등의 양가성으로 특징지어진다. 즉 주체는 자신에게 부재한다고 여겨지는 '좋은' 이미지와 자신의 무의식에 존재하지만 부인하고 싶은 '나쁜' 이미지를 타자에게 동시에 투사하는 것이다. 다시 말해서, 타자를 향한 주체의 동일시는 주체와 타자의 차이, 혹은 주체의 타자성을 인정하면서도 동시에 부정하려는 양가적 행위이다. 드라이든의 텍스트에는 이러한 주체구성의 양가성이 동일한 타자를 대상으로 나타나기도 하지만 대개는 상이한 타자에게 분리되어 나타나는 경우가 많다. 한편으로는 영국 민족의 우월성을 확인하기 위해 유럽 외부의 식민지 타자나 유럽 내부의 경쟁국을 끌어들여 비교와 폄하의 대상으로 삼으면서도 다른 한편으로는 영국이 닮고 싶은 제국주의적 모델을 향해 자신의 욕망을 투사하는 것이다. 말하자면, 드라이든이 제시하는 담론적 구성물로서의 '영국다움'(Englishness)은 타자의 억압과 타자의 모방 사이를 오가는 인식론적 진자운동의 결과물인 셈이다.

　드라이든이 '영국다움'의 가치와 규범을 구성하면서 동경과 모방의 대상으로 동일시한 타자는 로마 제국이다. 르네상스이래 영국인들에게 로마는 정치적·군사적 위대함의 표상이자 헬레니즘 문화의 완성자로 각인되어 왔다. 셰익스피어의 로마극에서도 드러나듯이, 로마는 시·공간적으로 떨어진 '다른 세계'이면서도 또한 전이된 형태의 영국 자신이다. 이러한 영국과 로마의 상동관계는 드라이든이 즐겨 사용한 모티프이다. 가령, 베르길리우스의 『목가』(*Eclogue*) 네 번째 시를 모델로 한 『복귀한 정의의 여신』(*Astraea Redux*)에서 드라이든은 자신을 베르길리우스에, 찰스 2세를 아우구스투스 황제에 비유하며 왕정복고기 영국을 새로운 황금시대의 도래로 찬양한다. 『아우구스투스에게 바치는 추모곡』(*Threnodia Augustalis*)에서도 드라이든은 로마를 제국(주의)의 원형으로 설정하고 찰스 2세가 통치하는 영국이 '팍스 로마나'의 신화를 다시 실현할 수 있는 로마제국의 진정한 계승자라고 주장한다. 마치 베르길리우스가 아우구스투스 황제를 원초적 황금시대의 통치자였던 사투르누스의 환생이라고 해석하며 황금시대를 신화의 영역에서 현실 세계로 옮겨놓았던 것처럼, 드라이든도 아우구스투스 황제의 예형론적(豫型論的) 이미지를 찰스 2세에게 부여함으로써 황금시대 신화를 역사화하고 정치화하는 것이다.

영국과 로마의 제국주의적 상동관계는 『경이로운 해』(*Annus Mirabilis*)에서 더욱 뚜렷하게 나타난다. 이 시는 왕정복고 이후에 전쟁, 역병, 런던 화재 등으로 민심이 불안해지고 정적들의 공세가 거세어지자 드라이든이 스튜어트 왕조의 권력기반을 공고히 하기 위해 쓴 일종의 '용비어천가'이다. 영국과 네덜란드의 2차 전쟁 기간에 쓴 이 시에서, 드라이든은 그 전쟁을 로마와 카르타고의 포에니 전쟁에 빗대어 묘사하며 오리엔탈리즘의 이항대립적 재현 방식을 적극적으로 차용하고 있다. 즉 네덜란드는 물질적으로는 풍요롭지만 정신적으로는 황폐하고 궁핍한 카르타고에 비유되는 반면, 영국은 몰락하는 제국 카르타고에 승리를 거두고 지중해 패권을 차지하는 로마와 동일시된다. 뿐만 아니라, 드라이든은 구름기둥, 불기둥, 성궤 같은 성서적 이미지를 사용하여 해전을 묘사함으로써 영국-로마의 유추가 수반하는 이교적 색채를 희석시키고 영국의 제국주의적 부상을 신의 섭리로 부각시킨다. 계속해서 드라이든은 런던 대화재에 대해서도 기독교적 해석을 가한다. 런던을 잿더미로 만든 화재는 영국을 유럽의 외딴 섬에서 세계 무역의 중심지로 탈바꿈하게 하는 "변화의 불길"이며, 화재 이후에 재건되는 런던은 유대민족의 바벨론 유수(幽囚) 이후에 중건된 예루살렘 성전이다. 과거의 런던은 "템스 강에서 멱감는 초라하고 비천한 양치기 소녀 같았지만" 현재는 세계 방방곡곡에서 "유향과 황금을 들고 몰려드는 청혼자들을 성 위에서 내려다보는 처녀 여왕"으로 변신해 있다. 이제 영국은 더 이상 유럽 열강들이 엿보거나 침범할 수 없는 "고귀하고 찬란한 북극성"의 위치에 올라섰으며, 전쟁 대신 무역을 통해 세계의 평화와 질서를 지키는 "우주의 중심"이 되었다.13) '팍스 로마나'를 향한 노스탤지어가 '팍스 브리타니카'에 대한 경축으로 전환됨으로써 드라이든의 민족/제국 건설이 완성되는 것이다.

물론 왕정복고 이후의 영국은 드라이든이 염원한 것과 같은 태평성대를 구가하지 못했지만, 역사적 이행기의 소망 충족을 형상화한 이 시에는 당시의 지배 이데올로기이자 드라이든의 일관된 화두였던 절대군주제, 민족주의, 식민주의가 오묘한 앙상블을 이루고 있다. 군주가 곧 민족이요 국가라는 절대군주제의 표어가 여기서도 어김없이 제창되고 있는 것이다. 그런데 문제는 당대의 계관시인이 이렇게 목소리를 드높여 찬양하는 절대군주제가 실제로는 심각한 도전과 위협을 받고 있었다는 사실이다. 이미 청교도혁명을 통해 군주가 더 이상 신성불가침의 권력을 지닌 존재가 아님을 목격한 영국 사회는 봉건 귀족의 바램과는 달리 신흥 중산층이 주도하는 근대 시민사회로 나아가고 있었다. 왕정복고는 그러한 역사의 흐름을 잠시 방해했을 뿐 정지시키거나 반전시킬 수는 없었으며 오히려 권력 이양에 관한 논의를 활성화시킴으로써 절대군주제의 종식을 가져오는 계기로 작용했다.14) 드라이든을 비롯한 왕정복고기 시인들이 찰스 2세와 제임스 2세의 치적을 열렬하게 찬양한 것도 스튜어트 왕조의 권력기반이 그만큼 취약했음을 반증하는 것이다. 민족주의와 식민주의가 이데올로기적 홍보전의 전면에 부상한 것도 바로 이러한 연유에서이다. 위기에 처한 군주를 돕기 위해서는 한편으로는 신의 섭리, 그리고 다른 한편으로는 민족과 제국을 내세우는 것이 가장 효과적인 전략이었기 때문이다.

영국과 네덜란드의 전쟁을 배경으로 한 드라이든의 민족/제국 만들기는

---

13) *The Works of John Dryden*, vol. 1, ed. H. T. Swedenberg, Jr. (Berkeley: University of California Press, 1971), p. 104. 이 글에서 인용되는 드라이든의 모든 작품은 이 판본을 근거로 한 것이다.

14) Paula R. Backscheider, *Spectacular Politics: Theatrical Power and Mass Culture in Early Modern England* (Baltimore: Johns Hopkins University, 1993), p. 1.

영문학사에서 최초의 체계적 문학 비평으로 평가되는 『극문학 평론』(*An Essay of Dramatic Poesy*)에서도 계속된다. 이 평론은 표면적으로는 아리스토텔레스의 『시학』에서 비롯된 형식주의적 미학의 전통을 충실히 따르고 있지만, 그 이면에는 영국의 헤게모니를 군사적 영역에서 문화적 영역으로 전이시키려는 '민족주의적 시학'이 작용하고 있다.[15] 이러한 의도는 템스강에서 벌어지는 영국과 네덜란드의 해전을 청각적 배경으로 삼고 있는 데서 잘 드러난다. 처음에는 런던 가까이서 들려오던 함포소리가 점점 멀어지는 페이드아웃 기법을 사용하여 네덜란드의 패퇴와 영국의 승리를 암시해 놓고 군사적 승리를 알리는 축제 분위기 속에서 영국의 문화적 우월성을 확인하자는 것이다. 여기서 드라이든은 서로 다른 문학관을 가진 네 명이 논객을 등장시켜 그들의 입을 통해 연극에 관한 토론을 전개한다. 이 논객들은 문학이 인간 본성의 모방이며 이를 통해 독자에게 즐거움과 가르침을 준다는 명제에는 모두 동의하지만, 그러한 문학의 기능을 어느 시대, 어느 문화권에서 가장 잘 구현되었는지에 대해서는 서로 의견을 달리한다.

논쟁의 전반부는 고대문학과 현대문학의 우열에 관한 것으로, 먼저 고대문학 예찬론자가 등장하여 아리스토텔레스와 호라티우스의 권위를 내세우며 그리스와 로마 문학의 위대함을 설파한다. 그의 주장에 따르면, 자연의 충실한 모방자요 지혜로운 관찰자인 고대인들이 자연의 완벽한 닮은꼴을 남겨주었지만 현대인들은 그것을 기괴하고 추악하게 변형시켜 버렸으며, 그나마 프랑스의 코르네이유와 영국의 벤 존슨 정도가 고대문학의 명맥을 이어가고 있을 뿐이다. 이에 맞서 현대문학 옹호자는 고대인들의 문학적 업적을 인정하면서도 그 전통이 현대인들의 노력에 의해 더욱 풍요로워졌음을 강조한다. 현대문학은 고대문학을 어설프게 흉내내거나 맹목적으로 추종하는 것이 아니라 고대문학이 보지 못한 삶의 모습을 그려내어 진정 위대한 문학을 완성했다는 것이다. 신구 논쟁은 일단 현대문학의 판정승으로 막을 내리고, 이어서 현대문학의 양대 흐름인 프랑스 문학과 영국 문학의 대결이 벌어진다. 프랑스 문학의 우수함을 주장하는 논객에 따르면, 프랑스의 신고전주의

---

15) Howard D. Weinbrot, *Britannia's Issue: The Rise of British Literature from Dryden to Ossian* (Cambridge: Cambridge University Press, 1993), p. 6.

문학은 고대문학의 규범이었던 '삼일치의 법칙'(the unities of time, place, and action)에 충실하면서도 동시에 역사와 허구를 적절히 혼합하여 '시적 정의'(poetic justice)를 구현하고, 플롯 중심의 사건 전개에서 탈피하여 주인공의 영웅적 기질과 성격 묘사에 치중하며, 무대 위에서는 폭력적이거나 선정적인 장면을 연출하지 않을 뿐만 아니라 등장인물의 행동보다는 대사를 부각시킴으로써 관객의 시각적 즐거움 대신 상상력을 자극한다.

그러나 드라이든 자신의 견해를 대변하는 네안더(Neander)라는 논객이 마지막으로 등장하여 영국 문학이 고대문학은 물론 그것을 계승한 프랑스의 신고전주의 문학보다 더 우월하다는 평가를 내린다. 그 근거로 내세우는 것은 프랑스 문학의 '정확성'에 맞서는 영국 문학의 '다양성'이다. 다양한 주제와 복잡한 플롯의 융합을 시도하는 영국 문학과는 달리, 프랑스 문학은 미학적·도덕적 규범에 너무 얽매여 있기 때문에 무미건조하며 생동감과 박진감이 없다는 것이다. "프랑스 문학은 문학의 영혼이라 할 수 있는 기질과 감정의 모방으로 이루어지지 않았기 때문에 인간의 아름다움이 아닌 조각의 아름다움을 보여줄 뿐이다"는 주장이나 "프랑스 문학은 삼일치의 법칙에 예속됨으로 인해 플롯의 기근과 상상력의 궁핍을 자초했다"는 주장은 영국과 프랑스의 문화적 우열을 판가름하는 핵심적 논리이다. 드라이든이 동원하는 또 다른 전략은 프랑스 문학의 '여성성'과 영국 문학의 '남성성'을 대조하는 것이다. 프랑스 문학은 세련되고 정교하지만 유약하고 편협한 면을 드러내는 데 비해, 영국 문학은 다소 불규칙하면서도 "남성적 상상력과 위대한 정신"을 구현한다는 것이다.16)

이러한 영국 문학의 양대 미덕인 다양성과 남성성을 구체화한 인물이 바로 셰익스피어이다. 드라이든이 본 셰익스피어는 "동서고금을 통틀어 가장 크고 넓은 정신의 소유자이며, 그의 작품은 자연의 모든 이미지를 다 담고 있다." 셰익스피어를 그의 동시대 시인 벤 존슨과 비교할 때, "존슨이 우리 시대의 베르길리우스이며 정교한 글쓰기의 표본이라면, 셰익스피어는 우리 시대의 호메로스이며 영국 극문학의 아버지이다. 나는 존슨에게 감탄하지만

---

16) *Works*, vol. 17, pp. 44, 54.

셰익스피어는 사랑한다."17) 대중적 인기는 있지만 '학식'의 깊이는 없다고 여겨졌던 셰익스피어를 가장 '규칙적'이고 '완벽한' 시인인 벤 존슨과 대등한 위치에 올려놓은 것은 분명 대단한 파격이다. 그런데 한 가지 흥미로운 것은 셰익스피어에 대한 드라이든의 평가가 일관되지 않다는 사실이다. 『극문학 평론』에서는 드라이든이 셰익스피어를 영국 문학의 자존심으로 치켜세우면서도 다른 데서는 상당히 유보적인 입장을 취한다. 가령, 콩그리브(William Congreve)에게 쓴 헌시에서, 셰익스피어는 창세기에 언급되는 "노아 홍수 이전의 거인 족속"이나 그리스 신화에 등장하는 무정형의 괴물에 비유되고 있다. 드라이든의 눈에 비친 셰익스피어는 '자연'의 힘이 흘러 넘치긴 하지만 "제2의 성전을 건축할 수 있는 기술"이 부족하기 때문에 "위트가 발달한 요즈음 세대"에는 어울리지 않는다.18) 『트로일러스와 크레시다』(Troilus and Cressida)의 서문에서도 셰익스피어는 "배우지 못하고 훈련받지 못한 야만스러운 시대"의 유령으로 등장하여 창조력은 풍부하지만 세련미는 부족한 구시대 시인을 대변하고 있다.19) 이러한 모순된 평가는 드라이든이 셰익스피어를 수사학적 필요에 따라 다른 방식으로 전유하는 데서 비롯된다. 프랑스의 문화적 헤게모니 앞에서는 셰익스피어가 영국의 취약한 민족문화를 보호하는 요새가 되고, 드라이든 자신을 비롯한 영국 '현대' 작가들과 견줄 때는 셰익스피어가 시대에 뒤떨어진 유물이 되는 것이다.

드라이든이 셰익스피어를 가장 '영국적인' 시인으로 옹립하는 의도는 프랑스 문화를 견제하고 대항하기 위함이다. 드라이든 자신이 밝히듯이, 『극문학 평론』은 "영국 문학보다 프랑스 문학을 부당하게 선호하는 자들의 혹평으로부터 우리 영국 작가들의 명예를 옹호하기 위해" 쓴 것이다. 이를 위해 드라이든은 영국과 제국주의적 경쟁관계에 있는 프랑스를 왕좌에서 끌어내리고 그 자리를 영국이 차지하게 하는 전략을 사용한다. 왕정복고기 영문

---

17) *Works*, vol. 17, p. 58.
18) "To my Dear Friend Mr. Congreve, On His Comedy, call'd, The Double Dealer," in *Works*, vol. 4, pp. 432.
19) "The Prologue Spoken by Mr. Betterson, Representing the Ghost of Shakespeare," in *Works*, vol. 13, p. 249.

학의 계보학적 정체성이 고대 헬레니즘 문학, 프랑스의 신고전주의 문학, 영국의 토착 문학이 뒤섞인 혼종임에도 불구하고 드라이든이 유독 프랑스의 영향을 삭제하고 영국 문학의 혈통을 호메로스, 베르길리우스, 초서, 벤 존슨, 플레처, 셰익스피어로 규정하는 것도 그러한 전략의 일환이다. 또한 드라이든이 같은 영국 작가이면서도 프랑스의 신고전주의 전통에 가장 충실한 벤 존슨을 그렇지 않은/못한 셰익스피어와 비교하는 것도 동일한 연유에서이다. "나는 언제나 프랑스에 맞서서 내 조국의 명예를 지킬 각오가 되어 있다. 우리 조상들이 칼로 프랑스를 물리쳤다면 우리는 붓으로 프랑스를 무찌를 수 있다"라는 발언에서도 드러나듯이, 드라이든은 영국 자체의 위대함을 주장하기보다는 문화적 선진국이자 경쟁국인 프랑스를 폄하함으로써 영국을 상대적으로 격상시키는 작업을 하고 있다. 그럼으로써 스튜어트 왕조가 통치하는 영국은 정치적으로는 로마제국의 유일한 적자(嫡子)이며 문화적으로는 헬레니즘 문화의 진정한 계승자가 되는 것이다.

드라이든이 영국 문화의 우월함을 입증하려고 이처럼 프랑스 문화를 애써 평가절하 하는 것은 그만큼 왕정복고기 영국이 프랑스에게 문화적으로 빚진 바가 많았음을 반증한다. 청교도혁명으로 인해 극장이 폐쇄되면서 문화적 공백기를 겪었던 영국과는 반대로, 17세기 프랑스는 몰리에르, 코르네이유, 라신느 등이 신고전주의 문학을 꽃피우며 프랑스 문학의 황금시대를 구가하고 있었다. 왕정복고와 함께 런던의 극장들이 다시 문을 열었지만, 오랫동안 동면상태에 빠졌던 영국 무대를 채운 것은 당연히 프랑스 연극이었다. 더구나 프랑스에서 망명생활을 하다가 귀국한 찰스 2세의 미학적 '입맛'이 완전히 프랑스화되어 있었기에 영국 작가들은 그 입맛에 맞출 수밖에 없었다. 왕정복고기 영국 문학에 미친 프랑스 문학의 영향력은 가히 절대적이었으며, 드라이든 역시 그 영향으로부터 자유로울 수 없었다. 더 정확히 말하자면, 드라이든은 프랑스 문학작품들을 적극적으로 모방하고 번안했을 뿐더러 마음껏 표절했다. 물론 17세기 후반까지만 해도 저작권의 개념이 거의 없었고 그러한 전유 행위가 문화적 관행이자 미덕으로 여겨지던 시대이기는 했지만, 드라이든이 프랑스 문학을 '훔치고 베끼는' 작업은 일종의 문화적 식민지 침탈이나 마찬가지였다. 그럼에도 불구하고 드라이든은『극문학 평론』에서 영국 문학의 독자성을 너무나 당당한 어조로 강변한다. "우리는 그들로부터 아무것도 빌려오지 않았다. 우리의 플롯은 영국의 베틀로 짠 것이다. 우리는 셰익스피어와 플레처가 남긴 다양하고 위대한 인물들을 따라가며, 존슨이 고안한 다채롭고도 정교한 장치들을 배우기만 하면 된다."20)

드라이든의 실질적인 '문학의 아버지'는 벤 존슨도 셰익스피어도 아니고 코르네이유(Pierre Corneille)였다. 사실 코르네이유는 드라이든을 비롯한 동시대 영국 작가들에게 규범 그 자체였다. 드라이든이 코르네이유의 문학을 "조각의 아름다움"이라고 표현한 것은 그것이 영국적 기질이나 정서와 양립할 수 없다는 의미이면서도 동시에 그것이 완벽한 미학적 성취이며 흉내낼 수도 넘어설 수도 없는 난공불락의 권위임을 인정하는 것이기도 하다. 따라서 드라이든의 존속살해는 그만큼 집요하고 불합리하다. 코르네이유를 배격하고 경원시하는 『극문학 평론』은 코르네이유의 『(극작법에 관한) 세 가지 담론』(Trois Discours)의 영국판 해설서나 마찬가지이다. "비판적 분석"(examen)이나 "도입부 등장인물"(protatic persons) 등의 용어는 물론이고 여기서 동원되는 비평적 개념과 기법의 대부분이 코르네이유에게서 빌려온 것이다. 더구나 드라이든은 코르네이유를 전용할 뿐만 아니라 오용하고 있다. 드라이든으로부터 고대 문학의 노예로 비판받는 코르네이유는 사실은 아리스토텔레스로부터 내려오는 형식주의적 전통에 어느 정도 유보적 입장을 취했으며 지나치게 경직된 신고전주의적 규칙으로부터 탈피하려고 노력했던 작가이다. 그런데 드라이든은 코르네이유를 아리스토텔레스의 맹목적 숭배자이며 신고전주의의 열렬한 옹호자로 몰아세운다. 코르네이유에게서 배운 비판의 기술로 코르네이유를 비판하는 것이다. 이는 드라이든에게 있어서 코르네이유가 한편으로는 경청하고 추종하는 입법자이면서도 다른 한편으로는 영국의 문화적 탈식민화를 위해 폐위시켜야 할 전제군주이기 때문이다.21)

---

20) *Works*, vol. 17, p. 53.
21) David Bruce Kramer, *The Imperial Dryden: The Poetics of Appropriation in Seventeenth-Century England* (Athens: University of Georgia Press, 1994), pp. 34-35.

드라이든이 오이디푸스적 투쟁을 해야 했던 또 다른 프랑스 작가는 라신느(Jean Racine)였다. 라신느 역시 드라이든에게는 코르네이유처럼 모방과 부인의 이중적 대상이었다. 가령 『사랑을 위해 모든 것을』(All for Love)의 경우, 이 작품은 일반적으로 셰익스피어의 『앤토니와 클레오파트라』를 개작한 것으로 알려져 왔고, 드라이든 자신도 서문에서 "나는 신비로운 셰익스피어의 스타일을 모방했으며, 나는 그를 모방함으로써 이처럼 걸출한 작품을 생산할 수 있었다"라고 밝히고 있다. 하지만 이 극을 면밀히 들여다보면 셰익스피어보다 라신느의 흔적이 훨씬 많은 것을 알 수 있다. 『사랑을 위해 모든 것을』은 『앤토니와 클레오파트라』에 비해서 삼일치의 법칙을 준수하기 위해 서사의 시간적·공간적 스케일이 대폭 축소되었을 뿐 아니라 두 주인공의 성격 묘사나 사용하는 언어에서도 유사점을 찾아보기가 힘들다. 또한 드라이든이 셰익스피어를 모방했노라고 주장하는 '스타일'에 있어서는 "셰익스피어보다 못할뿐더러 전혀 셰익스피어적이지 않다."[22] 오히려 대칭, 균형, 정확성을 중시하는 점에서 이 극은 라신느의 문학적 특징을 빼닮았다고 해도 과언이 아니다. 특히 라신느의 『브리타니쿠스』(Britannicus), 『베레니스』(Bérénice), 『페드르』(Phédre)는 주제와 형식 모두 드라이든의 『사랑을 위해 모든 것을』에 직접적 영향을 끼친 작품들이다. 그런데도 드라이든은 셰익스피어라는 의부(義父)를 내세워 친부(親父) 라신느에게서 물려받은 혈통을 숨기고 있는 것이다.

드라이든이 기획하는 '민족주의적 시학'에서 프랑스가 영국의 주적(主敵)이 되지만 스페인도 심심찮게 그 대상에 포함된다. 물론 프랑스의 신고전주의 연극에 비할 정도는 아니지만 칼데론(Pedro Calderón de la Barca)과 로페(Lope de Vega Carpio)가 확립한 스페인 연극의 황금시대는 왕정복고기 영국의 연극 무대에 적잖은 영향을 끼쳤고, 따라서 '위대한 우리 영국 문학'을 창조하려는 드라이든에게는 스페인이 또 하나의 장애물이 될 수밖에 없었다. 더구나 북아메리카와 카리브 연안을 두고 르네상스 시대부터 계속된 영국과 스페인의 식민주의적 경쟁관계를 감안한다면, 드라이든이 『극문학

---

22) William Myers, "Dryden's Shakespeare," in J. C. Hilson, M. M. B. Jones, and J. R. Watson, eds., *Augustan Worlds* (Bristol: Leicester University Press, 1978), p. 20.

평론』에서 스페인 연극을 평가절하 하는 발언을 한 것은 다분히 '정치적' 의도가 있다고 봐야 한다. 실제로 드라이든은 여러 작품에서 스페인 연극의 소재나 플롯을 사용하고 영국의 비희극(tragicomedy)과 유사한 '희곡'(comedia)이라는 스페인 장르를 도입하면서도 스페인 연극의 영향을 인정하는 데는 매우 인색하다. 뿐만 아니라, 드라이든은『비극에서의 비평의 토대』(The Grounds of Criticism in Tragedy)와『회화와 문학의 유사성』(A Parallel Betwixt Painting and Poetry)의 서문에서 로페를 비롯한 스페인 극작가들이 신고전주의의 규칙을 위반한다고 비난하고, 또한『극문학 평론』에서도 드라이든은 스페인 연극의 '불규칙한' 플롯은 '무대의 격식'을 무시한다고 공격한다. 하지만 이러한 비판의 잣대는 영국의 플레처와 셰익스피어를 평가할 때와는 정면으로 배치된다. 드라이든의 대변인인 네안더에 따르면, "동일한 주제에 연민과 즐거움을 혼합하는 비희극이라는 형식을 통해 우리는 동서고금의 어느 사회보다도 더 재미있는 연극무대를 발명했고 확대했으며 완성했다."[23] 똑같은 '불규칙성'이 영국의 경우에는 정전의 조건인 '다양성'으로 해석되고 스페인의 경우에는 '위반'이나 '혼란'으로 곡해되는 것이다.

드라이든의 연극 이론 저변에 깔려있는 '민족주의적 시학'은 그가 쓴 작품의 서사구조와 주제에서도 여실히 드러난다. 예를 들어,『하룻밤의 사랑』(An Evening's Love)과『유행에 따른 결혼』(Marriage A-la-Mode)은 남녀간의 사랑 이야기를 다루는 낭만희극이면서도 영국의 우월성을 강조하는 정치적 주제를 담고 있다. 두 작품의 기본 줄거리는 영국적 기질과 정서를 대변하는 남성이 다른 나라 남성들과의 경쟁을 물리치고 자신이 원하는 여성을 차지하는 과정인데, 여기서 드라이든이 묘사하는 성적 정복은 문화적 정복과 연관되어 있다. 즉 영국적 가치, 규범, 문화가 다른 나라의 것보다 우월하다는 주장이다. 그런데 두 작품의 공통된 아이러니는 드라이든이 영국 문화의 독자성과 우수성을 강변하면서도 실제로는 작품의 소재를 영국보다 문화적으로 열등하다고 여겨지는 프랑스와 스페인으로부터 빌려온다는 점이다.

---

23) *Works*, vol. 17, p. 46.

가령, 『하룻밤의 사랑』의 플롯은 원래 칼데론이 쓴 『사이비 점성가』(*El Astrologo Fingido*)를 다시 코르네이유(Thomas Corneille)가 각색한 작품(*Le Feint Astrologue*)으로부터 빌려온 것이며, 『유행에 따른 결혼』의 플롯도 상당부분 프랑스의 로망스 작품에서 따온 것이다. 이처럼 다른 나라의 문화를 모방하고 전유하면서도 자국 문화가 자족적이고 우월하다는 식의 거듭되는 주장은 그만큼 당시 영국의 민족문화가 유럽 대륙 문화에 의존적이었고 따라서 드라이든의 '영향에 대한 불안감'과 영국의 문화적 오이디푸스 콤플렉스가 깊었음을 반증해줄 뿐이다.

『유행에 따른 결혼』을 보면 마치 드라이든의 그러한 불안감을 투영이라도 한 듯한 인물이 등장한다. 멜란타(Melantha)라는 이름의 시칠리아 여인으로서, 그녀는 프랑스를 향한 문화적 열등의식에 사로잡힌 인물이다. 그녀의 눈에 비친 시칠리아 언어는 조야하고 생경한 토속 문화의 상징인 반면 프랑스어는 세련된 귀족 언어이자 자신이 선망하는 사회문화적 헤게모니의 기표이다. 프랑스에 대한 맹목적 동경으로 말미암아 그녀는 프랑스와 관련된 것이면 무엇이든지 흡입하려고 안달하며 자신이 알고 있는 프랑스어의 단편적인 지식을 기회 있을 때마다 과시하려고 나선다. 로도필(Rhodophil)이라는 등장인물의 표현을 빌리면, "새로운 패션에 대한 그 어떤 여인네들의 호기심도 멜란타가 새로운 프랑스 단어에 대해 가지는 호기심에 비할 바 아니다. 그녀는 프랑스의 화폐주조소이다. 프랑스로부터 어떤 금괴라도 도착하기가 무섭게 그녀는 그것을 즉각 우리말로 주조해낸다".24) 이처럼 프랑스의 문화제국주의의 노예가 된 멜란타의 반대편에 민족주의적 의식을 대변하는 팔라메데(Palamede)와 도랄리체(Doralice)가 서 있다. 이들은 프랑스 언어를 통달하고 프랑스 문화에 대한 해박한 지식을 갖추고 있음에도 불구하고 멜란타처럼 자신의 정체성을 프랑스적 가치와 규범에 근거하여 구성하거나 자기소외와 자기혐오의 늪에 빠지지 않는다. 이들에게 프랑스 언어와 문화는 정복과 전유의 대상일 뿐 선망과 숭배의 대상은 아니다.

드라이든은 프랑스 언어와 문화를 무분별하고도 무비판적으로 수용하려

---

24) *Works*, vol. 9, p. 234.

는 멜란타의 태도를 정신적 예속의 징후로 규정한다. 따라서 진작 개혁이 필요한 것은 시칠리아 문화가 아니라 멜란타 자신이다. 하지만 드라이든은 이 극의 희극적 플롯의 주인공인 멜란타를 냉소와 풍자의 대상으로 남겨두지 않는다. 멜란타는 팔라메데와의 결혼을 통해 드라이든이 구성하는 이데올로기적 포럼의 중심무대로 진입하게 된다. 크래머(David Bruce Kramer)가 지적한 대로, 멜란타의 위치는 "밖에서 안으로, 실패에서 성공으로, 그리고 제대로 이해도 못하는 풍습의 우스꽝스러운 흉내꾼에서 새로운 사회의 입법자로" 바뀌는 것이다.25) 멜란타의 변신을 통해 드라이든이 영국 관객에게 전달하려는 메시지는 명백하다. 즉 프랑스의 언어와 문화는 매혹적이긴 하지만 편협하고 단조로우며, 따라서 더 다채롭고 포용력이 있는 영국 문화의 미학적 질서 속으로 편입되어야 한다는 것이다. 그런 점에서, 『유행에 따른 결혼』은 시칠리아를 공간적 배경으로 하고 있으면서도 다분히 영국과 프랑스의 문화적 충돌이라는 민족주의적 주제를 담고 있다. 등장인물들이 셰익스피어를 인용할 정도로 영국화되어 있는 사실이나 영국 문화를 선호하는 팔라메데가 프랑스 문화에 동화된 멜란타를 성적으로 정복하는 과정은 그러한 주제와 결코 무관하지 않다. 『극문학 평론』에서는 드라이든이 '다양성'과 '남성성'으로 규정되는 영국 문화의 정체성을 연극에 관한 이론적 논쟁을 통해 구성했다면, 『유행에 따른 결혼』에서는 그러한 '영국다움'의 개념을 성격 묘사와 서사 구조를 통해 형상화하고 있는 것이다.

드라이든의 반(反)프랑스 캠페인은 『하룻밤의 사랑』에서도 계속된다. 여기에서는 아우렐리아(Aurelia)라는 스페인 여성이 프랑스 문화의 어설픈 '흉내꾼'으로 등장한다. 멜란타와 마찬가지로 아우렐리아는 자기 충족성이 결여된 '여성적' 프랑스 문화의 상징인 동시에 그러한 프랑스 문화를 가장 세련되고 고상하다고 믿는 '허위의식'의 희생자이다. 자신이 선망하는 사회적 신분과 자신이 사용하는 모국어가 어울리지 않는다고 생각하는 아우렐리아는 제대로 소화도 못하는 프랑스어를 탐식하느라 여념이 없다. 드라이든이 보기에, 어울리지 않는 것은 그녀의 모국어가 아니라 그녀 자신이며 그녀의

---

25) Kramer, p. 112.

프랑스어 사용은 남용과 오용의 수준을 벗어나지 못한다. 아무리 프랑스 풍의 어법과 몸짓으로 스스로를 포장하더라도 그녀는 '진정한 위트'와의 대조 효과를 높여주기 위한 '의사(擬似) 위트'에 지나지 않는다.26) 그런데 『하룻밤의 사랑』이 지닌 근본적 아이러니는 작가가 비판하는 등장인물과 작가 자신의 유사성이다. 즉 프랑스어의 물신화로 인해 풍자적 웃음거리가 되는 아우렐리아는 프랑스 연극을 모방하고 표절한 드라이든 자신의 패러디일 수 있다. 『하룻밤의 사랑』의 플롯은 코르네이유가 각색한 칼데론의 작품에서 빌려온 것이며, 아우렐리아의 인물묘사는 몰리에르(Molière)의 『우스꽝스러운 여인들』(*Les Précieuses Ridicules*)을 모델로 한 것이다. 드라이든이 아우렐리아의 무분별한 프랑스 문화 수입을 비판하면서도 아우렐리아 자체는 드라이든이 프랑스로부터 수입한 캐릭터이다. 물론 드라이든의 입장에서는 자신과 아우렐리아의 차이를 무비판적 의존과 비판적 전유로 설명할 수도 있겠지만,27) 그것은 프랑스에게 진 문화적 부채를 영국 민족주의의 이름으로 부인해야 하는 드라이든의 궁색한 변명으로 들릴 수도 있다.

그런데 『하룻밤의 사랑』에서는 영국의 경쟁국으로 프랑스보다는 스페인이 드라이든의 주된 공격 목표가 된다. 드라이든은 영국과 스페인의 대립을 부각시키기 위해 원작에서는 스페인인들 끼리의 지엽적인 사랑싸움이었던 부분을 "여자, 돈, 국가의 명예를 건 스페인 남성과 영국 남성 사이의 전쟁"으로 각색한다. 그 전쟁은 "영국의 언어, 종교, 연극, 음식, 위트, 검술, 음악, 그리고 특히 남성성의 기준이 거기에 상응하는 스페인의 것과 비교되는" 형식으로 전개되며, 모든 경우마다 스페인이 영국보다 열등한 것으로 판명된다.28) 가령, 와일드블러드(Wildblood)라는 영국 한량은 스페인 음식이 온통 '매운 양념' 일색이며 자신의 세련된 입맛을 충족시키는 '다양성'이 없다고 불평하는데, 이는 스페인 문화의 단조로움과 저속함으로 연결된다. 즉 양적인 풍요와 질적인 빈곤으로 특징지어지는 스페인 음식은 신대륙의 식민지

---

26) Frank Harper Moore, *The Nobler Pleasure: Dryden's Comedy in Theory and Practice* (Chapel Hill: University of North Carolina Press, 1973), p. 78.
27) Kramer, pp. 101-105.
28) Kramer, pp. 87-88.

침탈을 통해 이국풍 문물 수입에만 열중하는 스페인 문화의 야만성을 암시하는 메타포로 동원되고 있다. 말하자면, 스페인은 물질과 정신의 불균형을 드러내는 졸부이며 속물이라는 것이다. 뿐만 아니라, 『하룻밤의 사랑』에서는 스페인의 기질과 섹슈얼리티도 영국의 잣대로 평가를 받는다. 세 명의 영국 남성에게 구애를 받는 세 명의 스페인 여성은 영국과 스페인의 상이한 "사랑의 방식"을 비교하면서, 자신들의 성급한 기질과 충동적 섹슈얼리티를 스페인의 더운 기후와 연결시킨다. 이들은 제어하기 힘든 욕구를 충족시켜 줄 대상으로 둔감하고 무미건조한 스페인 남성 대신 왕성한 정력과 거부할 수 없는 매력을 지닌 영국 남성을 선택한다. 영국 남성에게 정복당하여 스스로를 길들이는 것이야말로 스페인 여성에게는 진정한 해방이요 자기 실현이 되는 것이다.

IV. 민족국가에서 식민제국으로

이상에서 살펴본 작품 이외에도 드라이든의 '영국 만들기' 작업은 여러 장르에 걸쳐 체계적으로 진행된다. 희곡에서만 보더라도 드라이든의 28개 작품 가운데 15개가 문화적 충돌을 주제로 다루고 있으며, 대부분의 경우 '영국다움'으로 여겨지는 것의 우위와 승리를 확인하는 이데올로기적 편향성을 드러낸다. 그 과정에서 드라이든은 언제나 다른 민족의 문화를 전유하면서도 폄하하고 또한 그러한 행위를 교묘하게 합리화하는 방식을 취한다. 더구나 다양한 층위에서 전개되는 성적, 군사적, 문화적 정복은 상호 보완과 강화의 효과를 가져온다. 영국 해군이 적대국의 군함을 격퇴하고 승리를 거두는 것이나 영국 남성이 다른 나라 여성의 사랑을 차지하는 것, 그리고 영국 시인이 유럽 대륙 문학의 영향을 부정하며 영국 문학의 자기 충족성을 주장하는 것이 모두 '영국다움'을 부각하려는 궁극적 목표로 수렴되는 것이다. 특히 영국의 '남성성'과 프랑스의 '여성성', 영국의 '고귀함'과 스페인의 '야만성'의 병치는 드라이든이 즐겨 사용한 개념틀인 동시에 르네상스 이후 영국 근대 문학에서 흔히 찾아볼 수 있는 민족주의 담론의 정형(定型)이다.

이러한 드라이든의 민족주의적 재현은 당시 영국의 식민주의적 기획과도 밀접한 상관관계가 있다. 즉 드라이든의 '영국 만들기'는 17세기 중반 이후 본격적으로 전개된 영국의 식민지 침탈을 담론의 영역에서 재생산하는 작업이라고 할 수 있다. 셰익스피어에서 밀턴을 거쳐 드라이든으로 이어지는 초기 근대 영국의 '자기연출'(self-fashioning)은 이른바 '팍스 브리타니카'로 일컬어지는 식민제국 건설의 이데올로기적 초석으로 작용하게 된다. 이를 위해 유럽 내부의 적에게 부과된 영국중심주의적 논리와 수사학은 유럽 바깥의 식민지 타자에게 '전이'되는 것을 볼 수 있다. 즉 앵글로색슨 민족(국가)의 적대국이나 경쟁국은 인종적 타자를 지칭하는 야만, 미개, 원시, 주변 등의 어휘로 재현되고, 일단 '인종화'된 민족 담론은 다시 식민지 원주민과 문화를 묘사할 때 사용되는 것이다. 이처럼 민족주의가 식민주의로 쉽게 전환될 수 있는 것은 민족국가와 식민제국이 인종주의를 이데올로기적 공통분모로 삼고 있기 때문이다. 인종이라는 개념 자체가 '생물학적 본질'과 무관한 역사적 · 문화적 구성물임에도 불구하고 인종주의는 민족주의, 식민주의, 그리고 제국주의의 '보편적' 준거인 동시에 이들 사이의 연결고리로 작용하는 것이다. 월러스틴과 발리바르(Etienne Balibar)에 의하면, 민족주의와 인종주의는 서로를 강화시키고 보완해주는 상호의존적 이데올로기이며, 좀더 노골적으로 얘기해서, 민족주의는 인종주의의 완곡어법에 지나지 않는다.29) 이 주장은 근대 유럽을 모델로 한 것으로, 특히 드라이든의 동시대 영국에 잘 맞아떨어지는 지적이다.

인종주의를 매개로 한 민족주의와 식민주의의 호환성 혹은 친연성은 앞서 분석한 민족주의적 작품들과 식민지 침탈을 주제나 배경으로 한 드라이든의 다른 작품들을 비교해보면 잘 드러난다. 드라이든이 쓴 상당수의 희곡은 낭만적 사랑과 군사적 용맹을 주제로 한 '영웅극'(heroic play)의 형식을 띠고 있는데, 이들의 대부분은 식민지 정복과 지배를 역사적 배경으로 하고 있는 일종의 '식민극'이다. 예를 들면, 식민지 이전 원주민 사회의 내적 갈등과 분열을 다룬 『인디언 여왕』(*The Indian Queen*), 스페인 정복자 코르테즈

---

29) Etienne Balibar and Immanuel Wallerstein, *Race, Nation, Class: Ambiguous Identities* (London: Verso, 1991), pp. 37-38.

와 멕시코 황제 몬테주마의 '운명적 만남'을 극화한 『인디언 황제』(The Indian Emperor), 유럽 대륙의 마지막 이슬람 거점이었던 그라나다 왕국의 몰락을 그린 『그라나다 정복』(The Conquest of Granada), 셰익스피어의 식민지 로망스를 개작한 『태풍』(The Tempest), 기독교화 되기 이전 로마의 종교적 핍박을 다룬 『폭군의 사랑』(Tyrannick Love), 인도 무굴제국의 몰락을 오리엔탈리즘의 시각에서 묘사한 『아우렝 제베』(Aureng Zebe), 기독교국 포르투갈과 북아프리카의 회교국 바르바리의 전쟁을 그린 『돈 세바스챤』(Don Sebastian) 등은 모두 성적·군사적 정복을 주제로 한 영웅극으로서, 주인공이 펼치는 서사시적 여정의 이면에는 가부장적이고 제국주의적인 폭력의 승인과 찬양이 담겨 있다.

드라이든의 영웅극은 제국주의적 폭력을 기독교적 수사학으로 정당화하는 작업을 수반한다. 이는 식민지 정복을 통한 제국 건설이 신의 섭리라는 믿음이 작품의 이면에 깔려있기 때문이다. 드라이든의 영웅극에서 어렵잖게 발견할 수 있는 공통점은 정복의 원인을 정복자의 발달된 기술문명이나 우세한 군사력이 아닌 피정복자의 내부 분열에서 찾는다는 점이다. 즉 이교도의 사회는 유럽 기독교 세력이 침입하기 이전에 이미 정치적 혼란이나 도덕적 타락으로 말미암아 스스로 붕괴되고 있는 것으로 그려진다. 이러한 서사 구조는 식민지 정복을 불가피한 운명이자 피정복자의 자기소멸로 해석함으로써 정복의 폭력성과 야만성을 희석시킬 뿐더러 정복의 당위성을 강조하는 효과를 가져온다. 드라이든의 기독교 제국주의는 비유럽 세계의 자연, 관습, 종교의 묘사에서도 명백히 드러난다. 원주민 사회는 한결같이 물질적 풍요와 정신적 빈곤, 혹은 성적 다산과 도덕적 불모의 양면성으로 규정되며, 따라서 더 강하고 성숙한 유럽 문명에 의해 지배당할 수밖에 없음을 암시한다. 정복자와 피정복자의 성격묘사 역시 이성과 감성의 이분법에 근거하고 있으며, 기독교 유럽의 타자들은 단순하고 어리석고 변덕스러운 식민지 원주민의 정형으로 고착된다.

드라이든의 영웅극은 침탈과 억압의 역사를 기독교적 논리와 언술로 합리화할 뿐만 아니라 정복자와 피정복자의 문화적 차이를 인종주의적 틀로 서열화한다는 점에서도 앞서 살펴본 작품들과 별반 다를 바 없다. 차이가 있다면, 작품의 공간적 배경이 유럽 안에서 바깥으로 옮겨지고 정복과 지배의 주체가 앵글로색슨 민족에서 기독교 유럽 문명으로 바뀌었을 뿐이다. 즉 유럽 국가들간의 민족주의적 경쟁은 야만과 미개의 땅을 문명화해야 한다는 '백인의 부채의식' 앞에서 명분이 회석되고, 중세의 범유럽적 기독교 공동체의 붕괴를 가져온 종교적 갈등마저 전 세계의 기독교화라는 대 명제 속으로 통합되는 것이다. 이는 드라이든이 식민극에서 영국중심주의에서 유럽중심주의로, 혹은 민족주의에서 식민주의로 이데올로기적 변주를 시도하고 있음을 의미한다. 하지만 드라이든이 표방하는 유럽 중심적 식민주의에서 핵심을 차지하는 것은 여전히 영국 중심적 민족주의이다. 대부분의 식민극에 등장하는 주인공은 스페인과 포르투갈처럼 영국의 식민지 진출에 방해나 경쟁이 되는 국가를 대표하는 인물로서, 이들에 대한 드라이든의 태도는 유보적인 경우가 적지 않다. 비록 카톨릭 세력의 첨병인 이베리아 반도국들이 아시아와 아메리카 대륙에 기독교를 소개하는 수단으로 사용되기는 했지만 그들의 본질적인 야만성과 물질적 탐욕으로 인해 신의 뜻을 온전히 구현하는 데 실패했으며, 따라서 이제는 영국인들 자신이 그 역할을 수행해야 마땅하다고 믿기 때문이다. 즉 비유럽 세계의 유럽화라는 기획에는 동의하면서도 그 기획의 주도적 역할은 영국이 담당해야 한다는 선민의식을 고수하고 있는 것이다.

이 글에서 드라이든의 식민극을 더 상세히 분석하지 않는 것은 한정된 지면 때문만이 아니라 논의의 중복을 피하기 위해서이기도 하다. 개념적으로나 역사적으로나 식민주의는 민족주의와 구분되는 별개의 이데올로기라기보다는 그것의 변형과 확장이다. 영국의 경우, 민족주의가 스페인, 네덜란드, 프랑스 같은 유럽 내부의 적을 끌어들여 영국 사회의 균열을 봉합하고 국가의 결속과 통합을 시도한 데 비해, 식민주의는 그러한 기능을 수행하고자 유럽 외부에서 정복의 대상을 찾은 점이 다르다. 하지만 둘 다 영국이라는 민족국가의 정체성 확립을 목적으로 인종적·문화적 타자를 전유하고 주변화한 점에서는 마찬가지이다. 어떻게 보면, 민족주의와 식민주의는 제국주의라는 동전의 양면이라고 할 수 있다. 즉 민족주의가 제국주의의 국내적 발현이라면 식민주의는 그것이 비유럽 세계로 전이된 것이며, 따라서 영국의 민족주의적 팽창은 그 대상 민족에게는 식민주의적 침탈과 억압이 되는 것이다. 드라이든의 경우도 '우리'의 발전이 '그들'의 멸망이 되는 흥망성쇠의 엇갈림을 재현하면서 영국중심주의적 입장을 견지할뿐더러 민족주의와 식민주의의 인식론적 맞물림이 작품 전반에 걸쳐 반복해서 나타나고 있다.

결론적으로 말해서, 드라이든은 왕정복고기의 지배 이데올로기로 부상한 민족주의와 식민주의의 대변인이다. 물론 민족주의와 식민주의는 정치적 맥락과 초점이 다르지만, 그것을 문학적으로 형상화하는 방식은 대동소이하다. 드라이든이 동원하는 논리는 언제나 주체와 타자, 이성과 감정, 문명과 야만, 축복과 저주, 남성성과 여성성, 중심과 주변, '우리'와 '그들' 등의 이항 대립적 논리에 기초하고 있다. 단지 옹호하려는 주체를 무엇으로 설정하느냐에 따라 그 주체에 상응하는 타자의 형태가 달라질 뿐이다. 재현의 공간적 배경이 영국일 때는 카톨릭 왕당파와 프로테스탄트 의회파, 유럽 안에서는 영국과 유럽 대륙의 경쟁국, 그리고 유럽 바깥으로 확장될 경우는 기독교 문명과 이교 문명이 대립구도를 형성하게 된다. 어느 경우이든 주체에게는 정복과 지배의 도덕적 정당성이 부여되는 반면에, 타자에게는 그러한 주체를 더욱 돋보이게 하는 익명의 배경이 되기를 요구한다. 드라이든의 논리에 따르면, 남녀간의 사랑에서부터 전쟁의 승패와 제국의 흥망성쇠에 이르기까지 인간의 삶과 역사는 모두 신의 섭리에 좌우되며, 그 섭리를 구체화하는 대리인은 서구 근대성의 주체, 즉 백인·유럽인·남성이다. 따라서 그러한 주체가 타자를 정복하고 지배하는 것은 역사적 필연인 동시에 도덕적 당위이다. 요컨대, 인종적·문화적·종교적 차이를 형이상학적 우열로 치환함으로써 지배와 예속의 권력관계를 정신과 도덕의 문제로 설명하는 것이다. 그런 점에서, 드라이든은 민족주의나 식민주의 같은 당대의 지배 이데올로기를 반영한 동시에 그것을 적극적으로 창조하고 구성한 작가라고 할 수도 있을 것이다.

정이화

사무엘 리차드슨의 소설에 나타난 18세기 영국과 영국의 작가들, 독자들, 그리고 그의 영웅들에 대하여

I

18세기의 영국은 철학에 있어서 역사상 전환점의 시대로 인식된다. 국내 정치와 국제 정치의 등장, 국가와 민족주의 개념의 대두는 모두 새로운 문학 장르인 소설에 선명하게 기록되어 남아있다. 사무엘 리차드슨Samuel Richardson이 영국 최고의 소설 작가인지의 여부는 확실하지 않지만, 영국 최초의 성공적인 베스트셀러 작가인 것은 분명한 사실이다. 그가 쓴 『파멜라』 *Pamela* (1740), 『클라리사』 *Clarissa*(1748), 그리고 『찰스 그랜디슨 경』 *Sir Charles Grandison*(1754) 같은 소설들을 보면 영국이란 국가에 대한 정의 그리고 그 시대 영국사회의 모습이 잘 반영되어 있고, 또한 새로운 국가의 규범이 잘 규정되어 있다.

리차드슨의 다양한 소설은 영국뿐만 아니라 유럽 전역에서 많은 사람들이 읽고 좋아했다. 『파멜라』가 출판되자 18세기 영국인과 유럽인은 모두 리차드슨의 소설에 깊이 빠져들었고, 인간이 표현할 수 있는 모든 수단들을 동원해 리차드슨의 작품을 모방하기 시작했다. 이러한 열기는 플레보Prevost, 필딩Fielding, 볼테르Voltaire, 디드로Diderot, 그리고 모짜르트Mozart에서 느낄 수 있으며, 『파멜라』의 열기는 조각, 벽화, 찻잔, 부채, 목걸이, 잡지, 오페라에까지 이어졌고, 이 작품의 해적판 그리고 다양한 패러디가 양산되었다 (Turner 70-96). 리차드슨의 소설은 네덜란드어, 프랑스어, 덴마크어로 번역되었을 뿐 아니라 다양한 소비 및 상업주의 경향의 대상이 되었다 (Eaves & Kimpel 119-53). 최근 비평가들은 『파멜라』가 불러일으킨 문화적인 돌풍을 산업시대의 산물인 바비 인형Barbie doll이나 디즈니Disney의 신데렐라에 비유하곤 한다. 리차드슨에 대한 이러한 전염성은 그의 소설과 등장 인물들이 영국과 유럽에 새롭게 부상하고 있던 중산층에게 어떠한 메시지를 전달했는가 하는 점에서 더욱 흥미롭게 살펴볼 만한 주제로 부각된다.

II

리차드슨은 개인적인 욕망과 계급 갈등에 기초한 복잡한 가정과 사회 관계 안에 등장인물들의 상황을 설정하고, '미덕을 중시하는 영국'이 단결해서 외세의 나쁜 영향과 폭력에 대항하는 영국사회를 묘사하고 있다.[1] 이러한 리차드슨 식의 사회 구성 속에서 가족과 이웃들은 영국이라는 하나의 정체성 안에 결집되어 개혁의 주체로 행동하며, '영국적인' 미덕을 신봉하는 안정적이면서도 배타적인 사회를 형성한다. 이와 같이 탄탄하게 결집된 사회를 형성함으로써, 리차드슨의 소설 속에 등장하는 미덕의 귀감들은 사회의 '악한' 사람들을 물리치고, 교체하고 다시 교육시킴으로써 영국인과 영국이라고 하는 나라의 정체성에 대해 새롭게 정의한다 (Richardson 1734 82-3).

한편, 리차드슨의 모든 서간체epistolary 소설에서는 영국의 교육에 대해 다루고 있는데 가장 영국적인 귀감을 창조해 미덕을 거부하는 부도덕한 인

---

1) '외세에 의한 영향'이라고 하는 것은 찰스 2세 왕정과 연계된 타락한 외세뿐 아니라 프랑스, 스페인, 가톨릭 네덜란드, 그리고 영국 땅에 살고있는 가톨릭에 대한 반 가톨릭 감정을 모두 포함하는 것이다. 그러나 리차드슨의 소설에 대한 분석과 그의 서신이나 기타 그가 쓴 글에서 볼 수 있는 그의 가치관을 토대로 볼 때, '나는 이 외세를 타락한 영국의 상류사회와 프랑스 그리고 가톨릭의 정체성이 제기하는 끊임없는 위험으로 보고자' 한다. 리차드슨의 개인적인 정치/종교적 신념을 보고자 하면 D. Eaves and B. Kimpel, *Samuel Richardson: A Biography* 참고.

간들을 벌주고, 이들이 몰락해 가며, 제거되는 과정을 구체적으로 묘사하고 있다. 우선 리차드슨은 영국적인 민족주의 이론으로 정치세력의 전통적인 양식을 변화시키고, 형식에 얽매인 고전적 교육이 아닌 성경을 중심으로 한 교육을 강조함으로써 남성적인 권위를 부드럽게 교화한다. 그리고 통치체제의 기본적인 단위인 가정의 범주를 국가를 반영하는 작은 축도로 제시한다. 성경을 바탕으로 영국인을 위한 교육을 옹호하고 가정을 국가의 축소판으로 제기하는 것과 동시에 어둡고도 종종 무시되어 온 리차드슨만의 민족주의 구상을 은밀히 나타내고 있다. 리차드슨의 베스트셀러 소설에 등장하는 새로운 국가 모델은 국가에 대한 위협을 거부할 뿐 아니라 외세의 부정적인 영향을 깨끗이 씻어내기 위해 노력하는 자세를 보여준다. 따라서 리차드슨의 등장인물과 그 시대의 영국을 완전히 정치적, 종교적으로 통일된 구조를 가진 것으로 생각하기보다는 그 주요 등장인물들인 파멜라, 클라리사 그리고 찰스 경의 애국적인 시련 및 성공 사례들의 이야기와는 별개로 영국 독자들의 배타적인 민족주의 목소리를 읽어내고 분석하는 노력이 필요하다.

18세기는 물리적으로나 형이상학적으로 모두 전례 없는 사회적 변화를 경험한 시대였다. 영국은 끊임없이 외세의 침략과 전쟁 위협에 시달렸고 또한 새로운 자본주의와 농업 아닌 산업화 사상의 영향으로 급변하고 있었다. 이러한 사회적인 변화는 신분 상승에 대한 욕구 증대와 가부장적인 가족체제가 붕괴되고, 새로운 계급을 형성하는 가족이 부상하는 모습으로 소설 속에 그대로 반영되었고, 이에 따라 가정의 새로운 구조와 중요성이 부각되었다. 이러한 변화는 리차드슨과 그 동시대 사람들이 1730년대부터 1800년까지의 정치적 분위기를 결정짓는 특징으로 보았다. 근로와 자본이 점점 더 강조됨에 따라, '신교도적인 윤리를 신봉하는 사람'들이 그 이전까지의 귀족주의적인 중세 사고방식에서 벗어나게 되었다 (Gay 48). 18세기 중반 경에는, 산업화가 일종의 사회 현상으로 나타나자 도덕적, 경제적인 문제를 다룬 작품에서 산업화가 주요 주제로 부각되었다. 이러한 작품들은 전통적인 윤리 구조에 대한 근본적인 비평을 불러일으키면서 선풍적인 인기를 끌었는데, 이러한 전통적 윤리 구조는 파멜라와 미스터 B가 혼전 관계를 둘러싸고 싸움을 벌이는 과정과 클라리사와 러브레스 간의 비극적인 싸움에서 극적으로 묘사된다. 사람들은 전통적인 관계와 개혁적인 관계에 대해 점점 더 많이 관심을 갖게 되었는데 유럽 대륙에서는 로크Locke의 경험주의 철학과 아동 학대에 대한 반론과 교육개혁을 주장했던 1720년대 독일의 주간지들에서 그러한 추세를 분명하게 읽을 수 있다. 결국 17세기 말과 18세기 초에는 중세의 전설적인 영웅과 호전적인 귀족들은 악한으로 비난받고, 사람들은 '교화된 영웅domesticated hero'을 좋아하게 된다.

여기에서 해그스트럼Hagstrum이 '교화'에 대해 내렸던 엉성하지만 아주 귀중한 정의를 살펴보자. 그는 교화란 '잔인함을 막고, 가난한 사람들에게 필요한 것을 주며, 패배자들에게 용기를 주고, 가정사에 있어서 신중함을 강조하고, 적과 화해를 하며 결혼 생활에 가치를 부여하곤 하였다'는 것으로 정의했다 (Hagstrum 214-5). 영국 사회 속에서 이러한 분위기가 점점 더 무르익어 가고 와트Watt가 말한 이른바 '소설의 부상'이 명백해짐에 따라 찰스 경은 자신감 있고, 자의식이 있으며, 이익을 추구하는 현대적인 사업가의 전형으로서, 가족과 이웃, 국가 그리고 경제적인 성공을 중요시하는 영웅으로 등장한다.2)

리차드슨은 영국을 교화를 중시하고 전통적인 권위를 다시 세우려고 모색하는 나라로 묘사하였다. 이와 같은 갈등은 반대 세력과 외세의 영향을 제거하기 위한 수단으로 사용되고, 이를 통해 독자들을 교화하기 위한 일종의 교육 수단 역할로 삼고 있다. 리차드슨이 쓴 세 편의 소설은 여러 가지 면에서 이질적이지만 (서로 다른 개성을 지니지만) 반면에 모두 '교화'에 대한 강력한 메시지를 담고 있다는 공통점도 지닌다. 이를 통해서 영국 여성과 남성에 대한 이상적인 모범을 제시해 주고 있는 것이다. 비평가들은 리차드

---

2) 18세기 정서와 감각에 대한 연구를 위해서는 Ian Watt의 *The Rise of the novel: Studies in Defoe, Richardson, and Fielding* (London: Chatto & Windus, 1957; rpt. 1963); R. F. Brissenden의 *Virtue in Distress: Studies in the Novel of Sentiment from Richardson to Sade* (London: Macmillan P, Ltd., 1974); *Sensibility in Transformation: Creative Resistance to Sentiment from the Augustans to the Romantics*, ed. Syndy McMillen Conger (London: Associated UP, 1990); G. J. Barker-Benfield의 *The Culture of Sensibility: Sex and Society in Eighteenth-Century Britain* (Chicago: U of Chicago P, 1992); 그리고 Janet Todd의 *Sensibility: An Introduction* (New York: Methuen & Co. Ltd., 1986) 등을 참고.

슨의 소설에 나타난 민족주의를 간과하는 경향이 있다. 그 이유는 부분적으로 최근의 비평가들이 계급과 성의 갈등 구조에 중점을 두고 작품을 분석하는 추세에서 찾아볼 수 있다. 그렇지만 리차드슨의 소설은 18세기 청중들에게 또 하나의 강력한 메시지를 전달한다는 점에서 볼 때 새로운 각도로 작품을 읽어보면 새로운 시각에서 리차드슨의 정전Richardsonian canon을 분석할 수 있을 것이다.

최근 들어 암스트롱Armstrong과 같은 학자들은 18세기 소설을 새롭게 재해석하려는 움직임을 보이고 있다. 이들은 가정 소설이 성적인 관계에서의 언어를 정치 언어에서 해방시키려고 노력하는 새로운 형태의 정치력을 제시하고 있기 때문에 대중 정치에 대한 대안으로 제시된다고 주장하고 있다.3) 벤더Bender는 소설을 일종의 이데올로기적인 구속으로 보며, 캐슬Castle은 소설을 의미와 진실을 왜곡 또는 파괴하는 공간이라고 주장한다. 한편 맥키온McKeon은 문학의 한 장르로 소설의 부상을 중산층의 부상과 연계하는 것에 비해 다른 해석과 입장을 보이고 있다. 이와 같은 다양한 견해에서는 18세기 소설을 역사와 이데올로기적인 요소를 가진 하나의 장르로 보고 있지만 리차드슨의 새로운 국가에 대한 묘사 그리고 새롭게 정의된 소세계 즉 가정이라고 하는 공간을 분석 및 해석하는데는 실패하고 만다. 리차드슨의 소설 속에서는 영어판 성경, 가정 교육, 그리고 영국의 미덕이 18세기 영국 민족주의의 모범적 표상으로 등장하여 이러한 요소를 더욱 강화하는 역할을 한다.

여러 학자들 중에서 스톤Stone, 게이Gay, 힐Hill, 뉴먼Newman, 그리고 콜리Colley는 영국에서의 민족주의 부상에 대한 연구를 하고 있다.4) 이 학

---

3) Armstrong의 *Desire and Domestic Fiction: A Political History of the Novel*에 따르면 소설은 대중이 의사교환을 할 수 있는 장으로 법과는 다른 영역을 제공한다고 보았다. 따라서 '가정적인 여성을 창출하고 있는 작품'은 '남자들의 정치 세계를 무시하고 있는 것'으로 본 것이다. 암스트롱이 '가정 소설'을 정치 세계에 대한 별개의 대안을 제기하는 것으로 본 이론과 달리, 리차드슨은 가정 소설을 통하여 교화를 공공세계의 중심으로 끌어들임으로써 가정과 사회 그리고 국가 안에서의 전통적인 권위를 재해석하고 있다고 본다. 따라서 리차드슨의 소설 속에서는 용기 있는 여자 주인공이 귀감으로 묘사되지만 동시에 교화된 남자 주인공이 모범적인 오빠, 남편, 아버지 그리고 영국인으로 등장한다.

자들 중 스톤과 게이는 18세기에 개인들이 경험했던 역사적인 내부적 투쟁과 전통적인 믿음에 대한 거부, 진보에 대한 철학자들의 상반된 입장 그리고 절대 군주가 지배하던 사회에서 독립을 향해 움직였던 작가와 예술가들의 활동을 집중적으로 고찰하였다. 스톤과 게이는 이 시대를 묘사하는데 한계가 있지만, 젊은 여성들이 자신의 파트너를 선택할 권한이 점점 더 확대되어 가고 있다고 설명하였다. 이러한 변화로 인해 유발된 지속적인 갈등은 자녀들에게 복종을 요구하는 부모와 자유를 원하는 자녀의 갈등을 묘사한 『클라리사』에 구체적으로 묘사되어 있다.

힐에 의하면 17세기 중반 영어판 성경이 나오면서, 성경문화가 급격히 융성하게 되었다고 설명한다. 새로운 인쇄 문화를 통해 신교도들은 가톨릭과 차별화 하고자 하는 강한 욕망을 분명히 드러내었다. 힐에 따르면, 영어판 성경을 통해 많은 사람들이 교육을 받았고, 적국인 프랑스 가톨릭교도가 아닌 영국인 그리고 신교도가 되는 것에 대한 새로운 의미를 부여받았다고 한다.

뉴먼은 외국의 문화적 침략에 대해 자세히 묘사하며 18세기 중엽, 영국의 민족주의는 프랑스화된 영국의 귀족층이 외국의 영향을 전파하는 가운데 이에 대한 반작용으로 형성되었다고 설명하였다. 뉴먼에 따르면, 영국의 작가와 브루조와 예술가와 지성인들은 프랑스화되지 않은 영국 독자와 반 프랑스적인 독자들을 대상으로 작품을 씀으로써 귀족들이 영국의 문화를 배신한 것에 대해 복수를 했다고 한다. 뉴먼은 1740년대부터, 영국의 작가와 독자

---

4) 가족과 유산, 결혼에 대한 개념의 부상과 변화에 대해서는 Lawrence Stone의 *The Family, Sex and Marriage in England, 1500-1800* (New York: Harper & Row, 1977)을 참고. 기독교적인 전통과 18세기의 과학의 태동 그리고 근대적인 이교주의의 등장에 대해서는 Peter Gay의 *The Enlightenment: The Science of Freedom* (1969; New York: W. W. Norton & Company, 1996) 참고. 17세기 성경 문화의 발전에 대해서는 Christopher Hill의 *The English Bible and the Seventeenth-Century Revolution*의 제2장 Chapter II, "The Revolutionary Bible" (London: Penguin P, 1993), pp. 47-52, 그리고 Gerald Newman의 *The Rise of English Nationalism, A Cultural History 1740-1830* 중의 "What is Nationalism?" (New York: St. Martin's P, 1987), pp. 49-62 참고. 신교와 영국의 민족주의 역사에 대해서는 Linda Colley의 *Britons: Forging the Nation, 1707-1837* (New Haven: Yale UP, 1992), pp. 11-54에서 제1장 "Protestants" 참고.

들이 보통 프랑스에서는 거부되고 존재 자체를 인정하지 않는 진중함과 순진함 그리고 도덕적인 자주성과 같은 것을 중시하기 시작했다고 주장하였다. 뉴먼이 이처럼 문화에 중점을 둔 것과 달리, 콜리는 민족주의의 부상을 신교도의 도래와 연계시켜 가톨릭에 대항해 정치적으로 국가를 하나로 묶어주는 끈 구실을 하는 것으로 보았다. 영국이 국내외에서 모두 프랑스와 가톨릭의 폭동과 침략을 경험했던 18세기 초반에서 중반까지 군주제도의 사회 안에서 신교는 감정적인 끈이라기보다는 전략적인 방어제 역할을 했다. 콜리가 설명하는 바와 같이 신교는 영국 국교도와 그 외 신교도 그리고 배경이 다른 민족들이— 영국인들, 웨일즈인들 그리고 스코틀랜드인들 — 함께 연대해서 외국의 침략이나 다른 가톨릭 군주와 싸울 수 있도록 하는 구심점을 제공했던 것이다.

리차드슨이 소설가로서 성공적으로 활약했던 14년의 기간 (1740~1754)은 우연히도 신교도들이 가톨릭의 위협에 대항하여 투쟁하였던 기간과 일치한다.5) 적대관계인 프랑스와 대치한 상황에서 1739년 스페인에 대해 전쟁을 선포한 영국은 어떤 방법을 동원해서라도 상황을 막아야 하는 처지였다. 프랑스의 위협이 표면적으로 드러나지는 않았지만 영국의 군주주의와 그 세력에 대한 신뢰여부가 제기되었고, 이에 따라 '왕이 나라를 방어할 목적으로 힘을 결집할 수 있는 권한에 대한 혼란'이 야기되었다 (Langford 199). 나라가 위기에 직면한 상황에서 군주의 권위나 외국의 침략 그리고 프랑스에 푹 빠져 있던 영국 귀족들에 의한 문화적인 동요와 그것이 가정과 사회에 미치는 파괴적인 영향에 대해 리차드슨과 그의 동시대 독자들은 위협을 느꼈다. 리차드슨은 작품 속에서 지난 한 세기 동안 군주의 권리와 권력이 이동함에 따라 불안해진 나라에 대한 근심을 해결하려고 했었다. 1649년 찰스 1세의

---

5) 1740-1754년까지 자세한 정치사에 대해서는 William Heyck의 *The British Isles: A New History From 1688 to 1870* 중에서 "Chapter 2: The Revolution of 1688 and the Revolution Settlement"와 "Chapter 3: Society and Economy in England, 1715-1763" 참고. 그리고 Bruce Lenman의 *The Jacobite Risings in Britian, 1689-1746* 중에서 "Chapter 3: The Growth of Jacobite Sentiment from the Revolution to 1704" 참고. 리차드슨의 반 가톨릭 경향과 더불어 그가 유대인에 가졌던 편견은 *Samuel Richardson: A Biography*의 Chapter XXII: Richardson's General Ideas" 참고.

참수형, 1660년 의회에 의한 찰스 2세의 왕정 복고, 1688년 내란기간 동안의 제임스 2세의 추방사건 그리고 1714년 의회가 외국의 하노버 왕가를 영국으로 입국하는 것을 헌법적으로 결정한 것 등이 1740년대까지 계속되었던 군주제도와 의회간의 권력 이동을 보여주는 대 사건들이었다. 이러한 역사적인 권력 이동으로 리차드슨의 인물들 안에 있던 정치, 사회적인 관계 속의 반대 세력들이 다시 호응을 얻게 되었다. 그리고 이를 통해 그가 영국에 대해 품고 있었던 두려움과 미래에 대한 희망이 표출되고 있다. 사회를 반영하는 소세계라고 할 수 있는 가정이라고 하는 테두리에서 리차드슨은 국가가 위기에 처한 시기에 국민들을 단결시키고 궁극적으로 영국을 대변할 수 있는 모델 사회를 만들었다.

리차드슨의 주인공들 — 파멜라, 클라리사, 그랜디슨 부인 그리고 찰스 경 — 은 대립과 갈등 과정을 통해 영국이 가진 정치적, 사회적 문제들을 적나라하게 보여준다. 각 소설에서 갈등 상황은 가정과 집에서 시작된다. 이렇게 가정에서 출발한 갈등은 정치적 갈등으로 발전해, 결국 '방종한 크리스찬'과 가장 '영국다운 성경' 교육의 부족으로 가족과 사회 그리고 국가의 단합이 위협받는 상황으로 발전한다 (*Grandison* I 53). 리차드슨의 작품에 등장하는 영웅들은 17세기 중반 강력했던 성경 문화를 다시 부활시키고, 개혁을 통해 진정한 영국의 여성과 남성 국민들을 만들기 위해 노력한다. 특히 소설의 주인공들은 영어판 성경을 '영국 민족주의'의 중추로 적용시켜 지난 4세기 동안 '프랑스어를 구사하는 노르만인'들에 의해 지배당한 사회 속에서 '영어의 우월성'을 주장한다.6) 리차드슨은 성경 문화의 필요성뿐 아니라 그 성경 교육을 받은 신교들이 영어 성경학자 역할을 해야 한다고 강조한다.

힐은 여기에서 한 발 더 나아가서, 어떻게 해서 성경의 영어 번역이 새로운 인쇄술 발명과 그 시기가 일치하는지를 설명해 준다. 인쇄물로 나온 영어판 성경은 성직자들이 사용했던 성경과는 사뭇 달랐다. '그리스와 로마 고전'들은 학자들 또는 정식 교육을 받은 상류계층만 접할 수 있는 지식이었던 반면, 영어로 번역한 성경은 모든 사람들, 심지어 가장 낮은 계급의 사람들

---

6) Hill의 "A Biblical Culture," in *The English Bible* 참고. 17세기 영국에서의 영어판 성경의 정치/사회적인 발전상을 자세히 기술하고 있다.

까지 읽고, 인용, 사용할 수 있었다 (Hill 1993 6-7). 비록 힐이 여기에서 더 나아가 권력을 문학에 접목시키지는 않았지만, 그는 영어판 성경vernacular Bible이 '교황에 대한 복종에서 영국이 해방된 것을 상징한다'고 표현했다 (Hill 1986 23-5). 외국 가톨릭 군주제에 대한 두려움, 성경의 번역, 그리고 새로운 인쇄 문화가 새로운 신교도 국가 그리고 '독자적인 언어를 구사하는 왕국'인 독립적인 영국의 건설에 중요한 요소로 작용하였다. 소설을 쓰기 전에는 행실 지침서conduct book를 썼던 인쇄업자인 리차드슨에게 가장 중요한 문제가 바로 새로운 나라인 영국을 정의하는 것이 있다는 사실은 당연한 일이다. 리차드슨이 걱정하고, 개혁을 하고자 했던 주요 목표는 우선 영국의 귀족들의 가장 무도회masquerade, 여행 그리고 모두 외국에서 들여온 런던 상류층의 사치 행각 등으로, 초호화과소비를 조장하는 부패한 외국 문화였고, 두 번째는 현지 가톨릭과 신교도중에 이견을 가진 파들이 국가에 대해 제기한 위협이었다.[7]

리차드슨의 주인공들과 함께 발달한 가족과 사회의 발전 상황을 고찰하면서, 앤더슨Anderson은 국가를 '상상에 의해 세워진 정치 사회'라고 정의 내리고자 한다 (Anderson 1-7). 리차드슨은 이 정의를 통해 국내외의 여러 신교 종파 대립과 가톨릭 세력을 종식시켰다. 그리하여 당시 여러 종교와 정치적 혼란으로 불안했던 영국에 새로운 국가 모델을 제시함으로써 종교적으로 통일된 영국 사회를 창조할 수 있었던 것이다. 앤더슨의 국가에 대한 정의로 리차드슨의 신교 영국은 '오래된 연합과 충성심'으로 가득 찬 위대한 영국 위에 이루어진 창작물로 간주 될 수 있었다 (Colley 5). 영국이라고 하는 한 나라에 대한 정체성은 여러 문화간의 통합이나 동질화를 통해 생긴 것이라기보다는 호전적인 가톨릭과 프랑스와의 계속되는 전쟁을 통해 형성된 것이며, 이를 통해 영국 내의 여러 다른 세력이 하나로 뭉칠 수 있는 기

---

7) 리차드슨이 쓴 세 편의 소설에서는 외국의 영향으로 '오염된' 등장 인물들이 다시 교육을 받아, 순수한 신교도적 영국 사회로 돌아오고 이 영국 사회가 남자 주인공과 여자 주인공을 중심으로 발전해 가는 과정에 '개혁'이라고 하는 개념이 적용된다. 그러나 리차드슨의 마지막 소설이자, 비교적 많이 소개되지 않은 소설인『그랜디슨』에서는 찰스 경과 클레멘티나 간의 국제적인 갈등을 묘사하는 과정에서 대영제국과 이탈리아가 분명하게 구분되지 않고 있다.

반이 마련되었다.

리차드슨 소설 속의 남녀 주인공들은 앤더슨의 국가에 대한 정의에 의존해, 리차드슨이 만들어낸 신교 영국사회를 탐색해 나가면서 자신의 사회 정체성을 확립해 나가고 있다. 앤더슨의 이론에 따르면 이러한 것은 '혈연 관계stretchable nets of kinship'와 '비혈연 관계clientship'의 형태로 나타나고 있다 (Anderson 8). 다시 말하면, 리차드슨은 교화된 사회를 통해 종교 교육이나 자산 보호와 같은 이익을 공유한 가족과 이웃의 연대망을 더욱 넓혀 가고 있는 것이다. 앤더슨은 이와 같은 혈연이나 비혈연 관계로 뭉친 사람들이 하나의 사회로 기능할 수 있는 것은 '사회 내부의 개개인 관계가 얼마나 불평등하고 착취적인 구조인가와는 상관없이, 국가는 항상 심도 깊고 수평적인 동료적인 사랑으로 인식되기 때문이다'라고 분석했다 (Anderson 7). 이러한 동료관계 의식은 리차드슨의 소설에 나오는 남녀 영웅들이 펼치는 일과 결혼 그리고 자산에 관한 신교윤리를 신봉하는 영국이라는 국가적인 정체성으로 발전하는 골격을 통해 반영된다. 앤더슨은 하나의 사회는 구성원들간에 '성스런 언어sacred language'와 '구성원으로 받아들여진 그 자체'만으로 '독특한 연대'를 형성한다고 설명한다. 그 결과, 한 사회는 외부인들이 얼마나 성실하게 그 언어를 배우고, 이를 통해 그 사회의 구성원이 되기 위해 필요한 교육을 받느냐에 따라 결정된다고 설명한다 (Anderson 12-4).

종교적인 언어가 때로는 사회의 구성원들을 분열시키고, 때로는 비 구성원들을 결집시킬 수 있다는 앤더슨의 이론은 클라리사와 러브레스 간의 갈등에서 적용된다. 클라리사가 최종적으로 정착한 가장 철저하게 교화된 사회가 그녀의 할로우Harlowe 가문 내에 형성된 것이 아니라 상인 스미스Smith 부부, 과부인 러비크 부인, 회개한 벨포드와 같이 비혈연 관계 속의 사람들 속에서 형성되는 것은 바로 앤더슨식 사회의 변형이라고 볼 수 있다. 이 사회는 성경의 가르침에 따라 움직이며 그 구성원들은 신뢰와 사랑이라고 하는 성경적인 언어로 대화를 한다. 클라리사가 구성원이 된 곳은 바로 앤더슨이 정의한 대로 외부인들을 교화해서 종교적인 영국 여성과 남성이 되도록 교육하는 그러한 역할을 맡은 사회였다. 리차드슨의 작품 세계 속에 나타나는 교화된 세상은 『파멜라』에서 『클라리사』에 이르기까지 엄청난 변화를 겪는다. 가족이라고 하는 것이 '혈족'의 틀에서 벗어나 다른 기독교 여성과 남성을 수용하고 결국 종교적으로 단합되고 교화된 사회로 발전한 것이다. 클라리사가 '혈연'에게서 멀어져서 결국에는 '비혈연'의 안식처인 어느 상점에서 세를 사는 신세로 정착하는 것은 '자율적인' 사회망의 형성을 상징한다. 여기에서 여주인공은 완전한 이방인들과 함께 작가의식이 내재된 '신성한 언어'를 강력하게 전파한다. 즉 클라리사의 사회의 구성원이 되는 것은 해당 인물이 성서의 '전문적인 용어'를 이해할 수 있는지에 따라 결정되기 때문에 성서에서 사용된 언어의 의미를 이해할 능력이 없을 경우는 저절로 클라리사의 사회로부터 제외된다. 예를 들어 클라리사가 '아버지의 집'으로 가까이 가고 있다고 기술할 때 그녀는 사실 자신의 마지막 '집'— 즉, 그녀는 관을 이런 식으로 표현하여 러브레스가 그녀의 마지막 임종지를 방문하여 교란하는 것을 막고자 함 — 을 말한 것이었다. 그러나 그녀를 강간한 남자, 러브레스는 이 성경의 은유적인 표현을 그녀가 오랜 동안 가족과 떨어져 있었기 때문에 이제 드디어 가족에게로 다시 돌아가려는 것을 의미하는 것으로 오해한다.8) 클라리사와 러브레스의 갈등 묘사에 중점을 두고 분석하는 최근의 경향과는 반대로,9) 앤더슨은 '성스러운 언어'가 한 사회의 '구성원'을 규제하는 수단으로 쓰였다고 주장하고 있다. 즉 구성원의 여부는 조상에게 물려받은 작위나 재산이 아니라 개인의 교육정도와 배우고자 하는 노력에 달려 있다고 주장한다.

리차드슨의 마지막 소설이자 가장 주목받지 못한 작품인 『그랜디슨』에서

---

8) *Clarissa*에 나오는 풍유적이고 우화적인 표현을 분석하기 위해서는 Edward Copeland의 "Allegory and Analogy in *Clarissa*: The 'Plan' and the 'No-Plan,'" *ELH*, 39(1972), 259-60; 그리고 Florian Stuber의 "On Fathers and Authority in *Clarissa*," *SEL* 25 (1985), 557-74 참고. *Clarissa*와 그녀의 종교적 교육과 그 당시 사회에 대해 더 연구하고 싶으면 "Samuel Richardson's *Clarissa*: Defining the 'Sacred' Community and Defending Religious Education," *The Journal of English Language and Literature*, 42, No. 4(1996), 813-26 참고.

9) William B. Warner, *Reading Clarissa: The Struggles of Interpretation* (New Haven: Yale UP, 1979) and Terry Castle, *Clarissa's Ciphers: Meaning and Disruption in Richardson's Clarissa* (Ithaca: Cornell UP, 1982). Warner (pro-Lovelace)와 Castle (pro-Clarissa)은 모두 Lovelace와 Clarissa의 통제와 통제 부족 그리고 완전한 의미 조작에 대해 잘 설명해 주고 있다.

리차드슨은 새로운 '마음에서 우러나온 가족 의식'을 창출함으로써 클라리사의 혈연 가족과 같이 해체되고 있는 가정을 대체하고자 한다. 결국은 정립된 혈연 및 비혈연의 가족인 '도덕적인 사회'를 만들어 내고 더 나아가서 『클라리사』에서 제시한 '신성한 사회'의 범주를 확대해 나가고 있다. 주인공 찰스 경은 자신의 아버지와 귀족들이 탐닉하고 있던 프랑스적인 사치와 향락을 스스로 거부하는 영국의 귀족이다. 그는 종교적인 가르침 속에 성장한 순결하고 자의식을 가진 사람으로 아버지와 형제, 친구, 이웃으로서의 자신의 역할을 잘 이해하고 있는 귀감이 되는 인물이다. 찰스 경은 이탈리아 귀족 출신인 클레멘티나Clementina와 같은 상류 계층의 귀족은 아니지만 정숙한 영국 숙녀인 해리엇Harriet 중에 누구와 결혼할 것인가 하는 문제를 두고 고민한다. 여기에서 중요한 것은 마지막 결정을 하기까지 클레멘티나가 속한 가톨릭 사회와 해리엇이 속한 신교 사회를 대비적으로 묘사하고 있다는 사실이다. 찰스 경의 선택은 단지 그가 누구와 결혼할 것인가를 결정하는 것에 그치지 않고 더 나아가 그가 어떤 종교나 국가단체를 선택할 것인가를 결정하는 것이 된다. 많은 혼란을 거친 끝에, 영국 국교도 기사인 찰스 경과 종파가 다른 신교도 신부감인 해리엇은 전체 마을 주민들의 축복 속에 공개적으로 결혼하게 된다. 영국 국교도 귀족과 얌전한 아가씨와의 결혼은 리차드슨의 시대에는 적합하지 않았던 정치적인 분위기, 즉 신교도 안에서 나라가 단합된다는 것을 상징한다 (Gilbert 8-10). 영국 국교회는 '종교적으로 자발적인 태도를 지향하는 사회'를 직면하고 있었고, 그로 인해 발생하는 긴장감은 1740년까지는 그리 심각하지 않았기 때문에 교회에서는 그러한 경향을 무시했다. 그러나 후에 이러한 문제는 심각하게 대두되었다. 그 결과, '영국 국교회는 그러한 자발주의와 복수주의로 가는 경향을 거부하거나 영국 내에서 부상하는 이종 단체들과 적응/공존하기 위해 근본적인 구조와 종교/문화 변화를 감행하는 방안' 두 가지 중 하나를 선택해야 하는 입장이 되었다 (Gilbert 8).

해리엇과 영국국교도인 찰스 경의 결혼은 신교 영국 사회의 두 가지 중요한 정치적 사상을 강조하고 있다. 먼저 찰스 경과 클레멘티나의 결합을 막았던 각 개인의 종교와 국가 간의 차이점은 가톨릭적인 미덕과 고귀함을 가지고 있음에도 불구하고 클레멘티나는 찰스 경에게 여전히 이방인이 될 수밖에 없는 것이다. 즉, 찰스 경 스스로와 가족 더 나아가서 '왕과 국가의 단합'을 위해 바치려는 한 남자에게는 클레멘티나와의 결혼은 저해 요소 및 위협이라는 것을 의미한다. 둘째 신교인인 해리엇과의 결합을 통해 리차드슨은 새로운 국가 개념을 선전하며 영국 내 여러 신교 당파간의 갈등을 극복하고 종교적인 단합을 강조하는 반면에 가톨릭에 대한 민족주의적인 차별의식을 한층 더 강화시킨다는 점이다. 뿐만 아니라 소설의 마지막 장면인 클레멘티나의 영국 방문조차도 해리엇의 임신과 그랜디슨 가정을 위험에 빠지게 하는 배타적인 접촉으로 그려진다. 그랜디슨 가정의 '도덕적인 사회'는 『파멜라』와 『클라리사』에서 제시한 전형적인 모델로부터 발전해온 새로운 국가와 민족 개념을 창출해내고 있기 때문에 깊게 관찰해야 한다.

III

리차드슨의 소설에 나타난 장황한 서사체계에서 볼 수 있는 것은 리차드슨의 문학적인 전통과 그 완벽한 영국적인 미덕을 통해 독자들이 외국과 이종의 가톨릭 이웃들에 대해 두려움을 느끼고 그들을 거부할 수 있도록 만든다는 것이다. 파멜라와 클라리사를 보호하는 기독교적인 사회는 그 구성원들 사이의 정치적이나 종교적인 교육면에서의 차이점을 고립시키고 더 나아가 이를 제거하기 위해 노력한다. 리차드슨의 마지막 소설 『그랜디슨』에서 남녀 주인공들은 이탈리아의 영향으로부터 영국의 국교 지역 사회를 지키기 위해 노력한다. 해리엇와 찰스 경은 그랜디슨 가정의 2세 출생을 보호하고 클레멘티나와 그녀의 포레타 가족을 영국에서 추방함으로써 의도적으로 혼돈의 여지를 모두 제거한다. 『그랜디슨』에서 소설 후반으로 가면서 이러한 혼란이 증폭되자, 리차드슨과 당대 독자들을 위해 포레타 가족을 다시 이탈리아로 귀환시켜야 할 정치적 필요성이 더욱 증가하게 된다. 이에 따라 독자들은 리차드슨의 새로운 국가에 대한 비전을 흡수해서 정치적으로 독립적인 국가에 대한 비전을 갖게 된다.

리차드슨의 소설은 영국과 영국 신교에 대한 이상을 제공하여 당대 독자들을 위한 민족주의를 제시하고, 18세기에 살았던 다양한 속성을 가진 영국 국민들을 하나의 가치 아래 묶어주는 구실을 했다. 리차드슨이 만들어낸 미덕의 상징은 국가적인 정체성으로까지 이어져 외국으로부터의 종교와 문화적인 영향에 대항해 영국인들을 하나로 결집시키는 역할을 했던 것이다. 이러한 발전은 제국주의 시대에 이르러서는 영국적인 우월감을 한층 강화하는 구실을 하게 된다.

참고 문헌

Anderson, Benedict. *Imagined Communities: Reflections on the Origin and Spread of Nationalism*. 2nd ed. New York: Verso, 1993.

Armstrong, Nancy. *Desire and Domestic Fiction: A Political History of the Novel*. Oxford: Oxford UP, 1987.

Barker-Benfield, G. J. *The Culture of Sensibility: Sex and Society in the Eighteenth-Century Britain*. Chicago: U of Chicago P, 1992.

Brissenden, R. F. *Virtue in Distress: Studies in the Novel of Sentiment from Richardson to Sade*, London: Macmillan P, Ltd., 1974.

Castle, Terry. *Clarissa's Ciphers: Meaning and Disruption in Richardson's "Clarissa."* Ithaca: Cornell UP, 1982.

Chung, Ewha. "Samuel Richardson's Clarissa: Defining the *"Sacred"* Community and Defending Religious Education," *The Journal of English Language and Literature*, Vol. 42, no. 4(1996), pp. 813-26.

Colley, Linda. *Britons: Forging the Nation*, 1707-1837. New Haven: Yale UP, 1992.

Conger, Syndy McMillen. *Sensibility in Transformation: Creative Resistance to Sentiment from the Augustans to the Romantics*. London: Associated UP, 1990.

Copeland, Edward. "Allegory and Analogy in *Clarissa*: The Plan and the 'No-

Plan,'" ELH 39(1972), pp. 259-60.

Eaves, Duncan T. C., and Ben D. Kimpel. *Samuel Richardson: A Biography.* Oxford: Clarendon Press, 1971.

Gay, Peter. *The Enlightenment: The Science of Freedom.* New York: W. W. Norton & Co. 1969. Rpt. 1996.

Gilbert, Alan. D. *Religion and Society in Industrial England: Church, Chapel and Social Change, 1740-1914.* New York: Longman P, 1976.

Hagstrum, Jean H. *Sex and Sensibility: Ideal and Erotic Love from Milton to Mozart.* Chicago: U of Chicago P, 1980.

Heyck, William. *The Peoples of the British Isles: A New History From, 1688 to 1870.* Vol. II. Belmont, California: Wadsworth Publishing Co., 1992.

Hill, Christopher. *The English Bible and the Seventeenth-Century Revolution.* London: Penguin Books, 1993.

Lenman, Bruce. *The Jacobite Risings in Britain, 1689-1746.* London: Eyre Methuen, Ltd., 1980.

Newman, Gerald. *The Rise of English Nationalism: A Cultural History, 1740-1830.* New York: St. Martins P, 1987.

Richardson, Samuel. Ed. Peter Sabor. *Pamela; or, Virtue Rewarded,* New York: Penguin Books, Ltd., 1985.

_____. Ed. Angus Ross. *Clarissa, or The History of A Young Lady,* New York: Viking Penguin, Inc., 1985.

_____. Ed. Jocelyn Harris. *The History of Sir Charles Grandison,* Oxford: Oxford UP, 1986.

Stone, Lawrence. *The Family, Sex and Marriage in England, 1500-1800.* New York: Harper & Row, 1977.

Todd, Janet. *Sensibility: An Introduction.* New York: Methuen & Co. Ltd., 1986.

Turner, James Grantham. "Novel Panic: Picture and Performance in the Reception of Richardson's *Pamela.*" *Representations* 48 (1994), pp. 70-96.

Warner, William B. *Reading Clarissa: The Struggles of Interpretation.* New Haven: Yale UP, 1979.

Watt, Ian. *The Rise of the Novel: Studies in Defoe, Richardson, and Fielding.* London: Chatto & Windus, 1957. Rpt. 1963.

정정호

사무엘 존슨의 역사의식

현재를 올바르게 판단하기 위해서 우리는 현재를 과거와 대비시켜야만 한다. 왜냐하면 모든 판단은 비교적이고 미래에 대해서는 아무것도 알 수가 없기 때문이다. 진실은 어떤 마음도 현재에 몰두하지 않는다는 점이다. 회상과 예상이 우리들의 모든 순간들을 채우기 때문이다. … 사물의 현재 상황은 과거의 결과이며 우리가 즐기는 선의 원천과 우리가 고통을 겪는 악의 원천에 대해 탐구하는 것은 당연하다. 만일 우리가 우리 자신만을 위해 행동한다해도, 역사연구를 무시하는 것은 온당치 못한 일이다.

(『라슬러스』 30장)

들어가며: 존슨의 역사의식의 타작을 위하여

역사에 대한 사무엘 존슨의 태도는 명백하지 않고 겉보기에는 부정적이고 소극적인 것처럼 보인다. 다음과 같은 존슨의 진술에서 특히 그러하다; "어디에 있던 무엇을 보던 퓨닉 전쟁에 관해서는 말하지 말라". 오래된 역사적 사건인 이 전쟁에 대한 존슨의 태도는 단순히 역사에 대한 폄하나 거부가 아니라 사소하고도 호고적(好古的)인 취미에 반대하는 것이다. 다시 말해 현실생활과 관계가 없는 먼 옛날 이야기에 지나치게 의미를 부여하는 것에 대한 존슨의 혐오감이었을 것이다. 존슨은 또 보스웰과 이야기하는 자리에서 "역사가가 되기 위해서는 대단한 능력이 필요하지 않다. 왜냐하면 역사기술에 있어서 위대한 인간의 지성이 나타나지 않기 때문이다. 역사가는 단지 손쉽게 사용한 사실만이 있을 뿐이다. 그래서 상상력을 발휘할 곳이 없다."(Brady 146쪽). 여기서도 존슨은 역사 자체를 무시했다기보다 사실에만 매달리는 일부 역사가들을 비판하고있다. 실제로 그는 역사적 사실이 결여된 일부 역사서와 역사가에 대해 비판을 가하였다.

그러나 존슨의 역사에 대한 근본적인 태도는 진지했다. 존슨 자신은 "연대기와 역사의 연구는 인간지성의 가장 자연스러운 즐거움의 하나"라고 믿었고 그의 서재에는 수많은 역사서지학의 자료들이 있었다. 존슨 자신은 하르레안 도서관 목록 작성, 영어사전 편찬 작업, 셰익스피어 전집 출간, 비네리안 법률강좌 준비 등 역사에 관한 많은 관심과 지적 훈련을 쌓았다. 한때 본격적인 역사분야에 대한 저술도 계획했으나 완수하지 못했다. 존슨은 당대의 데이빗 흄, 볼테르 등의 역사서를 흥미 있게 읽었고 문우(文友)들 중에는 올리버 골드스미스, 에드워드 기번과 같은 역사가도 있었다. 존슨의 '역사의식'은 그의 전 저작에 골고루 번영되어 있다. 오늘 우리가 이 글에서 다루려고 하는 주제는 존슨의 문학비평에 나타난 역사 의식을 피상적으로나마 논의하는 것이다.

I. 전환기 시대의 존슨의 역사적 상상력

사무엘 존슨은 1994년에 발간된 『서구의 정전』에서 해롤드 블룸(Harold Bloom)에 의해 서구 문학사상 가장 탁월한 최고의 비평가로 선포되었다. 1999년 말에는 영국의 유력 신문인 『가디언』지에 의해 존슨은 두 번째 천년대(1000~1999)에서 가장 훌륭한 문필가로 선정되었다.

모든 형태의 실천 비평을 수행한 바 있는 존슨은 비평사적으로 중요한 전환기적 시기를 살았다. 어떤 의미에서 존슨은 신고전주의와 낭만주의 전파라는 영국 비평의 두 거대한 조류가 만나는 지점에서 있었으나, 전자의 한계에 맹목적이지도 않았고 당시 유행하기 시작하던 후자의 새로운 실험에 대해서도 열광하지 않았다. 두 문학 운동으로부터 상대적인 독립성을 가진 것이 그의 이점이었으며, 바로 여기에 비평가로서 존슨의 위대성과 권위가 놓인다. 따라서 존슨의 경우는 역사가 위대한 인물을 만들고, 위대한 인물이 역사를 만드는 두 경우가 결합된 예라고도 할 수 있다.

존슨은 우리의 기대와는 다르게 고전 작가들의 권위와 관습의 힘을 인식하면서도 반권위적이고, 상대주의적이고, 우상 파괴적이었다. 예컨대, 존슨은 당시의 신고전주의의 금과 옥조처럼 준수되었던 여러 가지 고전주의적 문학 법칙들 — 극에서의 삼일치, 희비극 혼용 문제, 시적 정의, 5막 극의 선호 능 — 은 인간 본성과 상황의 변화에 따라 바뀔 수 있다고 주장하였다. 또한 당시 대중들의 문학적 편견과 취향에 대해서도 과감히 도전하였는데, 그는 셰익스피어 문학 전집 서문에서 셰익스피어의 위대성을 말하면서도 그의 단점을 비판하는데 서슴지 않았다. 또 당시 열렬히 수용되었던 존 밀턴에 대해서도 전사(戰士) 비평가답게 밀턴 작품의 문제점을 지적하기도 하였다. 존슨은 밀턴의 목가애도시인 「리시더스」("Lycidas")는 현실 감각이 결여되어 있고 전래의 목가시 전통을 그대로 답습한 졸작이라고 비판한 바 있다. 이것은 18세기 후반이라는 역사적 전환기에 살았던 비평의 거인 존슨의 "역사의식"의 결과이다. 존슨은 고전장르에 대한 맹목적 추종을 거부하고 새로운 시대의 현실주의적인 문학의 부상을 예견하고 있었기 때문이다.

존슨은 당시 토마스 워튼, 에드먼드 버크, 리차드 허드 등과 같이 새로운 비평 이론가들에게도 결코 무관심하지 않았다. 특히 당시 열렬한 논쟁의 대상이었던 낭만주의의 전조인 "숭고미"(sublime)의 개념에 대해서 그는 놀라울 정도로 유연한 태도를 보였다. 존슨은 "사람들은 새로운 것을 반대한다. 왜냐하면 대부분의 사람들은 새로 배우는 것을 꺼려하기 때문"이라고 말하면서 새로운 것에 대해 사람들이 저항하고 거부하는 태도를 지적하였다. 사실상 "숭고미"의 개념은 영국문학 비평사에서 이미 존슨 이전의 포우프, 데니스, 애디슨, 버크, 영 등에 의해서 그 특성이 강조되기 시작했다. 그들은 문학에서 작가의 영감은 물론 독자의 반응에 관심을 가지기 시작하였고, 존슨시대에는 노드럽 프라이가 지적한 바대로 신고전주의의 "산물(product)로서의 문학"과 낭만주의의 "과정(process)으로서의 문학"이 구분되기 시작하였다. 따라서 W. K. 윔저트는 18세기 당시의 "숭고미"의 개념을 1500여 년 전에 주장한 롱기누스를 "신고전주의 진영에 들어온 하나의 트로이 목마"라고 지적한 바 있다.

존슨은 "숭고미"론을 편 버크의 『숭고미와 아름다움의 관한 사상의 원천에 대한 철학적 논구』(*Philosophical Enquiry into the Origin of Our Sublime and Beautiful*)에 대해 "진정한 비평의 예"라고 높이 평가하였다. S. H. 몽크(Monk)와 같은 20세기 비평사가들은 버크의 책을 신고전주의에서 개인주의와 다른 미학적 기준으로 전환하는 데 중요한 책으로 파악하였다. 존슨은 18세기 후반기의 새로운 미학 이론에 대해 열렬한 추종자였거나 이론가는 물론 아니었지만 그는 "숭고미"의 개념을 이미 실제 비평에 적용하고 있었다. 존슨은 밀턴의 『실락원』을 논의하면서 밀턴을 기본적으로 숭고미의 시인으로 파악하였다. "밀턴 시의 특징은 숭고미이다. 밀턴은 간혹 우아하기도 하지만 그의 본질은 위대함이다. 그의 특징은 거대한 고상함이다. 밀턴은 즐겁게 할 수도 있으나 놀라게 하는 독특한 힘을 가지고 있다". 존슨은 밀턴을 「리시더스」 평가에서처럼 일방적으로 매도하지 않고 균형있는 평가를 내리고 있음을 알 수 있다.

존슨을 낭만주의 선구자 중의 한 사람으로 평가할 수는 없겠지만, 적어도 그는 당시 유행하던, 또는 새로운 낭만주의 시대를 여는 여러 가지 문학적 취향과 경향에 대해서 무관심하지 않았으며, 역사의식으로 무장한 그는 전환기적 비전을 지닌 위대한 비평가라는 사실을 우리는 지적해야 한다. 명민한 존슨 학자의 한 사람인 존 웨인(John Wain)은 존슨의 비평사적 의의를 다음과 같이 파악하고 있다.

존슨의 비평을 읽는 어떤 독자도 존슨이 장대하고 간결한 거시적인 요약과 특별한 효과를 찾으려는 미시적인 분석에 모두 강하다는 것을 곧 알아차릴 수 있을 것이다. 존슨은 말하자면 매슈 아놀드와 윌리엄 엠프슨을 결합한 것과 같다. 따라서 존슨은 어떤 비평 "유파"의 과정 속에 묶일 수 없다. 그리고 사실상 존슨 비평은 문학사의 전략적으로 중요한 시기에 위치하고 있다. 그의 비평에서 우리는 신고전주의와 현대 비평 사이의 연결 지점을 찾아낼 수 있다. 신고전주의적 요소는 그 뿌리가 르네상스에서 (희랍 로마의) 고전주의 시대까지 뻗어 있고, 그의 현대 비평적 요소는 낭만주의 상상력과 20세기의 심리학과 사례사(事例史)와도 긴밀하게 연결되어 있다. (p.158)

따라서 존슨의 독특한 비평사적 위치의 전환기적 상황 — 르네상스 vs. 근대 — 은 오래된 것과 새것, 규칙과 창조, 모방과 표현, 이성과 상상력 사이의 문학적 긴장과 대립이다. 18세기의 신고전주의와 낭만주의의 중간지대에서 존슨이 서로 대립적 경향들과의 대화를 수행하는 추동력은 "역사의식"에서 나오는 것이다. 다음에서 존슨의 3대 문학적 업적인 영어사전 편찬, 셰익스피어 전집 편집, 영국시인 평전 작업을 중심으로 그의 역사의식이 어떻게 형성되고 적용되고 있는지 개략적이나마 살펴보고자 한다. 이러한 작업은 해체론시대 이후 새로이 부상한 신역사주의 시대에 존슨의 문학비평을 다시 읽고 새로 쓰는 예비작업이 될 수 있을 것이다.

II. 영어사전 편찬과 역사의식

존슨은 1754년에 『에드먼드 스펜서의 선녀여왕에 관한 고찰』을 출간한 토마스 워튼에게 쓴 편지에서 자신의 역사적 관점에 대한 견해를 잘 보여주고 있다. 존슨은 워튼이 영국 고전작가들을 성공적으로 연구하는 유일한 방법을 제시했다고 높이 평가하였다.

저는 이제 우리나라 문학을 발전시킨 당신에 대해 진심으로 감사 드립니다. 당신은 향후 우리의 고전 작가들을 연구하려고 하는 모든 사람들에게 그 작가들이 읽었던 책들을 정독하기를 지시함으로 성공적인 지름길을 제시하였습니다. … 16세기의 고전 작가들이 거의 이해되지 않은 이유는 그들과 함께 살았거나 또는 그 이전에 살았던 작가들로부터 아무런 도움을 받지 않고 홀로 읽히기 때문입니다. (Brady, p.190)

그런 다음 존슨이 자신이 당시 준비하고 있었던 『사전』이 영국의 고전 작가들을 읽는데 도움을 주게 되기를 희망한다고 말했다. 사실상 『사전』의 편찬은 영국 고전 문학 읽기와 연구에 기여하고자 하는 확고한 역사의식에 의해 계획된 것이었다. 지금까지도 존슨의 사전은 영문학 연구의 가장 유용한 도구이다. 존슨은 자신의 사전에 수록된 모든 어휘를 역사적 원리에 입각하여 영국 고전 작가, 스펜서, 셰익스피어, 밀턴, 드라이든 등의 작품에서 수많은 인용과 용례를 가져오고 있다. 여러 작가들에서 인용문 추출도 결국 존슨의 깊은 역사의식에 의해 이루어지는 것이다. 역사적 원칙에 따라 만들어진 이 사전은 단순히 영어사전이라기보다 영문학 백과사전으로 불러도 무방할 듯 하다.

존슨은 어휘의 의미 변화에 따른 통시적 고찰의 필요성을 사전의 서문에서 강조하고 있다. 의미는 시간의 흐름에서 결코 자유로울 수 없기 때문에 의미를 고정하거나 확정하는 것은 불가능하다.

　　폭 넓게 사용되는 어휘들에 대해 그 의미의 변화를 지적하고 그 의미가 시초부터 그 이후의 의미에 이르는 중간 단계의 변천을 보여줄 필요가 있었다. 그렇게 함으로써 이전의 설명은 다음으로 연결되고 이러한 작업은 최초의 의미에서 마지막까지 규칙적으로 수행되었다. (Stock, p.115)

존슨은 영어의 발달과정에서 "더럽혀 지지 않은 영어의 원천"으로 왕정복고기(1660～1700) 이전의 작가들의 저작에서 많은 예문을 가져왔다. 그러나 존슨은 어휘 선정의 상한선을 필립 시드니 경에까지만 소급하여 존슨 당대에는 별로 쓰이지 않고 이해할 수 없는 지나친 고풍스런 어휘들을 배제하였다.

　　나는 시드니의 작품을 경계선으로 삼았고 이상은 거의 넘어가지 않았다. 엘리자베스 여왕시대에 활동했던 작가들에게 언어는 모든 우아한 사용을 위해 적절하게 형성되었다. 만일 신학언어가 후커와 성경의 번역본으로부터 가져오고 자연에 대한 지식의 용어들이 베이컨으로부터 가져오고. 정치, 전쟁과 항해의 용어들이 로리로부터 가져오고, 시와 허구의 언어가 스펜서와 시드니로부터 오고, 일상적 삶의 언어가 셰익스피어로부터 가져온다면, 우리에게 부족한 것은 없을 것이다. (Stock p.118).

「사전」 편찬은 또한 존슨으로 하여금 영국문학사에 대한 좀더 진지한 관심을 가지게 만들었다. 엘리자베스 시대에서 17세기 말까지의 언어, 문학, 학문, 취향의 변화에 대한 역사의식에 대한 존슨의 치열한 인식을 보여주고 있다. 동시에 사전 편찬의 경험에서 존슨은 자신의 역사의식의 한계를 절감하게 만든다. 더 많이 알면 알수록 자신이 무지하다는 것을 더 알게 되었다. 존슨은 언어가 다양하게 변화하는 이유를 다음과 같이 설명한다.

총체적이고 갑작스러운 언어의 변화는 거의 일어나지 않는다. 오늘날에는 정복과 이주가 거의 없기 때문이다. 그러나 변화의 다른 원인들도 있다. 그 변화는 작품이 느리고 진행이 보이지는 않지만 하늘의 변화나 조수의 변화와 같이 인간의 저항을 뛰어 넘는다. 상업은 제아무리 필요하고 이익이 남는다해도 예절을 타락시켰듯이 언어를 타락시킨다. (Stock, p.120)

그러나 이러한 논의는 존슨의 언어변화에 대한 역사의식을 잘 보여주고 있으나 언어의 진보와 세련화 과정을 계보학적으로 명쾌하게 결정하는 것은 사실상 쉽지 않다는 사실을 토로하고 있다. 존슨은 지금까지의 영어의 변화에 관한 논의에서 언어예술인 문학과 비평에 있어서 역사언어학적 접근의 중요성을 특히 강조하고 있다.

III. 『셰익스피어 전집』 편집과 문학사 연구

존슨은 문필을 시작한 초기부터 셰익스피어에 대한 전집을 출간하려고 계획했다. 그는 사전편찬 작업이라는 대작업을 끝내고 새로운 작업인 셰익스피어 전집 편집작업에 들어갔다. 존슨은 1745년에 발표한 소책자 『비극 「맥베스」에 관한 단편적 고찰』에서 자신의 앞으로의 편집작업 방향을 보여주었다. 존슨은 문학작품의 역사적 맥락의 중요성을 인식하고 셰익스피어를 명쾌하게 해명하기 위해서 엘리자베스 시대의 풍습, 미신, 전통, 언어, 문학을 이해해야만 한다고 믿었다. "한 작가의 능력과 장점을 진정으로 평가하기 위해서 그의 시대의 특징과 당대의 의견들을 검토하는 것이 언제나 필요하다." (Yale Edition Vol. VII. p.3). 존슨은 당시 사실성 여부로 논란이 많았던 셰익스피어가 『맥베스』에서 마녀를 사용한 것에 대해 옹호하였다. 셰익스피어는 당대에 널리 퍼져 있던 마녀와 예언에 관한 이야기들을 자신에 극에 자연스럽게 사용하여 당대 관객들에게 공포와 감동을 주었다는 것이다. 존슨시대의 관객들이 오히려 마녀와 예언을 부자연스럽고 미신처럼 느끼는 것은 엘리자베스 시대에 대한 무지에서 나온 것이라는 것이다. 다시 말해 존슨시대의 독자들의 역사의식의 결여 때문이었다는 것이다. 이렇게 역사는 존슨에게 셰익스피어 예술을 형성했던 요소들에 대한 배경 지식을 주었다. 존슨은 불변의 보편성을 강조하는 전통적인 신고전주의에서 벗어나 가변의 시간성을 감안하는 문학 해석의 역사적 맥락을 강조하였다. 존슨은 이러한 역사 의식으로 인해 18세기 당시 어느 누구보다도 능력 있고 탁월한 셰익스피어 전집의 편집자가 될 수 있었다.

이러한 셰익스피어에 대한 역사적 접근방법은 1756년에 나온 『셰익스피어 전집 출간에 대한 제안』에서도 잘 나타나 있다.

작가들은 동시대 다른 작품들을 거의 읽지 않는 사람들에 의해 부당하게 종종 개선했다고 칭찬 받거나 쇄신했다고 비난받는다. … 셰익스피어 작품들과 같은 시대 살았거나 직전 또는 직후 시대에 살았던 작가들의 작품들을 비교함으로써 셰익스피어의 애매성을 밝히고 난해한 부분을 해명하고 이제는 과거의 어둠 속에 묻혀버린 어휘들의 뜻을 되찾을 수 있을 것이다. (앞 책, p.54, p.56)

존슨은 역사적인 언어분석 방법으로 작품을 해명(explication)할 것을 주장한다. 비평가나 해석자의 책임 중의 하나는 애매한 뜻을 밝혀내는 일이다. 이런 종류의 해명의 도움이 없다면 고전문학은 궁극적으로 일반 독자들에게 난해한 것이 되어버린다. 존슨이 자신의 셰익스피어 전집 편찬에서 엘리자베스 시대 어휘와 주문에 대한 주석을 공들여 단 이유도 18세기 후반의 일반 독자들을 위한 것이었다.

모든 시대는 그 시대의 언어양식과 사유의 특징이 있다. … 그러나 그것은 간혹 이해할 수 없고 언제나 난해한 것도 있다. … 셰익스피어는 영어에서 숭고하거나 친숙한 대화를 사용하는 첫 번째로 중요한 작가이다. 그가 읽었던 책들과 그가 자신의 문체를 빌려온 책들 중에 일부는 소실되었고 나머지들은 무시되고 있다. 그의 모방은 따라서 주목받지 못하고 있고 그의 인유는 발견되지 못하고 가볍고 위대한 많은 아름다움들이 함께 했던 책들과 함께 사라져버렸다. … 셰익스피어는 우리의 시적 언어가 아직도 형성되지 않았고 의미가 아직도 고정되지 않았고 이웃나라의 외래어가 멋대로 차용될 때… 작품을 썼다. 따라서 독자들은 이미 사라진 언어나 외래어에 당황하게 된다. 셰익스피어 시대에… 유행했던 어법이 만들었다. 지금은 없어진 것도 있다. 그리고 그 시대에는 무엇보다도 영어에 대한 실험이 빈번해서 여러 가지 언어적 조합을 왜곡시켰고 통일성이 없었다. (앞 책, pp. 52-53)

그러나 셰익스피어에 대한 역사적 접근은 1765년에 출간된 존슨 전집의 서문과 주석에 가장 잘 나타나고 있다. 존슨은 무엇보다도 셰익스피어 극의 위대성을 "지속의 길이"(length of duration)와 "평판의 지속"(continuance of esteem)이며 문학의 위대성은 시간이라는 천적을 물리치고 오래 살아남는 그 끈질긴 생명력 속에 있다고 파악하였다. 오랫동안 살아남은 작품에 대한 존경심은 과거시대의 훌륭한 지혜에 대한 믿음에서가 아니라 가장 오래 알려져 온 것이 가장 커다란 주목을 받은 것이며 나아가 가장 중요한 주목을 받는 것이 가장 이해가 잘 되는 것이라고 존슨은 생각했다. 존슨시대에 이르러 셰익스피어는 고전의 권위를 가지기 시작했고 확립된 명성과 규범적인 존경심에 대한 특권을 주장할 수 있게 되었다는 것이다. 따라서 셰익스피어에 대한 흥미나 열정 없이도 셰익스피어 문학은 취향의 다양성과 풍습의 변화를 이겨내고 살아남아 새로운 시대마다 새로운 명예를 받고 있다는 것이다 (앞 책, pp. 60-61).

존슨은 자신의 시대보다 200여 년이나 떨어진 엘리자베스 시대의 셰익스피어 문학을 올바르게 이해하고 감상하게 하기 위해서는 역사적인 배경이 필요하다고 역설한다.

　　모든 사람의 수행을 올바르게 평가하기 위해서는 그가 살았던 시대의 상황과
그 자신의 특별한 상황과 비교해야만 한다. 그리고 독자에게는 그 작가의 상황들
이 그 작가의 작품을 더 나쁘게 또는 더 좋게 만들지라도 인간의 작품들은 언제
나 인간의 능력을 조용히 지시하고 있다. 그리고 사람이 자신의 의도를 얼마나
멀리 확장할 수 있는가 또는 자신의 타고난 능력을 얼마나 높이 평가하고 있는가
에 대한 논구가 어떤 특정한 수행을 자리 매김하는 위상보다 훨씬 더 위엄이 있
는 것처럼 호기심은 기술을 조사하고 얼마나 많은 것이 본래의 힘에 의존하고 얼
마나 많은 것이 우연에 의한 것인지를 아는 것뿐 아니라 도구들을 발견하는데 언
제나 분주하다. (앞 책, p.81)

　　그런 다음 존슨은 엘리자베스 시대의 상황을 소개한다. 존슨에 따르면 당
시 영국은 야만의 상태에서 벗어나려고 노력하고 있었다. 헨리 8세에 이태
리에서 문헌학이 수입되어 희랍어 등 여러 언어가 학교에서 교육되고 학문
과 교양이 일어나 이태리와 스페인 시인들은 읽기도 했다. 그러나 문학은
아직도 전문학자들이나 귀족계급에 국한되었다. 대중들은 조야하고 무지해
서 문맹률이 엄청나게 높았다. 셰익스피어 시대의 영국은 아직도 문학적으
로 어린 시절이었으며 문학적 관심은 있었으나 문학 연구와 비평의 수준은
보잘것 없었다. 이러한 열악한 상황에서 셰익스피어의 다양한 극의 플롯들
은 이미 널리 알려진 이야기들이나 역사책에서 가져와 일반 청중들이 그 복
잡한 이야기를 대충 이해할 수 있게 만들었다 (앞 책 pp. 81-82).
　　셰익스피어 작품을 이해하는데 있어 존슨의 엘리자베스 시대의 지식은
큰 도움이 된다. 한 예로 비극『리어왕』에서 리어왕이 세 딸 중에 어떤 딸만
을 총애하는 일이나 왕국을 포기하는 일 같은 것은 존슨시대의 독자나 관객
들은 개연성이 없어 보였다. 그러나 존슨은 셰익스피어 시대의 딸들이 잔인
했었던 관습에 따르면 이해할만하고 개연성이 있다고 설명한다. 따라서 존
슨은 순진한 아버지 리어왕과 착한 딸 코델리아의 참혹한 비극에 전율을 느
끼면서도 악당이 잘살고 착한 사람이 망하는『리어왕』같은 극작품도 좋은
것일 수도 있다고 말한다. 왜냐하면 그것이 인간 삶에서 흔히 일어나는 냉혹

한 현실을 있는 그대로 재현하기 때문이다. 그러나 존슨은 모든 이성적인 사람은 당연히 정의를 사랑하기 때문에 정의의 준수가 극을 나쁘게 만든다고 생각지 않으며 같은 값이면 핍박받은 착한 사람이 궁극적으로 승리하는 것을 기뻐한다고 말함으로써 "시적 정의(poetic justice)"에 대한 개인적인 평가를 놓치지 않는다 (Yale Edition, vol Ⅲ. pp. 703-704). 존슨은 언제나 현실주의에 도덕주의를 개입시키려 했고 역사적 상대주의를 인간 본성의 보편주의로 대적시키려 했다.

Ⅳ. 『영국시인 평전』: 역사와 문학의 대회

존슨은 죽기 몇 해 전에 완성한 비평적 거작 『영국시인 평전』은 16세기 에이브러햄 카울리로부터 자신의 동시대 시인인 토마스 그레이에 이르는 52명의 시인의 평전 모음집이다. 여기에는 존슨의 영국문학 또는 영국시문학사에 관한 확고한 역사의식이 깔려 있다. 존슨은 일종의 문학적 진보주의를 신봉했던 문인이었다. 그는 인간의 문명 속에서 문학도 다른 제도들처럼 조야하고 단순한 것에서 세련되고 복잡한 것으로 발전된다고 믿었다. 영국시의 시어(diction)는 에드먼드 스펜서의 거칠고 고어풍에서 셰익스피어의 말장난(pun)과 어울리지 않는 "저속어"들을 지나 카울리와 같은 형이상학파 시인들의 부자연스러운 이미지에서 월러와 데넘 그리고 존 드라이든의 부드러움과 단순미의 시어로 발전해 왔다는 것이 존슨의 견해이다. 특히 알렉산더 포우프의 시들은 결점도 없지 않으나 전반적으로 볼 때 포우프의 작품을 영시 전통에서 시적 성취의 절정으로 보았다. 포우프의 시는 "언제나 부드럽고 통일성이 있는… 낫에 의해 다듬어지고 롤러에 의해 다져진 벨벳 잔디와 같다"고 평하였다.

각운(rhyme)에 대해서 존슨은 그것이 영시를 위한 가장 적절한 형식임을 확신하여 무운시(blank verse)를 즐겨 사용한 셰익스피어와 밀턴을 비판하였다. 물론 영시의 운율에 관한 존슨의 취향은 18세기 중 후반기 지배적 문학 조류인 신고전주의의 영향이다. 존슨은 동시대 일부 젊은 시인들에 유행했던 제임스 맥퍼슨의 원시주의(primitivism)에 대해 반감을 보였다. 상식과 경험과 합리성을 믿었던 존슨으로서는 그러한 퇴행적인 야만주의를 참을 수 없었다. 오히려 존슨은 중세로의 도피보다는 보통 사람들이 사용하고 말하는 일상 언어를 시어로 시에서 사용하는 것에 더 호의적이었다. 이것은 존슨이 죽은(1784) 직후에 본격적으로 등장한 낭만주의의 기수인 윌리엄 워즈워드의 시어론과도 멀지 않다고 할 수 있다.

워즈워드는 『서정 가요집』 2판 서문(1800)에서 "시는 생생한 느낌을 갖고 있는 사람의 실제 언어"를 사용해야 하고 "소박하고 농촌생활—여기에서 인간의 가장 기본적인 감정과 원숙성을 획득할 수 있는 더 좋은 토양을 발견할 수 있기 때문에 — 에 토대를 두어야 한다"고 말한다. 그런데 워즈워드가 이 글을 쓰기 30여 년 전에 존슨은 셰익스피어를 칭찬하면서 이와 유사한 발언을 하였다. 셰익스피어는 "세련되고"(polite) "학구적인"(learned) 언어보다는 "보통 사람이 쓰는"(vulgar) 언어를 더 선호했다는 설명이다. 존슨은 "vulgar"는 "보통 사람들 사이에서 수행되는 보통 사람들에게 어울리는" 언어라고 정의 내린 바 있다. 존슨과 워즈워드는 모두 보통 사람의 언어를 시의 제재가 되어야 한다고 주장하고 있는 것이다.

오늘날 최고의 존슨 학자 중의 한 사람인 도널드 그린(Donald Greene)은 단순한 생활의 현실적인 배경 속에서 진지하고 보편적인 인간 감정을 제시하고 있다는 점에서 존슨이 "아주 현대적"이라고 지적하였다. 존슨과 워즈워드를 비교하며 그린은 존슨 자신의 시에서 워즈워드적인 요소를 지적해 내고 있다.

사실상 시가 어떻게 쓰여져야 하는가에 대한 존슨의 언급을 읽을수록 시에 대한 존슨의 취향은 놀라울 정도로 워즈워드를 닮은 것처럼 보인다. 존슨은 고어풍과 억지로 만들어 낸 시어를 싫어했고, 케케묵은 신화를 손쉽게 시에 사용하는 것을 반대했으며, 정상적인 언어와 문장 순서를 부자연스럽게 도치시키는 것을 경계했다. … 「리시다스」에 대한 존슨의 반대는 워즈워드적인 언어로 요약되어 있다. 밀턴의 시는 강렬한 감정이 자발적으로 넘쳐흐르지 않으며, 애가는 어떻게 쓰여져야 하는가에 대한 존슨이 적합하게 설명하고 있는 시 「로버트 르베트 박사의 죽음에 대하여」는 존슨의 워즈워드적인 시이다. (164-5).

존슨은 여기에서 앞서 잠시 지적했듯이 문학사적으로 전환기인 18세기 후반에 진정으로 역사의식을 가진 비평가였음을 보여주고 있다. 오래된 것과 새것이 부딪치는 전환기에 살면서 존슨은 과거로 돌아가기보다 앞으로 문학이 나아가야 할 길을 정확히 짚어내고 그것을 지지하였다.

존슨이 "영국 비평의 아버지"라고 불렀던 드라이든을 논하는 자리에서 존슨은 문학의 역사적인 접근의 중요성을 다시 한번 강조하고 있다.

한 작가를 올바르게 판단하기 위해서 우리는 우리 자신들을 그 작가의 시대로 몰입시키고 그의 당대의 욕구가 무엇이었으며 그 욕구를 충족시키려는 수단이 무엇이었나를 점검해야 한다. 한 시대에 용이한 것은 다른 시대에는 어려웠다. 드라이든은 적어도 그의 과학을 수입해서 조국에 이전에 부족했던 것을 주었다. 오히려 그는 재료들만을 수입해서 자신만의 기술로 그 재료들을 가공했다. (Bronson, p.473).

드라이든의 문학적 업적에 대한 문학사적 평가에서 존슨은 드라이든을 높이 평가하고 있다. 드라이든은 영어를 풍요롭고 세련되게 만들었고 영국인들의 정서를 교정시켜 주었고 다양한 글쓰기 전범을 보여주었다. 다시 말해 드라이든은 영국인들에게 자연스럽게 생각하고 힘차게 표현하는 법을 가르쳤다. 드라이든은 실로 "벽돌을 찾아 그것을 대리석으로 만든" 문인이었다 (앞 책, pp. 488-89).

존슨은 포우프의 호머 번역을 논하는 자리에서 당시 일부 학자들에 의해 포우프의 번역은 호머의 원칙과는 거리가 있는 다시 말해 호머적이 아니라는 비판에 대해 포우프 번역의 정당성을 단호하게 옹호한다.

시간과 장소는 언제나 주의를 강요할 것이다. 이 번역을 평가하는데 있어서 우리 언어의 본질, 우리 운율의 형식 그리고 무엇보다도 지난 2000년 동안 삶의 양식과 사유의 습관에서 일어난 변화를 고려해야 한다. (Stock, p.261)

로마 시인 버질이 희랍시인 호머보다는 훨씬 더 세련되고 우아하다. 어떤 나라도 학문의 발전에서 뿐 아니라 문학에 있어서도 단순 소박한 초기의 작가들은 후대의 작가들에 의해 우아함이 더 해지는 것이다. 후대의 작가들에 의해 더 붙여지는 것은 커다란 죄가 될 수 없다. 우아함도 위엄이 희생되지 않고 얻어질 수 있다면 바람직한 것이다. 영웅이란 존경뿐 아니라 사랑까지를 받기를 원하는 법이 아닌가? 버질에게 편리했던 것은 포우프에게도 필요했다. 포우프는 호머 문학의 본질을 그대로 옮기기보다는 자신의 시대와 나라를 위해 번역하였다: "작가의 목적은 읽히는 것이고 즐거움을 주는 힘을 파괴하는 비평이란 내팽개쳐야만 한다." 포우프는 원작자인 호머의 이미지를 채색하고 감정을 세련화시킬 필요성을 알고 있었다. 따라서 포우프는 호머를 우아하게 만들었으나 호머의 숭고성의 일부를 상실하였다 (앞 책, p.262). 그러나 이 정도의 희생은 어쩔 수 없는 일이 아닌가? 작가는 자신의 시대의 독자를 위해 이미 언제나 "다시 쓰기"를 해야 한다. 이것이야말로 "온고지신"과 "법고창신"(法古創新)의 정신이 아니겠는가?

『영국시인 평전』에서 역사에 대한 존슨의 지식과 흥미는 문학비평과 전기 쓰기 모두에 영향을 미쳤다. 전기, 역사, 비평이 생산적으로 결합되고 있기 때문이다. 존 A. 반스는 역사의식을 가진 전기적 비평가로서의 존슨의 자격을 다음과 같이 지적한다: "1770년대 후반에 이르러서 역사적 사실, 운동, 개인들, 문제들 그리고 갈등에 대한 존슨의 지식은 대단하였다. 존슨은 그러므로 역사적 맥락 속에서 주요 작가들을 정확하게 배치시키고 문학이 17세기 중반에서 말까지 그리고 18세기 초반의 사건들을 어떻게 반영하였으며 어떻게 영향을 받았는가를 증명할 준비가 되어 있었다"(93). 『영국시인 평전』은 인상적인 전기적 관찰과 비판적 성찰을 연계시켜 주는데 있어 강한 역사의식을 보여준다. 존슨은 자신의 비평에서 언제나 역사와 문학의 대화를 시도하였다.

V. 나가며: 해체론 시대의 역사의식을 향하여

20세기 후반기 형식주의와 포스트구조주의 문학 비평과 이론에서 한때 "역사"는 보이지 않았다. 우리는 형식, 구조, 기호라는 탈역사적 개념 속에 함몰되어 '시간'과 '역사'를 잠시나마 망각하고 있었다. 우리는 기호들 — 기표와 기의들 — 의 놀이터가 된 "텍스트"에서 인간적 작인(作因)과 시간적 동인(動因)은 별 생각 없이 무시해 버렸다. 그러나 내부의 적이었던 포스트구조주의의 통찰력에 의해 지난 세기말에 이르러 담론과 텍스트 속에서 잘 드러나지 않고 내장된 시간과 역사의 고리를 다시 인지하기 시작했다. 이러한 반성의 결과가 "억압된 것은 언젠가 돌아온다"는 명제에 따라 역사의 귀환을 불러왔고 신역사주의, 문화 유물론, 문화학, 포스트 식민 이론 등으로 나타났다. 서사이건 담론이건 텍스트이건 시간과 역사의 추동력은 다시 중차대한 문제로 부상되었다. 이러한 역사적 이론적 맥락에서 전통, 역사, 경험을 중시하는 영국 비평의 가치가 다시 논의되고 있다. 따라서 20세기와 21세기 — 또는 근대와 탈근대 — 라는 새로운 전환기인 현시점에서 르네상스(고전주의)와 근대(낭만주의)의 오래된 전환기인 18세기 후반을 치열하게 살았던 영국 비평의 거인 사무엘 존슨의 "역사 의식"을 논의하는 것이 무의미한 일은 아닐 것이다.

존슨은 대변혁기인 과도기에 끊임없이 변하지 않는 것, 영원한 것, 보편적인 것을 추구하고 갈망하면서도 동시에 이미 언제나 가변성, 상대성, 시간성을 첨예하게 의식하고 있었다는 점이 오늘날 우리에게 흥미를 끈다. 전환기나 과도기에 자연스레 생기는 갈등과 모순 속에서 존슨은 어느 한쪽에 기대거나 굴복하지 않는 역동적인 긴장과 생산적인 대화를 자신의 사유의 추동력으로 삼았다. 영원과 시간의 역동적인 대화적 구조는 그의 대부분의 저작에서 특히 그의 문학비평에서 극명하게 드러난다. 존슨의 역사적 상대주의와 변하지 않은 진리의 보편주의 모두를 부둥켜안고 뒹굴었다. 존슨은 결국 무자비하게 변화를 가져오는 시간의 힘과 그 '시간'속에서 부패되지 않고 견디는 것들을 지탱시켜 주는 '영원'을 갈구하였다. 존슨은 어떤 의미에서 문학을 그리고 인간과 문학을 시간과 영원을 대화적 구조 속에서 파악하는 "구체적 보편" (concrete universal)을 지향했다.

위와 같은 맥락에서 존슨의 역사 의식이 독립적 주제나 저서로 출간된바는 없지만 존슨 이후에 생겨난 역사연구의 방법론인 지성사나 문화사 연구와도 맞닿아 있음을 알 수 있다. 존슨은 유일한 철학소설인 『라슬러스』에서 현자 임락(Imlac)의 말을 빌어 역사에 대한 자신의 견해를 피력하고 있다. 역사는 인간정신의 진보, 이성의 점진적 개선, 과학의 단계적 발전, 학문과 무지의 영고성쇄… 예술의 소멸과 부활 그리고 지성세계의 대변화를 설명해 주는데 유용하지 않은 부분은 없다 (라슬러스, 30장). 특히『스코틀랜드 서부 도서지역 여행기』(Journey to the Western Islands of Scotland)에서 존슨의 단편적인 언급은 역사적 변화의 본질에, 사회적 진화와 문화적 과정에 대한 통찰력은 놀랍기만 하다. 이러한 논의는 20세기 후반부의 미셸 푸코의 계보학(genealogy)과도 연결될 수 있다. 나아가 존슨은 보스웰의 전기에서 말한 것을 보면 인간은 거대한 이념이나 사상에 의해 싸우기보다는 사소한 것에 커다란 영향을 받으며 살기 때문에 사소하고 작은 것들의 연구의 중요성을 지적하였다 (Brady p.150, p.597). 존슨은 보편적이고 일반적이고 추상적인 논의만이 아닌 작고 특수하고 구체적인 논의도 무시하지 않았기 때문에 최근 해체론 이후의 새로운 이론으로 등장한바 있는 "신역사주의" (New Historicism)의 기본 강령에도 친숙한 듯 보인다. 이러한 주제들은 필자의 다음 기회에나 수행할 과업이다.

그러나 사무엘 존슨은 18세기 후반이라는 전환기 속에서 번개를 맞은 듯한 충격으로 일대 "인식론적 단절"을 꿈꾸었는지도 모른다. 흔히 잘못 알려지기로 전통주의자는 보수주의자였던 신고전주의자 존슨이 19세기에 니체와 20세기의 바쉴라르나 푸코에 의해 주창된 "역사의 우연성"이나 "인식론적 단절"이라는 개념을 시도했다면 예삿일은 아니다. 존슨은 결코 혁명론자는 아니었지만 당시 북미 인디언 문제와 계급제도 문제에서와 같이 그의 글과 사유의 곳곳에서 싱싱한 생선비늘처럼 빛나는 위반과 전복의 의지를 보여주고 있는 것도 부인할 수 없는 일이다. 셰익스피어 전집의 서문에 나오는 다음과 같은 단절적 사유를 우리는 어떻게 만날 것인가?

새로운 체계의 건설자는 첫 번째 과업은 현재 서있는 건축물을 파괴하는 것이다. 한 작가를 비평하는 사람의 주된 욕망은 다른 비평가들이 얼마나 그 작가를 타락시켰고 애매 모호하게 만들었는가를 보여주는 것이다. 한 시대의 지배적인 의견들은 논쟁의 범위를 넘어서는 진리들처럼 다른 시대에는 논박되고 거부된다.

그리고 오랜 뒤의 시대에 다시 수용된다. 이렇게 인간의 마음은 진보 없이 움직이고 있다. 따라서 때때로 진리와 오류 그리고 때때로 오류의 모순들은 상호침투를 통해 서로의 자리를 차지한다. 한 세대를 풍미했던 그럴듯한 지식의 조류는 물러서고 다른 세대를 벌거벗은 황량한 상황으로 만든다. 잠시 동안 저먼 지역까지 빛을 던지는 것처럼 보이던 지성이라는 감각이 생겨난 유성은 갑자기 그 빛을 걷어들이고 인간들로 하여금 또다시 어둠 속에서 헤매게 내버려둔다 (Bronson, pp. 274-5).

일종의 인식론적 단절과 역사의 연속성개념 사이의 치열한 갈등이 엿보인다. 이러한 갈등과 모순 앙상이 역사의 두께와 시간의 무게를 첨예하게 의식했던 존슨의 역사의식에 깔려있는 복합적인 사유구조의 숨겨진 추동력은 아닐까?

참고 문헌

Anderson, David R. and Gwin Kolb. Eds. *Approaches to Teaching the Works of Samuel Johnson*. New York: MLA, 1993.

Brady, Frank Ed. *The Life of Samuel Johnson*. By James Boswell. New York: A Signet Classic, 1967.

Bremner, Robert H. Ed. *Essays on History and Literature*. Columbus: Ohio State UP, 1966.

Bronson, Bertrand H. Ed. *Samuel Johnson*. New York: Holt, Rinehart and Winston, 1958.

Brown, J. E. *Critical Opinions of Samuel Johnson*. Princeton: Princeton UP, 1926, 1961.

Chung, Chung Ho. *Samuel Johnson and Twentieth-Century Literary Criticism*. Seoul: Chung-Ang UP, 1993.

_____. *Dialogics of Order and Exuberance*. Seoul: Mannm Press,

2000.

Clingham, Greg. Ed. *The Cambridge Companion to Samuel Johnson.* Cambridge: Cambridge UP, 1997.

Damrosch, Leopold, Jr. *The Uses of Johnson's Criticism.* Charlottesville: UP of Virginia, 1976.

Eliot, T. S. "Johnson as Critic and Poet", *On Poetry and Poets.* London: Faber, 1957.

Greene, Donald. *The Age of Exuberance.* New York: Randon House, 1970.

Hagstrum, Jean H. *The Literary Criticism of Samuel Johnson.* Chicago: U of Chicago P, 1967.

Johnson, Samuel. *The Yale Edition of Works of Samuel Johnson.* Vol. I-XX. New Haven: Yale UP, 1958~.

Keast, W. R. "Johnson and Intellectual History". *New Light on Dr. Johnson.* Ed. Frederick W. Hilles. New York: Archon Books, 1967.

Sigworth, Oliver F. "Johnson's *Lycidas*: The End of Renaissance Criticism" *Eighteenth-Century Studies.* 1 (Dec. 1967). 159-168.

Stock, Robert D. Ed. *Samuel Johnson's Literary Criticism.* Lincoln: U of Nebraska P, 1974.

Vance, John A. *Samuel Johnson and Sense of History.* Athens: U of Georgia P, 1984.

Wain, John. Ed. *Johnson as Critic.* London: Routledge, 1973.

Watkins, W. B. C., *Johnson and English Poetry Before 1660.* New York: Gordian Press, 1965.

Wellek, René. *The Rise of English Literary History*, Chapel Hill: U of North Carolina P, 1941.

정정호. 「사무엘 존슨의 비평과 이론의 현대성」『현대 비평과 이론』 8호 (1994, 가을, 겨울).

_____. 「사무엘 존슨 문학비평의 대화주의」『18세기 연구』 제3호(2001년 2월).

『에딘버러 리뷰』와 19세기 초의 잡지 비평의 역할에 대한 논쟁: 프랜시스 제프리의 윌리엄 워즈워스 비평을 중심으로

1. 서론

본 논문은 19세기 초 영국의 중산층의 유력 종합지『에딘버러 리뷰』의 편집장으로서 막강한 문화 권력을 소유했던 프랜시스 제프리와 윌리엄 워즈워스 사이의 문학론 논쟁을 조명하고자 한다. 그럼으로써 낭만주의 문학이라는 당시의 새로운 사조는 대중 문화 시장에서의 주도권을 놓고 작가와 비평가 사이, 또한 각 잡지의 비평가들 사이의 치열한 헤게머니 다툼을 거쳐 서서히 자리잡게 된 흐름임을 밝히려 한다. 즉 워즈워스와 코울리지의『서정 가요집』(*The Lyrical Ballads*, 1798)의 발간으로 낭만주의 문학의 시대가 일시에 개화된 것은 아니며, 제프리를 비롯한 영국의 많은 잡지 비평가들은 19세기 초엽의 약 이십 년 간 시인 중심적인 낭만주의 문학론에 대립하여 대중의 취향(public taste)을 계도하는 비평가의 역할을 강조하는 동시에, 절제, 데코룸, 언어의 적절성 및 정확성이라는 신고전주의 요강을 강조하였던 것이다.

따라서 19세기 초의 영국의 잡지 비평은 하나의 사조가 지배하는 일원성이 아니라 다원성으로 특징 지워진다.『블랙우즈 에딘버러 매거진』과『쿼털리 리뷰』의 비평가들이 제프리의 비평적 태도와 맥을 같이 하는가 하면, 『리터러리 가제트』 같은 잡지의 비평가는 구시대의 기준을 고집하는 비평가를 비난한다. 이것은 신고전주의라는 기득권 적인 사조와 새롭게 부상하는 낭만주의 사조가 혼재한 가운데 문화적 투쟁이 일어나는 것을 보여주며, 각 잡지들의 정치적 노선이 보수적이냐, 진보적이냐 하는 점과도 깊이 연관되고 있다.

18세기에서 19세기로 접어들 무렵에 비평가와 작가들은 점차 커지고 있는 다양한 중산층 독자들과 문학 사이의 문제적 관계를 대면해야 했다. 어떤 한 시대의 문화적 환경을 결정하는 중요한 요소는 독서 대중의 문학적 취향이라 할 것이다. 독자들의 독서 취향은 복잡한 독자층의 새로운 감각적 지도 그리기를 요구하는 문화적 투쟁의 장(場)이 되었다. 이러한 주요한 시점에 프란시스 제프리와 윌리엄 워즈워스 사이에 독서 대중의 문학적 취향에 대한 논쟁이 발생하게 된 것이다.[1] 첫째 워즈워스와 제프리는 19세기 초반에 독자들의 취향의 성격 및 상태에 대해 의견을 달리했다. 둘째, 그들은 누가 대중의 취향을 키워나가고 향상시킬 것이냐에 대해서도 의견을 달리했다. 이것은 대중의 취향을 지도하고 안내하는 역할에 있어서 비평가와 작가 사이의 헤게머니 쟁탈을 위한 투쟁을 반영하고 있다.

프란시스 제프리의 이름은 19세기 초반에 잡지비평(periodical criticism)에서 『에딘버러 리뷰』(Edinburgh Review)가 차지하는 위치와 밀접하게 연관되고 있다. 18세기의 리뷰 잡지와는 달리 『에딘버러 리뷰』는 처음부터 "논문의 숫자보다는 질 좋은 논문의 선정으로 명성을 떨치는"[2] 그런 잡지가 될 것을 지향하였다. 『에딘버러 리뷰』는 문학 시장에서 독서 행태를 형성하는

---

1) Jon Klancher는 이러한 논쟁을 볼로시노프와 바흐친의 용어를 빌려서 "기호에 대한 투쟁"이라고 부른다. 그의 *The Making of English Reading Audiences* 1790-1832 (Madison: U of Wisconsin P, 1987) 38 참조. 또한 Philip Flynn, *Francis Jeffrey* (Newark: U of Delaware P, 1978) 151-61 참조.

2) "Advertisement" to the *Edinburgh Review* 1 (Oct. 1802): 1. 지금부터 필자가 다루는 19세기 초반의 잡지 비평은 당시의 잡지 비평을 총괄해서 모아놓은 다음의 책에서 인용될 것이다. Donald H. Reiman ed., *The Romantics Reviewed: Contemporary Reviewers of British Romantic Writers*, 9 vols. (New York: Garland Publishing Inc., 1972) part A vol. 1, 2.

데 있어서 능동적인 역할을 수행하기를 바랬으며 그러한 바램은 성공을 거둔 것으로 보인다.3) 제프리는 『에딘버러 리뷰』의 편집장으로서 작가와 독자 대중의 건전한 관계를 고취하는 자신의 역할을 강하게 의식하고 있었다. 문제는 워즈워스가 시인으로서 소위 "문학적 취향을 창조하는"4) 과업을 담당하려고 했던데 반해서, 제프리는 비평가로서 그러한 문학적 취향을 보호하고 지도하는데 있어서 계도적인 역할을 담당하려고 했다는 것이다.

이러한 배경에서 발생한 워즈워스와 제프리 사이의 논쟁은 몇몇 비평가에 의해서 개인적인 갈등 정도로 치부되어 오기도 했다.5) 그러나 그것은 단순히 당시의 진보적이고 열정적인 시인들과 이에 반대하는 보수적인 비평가 사이의 개인적 대립이 아니었다. 그것은 사실상 "문화 시장"6)에서의 독서 습관을 형성하는 데에 있어서 누가 주도권을 쥘 것이냐에 대한 투쟁이었던 것이다.

제프리는 비평가로서 문학적 생산물이 어떤 특정한 미학적—이데올로기적 규범을 따를 것인가, 아니면 그것을 위반할 것인가 하는 문제에 대해 비평적 판단을 내림으로써 문화 시장을 주도하려고 하였다. 제프리의 비평은 다음과 같은 두 가지의 특징을 지닌다. 첫째, 제프리의 비평적 판단은 신고전주의의 강령과 영국 문학 전통에 입각한 기존의 문학 기준들에 의존하였다. 둘째, 제프리가 새롭게 부상하고 있는 낭만주의 시인들을 공격할 때 사용했던 미학적 기준들은 그의 보수적인 정치적 입장과 긴밀하게 연관되어 있었다. 그러므로 그가 워즈워스를 "독자들을 잘못된 취향으로 유혹하는 새로운 시인 그룹의 괴수"7)라고 지칭한 것은 우연이 아닌 것이다.

---

3) Walter Graham, "The Literary Periodicals," *Backgrounds to British Romantic Literature*, ed. Karl Kroeber (San Francisco: Chandler Publishing Company, 1968) 106.

4) William Wordsworth, "Essay Supplementary to the Preface to the Poems of 1815," *Wordsworth's Literary Criticism*, ed. Nowell C. Smith (Oxford: Oxford UP, 1925) 195.

5) Robert Daniel, "Jeffrey and Wordsworth: the Shape of Persecution," *Sewanee Review* 50 (1942):195-213 참조. 또한 Russel Noyes, *Wordsworth and Jeffrey in Controversy* (Bloomington: Indiana UP, 1941) 참조.

6) 이 "문화 시장"(cultural market)이라는 말은 레이먼드 윌리엄즈에 의해 쓰였다. Raymond Williams, *The Sociology of Culture* (N. Y.: Schocken Books, 1982) 48.

흥미로운 것은 19세기 초의 워즈워스에 대한 제프리의 비평적 판단은 독단적인 고집이 아니라 동시대의 다른 많은 비평과 맥을 같이하고 있었다는 것이다. 제프리의 비평적 견해가 동시대의 광범위한 비평의 흐름과 맥을 같이하고 있다는 것은 19세기 들어와 약 20년 간 비평계의 주된 조류는 신고전주의의 규범적 비평을 탈피하고 있지 못함을 보여준다. 또한 그것은 정치적 관심과 연계되고 있었다. 도널드 라이먼(Donald Rieman)은『에딘버러 리뷰』는 당대의 문학적 취향에 대해 정확한 지표가 되어주지 못한다"[8]고 주장한 바 있다. 그러나 그러한 주장에도 불구하고 제프리 및 그와 입장을 같이한 비평가들이 당시의 독서 대중의 마음과 문학 시장에 상당한 영향력을 발휘하고 있었음을 상기할 때, 19세기 초의 문학시장의 주도권이 낭만주의 문학으로 바로 전환되지 못하였다는 것은 명백하다.[9]

그러나 워즈워스의 『산책』(*Excursion*, 1814)과 『라일스톤의 흰 암사슴』(*White Stone of Rylstone*, 1815)에 대한 제프리의 비평은 당시의 문학계에서 그의 신고전주의적인 비평 노선이 여전히 주도권을 쥐고 있는지에 의문을 제기한 시험적 사례였다. 1807년에 『두 권의 시집』(*Poems in Two Volumes*)이 발간되었을 때, 런던의 거의 모든 잡지들은 제프리의 반(反)낭만주의적인 비평에 동조한다. 하지만 『산책』과 『라일스톤의 흰 암사슴』에 오게 되면 상황이 달라지게 되는데 대표적인 10개의 비평 중 4개만이 제프리의 신고전주의적 비평 노선과 맥을 같이 할 뿐이며, 다른 비평들은 워즈워스의 문학적 실험을 옹호하고 있다. 워즈워스의 시에 대해 긍정적으로 달라진 시장의 반응은 워즈워스의 낭만주의 시가 사회적으로 점차 받아들여지고 있음을 보여주는 것이다. 1820년대로 가면 낭만주의 시의 이론은 잡지 비평에 점차 퍼지게 되며, 따라서 제프리는 워즈워스의 『여행 회상』(*Memorials of a Tour*, 1822)에 대한 비평을 끝으로 더 이상 워즈워스의 시에 대해서는 논평을 하

---

7) *Edinburgh Review* 1 (Oct. 1802): 64.
8) Reiman, *op. cit.*, part A, vol. 1, 414.
9) 코울리지는 다니엘 스튜어트에게 보내는 편지 (1825년 7월 9일)에서 "에딘버러 시(市)에서 『에딘버러 리뷰』의 영향력이 너무 커서 1825년 무렵까지도 시중에서 워즈워스의 작품을 구하기가 쉽지 않았다"고 개탄한 바 있다. Russel Noyes, *op. cit.*, 41에 인용.

지 않았다. 반면에 워즈워스의 시집은 점차로 증가되는 판매고를 보였다. 따라서, 우리는 독자 대중이 무엇을 받아들일 것인가를 결정하는 것은 권위주의적인 비평 담론이 아니라 시장이라는 사실을 보게 되는 것이다.

II. 독서 대중의 취향을 지도하는 역할에 대한 논쟁

귀족들에게 있어서 '문학적 취향' (literary taste)이란 상류 계급의 고급 문화 유산을 가리키는 것이었다. 그러나 상품의 익명적 순환이라는 자본주의 경제 기반에 근거한 중산층사회에서 문학 작품이 문화 상품으로 변모하고 따라서 문학작품은 대중의 취향의 지원을 받지 않고는 존립할 수 없는 것이다. 대중의 취향을 선도하는 문제는 시급한 것이 되어버렸다. 이러한 사회적 맥락에서 '리뷰' (review)라 불리는 전문화된 잡지 비평이 괄목할 만한 발전을 하게 된 것이다. 19세기 초기 잡지 비평가들의 심판적인 어조는 그들이 18세기의 잡지 기자들의 온건한 "합의주의" (consensualism)에서부터 빠르게 벗어나고 있음을 명백히 보여주고 있다.10)

워즈워스는 독서 취향을 창조하는 시인의 과제를 강조하였다. 그는 당시의 독서 대중의 취향을 저열하고 폭력적인 자극을 찾는 퇴폐적인 열망으로 정의하며, "광란적인 소설, 구역질나고 어리석은 독일 비극들, 그리고 나태하고 정도를 넘는 운문 소설들의 홍수"11)를 그 원인으로 본다. 독서 취향을 창조하는 일은 공중의 취향을 이러한 저급한 단계로부터 끌어올리는데 있었으며, 그의 견해에 따르면, 시인은 고급의 문화적 기능을 수행할 의무가 있었다.

반면에 제프리는 비평가적 판단을 강조하면서 시인이 독서 취향을 창조하는 것이 아니라, 단지 예술적, 도덕적 존재로서 공중 여론의 심판대 앞에

---

10) Terry Eagleton, *The Function of Criticism: From the Spectator to Post-Structuralism* (London: Verso, 1984) 49.
11) "Preface to the *Lyrical Ballads*," W. J. Owen, ed., *Wordsworth and Coleridge Lyrical Ballads 1798* (Oxford: Oxford UP, 1969) 160.

서있는 존재로 간주하였다. 워즈워스와 제프리 사이의 뜨거운 이슈중의 하나는 무엇이 작가의 기능인가 하는 것이었다. 즉 그것은 독서 대중의 현재의 취향에 맞출 것인가, 아니면 새로운 문학적 충동을 창출해 낼 것인가의 문제였던 것이다. 제프리는 크랩(Crabbe)의 시『이야기들』(*Tales*, 1812)에 대한 비평에서 작가는 대중의 취향을 선도하기보다는 따라가야 한다고 역설한다. 그는 크랩을 칭찬하는데 그 이유는 그의 주제가 부상하고 있는 중산층 독자들의 일반적 취향에 잘 맞아떨어지기 때문이라는 것이다.

현재 영국의 중산층 중에서, 오락거리로나 교양으로 책을 읽는 사람은 20만 명 이상이 된다. 상류층의 독자는 2만 명이 채 안 된다. 그러므로 작가가 자신의 문학적 영광 및 돈벌이를 위해서 어떤 독자층을 만족시켜야 하는지는 … 자명해진다.12)

제프리는 여기서 명백하게 작가의 과업을 독서 대중의 새로운 취향을 창출하고 선도하는 일이 아니라 중산층 독자층의 취향을 만족시키는 일이라고 주장하고 있다. 이것은 중산층으로 대변되는 대중 문학 시장을 누가 어떻게 이끌어 나가는가 하는 문제에 있어서 작가와 비평가 사이의 헤게머니 다툼이 있음을 확실히 보여주고 있는 것이다.

반면에 『서정 가요집』의 서문에서 워즈워스는 작가와 이상적 독자 사이의 어떠한 권위적인 중개인도 두기를 명백히 거부한다. 그는 자기 시대의 독서 대중의 취향을 선도하는 자칭 문학의 수호자들을 거부하는 것이다.13) 「1815년의 시집의 서문에 추가되는 에세이」("Essays Supplementary to the Preface to the *Poems* of 1815")에서 그는 "진정한 시인을 받아들이기에는 너무나 비뚤어진 비평가들, 진정한 시인과 다툼을 벌이기에는 너무나 허약한 비평가들, 그리고 자신들이 온전히 따라갈 수 없는 조류에 대해서 보고하겠노라고 허풍 부리는 비평가들"14)에 대해서 맹렬한 비난을 퍼붓는다.

---

12) *Edinburgh Review* 20 (Nov. 1812): 280.
13) "Preface" to the *Lyrical Ballads*, 176-77.
14) Nowell C. Smith, *op. cit.*, 174.

또한 워즈워스는 「로버트 번즈의 친구에게 보내는 편지」("Letter to a Friend of Robert Burns," 1816)에서 제프리에게 혹독한 공격을 가하는데, 제프리는 이에 대하여 다음과 같이 독설 섞인 답변을 한다. 그는 "그[작가]들은 한 마디로 우리[비평가]들에 대한 우월 의식을 갖거나, 우리들이 선호하는 개념들을 어지럽히고, 우리가 아직도 비평에 대해 배우려면 멀었다는 등의 주장을 함으로써 우리의 화를 돋군다"15)고 주장한다. 확실히 제프리는 대중의 취향을 선도하고 독서 습관을 형성하는 것은 시인이 아니라 비평가라고 역설하고 있는 것이다.

여기서 우리가 주목해야 하는 것은 제프리의 발언이 19세기 초기의 비평계에서 작가에 대한 비평가의 우위성을 역설하는 유일한 목소리가 아니었다는 점이다. 『산책』에 대하여 램(Lamb)은 "대중적인 인기를 바라는 작가는 규정된 감성과 공감의 해안선을 따라 조심스레 운항해야 한다"16)라고 주장한다. 제프리와 다른 잡지 비평가들은 자신들을 확고부동한 문학적 권위로 간주하고 있으며 그것은 개인적 창의성이나 독창성 보다 대중적 취향에 대한 믿음직한 지침으로 본다. 제프리와 다른 비평가들이 자신들의 비평에서 신고전주의적인 원칙을 충실히 따랐다는 것은 이것과 일맥 상통한다 하겠다.

워즈워스와 제프리 사이의 이러한 논쟁은 잡지 비평의 성격과 유효성에 대하여 많은 논쟁을 불러일으켰다. 일찍이 1807년에 옥스퍼드 대학의 시학 교수인 에드워드 코플스턴(Edward Copleston)은 자신의 팜플렛인 『젊은 비평가에 드리는 충고 — 예제와 함께』에서 당대 비평가들이 스스로를 문학의 권위자로 자칭하는 것에 대해 공격을 가한 바 있다.17) 새뮤엘 코울리지가 『문학적 전기』(Biographia Literaria, 1817)를 출간할 무렵에 이르러서는 잡지 비평가의 무소불위의 권위는 의문시되고 있었던 상황이었다. 어떤 점에

---

15) "The Review of John Wilson's City of Plague," *Edinburgh Review* 26 (June 1816): 458.

16) *Quarterly Review* 12 (Oct. 1814): 110.

17) Edward Copleston, "The Art of Reviewing, from Advice to a Young Reviewer, with a Specimen of the Art," *Contemporary Reviews of Romantic Poetry*, ed. John Wain (London: George G. Harrap & Co. Ltd, 1953) 40-41.

서 코울리지의『문학적 전기』는 바로 당대의 비평의 흐름에 대한 그의 반응과 이상적 문학 비평에 대한 추구를 보여주는 것이다. 코울리지는『에딘버러 리뷰』비평의 두 가지 폐해를 하나는 인신공격으로, 또 하나는 비평 원칙의 부재로 본다. "잡지 비평가의 혹평과 빈정거림이 즉각적인 인신공격으로 나타날 때, 그는 더 이상 비평가가 아니다"라는 것이다. 이어서 코울리지는 다음과 같이 지적한다.

잡지 비평가들이 자신들의 판단을 인간의 본성으로부터 확립되고 유래된 과거의 고정된 비평 정전(正典)으로 뒷받침하지 않는다면, 그들이 스스로를 독자 취향과 판단력의 안내인으로 작가들에게 내세우는 것은 교만이다.18)

이것에 뒤이어 잡지 비평가들과 코울리지 사이에 벌어졌던 상호 비난 소동은 코울리지의『문학적 전기』와 워즈워스의 시에 대한 서평에 반영되고 있다. 하나의 극단에 서있는 사람은『블랙우즈 에딘버러 매거진』(Blackwood's Edinburgh Magazine)의 존 윌슨(John Wilson)이다. 그는 제프리의 편을 들면서 코울리지 자신도 잡지 비평가였음을 지적한다.19) 그 반대의 극단에 서있는 사람은『리터러리 가젯트』(Literary Gazette)의 비평가인데, 그는 "우리는 현재의 독서 취향에 따르지도 않으며, 후세의 비평적 판단을 예견하지도 않는다"고 전제하면서,20) 새로운 문학적 흐름은 그 자체로 의미 있는 것으로 받아들여야 한다고 주장한다.『브리티시 크리틱』(British Critic)의 한 비평가는 코울리지의『시빌의 잎사귀들』(Sibylline Leaves)과『문학적 전기』에 대해 논평을 하면서 상호 대립되는 비평의 입장들을 모두 옹호한다. 그는 자신의 시대를 "비평적 계몽의 시대"라고 명명하면서, 비평적 판단의 다원주의(pluralism)를 지지한다. 이어서 그는 "법정에서 최종적 판결이 배심원들에게 있듯이, 비평적 판단은 우리 비평가들에게 있는 것이다"라고 주장하

---

18) H. J. Jackson, ed, *Samuel Taylor Coleridge* (Oxford: Oxford UP, 1985) 380, 190에서 인용.
19) *Blackwood's Edinburgh Magazine* 2 (Oct. 1817): 14.
20) *Literary Gazette* 30 Dec. 1820: 837.

는 것이다.21)

잡지 비평의 본질과 역할에 대한 이러한 열띤 논쟁은, 코울리지의 『문학적 전기』가 발간됐을 무렵에는 잡지 비평의 무드가 이미 덜 권위적이 되고 새로운 조류에 대해 한층 수용적인 태도로 바뀌었음을 보여주고 있는 것이다. 즉 19세기 초의 비평계는 문학적 기준을 적용하는데 있어서 다원주의를 향해 나가고 있었던 것이다.

III. 프란시스 제프리의 워즈워스 비평에 나타난 신고전주의적 강령과 당대의 비평의 흐름

워즈워스 시에 대한 그의 비평에서 제프리는 내내 신고전주의의 문학 원칙에 의존하고 있다. 그는 문학적 취향, 데코룸(decorum), 인물들의 사실적인 재현, 언어의 타당성 및 적확성 등과 같은 보편적 기준들을 강조한다. 여기서 주목할 것은 제프리의 신고전주의적인 판단은 일반적으로 당대 비평가들의 문학적 견해와 맥을 같이하고 있다는 것이다. 이것은 제프리가 당시의 비평적 조류에서 벗어난 것이 아니라는 것을 보여준다.

로버트 사우디의 『탈라바』(Thalaba)에 대한 자신의 비평에서 제프리가 새로운 시(詩)학파에 대해 공격을 한 것은 그가 신고전주의적인 시의 원칙에 충실하다는 것은 보여주는 첫 번째 예가 될 것이다. "시는 종교와 비슷한 점이 많은데, 그것은 시의 기준들이 영감을 받은 작가들에 의해 오래 전에 확립된 것이고, 그들의 권위를 의문시하는 것은 불법적인 일이기 때문이다."22) 따라서 그는 "워즈워스 시인이 이미 확립된 시의 법칙들을 노골적으로 위반하는 것"23)에 대해 강력한 경고를 보낸다.

제프리가 당시의 낭만주의 시를 비평하는 첫 번째 강령은 보편성의 여부이다. 아치볼드 앨리슨(Archibald Alison)의 『문학적 취향의 본질과 원칙에

---

21) *British Critic*, 2nd series 8 (Nov. 1817): 152-53.
22) *Edinburgh Review* 1 (Oct. 1802): 63.
23) *Edinburgh Review* 11 (Oct. 1807): 231.

관한 소고』(*Essays on the Nature and Principles of Taste*, 1811)에 대한 비평에서 제프리는 "보편적 연상"과 "우연적 연상" 사이의 구분을 시도한다. 즉 모든 사람에 의해 느껴지는 보편적인 연상 관계가 존재하는데, "거기에서 대상은 자연의 법칙에 의해 필연적이고 보편적으로 감정과 연관을 맺게 된다"고 그는 주장한다.24) 반대로 우연적 연상은 개인과 특정 사회 계급의 특이한 취향에 의해 형성된다는 것이다. 제프리에 의하면 비평가의 기능의 일부분은 이러한 보편적 연상과 우연적 연상 사이의 구분을 지어주는 것인데, 왜냐하면 예술가는 "자기 자신의 감정만 표출하는" 사람이 되어서는 안되기 때문이다. 그러한 기준을 워즈워스에 적용하여 볼 때, 워즈워스는 보편적 연상을 사용하는 시인이 아님은 명백하다. 따라서 그는 "워즈워스 시인은 단지 감정만 표현하며 — 그의 모든 시적 모험들은 감정의 모험들에 불과하다"25)라고 주장한다.

제프리의 두 번째 비평 강령은 시어 및 주제가 우아함과 고상함을 지니고 있는가 하는 것이다. 워즈워스의 『두 권의 시집』에 대한 비평에서, 제프리는 시어와 소재에 대해 집중하면서, "시어는 주로 일반적인 연상에서 파생하는 편이 좋은데, 일반적인 연상은 시어에 고귀함과 우아함 고상함 그리고 부드러움을 부여하기 때문"이라고 주장한다. 이와는 반대로 워즈워스는 시어의 "적확성과 멜로디"를 버리고 "특이성들"을 채택한다고 비난한다.26) 소재에 관해서 제프리는 대중의 저속한 삶이 "시적 재현의 적당한 대상"27)이 아니라고 지적한다. 이어서 그는 워즈워스가 "자신의 고상하고 부드러우며 열정적인 개념들을 독자 대다수가 저속하고 더러우며 흥미 없다고 생각하는 대상들 및 사건들에 연관시키고 있다"고 비난한다.28) 워즈워스는 언어와 소재의 질을 떨어뜨린 죄가 있다는 것이다.

제프리의 세 번째 신고전주의적인 강령은 데코룸과 타당성의 강령이다.

---

24) *Edinburgh Review* 11 (Oct. 1807): 231.
25) *Edinburgh Review* 24 (Oct. 1814): 19.
26) *Edinburgh Review* 11 (Oct. 1807): 217.
27) *Edinburgh Review* 1 (Oct. 1802): 66.
28) *Edinburgh Review* 11 (Oct. 1807): 218.

이는 워즈워스가 인물 묘사에 있어서 리얼리즘과 데코룸을 결여했다는 비난으로 이어지게 된다. 크랩(Crabbe)에 대한 비평에서 제프리는 크랩과 워즈워스 간의 대조점에 대해 언급한다. 크랩의 인물들은 실제 인물을 모델로 하고 있는데 반하여, 워즈워스의 인물들은 "진리와 본성에 대한 영원 불멸의 보편적 기준에서 벗어난 인물들"이라는 것이다.29) 워즈워스의 인물 설정은 워즈워스 자신을 확대한 것, 즉 "시인의 감성과 공상에 불과하다"는 것이다.30) 이러한 비난은『산책』에 대한 그의 비평에서 한층 두드러지게 나타난다. 제프리는 워즈워스가 평범한 사람에게 고상한 대사를 부여한 것이 "불쾌한 부조화 및 자연적인 개연성을 완전히 무시한 소치라는 비난을 듣지 않겠는가"라고 질문한다.31)

제프리의 네 번째 강령은 전통의 연속성 여부이다. 그는 "새로운 시인들은 과거의 시인들 만큼 전통의 빚을 지고 있다"라고 주저 없이 이야기한다. 그러나 새로운 시인들에 대한 제프리의 불만은 그들이 "유명한 선배 시인들의 한층 인기 있는 시구들" 대신 "저속한 발라드와 천박한 구전동요"를 모방한다는 사실에 대한 것이다. 제프리는 워즈워스가 그이 호흡이 길고 지루한 무운시(無韻詩) 풍으로 밀튼(Milton)과 카울리(Cowley)를 모방하고 있다고 불만을 터뜨린다.32) 이와 같은 그의 주장에서 우리는 제프리가 새로운 종류의 시를 전통 문학의 왜곡된 형태로 간주하고 있음을 볼 수 있다.

우리가 염두에 두어야 할 것은 제프리의 비평이 근거를 두고 있는 미학적 원칙들은 18세기 후반, 19세기 초의 주도적인 비평적 조류로부터 벗어나고 있지 않다는 사실이다. 오히려 이러한 미학적 원칙들은 다른 비평가들의 지지를 받고 있는 것이기도 하였다. 일찍이 1789년과 1799년에 각각,『뉴 애뉴얼 레지스터』(New Annual Register)지와『뉴 런던 리뷰』(New London Review)지에 속한 익명의 비평가는 워즈워스가 쉬운 일상언어를 시어로 사용한 실험이 실패하였다고 주장한 바 있다.33) 다른 한편으로『크리티컬 리

---

29) *Edinburgh Review* 12 (April 1808): 136.
30) *Ibid.*, 134.
31) *Edinburgh Review* 24 (Nov. 1814): 30.
32) *Edinburgh Review* 11 (Oct. 1807): 218, 230.

뷰』(Critical Review)지의 로버트 사우디는 워즈워스 시의 "하위적" 소재를 문제삼으면서, "우리가 보기에 '실험'은 실패한 것으로 보인다"고 지적한다. 그 이유는 "일상대화에 가까운 시어가 시적인 즐거움을 주는데 부적합하기 때문이라기보다는, 그것이 흥미롭지 못한 주제를 다루는데 사용되었기 때문"이라는 것이다.34) 한편『브리티쉬 크리틱』(British Critic)지의 한 비평가는 워즈워스의 쉬운 언어 사용에 대해서는 관대한 태도를 보이면서도, 여전히 낭만적인 시어의 단순성을 신고전주의의 강령인 '고상한 시어'에 비하여 열등한 것으로 간주하였다.35)

워즈워스의『두 권의 시집』이 출간된 이후에도, 신고전주의적 강령에 따른 제프리의 적대적인 비평은 계속되었고 그것은 그 시집에 대한 다른 비평가들의 비평에도 반영되었다. 제프리처럼 대부분의 잡지 비평가들은『서정가요집』에 대해 그랬듯이,『두 권의 시집』에 대해서도 언어의 단순성, 하위적 소재에 대해 이의를 제기하였다.

『애뉴얼 리뷰』(Annual Review)와『이클레틱 리뷰』(Eclectic Review)의 비평가들도 워즈워스가 "극도로 단순한 시어"를 차용하고 "장식적 언어"를 거부하는 것을 문제시한다.36)『르 보 몽드』(Le Beau Monde)지의 비평가는 워즈워스가 감정과 자연, 단순성을 강조하는 것을 다음과 같이 조롱한다. "워즈워스 시인은 단순성을 잘난 체 내세움으로써 스스로를 망쳤다. 대부분의 훌륭한 작가들은 유려하고 세련된 문체를 지닌 작가들을 모방하여 작품을 쓰는데 만족해 왔다."37)『크리티컬 리뷰』지의 비평가는「틴턴 애비」("Tintern Abbey"),「리치몬드 행의 저녁 돛단배」("Evening Sail to Richmond") 그리고「마이클」("Michael") 등의 시들이『두 권의 시집』보다 낫다고 하면서, 이 시들은 신고전주의적인 자연시라고 주장한다.38)『월간 리터러리 리뷰』(Monthly Literary Review)지의 바이런과『새터리스트』

---

33) *New Annual Register* 19 (1799): 310; *New London Review* 1 (Jan. 1799): 35.
34) *Critical Review* 24 (Oct. 1798): 204
35) *British Critic* 14 (Oct. 1799): 365.
36) *Annual Review* 6 (1808): 522; *Eclectic Review* 4 (Jan. 1808): 136.
37) *Le Beau Monde* 11 (Oct. 1807): 142.
38) *Critical Review* 3rd ser. 11 (Aug. 1807): 400.

(*Satirist*)지의 비평가는 워즈워스 시의 "사소한 주제들"을 문제시한다.[39]
『포이에티컬 레지스터』(*Poetical Register*)지의 비평가는 워즈워스 시의 체제에 대하여 흠을 잡았는데, 이는 워즈워스가 "멜로디, 우아함, 정신성, 그리고 상식"같은 것을 없애버렸기 때문이라는 것이다.[40]

이 모든 비평들은 한 마디로 『두 권의 시집』이 출간되었던 1807년 무렵의 잡지 비평의 주도적인 분위기가 여전히 신고전주의적인데 머물러 있었으며, 따라서 시적인 문체, 언어, 소재에 있어서 적확성, 타당성, 우아함, 고상함 등에 대한 강조가 지속되었음을 뜻하는 것이다. 그러므로 제프리는 별난 예외기 아니라 당시의 문화적 조류를 대변하는 대변자였던 것이다.

하지만 시간이 감에 따라, 잡지 비평가들은 그들의 비평 원칙에 따라 서로 상이한 의견들을 표출하였다. 워즈워스의 『산책』(1814)에 대한 제프리의 가차없는 비평은 그의 비평이 동시대의 조류와 맥이 닿아 있는지에 대한 시범 케이스였다. "이런 시는 쓰면 안 된다"라고 하는 제프리의 악명 높은 슬로건에도 불구하고 1814년에서 1820년 사이에 나온 『산책』에 대한 다른 비평이나 논평 10여 건을 살펴 볼 때 그 중의 불과 4건만이 적대적인 비난이라는 사실은 시사점이 크다. 『이그재미너』(*Examiner*)의 해즐리트(Hazlitt), 『월간 비평』(*Monthly Review*)의 존 허만(John Herman), 『새 월간 비평』 (*New Monthly Review*)의 익명의 논평자, 그리고 『쿼털리 리뷰』(*Quarterly Review*)의 램(Lamb) 등이 적대적이었다. 특히 해즐리트는 "모든 우연적인 다양성과 개인적인 차이점들은 감정의 끊임없는 연속성 속에서 길을 잃고 있다. … 강렬한 지적인 에고이즘은 모든 것을 함몰시키고 있다"라고 지적한다.[41] 하지만 워즈워스의 시에 대해 호의적이지 않은 비평가들이라 해서 일방적으로 불만만 토로하는 것은 아니다. 그들은 새로운 시의 장점을 언급하기도 한다. 이것은 낭만적 실험주의 시에 적대적인 비평가들조차도 신고전주의적 강령을 제프리처럼 굳건하게 소지하고 있지는 않았다는 것을 보여준다. 또한 이러한 변화는 19세기 초기의 시적 원칙들이 덜 규범적이고 한

---

39) *Satirist* 1 (Nov. 1807): 189.
40) *Poetical Register for 1806-07* (1811): 541.
41) *Examiner* 21 Aug. 1814: 542.

층 다원적인 것으로 옮아가고 있음을 보여주는 것이다.

또한 이 시기에 낭만주의 시에 대해 적극적인 수용 자세를 보여주는 비평들이 나온 사실은 주목할 만한 일이다. 예를 들어『브리티시 리뷰』의 비평가는『산책』에 대한 제프리의 비판을 정면으로 반박하면서, 그것은 과거의 기준으로 현대의 시인을 재판하는 일이라고 비난한다.42) 그는 워즈워스를 옹호하면서 문학적 기준들의 다원성을 주장하였다. 또한『이클레틱 리뷰』의 제임스 몽고메리는 과거 어느 때보다도 워즈워스의『두 권의 시집』을 높이 평가하였다. 심지어 1820년 무렵에는『리터러리 가제트』의 비평가는 "이 시는 널리 읽혀지고 의당의 평가를 받을 가능성이 높다"라는 고무적인 의견을 표한다.43) 이는 1820년대에 이르러 워즈워스의 시가 서서히 비평가와 대중에게 받아들여지고 있음을 보여주는 예증이라 할 것이다.

한편 워즈워스의 장시『라일스톤의 흰 암사슴』(1815)에 대한 잡지 비평의 흐름을 살펴본다면, 우리는 제프리가 워즈워스의 시적 체제와 언어에 대해 여전히 비판적 논조로 일관하는 것을 볼 수 있다. 하지만 1815년에서 1816년에 이르는 다른 열두 개의 잡지 비평을 살펴 볼 때, 6개의 비판적 비평과 6개의 호평으로 팽팽히 나누어지는 것을 주목해야 한다. 이러한 예들은 19세기 초기의 잡지 비평계의 달라진 기류를 입증해 주는 것이며, 이는 점차적으로 워즈워스의 시가 대중에게 수용되고 있는 현상과 함께, 낭만주의 시의 새로운 원칙들이 비평계에 침투하기 시작했음을 보여주는 것이다.

IV. 프란시스 제프리의 워즈워스 비평의 정치학과 동시대성

물론 워즈워스 시의 수용과정은 당시의 정치적, 사회적 이데올로기 논쟁의 한가운데에 들어가 있었다. 제프리가 워즈워스 시의 전복적인 요소를 불신한 것은 두 가지 측면에서 이해될 수 있다. 즉『에딘버러 리뷰』의 휘그당

---

42) *British Review* 6 (Aug. 1815) 53.
43) *Literary Gazette* 30 Dec. 1820: 837.

(Whig)적인 정치학과 1804년에서 1815년까지 끌어온 나폴레옹과의 전쟁 과정에서 파생한 보수적 정치학이라는 측면에서 설명될 수 있는 것이다.

『에딘버러 리뷰』는 넓은 의미의 휘그당파적인 인사들과 전문직종이나 상업에 종사하는 중산층에게 호소력을 지니는 개혁적 성향의 의회주의를 보여주고 있었다.44) 휘그당적인 정치학은 귀족의 지배에도 반대하는 한편 혁명적 사상에도 반대한다. 『에딘버러 리뷰』의 편집자로서 제프리는 그러한 중도적이고도 개혁적인 정치학에 충실하였다. 이것은 제프리의 정치학의 이중성을 보여주는데 처음에 그는 워즈워스 시에 나타난 혁명적 잠재력을 의식하다가, 워즈워스가 보수주의로 방향 전환을 하자 이번에는 그러한 보수주의를 공격하였다.

제프리가 워즈워스 시에 대한 주요한 비평을 쓸 때 영국은 혁명이 일어난 프랑스와 전쟁을 벌이고 있었다. 영국 사회 내부로부터의 전복의 위험성에 대한 두려움은 가라앉지 않고 있었다.45) 이러한 의미에서 제프리의 비평에서 나타나는 보수적인 시각은 워즈워스로 대변되는 낭만주의 시학의 혁명성을 위험시하는 보수적 정치학을 반영하고 있었다고 할 것이다. 일찍이 1802년에 제프리는 워즈워스의 실험을 혁명적 열기의 증후로 받아들인 적이 있었다. 제프리는 워즈워스와 그의 동료 시인들을 "품위와 종교"의 적으로 규정하였는데, 여기서 그는 낭만주의 시의 문제는 단지 미학적인 것만이 아니라 사회적이고 정치적인 것임을 의식하고 있다.

기존의 사회 제도에 대한 까다롭고도 나태한 불만이 그들[낭만파 시인들]의 진지하고도 특이한 감성의 밑바탕에 깔려 있는 듯이 보인다.46)

---

44) Biancamara Fontana, *Rethinking the Politics of Commercial Society: the Edinburgh Review 1802-1832* (Cambridge: Cambridge UP, 1985) 112-46; John Clive, *Scotch Reviewers: the Edinburgh Review 1802-1815* (Cambridge: Harvard UP, 1957) 31, 36, 71-123.
45) Charles Breunig, *The Age of Revolution and Reaction 1789-1850* (N. Y.: W. W. Norton and Company Inc., 1977) 82-118.
46) *Edinburgh Review* 1 (Oct. 1802): 71.

평범한 사람들과 일상적인 언어에 가치를 부여하는 워즈워스의 평등주의
적인 미학은 위험한 것으로 간주될 수 있었다. 해즐리트의 표현을 들자면,
워즈워스의 미학은 "평등의 뮤즈 — 즉 시대 정신의 순수한 표출"47)을 위한
미학이었던 것이다.

그러나 나폴레옹과의 전쟁이 끝났을 때, 제프리는 더 이상 워즈워스의 실
험적 시들이 포함하는 정치성에 신경을 쓰지 않게 되었다. 워즈워스와 코울
리지 그리고 사우디는 오래 전에 그들의 급진적이고도 혁명적인 열정을 잃
어버렸고 이제 그들은 이제 교회와 국가를 옹호하기 시작하였기 때문이다.

제프리는 이번에는 입장을 바꿔서 중도적 자유주의자의 입장에서 워즈워
스를 공격하기 시작했다. 제프리는 1815년의『라일스톤의 흰 암사슴』에 대
한 비평에서 워즈워스가 "사회의 주류"에서 괴리되고 있는 것과 그의 도덕
적, 정치적 교훈주의를 비난하였다.48) 1822년에 나왔던 제프리의 마지막 워
즈워스 비평은 워즈워스가 보수주의자로 정치적인 변모를 한 것에 대한 조
롱이었다. 그는 "세무서에 근무한 경력이 워즈워스 시인에게는 아주 안 좋
은 영향을 끼친 것으로 보인다"49)는 신랄한 풍자를 꺼리지 않는다.

이렇게 볼 때 제프리는 자유주의와 보수주의로 양분화되기 시작한 19세
기 초의 비평적 조류를 대변하고 있다고 해도 과언이 아닐 것이다. 19세기
초기의 잡지 비평은 바로 사회적, 정치적 논쟁과 깊은 연관을 맺고 있었던
것이다. 특히 나폴레옹과의 전쟁이 끝난 시기에는 비평가들의 정치적 양분
화는 더욱 두드러지게 되고 그들의 비평 논조는 더욱 신랄해지게 되었다.50)

1801년에『월간 미러』(Monthly Mirror)지의 비평가는『서정 가요집』의
어두운 무드를 비난하면서, 그것은 "요즘 세상에 팽배한 불만의 비뚤어진
정신"을 재현한 것이라고 함축한 바 있다.51) 하지만 시간이 흐름에 따라 워

47) P. P. Howard ed, *Complete Works of William Hazlitt*, XI: 86.
48) *Edinburgh Review* 24 (Oct. 1814): 3-5.
49) *Edinburgh Review* 37 (Nov. 1822): 450. 또한 Edinburgh Review 28 (May 1811):
    151-74 and 36 (Feb. 1822) 445-46를 보라.
50) Marilyn Butler, *Romantics, Rebels, and Reactionaries: English Literature and its
    Background 1760-1830* (Oxford: Oxford UP, 1985) 164-65.
51) *Monthly Mirror* 11 (June 1801): 390.

즈워스의 보수적 노선에 대한 비판도 드세지게 되었다. 예컨대, 1815년에 개혁적 성향의 복음주의 잡지인 『브리티시 리뷰』의 한 비평가는 프랑스 혁명에 대한 워즈워스의 견해가 잘못된 것이었다고 주장하면서, 그 이유로 워즈워스가 프랑스 혁명을 "반 기독교적인 미신과 불법적인 권력의 전반적 붕괴"라는 긍정적 현상으로 간주하지 않았기 때문이라는 것이다.[52] 또한 자유주의적이고 계몽적인 경향의 기독교 기관지인 『이클레틱 리뷰』의 한 비평가는 워즈워스의 『두 권의 시집』에서 워즈워스가 "낮은 계층의 사람들을… 로맨스에 나오는 영웅들과 모험들보다도 높은 위치에 두는" 것을 칭찬하였다.[53] 그렇지만 보수적인 비평노선도 여전히 활발했다. 1815년에, 중상류층의 독자를 가진 『젠틀맨즈 매거진』은 워즈워스의 시에 관해서 침묵하다가 처음으로 『라일스톤의 흰 암사슴』에 대한 비평을 실었는데, 여기서 워즈워스는 농부와 목동의 이야기를 버리고 종교적 열정과 애국심을 성공적으로 전달하고 있다고 칭송을 받는다.[54] 이러한 비평의 예들은 결국 잡지 비평이 당대의 정치적, 사회적 논쟁의 맥락 속에서 이루어지고 있음을 여실히 보여주고 있는 것이다.

V. 결론

코울리지가 그의 『문학적 전기』에서 지적하듯이 『에딘버러 리뷰』와 다른 정간지들의 비평은 "광범위한 독서 대중의 감사"를 요구하였으며 거기에 뿌리를 박고 있었다.[55] 그러므로 우리는 19세기 초기의 잡지 비평의 조류는 당대의 독서 습관의 주요 흐름을 반영하고 있었다고 말할 수 있는 것이다. 제프리의 비평적 입장은 한 개인의 문학적 입장이라기보다는 그의 세대의 주요한 비평적 경향이라 할 것이다. 1820년대 초까지 신고전주의적 정신과

---

52) *British Review* 6 (Aug. 1815): 59-60.
53) *Eclectic Review* 4 (Jan. 1808): 23.
54) *Gentleman's Magazine* 85.2 (Dec. 1815): 524.
55) H. J. Jackson ed, *op. cit.* 379.

정치적 보수주의는 여전히 강한 힘을 발휘하고 있었고, 이것은 제프리 뿐 아니라 다른 잡지 비평가들에게서도 나타나고 있었다. 심지어 1831년에도, 『에딘버러 리뷰』에 소속된 비평가인 매콜리(Macauley)는 여전히 시의 가치를 정확성, 규칙, 그리고 모방이라는 개념과 동일시하고 있는데, 이처럼 신고전주의 문학론은 낭만주의의 대두와 함께 쉽사리 사라져버리지 않았던 것이다.56)

하지만 새로운 낭만시에 대한 신고전주의적인 문학론에 바탕을 둔 이러한 비평은 1820년대 중반에 접어들면서 점차 해체되기 시작하였다. 우리는 워즈워스의 시 『산책』(1814)과 『라일스톤의 흰 암사슴』(1815)에 대한 제프리의 신고전주의에 바탕을 둔 끈질긴 반대 비평에 동조하는 비평이 있는가 하면, 그것과 달리 워즈워스의 새로운 실험에 적극 찬성하는 비평들이 등장하는 것을 살펴보았다.57) 이것은 당대의 비평계에 다원적 문학적 기준들이 등장했음을 뜻하는 것이며, 그러한 다원주의적 경향은 보수와 진보라는 양

---

56) A. H. Qureshi, *Edinburgh Review and Poetic Truth* (Amsterdam: Editions Rodopi N. V., 1979) 2.

57) 신고전주의 시에서 낭만주의 시로 넘어가는 시기의 우리의 시대 구분은 대체로 마릴린 버틀러(Marilyn Butler)의 구분("제프리는 1802년에서 1817년까지의 영국 비평계에서 주도적인 비평가였다") 및 A. H. 쿠레쉬(A. H. Qureshi)의 구분 ("신고전주의 양식의 시가 쇠퇴한 것은 1813년 무렵이었다")과 일치한다. Butler, *op. cit.* 61과 Qureshi, *op. cit.* 21을 보라. 그러나 버틀러는 어떤 기준을 그녀의 시대 구분의 근거로 삼고 있는지 명확하게 밝히고 있지 않다. 그녀는 제프리가 코울리지의 『문학적 전기』(1817)가 출판되기 전까지는 영향력 있는 비평가였지만 그 이후 영향력이 줄어든 것으로 보고 있는 듯하다. 그러나 그렇다 할 지라도 이러한 견해는 워즈워스와 제프리, 그리고 코울리지 사이의 역학에 대한 적절한 주의를 환기시키지 못하는 위험성을 지닌다. 또한 이러한 견해는 잡지 비평가로서 코울리지가 잡지 비평에 적극적으로 참여하고 있었으며, 따라서 제프리와 워즈워스의 논쟁에서 자신도 한 목소리를 내고 있었음을 간과한다. 데이비드 어드만(David Erdman)은 우리가 잡지 비평가로서의 코울리지에 대해 인식이 약한 것을 경계한다. 이에 대해서는 그의 논문, "Coleridge and the 'Review Business': An Account of His Adventure with the Edinburgh, the Quarterly, and Magazine," *The Wordsworthian Circle* 6.1 (Winter 1975): 3-50을 보라. 사실상 버틀러는 낭만주의 태동시의 문인(men of letters)의 부류에 제프리나, 해즐리트, 또한 활발하게 활동했던 당시의 잡지 비평가들을 별로 포함시키고 있지 않다. 이러한 배제는 그녀의 낭만주의 분석에 하나의 결점으로 나타나고 있다. 그녀와는 달리 테리 이글튼(Terry Eagleton)은 제프리를 당시의 중요한 문인으로 적극 다루고 있다. 이에 대해서는 Eagleton, *op. cit.,* 49를 보라.

분화된 정치적 이데올로기의 혼재(混在)와 깊은 관계를 맺고 있는 것을 보았다.

독서 대중의 문학적 취향을 누가 인도할 것이냐에 대한 워즈워스와 제프리의 논쟁은 문화시장의 권력을 잡기 위한 작가와 비평가 간의 헤게머니 다툼의 예가 된다. 19세기 초반의 20년 간 제프리가 비평계에 강력한 발언권을 가질 수 있었다는 것은 문화 상품을 사는 일에 있어서 독서 대중의 보수적인 취향을 반영했기 때문에 가능할 수 있었다. 그러나 시간이 지남에 따라 독서 대중의 취향은 점차 다양화되어가고 다원화되어 갔으며 그들은 새로운 형태의 시에 대한 열린 태도로 워즈워스의 시를 수용했던 것이다.

프란시스 제프리의 워즈워스 비평과 다른 잡지 비평들에 대해 우리는 19세기 초 낭만주의 문학으로 넘어가는 영국 문학 내의 변동이 갈등과 긴장 없이 이루어진 것이 아님을 보았다. 제프리의 비평은 결코 M. H. 에이브럼즈(M. H. Abrams)가 경멸적으로 언급한 바 있는 "저속한 형태의 비평"이 아니었다.58) 그것은 오히려 새롭게 부상하는 낭만주의 사조 밑에 지속적으로 흐르고 있었던 신고전주의 사조를 반영하는 것이었다. 결국 1820년대에 들어오면서 워즈워스의 시가 더 많은 부수로 팔리게 되면서, 제프리가 대표하는 규범적 문학 비평은 시장의 힘에 의해 침묵을 당하게 된다. 이처럼 낭만주의 시를 둘러싸고 벌어진 19세기 초의 잡지 비평의 논쟁은 잡지 비평가의 역할이 독서 대중의 취향을 규범적으로 계도하는 것에서 독서 대중이 형성하는 시장의 힘을 반영하는 쪽으로 나아가는 과정을 보여주고 있다. 따라서 제프리와 다른 잡지 비평가들의 비평을 이해하지 않고서는 19세기 초엽의 실제 비평계의 상황을 재구성하는 일은 불가능하다할 것이다.

---

58) M. H. Abrams, *The Mirror and the Lamp: Romantic Theory and the Critical Tradition* (Oxford: Oxford UP, 1953) 28.

이경옥

자유와 원칙의 화해: 코울리지의 시인과 비평가론

I

시인의 힘과 비평가의 역할에 대한 견해는 여러 비평가의 글이나 혹은 시인의 작품을 통하여 제시되어 왔다. 특히 영문학 사상 시인의 역할, 혹은 중요성은 고대 영문학에서 이미 나타나고 있는데 내세에 대한 믿음이 없었던 이때에 한 영웅의 영원 불멸성은 그의 행위가 시로 표현되어 후세에 전승될 때 가능하다는 인식이 있었고 따라서 그 서사시를 짓는 시인의 능력에 크게 의존하고 있었음은 주지의 사실이다. 특히 르네상스 시기에 이르러 시와 시인의 역할에 대한 중요성은 뚜렷이 부각되는데 Sir Philip Sidney의 *The Defence of Poesy*에 제시되었듯이 시는 즐겁게 가르치는 것이며 시인은 인간과 세상을 탐구하고 인간을 교화시켜 세상을 개조하는 자로서 인식되었다. 이와 같은 시와 시인에 대한 의식은 Milton의 *First Profusion: my version*에서 시인의 역할에 대해 다음과 같이 말한 것에서도 드러난다. "옛 그리스 시인들은 사람들이 들짐승처럼 산과 숲 속을 헤맬 때에 주거지에 정착하도록 가르쳤으므로 영광과 영예를 얻었다. 그들은 국가를 건설하였으며 신적인 영감으로 지금껏 우리가 물려받고 있는 온갖 지식을 가르쳤다. 시의 얼굴을 빌어 그것들을 기분 좋게 제시함으로써 가르친 것이다."("[the ancient

Greek poets] won glory and honour because they taught men to settle in fixed dwellings, when they had previously been like wild beasts ranging the forests and mountains; they founded states and by divine inspiration taught all those arts of which we are today the heirs-teaching by presenting them pleasantly in the disguise of poetry") 워즈워스(Wordsworth)도 "Written in a Blank Leaf of Macperson's Ossian"에서 시인을 강력한 힘을 지닌 바드(Bards of mightier grasp!), 선택받은 자(the chosen Few), 공인된 안내자(the acknowledged guide), 고귀한 천재(lofty genius)로 표현한다. 시인과 비평가에 대해서는 포웁(Alexander Pope)은 『비평론(An Essay on Criticism)』에서 다음과 같이 말한다.

우리의 판단은 우리가 지닌 시계와 같아서
어떠한 것도 똑같이 가는 법이 없으며, 각자는 자기의 것을 믿는다.
시에 있어서 천재가 드문 것처럼, 진정한 판단력도 좀처럼
비평가의 몫이 되지 못한다.
둘 다 똑같이 하늘로부터 그들의 빛을 끌어오는데,
시를 쓰는 사람이 타고나는 것처럼,
비평가도 판단하도록 타고난다.

'Tis with our judgments as our watches, none
Go just alike, yet each believes his own.
In poets as true genius is but rare,
True taste as seldom is the critic's share;
Both must alike from Heaven derive their light,
These born to judge, as well as those to write.

이들의 의견에서 우리가 주목할 점은 시인은 특별한 능력을 지닌 자로서 사람들을 이끌 수 있는 안내자의 역할을 하며 지식의 전달자, 그리고 강력한 힘을 지닌 자란 특별한 소명을 부여받은 점이다. 비평가도 위의 포웁의 비평론에서 드러나듯이 이에 못지 않게 특별한 능력을 지닌 자이며 또한 진정한

판단력을 요한다.

낭만주의 시기에 이르러 시인의 중요성은 그 어느 시대 못지 않게 강조되었다. 세상을 교화하고 지식을 전달하는 자로서의 시인에 대한 견해를 전승했을 뿐만 아니라 특기할 것은 신에 버금가는 창조자로서의 시인의 존재에 대한 인식이 보다 강력하게 부각되었다는 점이다. 시인의 창조적 역할에 대한 논의는 낭만시인들에 공통적으로 나타나고 있으나 이것은 특히 코울리지 비평의 핵심 중 하나라 해도 과언이 아니다. 영국의 많은 문인들이 그러하듯이 코울리지도 시인이자 비평가였다. 시와 비평의 분야에서 그는 영국 낭만주의 문학을 대표할 만한 시를 썼을 뿐만 아니라 세인츠베리(Saintsbury)가 서구문학사상 3대 비평가라 꼽을 정도로 비평사상 거대한 발자취를 남겼다. 그의 시인과 비평가에 대한 견해를 살펴봄은 당대의 이론을 알 수 있을 뿐만 아니라 우리가 선택해야 할 창작과 비평의 방향성을 제시받을 수 있을 것이다. 이 글의 제목이 제시하듯이 그는 시의 원칙을 무한한 창조의 정신과 질서, 혹은 법칙의 결합으로 보았다. 비평을 함에 있어서도 비평가의 개인적 자유는 원칙의 바탕 위에서만 그 빛을 발한다. 이 글에서는 우선 그의 시인론을 '시인과 상상력', '예언자로서의 시인'이라는 항목으로 살펴보고 이것을 토대로 그의 시 'Kubla Khan'에 제시된 시인상을 고찰한다. 그의 비평가에 대한 의견은 그가 제시한 비평의 방향성, 정당한 비평의 필요성을 고찰한 후 비평의 원칙과 이를 바탕으로 한 워즈워스 비평을 그 예로 살펴본다.

II

1. 시인과 상상력

코울리지는 『바이오그라피아 리터라리아』(*Biographia Literaria*)에서 시인에 대해서 다음과 같은 정의를 내린다.

시란 무엇인가? 그것은 시인이란 무엇인가?라는 물음과 똑같은 문제가 아닌가? 전자에 대한 답은 후자에 대한 문제를 해결하는 데에 있다. 왜냐하면 시란

시인 자신의 마음 속의 이미지들, 생각들, 그리고 정서들을 지속시키고 변형시키는 시적 천재성 자체로부터 비롯되는 특성이기 때문이다. 시인은, 이상적인 완벽함으로 묘사된다면, 인간의 전체적인 영혼을, 그 영혼의 자질들을 그것들의 상대적인 가치와 권위에 따라 각각에게 종속시키면서 활동하게 한다. 그는 우리가 배타적으로 상상력(imagination)이라는 이름을 사용하는 종합적이고도 마술적인 힘에 의해서 각각을 각각에게 섞고 융합시켜 하나의 톤을, 그리고 통합의 정신을 확산시킨다. 이 상상력이라는 힘은 의지와 오성에 의해 처음 활동에 들어간다. 그리고 부드럽고 눈에 띄지 않으나 가차없는 통제 하에 (느슨한 채찍으로 통제되어) 있다가, 반대되는 혹은 부조화스러운 자질들의 균형, 혹은 화해 속에 그 자신을 드러낸다. 그리고 그것은 자연적인 것과 인위적인 것을 섞고 조화시키는 동안에도 예술을 자연에 종속시키고 양식을 질에, 그리고 우리의 시인을 향한 찬탄을 우리의 시에 대한 공감에 종속시킨다.(*BL* II 15-17)

위의 시, 혹은 시인에 대한 코울리지의 정의에서 우리가 파악할 수 있는 것은 시는 시적 천재성의 산물이며 시인은 시를 쓸 때 그의 온 영혼을 다 발휘시켜 시를 쓸 것이 요구된다. 그리고 그가 정의한 상상력의 개념으로 파악할 때 상상력은 신비적이며 종합적인 힘이면서도 그것은 우리의 의지와 상관없이 활동하는 것이 아니라 그 활동의 단초는 의지력과 오성에 의해서이다. 즉 상상력은 어떤 법칙, 혹은 원칙 하에서 발휘되어야 함을 제시하였는데 그는 그것을 지성의 엄격한 법칙에 따라야 한다는 말로 설명하였다. 시인은 자유로이 창조할 수 있으나 그 자유는 어떤 보편적 법칙을 지키는 테두리 안에서 허용되는 것이며 그 보편적 법칙이란 인위적인 문학적 장치나 규칙이 아니라 신이 자연을 창조한 법칙과 유사한 것을 의미한다. 코울리지에게 법칙 혹은 원칙과 자유란 그의 시 이론을 특징짓는 두 개의 축이다. 그는 개인을 초월하여 공통적으로 적용되는 법칙, 혹은 원칙이 있음을 상정하였고 그에 상충되지 않는, 오히려 그에 조응하는 개인성을 강조하였다. 이러한 견해는 상상력에 대한 그의 보충적인 설명에서 역시 제시된다. 그는 『바이오그라피아』에서 Sir John Davies라는 사람의 시를 빌어 상상력에 대해 설명한다.

의심할 여지없이 그것이 이상한 변환에 의해
육체를 정신으로 바꾸지 않고서는 존재할 수 없을 것이다.
불이 그것을 태우는 것들을 불로 바꾸듯이
우리가 우리의 음식을 우리의 본성으로 바꾸듯이.

조야한 물질로부터 상상력은 형상을
추출해내고 사물들로부터 일종의 정수를 끌어낸다.
그것의 적합한 본성에 따라 그것들이 빛을 지니도록
그것의 천상의 날개 위에서 그것들을 변형시킨다.

그리하여 그것은 작동한다, 개별로부터 보편적인 성질을 추출해낼 때,
그리고 나서 그것들에게 다양한 이름과 운명으로
재 단장시키고서 우리의 감각을 통해
우리의 마음에 가만히 도달하게 한다.

Doubtless this could not be, but that she turns
Bodies to spirit by sublimation strange,
As fire converts to fire the things it burns,
As we our food into our nature change.

From their gross matter she abstracts their forms,
And draws a kind of quintessence from things;
Which to her proper nature she transforms
To bear them light, on her celestial wings.

Thus does, she, when from individual states
She doth abstract the universal kinds;
Which then re-clothed in divers names and fates
Steal access through our senses to our minds.
(*Nosce Teipsum*: Of the Soule of Man and the Immortalitie Thereof(1599) IV
sts 11-13)

코울리지는 존 데이비스의 영혼을 그의 상상력에 상당하는 것으로 보았다. 사물의 정수를 끌어내며, 변형시키며, 보편적인 성질을 추출해 내는 것, 그리고 그러한 것들을 우리의 마음에 도달하게 하는 것, 이것이 상상력의 역할이며 또한 천재적 시인의 역할인 것이다.

코울리지에 따르면 시에 나타나는 어떤 정서, 혹은 감정은 철저히 새로운 것이어야 한다. 그러나 동시에 태고적, 인간의 자의식에 처음 떠오른 것만큼이나 오랜 것이어야 한다. 천재는 새로운 것과 옛 것을 결합시키는 데에 하등의 모순도 발견하지 않는 것, 옛것을 그것이 마치 그의 마음 가운데에서 막 떠오르는 것처럼 새로운 느낌으로 명상하는 것, 이것이 바로 천재가 지닌 특성이다. 즉 항존하는 보편성을 우리의 마음 안에서 새롭게 느끼고 받아들이며 그것을 표현하여 남들에게 제시하며, 잠자는 능력을 깨울 수 있는 능력이야말로 시인이 지녀야하는 가장 중요한 능력 중의 하나로 파악했던 것이다. 그에 따르면 어린 아이가 지닌 느낌처럼 신선하되 그 느낌을 지성의 힘으로 숙고하여 항존의 진리로 제시하며 마치 물에 잠긴 태고 적으로부터 있어 온 이끼 긴 다리처럼 무의식 속에 침잠하여 잠자고 있는 사람들의 감수성과 영혼을 깨우는 것이야말로 시인이 지녀야 할 특질이다.

그의 제2 상상력론도 특별한 능력을 지닌 자로서의 시인에 대한 견해가 나타나 있다. 특히 그의 제2 상상력론은 프로페셔널로서의 시인의 모습을 부각시킨다. 제1 상상력은 모든 인간 인식의 살아있는 힘이며 제 1의 동인이다. 또한 우리의 한정된 마음 안에서 무한자, 즉, 신의 영원한 창조 행위를 되풀이하는 것으로 정의되어 있다. 제2 상상력은 종류에 있어 제1 상상력과 동일하나 단지 정도에 있어서 다를 뿐이고 자의식을 동반한다. 제1 상상력은 무의식적인 인식 행위인데 반하여 제2 상상력은 예술가에게 특별히 작용하는 창조적 힘이다. 제2 상상력은 재창조하기 위해서 용해하고, 확산시키며, 흩뜨린다. 제1 상상력이 강하게 작용할 때 사물은 새로운 국면을 띠고 인식되는 것이며 한정되고 고정된 대상들도 어떤 생명을 부여받는다. 이것은 신이 이 세상을 창조할 때의 창조력과 유사한 것이고 제2 상상력은 거기에 예술가의 자의식이 가미된 의식적인 창조행위이다. 그의 상상력론에서도 보이듯이 예술가, 즉, 시인의 창조행위는 임의적인 개인적 차원을 넘어 우주의 질서에 동참하는 행위이다. 그에 따르면 신이 이 세상을 창조할 때 법과 원칙에 따라 하였으며 그에 유사한 창조행위도 똑같이 어떤 법칙을 따라야 하는 것으로 보았다.

그의 감수성과 창조적 정신은 무한한 자유를 필요로 한다. 그러나 그러한 것들이 어떤 질서와 원칙을 따라야 하는 것으로 보았는데 이는 창조주가 원칙과 법칙에 따라 이 세상을 창조한 창조의 원리와 흡사하다. 상상력 역시 어떤 법칙을 따라야 하며 그것은 바로 성장의 원리이다. 그가 제시한 구체적인 시의 원칙은 유기체론, 반대적인 것들의 화해, 그리고 극성의 원칙 등을 들 수 있다. 이러한 원칙 하에 하나의 시작품을 창조하기 위해서는 시인은 표면에 나타난 현상 뒤에 있는 사물의 이치와 원리를 꿰뚫을 수 있는 자여야 한다는 귀결에 도달한다. 이런 점에서 시인은 개인성을 뛰어넘는 보편성을 지니는 자이며 이것은 그의 예언자 개념과 합치를 이루는 부분이다.

2. 예언자로서의 시인

코울리지에게 있어서 예언은 우선 사물의 본질적인 법칙을 꿰뚫을 수 있는 능력을 의미하며 *The Friend*의 Essay I에는 그의 예언자론이 잘 투영되어 있다. 코울리지에게 있어서 인류의 황금시대는 인간내면에 양심과 본능이 잘 조화를 이루고 건강한 육체와 정신 하에 노동은 즐거운 것이며 모든 사람들은 공동으로 일하고 공동으로 수확하며 또한 수확된 사물은 공동으로 향유한다. 남녀는 순결한 사랑과 서로에 대한 자연적 이끌림으로 결합하며 그들에게 있어서 신만이 유일한 부모이며 그 신을 위한 제단도 필요 없다. 그들이 드리는 공물은 단지 순결한 마음과 감사, 그리고 사랑이다. 즉 어떠한 억압체계도 존재하지 않고 과함도 부족함도 없는 정하여진 우주 질서에 순응하는 상태이다. 그러던 어느 날 이 낙원에 광기의 비가 내려 한 예언자만을 제외하고 모든 사람이 그 비를 맞게 된다. 그 결과 사람들은 철저히 이기적으로 변하고, 우상 숭배와 살인을 일삼게 된다. 개인으로서 자유를 향유하던 사람들은 굶주리고 족쇄에 채이게 되었으며 노예가 되어 이끌려 다닌다. 그런데 그 광기의 비를 맞은 사람들은 오히려 그 예언자를 미친 사람이라 손가락질한다. 사람들은 그를 가리켜, "이 자가 누구인가? 이 자는 얼마나 이상하게 생겼는가! 얼마나 광포하게 보이며 쓸모 없는 게으름뱅이인가!"라고 힐난한다. 이 이야기를 통하여 우리는 코울리지가 의미하는 예언자의 개념을 파악할 수 있는데 그는 황금시대 때에 인간이 지닌 본성을 간직하고 있는 자로서 사물의 현상을 투시하며 임박한 위험과 재난을 피할 수 있는 옳은 방법에 대해 조언을 줄 수 있는 사람이다. 그럼에도 불구하고 '정상'적인 사람들의 눈에 비친 그는 쓸모 없고, 미친, 광포한 게으름뱅이처럼 보일 뿐이다.

코울리지는 예언자 개념을 종교적 범위를 넘어 과학, 정치, 시 분야에까지 적용시켰다. 우선, 과학에서 유기체적 자연법칙을 발견한 사람들도 예언자로서 파악하였다. 최고의 고등식물과 최저의 하등동물 사이에는 두 체계가 겹치는 부분이 있다는 종래의 인식에 반대하여 식물과 동물 공히 그 최초의 형태 사이에는 유사성이 있다는 과학이론에 대해 언급하면서 코울리지는 그러한 과학적 원리를 발견한 과학자들이야말로 예언자적 힘이 있음을 간파하였다. 코울리지에 따르면 이러한 법칙을 발견한 과학자들과 그 이론으로 인해 혜안을 얻게 되는 지혜로운 사람들 덕택에 사람들은 그 이론은 물론이고 유기체적 자연법칙들로 발달하게 되는 더 고차적인 아이디어들을 받아들이게 된다. 이런 법칙에 근거하여 힘, 예언, 결정적인 실험, 그리고 과학적 방법이 존재하며, 결국은 이러한 지식의 최초의 광선이 시발이 되어 눈먼, 방향을 상실한 산업의 시대를 깨뜨릴 발견들이 철학적 예언자, 즉 과학자에 의해서 수행될 것이라는 의견을 제시한다. (*F* I 470)

그는 또한 에드먼드 버크(Edmund Burke)에게서 예언자적 자질을 발견하였는데 미국 독립전쟁의 초기에 씌어진 버크의 글이 당시보다도 세월이 흐른 즈음에 더 흥미 있게 받아들여지는 이유에 대해 다음의 의견을 피력한다.

…에드먼드 버크는 그 존재를 결정해 주고 그 가능성의 윤곽을 그려주는 법칙의 관계 하에서 모든 사물, 행동, 그리고 사건을 보는 눈을 소유하였고, 그 눈을 부지런히 예리하게 갈고 닦았다. 그는 습관적으로 원칙들을 말하였다. 그는 과학

적인 정치인이었고, 그러므로 하나의 예언자였다. 왜냐하면 모든 원칙은 그 자체로 예언의 싹을 포함하고 있기 때문이다. 그리고 예언적인 힘은 과학의 본질적 특권이므로 그 신탁의 완수는 그 외형이 되며 (일반적으로 사람에게 있어서) 과학이라는 타이틀을 요구할 수 있는 유일한 시험이다.(*BL* I 191-192)

예언자로서의 시인의 개념은 다른 모든 서구문학에서처럼 영시에서도 낯익은 개념이었다. 보이지크(Wojcik)와 Frontain에 따르면 랭랜드(Langland), 거웨인 시인(the Gawain poet), 초서(Chaucer), 셰익스피어, 밀튼에서 스마트(Smart), 그레이(Gray), 블레이크(Blake), 워즈워스(Wordsworth), 코울리지(Coleridge), 셸리(Shelley), 그리고 예이츠(Yeats)에 이르기까지 영국시인들은 꿈속에서이건, 비전을 통해서이건, 혹은 마약의 영향 하에서이건, 심리적인 황홀경 속에서이건 보통의 사람들이 보는 세계 너머에 있는 세계를 보도록 결정지어졌고 그러한 것들이 일상에서 일어나는 것들에 대한 도덕적, 정신적 중요성을 결정짓는 사실에 관심을 가졌다.(Vojcik & Frontain 21) 이러한 영시의 전통을 이어받아 낭만주의시기에는 특히 시인을 예언자로 보는데에 거의 이견이 없었는데 코울리지를 포함하여 낭만시인들은 로버트 라우쓰(Robert Lowth)의 『히브리 시 강의(Lectures on Hebrew Poetry)』의 영향을 강하게 받았다. 라우쓰에 의하면 (Nabi)라는 단어를 히브리인들은 여러 의미를 지닌 것으로 사용하였다. 그것은 시적인 영감 하에 있는 예언자라는 의미도 지녔고, 시인이라는 의미도 지녔으며, 음악가라는 의미도 지니고 있었다고 그는 설명한다. 라우쓰는 또한 예언은 시와 아주 강한 연결성을 지니고 있었음을 밝힌다. 우선 그 기원에서 그 둘은 공통의 이름을 지니고 있고 그 출원은 신의 영감으로부터이다. 교회의 제단에서 예배드릴 때 시를 짓는 것, 그리고 신탁을 선포하는 것은 나바이의 임무였다. 그러므로 찬송의 많은 부분이 예언이라 불리어졌고, 예언들은 찬송이나 시 형식으로 이루어져 있었다. 라우쓰는 시의 주요 목적은 현자의 가르침이나, 신앙의 원칙, 그리고 도덕의 법칙 같은 것들을 사람들의 마음 속에 심어주는 것이며, 또한 그 것을 후손에게 전달하는 것으로 보았고, 예언의 목적과 많은 부분에서 합치되는 만큼 예언의 수단이 시 형식으로 이루어진 것은 어쩌면 당연한 것으로 보았다.(Lowth 201-202) 라우쓰는 또한 모든 예언은 예언된 사건이 임박한 세대에게 마음의 무장을 시키고 정보를 전하기 위해 마련되었으며 사람들의 마음속에 두려움과 염려를 불러일으키고 그들에게 위로를 주는 것으로 이루어졌다고 말한다.(Lowth, 224)

이러한 라우쓰의 견해는 앞에서도 제시되었듯이 자신들을 시대의 진단자이며, 지식의 전달자인, 또한 보다 바람직한 세계로의 길 안내자로 여겼던 낭만주의 시인들에게 많은 영향을 주었다. 워즈워스는 『서정 담시집』 서문에서 시인이란 무엇인가?라는 질문에 "그는 사람들에게 말하는 사람이다. 즉, 보통의 사람들에게 공통적으로 있을 것이라 여겨지는 것보다 더 활발한 감수성과 더한 정열과 부드러움, 그리고 인간 본성에 대한 훨씬 더한 지식, 그리고 더 광범한 영혼을 가지고 있는 자이다…."(He is a man speaking to men: a man, it is true, endowed with more lively sensibility, more enthusiasm and tenderness, who has a greater knowledge of human nature, and a more comprehensive soul, than are supposed to be common among mankind; ...)라 대답한다. 여기에서 speaker로서의 시인이란 인간 본성이나 우주의 진행에 대해 더한 지식을 가지고 그것을 사람들에게 전달할 수 있는 예언자적 역할을 하는 자로서의 시인으로 볼 수 있다. 코울리지의 의견도 여기에서 크게 차이가 나지 않는데 그의 또 다른 시인에 대한 의견은 다음과 같다.

시인은 우주의 수수께끼를 풀도록 만들어진 사람일뿐만 아니라 어느 곳에서 그것이 풀리지 않았는지를 느끼는 자이며 사람들의 감정이 그의 감정과 같은 것임을 일깨우는 자이다. 그 자체로서가 아니라 세상사로 인해 지성의 눈이 흐려짐으로써 낡고 닳아빠진 것을 그는 새롭게 한다. 그는 그것에 반짝이는 이슬을 부어주고 우리의 어린 시절에 우리를 시원하게 해주었던 미풍을 우리 주변에 불어준다.(Lect I 327)

3. "Kubla Khan"과 시인상

그의 상상력 이론을 통해서 본 시인관 그리고 그의 예언자론, 이러한 모든 것들을 통해서 볼 때 시인이란 단지 자신의 주관적 감정을 쏟아 붓는 다든지 사람들에게 여흥의 기분을 주로 주는 엔터테이너는 아니다. 그는 창조 신과 유사한 창조의 능력을 가진 자일뿐만 아니라 표면의 베일을 거두고 사물의 진수를 통찰하며 우리의 무딘 감정을 소생시키고 우리에게 세상사의 진리를 전해주는 자이다. 이러한 시인에 대한 견해는 그의 시 "Kubla Khan" 에 잘 나타난다. "Kubla Khan"은 여러 각도에서 읽혀질 수 있지만 그것을 시에 관한 시로 보는 견해는 "Kubla Khan" 시 해서의 중요한 위치를 차시 한다. 왓슨(George Watson)은 '이 시는 영어로 씌어진 시에 관한 시 중 가장 독창적인 시일 것이다'(George Watson 122)라는 의견을 피력한 바 있으며 험프리 하우스(Humphry House)도 'Kubla Khan'을 시의 잠재성에 관한 하나의 승리에 찬 긍정적 진술(House 202)로 보았다.

우선 시의 모두에서 Kubla는 창조자의 이미지로 제시된다. 위풍당당한 환락궁을 하나의 시작품에 대한 메타포로 본다면 그 안에는 창조의 에너지, 그리고 그 에너지를 현상으로 나타나게 하는 원리가 시의 이미지를 통하여 제시된다. 여기에서 성하 알프(Alph)는 의식 저변에 흐르는 창조의 기류 혹은 에너지의 메타포로서 인간의 측량을 넘어선 무의식세계에서 발원하여 다시 무의식의 세계로 합류한다. 시는 이러한 정신, 혹은 에너지가 구체적으로 가시화된 것이고 그 에너지의 구현은 어떤 원리와 법칙을 따르는 것으로 '5 마일의 두 배가 넘는 비옥한 토양이 성곽과 탑으로 둘러싸여 있었다'(So twice five miles of fertile ground/ With walls and towers were girdled round:')는 그 시 이론의 다른 시적 표현으로 볼 수 있다. 그의 시 이론에 따르면 "시 정신은 모든 다른 살아있는 힘처럼 규칙에 의해서 필연적으로 둘려져야 한다, 만일 그것이 힘과 아름다움을 합하기만 한다면. 그 정신은 그 자신을 드러내기 위해서 구체화되어야 한다 — 그러면 유기조직이란 무엇인가, 부분들이 연결되어 하나의 전체가 되는 것이다. 각각의 부분은 동시에 목적이며 수단이 되도록!" (The Spirit of Poetry like all living Powers must of necessity circumscribe itself by Rules, were it only to unite Power with Beauty. It must embody in order to reveal itself; but a living Body is of necessity an organized one —& what is organization, but the connection of Pats to a whole, so that each Part is at once End & Means!— (*Lect* I, 494) 그렇다면 향기를 머금은 나무들에 꽃이 적재되어 있고 양지바른 푸른 초원을 둘러싸고 있는 고목들이 있는 정원은 부분이 통합을 이룬 한 유기조직의 은유로 파악할 수 있다.

그 다음 연 역시 시적 정신이 구현된 시의 메타포로 파악이 가능한데 시적 정신은 시시각각으로 분출하여 충만되어 있고 그것은 마치 도리깨에 되튀어 오르는 곡식처럼 힘있게 솟아오르는 강력한 에너지이다. 시적 정신이 용솟음하는 가운데에서 Kubla는 전쟁을 예언하는 조상들의 목소리를 듣는다. 여기에서 전쟁을 예언하는 조상들의 목소리를 듣는 것은 형세의 진단, 임박한 위험, 혹은 일의 진행을 꿰뚫어 보는 코울리지적 의미의 예언자의 과업, 즉, 시인의 예지력이다. 이러한 창조정신, 그리고 예지력의 바탕 위에 시는 재현되는 것이며 이러한 시적 에너지의 구현은 '기적 같은 진귀한 창안 (a miracle of rare device)', 그리고 '얼음동굴이 있는 양지바른 환락궁(A sunny pleasure-dome with caves of ice)'이라는 이상적인 시작품의 결과로 나타난다. 시가 시인의 의식적 창조 활동의 결과임은 특히 그가 'rare device' 라는 표현을 쓴 것에서 드러나며 시가 시정신의 구체적 구현이라는 것은 반대적인 것들의 결합을 나타내는 'A pleasure- dome with caves of ice'라는 것에서 드러난다. 성하 알프를 의식 저변에 흐르는 창조적 에너지로 본다면 그 창조적 에너지가 시인의 의식에 떠올랐을 때 시는 창작되는 것이며 이것은 환락궁이 그 성하가 지하를 흐르다 지상에 떠오른 그 지점에 세워졌다는 점에서 시는 순수하게 무의식의 산물만도 아니고 마찬가지로 의식적인 시작의 과정만도 아니며 양자의 결합이라는 그의 이론의 제시이며 이러한 면에서 무의식과 의식의 세계를 통합할 수 있는 자가 천재적 시인이라는 그의 시인론에도 부합된다.

Kubla Khan으로 대표되는 예언자로서의 시인관과 시인으로서의 자의식은 다음 연에서 더욱 구체적으로 나타난다. Mount Abora는 파이퍼(Piper)의 주장대로 신의 창조의 시원지로 볼 수 있다. 그것을 노래하는 Abyssian 처녀를 자신의 비전에서 보았다 함은 우주창조, 혹은 천지창조의 시원에 대한 비전을 갖게 되는 시인 자신과 그것을 재현할 수 있기를 바라는 시인의 자의식이 드러난 것이다. '크고 긴 음악에 맞춰, 나도 저 도움을 공중에 지을 수 있다면, 저 양지바른 도움을!, 저 얼음 동굴을! (That with music loud and long,/ I would build that dome in air,/ That sunny dome! those caves of ice!)'에 표현된 것처럼 그는 그러한 비전을 가지고 이상적인 작품의 극치를 재현하고 싶은 소망을 피력한다. 사물의 원리를 꿰뚫고 세상사를 진단하고 진리를 일깨워주는 예언자로서의 시인에 대한 그의 견해는 구체저으로 Kubla를 구약의 예언자의 이미지를 사용하여 제시하는 것에서도 잘 드러난다. 특히 마지막 문단은 플라톤적인 시인의 이미지와 구약의 예언자의 이미지가 중첩되어 드러난다.

> 모든 사람은 외쳐야 한다, 주의하라! 주의하라!
> 그의 번뜩이는 눈, 그의 나부끼는 머리칼을!
> 그의 둘레에 세 겹의 원을 만들어라,
> 그리고 성스러운 두려움으로 그대의 눈을 감아라,
> 왜냐하면 그는 꿀 이슬을 먹었고
> 낙원의 밀크를 마셨기에.

> And all should cry, Beware! Beware!
> His floating eyes, his floating hair!
> Weave a circle round him thrice,
> And close your eyes with holy dread,
> For he on honey-dew hath fed,
> And drunk the milk of Paradise.

George Watson은 이 부분이 시적 영감에 대한 영국의 르네상스 적인 이해와 상당부분 부합되는 점이 있으며 이는 모두 *Ion* 혹은 *Paedrus*에 등장하는 시적 광기에 대한 Plato의 견해에 기초함을 지적한다.(Watson 122) Watson에 따르면 'flashing eyes'나 'floating hair'는 노도와 같은 창조력에 휩싸여 있는 시인의 이미지이며 'milk'나 'honey'와 같은 용어의 유사성은 그가 Plato의 영향 하에 있음을 보여주는 증거라 말한다.(Ibid. 122) 파이퍼 (Piper)는 *The Singing of Mount Abora*에서 환락궁과 낙원의 성전과의 유사성을 지적하면서 환락궁을 보는 사람들은 그것이 마술적인 힘으로 인한 창조이며 종교적 중요성에 대한 하나의 비전으로서 제시되고 있음을 감지한다고 말한다.(Piper 70-71) 즉 그들은 Kubla를 약속된 낙원의 밀크와 꿀을 맛본 신성하고 영감을 받은 예언자로서 받아들인다는 것이다. 'Flashing eyes'와 'floating hair'는 토마스 그레이(Thomas Grey)의 Bard를 연상시키며 또한 라파엘의 그림 poet-prophet인 Ezekiel을 연상시킨다. Ezekiel은 전쟁을 예언했을 뿐만 아니라 apocalypse와 New Jerusalem의 도래를 예언했는데 Kubla와 Ezekiel을 대비시킴으로써 사물의 원리를 꿰뚫고 현세를 진단하며 임박한 위험에 대해 경고하는 poet-prophet 상을 제시한다.

III

1. 비평의 방향성

지금까지 살펴본 바와 같이 시인은 천재이며, 지식의 전달자이며 예언의 능력을 지닌 중차대한 존재로서 제시되었다. 코울리지가 셰익스피어나 밀튼 같은 천재들을 얼마나 위대한 존재로 보았는 지는 그의 많은 비평서를 통하여 익히 알 수 있는 사실이다. 그가 시인의 의미, 그리고 그 위상, 그 중요성에 대해 굳건한 믿음을 지니고 있었던 만큼 그가 지닌 믿음에 부합하지 않은 시인들에 대해 엄격했던 것도 사실이다. 그의 시에 대한 신념, 그리고 시인에 대한 기대는 자연히 그의 비평, 그리고 비평가론과 연결되는데 그의 비평은 크게 두 가지의 방향성을 갖는다. 하나는 천재로 포장된 천재 아닌 시인들에게 씌워진 과대포장을 들추어내는 일이며 또 하나는 가치 있는 시인들을 그에 합당하게 올바로 평가하는 일이다.

그는 『바이오그라피아』에서 위대한 천재성을 지녔던 시인들의 특성을 '고요하고도 조용한 상태'에 있을 수 있는 능력으로 보았다. 그들은 영구한 명성에 대한 내적인 확신이 있었으므로 눈에 보이는 명성에 대해 무관심하거나 마음을 비웠던 사람들로 보았다. 초서 작품의 남성다움과 쾌활함으로부터 작가 자신의 감정과 습관을 짐작할 수 있다고 보았으며 셰익스피어의 기질상의 평정성과 부드러움을 지적하였고, 또한 그가 자신의 작품의 영구불멸성에 대한 자의식이 있었음을 그가 쓴 소네트는 드러낸다고 하였다. 코울리지에 따르면 소네트 81번은 셰익스피어가 극찬한 사람의 이름이 그가 쓴 소네트와 더불어 영구할 것임을 말하는 시이고 소네트 86번은 셰익스피어가 온 목소리를 다하여 그의 경쟁자들을 기꺼이 칭찬하려했으며 그리고 그의 칭찬의 대상자들과 그 자신이 동등함을 말한 시라 하였다. 밀튼의 시 역시 그가 당한 박해, 말년의 불운에도 불구하고 평정함과 고요함 그리고 자신감이 스며 있음을 지적한다.

이에 반해 자신의 능력을 능가하는 시적 천재의 명성을 소유하려는 강한 욕망을 지닌 자는 그것이 마음처럼 쉽게 오지 않는 것에 대해 초조해 하며 짜증스런 반응을 보이는데 바로 이러한 짜증스러움은 그의 글을 통하여 드러난다. 마치 빈 공간을 덮고 있는 정원의 흙처럼 흔들림과 떨림에 의해서 발각될 수밖에 없을 것이라 말한다. 코울리지에 따르면 이러한 흔들림과 떨림을 변별하는 것이 비평가의 임무이다.

비평가의 존재가 필요한 또 하나의 이유는 문학의 양산이다. 그는 초서시대의 언어의 참신성과 강건함이 차차 그 힘을 잃고 인위적이고 기계적인 시어로 오염되어 심지어는 문학은 모든 직업 중에서 가장 최소의 재능 혹은 지식을 요구하기에 이르렀다고 보았다. 특히 문학 중에서도 시는 시의 창작이 아니라 시의 제조라 부를 정도로 그 양상이 더욱 심각함을 지적했다. 이러한 시들과 천재 시인들의 작품은 계란껍질과 계란으로 비유할 수 있는데 멀리에서 보면 그것들은 똑같아 보이며 별로 구별 없이 사람들에 의해 읽혀온 것이 사실이다. 그런데 놀랄만한 것은 그러한 문학 작품들이 어떤 사건이나 우연한 토론으로 인해 그 작품들에 그들의 주의를 환기시키고 감시하게 될 때까지 일반독자 대중이나 제 1급의 능력을 가진 사람들에 의해서도 세밀한 조사 없이 읽혀졌다는 사실이다. 타고난 힘에 있어서나 습득한 지식에 있어서나 평균치 이하의 개인들, 어쩌면 가장 낮은 단계의 기계적인 기술도 습득하지 못한 치들, 그리고 이성과 감정의 적절한 균형을 결여한 이들은 게으름과 무지에서 처음에는 글을 끄적이기도 하였지만 후에는 질시와 오기에서 출판업자가 된다. 그들은 책 판매업에 성공하고 아첨의 힘으로, 그리고 인간의 사악한 정서에 호소하여 대중에게 일시적으로 큰 명성을 얻지만 그 명성은 곧 바닥을 드러내 보이며 그 작가들은 허영의 꿈에서 깨어나 쓰리고 독기 어린 감정으로 실망과 무시의 감정을 맛볼 것이라 한다. 이 때에 그들에게 어떤 비난이라도 가할 것 같으면 그들은 그 비난자에게 격렬한 악감정을 표출하는 것이다. 그들은 일단의 익명의 비평가가 되어 오히려 그 비난자를 조소한다. 여기에 개인성에서 자유로운, 그리고 원칙에 입각한 비평의 필요성이 제기된다.

2. 정당한 비평의 필요성

코울리지는 또한 작가로서의 자신의 경험으로부터 정당한 비평의 필요성을 토로하였다. 그는 그 이유의 서두를 아이러니한 톤으로 시작한다.

여러 가지 이름과 지위를 가진 리뷰, 잡지, 뉴스-저널의 익명의 비평가들, 운문으로 쓰거나 산문으로 쓴, 산문의 설명서에 의해 도움을 받는 운문 텍스트들에 등장한, 이름이 있거나 이름이 없는 풍자가들에게 내가 갖게 된 명성이나 대중성의 3분의 2를(그것이 어떤 것이건 간에) 신세지고 있다고 나는 심각하게 믿고 또 공언한다. 왜냐하면 한 개인의 이름이 수많은 작품에, 그리고 아주 오랜 시간에 걸쳐 그토록 자주 오르내릴 때, 이러한 작품들의 독자들은 (그들의 선반 한 줄, 혹은 두 줄 가득히 *Beauties*나 *Elegant Extracts and Ands*로 채우고, 이 작품들은 이들 독서의 10분의 9를 차지하는데) 만일 내가 보통의 사교적 의견을 주고받는 차원을 너머 논쟁과 논박을 벌이기라도 한다면 그것이 활자화되었든, 대화

하는 가운데 일어났건 그 이름과 친숙해질 수밖에 없다.(*BL* I 48-49)

짐짓, 자신의 명성이 출판물의 덕택이라 말하는 듯한 이 서두는 소위 말하는 비평가들이 어떤 출판물들을 통해서 뚜렷한 근거 없이 자신에게 가해온 거의 인신공격에 가까운 비평의 부당성을 지적하기 위한 것이다. 그는 그러한 익명의 비평의 부당성을 말하기 위하여 자신이 가지지도 않은 결점 때문에 마치 재판정의 피고인처럼 피고석에 앉아 익명의 재판관들로부터 그들이 가하는 공격의 예봉을 17년 동안이나 맞아왔다는 것을 술회한다. 그런데 그 공격의 이유를 도저히 납득할 수 없는 것이 작가가 품고 있었던 고민이었다. 원칙과 공정성을 결여한 비평이 난무하는 이유를 우선 책이 지닌 권위의 추락에 둔다.

옛적에는 책은 종교적 신탁과 같았다. 문학이 발달함에 따라 그것들은 존경할 만한 스승이 되었다. 그리고 나서 그것들은 가르침을 주는 친구의 계급으로 내려왔고 그것들의 숫자가 증가함에 따라 책은 즐거움을 주는 동료의 자리로 낮아졌다. 그리고 현재 그것들은 스스로 선택된, 그러나 독단적인 판사의 법정에서 그들의 양손을 들어올리고 있는 죄인으로 전락한 것 같다. 그 판사들은 그들의 개인적인 기질, 관심사, 혹은 적의, 오만에서 비롯한 책을 쓰기로 선택하며, 혹은 오기 속에서 읽거나 저녁을 먹은 후에 읽는 사람의 결정에 따르기로 선택한 사람들이다.(*BL* I, 57-58)

이 글에서 코울리지는 시가 회복해야 할 위치, 즉 우주의 이치와 진리를 전달해야 하는 본연의 모습을 피력함과 함께 현재의 자격을 갖추지 못한 비평가의 모습을 제시한다. 이들은 스스로를 비평가라 자부하며, 그들의 개인적인 관심사나 기분으로부터 글을 쓰는 사람들, 그리고 역시 기분에 좌우되는 독자대중의 구미에 영합하여 평을 쓰는 자들이다. 이들 앞에서 시인은 마치 죄인처럼 그들의 판결을 받아야만 하는 위치로 전락해 버렸음을 개탄하고 있다.

그는 비평가가 일어나고 작가가 몰락할 때 문학의 아마추어들이 집단적으로 판사단으로 선출되고 스스로를 시중의 대표되는 의견을 가진 자로 지칭하며 읽을 수 있기만 하면 판단할 수 있는 것으로 여겨 대중은 개인적 단위로 형태 화되어 비평의 권좌에 앉게 되었다고 말한다. 그러나 그는 이들의 외침을 전제정치에서처럼 보이지 않는 대리인의 결정을 앵무새처럼 되풀이 해서 말하는 것에 비유한다. 그는 또한 이들의 무능력을 마치 하렘을 감찰하기 위하여 채택된 거세된 자들의 육체에 비유한다.

비평을 함에 있어서 이들이 저지르기 쉬운 오류는 한 작가의 작품을 총체적인 관점에서 비평하기보다는 그들이 발견한 지엽적인 단점들을 가지고 그것이 작가의 심오한 결점인양 그것을 집중 부각시키는 것이다. 코울리지는 이것을 시끄러운 날벌레의 소음에 비유하여 '대중의 귀에 대고 퍼덕거리고 붕붕댄다('to flutter and buz in the ear of the public'(*BLI*, 60)'라는 표현을 쓴다. 더욱이 그가 그 비평가들의 악덕으로 보는 부분은 그들이 가치 없는 것으로 여기는 시구를 발견하면 그 즉시 그것을 뽑아서 리뷰에 게재한다는 것이다. 이러한 이들의 성향은 코울리지가 셰익스피어 비평자들 중 지엽적이고 말단의 문제만을 가지고 그의 단점을 부각시키려 했던 것을 '눈먼 비평가(publined critics)'라 비난했던 것과 일맥 상통한다. 그는 이러한 리뷰의 기고가들을 임의적인 진술과 신경질적인 조소를 일삼는 치들로 보았고 그들이 스스로를 취향과 판단의 안내자로서의 문인이라 선언하는 것에 반대했다.

3. 비평의 원칙과 그 실천

이러한 비평의 폐해에 대응하기 위하여 그는 몇 가지 원칙을 확립하려 하였다. 우선 공정하고도 철학적인 통찰과 긍정적인 감상을 할 것을 제안한다. 비평가는 비평의 원칙을 세우고 공포하여서 각기 다른 시들에 그것을 적용해야 한다. 칭송을 하건 혹평을 하건 간에 그는 그러한 비평을 위한 원칙을 준비하여서 그 원칙들을 적용할 수 있게 하는 구절들을 부각시킬 필요가 있다. 만일 그의 전제가 합리적이라면, 그리고 그의 귀납이 적법하며, 그의 결론이 정당하게 적용된다면 시인과 독자 모두 그 비평가의 비평을 받아들이게 될 것이라 말한다. 비평가는 그가 비평하는 대상에게 주어질 효과가 무엇인지 알아야만하고 이러한 효과에 대한 인식을 가지고 그의 말들의 무게를 가늠해야 한다. 이에 더하여 비평을 함에 있어 코울리지가 무엇보다도 중요시 여겼던 것은 작품에 충실하여 비평이 이루어져야 한다는 것이다. 즉 작품을 떠나 작가의 개인적인 문제와 작품을 결부시키거나 작가의 인신공격으로 빗나가서는 안 된다는 것이다. 만일 비평가가 그러한 자세를 취한다면 그는 이미 더 이상 비평가가 아니며 이성적 동물이 강등될 수 있는 가장 경멸적인 상태로 떨어지게 된다고 말한다. 혹평은 비평가라면 할 수 있고 또 경우에 따라 해야만 하는 것으로 보았다. 혹평은 그는 두 가지의 성격을 띠는 것으로 본다. 하나는 작가의 인격을 비평가기 임의석으로 결정하는 것이며 또 하나는 예리하고 석조 높으며, 때로 톡 쏘기도 하지만 항상 논쟁적이고 명예로운 코울리지 의견에 의하면 레싱(Lessing)의 비평과 같은 것이다. 후자는 그가 생각하기에 비평의 정신을 아주 충실하게 반영하는 것인데, 만일 그러한 비평의 수준에는 오르지 못하더라도 전자의 자세만 아니라면, 즉 인신공격과 같은 자세만 취하지 않는 다면 그나마 다행한 경우라 할 수 있다.

코울리지는 자신이 레싱의 비평에는 미치지 못한 글을 썼다며 겸양의 말을 하였으나 그의 비평은 그가 제안한 원칙과 공정성에 충실한 것이었다. 『바이오그라피아』의 편집자인 엥겔과 잭슨(James Engell and W. Jakson)은 서문에서 코울리지의 비평은 그가 세운 원칙에 충실히 입각한 것임을 강조한다.

시인으로서의 그의 경험 때문에 그는 비평적 관측은 "철학적 원칙"에 의존해야 한다고 오랫동안 믿어 왔다. 실제로 바이오그라피아의 목적과 가치에 대한 그의 판단은 그것이 주로 철학적 원칙으로부터 연역한 법칙들을 시와 비평에 적용하는 것이었다.(*BL* lxviii)

J.R. de Jackson도 그의 *Method and Imagination in Coleridge's Criticism* 에서 코울리지는 원칙에 의거한 비평을 주장한 비평가였음을 밝힌다(J.R.

de Jackson 48). 엥겔과 잭슨, 그리고 또 다른 잭슨의 주장대로 코울리지는 아마도 그의 비평원칙을 스스로 실현한, 그리하여 스스로 그 본보기를 보여 준 비평가라 볼 수 있는데 셰익스피어, 밀튼, 세르반테스 등 문학사상 거봉 들에 대한 비평도 그의 비평 원칙에 충실히 입각하여 이루어진 것이라 볼 수 있으나 그의 친구이자 한편으로는 라이벌이었던 워즈워스에 대한 비평도 그가 주장한 '공정한 판단과 원칙'을 실현시킨 좋은 예라 볼 수 있다.

그는 워즈워스의 초창기의 출판물인 "Descriptive Sketches"에서 작가의 천재성과 결점들, 그리고 그의 시적인 성장의 가능성을 보았음을 밝힌다.

시적 정신은, 그것이 완전한 성장의 여정으로 가는 도중에 그것의 그리스 이 름, 즉, 나비처럼 많은 변화를 겪는다. 그리고 천재는 초창기 작품의 결점과 오류 에서 얼마나 빨리 정화되는지 놀랄 만하다.(*BL* I 78).

그는 워즈워스의 초창기 시에 나타난 결점들, 예를 들면 언어를 불완전하 게 통제하는 데서 비롯되는 모호성 같은 것을 지적하지 않은 것은 아니지만 그러나 그런 것들과 더불어 진정한 천재의 특질, 즉 깊은 느낌과 심오한 사 상의 결합(the union of deep feeling and profound thought)이 그의 시에 표 출되어 있음을 밝힌다. 앞에서 논한 시인의 특질, 특히 시인의 천재성에 관 한 예로 그는 워즈워스를 상정하였는데 그저 막연히 그를 치켜세운 것이 아 니라 그의 시에 나타난 사상의 깊이와 상상력, 그리고 초창기 시에 나타났던 모호성이 걷히면서 돋보인 시어의 적합성 등 구체적인 근거에 의한 것이었 다.

워즈워스의 시론을 반대함에 있어서도 그는 그 근거를 구체적으로 제시 하였는데, 『바이오그라피아』 17장에는 그가 왜 그의 시론, 즉 '일반적으로 시의 적합한 용어가 적절한 예외를 가지고 실제적인 삶 가운데 있는 사람들 의 입으로부터 취해진 언어, 실제적으로 자연적인 감정의 영향 하에 있는 사람들의 자연적인 대화로 구성된 언어로 이루어진다'는 것을 반대하는 지 를 설명한다. 코울리지는 워즈워스의 시의 소재로서 낮고 시골스런 삶을 택 한 이유에 대하여 워즈워스의 말로 대신한다. "왜냐하면 그러한 상황에서 마음의 본질적인 정열들이 그들의 성숙을 얻을 수 있고, 덜 구속의 상태에 있으며 더 평이하고 더 감흥 있는 언어로 이야기할 수 있는 더 좋은 토양을 찾기 때문이며, 이러한 삶의 조건 하에서 우리의 기본적인 감정들이 보다 더 위대한 단순성의 상태에서 공존할 수 있으며 결과적으로 더 정확하게 명상할 수 있으며 더 강력하게 대화할 수 있기 때문이고, 이러한 기본적인 감정들로부터, 그리고 시골에 거주하는 것으로부터 오는 필연적인 성격으로부터 발아하는 시골 생활의 양식이 더 쉽게 이해될 수 있으며 더 오래 지속되기 때문이며 마지막으로 이러한 상황 하에서 사람들의 정열이 자연의 아름답고 영구적인 형상들과 협력하기 때문이다."

이러한 기치를 내걸고 쓴 워즈워스의 시 "Brothers," "Michael," "Ruth," 그리고 "the Mad Mother,"에서 소개된 인물들은 코울리지의 의견에 따르면 결코 말 그대로의 낮고 시골스런 생활에서 취해진 것이 아니다. 그는 Cumberland 와 Westmoreland의 계곡에 있는 목동들의 생각, 감정, 언어, 습관들은 실제로 그것들이 시에 채택되었을 경우, 그것은 Cumberland나 Westmoreland라는 배경 때문이 아니라 시골이건 도시건 삶의 모든 상황 하에서 같은 결과를 낳을 것이고 낳을 수 있는 원인 때문이라는 것이다. 그는 그 원인을 두 가지로 들었는데 하나는 독립이며 다른 하나는 견실하고 종교적인 교육이다. 모든 사람들이 시골의 생활, 혹은 시골의 노동에 의해서 향상되는 것은 아니며 인간의 정신이 시골생활에서 성장하기 위해서는 필연적인 조건이 요구되는데, 자연의 변화, 형상, 그리고 사건들이 충분한 자극제로 판명되려면 교육, 혹은 타고난 감수성이 있어야함을 말한다. 코울리지는 이러한 것이 충분하지 않으면 마음은 자극제의 부족으로 수축되고 굳어지며, 그러한 사람은 이기적이고, 거칠고 강퍅해진다고 본다. 그에 따르면 스위스의 산악지방에 사는 사람들의 높은 기상과 풍부한 정신은 교육을 따로 떼어놓고 본 자연 형세 때문이 아니라 일반적으로 다른 곳에서의 동등한 위치에 있는 사람들보다 더 좋은 교육을 받고 더 좋은 독서를 한 사람들이기 때문이다. 왜냐하면 이들에게 태고의 산들은 그것들이 주는 공포, 그리고 모든 영광과 더불어 이들 산악인들에게는 장님에게 있어서 그림과 같고, 소경에게 있어서 음악과 같기 때문이다.

"Brothers"에서의 주교, 그리고 양치기 선원, "Michael"의 Green-head Gill의 목동들이 사람들의 마음에 와 닿는 이유를 코울리지는 이들이 낮고 시골스런 환경출신이어서가 아니라 이들 인물들이 시의 목적에 부응하는 모든 사실성과 대표성을 지니고 있는 때문으로 보았다. 이것은 등장 인물들은 보편성 속에 특수성을 띠어야 된다는 그의 시론에 부합하는 것이다. 그에 따르면 그 인물들은 잘 알려진, 그리고 영구적으로 지속되는 계급의 사람들이며 그들의 습관과 감정은 그 계급에 속한 공통적인 상황들의 자연적 산물이다.

워즈워스의 시어에 관한 이론, 즉, 그는 이러한 낮고 시골스런 사람들의 언어를 시어로서 채택했는데 그는 다음과 같은 것들을 그 이유로서 제시한다. 그들은 언어가 도출될 수 있는 가장 좋은 대상들과 대화하며 그들의 계급과 교류의 동질성, 그리고 그것의 좁은 영역 때문에 사회적 허영심의 영향을 덜 받게 되므로 단순하고 다듬지 않은 표현으로 그들의 감정과 인식들을 전달한다는 것이다. 코울리지는 이러한 워즈워스의 시론에 반대한다고 말하고 있으며 그 반대의 논리를 그의 언어이론에 입각하여 전개시키고 있다. 그는 단순한 의사의 교류를 언어라고 표현하기를 거부한다. 그에 의하면 많은 종류의 동물들이 서로에게 먹을 것, 피난처, 안전에 관한 정보를 전달할 수 있는 여러 다른 음성을 지니고 있지만 그러한 음성의 집합을 은유적으로 말고는 언어라고 말할 수 없다는 것이다. 말 그대로 언어라 불리어 질 수 있는 것 중에서 가장 좋은 부분은 마음의 행위에 대한 숙고에서 비롯된다. 언어는 상상력의 내적 행위, 과정, 그리고 결과에 대한 고정된 상징들의 자발적 유용에 의해 형성되는데, 그것의 대부분은 교육받지 못한 사람들의 의식 속에는 자리하고 있지 않다는 것이다. 실제로 워즈워스가 의미한 지방주의에서 정화된 시골사람들의 언어는 시인들의 임의적이고 변덕스런 습관에서 쓰는 장식적이고 견실하지 못한 시어의 반대의 개념으로 받아들여야 한다는 것이다. 코울리지는 그의 언어이론에 입각하여 워즈워스가 산문이나 운문에서 쓴 언어는 사실은 초서(Chaucer)나 허버트(Herbert) 같은 시인들에 의해서 예시된 종류의 언어임을 주장한다.

IV

지금까지 코울리지의 시인과 비평가에 대한 견해를 고찰해 보았다. 낭만주의 시대에 이르러 시를 창조해내는 주체로서의 시인의 위상은 그 어느 시대보다도 강조되었으나 코울리지는 특히 시에 대한 정의를 시인에 대한 정의로 대체 함으로써 그러한 경향을 더욱 구체화시켰다. 시인은 무한한 창조정신과 절묘한 감수성으로 평범하고 해묵은 사물이 새로운 양상으로 나타나도록 사람들의 눈과 감수성을 일깨우는 역할을 하는 자이다. 그는 또한 시인을 지식의 전달자로서, 현세를 진단하고 임박한 위험을 경고하며 앞으로의 나아갈 바를 제시해 주는 구약의 예언자에 상응하는 존재로 파악하였다. 무엇보다도 중요한 것은 시인은 신에 유사한 창조력, 즉 상상력의 힘으로 시를 창조하는 자란 사실이다. 창조의 에너지가 어떤 법칙과 원리에 따라 이루어졌듯이 시도 그에 유사한 원칙에 따라 창조된다. 그의 시인론은 무엇보다도 낭만주의 시대에 시의 위상이 어떠하였는지를 잘 반영해 준다. 시인을 지식의 전달자, 예언자로 파악했다 함은 시는 곧 지식의 보고이며 사물의 이치와 진리가 담겨 있는 예언서와 같은 이상을 지녔다는 것이다.

시인이자 비평가였던 코울리지는 이상과 같이 시인의 위치와 역할 그리고 시의 위상에 대해 거의 극상의 중요성을 부여했는데 그 이상이 컸던 만큼이나 좋은 시, 그리고 일급의 시인을 가려내는 데에도 그 기준이 엄격하였다. 그는 『바이오그라피아』에서 천재를 구별해내는 기준을 셰익스피어를 평하는 자리에서 제시하였고 열등한 시인들의 특성에 대해서도 언급하였다. 또한 시를 썼던 시인으로서 그리고 뚜렷한 근거도 제시받지 못한 채 비평의 호된 공격의 화살을 받았던 사람으로서 정당한 비평의 필요성이 얼마나 큰 것인지도 제시하였다. 천재와 열등한 시인들을 구별해내는 지침을 제공해 주는 비평가 역시 시인 못지 않게 뛰어난 능력을 지닌 자여야 한다는 것은 두 말할 나위가 없거니와 그 모든 것이 어떤 엄격한 비평의 원칙 하에 이루어져야 함도 밝혔으며 그 자신이 비평활동을 통해서 그 모범을 보여 주기도 하였다. 이 글에서는 워즈워스 비평의 일부를 그 예로 제시하였다. 그의 시인론은 시가 거의 엔터테인먼트의 수준에 떨어져 있는, 또한 그것조차도 다른 예술형식에 자리를 내주고 있는 지금의 상황에서는 어쩌면 한갓 공허한 외침으로 들릴 수도 있을 것이다. 그러나 우리의 문자가 살아있고 그것이 기능을 발휘하는 한 시, 즉 문학은 코울리지가 믿었던 그 가치가 있음을 믿으며 이 때문에 그것의 옥석을 가리는 비평 역시 그 중요성과 사명은 이루 말할 수 없이 크다 할 것이다.

약어

BL Coleridge, Samuel Taylor. *Biographia Literaria*. Eds. James Engell and W.Jackson Bate. 2vols. London and Princeton: Princeton University Press and Routledge, 1983.

F _____. *The Friend*. Ed. Barbara E. Rooke. 2 vols. London and Princeton: Princeton University Press and Routledge, 1969.

Lect _____. *Lectures 1808-1819: On Literature*. Ed. Reginald Foakes. 2vols. London and Princeton: Princeton University Press and Routledge, 1984.

참고 문헌

Coleridge, Samuel Taylor. *Biographia Literaria*. Eds. James Engell and W.Jackson Bate. 2 vols. London and Princeton: Princeton UP and Routledge, 1984.

_____. *The Friend*. Ed. Barbara E. Rooke. 2 vols. London and Princeton: Princeton UP and Routledge, 1969.

_____. *Lectures 1808-1819: On Literature.* Ed. Reginald Foakes. 2vols. London and Princeton: Princeton University Press and Routledge, 1984.

House, Humphry. "'Kubla Khan' and 'Christabel'." *Coleridge: The Ancient Mariner and Other Poems.* Eds. Alun R. Jones and William Tydeman. Basingstoke and London: Macmillan, 1973.

Lowth, Robert. *Lectures on the Sacred Poetry of the Hebrews.* London: Chadwick, 1847.

Milton, John. *The Complete Prose Works of John Milton.* Gen Ed. Don M. Wolfe. New Haven: Yale UP, 1953-82.

Piper, H.W. *The Singing of Mount Abora.* Rutherford, London, Toronto: Fairleigh Dickson University Press, 1987.

Pope, Alexander. *An Essay on Criticism.* In *Criticism: The Major Texts.* Ed. W.J.Bate. New York, Chicago, Atlanta: Harcourt Brace Jovanovich, INC., 1970.

Voicik, J. & Frontain, R. eds. "Introduction: The Prophet in the Poem." *Poetic Literature in Western Literature.* Rutherford, Madison, Teaneck: Fairleigh Dickinson Press, 1984. 13-40.

Watson, George. *Coleridge the Poet.* London: Routledge and Kegan Paul, 1966.

Wordsworth, William. *The Poetical Works of William Wordsworth.* Eds. E. de Selincourt and H. Darbishire. Oxford: Oxford University Press, 1940-1949.

김재인

바이런의 역사 읽기: 『차일드 해롤드의 순례 여행』 캔토우 Ⅲ, Ⅳ

I.

바이런(Lord Byron)을 옹호하는 비평가들이 그를 우리 시대에 가장 가까운 탈모더니스트라고 주장함은 그가 다른 낭만주의 시인들의 대열에서 배제된 것에 대한 반작용으로 해석할 수 있다(Galperin 245-46). 낭만주의의 대표적인 시인 블레이크(William Blake)와 워즈워스(William Wordsworth)가 미래지향적이고 희망적인 비전을 제시한 반면, 바이런은 격정적이고, 음울하고, 폐쇄적인 인물 즉, 바이런식의 영웅(Byronic Hero)을 창출함으로써 염세적인 인생관을 보여준다. 월터 페리(Walter Perrie)에 의하면, 바이런주의의 중심은 개인적 · 역사적 파국으로서의 파멸(Fall)에 있다(157-58).

허무적이고 절망적인 바이런의 부정적인 시각은, 개인적으로는 그의 잘못된 성장과정과 역사적으로는 불란서 혁명의 실패와 밀접한 관계를 가진다. 그는 신경질적이고 난폭한 어머니에게서 사랑의 결핍을 경험했고, 엄격한 칼빈교도의 보모로부터 원죄(Original Sin)에 관한 철저한 교육을 받았다. 자신의 신체적 결함과 5년 연상의 이복누이 아우구스터 리(Augusta Leigh)와의 사랑에 대한 그의 죄의식은 어머니와 보모의 악영향과 함께 그에게 사

195

회와의 단절뿐만 아니라 순수함의 상실로 인한 패배 의식을 가져다 주었다.

삶보다는 죽음, 창조보다는 파괴를 선호하는 바이런의 염세적인 태도에 불란서 혁명의 실패가 일조했다고 말할 수 있다. 제럼 멕건(Jerome J. McGann)에 의하면, 후기 낭만주의자들에게 있어서 불란서 혁명은 그들을 배반한 하나의 추억거리에 지나지 않았으며, 그들에게 희망대신 환멸만 안겨다준 사건이었다. 그들은 블레이크나 워즈워스처럼 살아있는 것만으로 축복이 될 수 있는 그러한 서광의 빛을 어떠한 곳에서도 찾아볼 수 없었다(111). 바이런이 비판적인 눈으로 그리고 타락과 패배의식으로 바라본 세상은 한 마디로, 허무하고 절망적인 모습이었다. 그러므로 그는 다른 낭만주의 시인들과 다르게 절망의 시를 씀으로써 유명해졌다.

『차일드 해롤드의 순례 여행』 캔토우 III는 바이런이 아내에게 이혼 당하고 딸까지 포기해야 했었던 가장 어려운 시기에 쓰여진 것으로 그의 어두운 마음을 잘 나타내고 있다. 그는 자신의 절망적인 마음을 표출하는데 그치지 않고 그의 심적 고통에서 필사적으로 벗어나고자 하는 심정에서 이른바 "바이런식의 영웅"을 창조해냈다. 실제 인물보다 그가 창조한 "바이런식의 영웅" 신화로 더 유명한 바이런은1) 『차일드 해롤드의 순례 여행』 캔토우 III에서 "바이런식의 영웅"에 해당하는 해롤드와 그 인물을 지켜보는 서술자 사이에 극적 구조를 조성함으로써 자신의 절망적인 마음으로부터의 탈출을 시도했다. 사실, 그는 『차일드 해롤드의 순례 여행』을 발표하기를 꺼려했었다. 자신의 사적인 생활과 감정을 드러내놓는 것에 대한 두려움 때문이기도 했지만, 이미 「영국 시인들과 스코틀랜드 평론가들」("English Bards and Scotch Reviewers")을 통하여 획득한 신고전주의 작가로서의 자신의 명성에 손상이 갈지도 모른다는 걱정에서였다. 왜냐하면 『차일드 해롤드의 순례 여행』은 그가 다른 낭만주의 시인들의 진영에 발을 들여놓았음을 스스로 인정하는 것이기 때문이었다(Marchand 11).

『차일드 해롤드의 순례 여행』 캔토우 III에서 바이런은 워즈워스처럼 과

---

1) 버트랜드 러셀(Bertrand Russell)은 그의 『서양 철학사』(*History of Western Philosophy*)에서 바이런은 실제보다 신화로서 더 중요한 인물이었음을 말하고 있다(721). 노스롭 프라이(Northrop Frye)도 바이런의 위대함을 거대한 문화적인 힘에서 찾고 있다(53).

거에로의 여정을 추구하지만 그와는 달리 자신의 과거 대신 과거 영웅들을 추적함으로써 파괴와 죽음의 역사를 읽어낸다. 그 역사를 읽는 자로서 그는 절망적인 인물인 해롤드를 선택했으며 또한 서술자를 설정하여 그의 염세적인 인생관을 조명한다. 캔토우 III와 IV에서 어두운 마음으로 파괴의 역사를 읽어내는 절망의 시인인 바이런이 어떻게 다른 낭만주의 시인들처럼 희망적인 비전을 모색하는지를 살펴보는 것이 이 논문의 목적이다.

II.

캔토우 III에서 해롤드는 유럽의 여러 곳을 방문하는 순례자이기는 하지만 그는 순례자의 본래 목적인 회개하는 자로서가 아니라 사회에서 버림받고 떠도는 어두운 정신의 무법자이다("the wandering outlaw of his own dark mind")[2]. 코울리지의 늙은 수부처럼 해롤드는 마음속에 죄인의 딱지를 달고서 남과는 격리된 채 외롭고 쓸쓸한 삶을 살도록 운명지어져 있는 인물이다. 즉 해롤드는 "바이런의 첫 번째의 카인 또는 그의 떠도는 유태인이다" (Thorslev 135). 그는 자기 중심적이며, 망가진 자신의 마음을 회복할 목적으로 유럽을 배회하면서 그 곳의 역사를 읽는다. 이 세상에서 모든 것이 끝났다는 그의 생각은 절망감에 미소와 기운을 북돋아주는 역할을 한다.

> 스스로 망명의 길을 택한 해롤드는 다시 배회한다,
> 남겨진 어떠한 희망도 없이, 그러나 슬픔은 더 적게;
> 헛되게 살았고, 무덤 이 쪽의 삶이
> 모두 끝났다는 바로 그 깨달음은,
> 절망에 기쁨을 띠게 해주었었다,
> 그 절망은, …
> ....
> 여전히 원기를 불어넣어 주었고, 그는 그것을 마다하지 않았다.

---

2) Lord Byron, *The Complete Poetical Works*, ed. Jerome J. McGann, vol. 2 (Oxford: Clarendon P, 1980) 77.『차일드 해롤드의 순례 여행』의 인용은 이 판에 의거하며, 캔토우와 행으로 표기함.

Self-exiled Harold wanders forth again,
With nought of hope left, but with less of gloom;
The very knowledge that he loved in vain,
That all was over on this side of the tomb,
Had made Despair a smilingness assume,
Which, ⋯

....

Did yet inspire a cheer, which he forbore to check.

(III. 136-44)

희망 대신 절망이 그를 기운 나게 하는 역설적인 인물, 해롤드는 절망을 회
피하지 않고 적극적으로 자신의 절망감과 허무감을 역사 읽기에 투사하여
인생을 상실과 파괴로 해석한다. 해롤드의 역사 읽기를 전체적인 관점에서
바라보는 서술자는 그의 읽기가 "깨어진 거울"과 같다고 말한다. 그 "깨어
진 거울"은 또한 해롤드의 망가진 마음을 가리킨다.

이처럼 마음은 깨어질 것이고, 그러나 깨어진 상태로 계속 살아갈 것이다:

심지어 깨어진 거울로서. 그 거울은
모든 조각으로 증가하고, 존재했던
하나의 똑같은 것에서부터 천 개의 이미지를 만들어낸다.
그리고 여전히 그만큼 더 많이, 더 많이 그것은 깨어진다.

And thus the heart will break, yet brokenly live on:

Even as a broken mirror, which the glass
In every fragment multiplies; and makes
A thousand images of one that was,
The same, and still the more, the more it breaks;

(III. 288-92)

해롤드의 깨어진 마음이 그의 역사 읽기에 어떤 영향을 미칠 것인가를 서술

자는 잘 설명해 주고 있다. "Break"와 "broken"의 반복적인 사용에서도 알 수 있듯이, 위의 구절은 캔토우 III에서 해롤드의 역사 읽기가 계속적으로 파괴적일 것임을 말해준다. 서술자는 해롤드의 깨어진 마음은 인생을 전체로 보지 못하고 단편적으로 읽어낼 것임을 지적할 뿐만 아니라 그가 파괴적으로 읽어내는 역사의 단편적인 사건들은 하나의 동일한 성질을 띠고 있음을 밝혀두고 있다.

캔토우 III에서 서술자는 해롤드의 역사 읽기의 파괴성을 부각시키면서 동시에 파괴적인 역사 읽기를 통하여 해롤드 스스로 자신의 파괴적인 속성을 들여다 볼 수 있는 기회를 만들어 주고 있다. 바이런에게 있어서 역사 읽기는 그 자체가 파괴적이 된다. 워즈워스의 과거에는 기쁨이 남아있지만, 바이런에게 있어 과거는 고통민 줄뿐이다. 왜냐하면 과거에 대한 의식은 그에게 죽음을 인식시킴으로써 상실, 슬픔, 절망을 영속화시키고 현재와 미래에까지 영향을 주기 때문이다. 캔토우 III에서 바이런의 역사 읽기는 인류의 조상인 아담과 이브가 죄를 지어 낙원을 잃어버렸으며, 죽음을 얻은 이후 고통스러운 인생을 살게되었다는 원죄설에 기초하고 있다. 로버트 글레크너 (Robert F. Gleckner)는 해롤드의 "깨어진 마음"과 "깨어진 거울"은 상실한 에덴의 파편을 나타낸다고 주장한다(243). 바이런이 역사 읽기에 사용한 이 "깨어진 거울"은 인간의 가장 이상적인 모습을 구현시키는 셸리의 시의 거울과 정반대가 된다.

"깨어진 거울"을 통하여 해롤드가 읽어낸 낭만주의의 대표적인 두 영웅, 나폴레옹과 루소는 자신들과 그리고 다른 사람들을 파괴시킨 파괴자였다. 그들은 모두 강한 의지의 소유자로서 뜨거운 야심을 가지고 이상과 명성을 추구했지만 결국 패배로 끝났다. 그들은 동일하게 혁명과 전쟁의 주범으로서 광란과 소요를 일으킨 파괴자 중의 파괴자였다. 특히, 나폴레옹은 해롤드에게 있어서 영웅이라기보다는 살인을 일삼는 야만인이었다. 그는 나폴레옹의 패배에서 영웅의 허상과 명성의 공허함을 읽는다.

···그대의 사나운 이름이,

그대가 명성의 조롱거리외 아무 것도 아닌 지금보다

더 많이 사람들의 생각 속에 떠돌아다닌 적 결코 없었다.

그대의 부하인 명성은 일찍이 그대에게 구애하여

그대 사나움의 아첨꾼이 되었다, 그대가 자신에게

신이 되고, 모두 놀라서 손놓고 있는 왕국들에게도

마찬가지로 신이 될 때까지. 그들은 얼마동안

그대가 내세우는 어떠한 것이든 그것을 당신으로 간주했다.

. . . thy wild name

Was ne'er more bruited in men's minds than now

That thou art nothing, save the jest of Fame,

Who wooed thee once, thy vassal, and became

The flatter of thy fierceness, till thou wert

A god unto thyself; nor less the same

To the astounded kingdoms all inert,

Who deem'd thee for a time whate'er thou didst assert:

(Ⅲ. 326-33)

바이런에 의하면, 나폴레옹은 명성을 얻고자 더 거칠어졌으며 그 사나움으로 신까지 되었지만 그것은 잠시에 불과했다. 제국을 부수거나 새로 만들 수 있는 막강한 힘을 가진 그였지만 자신의 사소한 감정을 다스리지 못하고, 스스로를 꿰뚫어 보지 못한 결과 그는 패배자가 되었다. 전쟁의 영웅인 그가 전쟁에 대한 그의 욕구를 억제하지 못한 것이다. 해롤드는 나폴레옹의 그릇된 열정을 읽으면서 그의 내부에 있는 자신의 파괴적인 성향을 비추어 보고 있다. 해롤드가 바이런식의 영웅이라면, 자기 중심적이고 격정적인 나폴레옹 역시 그 영웅의 범주에 속한다. 루소도 예외가 아니다.

바이런은 루소를 불란서 혁명과 나폴레옹의 파국을 초래한 원동력으로 간주한다(Perrie 157). 그는 루소의 고통스러운 삶에서 문학의 위험성 ─ 이상적이고 병적인 아름다움을 추구하는 ─ 을 조명하고 있다. 바이런에 의하면, 루소 또한 자신의 감정을 다스리지 못하여 스스로에게 고통을 가한 사나운 궤변가다.

> 여기 스스로를 괴롭히는 궤변가인 사나운 루소,
> 고통의 사도, 감정에
> 마술을 걸고, 비애에서
> 압도적인 웅변을 짜낸 그가, 처음에는
> 그를 비참하게 만든 글을 썼다; 그러나
> 그는 광기를 아름답게 만드는 법을 알았고,
> 그릇된 행위와 생각에 말로써 천상의 색채를
> 씌우는 법을 알았다, 눈에 스쳐갈 때 눈부신 태양 빛처럼.
> 그때 눈에는 그 빛을 받고 눈물이 사무치게 그리고 하염없이 내렸다.

> Here the self-torturing sophist, wild Rousseau,
> The apostle of affliction, he who threw
> Enchantment over passion, and from woe
> Wrung overwhelming eloquence, first drew
> The breath which made him wretched; yet he knew
> How to make madness beautiful, and cast
> O'er erring deeds and thoughts, a heavenly hue
> Of words, like sunbeams, dazzling as they past
> The eyes, which o'er them shed tears feelingly and fast.

(III. 725-33)

해롤드는 루소에게서 자신과 닮은 또 하나의 바이런식의 영웅을 읽고 있다. 그에 의하면, 루소는 고통의 사도로서 고통을 미화시키고 비정상적인 것을 천상의 색채로 꾸며서 독자를 현혹시켰다. 뿐만 아니라, 그는 일생 동안 스스로 찾아낸 적이나 친구들과 긴 논쟁을 벌였고 매사를 의심하여 격분하고 광분했다. 또한 그럴듯한 논리를 내세워 병적이고 슬픈 것들에 열광하기도 했다(III. 752-60) 해롤드가 읽어낸 루소는 자신뿐만 아니라 당대의 사람들에게까지 혼란과 고통을 초래한 지적인 파괴자였다.

캔토우 III에서 해롤드는 "깨어진 마음"으로 역사의 현장을 찾아가 그 곳
의 역사를 읽으면 읽을수록 더욱 암담해진다. 인간의 역사는 거의 모두가
피비린내 나는 전쟁의 역사로서 파괴와 죽음 그리고 삶의 허무만을 그에게
거듭 확인시켜 주었을 뿐이다. 그래서 그는 "깨어진 거울" 속에 비쳐진 파괴
의 역사 읽기로부터 탈출하고 싶은 욕구를 자연에서 충족시킨다. 스위스의
레먼(Leman) 호수가 그에게 매력적으로 다가왔다. 왜냐하면 그것은 파괴 대
신 고요와 심원함을 보여주었기 때문이다. 그가 읽어낸 조각난 인간 역사와
는 대조적으로 수정처럼 맑은 레먼 호수는 별들과 산들의 고요를 비쳐주고
그것들의 높이와 색채를 한층 심오하게 만들어 주었다. 다시 말해서, 레먼
호수의 거울은 그의 깨어진 거울과는 다르게 별들과 산들로 하여금 스스로
천상의 고요와 아름다움을 관조하도록 도와주었다(III. 644-47).

해롤드는 자신의 깨어진 거울과 마음에서 벗어나는 하나의 방편으로 자
신과 자연의 동일함을 읽고자 노력한다.

> 산, 파도, 하늘은 내가 그러한 것처럼
> 나와 내 영혼의 일부가 아닌가?
> 이들에 대한 사랑은 내 마음 속 깊은 곳으로부터의
> 순수한 열정이 아닌가? …
>
> Are not the mountains, waves, and skies, a part
> Of me and of my soul, as I of them?
> Is not the love of these deep in my heart
> With a pure passion? . . .
>
> (III. 707-10)

그는 역사 읽기 때와는 다르게 자연에서 파괴 대신 결합을 읽고 있다. 그는
그의 영혼이 자연이라는 거대한 전체의 일부임을 인식함으로써 자신을 자연
과 동일시 하고자 한다. 즉 그는 자연에서 단편적이고 파편적이 아닌 전체적
인 관점을 터득한 것이다. 그 결과 그는 망가지고 더럽혀진 마음을 버리고
사심 없는 순수한 사랑으로 자연에 접근하고자 한다. 빈센트 뉴이(Vincent

Newey)는 바이런이 자연에 열중하는 것은 자기 자신이 연루되어 있는 원죄 상태로부터 도피하는 것과 같다고 주장한다(160). 해롤드는 자연에서 만물을 아름다움으로 묶어주는 영원한 조화까지 읽어낸다.

우리가 가장 덜 외로운 고독에서
느끼는 무한한 느낌이 그 때 일어난다,
우리의 존재를 통하여 용해되고
자아로부터 정화되는 하나의 진실: 그것은 하나의 곡조이며,
영원한 조화를 알려주고,
이야기에 나오는 아프로디테의 영역처럼,
모든 것을 아름다움으로 묶어주는 마력을 발신하는
음악의, 영혼이며 근원이다. ― 죽음이 해칠 수 있는 거대한 힘을 가지고
있다하더라도 그것은 유령인 죽음의 무장을 해체할 것이다.

Then stirs the feeling infinite, so felt
In solitude, where we are *least* alone;
A truth, which through our being then doth melt
And purifies from self: it is a tone,
The soul and source of music, which makes known
Eternal harmony, and sheds a charm,
Like to the fabled Cytherea's zone,
Binding all things with beauty;—'t would disarm
spectre Death, had he substantial power to harm.

(III. 842-50)

워즈워스를 생각나게 하는 이 구절에서 자연은 해롤드에게 무한한 느낌을 선사함으로써 그의 상처받은 마음을 어느 정도 치유해주고 있음을 알 수 있다. 인간 역사 읽기에서 경험한 죽음의 고통 즉 시간의 한계에서 벗어나 해롤드는 잠시 자연에서 무한의 존재를 감지한다. 그의 마음 또한 정화되어 자기에서 벗어나는 종교적 또는 신비적 체험의 경지에까지 도달한다. 여기

서 바이런은 워즈워스 흉내를 내고 있지만 그의 표현이 매우 어색하고 자연
스럽지 못하다.3) 워즈워스가 그러하듯 자연에서 무한의 경지를 경험하지만
그는 자연과 일체가 된 기쁨과 감동을 주지 못한다. 그의 작위적이고 억지스
러운 표현은 그의 마음이 완전히 자연에 내맡겨지지 못했음을 보여준다. 죽
음의 환영이 해롤드의 의식 속에 여전히 남아있는 것을 보아 바이런에게 있
어서 자연은 죽음에로의 허무와 절망을 극복시킬 수 있는 충분한 해결책이
될 수 없음을 알 수 있다. 조화로운 자연보다 파괴의 역사가 더 강력하게
그의 의식을 지배하기 때문에 해롤드를 통하여 바이런이 보여주는 풍경
(landscape)은 모두 과거의 전쟁터 아니면 과거 문명의 폐허에 지나지 않는
다. 해롤드가 자연에서 죄인으로서의 자의식으로부터 벗어난 것도 잠시였을
뿐이다.

III.

캔토우 III에서 해롤드는 자연에서 자신이 원하는 희망적인 비전을 구하
지는 못했지만 바이런은 그것의 시작과 마찬가지로 딸에 대한 사랑으로 캔
토우 III를 끝맺음한다. 이것은 바이런이 인간사에는 남성들이 만드는 전쟁
의 역사와 더불어 여성들이 만드는 사랑의 역사도 있음을 시사한다.4) 앞서
서술자가 해롤드의 깨어진 거울의 여러 단편적인 시각을 지적하면서 전체적
인 관점에 관하여 언급한 것처럼 바이런은 캔토우 IV에서 역사 속에 비쳐진

---

3) 캔토우 III에서 바이런은 워즈워스식의 조화로운 자연의 비전을 보여주는 것으로 알려
   져 있으나, 이에 반박하는 비평가들도 상당히 있다. 워즈워스는 바이런의 자연에 대한
   열정은 꾸민 것이거나 빌린 것이라고 생각했고(Rutherford 61n), 레슬리 마천드(Leslie
   A. Marchand)는 캔토우 III의 분위기는 워즈워스의 것과 아주 다르며, 자연은 바이런을
   워즈워스처럼 "누그러뜨리거나 차분하게 하는" 힘을 가지지 못하며, 단지 그를 위로해
   줄뿐이라고 말한다(52n). 그리고 테렌스 호그우드(Terence Allan Hoagwood)도 캔토우
   III의 내용이 워즈워스식의 자연에 관한 것이 아니라 역사적 사고와 정치적 문제점에
   관한 것을 다루고 있다고 주장한다(90).
4) 윌리엄 갤퍼린(William H. Galperin)은 줄리아 크리스테바(Julia Kristeva)의 이론을 빌
   어 캔토우 III와 IV를 남성의 "상징적"(symbolic) 질서와 여성의 "기호적"(semiotic) 질
   서 측면에서 해석한다(257-70).

파괴와 타락의 보편성을 수용함으로써 희망적인 비전을 모색하고 있다.

 캔토우 IV에서 크게 달라진 것은 캔토우 III에 있었던 해롤드와 서술자 사이의 극적 구조가 사라진 것이다. 바이런은 존 합하우스(John Hobhouse)에게 보낸 편지에서 작가인 서술자와 순례자인 해롤드 사이의 구별이 헛된 것이었으며, 둘의 차이를 유지하는 일이 작품 전개에 방해가 된다고 생각하여 그 구별을 그만 두기로 했음을 밝히고 있다(122). 사실, 해롤드가 불필요하게 된 것은 캔토우 IV에서 바이런의 역사 읽기의 시각과 태도가 달라졌기 때문이다. 캔토우 III에서 그는 해롤드와 자신을 분리시킴으로써 해롤드의 파괴적인 속성을 잘 들여다 볼 수 있었지만, 그의 역사 읽기에서 나타났듯이 그 속성은 유독 해롤드, 나폴레옹, 루소에게만 국한되는 것은 아니었다. 즉 파괴와 타락으로 점철되어 있는 인간의 역사를 두고 볼 때 그것들은 인간들의 보편적인 성향이었다. 따라서 해롤드와 서술자와의 구별은 무의미하게 된 것이다. 캔토우 IV에서 해롤드의 부재는 역사 읽기가 새로운 각도에서 이루어질 것임을 알려주는 반면(Manning 63), 캔토우 III에서 해롤드의 존재는 캔토우 IV에서의 바이런의 긍정적 역사 읽기에 원동력을 제공해주었다. 바이런은 캔토우 III에서 해롤드를 자신의 분신으로 창조함으로써 창조자로서의 자신과 자신의 본질적인 존재에 대한 의식이 깨어났기 때문이다 (Syder 32).

 해롤드의 역사 읽기와 마찬가지로 캔토우 IV에서 파괴의 역사를 읽어낸 바이런은 인생 자체가 끝없는 고통임을 천명한다.

> 우리들의 인생은 거짓이다 ─조화도
> 없는 인생,─ 이 엄연한 천명,
> 이 근절할 수 없는 죄의 얼룩,
> 이 끝없는 유퍼스 나무, 모든 것을 시들게 하는 이 나무,
> 그것의 뿌리는 땅이고, 그것의 잎과 줄기는
> 이슬처럼 인간에게 질병, 죽음, 속박 ─
> 우리가 보는 모든 재난들을 재앙으로 퍼붓는 하늘이다.
> 더 나쁜 것은, 우리가 보지 못하는 재난들이다 ─ 언제나 새로운 마음의
> 고통과 더불어, 불치의 영혼 속에서 고동치는.

Our life is a false nature— 'tis not in
The harmony of things,— this hard decree,
This uneradicable taint of sin,
This boundless upas, this all-blasting tree,
Whose root is earth, whose leaves and branches be
The skies which rain their plagues on men like dew —
Disease, death, bondage — all the woes we see —
And worse, the woes we see not—which throb through
The immedicable soul, with heart-aches ever new.

(Ⅳ. 1226-34)

역사 읽기를 통하여 그가 터득한 것은 그의 심적 고통은 자신만의 것이 아
닌 인간 모두에게 공통된 것이며 인생 자체가 진정한 의미의 삶이 아닌 죽
음이라는 것이다. 역사가 그에게 가르쳐 준 것은 인생이라는 독 나무가 모든
것을 망가뜨리고 그것의 잎과 줄기는 하늘에서부터 갖가지 재앙을 가져다준
다는 사실이다. 따라서 인생에 관한 모든 이야기는 처음에는 자유 그리고
영광, 그것들이 사라지면 악과 부패 그리고 마지막에는 야만적인 상태로 복
귀하는 것으로 일관한다. 이것을 기록하려면 역사는 거대한 분량에도 불구
하고 단 한 페이지만으로 충분하다(Ⅳ. 964-69). 다시 말해서, 인간의 역사
는 끊임없는 파괴의 연속인 것이다.

　파괴의 역사에 절망하는 바이런에게 기운을 북돋아주는 것은 아이러니컬
하게도, 파괴의 중심인 로마다. 곳곳마다 폐허로 뒤덮여 있는 로마를 보면서
그는 절망하기보다는 폐허의 보편적이고 창조적인 측면을 발견함으로써 새
로운 역사 읽기를 시도한다. 바이런이 과거 역사를 새로운 시각으로 읽게된
것은 인생이라는 독 나무가 만물을 망가뜨리는 것은 결코 거부할 수 없는
진실임을 인정했기 때문이다. 그는 폐허를 외면하지 않고 오히려 그것을 내
면화하고자 노력한다.

　　그러나 내 영혼은 배회한다; 나는 그것에게 요구한다,
　　돌아와 붕괴 가운데서 묵상할 것을. 그리고 나는

폐허들 가운데서 하나의 폐허로 서 있다; 한 영토 너머로
무너진 국가들과 파묻힌 위대함을 추적하기 위해서.
그 영토가 과거에 힘을 장악했을 때는 가장 강력했으며,
지금은 가장 아름다우며, 언제나
자연의 신성한 손이 만든 최고의 형태일 것임에 틀림없다,
그 곳에서 영웅적인 사람들과 자유로운 사람들,
아름다운 사람들, 용감한 사람들 — 육지와 바다의 지배자들이 만들어졌다.

But my soul wanders; I demand it back
To meditate amongst decay, and stand
A ruin amidst ruins; there to track
Fall'n states and buried greatness, o'er a land
Which was the mightiest in its old command,
And is the loveliest, and must ever be
The master-mould of Nature's heavenly hand,
Wherein were cast the heroic and the free,
The beautiful, the brave — the lords of earth and sea,

(IV. 217-25)

캔토우 III에서 분노와 절망으로 워털루(Waterloo)를 해골의 장소로 읽었던
것과 대조적으로 바이런은 이곳 로마에서 폐허를 과거 역사와 더불어 긍정
적인 차원에서 읽고 있다. "A ruin amidst ruins"에서 알 수 있듯이, 그는
앞서의 비판적인 태도와는 달리 공감적인 태도로 폐허에서 과거의 영광과
현재의 아름다움을 동시에 본다. 다시 말해서, 그는 이제 더 이상 해롤드의
깨어진 거울의 시각으로 역사를 읽지 않는다. 그에게 폐허의 의미는 과거의
영광을 불러오는데 있을 뿐만 아니라 모든 인간 역사가 보여주듯 폐허는 피
할 수 없는 하나의 전체구조의 부분임을 인식시켜 주는데 있다(Joseph 94).
따라서 로마의 폐허는 이제 그에게 있어서 과거와 현재를 결합하여 인생을
총체적으로 비쳐주는 일종의 영원한 현재와 같은 것이다(Gleckner 287). 바
이런은 폐허에서 시간의 한계를 인지하는데 그치지 않고 그것의 영원성까지

읽는다. 그는 더 이상 "깨어진 마음"으로 역사를 읽을 필요가 없게 되었다. 왜냐하면 로마의 폐허는 인생이 무엇인가를 대승적 차원에서 확실하게 보여 주었기 때문이다.

영겁의 세월 동안 수많은 고통을 이겨낸 로마는 고통을 겪고 있는 인간들을 위로해 줄 수 있는 역사적 장소가 될 수 있다. 폐허의 긍정적 의미를 간파한 바이런은 흥분하여 다음과 같이 로마를 찬양한다.

> 오 로마여! 내 나라! 영혼의 도시!
> 마음의 고아들은 너에게로! 죽은 제국의 외로운
> 어머니인 너에게로 향하여 그들의 닫혀진
> 가슴속에서 그들의 사소한 불행을 다스려야 한다.
> 우리들의 재난과 인내는 무엇이란 말인가?

> Oh Rome! my country! city of the soul!
> The orphans of the heart must turn to thee,
> Lone mother of dead empires! and controul
> In their shut breasts their petty misery.
> What are our woes and sufferance?

> (IV. 694-98)

영국이 바이런의 마음을 망가뜨렸다면 로마는 그의 마음을 일으켜 세워주는 영혼의 도시가 된다. 로마는 자기처럼 마음의 고아가 된 자들이 반드시 방문해야 할 곳이라고 그는 강력히 주장한다. 「틴턴 사원」에서 워즈워스가 위 (Wye) 강둑에서 마음의 휴식처를 얻고자 했던 것처럼 바이런은 로마에서 자신의 망가진 마음을 근원적으로 치유하고자 한다. 로마는 어머니와 같은 존재로서 그의 외로움을 달래어 줄뿐만 아니라 그것이 안고 있는 파괴와 죽음의 크기는 그의 고통을 무색하게 해준다. 보다 큰 시각에서 자신의 고통을 바라보면 그것은 닫혀진 마음에서 비롯된 사소한 불행에 지나지 않음을 로마의 폐허가 그에게 전해주는 역사의 교훈이다. 요컨대, 로마는 그에게 깨어진 마음을 버림으로써 파괴와 죽음의 역사 읽기에서 아름다움과 영원의 역사 읽기로 전향할 것을 종용하고 있다.

  폐허는 파괴와 죽음의 잔해로서 인생의 허무를 자아내기에 충분하지만 로마의 폐허를 통하여 긍정적이고 희망적인 시각을 획득한 바이런은 과거의 시간성보다는 그것의 영원성에 더 많은 관심을 가지게 되었다. 그는 시간의 파괴적인 힘에도 불구하고 시간은 지상의 사물들에게 정신의 의식을 부여함을 발견한 것이다.

>   … 시간이
>   굴복시킨 지상의 사물들에게
>   정신의 의식이 주어진다, 그가 손을
>   구부렸지만 그의 낫을 망가뜨린
>   파괴된 흉장에는 힘과 마술이 있다,
>   현재의 궁전은 장엄함을 그것에게 양보하고
>   세월의 재산이 부여될 때까지 기다려야 한다.

>   . . . There is given
>   Unto the things of earth, which time hath bent,
>   A spirit's feeling, and where he hath leant
>   His hand, but broke his scythe, there is a power
>   And magic in the ruined battlement,
>   For which the palace of the present hour
>   Must yield its pomp, and wait till ages are its dower.

>   (Ⅳ. 1155-61)

  다시 말해서, 바이런은 시간이 지상의 것들을 파괴하지만 그 파괴 속에서 시간의 힘으로도 어쩔 수 없는 정신의 존재를 포착한 것이다. 그래서 망가진 흉장에도 힘이 있고, 심지어 정신은 시간의 의미를 파괴에서 영원의 신비로 바꾸어 놓는 요술까지 지니고 있다. 시간이 만들어낸 망가진 흉장의 아름다움은 현재 궁전의 장엄함을 능가한다. 그 궁전 또한 그것의 진가를 제대로 발휘하려면 수많은 세월이 흘러야 한다. 이처럼 로마의 폐허는 바이런의 역사 읽기를 파괴에서 창조로 전환시켜 놓았다. 시간의 창조적 가치를 읽어낸 그는 앞서 로마를 찬양할 때처럼 격앙된 어조로 시간을 다음과 같이 칭송한다.

> 오 시간이여! 죽은 자들을 아름답게 하는 자여,
> 폐허를 치장하는 자여, 이 마음이
> 피를 흘렸을 때 위로하고, 유일하게 치료해 주는 자여 —
> 시간이여! 우리들의 판단이 잘못되었을 때 고쳐주는 자여,
> 진실과 사랑을 시험하는 — 유일한 철학가여,

> Oh Time! the beautifier of the dead,
> Adorner of the ruin, comforter
> And only healer when the heart hath bled —
> Time! the corrector where our judgments err,
> The test of truth, love, — sole philosopher,

(Ⅳ. 1162-66)

앞서 캔토우 Ⅲ에서 자연에서 어정쩡한 태도로 무한의 경지를 경험하던 때와는 다르게, 바이런은 자의식에서 완전히 벗어나 폐허의 숭엄미에 흠뻑 빠져 있다. 그는 폐허와 일체가 되면서 시간의 뛰어난 창조적인 특성을 읽게 되었다. 과거는 시간의 흐름과 더불어 의미와 가치의 영원한 세계로 전환되는 것이다(Manning 202). 따라서 그 영역에서는 파괴와 죽음마저도 아름답게 치장될 수 있으며, 마음의 고통 또한 그것에 의미와 가치를 부여하거나 또는 바이런이 주장했듯이 역사 앞에서 개인의 사사로운 아픔은 하잘 것 없음을 보여줌으로써 치유될 수 있다. 인생에서 가장 중요한 진실과 사랑이 시간에 의해서만 증명될 수 있으므로 유일한 철학자는 시간이라고 바이런은 주장한다.

  시간에 대한 바이런의 극찬은 역사 읽기의 창조적인 태도에서 비롯된 것이다. 역설적으로 말하면, 그의 파괴적인 역사 읽기가 창조적인 읽기를 도왔다고 말할 수 있다. 뉴이에 의하면 캔토우 Ⅲ와 Ⅳ에 자주 등장하는 전쟁터

와 폐허는 "죽음과 혼란의 심연"으로 종착지이면서 동시에 출발지이다. 환영들로 가득 찬 그 곳은 곧 새롭게 탄생할 준비가 되어 있는 곳이다(184). 캔토우 III에서 바이런이 해롤드로 하여금 죽음의 파괴 현장을 계속 배회하면서 절망하게 만든 것은 캔토우 IV에서 그가 창조자로서 희망을 가지고 새롭게 탄생하고자 하는 목적이 있었다고 볼 수 있다. 사실, 바이런은 캔토우 III 앞 부분에서 해롤드는 자신이 만든 창조적 인물임을 밝히면서 창조를 통하여 보다 강렬한 삶을 살 수 있다고 역설하고 있다(III. 46-47). 그는 스스로는 아무 것도 아니지만 창조적인 행위에 의해서 자신의 존재의 실체가 구현될 수 있다고 믿었다.

다른 낭만주의 시인들과 마찬가지로 바이런도 창조적인 행위의 근원은 인간의 정신에 있으며, 그것은 본질적으로 불멸이라고 주장한다. 그는 창조적 정신의 위대함을 로마의 예술 특히, 문학, 건축, 조각에서뿐만 아니라 폐허 가운데 남아 있는 기념비적인 문화 유산에서 발견한다. 그에게 있어서 정신의 빛은 항시 어둠의 그림자를 동반하고 있다. 시를 쓰기 위해서 뮤즈를 부르는 듯, 그는 캔토우 IV에서 어둠 가운데 있는 정신의 무서운 힘을 환대한다.

> … 여기 한밤중의 어둠 속에서
> 공포와는 완전히 다른, 깊은 두려움을 가지고
> 걸어가는 너 이름 없는, 그러나 이처럼
> 전능한 무서운 힘이여, 자 환영하노라;
> 네가 출몰하는 곳은 언제나 황폐한 성벽에
> 담장이 덩굴이 뒤덮여 있는 곳이다, 숭엄한 장면은
> 너로부터 아주 깊고도 선명한 느낌을 만들어냄으로써
> 우리는 존재해온 것의 일부가 되고,
> 그 장소로 변화한다, 보이지 않고서 모든 것을 보는.

> . . . Now welcome, thou dread power
> Nameless, yet thus omnipotent, which here
> Walk'st in the shadow of the midnight hour

With a deep awe, yet all distinct from fear;
Thy haunts are ever where the dead walls rear
Their ivy mantles, and the solemn scene
Derives from thee a sense so deep and clear
That we become a part of what has been,
And grow unto the spot, all-seeing but unseen.

(IV. 1234-42)

바이런은 폐허에서 외경심을 자아내는 정신의 무서운 힘을 읽고 있다. 인간의 죽음과 고통까지도 퇴치할 수 있는 전능한 정신은 어둠 속에서 그 자신의 존재를 드러낸다. 유령이나 흡혈귀(vampire)가 나올법한 죽음의 장소에서 정신의 창조적 활동이 개시되는 것으로 바이런은 생각한다. 담장이 덩굴이 폐허된 성벽을 치장해주는 것처럼 정신은 폐허를 숭엄미로 장식하여 그것을 보는 자를 과거 즉 죽음의 일부뿐만 아니라 그 장소인 폐허로 바꾸어 놓는다. 즉 객체와 주체의 구별을 허물어뜨린다. 여기서 폐허는 죽음의 장소이면서 정신의 장소가 된다. 바이런에 의하면 폐허는 인간의 정신을 소생시켜 만물을 총체적으로 꿰뚫어 보게 해주는 마력을 가지고 있다. 앞서 "폐허 가운데 폐허로 서 있다"(IV. 218-19)는 것은 그가 공감하는 마음을 가지고 정신의 창조적 행위에 의해서 로마를 읽을 것임을 예고해주는 말이기도 하다.

  캔토우 IV에서 바이런이 정신의 창조적 행위에 의해서 폐허들 가운데 가장 아름답고 심오하게 읽어내는 기념물은 로마의 상징인 콜로세움이다.

  로마의 콜로세움이 서 있다; 말하자면, 달빛은
  그것을 밝혀주는 자연의 횃불로 빛나고 있다,
  왜냐하면 오랫동안 탐구되었지만 여전히 무궁무진한
  이 명상의 보고를 비추기 위해서 여기 흐르는 빛은
  신성한 것이어야 하기 때문이다;
  그리고 깊은 하늘이 말을 머금은 듯한 색조를 띠고서,

너희들에게 천국에 대해서 말하는 이태리 밤, 푸른 하늘의 어둠이

이 거대하고 놀랄만한 기념물 위로 떠다니면서

그것의 영광을 가리고 있다…

Her Coliseum stands; the moonbeams shine

As 'twere its natural torches, for divine

Should be the light which streams here, to illume

This long-explored but still exhaustless mine

Of contemplation; and the azure gloom

Of an Italian night, where the deep skies assure

Hues which have words, and speak to ye of heaven,

Floats o'er this vast and wondrous monument,

And shadows forth its glory . . .

(IV. 1147-55)

"콜로세움이 서있는 동안 로마가 존재할 것이고/ 콜로세움이 무너지면 로마가 무너질 것이다"(IV. 1297-98)는 말이 있을 정도로 로마를 상징적으로 가장 잘 나타내주는 콜로세움이 폐허의 모습으로 남아있다. 그러나 그 폐허는 예술의 위엄과 자연의 숭엄함이 완벽하게 조화를 이루면서 아름답게 빛나고 있다(Trueblood 93). 콜로세움은 과거, 전쟁의 승리를 기념하기 위해서 로마인들이 만든 것으로 그들은 그 곳에서 살인을 놀이로 즐기기도 했다. 반면에 지금, 망가진 그 건물은 로마인들의 파괴적인 야만성 대신에 달빛에 의해서 그것의 신성함의 깊이를 더하고 있다. 바이런은 파괴적이고 살인적이었던 그 장소의 역사적 사건보다는 세월과 더불어 얻게 된 고통의 숭엄함과 신성함을 창조적으로 읽고 있다. 망가진 상태로 남아있는 현재의 콜로세움은 로마의 상징이라기보다 파괴와 죽음의 기념물로서 이미 그것은 지상의 영역을 넘어 천상에 속해 있다. 그래서 파괴와 죽음은 바이런에게 이제 더 이상 절망과 고통의 의미로서가 아니라 숭엄함과 신성함으로 다가오고 있는 것이다. 그는 콜로세움의 어둠의 세계의 심원함과 신비를 자연의 빛과 어두움

그것도 하늘의 빛과 어두움의 대비로써 보여준다. 폐허 속의 그 부서진 건물은 시간의 흐름과 함께 이제 건축물로서가 아니라 로마 자연 풍경의 일부가 되었다(Joseph 89). 콜로세움은 달빛 그리고 하늘의 어두움과 한데 어우러지면서 바이런에게 파괴나 죽음이 자연의 현상임을 말해 주고 있다.

IV.

캔토우 III와 IV에서 나타난 바이런의 역사 읽기 ─ 파괴에서 창조에로의 ─ 는 그도 다른 낭만주의 시인들과 마찬가지로 이상주의자였음을 보여준다. 그들과 다르게 절망의 시인이기는 하지만 그에게 있어서 절망은 시가 존재하기 위한 전제 조건이 된다(McGann 132). 캔토우 III에서 바이런이 역사 읽기를 하는데 있어, 읽기의 주체를 "바이런 식의 영웅" 그리고 읽기의 방식을 "깨어진 거울"을 선택함으로써 그의 역사 읽기는 철두철미하게 파괴적인 것이 되었다. 그 결과 낭만주의 두 영웅, 나폴레옹과 루소마저도 그에게는 파괴자와 살인자로 평가되었으며, 그의 파괴적인 시각은 자연과의 동화도 거의 불가능하게 만들었다. 그러나 그의 파괴적인 역사 읽기는 그를 더욱 절망하게 함으로써 그의 역사 읽기를 창조적인 것으로 바꾸어 놓았다. "바이런 식의 영웅" 해롤드의 창조는 그에게 파괴적 역사 읽기를 강화시켰을 뿐만 아니라 창조자로서의 자신의 존재를 파악하는데 큰 도움을 주었기 때문이다. 결국 절망이 그에게 창조자로서의 시인의 역할과 희망적인 비전을 가져다준 셈이다.

캔토우 IV에서 연속적인 파괴의 역사는 바이런에게 파괴와 죽음의 필연성을 깨닫게 해줌으로써 창조적 정신에 대한 새로운 의식을 싹트게 만들어 주었다. 바이런도 다른 낭만주의 시인들처럼 창조적 정신에서 희망의 근거를 찾은 것이다. 그들과 다른 점이 있다면 그는 파괴와 죽음을 가장 잘 보여 주는 로마의 폐허에서 그 정신을 발견했다는 점이다. 그는 폐허에서 과거의 영원성을 읽었을 뿐만 아니라 시간의 축적이 만들어내는 숭엄미까지 읽어냈다. 즉 그는 역사를 파괴적인 관점이 아닌 창조적인 관점에서 읽게 되었다. 달빛과 어우러져 천상의 신성함을 보여주는 파괴된 콜로세움은 그의 절망이 승화하여 읽어낸 창조적 역사 읽기의 대표적 예라고 말할 수 있다. 캔토우 III와 IV에서 바이런 역사 읽기에 그것이 파괴적이든 창조적이든 변함 없이 자리잡고 있는 것은 그의 어두운 정신(dark psyche)이다. 그가 역사 읽기에서 희망적인 비전을 얻기는 했지만 그는 그 어두운 정신을 완전히 버린 것은 아니다. 불란서 혁명과 잘못된 성장과정에서 얻게된 파괴된 또는 망가진 세상(the fallen world)에 대한 그의 뿌리깊은 의식은 그의 어두운 정신을 배태시켰고, 그 어두운 정신은 "바이런 식의 영웅"과 함께 그의 대표적이 특징이 되었다. 바이런의 과거에로의 여정 즉 역사 읽기는 워즈워스의 여정과 마찬가지로 정치적 혁명의 파괴가 아닌 시의 창조가 민중을 자유롭게 할 수 있다는 희망을 심어주었지만(Marchall 817), 워즈워스와는 다르게 바이런의 역사 읽기는 그에게 희망 못지 않게 절망을 안겨주었다.

참고 문헌

Byron, Lord. *The Complete Poetical Works.* Ed. Jerome J. McGann. Vol. 2. Oxford: Clarendon P, 1980.

Frye, Northrop. "Lord Byron," *George Gordon, Lord Byron.* Ed. Harold Bloom. New York: Chelsea House, 1986, 53-63.

Galperin, William H. *The Return of the Visible in British Romanticism.* Baltimore: Johns Hopkins UP, 1993.

Gleckner, Robert F. *Byron and the Ruins of Paradise.* Baltimore: John Hopkins UP, 1967.

Hoagwood, Terence Allan. "Historicity and Scepticism in the Lake Geneva Summer." *Byron Journal* 19(1991): 90-103.

Joseph, M. K. *Byron The Poet.* London: Victor Gollancz, 1964.

Manning, Peter J. *Byron and His Fiction.* Detroit: Wayne State UP, 1978.

Marchand, Leslie A. *Byron's Poetry: A Critical Introduction.* Cambridge,

Mass: Harvard UP, 1968.

Marchall, William H. *The Structure of Byron's Major Poem.* Philadelphia: U of Pennsylvania, 1962.

McGann, Jerome J. *The Romantic Ideology: A Critical Investigation.* Chicago: U of Chicago P, 1983.

Newey, Vincent. "Authoring the Self: *Childe Harold* III and IV." Byron and the *Limits of Fiction.* Eds. Bernard Beatty and Vincent Newey. Liverpool: Liverpool UP, 1988, 148-90.

Perrie, Walter. "The Byronic Philosophy." *Byron: Wrath and Rhyme.* Ed. Alan Bold. London: Vision P, 1983, 142-65.

Russell Bertrand. *History of Western Philosophy.* London: George & Allen Unwin, 1961.

Rutherford, Andrew. *Byron: A Critical Study.* Edinburgh: Oliver and Boyd, 1962.

Synder, Robert Lance. "Byron's Ontology of the Creating Self in *Childe Harold* III" *Bucknell Review.* 25(1980): 19-39.

Thorslev, Peter L. *The Byronic Hero: Types and Protypes.* Minneapolis: U of Minnesota P, 1962.

Trueblood, Paul G. *Lord Byron.* 2nd ed. Boston: Twayne P, 1977.

박상기

이론에 갇혀: 디킨스와 푸코

문학이론의 발전은 흔히 문학작품을 이해하는 데 많은 도움을 준다. 이론의 도움으로 문학작품을 새로운 관점에서 읽을 수 있고 그것을 체계적으로 설명할 수 있다. 그러나 간혹 문학이론의 설명체계에 너무 집착하여 문학작품을 그것에 꿰어 맞추는 경우 문학작품의 읽기는 풍요로워지기는커녕 오히려 빈곤해질 수 있다. 어떤 경우에는 문학작품을 이론체계에 의해 철저히 오독할 수 있는 위험성이 항상 도사리고 있다. 그렇기 때문에 비평과 이론의 관계에는 항상 건강한 긴장관계를 견지하는 균형감각을 잃지 말아야 할 것이다. 이론은 어떤 현상을 체계적으로 설명하려는 노력의 결과이고 새로운 이론은 새로운 관점을 제시한다. 그러나 이론의 설명은 항상 선택적일 수밖에 없기 때문에 문학작품의 읽기에서 한 특정 이론이 설명하지 못하는 부분이 있을 수밖에 없다. 그런 까닭에 이론은 실제적인 문학작품 읽기를 통해 재검증을 받고 새롭게 변형되어야 한다. 또한 어떤 이론은 어떤 작품을 설명하기에 더 적절하고 다른 작품에는 적절하지 못한 점이 있다. 그러므로 문학비평은 단순히 이론을 문학작품에 적용하는 것이어서는 안될 것이다. 이런 이론의 오용의 예를 디킨스 소설의 비평에서도 찾을 수 있다. 제러미 템블링의 푸코적 디킨스 해석은 문학작품을 새로운 시각에서 읽을 수 있는 기회를 제공하는 듯하다. 그러나 그의 문학작품 읽기는 디킨스의 소설을 푸코의 이론에 꿰어 맞춘 결과 많은 오류를 범한다. 디킨스가 푸코의 이론을 설명하기 위해 작품을 쓰지 않았다는 것은 너무나 명백한 사실이다. 뿐만 아니라 이론을 작품 읽기에 일방적으로 적용할 때 생기는 가장 큰 폐단은 이론적 도식에 의해 문학작품을 너무 단순하게 환원적으로 설명한다는 점이다.

「감옥에 갇혀: 디킨스와 푸코」에서 템블링은 기존의 리얼리즘적 읽기에서 탈피하여 푸코의 '구조주의적' 관점에서 디킨스의 『위대한 유산』을 새롭게 읽는다. 템블링은 푸코가 현대사회의 특징으로 설명한 정교해진 통제를 의미하는 '감옥'의 개념을 빌어 디킨스의 소설에 나타난 19세기의 영국사회를 설명한다. 템블링은 디킨스 소설에 감옥의 이미지가 만연해 있다는 사실이 디킨스 비평에서 상식이 되었다고 주장한다. 예를 들면, 리비스를 인용하면서 『위대한 유산』이 일종의 "'뉴게이트 런던'에 관한 분석"이라 설명한다. 그러나 템블링에 의하면, 디킨스의 감옥에 관한 공통된 의견에도 불구하고 60년대에 '낭만주의적 비평'은 감옥을 은유적 표현으로 보고 그것을 역사적 실재로 본 '역사주의적 비평'을 비판한다. 이런 비판적 갈등에 관하여 템블링은 현대적 감옥이 실제적으로 세워지고 그것이 사회담론에 침투하여 '[현대적] 감옥의 탄생'을 반영하면서 디킨스의 소설이 감옥의 실제적이고 은유적인 두 가지 면을 모두 보여준다고 주장한다. 그는 자신의 비평적 사고의 전환점으로 1976년에 발간된 푸코의 『감시와 처벌』을 제시한다(11).

1. 푸코적 디킨스

템블링은 디킨스의 소설이 훈육적 전방위 감시에 의해 통제되는 당시의 사회상황을 반영한다고 주장한다. 그는 감시 받는 자는 완전히 노출되는 반면 감시하는 자는 감춰짐으로써 수감자가 항상 감시 받는 구조적 효과를 만들어 내는 '전방위 감시'를 푸코적 감옥의 핵심 개념으로 설명한다. 또한 전방위 감시의 구조물에서 감시 대상은 독방에 감금되어 의사소통과 집단행동이 불가능하도록 '개별화' 된다. 이런 전방위 감시는 죽음에 의한 통제를 의미하는 '처벌'에서 삶에 대한 통제를 나타내는 '훈육'으로 변천된 현대적 통제기술의 발전을 나타낸다. 디킨스가 방문했던 미국의 필라델피아 감옥에서 실행되었던 '독방 감금'은 전방위적 감시의 '개별화'를 통해 서로 모여 의사 소통함으로써 가능할 수 있는 집단행동을 원천적으로 봉쇄한다. 템블링에 의하면, 디킨스의 『어려운 시절』에 나오는 그래드그라인드의 학교는 필라델 피아 감옥같이 학생들을 한눈에 파악할 수 있도록 배치하고 그들 각각을 이름이 아닌 번호로 개별화하는 전방위 감시적 훈육을 반영한다(13).

템블링은 디킨스의 『위대한 유산』에서 푸코적 전방위 감시의 전형을 발견한다. 그 소설에는 감옥선, 뉴게이트 감옥, 유배지 호주 같은 실질적 감옥뿐만 아니라 새티스 하우스와 웨믹의 '성'처럼 '감옥 같은 집'이 그 사회에 만연한 감옥을 보여준다. 그러나 감시의 효과는 단지 감옥이나 그와 같은 구조물에서뿐만 아니라 그것을 가능하게 하는 푸코의 전방위 감시 탑에 존재하는 감시자에게서 발생한다. 템블링은 『위대한 유산』에서 감옥의 구조물 뿐만 아니라 푸코적 감옥이 만들어낸 '감시 받는다는 느낌'에서 사회에 '만연한' 전방위 감시를 발견한다. 핍과 맥위치가 말할 때 젊은이가 엿듣고, 핍이 맥위치에게 줄과 음식을 가져다 줄 때 소가 보며, 핍이 집으로 돌아올 때 순경이 자기를 잡기 위해 기다릴 것이라 생각하고, 맥위치가 돌아온 날 밤 누군가가 보고 있고, 극장에서 콤페이슨이 뒤에 앉아 핍을 보고, 맥위치를 호주로 돌려보내려 할 때 강의 경비원이 그들을 감시하고 추적한다(19). 누군가가 보고 있다는 생각은 감시 받는 자에게 이미 전방위 감시의 효과가 나타나는 것을 의미한다. 이런 전방위 감시의 효과는 푸코가 설명하듯이 완전히 노출되어 감시당하는 사람이 감시자가 존재한다는 사실을 의식하나 그가 누구이고 어떻게 감시하는지를 알 수 없는 상황에서 발생한다. "권력은 보여져야 하고 입증될 수 없어야 한다"(201). 사실 『위대한 유산』에는 템블링이 설명하지 않았던 감시에 관한 많은 예들이 있다. 핍은 올릭에게 쫓길 뿐만 아니라 잊어버리려 했던 범죄자 맥위치를 연상시키는 그에게 줬던 줄을 든 사람의 등장으로 고통받는다. 이런 고통은 너무나 커서 핍은 그 줄에 의해 끊임없이 쫓기는 악몽을 꾼다.

감시자의 존재는 또한 감시당하는 자 스스로가 무엇인가를 '숨기고 있다'는 것을 전제하게 한다. 그런 까닭에 감시당하는 자는 고백하고 싶어하는 강박 관념에 사로잡힌다. 핍은 반 강요에 의해 맥위치에게 줄과 음식을 가져다주고 그 죄인을 도운 사실을 그를 학대하는 누이뿐만 아니라 그를 믿고 보살피는 조우에게도 숨긴다. 이 비밀은 '죄의식'이 되어 그를 괴롭힌다. 또한 템블링은 푸코적 감시를 설명하기 위해 『위대한 유산』이 '자서전적 고백'의 형태로 쓰여졌다는 점을 주목한다. 무엇보다도 고백은 감시의 대상인 개별화된 주체를 전제한다. 뿐만 아니라 고백은 자신에 관하여 무엇인가를 말해야 한다는 강박 관념에 사로잡혀 있음을 나타낸다. 푸코를 따라 템블링은 고백을 통해 주도적 사회담론이 아무런 거부감 없이 자연스럽게 '내면화'된다고 주장한다. 『위대한 유산』에서 핍은 후에 고백의 형태로 자신의 과거를 말할 뿐만 아니라 과거에도 끊임없이 자신이 죄인이라 생각한다. 핍은 누이가 자신이 제공한 줄에 의해 공격당했다는 죄책감에 시달린다. 이런 죄의식은 핍이 누이에 대한 폭행에 일조 했다는 올릭의 주장에 의해 강화된다. 이렇게 죄의식과 고백을 통해 핍은 범죄의 세계로부터 자신을 분리시키려고 애쓴다. 그는 맥위치에 관해 잊어버리려 함으로써 범죄자를 억압하는 사회담론에 의해 '정상화'되는 과정을 거친다.

　템블링은 고백에 의한 감시 효과를 그 당시의 사회현상으로 설명한다. 그는 1850년대에 제정되었던 많은 형법들이 사람들을 '범죄시 했다'는 역사적 사실을 강조한다. 사람들은 형법이 제정되기 전에는 죄로 여기지 않았던 행위들을 새로 제정된 형법에 의해 범죄로 인식하게 된다. 스스로를 범죄시하는 효과는 개별화된 사람들을 '정상'과 '비정상'으로 구분할 수 있는 기준을 제시함으로써 궁극적으로 사람들을 '정상화'하고 그 결과 처벌보다 훈육을 통해 사람들을 생산적으로 통제한다. 사실 『위대한 유산』에서 핍은 항상 자신이 죄인이 되어 호주로 유배될 것이라고 상상한다. 또한 핍은 자신이 죄인으로 처형될 것이라고 생각한다. 위선자 펌블축에 이끌려 조우의 도제가 되기 위한 계약을 하러 갈 때 핍은 마치 교수대에 끌려가는 것 같은 느낌을 받는다. "[그 계약서가 작성되는 동안] 펌블축 씨는 마치 우리가 간단한 예비 조사도 없이 교수대로 향하듯이 나를 내내 붙잡고 있었다"(133). 핍은 비록 반 강요에 의한 것이긴 하지만 범죄자 맥위치를 도와준 것뿐만 아니라 그와 접촉한 것 자체를 통해 자신이 죄인이 되었다고 생각한다. 핍이 죄인을 돕기 위해 파이를 훔친 것을 범죄로 생각하는 반면에, 조우는 비록 죄인이지만 굶주림에 시달리는 그에게 기꺼이 음식을 주겠다고 말한다. 이런 대조를 통해 디킨스는 핍의 과대 망상적인 죄의식을 드러낸다.

핍의 과대 망상적 죄의식은 여러 가지 형태로 나타난다. 그는 맥위치에게 줄과 음식을 갖다주고 집으로 돌아오면서 순경이 그를 잡아가기 위해 기다릴 것이라고 생각한다. 물론 그가 왔을 때 순경은 집에 없었다. 또한 그는 후에 허버트로 밝혀진 남자아이가 시작한 권투에서 그를 때려눕힌 것이 커다란 죄를 진 것이라고 생각한다. 그러나 의외로 핍을 조롱하던 에스텔라는 권투의 승리자가 된 그에게 키스한다. 이런 대조에 나타난 핍의 과대 망상적 죄의식은 재거스를 통해 다시 한번 강조된다. 템블링에 의하면, 사람들을 범죄시하는 사회의 정점에 재거스가 있다. 그는 유능한 형사 전담 변호사로 항상 사람들에게 '죄인 심문하듯' 말하고 자신은 대답하는 것을 회피한다. 그는 마치 푸코의 전방위 감시 탑에 있는 감시자 같은 역할을 한다(20). 그는 또한 인간을 '때리는 자'와 '움츠리는 자'로 구분한다. 학대하는 신사 드럼블을 '거미'라 부르면서 그를 '때리는 자'의 전형으로 설명한다. 재거스는 드럼블에게 그를 따르는 스타탑의 머리를 때리도록 고무한다. 재거스는 '때리는 자'로서 사람들을 죄인처럼 대하고 반면에 핍은 '움츠리는 자'로서 자신이 죄인으로 최후를 맞을 것이라고 두려워한다.

2. 푸코적 감옥 비판

템블링은 디킨스의 소설을 새로운 관점에서 참신하게 설명하는 듯하다. 그러나 그는 푸코의 이론을 너무 일방적으로 디킨스 소설 읽기에 적용한다. 템블링은 푸코의 감옥과 감시에 관한 설명이 현대적 통제 기술의 발전을 보여주고 그런 발전이 진행되었던 19세기의 영국을 적절히 설명한다고 주장한다. 템블링이 디킨스 읽기에 적용하는 푸코의 전방위 감시는 감옥의 구조적 특성에서 발생한 매우 효율적인 감시이다. 또한 고백의 개념이 보여주듯이 사회담론이 주체를 구성할 뿐만 아니라 주체의 마음 속 깊숙이까지 아무

저항 없이 파고들어 그것을 드러내고 그것을 정상화한다. 그러나 『위대한 유산』에 나타난 감옥은 푸코의 현대적 감옥이 추구하는 훈육이 아닌 처벌 위주로 운영되었다. 우선 소설에 나타난 19세기 초의 뉴게이트 감옥은 1842년 영국에 전방위 감시적 감옥인 펜톤빌 감옥이 등장할 때까지 존재했던 것으로 많은 죄인들을 열악한 상태에서 함께 수용하였다. "오래된 뉴게이트 [감옥]에서 죄수들은 큰돌로 만들어진 가방에 갇힌 고양이들처럼 밀집 감금되어 사회적 혼란 속에서 고함치고, 말하고, 울고, 구슬리며 획책하였다" (Hughes 520). 더구나 넘쳐나는 죄인을 위해 사용된 임시 수용소인 감옥선은 비좁은 공간에 많은 죄인을 수용하기 때문에 그곳에서 푸코적 전방위 감시의 기본 조건인 죄수의 '개별화'가 불가능하다. 『위대한 유산』에 나타난 그 당시의 뉴게이트 감옥은 매우 처참한 상태로 방치되어 있다. "걸인은 말할 것도 없고 군인보다 죄수들이 더 잘 자거나 먹지 못했다. 수프의 맛을 향상시킨다는 것은 변명일 뿐이고 감옥에 불을 넣어 주지도 않았다"(280). 채무자 수용소에서 끌려 나오는 죄수들이 교수형을 받는 장면에서 보여주듯이 모든 범죄는 항상 '가장 엄하고도 가장 긴 형벌'을 받았다.

템블링은 마치 『위대한 유산』에 푸코의 전방위 감시적 감옥이 등장하는 것처럼 설명한다. 그러나 그 소설에 등장한 것은 전방위 감시적 감옥이 아닌 전근대적 처벌 위주의 뉴게이트 감옥이다. 디킨스는 이미 1836년에 「뉴게이트 방문」이라는 제목으로 『보즈에 의한 단편들』에서 뉴게이트 감옥의 열악한 상태를 비판한다. 뉴게이트 감옥에 대한 디킨스의 비판은 이후에도 1836~1837년의 『픽윅의 글들』, 1837년의 『올리버 트위스트』, 1841년의 『바너비 러지』 그리고 1860~1861년의 『위대한 유산』에서 지속된다. 특히 『올리버 트위스트』에서 유명한 유태인 악당 패긴이 비참한 최후를 맞는 곳이 뉴게이트 감옥이다. 그 소설에서는 감옥 자체보다 그곳에서 죄수가 처형당하는 처참한 장면에 초점을 맞춘다. "그 어떤 덜거덕 소리와 함께 교수대 처형구가 떨어지고 얼마나 갑자기 힘세고 건강한 [죄수들이] 매달린 옷 뭉치로 변하는지!"(469). 템블링이 언급한 전방위적 감시의 감옥은 『위대한 유산』이 아니라 그것보다 10여 년 전인 1849~1850년에 출판된 『데이비드 카퍼필드』에 등장한다. 사실 디킨스는 이 소설을 출판하기 전인 1842년에 그 당시에 유명했던 전방위적 감시를 위해 세워진 미국의 펜실바니아 감옥을 방문하고 그 해에 출판한 『미국에 관한 인상기』에서 '독방 감금'이 죄수에게 끼치는 폐해에 관하여 고발하였다. 실제로 많은 죄수를 한 곳에 방치하는 뉴게이트 감옥에 대한 개혁으로 펜실바니아 감옥을 모방한 펜톤빌 감옥이 『미국에 관한 인상기』가 출판된 같은 해인 1842년 12월에 영국에 세워진다.

사실 디킨스는 템블링이 주장한 푸코적 전방위 감시를 『위대한 유산』이 아닌 다른 여러 곳에서 비판하였다. 디킨스는 그 당시 유명했던 전방위적 감시의 전형인 미국의 펜실바니아 감옥을 방문하고 그것에 관하여 1842년에 『미국에 관한 인상기』에서 다음과 같이 적고 있다. '동부 교도소'라 불리는 펜실바니아 감옥은 '훈육'을 위한 전방위 감시가 가능하도록 죄수를 '개별화'하기 위해 '독방 감금'을 채택하였다. 죄수들은 이름 대신 번호가 주어지고 간수와 동료 수감자에 관하여 알 수 없었다. 디킨스는 감옥의 '개혁'이라는 이름으로 행해지는 독방 감금의 끔직한 고통에 대해 통렬하게 비판한다. "나는 두뇌의 신비를 천천히 그리고 매일 조작하는 이것이 육체의 어떤 고문보다 측량할 수 없을 만큼 더 나쁘다고 생각한다"(99). 독방에 처해진 죄수는 외부와 철저히 차단되기 때문에 천천히 죽어 간다. "그는 생매장 당한 사람이다. 그는 천천히 반복되는 시간 속에 묻힌다. 그 사이에 그는 고통스런 불안과 끔직한 좌절 외에 모든 것에 죽는다"(101). 절도죄로 잡혀온 한 죄수는 그림을 잘 그리는 '취향과 재능'을 보임에도 불구하고 디킨스는 그렇게 '낙심하고 비탄에 잠기고 비참한 존재'를 본 적이 없다고 말한다. 독방 감금으로 죄수는 '정신적인 고통'을 받아 사회로 돌아가 적응할 수 없을 정도로 '병적인 상태'가 된다. 뿐만 아니라 그것은 죄수를 '도덕적으로도 건강하지 못한 병적인' 상태로 만든다. 독방 감금은 정신적이고 도덕적인 폐해뿐만 아니라 육체적인 문제를 초래한다. "그것은 감각을 무디게 하여 점차적으로 육체적 기능을 손상시킨다"(109). 디킨스는 한 죄수가 오랜 독방 감금으로 전혀 듣지 못한 결과 귀머거리가 된 사실을 증거로 제시한다. 디킨스는 독방 감금이 죄수에게 끼치는 부작용이 너무 커서 자살할 염두도 못 낸다고 암시하면서 이런 비인간적 고통을 줄 바에는 차라리 그를 처형하는 것이 낫다고 주장한다. 디킨스의 비판에서 볼 수 있듯이 전방위 감시를 위해 설립한 펜실바니아 감옥은 푸코가 주장하듯 죄수를 '유용하고 유순한' 생산적 인간으로 만들기보다는 오히려 거의 폐인에 가까운 인간으로 만든다.

디킨스는 미국의 필라델피아 감옥뿐만 아니라 그것을 모방해 세워진 영국의 펜톤빌 감옥에 대해서도 비판한다. 1850년 4월 27일에『가정적 이야기들』에서 「응석받이 죄인들」이라는 글을 발표한다. 이 글에서 그는 영국에 세워진 전방위적 감시의 펜톤빌 감옥에 대해 비판한다. 템블링이 주장한 것과 반대로 디킨스의 글에 나타난 전방위적 감시의 감옥은 비도덕적일 뿐만 아니라 비효율적이다. 그 감옥은 미국의 펜실바니아 감옥처럼 죄수를 '개별화'하기 위해 '독방 감금'을 채택한다. 그는 십여 년의 독방 감금을 하는 펜실바니아 감옥과 달리 펜톤빌 감옥은 독방 감금을 18개월 이내로 제한하고 학교와 교회를 통해 독방 감금의 고통을 경감하는 장점이 있다고 설명한다 (Philip and Neuburg 72). 그곳에서 죄수는 유배된 후 적응할 수 있도록 하기 위해 상업적인 그리고 도덕적이고 종교적인 훈련을 받는다. 이런 훈육적 감옥에 대해 디킨스는 개선될 가능성이 별로 없는 죄인을 '응석받이'로 만들면서 너무나 많은 돈을 낭비한다고 비판한다. 그는 시골 농부보다 이 감옥의 죄수가 더 잘 먹는다는 점을 지적한다. 그는 그 감옥의 죄수가 심지어는 웬만한 중산층 사람보다 잘 먹는다고 비꼰다. "이 모범적 감옥은 1847년이 끝나갈 때 '건물'과 '수선'이라는 명목으로만 9만 3천 파운드의 하찮은 금액을 썼다. 그것은 전 국민의 교육을 위해 지난 정부가 할당한 7천 파운드와 비교할 수 없는 그리고 4천 6백 50명의 가난한 사람들을 한 사람 당 20파운드씩을 들여 호주로 이민 보내기에 충분한 비용이다"(75). 디킨스가 펜톤빌 감옥을 비판하는 것은 단지 과중한 비용 때문만은 아니다. 그것은 형평에도 어긋나 비도덕적일 뿐만 아니라 비효율적이다. 디킨스는 이미 죄를 저지른 자들보다 가난 때문에 죄를 지을 수 있는 자들을 선택해야 한다고 주장한다. "인구 밀도가 높은 나라에 일반적인 눈에 항상 균형을 이루는 두 집단의 사람들이 있다. 범죄가 가난을 이기고 명백한 우위를 차지해야 하는가?"(76). 그리고 그는 이미 구제할 수 없이 죄의 세계에 물들어 버린 성인 죄수보다 죄에 빠질 수 있으나 교육을 통해 산업의 역군이 될 수 있는 청소년의 교육에 투자할 것을 촉구한다.

디킨스는 또한 펜톤빌 감옥이 전방위적 감시를 위해 채택한 독방 감금이 실패할 수밖에 없다고 주장한다. 그에 의하면, 인간은 본능적으로 사회성을 가지고 숨겨진 것에 관심을 가진다. 그런 까닭에 '죽인 소리,' '뭉쳐진 종이' 그리고 '예배 시간에 거짓된 반응' 등을 통해 죄수들은 서로 의사 소통한다. 그리고 그는 독방 감금의 결과 죄수들이 '이상하게 몰입한 이기심, 즉 실제 든 가장한 것이든 정신적인 이기주의와 허영'을 가진다고 주장한다(77). 하나같이 하는 '판에 박은 참회'에서 죄수들은 자신의 죄를 뉘우치기는커녕 오히려 세상에서 유혹을 받는 불쌍한 사람들을 훈계하고 그들의 영혼을 위해 기도한다고 말한다. 즉 디킨스에 의하면 푸코가 전방위적 감시의 결과로 주장하는 '유용하고 유순한' 생산 인력이 되기보다는 죄수들은 그들의 신분에 과분한 대우를 받아 '응석받이'가 되고 심지어는 오만한 이기심을 가진다. 디킨스는 이런 문제들 때문에 독방 감금의 '분리 제도'가 미국에서 확산되지 않고 있을 때 영국에서는 국회에서 추천되어 확산되고 있다는 것을 비판한다(82). 그는 분리 체제보다 비용이 적게 들면서 죄수들을 외떨어지게 하지 않고 동시에 서로의 '오염'으로부터 보호할 수 있는 '침묵 제도'를 선호한다.

디킨스는 「응석받이 죄인들」에서 가한 '분리 제도'에 대한 비판을 『위대한 유산』이 아닌 『데이비드 카퍼필드』에서 반복한다. 카퍼필드는 전방위 감시적 감옥에 너무 많은 비용이 드는 것에 놀란다. "그것은 엄청난 비용으로 세워진 거대하고 견고한 건물이다"(827). 그는 또한 거지는 말할 것도 없고 군인, 선원, 노동자 그리고 수많은 정직한 노동계층의 음식보다 훨씬 좋은 그곳에서 죄수들이 먹는 '양질의 풍부한 식사'에 다시 한번 놀란다. 소고기가 어땠냐는 질문에 대해 한 모범수는 원했던 것보다 질겼지만 자신이 '어리석은 짓'을 저질러 그 결과를 '불평 없이' 감내해야 하기 때문에 그 질긴 소고기를 견뎌내는 것이 자신의 '의무'라고 대답한다. 이 예를 통해 디킨스는 감옥의 사치스런 상태를 비판한다. 뿐만 아니라 그는 '독방 감금'의 근본적인 목적인 죄수의 개별화에 대해 의문을 제기한다. 그는 그곳에서 죄수들이 서로에 관하여 알 수 있는 '상당히 높은 가능성'이 있고 그들이 꽤 '완전한 의사소통 체계'를 가지고 있다고 생각한다. '분리 제도'의 성공적인 결과로 제시된 참회가 너무 틀에 박혀 있기 때문에 그 진실성에 의문을 제기한다.

"나는 굉장히 많은 참회가 그 성격에서 거의 다르지 않다는 것을 발견하였다. 매우 의심스럽게도 단어에서조차 거의 차이가 없었다"(828). 푸코를 따르면서 템블링은 개인적인 고백을 통해 지배적 사회담론이 내면화되는 것을 주장한 반면 디킨스는 공개적 참회를 통해 죄인들이 오히려 형벌체계를 철저히 이용하는 것을 보여준다. 죄수들의 공개 참회에서 디킨스는 그들의 '자만심,' '허영,' '흥분의 결핍' 그리고 '속임에 대한 사랑'을 발견한다. 심지어 한 모범수는 감옥 밖에서 죄의 유혹에 시달릴 어머니를 걱정하는 여유마저 보인다. "'여기 오기 전에… 나는 어리석은 짓을 저지르게 됐다. 그러나 지금 나는 그것들에 대해 의식하고 있다. 밖에는 많은 죄가 있다. 어머니에게도 많은 죄가 있다. 이곳을 제외한 모든 곳에 죄가 있다'"(834). 디킨스는 죄수들의 교활함을 이솝우화의 '신 포도'의 비유와 견주면서 죄수들이 사회에 나가서 과연 그들이 주장한 것처럼 범죄의 유혹을 떨쳐버릴 수 있을 지에 대해 의문을 제기한다. "나는 가질 수 없는 포도의 모든 포도밭을 많은 여우들이 경멸하는 것을 발견했다. 그러나 닿을 수 있는 포도에 대해 신뢰할 수 있는 여우를 거의 발견할 수 없다"(828).

디킨스는 푸코적 전방위 감시의 감옥을 비판함과 동시에 그 대체물들의 장단점에 대해서도 잘 알았다. 미국에서 필라델피아의 '분리 제도'는 독방 감금으로 죄수들의 의사 소통에 의한 오염을 차단하려는 통제 제도이다. 그러나 모든 죄수들을 독방에 감금하여 통제하는 데 너무 많은 비용이 들고 독방 감금이 죄수에게 끼치는 부작용이 너무 컸다. 그런 까닭에 '분리 제도'는 곧 죄수의 심신의 건강을 위해 신발 만들기나 천 짜기 같은 일들을 도입하였다. 이런 개선에 대해 디킨스는 감옥의 역할이 죄인에 대한 교정보다 처벌에 있음을 강조하면서 감옥에서의 노동이 이미 공급 과잉인 노동시장을 악화시킬 것이라고 반대한다(Philip and Neuburg 83). 여러 개선에도 불구하고 여전히 존재하는 부작용 때문에 결국 미국에서 '분리 제도'는 점차적으로 오번에서 시작한 '침묵 제도'로 교체되었다. '침묵 제도'는 죄수들의 의사소통을 못하게 '침묵'을 강요하지만 낮에는 일하고 밤에만 독방에 감금되는 제도이다. 이것의 변형된 형태가 '연합된 침묵 제도'이다. 이 제도의 감옥에서는 여러 죄수를 한 방에 감금함으로써 독방 감금의 폐해를 없애고 동시에 침묵을 준수하게 함으로써 죄수들의 상호 오염과 집단 행동을 방지한다. 디킨스는 누군가가 24시간 동안 죄수들이 침묵을 지키도록 감시해야 하는 어려움이 있지만 무엇보다도 비용이 '분리 제도'보다 훨씬 적게 든다는 점에서 이 제도를 선호하였다(73).

디킨스는 또한 이 두 방식의 제도 외에도 '점수제도'에 관하여 알고 있었다. 휴스가 지적하듯이 그는 당시 영국에서 대부분의 사람들이 간과했던 '점수제도'에도 관심을 가졌다(521). 이 제도는 호주의 유배지 노폭섬에서 총독이었던 매코노치가 개발한 것이다. 이 제도에서 죄수는 범죄의 경중에 따라 형량이 정해지고 선행, 노력, 공부 등을 통해 점수를 받거나 게으름이나 비행 등으로 점수를 깎이는 방식으로 형량을 조정 받아 살았다. 유배된 죄수가 정착지를 위해 그와 함께 일하게 하는 '점수제도'의 일종인 식민지의 '배정정책'은 죄수들에게 '자조'와 '일' 그리고 그것에 대한 '책임감'을 가르친다는 점에서 서구의 형법체제에서 가장 높은 갱생률을 보여준 성공적 사례가 되었다(Hughes 587). 디킨스는 다른 제도와 달리 이 제도가 처벌이 아닌 '교정'의 효과를 낼 수 있다고 생각하였다. 그러나 그는 이 제도가 여러 가지 장점에도 불구하고 죄수들의 통제를 위해 필수적인 침묵을 간과했다고 비판한다. 또한 이 제도는 감옥의 본질인 처벌보다는 너무 교정에 치우친 단점이 있음을 지적한다(Philip and Neuburg 73). 이상에서 보듯이 디킨스는 당시 여러 가지 형태의 감옥을 잘 알고 있었다. 이런 감옥에 관한 백과 사전적 지식을 바탕으로 디킨스는 『위대한 유산』에서 템블링이 주장하는 푸코적 전방위 감시의 감옥이 아닌 전근대적인 처벌 위주의 뉴게이트의 감옥에 대해 비판하였다. 그 소설에 나타난 영국사회는 뉴게이트 감옥이 상징하듯이 폭력이 가득한 매우 비효율적이고 부패된 사회이다.

3. 부패하고 비효율적인 형법제도

템블링은 『위대한 유산』에 나타난 영국 사회가 생산성을 극대화시킨 푸코적 훈육을 보여 준다고 주장한다. 그러나 그 소설에 나타난 영국 사회는 뉴게이트 감옥이 보여주듯이 훈육적이기에는 아직 너무나 폭력적이다. 소설은 시작부터 핍이 살았던 섭정시대 영국의 잔혹함을 잘 보여 준다. 그 소설의 펭귄판 편자인 앵거스 콜더는 디킨스가 보여 준 19세기 초의 영국에서 폭력이 가득한 삶을 다음과 같이 설명한다.

그 소설은 짐승 같은 사람이 너무 배가 고파서 어린아이를 잡아먹으려고 생각하는 장면으로 시작한다. 조금 뒤의 장면에서 나이 들고 훌륭한 어른들이 그것도 크리스마스에 그 아이를 잡아먹어도 될 아기 돼지라고 부른다. 맥위치는 신사 행세를 하는 그의 적이 늪에 있다는 사실을 알고 마치 시체나 사라 파킷의 호두 껍질에게라도 하듯이 자신의 몸을 '무자비하게' 때린다. 그와 마찬가지로 사회적 좌절의 산물인 조우의 부인은 빵 조각을 마구 다루며 마찬가지로 핍과 조우를 학대한다. 새티스 하우스에서 에스텔라의 계급에 근거한 경멸에 자극을 받아 핍 또한 스스로를 자학한다. 마지막으로 올릭 역시 함부로 대하는 그의 주인의 부인을 공격하고 핍을 석회처럼 태워버리려 한다.(26)

이렇듯 핍이 살고 있는 사회는 '식인적인 삶'으로 가득 차 있다. 이런 참담한 사회 현실은 누구보다도 핍의 가족에게서 잘 나타난다. 그는 어린 아기일 때 이미 다섯 형제를 잃었고 그것을 다음과 같이 역설적으로 표현한다. "그들은 그 보편적 투쟁에서 너무도 일찍이 사는 것을 포기했다"(35). 이렇게 살기 힘든 사회에서 하루 하루의 삶은 생존을 위한 투쟁의 연속이다. 고아인 핍에게 유일하게 누이가 살아있다. 그러나 그 누이는 그를 학대함으로써 그녀의 고달픈 하류층의 삶에서 오는 불만을 해소한다. 이십여 년이 위인 누이는 그를 '손으로' 키웠다고 늘 강조한다. 핍이 나중에 깨닫듯이 '손으로 키운다'는 것은 힘들게 키운다는 것과 학대하며 키운다는 것을 모두 의미하고 이런 이중의 의미는 당시 사회적 폭력을 잘 드러낸다. "그 당시에 내 자신을 위해 ['손으로' 키운다는 것]이 무엇을 의미하는 지를 알아내야 했다. 누이가 매운 손을 가지고 있다는 것과 그리고 나뿐만 아니라 그녀의 남편에게도 손을 대는 버릇이 있다는 사실을 알고 나서야 비로소 조우와 내가 손으로 키워졌다는 것이 무엇인지를 알게 되었다"(39).

템블링이 디킨스의 소설을 푸코의 현대적 훈육의 예로 설명한 것에는 또 하나의 문제가 있다. 푸코의 현대적 훈육은 낭비적인 죽음에 의한 통치인 '처벌'에서 생산적인 삶에 대한 통치인 '훈육'으로 전환함을 의미한다. 그러나 『위대한 유산』에 나타난 영국 사회는 아직 훈육보다 처벌에 너무 많이 의존한다. 소설의 시작부터 탈옥한 죄수의 추적, 체포 그리고 유배가 나타난다. 후에 핍이 런던에 가서 처음 본 것은 끔찍스런 죽음의 이미지로 가득한 재거스의 사무실과 처형장 역할을 하는 뉴게이트 감옥이었다. 핍은 런던을 서구 문명의 중심지로 생각한다. "우리 영국인들은 그 당시 우리가 최고의 것을 소유하고 있으며 최고의 존재라는 사실에 대해 의심하는 것이 불충이라고 믿었다"(187). 그러나 핍이 런던에서 발견한 것은 그 문명국의 수도가 국기의 법과 질서를 유지하는 수단으로 아직도 무자비하게 폭력을 사용한다는 사실이다. 술 취한 '법무장관'이라 불리는 간수는 핍을 안내하여 뉴게이트 감옥을 구경시킨다. 그곳에는 교수대가 있고 사람들이 공개적으로 채찍질을 당했으며 범죄자들은 교수형을 받기 위하여 채무자 수용소에서 끌려 나온다(189-190). 그곳에서 간수는 매일 집행되는 처형을 생생하게 말해 줌으로써 핍의 그렇지 않아도 '역겨운 런던에 관한 인상'을 더욱 나쁘게 한다. "'모레면 그들 넷이 저 문을 통하여 일렬로 죽기 위해 나올 것이다'"(190). 디킨스에 의하면 섭정시대 영국의 잔인한 형벌체계는 "추방"뿐만 아니라 "죄인 공개, 칼 씌움, [교수형], 채찍질, 낙인" 등 푸코가 전근대적 "교수대의 공개 처형"이라 일컬은 것을 아직도 많이 사용하고 있음을 보여 준다(33).

　템블링의 주장과 달리 『위대한 유산』에서 형벌제도는 총체적으로 부패되고 효율적이지도 못하다. 그 사회의 정상에서 군림하는 성공한 형사 전담 변호사인 재거스는 위증을 위해 가짜 증인을 세우는 것을 마다하지 않는다. 판사들은 교활한 우두머리 콤페이슨보다 그의 무지한 하수인 맥위치에게 중형을 내린다. 간수는 술 취해 있고 뉴게이트 감옥을 구경시켜 줌으로써 돈을 번다. 재거스의 서기인 웨믹은 사형수의 유품을 팔아 돈을 번다. 열심히 일해 유배지에서 성공한 맥위치가 영국에 돌아왔을 때 구제할 수 없는 콤페이슨과 올릭이 경찰을 도와 그를 추적한다. 이런 형벌제도의 총체적 부패는 템블링이 주장한 푸코의 효율적 감시와 대조를 이룬다. 핍이 맥위치에게 줄과 음식을 가져다주고 돌아 올 때 경찰이 그를 잡기 위해 기다릴 것이라고 생각하지만 집에는 그들이 없었다. '창백한 젊은 신사'를 권투에서 때려눕힐 때도 핍은 법에 의해 처벌받을 것이라고 생각한다. 그러나 오히려 오만했던 에스텔라의 키스를 받는다. 그리고 핍의 누이가 누군가로부터 공격을 받아 불구가 되었을 때 경찰들은 전혀 관계없는 사람들만을 취조하고 그들의 잘못된 추측에 사건을 꿰어 맞추려는 무능함을 보인다. "[그 지역 경찰과 런던에서 온 경찰은] 너무나 엉뚱한 사람들을 여럿 골랐고 잘못된 추측에 너무도 몰두하여 상황으로부터 생각을 유추하는 대신 그들의 생각에 상황을 짜 맞추려 노력하였다"(149).

이외에도 『위대한 유산』이 푸코적 감시에 의해 설명하지 못하는 다른 면이 있다. 푸코적 감시는 개개인이 서로 소외되어 '개별화'된 통제를 의미한다. 이것은 범죄자 사이의 분리뿐만 아니라 범죄자와 일반인의 구분을 전제한다. 그러나 푸코적 감시와 너무도 동떨어지게 그 소설에서 상류층과 그들을 지탱하는 형법체계는 너무나 전반적으로 범죄 세계에 의해 '오염'되어 있다. 핍이 탈옥수에 관해 물었을 때 그의 누이는 범죄자의 세계를 모르는 것이 낫다고 대답한다. 그러나 핍은 이미 탈옥수 맥위치를 만났을 뿐만 아니라 그를 반강제적으로 도왔다. 그리고 핍은 그의 '거친 손'과 '투박한 구두'를 경멸하는 에스텔라를 만난 후 상류층적 신사가 되고 싶어한다. 상류층적 신사가 되기 위해 그는 그의 상승된 신분에 맞지 않는 조우를 피한다. 그러나 핍은 이런 배타적 욕망을 야기시킨 상류층적 숙녀 에스텔라가 이상하게도 '감옥과 범죄'에 의해 '오염'되었다는 느낌을 가진다. 그의 느낌은 후에 그렇게도 상류층적이고 '우아한' 그녀가 범죄 때문에 호주로 유배된 맥위치와 삼각 관계에서 질투로 살인한 말리의 딸이라는 사실이 밝혀진다. 사이비 신사에게 사기 당한 해비쉠이 그런 에스텔라를 숙녀로 만들어 신사들에게 복수하려 한 것에서도 상류층과 범죄 세계는 밀접한 관계가 있다. 재거스는 콤페이슨이 거짓과 협박으로 범죄 세계에서 군림하듯이 똑같은 방식으로 법의 세계에서 군림한다. 또한 재거스는 이와 같은 인물로 상류층 신사 드럼믈을 지적한다. 그들의 공통점은 덫을 놓아 희생자를 잡아먹는 '거미' 같은 존재이다. 유배지에서 돌아온 맥위치를 잡기 위해 경찰은 흉악범들인 콤페이슨과 올릭을 고용한다. 법의 세계에서 군림하는 재거스는 복수에 몰두하는 해비쉠 뿐만 아니라 유배된 죄수 맥위치의 대리인으로 일한다.

4. 왜곡된 '소유의 언어'

텔블링은 지배적 사회담론에 의해 주체가 어떻게 구성되는지를 설명한다. 그에 의하면, 핍은 지배적 사회담론인 중산층적 소유에 의해 '런던 신사'로 '키워지고' 그 결과 그는 지배담론에 의해 '매수된다.' 여기에서 핍의 '인격' 은 곧 '소유'라는 '등식'으로 설명된다. 이것은 마치 해비쉠(Havisham)이 '소 유'는 '존재'(Have is am)'이고 '거짓'(Have is sham)'이라는 사실에 의해 설명되는 것과 같다(17). 템블링은 인간이 사회담론으로부터 독립적으로 스스로 사고하고 성장한다는 인본주의적 설명에 반대하면서 인간이 이미 존재하는 사회담론에 의해 규정되고 구성된다는 푸코의 '구조주의적' 설명을 따른다. 그런 까닭에 인간의 존재는 본질적인 것이 아니고 소유의 지배담론에 의해 구성된 것이다. 이런 사실은 맥위치와 해비쉠에 의해 각각 신사와 숙녀로 만들어진 핍과 에스텔라가 '수동적 희생물'인 꼭두각시 같은 존재가 되는 것에서 잘 나타난다. 물론 이들을 만든 사람도 지배담론에서 자유롭지 못하다. 템블링은 주체가 자신에게 주어진 언어만을 사용할 수밖에 없기 때문에 맥위치가 지배담론에 의해 억압받고 추방당했음에도 불구하고 지배적 소유의 언어에 따라 무역업자로 성공하고 그 돈으로 핍을 런던 신사로 만들어 '소유'한다고 주장한다(22-23).

모든 것을 단순히 소유의 지배담론에 의해 설명하는 템블링과 달리 디킨스는 정신 분열증적인 웨믹을 통해 소유가 아닌 '우정'에 근거한 인간관계가 있음을 시사한다. 템블링은 주체가 지배적 사회담론에서 결코 자유로울 수 없다고 주장한다. 그는 예외적으로 정신 분열증 환자 같은 웨믹이 지배담론에서 벗어날 수 있었으나 감옥 같은 그의 '성'이 보여주듯이 그가 완전히 자유롭지 못하다고 말한다(22). 사실 웨믹은 재거스 밑에서 일하는 사무실과 아버지를 보살피는 집에서 전혀 상반된 태도를 보인다. 그는 사무실에서 사형수의 유품을 팔아 돈을 버는 소유욕을 보이고 집에서 늙은 아버지를 돌보는 인간미를 보인다. 핍은 익명의 후원자가 보내온 돈의 일부를 친구 허버트를 위해 사용하는 것에 관하여 웨믹의 의견을 묻는다. 웨믹은 사무실 쪽에서는 그것이 돈의 낭비라고 반대하지만 집에 가까이 옴에 따라 친구를 위해서 그렇게 할 수 있다고 대답한다. 템블링의 주장과 달리 디킨스는 정신 분열증적 웨믹을 통해 자본주의의 발달이 가져온 소유욕의 폐단을 풍자하고 비판한다.

디킨스는 푸코적 소유의 지배담론이 설명할 수 없는 중요한 인간관계가 존재함을 보여준다. 해비셈이 핍을 돌려보낼 때 그리고 재거스가 핍을 런던으로 보내려 할 때 그 대가로 그들은 조우에게 돈을 주려 한다. 그러나 조우는 그 돈을 거절하면서 핍과의 우정은 돈으로 지불될 수 없이 소중한 것이라고 설명한다. "그러나 (대장간에 해당하는) 그 어린 아이, 즉 제일 좋은 친구를 잃은 것에 대해 돈으로 내게 보상할 수 있다고 생각하시오!(168). 이런 돈으로 환산할 수 없는 우정을 소설 도처에서 발견할 수 있다. 매형 조우와 가진 일종의 친구 관계 덕분에 핍은 어른들에게 학대받는 고아의 힘든 상황을 잘 견뎌낸다. 학대받은 핍이 군인이나 선원이 되기 위해 집으로부터 도망치지 않고 그나마 대장간에서 열심히 일했던 것은 그에 대한 조우의 "신의가 두터웠기" 때문이고 그에게 모범을 보여준 조우가 "근면의 미덕에 관한 확고한 생각"을 가졌기 때문이었다(135).

개개인이 분리되고 소유의 관계만 존재한다는 템블링의 주장과 달리『위대한 유산』에서 여러 인물들이 서로 상부상조하는 것을 볼 수 있다. 사실 핍의 성공은 여러 사람의 도움으로 가능했던 것이다. 비디는 자신과 같이 고아로서 어려운 처지에 있는 핍을 친구로 대할 뿐만 아니라 자신이 배운 것을 그에게 가르친다. 핍을 경멸하는 에스텔라와 대조적으로 허버트는 핍에게 신사에게 필요한 예절을 친절하게 가르친다. 핍은 익명의 후원자로부터 온 돈을 이런 친구와 나눠 사용한다. 그들의 방에 있는 거의 모든 가구는 핍의 돈으로 구입한 것이다. 핍은 사치하고 낭비하는 드럼믈에 물들어 방탕하게 지내면서도 친구 허버트가 무역업을 시작하도록 은밀히 돕는다. 디킨스는 이런 우정의 관계를 철저하게 인간을 소유의 관계로 대하는 재거스와 대조한다. 그는 사건 의뢰인들을 협박하는 것은 물론이고 불법임에도 불구하고 유배된 죄수 맥위치의 대리인 역할을 한다. 또한 사치하는 드럼믈에 물들어 핍이 맥위치의 돈을 낭비하는 것에 대해 자신은 돈을 받고 대리인으로 일할 뿐 그 외의 일에 대해 도덕적 책임이 없다고 말하면서 전혀 관여하지 않는다. "'나는 내가 맡아 하는 일에 대해 이런저런 아무런 의견도 없다는 사실을 너는 알아야 한다. 나는 그 일을 위해 돈을 받았고 단지 그 일을 할 뿐이다'"(169).

템블링은 모든 사람이 소유의 언어에 지배받기 때문에 인간관계는 단지 소유하는 것과 소유 당하는 것이 있을 뿐 서로 공유하는 다른 언어가 없다고 주장한다(29). 사실 재거스와 드럼믈은 소유에 의해 왜곡된 인간관계의 전형을 보인다. 재기스는 돈을 벌기 위해 가짜 증인을 법정에 세우는 것도 불사하는 성공한 법조인이고 드럼믈은 에스텔라와 결혼하여 그녀를 소유하고 학대하는 부패한 신사이다. 또한 재거스는 삼각 관계로 시기하여 한 여인을 죽였다는 말리를 자신의 하녀로 쓰며 이 '길들여진 야수'를 초대한 손님들에게 자랑스럽게 보여 준다. 그에게 그녀는 단순히 타인을 지배하는 자신의 기술을 보여 주는 하나의 예에 불과할 뿐이다. 디킨스는 이런 왜곡된 소유의 관계를 비판하면서 각기 다른 사회계층을 초월하는 인간이 공유할 수 있는 '동정심'의 언어를 주장한다. 조우는 동정심에서 비록 죄인일지라도 맥위치에게 기꺼이 자신의 음식을 나눠줄 수 있다고 말한다. 맥위치는 자신에게 음식을 준 핍에게서 학대받은 고아인 자신의 모습을 발견하고 그의 동정심에 보답하려 한다. 심지어는 증오와 복수에 불타는 해비셤도 핍이 에스텔라의 사랑을 받지 못해 괴로워하는 것을 보고 버림받아 상처받았던 자신을 회상하고 동정심이 생겨 핍에게 용서를 구하고 보상하려 한다.

템블링은 맥위치가 핍을 '소유'하고 해비셤이 에스텔라를 '소유'한다고 주장한다. 그러나 이들은 공통점뿐만 아니라 많은 차이점을 보여준다. 이들은 중산층적 부를 이용하여 핍과 에스텔라를 각각 상류층적인 신사와 숙녀로 만들려고 한다. 이것은 유산계급과 무산계급으로 나누어 소유의 언어로 설명하는 맑스주의적인 템블링의 해석이 설명하지 못한 유산계급 중에서도 새롭게 부상한 중산층과 기존의 지배적 상류층 사이에 존재하는 구별을 전제한다. 그리고 맥위치와 해비쉠의 소유에 관한 주장은 그 과정과 목적의 차이를 설명하지 못한다. 맥위치는 유배지 호주에서 자수성가하여 번 돈으로 핍을 신사로 만든 반면, 해비쉠은 양조업을 한 아버지로부터 유산으로 물려받은 돈으로 에스텔라를 숙녀로 만든다. 해비쉠은 사이비 신사 콤페이슨이 자신을 차버린 것에 대해 복수하는 반면에, 맥위치는 핍이 죄수인 자신에게 음식을 가져다 준 것에 대해 보답한다. 핍이 후에 인정하듯이 맥위치는 템블링이 주장하듯이 핍을 소유하려는 것이 아니라 그가 경멸함에도 불구하고 그에게 끊임없이 '애정,' '감사함' 그리고 '너그러움'을 보인다. 즉 맥위치는 핍을 소유하려는 것이 아니라 그가 '도와준' 것에 대한 보답으로 그에게 자신이 번 돈을 '준' 것이다.

또한 템블링의 푸코적 해석은 디킨스의 소설을 너무나 단순하게 설명한 까닭에 그가 보여준 소유의 여러 면을 설명하지 못한다. 디킨스는 소유 자체를 부정하지 않는다. 그 소설에서 가장 바람직한 인물인 허버트는 돈을 벌기 위해 무척 애쓰는 인물이다. "'때가 온다. 기회를 포착했을 때 그것에 뛰어들어 돈을 벌면 되는 것이다!'"(208). 디킨스는 돈을 벌기 위해 무슨 짓이든 하는 재거스나 콤페이슨과 허버트를 대조하면서 어떻게 그리고 왜 돈을 버는지가 중요하다고 주장한다. 재거스는 협박과 위증으로 그리고 콤페이슨은 사기와 배신으로 돈을 번다. 이와 대조적으로 허버트는 합법적인 무역을 통해 돈을 번다. 그는 또한 단지 소유를 위해 돈을 버는 것이 아니라 클라라와 결혼하기 위해 돈을 번다. 그리고 핍과 허버트는 서로 도와주면서 돈을 번다. 이런 까닭에 핍은 후에 허버트와 동업을 하면서 자신이 무역업에서 성공한 것을 자랑스러워한다. "우리는 큰 사업을 하는 것은 아니지만 좋은 평판을 얻었고 열심히 일하여 꽤 괜찮은 수입을 올렸다"(489). 문제는 돈을 어떻게 벌고 그것을 어떻게 쓰느냐가 중요한 것이다. 맥위치는 비록 유배된 죄인이었지만 열심히 일해 돈을 벌고 그것을 핍에게 보답하기 위해 사용한다. 반면에 콤페이슨은 다른 사람에게 사기를 쳐 돈을 벌고 그 과정에서 맥위치 같은 무지한 하수인을 희생시킨다.

템블링은 주체가 사회담론에 의해 구성되는 예로 '명명하기'를 든다. 그에 의하면 명명하기를 통해 지배자가 피지배자에게 정체성을 부여한다. "『위대한 유산』은 명백히 상부에서 하부에게로, 지배자에서 피지배자에게로 부여된 정체성의 창조에 관한 것이다"(18). 그 소설은 첫 장면에서 '처음으로 사물들의 정체성에 관해 가장 생생하고 명백한 인상'을 가질 때 핍은 자신의 이름을 지어 부른다. 본래 성이 피립이고 세례명이 필립이었으나 어린아이의 잘못된 발음 때문에 그것은 '핍'으로 발음되고 그것이 그의 이름이 된다. 템블링은 이것을 핍의 자신에 대한 "경멸적인 방식의 묘사"라고 설명하면서 그것이 곧 "고백적인 위치에 적합하다"고 주장한다. 즉 핍은 처음부터 "이름을 잘못 부름"으로써 "왜소하게 되었다"는 것이다(19). 그러나 그 이름은 지배자에 의해 부여된 것이 아니고 핍이 스스로 부른 것이다. 또한 그 이름은 어린아이가 잘못 발음하여 굳어진 것으로 그 소설이 핍의 정체성과 그것에 관한 그의 의식을 다룬 것임을 드러낸다. 오히려 본인이 스스로 잘못 발음하여 지은 이름은 핍의 정체성이 지배자에 의해 일방적으로 부여될 수 없는 여러 갈등적인 관계를 통해 만들어지고 변하는 것임을 암시한다. 그리고 템블링은 지배자에 의해 부여된 명명하기의 예로 학대하는 어른들과 다른 사람들이 지어준 핍의 별명들, 즉 '배회하는 사내아이,' '어린 개,' '몽상적인 사내아이' 등을 열거한다. 이런 경멸적인 이름과 함께 그는 허버트가 핍에게 지어준 '핸델'이라는 별명을 언급한다. 그러나 템블링은 모든 인간관계를 권력과 지배의 관계로 본 나머지 그 이름이 내포하는 '상호 신뢰'에 근거한 우정을 간과한다. 허버트는 "핸델"이라는 별명을 지어주면서 자기정체성에 대해 혼란을 겪는 핍을 "성급함과 주저함, 과감함과 자신 없음, 행위와 꿈이 묘하게 섞여있는 좋은 친구"라고 설명한다(269).

또한 템블링은 명명하기를 예로 들면서 핍이 주로 '때리는 자'라기보다 '움츠린 자'라고 설명한다. 핍은 자신을 범죄자로 생각하기 때문에 '움츠린 자'의 위치에서 떠날 수 없다는 것이다. 그러나 템블링은 핍이 두 경우에 예외적으로 '움츠린 자'에서 '때리는 자'의 위치로 옮겨간다고 주장한다. "그러나 명명하는 행위는 피지배자가 그들을 지배하는 언어를 인계 받을 수밖에 없는 방식을 반영한다. 그들은 맞은 대로 때릴 수밖에 없고 이름이 주어진 대로 멸시하면서 이름을 지어줄 수밖에 없다"(22). 여기에서 모든 인간관계는 맞고 때리는 그리고 이름을 지어 받고 지어 주는 지배의 관계로 설명된다. 템블링은 죽은 맥위치의 머리에 대고 기도할 때 핍이 '비난하는 사람'이 된다고 주장한다. 그러나 핍이 죽은 맥위치에게 "주여, 죄인인 그에게 자비를 베푸소서!"라고 말할 때 그는 한때 죄인이었던 맥위치를 비난하는 것이 아니라 오히려 신사가 된 자신을 보기 위해 돌아와 불합리한 형법제도에 의해 억울하게 죽은 갱생한 죄인에 대한 연민과 슬픔을 나타낸 것이다. 오히려 불공평한 형법제도에 의해 희생된 맥위치를 전지전능한 하나님이 공평하게 판단하여 줄 것이라 생각한다.

또한 템블링은 핍이 조우와 비디의 아들인 어린 핍을 보고 언젠가 그를 자기에게 '주던가 빌려 달라'고 할 때 마치 맥위치가 핍을 '소유'하듯이 그가 어린 핍을 '소유'하려 한다고 주장한다. 템블링은 핍의 요청을 비디가 정중히 거절함으로써 핍이 소유와 억압의 언어에서 벗어날 수 없음을 보인다고 설명한다(22). 이런 '억압의 생산과 재생산'을 근거로 템블링은『위대한 유산』에서 핍이 억압의 구조에 관하여 배운 것이 없고 전혀 '진전'을 보이지 않는 '현대성'을 보인다고 주장한다. 그런 까닭에 소설이 아무런 '결말이 없는 끝'을 맺는다고 설명한다(29). 그러나 핍은 허버트와의 우정을 발전시킬 뿐만 아니라 조우와 비디와의 우정을 회복한다. 핍이 어린 핍에게 해주고 싶었던 것은 그를 소유하려는 것이 아니고 마치 맥위치가 자신에게 변함 없는 '애정,' '감사함' 그리고 '너그러움'을 보인 것처럼 그가 어린 핍에게도 같은 것을 베풀고 싶었던 것이다. 조우가 "'사랑하는 옛 친구여, 우리는 너를 위해 그에게 핍이라는 이름을 주었고 그가 조금이라도 너처럼 자라기를 원하고 그럴 것이라고 생각한다'"라고 말할 때 핍은 어린 핍을 소유하기는커녕 어린 그를 존중하는 마음에서 '그의 머리를 엉클어 놓지 않는다'(490 본문의 강조). 핍의 요청을 비디가 정중히 거절한 것은 소유를 거절한 것이 아니라 그와 함께 "'너는 결혼해야 한다'"라고 말한 것에서 알 수 있듯이 그녀는 핍이 결혼하여 그의 아이를 하루빨리 갖기를 바란다. 그리고 그런 그녀의 대답 배후에는 성공한 무역업자인 핍을 자랑스러워함과 동시에 그와 달리 나름대로 열심히 일하고 자신의 일에 자긍심을 가진 남편 조우를 그녀가 높이 평가하기 때문이다. "'그는 아마도 자신이 적임이고 잘 그리고 존경심을 갖고 차지한 자리에서 누군가가 그를 쫓아내는 것을 허용하기에는 너무

자긍심이 많다.'" (175-176).

템블링은 푸코의 이론을 디킨스 소설 읽기에 적용함으로써 매우 참신한
시각을 제공하는 듯하다. 그러나 그 이론을 소설과 함께 꼼꼼히 읽어보면
이론에 소설을 맞추려 하였기 때문에 너무나 많은 오류를 범하고 있음을 알
수 있다. 무엇보다도 이론을 소설에 일방적으로 적용함으로써 그 소설의 시
대적 배경을 무시하는 과오를 저지른다.『위대한 유산』에 나타난 감옥은 전
방위 감시를 하기에는 너무나 폭력적이고 부패한 뉴게이트 감옥이었다. 오
히려 전에 출판된『데이비드 카퍼필드』가 전방위 감시적 감옥에 대한 비판
을 보여준다. 이와 마찬가지로 템블링의 주장과는 달리『위대한 유산』은 영
국사회가 아직 부조리하고 비효율적인 전근대적 형벌체제에 의해 유지됨을
보여준다. 또한 템블링은 이론의 체계성을 획득하기 위해 소설의 복잡성을
너무 단순하게 설명한 실수를 한다.『위대한 유산』에는 다양한 인간들이 복
잡한 관계를 형성하고 상호작용하고 있음에도 불구하고 그는 모든 인간을
단순히 '지배자'와 '피지배자,' '때리는 자'와 '움츠리는 자'의 이분법으로 설
명한다. 이런 설명은 그런 소유와 지배의 관계를 비판하고 그것을 보다 바람
직한 상부상조의 인간관계로 극복하려는 디킨스의 노력을 철저히 무시한 것
이다. 그 소설에서 디킨스는 소유와 지배의 관계를 극복하는 동정심과 우정
등 새로운 관계를 제시한다. 맥위치는 죽는 순간까지 핍이 자신을 버리지
않았음에 대해 감사한다. 그 역시 핍의 경멸에도 불구하고 그를 끝까지 사랑
하고 보살폈다. 이외에도 템블링의 주장과 달리 핍은 조우와 비디와의 바람
직한 관계를 '회복하고' 허버트와 지속적인 '상호 신뢰'를 '진전시킨다.' 템블
링의 디킨스 소설 읽기가 너무 획일적이고 단순하게 된 가장 큰 이유는 푸
코의 구조주의적 이론이 보여주는 반인본주의에 너무 집착했기 때문이다.
"어떤 종류의 자유주의가 그 책에 영향을 주는지는… 중심적이지 않다. 그
책은 낭만적, 자발적 그리고 창조적인 것으로 간주되는 인간의 본성에 대해
믿음이 거의 없다"(30). 이런 주장에 대해 비록 아이일 때 이미 핍이 자신의
존재에 대해 가졌던 인본주의적 자의식을 보여주는 것으로 충분히 대답할
수 있을 것이다. "아기일 때부터 내 안에는 부당한 처사에 대한 지속적인
투쟁이 있었다. 말할 수 있을 때부터 내 누이가 나를 변덕스럽고 폭력적인

강요로 나를 부당하게 대했다는 것을 알았다. 그녀가 나를 손수 키웠다고 해서 나를 함부로 키울 권한이 없다는 확고부동한 확신을 가졌다"(92).

참고 문헌

Calder, Angus. "Introduction" to *Great Expectations*. London: Penguin, 1985.

Dickens, Charles. *American Notes and Pictures from Italy*. Ed. Sacheverell Sitwell. Oxford: Oxford UP, 1987.

_____. *David Copperfield*. Ed. Nina Burgis. London: Oxford UP, 1999.

_____. *Great Expectations*. Ed. Angus Calder. London: Penguin, 1985.

_____. *Oliver Twist*. Ed. Peter Fairclough. London: Penguin, 1986.

Foucault, Michel. *Discipline and Punish: The Birth of the Prison*. Trans. Alan Sheridan. New York: Vintage, 1979.

Hughes, Robert. *The Fatal Shore: A History of the Transportation of Convicts to Australia, 1787-1868*. London: Harvill, 1996.

Philip, Neil, and Victor Neuburg, eds. *Charles Dickens: A December Vision and Other Thoughtful Writings*. New York: Continuum, 1987.

Tambling, Jeremy. 'Prison-bound: Dickens and Foucault.' *Essays in Criticism* 36.1 (January 1986): 11-31.

윤혜준

유추의 유령: 신역사주의와 19세기 영국 소설

접속사의 문제

문학은 언제부턴가 혼자만으로는 존재할 수 없게 된 듯하다. 적어도 문학에 대한 담론의 세계에서는 문학은 항상 '문학'과는 별개의 영역으로 인정되는 어떤 대상과 접속되므로, 그 담론의 지적 권위를 인정받는 풍토가 자리잡았다. 문학과 사상, 문학과 종교, 문학과 철학, 문학과 정신분석학, 문학과 사회, 문학과 역사 — 이러한 접속과 연결의 고리 속에서 '문학'은 한편으로 여타의 담론들과 구분되는 독자성을 주장하며 ('A와 B'라는 표현이 가능하려면 A와 B가 질적으로 다른 별개의 단위여야 하므로), 다른 한편 '문학'을 자신보다 상대적으로 과학적 권위나 현실적 중요성이 큰 다른 이름들과 대등하게 연결시키므로 자신의 '학술적' 지위를 확보한다.

이러한 접속사의 힘, '과'(and)의 노동을 문제삼는 것은 이 '(와)과'로부터 자유로운 '문학 그 자체'의 세계를 그리워하며 거기로 돌아가자는 취지에서가 아니다. 태초에 '문학'이 그 순수한 독자성을 유지했다는 증거는 없다. 흔히 '순수문학'이라는 말은 '문학'을 '문학과 예술' 또는 '문학과 사상'이라는 접속 관계 속에 놓는 것일 뿐이다. 그렇다면 오히려 '문학'이 존재하는 방식은 애초부터 '문학'의 타자와의 연결, 접맥이지 않은가? 예컨대 최초의 문학은 '문학과 종교' 내지는 '문학과 신화'의 접맥 속에서 태어났다면? 태초에 이미 문학이 접속, 접맥되었던 흔적만 발견된다면, 이 접맥의 흔적(trace)이 문학의 기원이라면, 그것은 문학 자체의 순수한 기원이 없다는 말이 되기도 한다. 자크 데리다(Jacques Derrida)의 표현에 말을 바꿔 넣는다면, "'(와)과'" (and)가 나타내는 접속의 흔적은 문학의 절대적 기원이다. 이 말은 문학의 절대적 기원이 없다는 말과 같다"고 할 수 있다(Derrida 65).

따라서 문제는 접속의 사슬에 묶이지 않은 문학이 아니라 이 접속의 내용과 방식이다. 왜냐하면 접속사 'and'(와, 과)처럼 쓰기에는 편리하면서도 의미가 애매한 말도 없기 때문이다. 예를 들어 이 글에서 다루고자 하는 '문학'과 '역사'를 연결시킬 때, '문학과 역사'라는 표현 속에서 '과'의 위상, 양태, 기능, 의미는 전혀 명시되지 않는다. '문학과 역사'라고 말을 할 때 전달되는 의미는 말하는 이가 이 둘을 서로 연결하겠다는 의도뿐이지 구체적으로 어떻게 연결될 것인지, 그 접속의 내용이 어떠한지는 하나도 드러나지 않는다. 여기에 비하면 'in'을 써서 '문학에서의 역사' 또는 '역사에서의 문학', 아니면 보다 명확하게 'of'를 써서 '문학의 역사' 등으로 표현할 때 우리는 애매성에 덜 시달린다. 그러나 'and'는 관계 그 자체 외에는 말해주는 것이 없다. 그럼에도 접속은 해야한다. 특히 역사적 현실을 다룬 소설과 실제 역사 간 접맥의 중요성은 부인하기 어렵다. '신역사주의'(New Historicism)라고 불린 일군의 미국 문학비평가들의 작업을 논의해야 할 이유는 바로 문학과 역사를 접맥하는데 이들이 사용하는 'and'(와, 과)의 구체적인 내용을 밝힐 필요가 있기 때문이며, 그것이 갖는 문제점들을 비판적으로 규명할 필요를 '신역사주의'가 갖는 매력과 명성이 제기하기 때문이다.

유추의 유령

'문학과 역사'에서 '소설과 역사'로 우리의 논제를 구체화할 때 이 양자간 접속의 역사는 소설의 역사와 밀접한 관련성이 있다는 점이 눈에 띤다. 당장 필딩(Henry Fielding) 같은 초기 영국 소설가들이 늘 자신들의 작품을

"History"라는 말로 지칭하기를 즐겨했고, 그 시대의 역사서적, 예컨대 기번 (Edward Gibbon)의 『로마제국의 쇠퇴와 패망의 역사』(*The History of the Decline and Fall of the Roman Empire*)도 딱딱한 고증에 치중하기보다는 거대한 서사의 흐름을 추구하는 소설의 모습을 보여준다는 점을 지적할 수 있을 것이다. 그러나 이러한 유추(analogy)의 접맥은 유사성과 동시에 그 차이점을 즉시 드러낸다. 필딩의 "History"와 기번의 역사는 결정적으로 다루는 주인공에서 차이가 난다. 한쪽은 역사 서사에는 이름이 오를 가능성이 희박한 평범한 인간들이라면 다른 한쪽은 어떤 역사책이건 등장하지 않을 수 없는 당대의 영웅들이기 때문이다. 따라서 전자의 주인공을 "hero"라고 하는 것이 하나의 비유에 머문다면 후자는 문자 그대로의 의미로 "hero"에 대한 서사인 것이다. 주인공들이 이렇게 근본적으로 다른 차원에서 존재한다면, 소설과 역사의 서사의 성격과 내용도 다를 수밖에 없다. 전자에 있어서 평범한 사람에게 중요한 사건들인 연애, 결혼, 유산상속 따위가 중요한 이야기 거리라면 후자는 세계의 운명을 좌우하는 전쟁과 거대한 정치적 음모들이 주종을 이룬다. 그렇다면 '소설과 역사'의 '과'는 양자의 차이점만을 부각시킬 뿐이다.

하지만 그럼에도 '소설과 역사'의 차이점에서 출발해서 역으로, 바로 그 차이점 때문에, 소설 고유의 '역사'를 찾을 수 있기도 하다. 필딩의 소설이나 기번의 역사책은 둘 다 텍스트들이다. 이들 텍스트를 읽는 독자는 쓰여진 글자들이 어떠한 현실의 사건과 대상을 지칭한다는 생각 내지는 환상을 갖지 않을 수 없다. 아니면 책 읽는 일이 재미없을 것이므로, 이들이 지은 두꺼운 책들을 굳이 사보거나 읽어낼 이유가 없을 것이다. 기번을 읽는 독자가 로마인들의 현실을 머리 속에 그려보는 것과 같은 방식으로 필딩을 읽는 독자들은 영국 사회의 현실을 상상 속에 떠올리며 검은 글씨를 읽어 나간다. 이 현실을 다루는 이야기의 가능성과 폭을 규정하는 조건은 로마인들의 야망과 정쟁을 다룬 책이건 고아 청년의 성공담을 다룬 이야기이건, 필딩의 『주워 온 아이 톰 존스 이야기』(*The History of Tom Jones, A Foundling*)의 첫 장에서 작가가 주장하듯이, "인간의 속성"(Human Nature)(Fielding 26) 이다. 그래서 책을 다 읽은 후 얻는 소득은 "인간의 속성", 즉 인간이란 어떤 존재인가에 대해 깨닫는 것이다. 차이가 있다면 문제가 된 '인간'이 처한 상황의 차이점일 뿐이다. 이러한 '인문적' 공통점에서 '소설과 역사'라는 표현으로 돌아간다면, 역사는 역사에서 늘 다루는 거창한 인물들의 거창한 행위를 통해 '인간의 속성'을 보여주고, 소설은 평범한 인물들의 평범한 행위를 통해 '인간의 속성'을 보여준다고 할 수 있다. 전자 못지 않게 후자의 '평범한 인물들의 평범한 행위'는 필딩이 강조하듯이, '인간의 속성'을 충실하게 보여준다. 따라서 그것의 진실성이나 권위는 거창한 인물의 경우와 비교할 때 값어치가 떨어질 이유가 없다.

문제는 소설도 나름대로 인간의 모습을 진실되게 보여주는 '이야기책' (영어의 *history*와 *story*의 공통된 어원인 *historia*)이라는 인식에 안주해서 소설의 내용이 역사의 현실을 그대로 보여준다는 생각, 소설책이 다루는 '현실'이 원래 그대로 존재하는 것이라는 생각이다. 이러한 판단은 전체 내용을 종합해서 독자 스스로의 체험에 비춰보며 얻은, 즉, '그럴 듯하구나'라는 생각에서 유추한 결론일 수도 있다. 하지만 읽기 과정에서 볼 때 소설을 보며 '현실'을 느끼는 것은 쓰여진 문자 언어에서 자신이 생각하는 '현실'을 유추하는 행위의 연속일 뿐이다. 그러나 쓰여진 책 안에 있는 이 현실은 '현실' 그대로 존재하지 않는다. 따라서 유추해낸 현실은 하나의 '생각'이자 '느낌'으로 존재한다. 그런데 현실이란 단순히 머리 속에 존재해서는 안 된다. 현실은 바로 관념이나 상상과 반대되는 개념이기 때문이다. 따라서 쓰여진 글, 언어 그 자체를 근거로 떠올린 현실은 일종의 '유령'의 상태로 애매하게 존재한다. 소설을 읽으며 유추하는 역사는 이미 현실 그 자체를 보여주는 것으로 인정되는 '역사' 서술의 대상의 유령이다.

이것을 말라르메(Stéphane Mallarmé)는 "유추의 유령"(le démon de l'analogie)이라고 불렀다. 같은 이름의 산문시에서 시인은 "Le Pénultiéme est morte"(끝에서 두 번째 [음절]은 죽었다)는 말을 혼자 발음해 보면서 "pénultiéme"이란 단어에서 "nul"의 소리에 이끌려, 이것이 어떤 실체, 나타남, 목소리로 존재한다는 느낌에 사로잡힌다. 이처럼 이 문장이 만들어내는 착각에서 벗어나려고 그는, "La Pénultiéme est morte, elle est morte, bien morte, la désespérée Pénultiéme"(끝에서 두 번째 음절은 죽었어, 죽었다고, 완전히, 절망적인 끝에서 두 번째 음절이)라고 말을 하며 이 "슬픈 말들"의 느낌을 '죽이고', 거기서 벗어나려 한다. 하지만 바로 그 순간에 오히려, 유령처럼 그 존재가 보이지 않는 상태로도 느껴지는 바로 그 목소리가 시인 자신의 문장 속, 그 '안' 어딘가에 존재한다는 보다 강렬한 착각에 시인은 빠질 뿐이다(76). 문장 하나에서 유추되는 현실, 현전(presence)의 유령이 이처럼 집요할진대 숱한 문장들로 이루어진 두툼한 소설책이 만들어내는 "유추의 유령"은 얼마나 집요하며 얼마나 강력하겠는가?

푸코의 이름으로?

책 읽기가 전문인 비평가들, 특히 대학에서 학생들에게 정전(canon)을 해석하는 일을 하는 학자 비평가들은 소설 한 권을 펴놓고 거기에 담긴 현실 역사의 '유령'을 떠올리는 데 몰두하는 것이 자신의 생업에 매우 유리할 수 있다. 특히 '인간의 속성'에 대한 관심이나, 애초에 '인간의 속성'이라는 개념 자체가 흔들리는 20세기 말에 소설을 읽으려면, '인간의 속성'에 대한 철학적, 신학적, 언어학적, 미학적 담론에 소설을 접맥시키는 것만으로는 부족하기 때문에, 이미 일어났으므로 아무런 의심의 여지가 없는 현실로 받아들여지는 '역사'에 대한 담론에 책읽기를 접속시키는 일이 하나의 불가피한 대안으로 떠오를 것이다.

이처럼 '문학과 역사'라는 틀 속에서, '문학'을 가르치는 일의 권위를 재건하고자 하는 이들에 '신역사주의자'들이 포함된다. 그런데 왜 '신역사주의'는 새로운 것인가? 그들의 참신함, 독창성, 새로움은 어디에서 기인하는 것인가? 여기에 대한 대답을 먼저 하기에 가장 적합한 인물은, 소설을 읽는 비평가는 아니지만 '신역사주의' 비평가들의 수장노릇을 해온 스티븐 그린블라트(Stephen Greenblatt)일 것이다. 그린블라트가 떠올리는 '유추의 유령'은 "자본주의"라는 이름으로 불린다. 글린블라트의 "자본주의"는 어떤 유령인가? 그것은 모든 경계와 영역간의 벽을 허무는 접속의 유령, "과(and)"의 유령이다.

왜냐하면 16세기부터 [...] 오늘날까지 자본주의는 담론의 영역들을 뚜렷이 구분하는 것과 이들을 서로 뒤엉키게 하는 두 경향 사이에서 강력하고도 효과적으로 왔다갔다했기 때문이다. 고정된 특정 위치의 공고화가 아니라 이 끝없는 주기적 왕복이야말로 자본주의 특유의 힘이다. 개별적인 요소들은 [...] 다른 경제 · 사회 체제들에서도 충분히 구현된 것으로 발견될 것이다. 하지만 오직 자본주의만이 양자간의 어지럽고, 끝날 줄 모르는 듯 보이는 순환을 만들어 내는 데 성공했다. (Greenblatt 9)

이러한 전제를 받아들일 때, '역사'와 '소설'은 서로 간에 "어지럽고, 끝날 줄 모르는 듯 보이는 순환"의 관계를 만든다는 결론을 얻을 수 있다. 그런데 왜 꼭 '어지러워야' 하는가? 그것은 애초에 "자본주의"에 묶인 현실에서 안정되게 한 자리를 유지하는 일이 불가능하기 때문이다. 그렇다면 역사라는 것도 이처럼 끝없이 불안하게 자리를 바꾸는 과정의 연속이 될 것이다. 이글턴(Terry Eagleton)이 말한 대로, 신역사주의가 다루는 '역사'는 "원인과 결과의 일정한 패턴이 아니라 임의적이고 우연적인 힘의 공간"인데, 이렇게 되면 역사를 구성하는 사건들 간의 인과관계 역시 그때마다 임의로 재구성되어야 하는 것이고, 어떤 한가지 역사 이야기가 절대적으로 다른 것보다 더 중요하거나 더 옳다는 주장도 하기 어려워진다(Eagleton 198).

그렇다면 이처럼 어지럽고 우연한 역사를 신역사주의 비평은 소설 속에서 읽어내는가? 소설에서 유추한 역사의 환영은 정신 없는 가변성의 세계인가? 여기에 대한 대답은 소설에 '신역사주의'를 적용한 구체적인 사례에서 찾아야 할 것이다. 아무리 원론 차원에서 누가 어떤 주장을 하건, 실제 책읽기에서 그것이 검증되지 않으면 그것은 허풍에 지나지 않기 때문이다.

먼저 살펴볼 예는 디킨즈(Charles Dickens)의 『올리버 트위스트』(*Oliver Twist*)에 대한 D.A. 밀러(Miller)의 평가이다. 비평서 제목부터 '문학과 역사'의 접맥을 선명하게 표명하는 "The Novel and the Police"인 이 책 서장에서 저자는, 위의 그린블라트의 말을 듣고 역사와 소설간의 끝없는 교환, 정신 없이 영역을 넘나드는 모습을 기대하는 독자에게 사뭇 답답한 통제의 모습을 보여줄 뿐이다. 그는 소설과 역사가 의외로 선명하고 단선적으로 서로 닮아있는 모습을 제시하는 것이다.

경찰행위를 우범성의 영역에 제한하는 것은 그 영역 자체를 강화하는 결과를 불가피하게 낳는데, 이 영역 안에서 규범화된 형태의 범죄와 처벌을 보여줄 뿐 아니라 그것을 우리의 세계와는 근본적으로 단절된 세계 안에 봉쇄해 놓는 것이다. 19세기 소설 내내, 경찰의 통제력은 이러한 우범성의 이데올로기를 암묵적으로 보강한다. [...] 분명히 이 소설 [『올리버 트위스트』]은 이러한 우범성의 영역을 만드는 데 일조한 제도들을 인도적 입장에서 공격하고 있으나, 이 공격의 방식 자체가 이런 현상을 지탱하는 우범성에 대한 시각에 힘을 주고 있다. (Miller 4)

이러한 해석이 가능한 논리는 다음과 같다. 이 소설에서 범죄자들은 우범성의 영역(delinquent milieu)에 묶여 있다. 이것은 실제 역사에서도 마찬가지이다. 따라서 실제 역사에서처럼 소설의 이러한 구조는 범죄자들을 통제하고 관리하는 방식일 뿐이다. 문제는 이러한 논리가 깔고 있는 증명되지 않는 전제인, '소설과 역사는 서로 같거나 비슷하다'는 명제이다. 왜 그래야 하는가? 게다가 소설과 역사의 관계에서 왜 소설은 "우범성의 이데올로기"를 강화하는 부역과 협력자의 역할만을 맡아야 하는가? 여기에 대한 답을 찾을 단서의 하나는 바로 "우범성의 영역을 만드는 데 일조한 제도들을 인도적 입장에서 공격"하는 일의 정당성과 효과를 폄하하고자 하는 인용의 후반부가 제공한다. 각종 범죄가 중요한 몫을 차지하는 이 소설, 따라서 이러한 범죄에 대한 법적인 대응이 요청되는 이 소설이 단지 페이긴(Fagin) 같은 범죄자들만이 아닌 사회 전체의 대한 문제제기로 발전한다는 해석을 봉쇄하고 '소설과 역사'는 비판적, 대립적인 관계에 설 수 없다는 일반론을 밀러는 제시하는 것이다. 신역사주의의 '역사'가 새롭거나 유별난 이유는 바로 이처럼 역사를 지극히 폐쇄적인 권력의 체계, 근본적인 변화가 불가능한 세계로 보는 반역사적 역사관 때문이다. 다른 한편, '소설과 역사'가 유사성으로 맞물려 있고 서로의 영역이 별개로 존재하지 않는다는 입장은 위의 그린블라트 인용이 함축한 바이긴 하나, 그것은 전혀 새로울 것은 없다. 문학의 자율성을 완전히 부인하는 해석 방식은 적어도 플라톤(Plato)의 『공화국』

(*Republic*) 이후 면면히 이어지는 전통이기 때문이다.

신역사주의가 암묵적으로 스스로의 사상적 접맥점으로 주장하는 사상가는 미셸 푸코(Michel Foucault)이다. 위의 밀러의 주장은 '소설과 역사'의 접맥보다는 푸코의 『감시와 처벌』(*Discipline and Punish*)과 『올리버 트위스트』를 접맥시킨 형태에 더 가깝다. 밀러가 사용한 "우범성"(delinquency) 개념은 푸코의 책에서, 밀러의 주장대로, 권력이 자신의 이익을 위해 일부러 유지하는 범죄 관계 및 그 관계가 만들어낸 세계를 지칭한다. 쉽게 말해서 범죄가 있어야 경찰력이 존재할 이유가 생기고 우범지대가 있어야 권력이 자신의 폭력을 행사할 공간이 마련된다는 주장이다. 이렇게 보면 우범성을 이용하는 권력의 모습과 유사하게 디킨즈는 『올리버 트위스트』에서 우범성을 이용해서 독자가 사회에 대한 비판의 목소리를 느끼며 동시에 범죄자의 세계를 즐기게 하는 등의 각종 문학적 이득을 챙기고 있다고 할 수 있다. 그런데 밀러와는 달리, 밀러에게 접맥되지 않은 푸코 글의 나머지 부분에서 푸코는 이것이 "우범성"의 한 가지 "용례"일 뿐임을 역설하면서, 적어도 우범성에 의해 만들어진 사회적 행위자들은 "지배층의 비합법성이 이용하는 대리자"임을 지적한다. 그가 드는 예는 매매춘으로, 이것을 통해 지배층이나 합법성의 세계는 "엄청난 이득"을 챙긴다고 한다.

> 매매춘의 제도화는 [...] 점점 더 집요한 일상적 도덕성이 반은 은밀하고 따라서 값비싼 영역으로 밀려난 성적 쾌락으로부터 엄청난 이득을 일련의 중간 매개자들을 통해서 육체화하여 거둬들일 수 있도록 해 주었다. 쾌락에 값을 메기고, 억압된 성으로부터 이윤을 창출하고 그 이윤을 챙기므로, 우범성의 영역은 자기 이익에 충실한 청교도주의와 공범관계에 있었던 것이다. (Foucault 279-80)

『올리버 트위스트』에 이 지적을 접맥시킨다면 그것은 매춘부 낸시(Nancy)에 대한 해석으로 전환될 것인데, 낸시를 작품에 등장시키고 그녀를 독특한 방식으로 이용하므로 작가는 '우범성'이 갖는 보다 복잡한 구도를 총체적으로 보여준다고 아마도 푸코는 말할지 모른다. 하지만 이렇게 되면 작품의 비판적 힘을 너무 많이 인정해주는 꼴이므로 밀러의 푸코 접속은 여기에까지 미치지 않는다. 게다가 푸코는 "우범성"의 세 번째 사용법으로, 권력이 자신을 강화하기 위해 범죄자들을 사용하는 모습, 예컨대 국가권력과 범죄 조직 간의 결탁을 들고 있다(280). 따라서 푸코를 그대로 디킨즈에 적용한다면 이 소설을 범죄지대, 우범지대를 한 가운데 둔 영국 사회 전체가 갖는 범죄성에 대한 고발로 읽어야 할 것이다. 그러나 위에서 보았듯이 밀러가 이해하는 디킨즈는 권력의 통제에 복무하는 충실한 일꾼일 뿐이다. 왜 그래야 하는가? 누가 그렇다고 하는가? 이러한 해석이 푸코의 이름으로 용인된다면 이 푸코는 실제 푸코와는 달리 푸코의 유령에 불과하다.

어떤 역사인가?

위의 밀러 인용에서 흥미로운 사실 중 하나는 그가 "19세기 소설 내내" (throughout the nineteenth-century novel)라는 표현이다. 일반적인 감각과 상식에 비춰볼 때, "throughout"이라고 하면 그냥 "19세기 내내"(throughout the nineteenth century)라고 한 후, 역사 이야기가 나올 것이다. 이처럼 역사에 대한 진술을 이끄는 표현이 나올 것으로 기대하는 독자에게 그는 "19세기 소설 내내"라고 해서, 소설의 세계를 묘사하는 진술을 거기에 접맥시킨다. 그는 "throughout"의 (잘못된) 사용을 통해서 역사를 소설처럼, 또한 소설을 역사처럼 만든다. 하지만 소설과 역사 양쪽 모두가, "throughout"이 약속하는 시간성과 시간성이 함축하는 질적인 변화와는 정반대로, "우범성의 이데올로기"에 묶이고 갇혀 있는 모습을 강조한다. 밀러는 마치 소설을 역사처럼 읽으면서 역사가 소설처럼 이데올로기로 지배받는 일관된 모습을 역으로 발견한 것이다. 역사를 소설처럼 읽고 소설을 역사처럼 읽는 가운데, 소설은 그대로 역사를 닮을 뿐 아니라 역사가 변화의 외양에도 불구하고 근본적으로 닫힌 경험이자 실체로 드러나는 것이다.

이러한 신역사주의의 신념은 밀러 외에 다른 비평가들에게서도 지속적으로 발견된다. 예컨대, 미국 자연주의 소설을 읽는 월터 벤 마이클스(Walter Benn Michaels)는 자신의 중심 개념을 "문화"로 설정한 후, 문화라는 것은 초월할 수 없는 것이라고 한다. 그 이유는 자신에게 주어진 "문화"를 초월해서는 "아무런 가치 평가의 개념들도 얻을 수 없기 때문"(Michaels 18)이라는 것이다. 따라서, "문학 일반이 문화 일반과 맺을 수 있는 유일한 관계는 문화의 일 부분이 되는 것뿐이다"(27)라고 한다. 그런데 도대체 이 '문화'가 무엇이기에 그것은 '문학'이 극복할 수 없는 막강한 힘으로 존재하는가? 그의 문화는 다름 아닌 "자본주의"이다. 예를 들어, 드라이저(Theodore Dreiser)라는 '문학'과 자본주의라는 '문화'의 관계를 생각할 때, 드라이저가 자본주의를 얼마나 비판적으로 인식했는가는 문제되지 않고, 오직 그의 자본주의 비판이 어떻게 자본주의가 만들어 준 시각과 일치할 수밖에 없는가, 따라서 그가 어떻게 자본주의를 극복하지 못했는가 만이 문제될 뿐이다(Michaels 20). 이 말을 달리하면 드라이저의 소설과 이 소설이 다루는 자본주의라는 '문화' 내지는 역사는 서로 맞물려 있다는 것이며, 게다가 늘 자본주의라는 '문화'에 '문학'은 종속돼 있다는 것이다. 벤 마이클즈가 볼 때 역사(내지는 '문화')와 소설은, 마치 부모와 자식처럼, 서로 철저하게 닮은꼴이다. 예컨대 호손(Nathaniel Hawthorne)의 『일곱 박공의 집』(*The House of Seven Gables*)을 논하며 그는 호손의 '로맨스'가 하나의 부동산 문제로 귀착됨을 발견한다.

> 로맨스는 [...] 일종의 재산, 아니 하나의 재산관계로 생각될 수 있다. 소설이 실재를 착취하고 누군가의 "사유 재산권"을 침해하므로 실재에 영향을 준다면, 로맨스는 위협이 되지 않는 재산권을 주장하기 때문에 남의 재산권에 의해서도 위협받지 않을 수 있는 것이다.(89)

문제는 이렇게 소설과 소설이 다루는 자본주의가 닮아있다는 것을 어떻게 알 수 있는지, 그 인식의 철학적, 이론적 근거이다. 소설이 자본주의 사회와 닮은꼴임은 소설을 읽어야 안다. 또한 소설을 읽고 자본주의의 모습을 발견하려면, 소설 '속에' 자본주의가 '들어 있어야' 한다. 그런데 이처럼 소설 속에 들어가 있는 자본주의를 알아보려면 두 가지 전제가 필요하다. 첫째로, 읽는 이가 '자본주의'가 무엇인지를 미리, 그것도 명확히 알고 있어야 한다. 따라서 '자본주의'가 무엇인지 명확히 알고 있지 않다면, 소설 속에서 나오는 특이한 자본주의를 보고 여기서 자본주의라는 일반적인 실체를 유추한 꼴이 될 것이다. 둘째로, 소설이라는 담론 세계는 언제나 밖의 역사를 그대로 보여준다는 사실도 미리 알고 있어야 한다. 그런데 소설이란 것이 현실 역사를 그대로 보여주는 충실한 매체라는 것을 입증할 수 없다면 드라이저건 그 누구의 소설이건 그것이 보여주는 '자본주의'가 진짜 자본주의인지를 확인할 방법이 없다. 이렇다면 소설에서 발견한 자본주의는 다시금 '유추의 유령'일 뿐이다. 그리고 객관성이 결여된 독서행위 속에서 유추된 그 유령은 소설을 읽은 사람을 지배하는 자신의 편견과 '이데올로기'에 다름 아니다.

　그렇다고 신역사주의 비평가들이 모두 한결같이 소설을 읽고 소설에서 직접 역사를 유추해내는 것은 아니다. 위에 인용한 벤 마이클즈의 작업에서도 소설 밖의 역사를 별도로 공부하고 읽어내려는 노동이 한 몫을 차지한다. 또한 신역사주의가 채택하는 '소설과 역사'의 유추적 관계 내에서 어떤 담론이 담론으로서 존재하는 데 최소한 필요한 변형과 다양성은 발견할 수 있다. 무엇보다도 '소설'과 '역사'의 관계를 단순한 유추적 상동성의 관계가 아니라 좀 더 복잡한 "협상"(negotiations)으로 보는 시각이 가능하다. 예를 들어 캐서린 갤러거(Catherine Gallagher)는 "각 작가가 시도하는 서사적 협상"(Gallagher xv)을 문제삼는다. 하지만 막상 이러한 "협상"의 내용은 별로 새로울 것이 없는 사상사적 해석, 즉 '소설과 사상'의 접맥만을 드러낼 뿐이다. 『매리 바튼』(*Mary Barton*)을 논하며 갤러거는 "개스킬은 … 부분적으로는 산업주의에 대한 비판자들이 적용한 결정론 전통 안에서 쓰고 있지만, 그녀의 글은 자유의지에 대한 새로운 일원론적 강조점에 젖어 있다. 결과적으로, 그녀가 존 바튼을 그려낼 때 긴장이 생겨나는데, 그것은 그의 사회적 결정론과 그의 비극적 영웅주의 사이의 긴장"(74)이라고 한다. 이것이 '신역사주의'라면 분명히 오래된 '구사상사'의 복제에서 벗어나지 못한 '신역사주의'라고 해야 할 것이다. 낸시 암스트롱(Nancy Armstrong)은 신역사주의에서 잘 볼 수 없는 "투쟁"이라는 말을 써서 "문화"를 설명한다 — "문화는 그 가장 값진 기호와 상징을 소유하려는 다양한 정치적 집단들간의 투쟁으로 드러난다". 나아가 이러한 전제 조건에 근거해서, "주어진 텍스트의 내적인 구성은 그것이 기호체계를 통제할 권위를 재현하는 대립적 형식들간의 역사 그 이상도 그 이하도 아니"(Armstrong 23)라고 한다. 그런데 이 투쟁은 말하자면 권력투쟁으로, 논의의 초점은 투쟁보다는 오히려 "기호체계를 통제할 권위" 쪽에 더 맞춰져 있다. 예컨대 디킨즈의『우리 둘 다 아는 친구』(*Our Mutual Friend*) 앞 부분에서 속물적 국수주의자 폿스냅(Podsnap)의 파티에 모인 인간들을 접시라는 하나의 물건의 시각에서 풍자하는 부분을 두고, 작가의 "문화적 전복"에 대한 취미에도 불구하고, "물건들의 순수한 관계체계로서 가정"이라는 개념을 소설은 그대로 따르고 있다고 하며, "노동으로부터 자유로운 물건들의 모습은 일의 세계와 가정을 구분한다"(Armstrong 88)고 한다. 결국 디킨즈는 현실을 지배하는 기존의 이데올로기를 그대로 반복하고 있다는 말이 된다. 이렇게 해서 디킨즈 소설의 전복적, 비판적, 해방적 측면을 없애버리고 나면 애초에 무슨 '투쟁'이라는 것이 가능한지 조차 의심스럽다. 그리하여 결국 암스트롱의 손에서도 소설과 역사는 다시금 질적으로 같은 상동성과 유사성의 "순수한 관계체계"에 묶이게 되는 것이다.

소설 밖의 역사

소설과 역사의 유추적 관계를 좀더 복잡하게 만들어 보려는 시도들이 별성공을 거두지 못하는 반면, 아예 역사 쪽을 깊이 파고들어서 소설에서 유추한 역사가 아닌 역사 그 자체를 탐구하는 방향으로 나아가고자 한 예는 보다 더 독창적인 성과로 이어진다. 매리 푸비(Mary Poovey)의『불균등한 발전』(*Uneven Developments: The Ideological Work of Gender in Mid-Victorian England*)이 한 예가 될 것인데, 푸비는 이 책에서 플로렌스 나이팅게일(Florence Nightingale)의 역사를 역사학의 방법론대로 1차 문헌을 중심으로 탐구하며 통념과 신화 뒤에 가려진 실상을 들춰내는 값진 작업을 하고 있다. 그런데 이때도 문제는 여기에 소설을 끌어들여서 소설과 역사를 연결할 때 생긴다. 성차(gender)와 노동의 문제를 다루면서 빼놓을 수 없는 작품인 샬롯 브론테(Charlotte Brontë)의『제인 에어』(*Jane Eyre*)에 대한 비평인「가정교사와『제인에어』」("The Governess and *Jane Eyre*")」를 살펴보자. 한편으로는 '역사'를 대변하는 "가정교사"와 다른 한편으로는 '소설'의 이름인 "제인 에어"를 접속시킨 그녀는, 이 두 영역 간의 연결고리를 가정교사에 대한 당대의 기사나 논평들, 특히 이스틀레익 부인(Lady Eastlake)이 『쿼털리 리뷰』(*Quarterly Review*)에 기고한 서평, 「허영의 시장과 제인 에어」("Vanity Fair—and Jane Eyre")(Vol. 84, 1848)와 『프레이저즈 매거진』(*Fraser's Magazine*)에 실린 익명의 에세이, 「현대 가정교사 제도에 대한 힌트」("Hints on the Modern Governess System")(Vol. 30, Nov. 1844)에서 찾고 있다. 그리고는 이런 글들이 보여주는 당대의 지배적 의견에 비춰서 『제인 에어』가 갖는 파격적인 면을 밝혀주면서, 푸비는 소설이 현실 역사의 지배 논리에 그대로 순응하지 않는 예를 보여준다. 특히 제인 에어의 사회적 의존상태가 자연스런 성차에 근거한 당연한 것이 아니라, 사회적으로, 즉 인위적으로 규정된 것임을 보여줬다는 점에 주목하고, 그녀의 결혼이 자신의 욕망의 발로라는 것도 강조한다 (Poovey 147).

그런데 그녀가 이용하는 19세기 계간지 글들은 역사 그 자체를 보여준다고 하기에는 현실과 거리가 있는 '문학'에 더 가깝다. 가정교사를 다룬 소설들에 대한 서평이나 가정교사 문제에 대한 이런 저런 의사표시보다는 실제 가정교사들의 현실이나 이들이 처한 경제상황 등이야말로 '역사 그 자체'를 구성하는 고유의 자료라고 할 수 있기 때문이다. 여기에 비하면, 서평이나 논평에서 가정교사의 역사를 그려내는 것은 다시금 '유추의 유령'을 불러내는 꼴이 될 것인데, 그것들은 현실에 대한 일정한 주관적 비평의 입장이 개입한 것으로서 그 객관성이 절대적일 수 없기 때문이다. 그렇다면 푸비의 가정교사론의 근간이 되는 이러한 의미에서의 '역사 그 자체'는 어디서 나오는가? 그녀는 이러한 실증적 역사의 문제를 다음과 같이 다소 간편하게 처리하고 있다.

현대 역사가들은 가정교사들이 1830년대 이후로 점점 더 심한 경제적, 사회적 고통을 감내했다는 점에 대해 이론이 없다.

이 진술을 뒷받침하기 위해 이어지는 '실제 역사'의 그림은 다음과 같다.

이 시대의 은행 도산은 결혼 가능한 여성의 숫자와 남성의 숫자간의 괴리와 합쳐졌고 늦은 결혼 나이는 파산한 멀쩡한 가문의 중산층 노처녀들과 과부, 딸들이 보다 많이 집 밖에서 일하도록 만들었다. 일을 하도록 하는 경제적 압력이 늘어나는 것과 동시에, 중산층 여성에게 적합하다고 인정되는 활동의 범위는 줄어들었다. 1790년대에 중산층 여성들은 간수, 하수도공, 도축업자, 농부, 종묘업자, 양복쟁이, 안장업자 등으로 일했던 것에 반해서, 1840년대와 1850년대에는 여러 급의 양장업과 가정교사 일이 다른 모든 직업 활동을 훨씬 상회했다.[4] 이런 직업 중에서 가정교사는 가장 점잖은 것으로 인정됐는데, 그 주된 이유는 가정교사 일이 중산층 주부라는 여성적 규범과 매우 유사했기 때문이다. (126-27)

여기서 주석번호 "4"에 해당되는 서지사항은 『가정 재산』(*Family Fortunes: Men and Women of the English Middle Class, 1780-1850*)이라는 역사연구서 한 권뿐인데, 이 책의 저자들이 둘(Leonore Davidoff and Catherine Hall)이기에 "현대 역사가들"이라는 복수를 썼는지는 모르지만 단지 한 권에 근거한 실제 역사의 모습이 얼마나 믿을만한 것인지는 의심이 간다. 그래도 출처를 밝힌 이상, 출처를 찾아보면 『가정 재산』의 다음과 같은 부분이 푸비의 역사 그림을 뒷받침해주는 것임을 알 수 있다.

시골과 도시지역에서 둘 다, 그리고 그 시기 전반에 걸쳐서, 여성은 기록에 나온 경제활동 인구의 5에서 15퍼센트를 차지한다. 그러나 19세기 중반이 될 무렵에는 이들의 활동 범위가 현저하게 줄어들었다. 1790년에는 이들의 직업이 간수, 양철공, 하수도공, 도축업자, 농부, 종묘업자, 양복쟁이, 안장업자 등을 망라했다. 세기가 바뀐 지 첫 십 년만 해도 남성 커튼 고리, 파이프, 총기, 니스 제조업자들은 그들의 유언장에 자신들의 부인이 사업을 이어갈 것을 구체적으로 언급하고 있다. 1850년대가 되면 여러 급의 양장업과 가정교사 일이 다른 것보다 훨씬 더 현저하게 중산층 여성의 주된 직업 영역이 된다. 그 결과는 예측할만한 대규모 과잉공급과 저임금이었는데, 이것은 실제 사실과 소설에 모두 등장하는 가정교사의 운명이 상징적으로 대표한다. (Davidoff and Hall 312-13)

두 인용을 비교해 보면 푸비가 역사서를 축약해서 자신의 글에 갔다 쓴 부분이 분명히 드러난다. 하지만 이 대목을 이끄는 파산에 대한 푸비의 진술들은 전혀 『가정 재산』의 해당 대목에서 언급이 안됐으며 그 외의 출처도 명시되지 않았음을 알 수 있다. 따라서 파산에 대한 역사는 출처가 없는 일종의 '환영'임이 드러난다. 이처럼 역사에 충실하려는 연구자가 역사책을 이용하는 모습이 보여주는 허점은 신역사주의의 '역사'의 새로움이 역사학적으로 확고한 근거의 제시와 (이 두 인용의 대조가 보여주듯이) 유사하기 때문이 아니라, 오히려 자신만의 (소설을 읽고서 만드는) '유추의 환영'들 때문이라는 생각을 강화시켜준다. 푸비처럼 엄격한 학자가 사료의 근거를 제시하지 않은 역사 기술을 할 때, 보다 자유분방한 신역사주의자들의 창의적이며 독특한 역사 이야기는 더욱 더 근거가 없을 것임은 충분히 예측이 가능하다. 신역사주의의 독창성은 선별된 역시 사료를 제시하므로 역사적 사실 자체에 대한 탐구를 일정한 역사에 대한 시각과 '이론'으로 면제해 준다는 데 있는 것이다.

위 두 인용 중 역사서 인용의 끝 부분에 나오는 "실제 사실과 소설에 모두"라는 표현은 소설과 역사 양자를 연결해주는 공식으로서, '신역사주의' 비평이 출발할 수 있는 근간이 된다. 하지만 이 인용의 차원에서는 소설과 현실, "사실과 허구"의 관계가 어떠한 것인지는 전혀 드러내지 않은 채, 양자간의 공통된 부분만을 지적했다. 보다 정확히 말하면, 소설과 역사를 둘 다 지배하는 것은 소설에서 다룰 대상들을 지배하는 경제적 현실이었다. 이 경제적 현실의 힘을 인정한다고 해도 이 현실 역사에 대한 "허구" 쪽의 대응방식은 현실의 모습을 반영하는 것에만 그치리라는 보장은 없다. 소설은 현실을 다룬다. 신역사주의가 즐겨 쓰는 표현대로 하자면 역사를 "재현"(represent)한다. 하지만 그것이 소설이 하는 일의 전부라고 볼 이유는 무엇인가? 오히려 위대한 작품들이란 바로 이처럼 단순히 현실을 '재현'하는 단계에서 더 나아가, 알려진 현실보다 더 깊은, 보이지 않는 현실을 잡아낸 예들이 아닌가? 이러한 질문을 던진 사람 중에는 벤 마이클스가 절대로 초월할 수 없는 지평으로 제시한 자본주의라는 "문화"를 극복 가능한, 역사적으로 가변적인 사화관계로 본 이들이 있다. 예를 들면, 엥겔스(Frederick Engels)가 있다. 엥겔스와 그의 동료 독일인 망명객 마르크스(Karl Marx)의 죄가 무엇이건 간에, 적어도 '소설과 역사'의 관계에 관한 한 엥겔스는 단순한 유추의 논리에 얽매인 죄를 범하지는 않고 있다.

> 발작이 [...] 자기 자신의 계급적 정서와 정치적 편견에 반하는 방향으로 나아가도록 불가피하게 이끌린 점이, 그가 자기가 애호하는 귀족들의 몰락이 필연적임을 인식했고 이들을 그렇게 되는 것이 당연한 인물들로 묘사했다는 점이, 그리고 그가 미래를 이끌 진정한 인간들이 다른 계급에 있었고, 당분간은 오직 이들뿐이었다는 점을 인식했다는 것이, 바로 이것이 나는 리얼리즘의 가장 위대한 승리 중 하나라고 생각하고 늙은 발작의 가장 대단한 면모의 하나라고 생각합니다. (Engels 92)

잘 알려진 '리얼리즘의 승리'라는 명제가 나오는 편지글의 이 대목에서 역사는 변화의 필연성으로 인식된다. 역사와 접속의 관계 속에서 만나는 소설은 작가를 지배하는 실제 현실의 조건들에도 불구하고, 작가의 편견을 이기고, 이러한 역사의 흐름을 정확하게 잡아낸다. 하지만 신역사주의는 발작(Balzac)이라는 작가의 계급적, 정치적 편향을 문제삼으며, 이러한 '담론'을 만들어내는 문헌들 몇 개를 발굴한 후, 발작이 비판하고 전복하는 것으로 보이는 것들이 실제로는 통제를 강화할 뿐임을 반복해서 역설할 것이다. 밀러로 돌아가자면, 발작이야말로 '우범성의 영역'을 교묘히 이용하여 범죄자를 봉쇄하고 통제하는 작가가 아닌가? 그러나 엥겔스는 역사의 변화에 주목한다. 이러한 변화가 역사의 본질이라면 역사를 제대로 '재현하는' 소설은 역시 변화의 역동성을 감지한 작품들이어야 할 것이다. 루카치(Georg Lukács)가 말하듯이, "주어진 사회의 객관적인 발전에 있어서 지배적인 [...] 경향들"(Lukács 41)을 감지하고 간파하는 역동적인 '재현'이 고전적 소설들의 미덕이라면, '소설과 역사'의 관계 속에서 소설의 몫은 표면적인 유사성이 만들어내는 '유추의 환영'에 탐닉하는 것이 아니라, 심층적인 역사의 흐름을 잡아내는 역사에 대한 해석으로서, 소설 밖의 역사가 자신도 잘 인식하지 못하는 부분을 일깨워주는 예언으로서 존재하는 것이다.

이것이 헛된 환상이라면, 모든 변화와 변혁, 발전이 모두 환상이고 오직

'역사'와 '소설' 간에는 정신을 빼놓도록 끝이 없이 오고 가는 순환만이 존재한다면, 굳이 영문과를 차려놓고 소설을 읽고 소설을 가르치는 일을 할 이유가 없을 것이다. 소설을 잘 읽으려면 역사공부를 열심히 해야 한다. 소설이 역사 속에 존재할 뿐 아니라 역사를 소설이 재현하고 다루기 때문이다. 하지만 소설과 역사의 관계를 특정 역사철학에 근거해서 역사의 폐쇄성에 소설이 기여하는 한 가지 모양새로 단정하는 것은 역사 공부의 측면에서 보나 소설 읽기 차원에서 보나, 역사의 패권을 장악한 나라의 엘리트로서 역사를 마감된 것으로 보고 싶은 이유가 많은 미국인들이 책을 펼쳐 놓고 불러내는 유추의 환영일 뿐이다. 그것이 모름지기 패배의 기억만을 물려받은 한국 땅에서 영문학을 연구하는 이들에게 전수돼야 할 이유는 전혀 없다.

참고 문헌

Armstrong, Nancy. *Desire and Domestic Fiction: A Political History of the Novel.* New York: Oxford Univ. Press, 1987.

Davidoff, Leonore and Catherine Hall. *Family Fortunes: Men and Women of the English Middle Class, 1780-1850.* Chicago: U of Chicago P, 1987.

Derrida, Jacques. *Of Grammatology.* Trans. Gayatari Chakravorty Spivak. Baltimore: Johns Hopkins Univ., 1974.

Eagleton, Terry. *Literary Theory: An Introduction.* 2nd Ed. Oxford: Blackwell, 1996.

Engels, Frederick "Letter to Margaret Harkness." *Marx and Engels On Literature and Art.* Moscow: Progress, 1976) 89-92.

Fielding, Henry. *Tom Jones.* Ed. Sheridan Baker. New York: Norton, 1973.

Foucault, Michel. *Discipline and Punish: The Birth of the Prison.* Trans. Alan Sheridan. New York: Vintage, 1977.

Gallagher, Catherine. *The Industrial Reformation of English Fiction: Social Discourse and Narrative Form, 1832-1867.* Chicago: U of Chicago P, 1985.

Greenblatt, Stephen. "Towards a Poetics of Culture." *The New Historicism.* Ed. H. Aram Veeser. New York: Routledge, 1989. 1-14.

Lukács, Georg. "'Tendency' or Partisanship." *Essays on Realism.* Trans. David Fernbach. Ed. Rodney Livingstone. Cambridge, Ma.: MIT Press, 1980. 33-44.

Mallarmé, Stéphane, "Le démon de l'analogie." *Igitur, Divigations, Un coup de dés.* Paris: Gallimard, 1976. 75-77.

Michaels, Walter Benn. *The Gold Standard and the Logic of Naturalism.* Berkeley: U of California P, 1987.

Miller, D. A. *The Novel and the Police.* California: U of California P, 1988.

Poovey, Mary. *Uneven Developments: The Ideological Work of Gender in Mid-Victorian England.* Chicago: U of Chicago P, 1988.

성장소설의 원형으로서의 정체성 비극

18세기 후반에 발달한 성장소설(Bildungsroman)은 1795년 발표된 괴테의 『빌헬름 마이스터의 도제생활』(*Wilhelm Meisters Lehrjahre*) 이후 독일문학에서 가장 중요한 소설의 하위 장르로 발전하였다. 영국에서도 토마스 칼라일(Thomas Carlyle)이 1824년에 괴테의 『빌헬름 마이스터』를 번역하며 Bildungsroman이라는 단어를 영어에 들어오게 한 이래, 대단히 중요한 소설의 하위장르를 형성해 왔다고 할 수 있다.

성장소설의 정확한 정의에 대하여는 여러 가지 논의가 있어 왔다. 특히 독일어인 Bildung을 어떻게 번역할 것인지는 이 장르를 분석하는 데 있어서 중요한 문제였다. 영문학에 있어서 성장소설을 본격적으로 다룬 글은 수잔 하우(Susanne Howe)가 1930년에 출판한 *Wilhelm Meister and his English Kinsmen: Apprentices to Life*를 들 수 있다. 하우는 이 책에서 칼라일, 디즈레일리(Benjamin Disraeli), 킹즐리(Charles Kingsley) 등의 작품을 선택하여 독일문학의 장르로 이해되던 성장소설을 영문학과 접목시켰는데, Bildungsroman을 영어로 "도제소설(apprentice novel)"로 번역하여 이 장르를 자기의 기술과 노동을 통하여 사회적인 성장을 이루는 19세기 중산층 사람의 이야기로 해석하였다. 버클리(Jerome Buckley)의 『젊음의 계절: 디킨즈로부터 골딩까지의 성장소설』(*Season of Youth: The Bildungsroman* *from Dickens to Golding)*(1974)은 찰스 디킨즈를 포함시키는 등 하우보다 전통적인 정전에 속하는 소설들을 포함시킴으로써 이 장르의 범위를 확장시키고 그 정의 또한 광범위하게 만들었다. 버클리는 영국 성장소설의 자서전적 요소와 낭만주의적 주인공의 개념을 강조함으로써 성장소설의 주인공들을 일종의 작가나 예술가로 해석하였고 이에 따라 Bildungsroman은 Künstlerroman과 혼용되게 되었다(13).

하우와 버클리 이후 성장소설은 다양한 방식으로 해석되고 이해되었다. 역사적으로 다양하게 이해되어 온 성장소설이라는 장르에 대해 명확하고 분명한 정의를 시도한 글로 제임스 하딘(James Hardin)이 편집한 『사고와 행동: 성장소설에 관한 평론집』(*Reflection and Action: Essays on the Bildungsroman*)(1991)이 있다. 서문에서 하딘은 지금까지 성장소설에 대한 정의가 모호하고 일관성이 없었다고 주장하며, 이 장르를 좀더 구체적으로 정의하기 위하여 이 책을 편집했음을 밝히고 있다. 이 책에 실린 글 중에서도 가장 성장소설을 잘 정의한 글로 새몬즈(Jeffrey L. Sammons)의 글을 들 수 있는데, 그가 내린 정의는 다음과 같다.

> 나는 성장소설은 Bildung과 어떤 관계를 가지고 있어야 한다고 생각한다. 즉, 타고난 잠재력으로부터 문화적 적응과 사회적 경험을 통해 성숙의 입구에 도달하는 개인의 자아 형성이라는 초기 부르주아적이고 인본주의적인 개념과 관계를 가지고 있어야 한다는 것이다. … Bildung의 과정이 성공하는지 실패하는지, 주인공이 인생과 사회에의 적응을 이루어내는지 아닌지는 별로 중요하지 않다. … 비록 그 소설이 만족스런 결과를 획득할 가능성을 의문시하거나 부정하게 되는 경우에 있어서도, 자아 내에 진보적인 변화의 느낌, 개인의 목적론적인 목적이 있어야만 한다. (41)

한 개인의 자아 내에 진보적인 변화가 일어나는 것을 성장소설의 필수적인 요소라고 한 새몬즈의 지적은 성장소설이 고향을 떠나 도시에 가서 여러 가지 일을 겪은 후 사회에서 자기의 위치를 찾는다는 줄거리보다 더 기본적이고 필수적인 요소를 지적한 것이라고 할 수 있다. 성장소설은 "개인의 도덕적, 정신적, 심리적 성숙과 그의 사회적 출세를 연결"(Alden 1-2)시켰는데, 그 모든 것의 가장 중심에 한 개인이 자아를 발견하는 일, 즉 자신이 누구인지, 어떤 사람인지, 자신의 부족을 직시하고, 그것을 극복하여 정신적인 성숙을 이루는 일이 있는 것이다. 이러한 자아인식의 순간 혹은 정체성 발견의 순간을 위해 주인공은 고향을 떠나 도시에 가기도 하고 여러 가지 일을 겪기도 하는 것이라고 할 수 있으며, 그러한 깨달음을 얻은 주인공에게 사회적 보상이 주어지는 것이라고 할 수 있는 것이다.

그런데 계몽주의와 개인주의가 크게 발전한 18세기말 19세기는 내가 누구인가를 알고자 하는 정체성에 관한 관심이 어느 때보다 더 고조된 시기였다. 이러한 시기에 소설이라는 장르가 대단히 중요한 문학의 한 장르로 성장하면서 소설은 무엇보다 정체성의 문제와 씨름하게 되었다. 내가 누구인지를 아는 자아인식은 개인주의의 발전과 병행하고 있었을 뿐 아니라 이성을 중시하던 계몽주의 또한 자신을 아는 것을 매우 중시하였기 때문이다. 그러므로 이 시기는 소크라테스가 "너 자신을 알라"라고 말한 것의 의미를 새삼 깨닫던 시기였고, 이 시기에 발전한 소설은 자신을 아는 것을 한 개인의 정신적 성숙 뿐 아니라 사회적 성공에 없어서는 안될 필수적인 깨달음으로 인식하였다. 자신에 대한 깨달음은 영웅적인 남자주인공 톰 존스(Tom Jones)에게도 요구되었고, 결혼을 앞둔 여주인공 엘리자베스 베넷(Elizabeth Bennett)에게도 요구되었으며, 중산층 신사로 발돋움하려는 핍(Pip)에게도 요구되었고, 중산층 여성의 한계를 극복해 보려 했던 도로시아 브룩(Dorothea Brooke)에게도 요구되었던 것이다.

이처럼 성장소설에서 정체성 혹은 자아인식은 핵심적인 요소인데, 자신이 누구인지를 직시하게 되는 이 문제를 원형적으로 다루고 있는 작품이 소포클레스(Sophocles)의 『오이디푸스 왕』(*Oedipus Tyrannus*)이다. 노스롭 프라이(Northrop Frye)는 "비극에 관한 대부분의 이론들은 위대한 한 비극을 기준으로 삼고 있다"면서 "아리스토텔레스의 이론은 주로 『오이디푸스 왕』에 근거해 있다"고 지적한 바 있는데, 본 논문에서는 『오이디푸스 왕』이라는 대표적 그리스 비극이 보여주고 있는 정체성 추구를 분석함으로써 정체성 비극이 지닌 성장소설의 원형으로서의 면모를 살펴보고자 한다.

프라이는 "정체성의 상실과 재획득에 관한 이야기가 모든 문학의 골격"임을 지적하면서 "주인공의 모험과 죽음, 실종과 결혼 혹은 부활은, 후에 픽션에 있어서 로맨스와 비극 및 풍자와 희극이 된 것의 핵심이며, … 서정시와 같은 형식에서 발생하는 감성적 분위기의 핵심"이라고 정체성이라는 주제가 모든 문학 장르에 편재하는 원형적 주제임을 지적한 바 있다(*The Educated Imagination* 55).

소포클레스의 『오이디푸스 군주』를 성장소설의 원형으로 볼 수 있는 요소는 이 비극이 오이디푸스 신화를 다루되 그 초점을 자신이 누구인지를 알아가는 과정에 맞추고 있다는 점이다. 오이디푸스 신화는 소포클레스가 이 비극을 쓰기 시작하기 이전에 이미 존재하고 있었다. 테베(Thebes)의 왕 라이오스(Laius)와 아내 요카스타(Jocasta)는 아들이 아버지를 죽이고 어머니와 결혼할 것이라는 신탁에 놀라, 갓난 아들을 발을 뚫어 키타이론(Cithaeron)산에 버렸다. 그러나 그 아기는 목자에게 발견되어 코린토스(Corinth)의 폴리부스(Polybus) 왕에게 주어졌다. 후에 자기가 아버지를 죽이고 어머니와 결혼할 것이라는 신탁을 알게 된 오이디푸스는 그 운명을 피하기 위하여 코린토스를 떠난다. 여행 중 다툼이 일어나 한 노인과 수행원들을 죽인 오이디푸스는 테베에 도착하여, 테베를 괴롭히고 있는 스핑크스의 수수께끼를 풂으로써 그의 지혜로 테베를 구한다. 오이디푸스는 테베의 왕이 되어 과부가 된 요카스타와 결혼한다. 그러나 여러 해 동안 성공적으로 테베를 다스렸던 오이디푸스는 테베가 역병에 시달리게 되자 그것이 살해당한 라이오스 왕의 복수가 이루어지지 않았기 때문이라는 신탁을 받게 된다. 살인자를 찾아 나선 오이디푸스는 자신이 아버지인 라이오스 왕을 죽였으며 요카스타가 자기의 어머니임을 발견하게 되자, 자신을 장님으로 만든 후 유랑의 몸이 된다.

이러한 오이디푸스에 관한 신화는 여러 가지 많은 해석(version)을 낳아왔는데, 그 중에서도 가장 대표적인 소포클레스의 『오이디푸스 왕』은 오이디푸스의 패륜행위나 모험담에 초점을 맞추고 있지 않다. 소포클레스는 부친 살해와 근친상간을 연극 『오이디푸스 왕』이 시작되기 전에 이미 일어난 사건들로 처리함으로써, 아리스토텔레스가 일컬은 바 "연극 밖에서(outside the drama)" 일어난 일로 만들어 버렸으며, 대신 라이오스의 살인자에 대한 오이디푸스의 탐색에 집중적으로 초점을 맞추었다. 자신이 바로 라이오스 왕의 살해자라는 사실을 모르는 오이디푸스가 그 살해자를 알아내려고 노력하는 과정에 초점을 맞추었던 것이다.

그러나 이 과정은 또한 곧 오이디푸스가 자신이 누구인가를 알아 가는 과정 즉 정체성 탐색의 과정으로 바뀌고 있다. 첫 번째 에피소드에서 오이디푸스는 라이오스의 살인자를 찾아내기 위한 단서를 얻기 위하여 예언자 테이레시아스(Teiresias)에게 도움을 청하는데, 타이러시어스는 오이디푸스의 요청을 거절하며 "당신 자신을 아십시오, 오이디푸스 … 당신은 아직 자신을 모르십니다"(9)라고 말한다. 이렇게 함으로써 소포클레스는 오이디푸스의 라이오스 살인자에 대한 탐색을 처음부터 오이디푸스 자신에 관한 사실 즉 그 자신의 정체성에 대한 탐색으로 바꾸어 놓고 있다. 소포클레스는 이 정체성에 대한 탐색이야말로 오이디푸스 신화의 핵심이라고 보았던 것이며, 이는 노스롭 프라이가 모든 문학의 원형이라고 지적한 것이기도 하다.

오이디푸스와 테이레시아스의 대결은 정반대 되는 것 사이의 갈등, 즉 보는 것과 보지 못하는 것 사이의 갈등, 빛과 어두움의 갈등, 지식과 무지 사이의 갈등 등을 예리하게 보여주고 있다. 자기의 요청이 거절당하자 화가 난 오이디푸스는 테이레시아스가 장님임을 조롱한다. "네 눈은 멀어 있어," "테이레시아스, 너는 밤에 살고 있어, 결코 낮으로 바뀌지 않을 밤에 말이야"(10)라고 말하는 것이다. 이에 맞서 테이레시아스는 오이디푸스가 정신적인 장님임을 반복해서 지적한다. "당신에겐 눈이 있습니다, 오이디푸스, 그러나 자신의 파멸을 보지 못하고 있습니다. 당신은 눈이 있으나 당신과 함께 사는 것이 무엇인지 보지 못하고 있습니다. … 그때 어두움이 지금 빛을 볼 수 있는 그 눈들을 덮을 것입니다. … 더 많은 슬픔이 아직도 당신을 기다리고 있습니다. … 당신의 정체를 당신에게 보여주기 위하여"(11). 성장소설의 주인공들이 자신에 대한 자부심과 젊음의 패기로 세상을 대하지만, 결국 그들이 극복해야 할 것이 자신을 깨닫는 것인데, 테이레시아스는 어린 성장소설의 주인공들("도제")을 인도하고 가르치는 마스터 혹은 스승의 원형이다.

보는 것과 눈 먼 것, 빛과 어두움은 이 에피소드에서뿐만 아니라 이 연극 전체를 통해 가장 중요한 원형적인 심상이다. 처음에 오이디푸스는 범상치 않은 선견지명을 가진 것처럼 보인다. "우리가 당신을 신으로 생각하는 것은 아닙니다. 그러나 우리는 당신을, 삶의 일반적인 문제와 신들이 인간에게 주는 시험을 대면하도록 구별해 놓은 사람으로 생각합니다"라는 승려 (Priest)의 말에 일반인의 눈에 비친 비범한 오이디푸스의 모습이 나타나 있다면, 오이디푸스 자신의 말 — 고통을 호소하러 온 사람들에게 "나는 너의 고통에 눈 멀어있지 않다"라고 말하는 것이나, "나는 단지 나의 지혜를 사용하여 스핑크스를 패배시켰다"라고 말하는 것 — 은 자신의 보는 능력에 대한 자신감을 보여주고 있는 것이다. 그러나 우리는 곧 오이디푸스의 무지를 발견하게 된다. 그는 라이오스의 살인자를 찾고 있는데 그것이 자기 자신임을 알지 못하고 있다. 그는 신탁을 피했다고 생각하지만 이미 그 신탁은 다 이루어져 있었다. 그는 자기가 누구인지도 무엇인지도 모르고 있다. 그가 마침내 자신의 무지를 깨닫게 되었을 때, "난 이제 보여! 모든 게 분명해! 오 빛이여! 다시는 너를 보지 않겠노라"(27)라고 외치며 자신을 장님으로 만드는데, 스스로 자신을 육체적으로 눈멀게 하는 행동이야말로 정신적으로 눈멀어 있던 과거의 자신에 대한 가장 적합한 처벌이라 할 수 있다.

오이디푸스가 자신의 눈을 멀게 만드는 이유는 살아있는 사람이나 죽은 사람 모두에게서 자신을 끊어 버리려는 의미도 강하다. 오이디푸스의 고독은 극이 진행됨에 따라 깊어지고 있음을 볼 수 있다. 크레온(Creon)이 그의 적이 될 뿐 아니라, 코러스(Chorus)가 크레온을 지지함으로써 오이디푸스는 더욱 외톨이가 된다. 코러스는 만일 양자택일을 해야한다면 오이디푸스가 아니라 신들의 편이 될 것임을 암시한다. 세 번째 에피소드에서는, 오이디푸스가 폴리부스의 아들이 아니라 키타이론 산에서 주워 온 아이라는 사실을 사자(Messenger) 1에게 들은 요카스타가 오이디푸스를 떠난다. 요카스타가 깨닫게 된 진실의 내용을 알지 못하는 오이디푸스는, 자기가 왕의 아들이 아니라 노예였을지도 모른다는 것에 수치를 느껴 요카스타가 떠난 것이라고 생각하고 처절한 고독에 빠진다. 그런데 이 고독은 자신이 누구인지를 알아내고자 하는 결심을 더욱 강화시킨다. "나의 출생을 결코 부정하지 않겠어 — 난 그 비밀을 알아내고야 말겠어!"(25). 이리하여 오이디푸스는 사실을 발견할 때 인간이 느끼는 부조리의 무게를 사회에서 소외된 채 홀로 직면할 수밖에 없게 되는 것이다.

마침내 오이디푸스는 자기가 바로 라이오스의 살해자이며 아버지를 살해하고 어머니와 결혼을 한 패륜아임을 깨닫고, "오, 신이여! 오, 안됩니다! 이제 보입니다! 모든 것이 분명합니다! … 죄! 태어난 것에도 죄! 결혼에서도 죄! 피 속에도 죄!"(27)라고 외친다. 그런데 자신이 누구이며 무엇인지를 알아내려는 노력을 통해 그가 발견한 것의 의미가 무엇인지는 코러스의 노래 "수 세대에 걸친 사람들이여, 그대들은 無(무)로다!/그대들은 무로다!"(27) 속에 잘 나타나 있다.

이처럼 오이디푸스의 정체성 탐색의 의의는 그가 그것을 통해 누구의 아들이며 누구의 남편인지를 알게 되있음에 있는 것이 아니라, 그보다 훨씬 더 중요한 인간 실존에 관계된 본연의 문제 즉, 인간의 보잘 것 없음(nothingness)과 인간이 뽐내는 지혜의 어리석음과, 인간과 신의 격차, 인간 행복의 헛됨을 알게 되었음에 있는 것이다. 인간의 무가치함은 인간이 환상적인 외양의 세계에서 살고 있을 뿐 사실은 아무 것도 아는 것이 없이 살고 있다는 사실에서 연유한다. 고통을 통해 오이디푸스가 깨닫는 것은 자신이 신 앞에서 아무 것도 아니었다, 즉 무(無)에 불과했다는 것이었다. 그의 깨달음은 마치 전도서에서, 부귀영화의 상징이며 지혜의 왕이었던 솔로몬이 "헛되고 헛되며 헛되고 헛되니 모든 것이 헛되도다"라고 외치는 바와 같다.

모든 위대한 비극에는 주인공이 한 개인이 아니라 고통받는 인류의 대표자로 바뀌는 순간이 있다. 이 극의 마지막 스타시몬과 마지막 몇 줄에서 코러스가 오이디푸스의 경우를 일반화할 때, 오이디푸스는 어떤 의미에서 모든 인간의 모습을 대표하게 된다. 오이디푸스가 자신에 대해 깨닫는 것이 모든 인간의 자신에 대한 깨달음으로 일반화되는 것이다. 오이디푸스는 정체성 추구에 성공했는데, 그의 성공은 오히려 그의 비극을 초래하고 말았다. 이는 인간은 자신의 정체성을 알지 못하고서는 진정한 인간일 수 없지만 또한 자신의 정체성을 완전히 직시하면서는 존재를 견뎌내기 어렵다는 "정체성의 비극"의 원형을 보여주는 것이다. 인생은 환상과 실재를 구분하려 노력하지 않을 때에만 실재일 뿐이며, 인간은 어떤 특정 행동에 의해 비극을 초래하는 것이 아니라 인간 존재 그 자체가 비극적인 것이다. 부조리극과도 일맥상통하는 바가 많을 만큼 아이러닉하고도 부조리한 인간의 정체성에 대한 이러한 비극적 관점은 프라이가 이 극을 비극의 국면 중 다섯 번째 국면(phase)으로 분류하게 한 요소이다.[1]

오이디푸스가 인생의 부조리성을 깨닫게 되었을 때, 그는 코러스도 지적하듯이 죽어버리는 것이 더 나을 것 같다. 그러나 그는 자살을 하지 않는다. 운명이 부여할 수 있는 가장 큰 고통을 겪으면서도 그는 파멸되지 않는다. 자신의 눈을 찔러 눈멀게 하면서 그가 외치는 것은 단순히 눈이 더 이상 보지 못하리라가 아니라 눈이 "어두움을 보리라"이다. 어두움을 본다는 것은 "봄"의 한 종류일 뿐 아니라, 장님 테이레시아스가 "보는 것"처럼 오히려 통찰력 있고 선견지명적으로 보는 것을 의미한다고 할 수 있다. 오이디푸스는 부정적인 것에서 긍정적인 것을 만들어냄으로써, "아무 것도 아닌 것" (not anything)에서 "아무 것도 아니라고 불리는 어떤 것" (something called nothing)으로 바꾸고 있다.

이처럼 『오이디푸스 왕』에 나타난 정체성의 추구는 양면적이고 복합적인 면을 띄고 있다. 오이디푸스가 다다른 것은 외형적으로 그의 몰락을 의미하지만 내적으로는 그의 정신적 깨달음을 의미하기에, 그의 운명으로는 인생의 최저점이면서 동시에 정신적인 면으로는 최고점을 가리키는 것이다. 성장소설의 주인공들은 오이디푸스가 한 이 경험을 대부분 공유한다. 그들은 인생에서 커다란 좌절을 경험하지만 그것을 통해 정신적 깨달음을 얻으며, 그 깨달음은 대부분 자신이 누구인지를 아는 것, 즉 보잘 것 없는 자신을 직시하는 것이다.

그러나 성장소설은 비극과 달리 결말이 대부분 "행복한 결말"이다. 물론 행복하지 않은 결말이라고 해서 성장소설이 아니라고 단정할 수는 없지만,

---

1) 프라이는 *Anatomy of Criticism*에서 비극을 여섯 개의 국면으로 나누고 있다. 영웅적인 (heroic) 국면에서 풍자적(ironic) 국면으로 단계적으로 여섯으로 나누었을 때 앞의 세 국면은 로맨스(romance)의 세 국면에 뒤의 세 국면은 풍자(irony)의 세 국면에 해당한다고 보았으며 이 중 히브리스(hybris)와 하마르티아(hamartia)로 인해 비극적 주인공이 몰락하는 전형적인 비극은 네 번째 국면부터 시작한다고 보았으며 다섯 번째 여섯 번째 국면으로 갈수록 더욱 아이러니의 요소가 강해진다고 보았다(219-23).

성장소설은 주인공들이 깨달음을 얻고 이를 통해 성숙을 이룬 끝에 사회적 보상까지 얻는 경우가 대부분이다. 이는 성장소설에서 "성장"의 개념이 매우 부르주아적인 것과 무관하지 않다. 새몬즈는 "성장"이라는 개념이 "자아의 자율성과 상대적 고결성, 잠재적인 자기창조의 에너지, 물질적, 사회적, 심지어 정신적인 결정자들 내에서의 상대적 선택권의 범위를 동반한다"(42)고 하였는데, 그의 지적처럼 성장소설은 주인공의 정신적 성장 뿐 아니라 사회적 물질적 성공과도 연관되어 있는 것이다. 이러한 성장소설의 특징은 "개인과 사회 사이의 화해"가 성장소설의 필수적인 특징이라는 하딘의 지적 (xxi)에서도 나타나 있다.

그런데 이처럼 비극과 성장소설의 커다란 차이로 보이는 면도 자세히 살펴보면 사실 상당한 유사점을 발견할 수 있다. 비극을 해석하는 환원적 태도를 극복하고 『오이디푸스 왕』에 나타난 히브리스(hybris)나 하마르티아(hamartia)의 의미를 해석해 보면, 성장소설의 주인공들의 정신적 성장의 의미와 사회적 물질적 성공의 의미를 또 다른 관점에서 볼 수 있게 된다. 비극을 설명할 때 흔히 사용하는 방법으로 두 가지 "환원적 공식"이 있다. 그 하나는 "모든 비극은 외적인 운명의 무한한 힘을 보여준다"는 이론이고, 또 다른 하나는 비극적 과정을 진행시키는 행동은 "'도덕률'을 어기는 것"이라는 것, 즉 아리스토텔레스의 하마르티아(hamartia) 혹은 도덕적 결함은 "죄나 비행과 필수적인 연관"을 가지고 있다고 보는 것이다 (프라이, *Anatomy of Criticism* 209-210). 프라이가 지적한 이 두 가지 환원적 공식은 『오이디푸스 왕』을 해석할 때에도 흔히 적용되고 있다. 비록 이러한 공식이 나름대로 이 비극을 해석하는 데 일리가 있기도 하지만, 두 공식은 모두 이 비극이 가지고 있는 정체성의 비극으로서의 위대성과 성장소설의 원형으로서의 면모를 훼손시키고 있다.

먼저 첫 번째 공식 즉 비극을 운명적인 것으로 환원시키는 입장은 이 비극을 "운명의 비극"으로 보게 한다. 포르테스(Fortes)는 "그것은 마치 [오이디푸스의] 행동들이, 인간의 지식의 범주 밖에서 작동하며 인간 행동에 반응하지 않는 어떤 힘에 의해, 그에게 억지로 떠맡겨진 것으로 혹은 그가 그 행동들을 하지 않을 수 없도록 내몰린 것 같다. 그는 운명의 희생자이다"라고 말하였다(50). 이러한 견해는 오이디푸스를 단순한 꼭두각시로 격하시키고 그에게 인간적 자유를 부정하고 있다. "연극 밖에서" 일어난 그의 과거사 중 일부는 운명에 의한 것이기도 한다. 그러나 오이디푸스가 무대 위에서 하는 모든 것은 그 자신의 선택에 의한 것이다. 부친 살해나 근친상간조차도, 아이스킬로스(Aeschylus)의 오이디푸스와는 달리 신들이 "명령"한 것이 아니라 "예언"한 것일 뿐이다. 아이스킬로스에서는 라이오스가 신들에게 불복종한 죄로 그의 아들에게 살해되어야만 하는 것으로 되어 있으나, 소포클레스에서는 그러한 개연성이 언급되지 않고 있다. 더구나 오이디푸스가 진실을 발견하리라는 것은 신탁에 포함되어 있지 않았다. 자신이 누구인지 어떤 존재인지 발견한 것은 그의 자유 의지에 의한 것이었다. 그는 역병이 도는 것에 상관하지 않을 수도 있었고, 라이오스의 살인자를 찾는 작업을 하지 않을 수도 있었다. 사실 테이레시아스와 목자는 요카스타와 함께 오이디푸스가 진실을 밝혀내려는 것을 막으려고 애썼으므로, 오이디푸스는 테이레시아스와 목자로부터 진실을 알아내야만 할 아무 필연성도 없었다. 테이레시아스가 "당신은 자신을 파괴하고 있습니다"라고 지적했듯이, 그의 파멸은 그 자신의 용기와 힘에 의한 것이었다. 그가 자신의 눈을 멀게 하는 것도 그가 스스로 선택하여 했던 일이었다.

운명론적인 비극 이론은 이러한 면들을 제대로 해석해내지 못하기 때문에 비극을 아이러니와 구분하지 못하는 오류를 범하게 된다. "비극을 비극으로 만들고 단순한 아이러니로 만들지 않는 것"은 비극 속에는 우리가 영웅적이라고 부르는 행동, 즉 "일반적인 인간의 경험을 넘어서는 행동이나 열정, 해내거나 겪어내는 능력"이 있기 때문이다(프라이, *Fools of Time* 4-5). 오이디푸스는 그리스 비극의 주인공들이 대부분 그러하듯이 그가 왕족임에서 기인하는 위대성을 가지고 있는 것이 사실이다. 그러나 그의 진정한 위대성은 그의 출신이나 지위에서 기인하는 것이 아니라, 그가 문제를 해결해 내는 능력을 지니고 있고, 어려움을 직면하고 그에 대한 책임을 지는 능력을 가지고 있음에 기인하고 있다. 테베인들은 그가 그들을 고통에서 구해 줄 인물로 믿고 있으며, 그는 그들의 고통에 가슴 아파하고 그들에게 충절을 지킨다. 무엇보다 그는 진실에 충실하다. 진실을 말하기를 꺼리는 목자에게 그는 진실을 말할 것을 강요한다. 목자는 "주인님이시여, 내가 말해야만 하나요?"라고 묻는데, 그는 "너는 말해야만 하고, 나는 들어야만 한다"(27)라고 대답하고 있다. 그는 어떠한 개인적인 대가를 지불하고서라도 진실을 추구하는 능력을 가지고 있을 뿐 아니라 진실을 알게 되었을 때 그것을 받아들이고 감내하는 힘도 가지고 있다. 그는 그의 모든 행동에 대한 책임을 받아들이고 그의 무가치성을 받아들이며 신들을 비난하기를 거부한다. 이 연극은 실패 속에 나타나는 영웅적 인간의 모습을 보여주고 있으며 그러한 장면을 통해 비극적 감정을 불러일으키고 우리로 하여금 그것을 오래 기억하게 한다. 고통과 좌절과 실패를 겪되 그것을 이겨내고 성장하는 모습은 성장소설의 주인공들의 전형적인 모습이다.

프라이는 비극의 주인공이 가지는 위대성과 왜소성에 대해, "비극의 주인공은 우리와 비교해 볼 때 대단히 위대"하지만, 한편으로는 "신, 신들, 운명, 사고, 운, 필요, 환경" 등과 비교하여 볼 때 "왜소하다"고 정의한 바 있다(*Anatomy of Criticism* 207). 비극의 주인공으로서 오이디푸스는 왕이기에 갖는 위대성 뿐 아니라 문제를 직면하고 책임을 지고 문제를 풀어 가는 능력에 있어서도 다른 사람들보다 뛰어나다. 그는 어떤 대가를 치르고라도 진리에 대한 탐구를 계속하는 힘을 가지고 있으며 발견된 진리를 받아들이며 인내하는 힘도 가지고 있다. 그러나 이처럼 위대한 오이디푸스지만 신들 앞에서는 작고 초라한 뿐이며 결국 그는 자신의 왜소성을 받아들인다. 자신의 운명을 결정한 신들을 원망하기를 거부하고 대신 자신을 낮춤으로써 신들에게 자기를 복종시킨다.

존재론적 운명론을 암시하는 『오이디푸스 왕』에 나타난 정체성의 비극은 또한 신학적인 문제를 야기한다. 오이디푸스가 발견한 진실은 자신에 관한 것이기는 하지만, 본질적으로는 신과의 관계에 있어서의 자신에 관한 것이기 때문이다. 바우라가 지적했듯이 "소포클레스에게는 이것이 본질적이고 근원적인 지식이다. 인간은 자기가 신과 어떠한 관계에 있는지에 대해 알기 전에는 자신과 자신의 상황에 대해 무지할 수밖에 없다"("Sophoclean Characters" 90-91). 오이디푸스는 고통을 겪음으로써 신들 앞에서 자신의 존재의 하찮음을 받아들이게 되고 그들과 화해한다. 그러나 그가 당한 고통은 인간적인 기준으로 볼 때 합당하지 않아 보일뿐더러, 오이디푸스가 태어나기도 전에 그의 운명을 결정하는 신들은 잔혹해 보여, 과연 신들이 정당한가에 대한 의문이 제기된다. 바우라는 이에 대해 다음과 같이 답하였다. 『오이디푸스 왕』에서 "신들은 단지 교훈을 주기 위해서 그렇게 행동한다. 그것은 충고이지 처벌이 아니다. 더 나아가 우리는 그것이 비록 어두운 방법으로이기는 하지만 혜택이라고까지 할 수 있을 것이다"(102). 소포클레스가 가진 관점은, 전지전능한 신들은 언제나 옳으며, 인간은 그들 앞에서 자신을 낮추고 자신의 하찮음과 무지함을 인정해야 한다는 것이다. 오이디푸스의 깨달음이 인간의 지식으로는 최정점일지 모르지만 신 앞에서는 여전히 아무 것도 아닌 것이다. 이러한 작가의 태도는 등장인물들의 태도를 통해서 뒷받침된다. 오이디푸스는 항상 신들을 공경하며 그들을 불공평하다고 탓하는 적이 없다. 극의 종결부에서 오이디푸스가 요카스타의 브로치로 자기 눈을 찌르는 끔찍한 이야기가 진행됨에도 불구하고 전체적인 분위기가 상당히 평온한 것은 오이디푸스가 자신이 아무 것도 아님을 인정하고 신에게 자신을 종속시킴으로써 갈등이 화해로 바뀌기 때문이다. 요카스타도 신의 전지전능함과 지혜를 믿으며, 코러스도 영원한 신의 법을 노래한다. 신의 통치는 인간에게는 이해가 되지 않을지 몰라도 항상 옳은 것이며 공경의 대상이라는 생각, 성서의 욥기의 생각과 크게 다르지 않은 이러한 생각이 오이디푸스의 비극을 다루는 소포클레스의 관점이다. 자신의 왜소함을 발견했을 때 신의 전지전능함과 지혜를 믿고 복종하는 오이디푸스와 마찬가지로 성장소설의 주인공들은 대부분 사회와 화해한다. 부르주아적인 뿌리를 가진 성장소설에서 주인공들은 자신의 왜소함을 직시하고 우주가 의미 있을 뿐 아니라 궁극적으로 유익함을 받아들이고 사회와 타협하는 것이다.

두 번째 환원적 공식, 즉 비극을 도덕적인 이야기로 환원시키는 입장은 오이디푸스라는 인물 속에서 "도덕적인" 결함을 찾으려 노력한다. 이러한 입장은 "죄가 없이 진정한 비극이 어떻게 있을 수 있는가?"(Vellacott 209)라는 견해를 전제로 삼는다. 비극의 주인공의 대다수가 도덕적으로 현저한 몰락을 초래하는 자만심과 격정, 즉 히브리스(hybris)를 가지고 있는 것이 사실이다. 오이디푸스 또한 히브리스를 가지고 있어서, 그의 왕으로서의 자만심과 급한 성격 때문에 그는 진실을 알아내는데 시간을 많이 낭비하게 된다. 그는 폭군이 아니라 오히려 자신에게 불행을 초래하면서도 그의 백성을 돌보는 훌륭한 왕임에도 불구하고, 테이레시아스와 크레온을 대할 때에는 폭군적이다. 테이레시아스를 부른 목적은 진실을 알아내기 위한 것이었음에도 불구하고 격한 성격 때문에 테이레시아스의 예언 속에 있는 진실을 알아내지 못한다. 또한 크레온이 반역을 계획했다는 증거도 없이 크레온을 죽이라는 명령을 내리기까지 한다. 자만심에 가득 차서 자기가 스핑크스의 수수께끼를 푼 것은 신의 도움 없이 오직 자신의 탁월한 지적 능력으로 해낸 것이라고 생각하며, 신들이 주었던 것을 거두어 갈 수 있다는 것을 알지 못한 채 자기의 행복이 영속하리라는 자부심에 가득 차 있다. 폴리부스가 노환으로 죽자, 그를 자기의 아버지로 알고 있는 오이디푸스는 자기가 아버지를 죽일 것이라는 신탁에 대해 의문을 품기도 한다. 이러한 오이디푸스의 히브리스는 파국을 촉진시키는 역할을 하는 것이 사실이다. 그러나 그것이 파국의 원인은 아니다. 왜냐하면 그이 히브리스는 죄와 고통을 초래한 그의 행동들, 즉 부친 살해와 간음과 아무런 관계가 없기 때문이다. 그의 히브리스는 그의 몰락과는 아무 직접적인 관계가 없다. 오이디푸스는 연극에서의 행동이 시작되기 몇 년 전에 이미 그런 일들을 저질렀던 것이다.

아리스토텔레스는 『시학』에서 가장 좋은 비극의 주인공은 높이 존경받는 부유한 사람이 어떤 심각한 하마르티아 때문에 불운에 빠지는 그런 사람이라고 말하면서 그 예로 오이디푸스를 꼽았다. 그러나 이 경우에 아리스토텔레스가 말하는 하마르티아는 죄와 연관성이 없다. 오이디푸스의 하마르티아는 도덕적 결함이 아니라 그가 자신이 누구인지 모른다는 사실에 있다. 그는 자기가 하는 일이 무엇인지 알지 못한 채 끔찍한 죄를 저질렀던 것이다. 만일 자기를 공격하는 노인이 자기 아버지라는 것을 알기만 했더라면, 그는 그 노인을 죽이지 않았을 것이며 요카스타가 자기의 어머니라는 것을 알기만 했더라면, 결코 그녀와 결혼하지 않았을 것이다. 그가 테베에 온 이유도 자기가 부친 살해와 간음을 저지르리라는 신탁을 피하기 위해서였던 것이다. 그러나 그는 무지 때문에 그런 일들을 저지르게 되었다. 지혜로운 것으로 유명했던 오이디푸스는 자신이 지혜롭다는 생각 때문에 자신에 대한 환상을 키웠을 뿐이다. 그의 무지 혹은 "눈멂"이 바로 오이디푸스가 자신을 눈멀게 함으로써 스스로를 처벌하는 바로 그 하마르티아였다. 자신이 저지른 일이 무엇인지, 또 자신이 누구인지를 모르는 무지는 자신이 결백하다고 믿게 했지만, 그것은 명백하게 틀린 판단이었다. 자신이 처한 상황에 대한 무지, 그리고 신과 인간의 차이에 대한 무지 때문에 그가 자신의 인간으로서의 정체성, 즉 신 앞에서의 하찮은 인간의 존재성을 발견하는 것은 매우 어려운 일이었다. 그의 히브리스는 그의 무지의 결과였다. 오이디푸스가 저지른 심각한 범죄들은 무지에 의한 것이었기에, 그는 동정과 이해의 대상이 된다. 실제로 우리는 그를 보며 인간의 연약함에 대한 동정과 우리도 오이디푸스만큼이나 무지한 현실에 대한 공포를 동시에 느끼게 된다.

역사적으로 무지의 문제를 가장 심각하게 생각하게 된 때가 계몽주의 시대이다. 『비극적 비전을 넘어서』(*Beyond the Tragic Vision: The Quest for Identity in the Nineteenth Century*)에서 펙험(Peckham)은 중세를 벗어나는 세 가지 길이 프로테스탄트의 방법, 플라톤적인 방법, 경험주의적 방법이었음을 지적하면서, 그런데 이 세 가지 길이 모두 연합하여 한 가지 놀라운 발견에 이르렀는데, 그것이 "우리 모두가 이 세상에서 어려움을 겪는 것은 죄 때문이 아니라 무지 때문이다"라는 것이었음을 설명하고 있다(72). 그리고 이러한 발견은 역사적으로 계몽주의로 발전되게 되었다는 것이다. 계몽주의와 함께 발전한 성장소설에서 주인공들은 나름대로 옳게 살려고는 하지만 무지 속에 자신의 모습을 직시하지 못한 채 히브리스로 가득 차 오류에 빠지고 삶에서 좌절하고 정신적 사회적으로 나락에 빠져드는 것이 성숙 혹은 성장을 위하여 겪는 전형적인 과정이다. 그들은 이러한 몰락의 과정을 겪지만 이것을 통해 오이디푸스처럼 자신의 무지를 깨닫게 되고, 오이디푸스가 신과 화해하듯이 그들도 사회에 적응하는 법을 배워가게 된다.

정체성의 비극은 비록 결말에서 주인공의 비극으로 끝이 나지만 다른 비극들과 달리 정체성 추구의 목표를 달성함으로써 그 성공으로 인하여 오히려 비극이 초래되는 이중성을 가지고 있다. 정체성의 비극이 가지고 있는 이러한 독특한 이중성은 정체성의 비극이 지닌 성장소설의 원형으로서의 면모의 하나이다. 성장소설에서 주인공들은 자신의 정체성을 추구하며, 그 목표를 달성할 때 비극의 주인공과 같은 사회적 몰락을 겪는다. 그러나 오이디 푸스의 비극이 비록 비극이지만 자신의 모습을 발견하고 신 앞에 자신의 무 지를 인정하고 신과 화해하는 것처럼, 성장소설의 주인공들도 자신의 무지 를 인정하고 사회와 화해함으로써 다시 사회에 받아들여지고 사회의 발전에 기여하는 인물로 거듭난다. 이는 성장소설이 계몽주의적이고 부르주아적인 사회의 발전과 함께 발전한 장르라는 사실에서 기인하는 성장소설이 가진 역사적 사회적 특수성을 보여주지만, 동시에 성장소설은 또한 인간이 고대 로부터 고민한 나는 누구인가의 문제, 나와 신, 우주, 사회와의 관계는 어떠 한 것인가에 관한 깊은 고민과 그 궤를 같이하고 있는 보편성을 지니고 있 음을 보여주는 것이기도 하다.

참고 문헌

Aristotle, *The Poetics*. Trans. James Hutton. New York: Norton, 1970.

Alden, Patricia. *Social Mobility in the English Bildungsroman: Gissing, Hardy, Bennett, and Lawrence*. Ann Arbor: U of Michigan, 1986.

Berkowitz, Luci, and Theodore F. Brunner, eds. and trans. *Oedipus Tyrannus: A New Translation, Passages from Ancient Authors, Religion and Psychology: Some Studies, Criticism*. New York: Norton, 1970.

Bowra, C. M. "King Oedipus." *Sopoclean Tragedy*. Oxford: Clarendon Press, 1944. 162-211.

_____. "Sophoclean Characters." Berkowitz 82-106.

Buckley, Jerome. *Season of Youth: The Bildungsroman from Dickens to Golding*. Cambridge: Harvard UP, 1974.

Dimock, George. "Oedipus: The Religious Issue." *Hudson Review* 21(1968-69): 430-56.

Dodds, E. R. "On Misunderstanding the *Oedipus Rex*." Berkowitz 218-29.

Fortes, Meyer. "Oedipus and Job." Berkowitz 47-52.

Fraiman, Susan. *Unbecoming Women: British Women Writers and the Novel of Development*. New York: Columbia UP, 1993.

Frye, Northrop. *Anatomy of Criticism: Four Essays*. Princeton: Princeton UP, 1957.

_____. *The Educated Imagination*. Toronto: Canadian Broadcasting, 1963.

_____. *Fools of Time: Studies in Shakespearean Tragedy*. Canada: U of Toronto P, 1967.

Hardin, James (ed.). *Reflection and Action: Essays on the Bildungsroman*. Columbia, South Carolina: U of South Carolina P, 1991.

Howe, Susanne. *Wilhelm Meister and His English Kinsmen: Apprentices to Life*. New York: Columbia UP, 1930.

Peckham, Morse. *Beyond the Tragic Vision: The Quest for Identity in the Nineteenth Century*. Cambridge: Cambridge UP, 1981.

Sammons, Jeffrey L. "The Bildungsroman for Nonspecialists: An Attempt at a Clarification." Hardin 26-45.

Vellacott, P. H. "The Guilt of Oedipus." Berkowitz 207-18.

Versenyi, Laszlo. "Oedipus: Tragedy of Self-Knowledge." *Arion* 1.3(1962): 20-30.

Whitman, Cedric H. "Irrational Evil: Oedipus Rex." *Sophocles: A Study of Heroic Humanism*. Cambridge: Harvard UP, 1966. 122-46.

이석구

페미니즘, 포스트모더니즘 그리고 역사성의 문제

포스트모더니즘과 페미니즘의 관계에 대한 문제는 이미 많은 서구의 페미니즘 학자들에게 있어 논의의 대상이 되어 왔다.[1] 국내에서도 포스트모더니즘과 포스트모던 페미니즘에 대한 경계는 일부 학자들에 의해서 제기된 바 있다. 특히, 포스트모던 페미니즘에 대한 쟁점화는 김영희 교수의 「포스트모던 여성 해방론의 딜레마」에서 본격적으로 선을 보이고 있으며 유사한 맥락에서 포스트모던 페미니즘의 역사성에 대한 논란이 『안과 밖』 최근호에 실린 이경덕 교수의 『페미니즘의 공과, 그리고 19세기 영국 소설 읽기』에서 다시 그 모습을 드러내고 있다. 이 후자의 논문은 우리 사회의 페미니스트 비평계를 "새로운 객관성과 총체성을 확립하려는 움직임"과 "다원주의에 입각한 포스트모던 페미니즘"으로 대별하면서, 후자의 경우 역사의식의 결여로 인하여 "확실한 목적의식에도 불구하고 이론상의 아포리아"에 갇혀버릴 여지가 있는 반면, 전자는 경험과 개념 양자를 끊임없이 경계하며 지양하는 작업을 하는 것으로 평가하고 있다(134, 136). 포스트모던 페미니즘에 대

---

1) 이 문제를 다룬 최근의 저서로는 Ann Brooks, *Postfeminisms: Feminism, Cultural Theory and Cultural Forms*와 Nancy J. Holland, ed., *Feminist Interpretations of Jacques Derrida* 그리고 Marianne Marchand & Jane Parpart, eds., *Feminism/Postmodernism/Development*가 있다.

한 기존의 비판은 이처럼 국내 페미니즘 연구가 역사적 현실과의 연계성을 강화해야 한다는 것으로 요약될 수 있다. 이 주장은 국내뿐만 아니라 해외의 여러 페미니즘 연구들에 의해서 이미 수 차례 제기된 바 있으며, 그만큼 향후의 페미니즘 연구가 안고 있는 중요한 과제이다. 사실, 페미니즘 연구가 여성해방이라는 궁극적인 목표를 지향한다면, 그것이 어떤 식으로든 실천의 영역과 연계되어야 할 것은 자명한 사실이다.2) 이는 특히 서구의 이론을 연구하는 국내 페미니스트 학자들의 경우 자칫 그들의 시야에서 잃기 쉬운 부분이기도 하다. 그러나 외국의 이론을 비판적으로 도입하여 국내의 현실과 연계시키는 것은 사실 말처럼 쉽지는 않은 작업이다. 서구의 텍스트를 연구하고 가르치는 것이 본업인 국내 학자들의 경우 특히 그러하며, 또한 이들의 연구가 한국의 현실을 간과하고 있다는 비판을 하는 학자들의 경우에도 아직 이렇다 할만한 성과를 보여주지 못하고 있다는 사실이 그 작업의 어려움을 잘 말해주고 있다고 생각한다. 근자에 들어 페미니즘 연구를 한국의 현실과 연계시키려는 노력이 이루어지고 있는 것은 경하해야 할 일이나, 위 글의 지적대로 아직은 그 노력의 성과가 미진한 것이 사실이다.

앞서 언급한 귀중한 안목에도 불구하고 포스트모던 페미니즘을 비판하는 글들에서 나타나는 문제점은 페미니스트 비평계에 대한 평가가 도식적인 이분법과 포스트모더니즘에 대한 일반적인 경계론을 크게 벗어나지 못하고 있다는 데에 있다. 포스트모더니즘에 대한 일반적인 이해가 대체로 "역사성이 결여한 이론"이라는 내용으로 축약되어지는 것은 사실이다. 이경덕 교수의 표현을 빌자면, "현실이나 진리가 말해질 수 있는가 혹은 재현될 수 있는가를 따지는 포스트모더니즘 이론은 그 [현실과 진리의] 절박함을 그저 외면하려는 의지적 행위라기보다는 그 절박함의 무게에 항상적으로 짓눌려 있어서 짓눌려 있다는 사실조차 느끼지 못한 결과일 것이다. 말하자면 현실을 직면하여 해결하려는 욕망은 고사하고 문제 자체가 사장되어버리는 현상인

---

2) 국내의 현실과 페미니즘연구의 연계성에 대한 문제의식은 고갑희, 「한국의 영문학 연구와 페미니즘」『안과밖』 창간호 (1996 하반기), 335-65면에서도 발견되는 것이며, 구체적으로 80년대에 있었던 국내의 여성운동을 페미니즘 논의에 들여 온 예로서는 김영희, 「한국 페미니즘 이론의 반성」『비평』 2호 (2000년 하반기), 394-412면을 볼 것.

것이다"(149). 혹은, 김영희 교수의 표현을 빌자면, "성이라는 범주의 위상을 정확히 설정하고 계급, 민족 등 여타 범주와 맺고 있는 관계를 내실 있게 규명한다는 기왕의 과제가, 이 문제를 폐기하다시피 하는 포스트모던 해방론 앞에서 절박해"진다는 것이다(「포스트모던 여성해방론」 78). 포스트모더니즘이나 탈구조주의의 주요 약호가 탈중심화된 주체, 근원과 진리의 부정, 텍스트성, 모사(simulacrum) 등임을 고려할 때, 이러한 견해를 갖는 것이 어쩌면 당연하다고 하겠다. 그리고 이러한 경향을 띤 포스트모더니즘을 페미니즘이 수용하게 될 때 여성해방이라는 실천의 영역에서 어떠한 결과를 낳게 될지는 쉽게 예측할 수 있는 듯하며, 그러한 점에서 앞서 인용한 바 있듯, 일부 식자층으로부터 들려오는 포스트모던 페미니즘을 경계하는 발언을 이해할 수 있을 것이다. 그러나 포스트모더니즘에 대한 기성의 인식이 간과하고 있는 중요한 사실 중의 하나는, 포스트모더니스트들 사이에서도 정치적·문화적 현안에 대한 공통된 의견이나 전략이 수렴되기가 힘들 정도로 포스트모더니즘은 다양한 이론들을 포괄하고 있을 뿐만 아니라, 하나의 이론 내에서도 순수 사변적인 면과 현실을 고려하는 정치학이 복합적으로 존재하고 있다는 점이다. 예컨대, 포스트모더니즘의 대표적인 이론으로 흔히 지목되는 해체주의의 특징이 초역사성 혹은 탈역사성이라고 흔히 이해하고 있지만, 데리다(Jacques Derrida) 자신이 분명히 밝힌 바 있듯, 해체주의의 주 관심은 특정한 사실을 진리와 근원으로 설정하고 이를 독점하는 기성 권위에 대하여 질문을 제기하는 것이지(*Dissemination*, 130), 해체나 해체주의의 강령이 또 다른 진리가 될 것을 추구하지 아니한다. 그러한 점에서 해체주의가 지극히 정치적이며 역사적이라는 옹호도 나올 법하다. 즉 해체주의가 진리의 자리에 "불확실성"이나 "유희"를 대신 앉힌다고 생각하면 이는 성급한 결론인 것이다. 데리다가 말하는 소위 해체주의의 두 번째 단계가 지향하는 바는 "다원주의"이며("Choreographies" 76), 불확실성은 다원성을 절대 진실의 억압으로부터 해방시키는 전략적 도구에 지나지 아니하는 것이다. 여성학과 관련된 세미나에서 데리다는 이렇게 말한 바 있다.

물론 여성이 소위 불확정성이나 그 외 등등의 편에 서 있다고 말하는 것은 단지 한 전략적 단계로서의 의미를 가질 뿐이다. 우리가 처해 있는 상황, 즉 남근중심적 구조의 상황에서 여성의 위치는 그 구조를 해체하는 출발점이 되는 곳이다. 그러니 불확정성이나 그와 관련된 다른 개념들을 여성성이나 글쓰기 등의 편에 세울 수 있겠다. 그러나 해체의 첫 단계에 도달하는 순간 여성과 남성의 대립은 더 이상 적절하지 않게 된다. 그러니 [그 때에는] 여성이 글쓰기나 불확정성 등의 또 다른 이름이니 글쓰기의 좋은 비유이니라는 말을 할 수 없게 된다. 우리는 전략적으로 더 나아가야 할 필요가 있다. ("Women in the Beehive" 194)

데리다는 이어서 해체의 첫 단계와 둘째 단계가 반드시 시간적인 순서를 따라서 나타날 필요는 없으며 동시에 진행될 수 있다고 말하고 있다(195). 이 "전략적으로 더 나아가야 될 필요"를 강조하는 대목에서 우리는 데리다에게 있어 불확정성이 최종 목표가 아님을 알 수 있다. 즉, "대립"이 아닌 "차이들"을 지향한다고 볼 때(198), 해체주의는 명백히 해체를 '넘어서는' 비전을 목표로 상정하고 있으며 그러한 점에서 페미니스트 운동뿐만 아니라 여타 비주류 사회집단의 해방에 기여하는 부분이 있을 것이다.

구체적으로, 해체주의나 포스트모더니즘이 여성해방운동에 할 수 있는 기여 중의 하나는, 데리다가 말하는 해체주의 첫 단계와 관련된 것으로서, 가부장제도의 철학적·이데올로기적 기반과 그 권위를 비판함에 있어 해체적 사유가 유용하다는 점이다. 그러나 여기에서 쉽게 예견될 수 있는 문제는 '해방을 위하여 투쟁해야 할 주체까지 해체되면 누가 해방을 가져다 줄 것인가'이다. 즉, "여성범주를 완전히 해체하면 '여성해방론' 자체가 성립할 수 없다는 이론적 문제는 여성주체를 해체할 경우 해방을 이룰 주체마저 사라진다는 실천적 문제로 이어지게 된다. 주체 없는 해방이 과연 가능하겠는가?"(「포스트모던 여성해방론」 60). 이 질문에 대한 하나의 대답으로서 다음의 다소 파격적인 질문을 하고 싶다. '누가 주체 없이 해방이 이루어진다고 말한 적이 있는가?' 다시 논의하겠지만 이 질문을 하는 이유는 포스트모던 페미니스트들은 그들의 상대주의적 경향에도 불구하고 그들의 사유를 현실에서의 해방운동에 끊임없이 접목시키려고 하고 있다고 여겨지기 때문이다. 본인이 보기에, 정도의 차이는 있을지 모르나 해체주의를 받아들인 많은 페미니스트들은 그들이 가장 해체주의적일 때조차도 해체를 목표로 삼고 있는 것이 아니라 해체를 사용하는 사용자의 입장을 견지하고 있다라는 주장을 할 수가 있다고 생각한다. 사실, 페미니즘이 해체론을 전략적으로 사용하는 '사용자'의 입장에 서야 된다는 생각은 서구의 페미니스트들뿐만 아니라 국내 연구자들에 의해서도 이미 제기된 바 있다. "탈중심성이나 주체의 해체는 기존의 남성중심의 문화와 정체성을 해체하는 문제로 가는 것이고 언어도 기존의 남성중심적인 언어행위에 대한 도전이고 해체이지, 주체, 언어 모두를 해체하는 것은 아니고 그래서도 안될 것이라고 생각한다"3)는 한 논자의 글이 대표적인 경우다. 여기에 군이 데리다 식의 각주를 붙이자면, '포스트모던 페미니즘에 있어 주체의 해체는 보편적인 거대주체로부터 개인들과 그들이 다양성을 해방시키는 의도를 띤 것인지, 개인 주체를 불확정성의 유희 내에 위치시킴으로써 그로부터 비판과 저항의 입지를 박탈하는 결과를 낳는 것이 아니며 낳아서도 아니 된다'는 말을 할 수 있겠다. 앞서 소개한 바 있듯 사실 해체주의에 대한 일반적인 경계는 페미니스트들 이전에 이미 데리다 자신에 의해 해체주의의 오독과 오해에 대한 지적을 통해 표명되었다고 해야 옳을 것이다.

해체주의와 여타 포스트모더니즘 이론이 여성해방에 기여할 수 있는 또 다른 부분은 데리다가 강조하는 다원주의에서 유래한다. 남성적 진실에 의해 규정 당하거나 배제되어 왔던 여성들이 추구하는 것도 그들의 '차이'에 대한 편견 없는 인정이며, 계급적, 인종적 소수집단이 가열 차게 요구해 왔던 것 역시 그들의 '다원성'에 대한 동등한 대우이다. 이러한 관점에서 보았을 때, 해체주의와 포스트모더니즘은, 가부장적 성정치학 뿐만 아니라 기존의 페미니스트 성정치학을 반성하며 대안을 제시하고자 하는 이들에게 중요한 비전을 제공한다. 페미니스트들로 하여금 이전의 본질론적 성정치학에 함몰되었던 여성 내부에서 발견되는 차이, 즉 다양성에 대하여 본격적으로 주목하게 만든 것이다. 이전의 페미니즘 이론과 운동과 달리 근자의 페미니즘이 여성이 처한 다양한 "국지적인 측면들, 특수성, 구체적 상황의 중요

---

3) 고갑희, 356면.

성"(노승희 166)을 고려하게 된 것에는 이러한 연유가 있는 것이다. 그러나 포스트모던 페미니즘의 특징이라고 할 수 있는 특수성과 구체성 그리고 다양성에 대한 관심도 페미니스트 비평계 일각에서는 보수주의자들의 책동에 말려들 수 있는 '순진한' 정치학으로 비판받는다. 다원주의적 시각이 "지배세력을 포함하여 모든 것을 다 긍정해주는 보수적 다원주의"에 의해 흡수, 함몰될 수 있으며, 포스트모던 여성해방론자들이 표방하는 "차이의 정치"도 "얼핏 대단히 민주적인 자세처럼 보이나 사실상 변혁의 중심세력을 폐기함으로써 운동의 분산성과 무정부주의적 측면을 초래하게 되고 그 결과 '다중'의 힘을 행사할 수 없어 민주주의의 확보나 확대를 저해하게 된다"(「포스트모던 해방론」, 57-58)는 주장이 그 예이다. 적지 않은 수의 학자들이 염려하듯, 포스트모던 페미니스트들의 이론적인 작업이 그 자체의 운동력에만 의존할 때, 여성해방을 위한 행동과 실천을 간섭하고 지체시킬 가능성이 있음은 부인할 수 없는 사실이다.4) 아마도 「페미니즘의 공과」나 「포스트모던 여성해방론의 딜레마」에서 포스트모더니즘을 수용한 페미니즘을 비판했을 때 저자도 이 부분을 염두에 둔 것이리라. 그러나 포스트모던 페미니즘을 평가함에 있어 염두에 두어야 할 사실은, 일부 페미니스트들의 경우 이론을 위한 이론적 연구와 논쟁에 빠져 있다는 인상을 주기도 하나, 이론적 작업이 실천의 의지를 약화시키거나 걸림돌이 될 가능성에 대해서 포스트모던 페미니스트들이 모두 무지하지는 않으며 "이론적 아포리아"에 빠질 위험을 극복할 방법에 대한 논의가 포스트모던 페미니스트들에 의해 이루어지고 있다는 사실이다.5) 구체적으로, 데리다 자신도 다원주의를 지향해야 할 목표로 설정

---

4) 포스트모던 페미니즘에 대하여 가하여진 국내의 비판적인 글들이 대부분 이러한 점을 지적하고 있으며, 국외 학자의 경우, 레슬리 라빈(Leslie Rabine)이 "A Feminist Politics of Non-Identity," *Feminist Studies* 14.1 (Spring 1988) 11-31면에서 해체주의의 양면성을 논하며 해체주의의 비확정성이 결정적인 행동을 요구하는 여성운동을 위험에 빠뜨릴 수 있음을 논한 바 있다. 또한 익히 알려진대로 스피박(Gayatri Spivak)이 해체주의의 유용함을 인정함과 동시에 본질론을 전략적으로 사용할 필요성을 언급한 것도 같은 맥락에서라고 하겠다.

5) 포스트모던 페미니즘 이론과 운동의 가능성을 연계시키는 사유를 하는 이로는 영미학자들 중에서는 페미니즘 운동의 연대적 가능성에 대하여 논한 바 있는 쥬디스 버틀러와 다이언 일람을 꼽고 싶다. Judith Butler, *Gender Trouble* (New York: Routledge, 1990)

하고 있으며 포스트모던 페미니즘 일각에서 "수행적 정체성"이나 "임시적 혹은 가변적 정체성"에 기반한 연대성을 기성 페미니즘 운동에 대한 대안으로서 제시하고 있다.

소위 '해체주의적'이라는 프랑스 페미니스트들 중에서 유관한 예를 들어 보자. 프랑스의 포스트모던 페미니스트들은 여성의 독자적인 정신적·심리적 공간을 모색함에 있어 정신분석학이 상정하는 '패밀리 로맨스'의 구도를 완전히 벗어나지 못하였다는 비판을 받아왔다. 뿐만 아니라 성(性) 범주를 해체하여 해방운동의 구심점이 될 주체마저 사라지게 만들었다는 비판을 받거나, 혹은 이리가라이(Luce Irigaray)나 식수(Helene Cixous)의 경우, 해체를 끝까지 밀고 나가지 못하고 여성성에 대한 논의 내로 본질론적인 요소를 다시 끌어들이는 모순을 초래하였다는 비판을 받는다. 왜 이들은 이러한 자기모순에 빠지게 된 것이며 이러한 모순의 의미는 무엇인가. 대답을 하기 전에, 우선 이리가라이에게서 발견되는 포스트모던 페미니즘의 '논리적인 모순'을 들어보자.

> 오랜 역사가 모든 여성들을 **동일한** 성적, 사회적, 문화적 환경에 처하게 만들 었으며, 여성들 간에 어떠한 불평등이 존재하든지 간에 모든 여성들은 부지불식 중에 **동일한** 억압, 그들의 몸에 대한 **동일한** 착취, 그들의 욕망에 대한 **동일한** 부정을 경험하고 있다. (164; 필자 강조)

위의 인용문은 계층과 인종의 차이를 넘어서는 억압의 '동일성'을 상정하고 있다는 점에서 해체주의의 표적이 될 보편주의적 사고를 담고 있다. 해체주의의 강령을 정면으로 반박하고 있는 이 놀라운 모순은 어디에서 연유하는 것이며 이리가라이 자신은 이러한 모순을 인식하고 못한 것일까. 이리가라이의 말을 더 들어보자.

와 Diane Elam, *Feminism and Deconstruction* (New York: Routledge, 1994)를 볼 것. 그리고 포스트모던 페미니즘을 받아들인 국내 학자들 중 많은 이가 국내에서의 페다고지나 실천으로서의 여성해방운동과의 관계라는 역사적 맥락 내에서 페미니즘의 새로운 방향을 모색하고 있다.

여성이 힘을 합치는 것, "여성들간에" 힘을 합치는 것이 중요한 이유가 여기에 있다. 남성들의 사회가 여성들에게 가르쳐 왔고 또 그들에게 지정해 준 위치, 역할 그리고 제스처로부터 벗어나기 위하여. 비록 남성들이 여성들 사이에 실질적인 경쟁관계를 심어 놓았지만, 서로를 사랑하기 위하여. 여성들에게 강요된 것과 다른 "사회적 존재"를 발견하기 위하여. 해방운동이 당면한 첫 번째 과제는 여성이 개인적으로 느낀 것이 모든 여성들이 공유하는 존재조건임을 깨닫게 만들어서, **그러한 경험을 정치화하도록 하는 것**이다. (164)

우리는 여기에서 포스트모던 페미니즘에는 상대주의적 혹은 다원주의적 얼굴만 있는 것이 아니라 필요에 따라서는 보편주의도 적극 수용하는 면이 있음을 발견하게 된다. 연대(solidarity)의 필요성을 역설한다는 점에서 이리가라이에게 있어 다원주의는 정치적 행동의 가능성을 억제하거나 간섭하지 않는 것으로 나타난다. 다원주의적 사고를 여성해방운동이라는 실천적 영역에 들여올 때 이리가라이는 무척 조심스럽다. 그녀에게 있어 다원주의적 사유가 모습을 드러낼 때는 여성해방운동이 또 하나의 권력으로 변질하여 그것이 최우선시하는 현안과는 다른 현안을 위해 싸우는 여성들을 비난하거나 적대시하는 것을 경계하기 위해서이다. 이러한 점에서 보았을 때 포스트모던 페미니즘을 본질론의 필요성에 대한 인식과 다원주의적 사유간의 팽팽한 긴장관계, 정치적 행동주의와 사변적 상대주의간의 끊임없는 협상의 관계로 정의 내릴 수 있다고 생각한다. 또한 본질론과 반본질론간의 협상이 반드시 서로의 발목을 잡음으로써 무력증에 빠지는 도식적인 경로를 걷는 것이 아니라, 정치적 행동이 반본질론적 사유에 의해 그 노선을 계속해서 교정받는 상호협조의 관계로 이어질 수 있다고 생각한다. 어쨌거나 포스트모던 페미니즘이, 보편적 주체를 다시 들여오든, 임시적이고 가변적인 주체성의 개념을 들여오든, '여성들간의 연대성'을 모색하고 있다는 점을 고려할 때, 그것이 변혁의 중심세력을 해체함으로써 무정부적인 결과나 차이에 대한 무관심을 낳을 것이라는 예측에는 문제가 있는 듯하다. 즉, 남성중심적인 구조와 기존의 성범주에 대한 해체가 여성해방운동을 위한 연대의 가능성을 원천적으로 말살할 것이라는 비판은 포스트모던 페미니즘의 일면만을 본 것이다.

또한 이리가라이를 두고 "여성성을 실제 여성들과는 무관한 '대립 없는 차이들'의 비유로만 설정할 때 여성해방론은 사라져버리는 결과를 낳게 된다"(「포스트모던 여성해방론」 58)는 평가를 하는데, 위 인용문에서 드러나듯, 이는 이리가라이에게 있어 '여성'이 갖는 의미를 단편적으로 이해한 결과이다. 이러한 점을 고려했을 때, 해체주의적 사유를 받아들인 이들을 두고 해체주의와의 결혼은 페미니즘 자체의 해체라는 주장을 하거나, 혹은 이들이 일견 본질론적인 주장을 하는 것을 두고 이들의 입장이 논리적 모순의 함정에 빠졌으니 논의의 가치가 없다고 폄하할 것이 아니라, 소위 반본질론적인 입장을 받아들인 이들도 현실에서의 여성해방이라는 절대 명제를 시야에서 잃지 않으려는 노력을 하고 있음을 인정하거나 혹은 이로부터 필요한 부분을 수용하려는 태도가 아쉬운 것이다.

포스트모던 페미니즘에 대하여 내려지는 기존의 부정적인 평가들의 특징은 포스트모던 페미니즘의 이론적 시각을 여성해방운동이라는 역사적 상황에 대입시키고 그러한 대입은 필연적으로 특정한 결과를 낳을 것이라는 가상적 시나리오에 의존한다는 점이다. 앞서 인용한 바 있듯, 다원주의는 운동의 중심세력을 폐기시킬 것이고 그 결과는 민주주의의 확보를 저해할 것이라는 예측이 그 예이다. 만약 만인이 만족할 만인의 합의를 목표로 하는 민주주의를 추구한다면 현실을 짧은 시간에 효과적으로 변혁하고자하는 이들의 시각에서 보았을 때 그러한 추구가 변혁의 운동을 지체시키거나 이에 걸림돌이 될 가능성이 있음은 사실이다. 그러나 여성해방론자들이 다원주의적 사고에 토대를 둘 때 더욱 굳건히 오래 서 있을 수 있다는 가능성은 접어둔 채 지나치게 다원적이기에 무력할 것이라는 쪽으로만 예측하는 것은 편향적인 발상이다. 또한, 다원주의가 무차별한 차이의 병렬에 끝나고 말 것이라는 주장도 포스트모던 페미니즘이 현실에서 일어나고 있는 여성에 대한 차별과 억압의 현안을 구체적으로 제시하며 여성운동은 현안별로 이루어질 때 효과적이라고 제안하고 있다는 사실을 고려할 때 설득력을 잃는다. 이리가라이의 표현을 빌면, "오늘날 [프랑스 페미니스트들이 당면한] 과제 중의 하나는 몇 가지 구체적인 주제와 행동을 중심으로 여성운동의 다양한 경향들을 재조정하는 것이다"(166). 여성해방운동이 해결해야 할 과제로 이리가라이가 지목하는 것들은 "강간, 낙태, 자식의 양육권, 입법과정에 있어 여성의 참여" 같이 여성해방을 위하여 필요로 되는 절박한 현안들이다. 한 평자가 주장하였듯, 차이를 저항의 걸림돌로 볼 것이 아니라 "구체적인 지배에 저항할 수 있는 자원을 배가시키고 서로에 대한, 세계에 대한 인식에 존재하는 왜곡을 우리로 하여금 스스로 발견하게 하는 원천"(Sawicki 226)으로 보는 시각이 필요한 것이다. 포스트모더니즘을 경계하는 이들의 우려와는 달리, 대다수 포스트모던 페미니스트들은 역사적 운동을 가변성과 불확실성의 헤어날 수 없는 미로에 빠트리려는 집단적 음모나 그들 스스로 헤어나올 수 없는 이론적 미로에 빠져있어서라기보다, 단일하고 확정된 정체성에 따르는 전체주의적 위험을 경계하였기 때문이다. 이와 더불어 강조하고 싶은 것은, 포스트모던 페미니즘 연구가 현실변혁의 구체적인 프로그램보다 이론에 치중하는 경향을 보여준 것은 사실이며 따라서 이러한 경향에 대해서 경계할 것을 촉구하는 것은 여성해방이라는 대의에 공헌하는 귀중한 충고이다. 그러나 경계적 자세를 촉구하는 수준을 넘어 다른 노선을 걷는 페미니즘이 여성해방에 장애가 될 것이므로 "폐기"해야 된다는 주장은 다른 이야기이다. 이러한 점을 고려했을 때, 탈역사성이나 탈주체 같은 용어로만은 환원될 수 없는 포스트모더니즘 이론의 다양한 면뿐만 아니라 그 이론들이 역사적 현실을 고려하여 보여준 '자기 변화'와 '수정'의 궤적은 도외시하고, 단편적인 약호와 가상의 시나리오에 의해서 포스트모더니즘 계열의 이론 전체를 평가하는 태도나, 포스트모던 페미니즘에 있어 현실과의 연계성이라는 "문제 자체는 사장되어버린다"는 평가가 문제적으로 다가오는 것이다.

포스트모던 페미니즘이 갖는 장·단점을 총체적으로 고려했을 때, 「페미니즘의 공과」에서 제시된 바, 포스트모더니즘을 수용한 페미니즘이 "모든 '중심'을 거부하는 경향이 있으며, 따라서 고려해야 할 사항들을 계속적으로 부가시키고 중첩시켜 나가는 형국"(135)이라는 지적은 한편으로는 올바른 것이면서도, 다른 한편으로는 문제적이다. 이 평가가 올바른 이유는, 사실 포스트모더니즘을 수용한 페미니즘은 어떤 류의 진리와 객관성에 대해서도 회의적인 태도로 대하기 때문이다. 동시에 위의 지적은 문제적이기도 한데, 그 문제 중의 하나는 다름 아닌 위의 지적을 침윤하고 있는 가치평가와 그것이 전제하고 있는 이분법적 사고에 유래한다. 그러한 함축적인 가치평가는, 포스트모더니즘 계열의 페미니즘은 특유의 회의주의로 말미암아 주관주의와 이론의 장에 갇혀 있는 반면, "새로운 총체성과 객관성"을 정립하고자하는 일부 국내 학자들의 움직임은 "경험과 개념"의 양자를 변증법적으로지양하는 "드물고도 소중한" 과제(136)를 수행한다는 진술에서 명확하게 드러난다고 여겨진다. 그러나 정치적·사회적 현안을 대함에 있어 포스트모던페미니즘이 "고려해야 할 사항들을 계속적으로 부가시켜 나가는" 것을 단순히 "이론의 장에 갇혀버려서"라고 치부해버릴 수 있는 일만은 아니며, 현실과 현실의 문제에 대한 인식이 다른 류의 페미니즘보다 '반드시' 덜 치열해서도 아니라고 생각한다. "고려해야 할 사항들을 계속적으로 부가시켜 니가는" 작업은 사실 어떤 페미니즘 깃발 아래에 모였든지 간에 여성의 해방을진정으로 추구하는 이라면 반드시 해야 할 작업이다. 즉 이전의 본질론적페미니즘이나 민족주의론이 보여 준 전체주의적 성향을 비판적으로 사유하고 이에 대한 대안을 모색하기 위해서 지속적으로 해야 할 일이다. 도대체그 사유와 자기 질문의 작업을 언제까지 할 것인가라는 질문이 있을 수도있으나, 그 작업은 이성간 혹은 동성간의 불평등이 남아있는 한은 멈추지말아야 할 작업이 아닐까. 한 이론가의 말을 인용하면, "투쟁은 지속적이며권력으로부터 자유로운 사회라는 생각은 추상적 개념이니, 투쟁하는 자는자족(自足)에 빠져서는 안 되는 것이다"(Sawicki 225).

물론, 포스트모던 페미니즘에 대한 비판적 글들에서 나타난 이분법적 사고가 부정적인 면만 갖는 것은 아니다. 사실 어느 정도의 도식화는 다양한비평들을 개괄함에 있어서 피할 수 없는 것이며, 또한 본인의 논지를 선명하게 하기 위해서는 필요한 것이기도 하다. 그러나 국내의 페미니스트 비평계를 양분화하는 도식화나 포스트모던 페미니즘에 대한 마녀 사냥적인 비판이갖는 중요한 문제점은 무엇보다도, 본인이 보기에, 과거 페미니스트 비평계의 여러 진영들간에 어떠한 식으로로든 있어온 '대화의' 존재를 가리고 있다는점이다. 그리고 이러한 과거의 대화의 부정은 앞으로도 있게 될 미래의 건설적인 대화의 전망을 어렵게 만들 수도 있다는 점이다. 포스트모더니즘의 전유가 작금의 여성의 현실에 기여하는 부분은, 기왕의 객관주의와 상대주 모두를 비판하며 새로운 객관성을 정립하자는 근간의 논의 역시 기성의 절대 진실이나 객관성에 대한 포스트모더니스트들의 회의와 질문 없이는 어려웠을 것이라는 사실이 역으로 증명해주고 있는 바라고 생각한다. 아니면 좀 더 양보하여, 새로운 객관성을 주창하는 페미니스트 입장을 가능하게 한, 기존의 객관주의와 상대주의에 대한 일련의 학자들의 질문이 현재의 모습으로 정교화되기까지는 포스트모더니즘과의 대화 ── 그것이 반박의 성격을 띠는 것일지라도 ── 에 힘입은 바가 없지는 않았을 것이라는 주장을 할 수 있겠다. 이러한 주장에 만약 동의한다면, 일련의 반(反)포스트모던 페미니즘적 주장들이 국내·외 페미니스트 비평계의 "양 진영"이 서로에게 빚지고 있는 부분을 언급하였더라면 그들의 주장이나 평가가 공정성을 더욱 얻게 되지 않을까 하는 아쉬움이 남는다. 포스트모더니즘과의 대화는 사실 국내의 일부 페미니스트 학자들이 "새로운 객관성"을 추구함에 있어 제기한 가치와 객관성에 대한 질문들의 진원지 역할을 하였다는 점에서 '도움'을 준 바 있을 뿐만 아니라, 새로운 객관성을 알찬 내용으로 채우려는 미래의 작업에서도 귀중한 역할을 할 것으로 전망한다면 지나친 추측일까. 객관성과 가치에 따르는 논란에 어둡지 않은 학자라면, 새로운 객관성을 추구하는 이들이 나름의 구체적인 입장을 정립하고 또 인정받기 위해서는 상이한 시각과의 논전과 대화를 통하지 않고서는 어려울 것이라는 사실을 쉽게 부정할 수 없을 것이다. 새로운 객관성을 주장하는 학자들의 경우 그 객관성이 아직은 ── 구체적인 내용을 갖지 못하였다는 점에서 ── 하나의 비어있는 범주로밖에 상정되지 아니함을 고려할 때, 더욱 그러하다.6)

페미니스트 진영 일부에서 페미니즘이 포스트모더니즘과 만났을 때 이는 필연적으로 불행한 결혼으로 이어질 것이라는 예단이나 혹은 이 둘은 마주치는 일없이 다른 길을 가고 있거나 서로 다른 길을 가야만 한다는 사고를 하지만, 이는 실(失)에 대한 우려 때문에 상대를 전유하여 얻을 수 있는 득(得)까지 미리 포기하고 마는 경우가 아닐까 하는 생각이 든다. 여성해방을

───────────────

6) 새로운 객관성의 내용은 앞으로 채워나가야 할 부분이라는 인정에 대해서는 김영희, 「여성문학론의 이론적 정초를 위한 검토 ── 인식론적 문제를 중심으로」 24-25면을 볼 것.

목표로 하는 실천과 이론이 진실로 가부장제와 기성 담론이 행사하였던 진실의 독점을 비판하는 데에서 출발하고자 한다면, 페미니즘 운동과 이론은 여성에 대한 또 다른 '하나의 진실'을 옹립하고자 할 것이 아니라 여성 내부의 차이와 다양한 목소리에 겸허하게 귀기울여야 함은 자명한 사실이다. 이러한 목소리의 다양성은 지난 7월 18일 국회를 통과한 모성보호법을 두고 일어나는 논란에서도 볼 수 있다. 이 개정안은 출산휴가, 휴가급여, 유급육아휴직 등 출산과 육아에 관련된 문제를 개인이 아닌 사회적 책임으로 규정하여 그 동안 침해받았던 여성근로자의 기본권을 보장한다는 점에서 큰 의의를 갖는 것으로 평가할 수 있으나, 해직의 위협에 시달리는 우리나라의 비정규직 여성노동자가 전체 여성노동자의 75퍼센트라는 사실을 고려할 때, 이 개정안을 두고 누구를 위한 것인지라는 실문이 나올 법도 한 것이다. "일자리를 잃게 된 마당에 모성보호법을 이야기하는 것은 우리에겐 사치다"[7]라는 한 여성근로자의 자조적인 발언은 이러한 점에서 앞으로 여성해방운동가들이 기억해야 할 '다른' 목소리이다.

　필자는 현금의 페미니즘이 다루어야 하는 중요한 과제 중의 하나가 개인주체의 경험적 주관성이나 다양성을 심각하게 훼손하거나 무시하지 않는 수준에서 집단적인 연대를 형성하는 것이라고 보는데, 포스트모던 페미니스트들뿐만 아니라 여타의 페미니스트들도 이러한 시각에 반대하지 않을 것이라고 여겨진다. 같은 맥락에서, 새로운 불변의 진실을 성급하게 설정하려는 시도를 경계해야 한다는 점에 대해서도 다원주의에 입각한 페미니스트들뿐만 아니라 새로운 객관성을 주장하는 이들도 또한 동의할 것이라고 생각한다. 그렇다면, 이러한 목소리들과 다양한 내부 의견을 민주적으로 조정하는 작업에 있어 페미니즘이 가져야 할 바람직한 태도에 대해서 포스트모더니즘이 들려 줄 이야기가 있을 것이라고 생각한다. 즉 페미니즘은, 그것이 지향하는 바의 구체적인 명칭이 무엇이든 간에, 특정 인종이나 계급에 속하는 여성들만을 위한 과거의 페미니즘의 전철을 밟지 않기 위해서는 다원주의적 사고와 지속적인 대화를 유지해야 할 것이다. 해체주의와 페미니즘의 관계에 대

---

7) 「모성보호법으로부터의 또 다른 소외」, 『연세춘추』 1422호 2001년 9월 3일, 5면.

한 엘리자베스 그로즈(Elizabeth Grosz)의 표현을 빌자면, "해체주의는 페미니즘을 보다 자기 반성적이 되게 하고 이론적, 정치적 노력의 필요성뿐만 아니라 그러한 노력이 치르게 되는 대가에 대한 인식을 강화시킴으로써 투쟁을 보다 효과적이고 보다 예지(叡智)적으로 수행할 수 있도록 하는 도전과 안목을 제공한다"(75). 서구에서 제시된 이러한 대안을 한국의 현실에서 어떻게 받아들일 것인가 하는 것은 국내 페미니스트 학자들에게 남겨진 몫이다. 수용과 운용의 묘를 살릴 것인가 아니면 배척의 자세를 취할 것인가. 서구의 이질적인 문화나 이론의 수용은 곧 흡수와 동화를 가져올 것이라는 우려는 우리 사회에 있어 근자에 새롭게 나타난 현상도 아니며 페미니즘의 문제에 고유한 현상도 아니다.

외국 문학을 연구하는 국내 일군의 학자들이 과거 식민주의를 경험하였거나 혹은 현재 세계화의 전개 과정에서 주변적인 자리를 차지하고 있는 국가들이 공통적으로 안고 있는 문제들을 극복하기 위한 방안을 모색하는 과정에서 해외의 탈식민주의 이론과 비평을 수용하였을 때, 이에 대하여 제기된 문제도 탈식민주의 연구가 서구의 포스트모더니즘에 영향 받았기에 진정한 탈식민의 대안이 되지 못한다는 것이었다. 탈식민주의 연구의 발원을 구미에 못박는 시각의 편협성이나 일부 탈식민주의 이론가들에게서 포스트모더니즘과의 친화성이 발견된다고 해서 탈식민주의 연구가 곧 포스트모더니즘의 몰역사성에 동화될 것이라는 예단에서 발견되는 문제가 있기는 하나, 이러한 경계적인 태도는 문화적 정체성이나 주체성에 대하여 고민을 해본 이라면 누구나 해 봄직한 건강한 생각이다. 그러나 이러한 우려가 배척주의적 성격으로 굳어질 때 이 또한 우려해야 할 현상이라고 생각한다. 논의를 단순화시키는 위험이 있기는 하나, 케냐의 민주화를 논하면서 은조모(Maria Nzomo)가 들려주는 다음의 진술은 운용의 묘의 중요성에 대하여 주의를 환기시킨다는 점에서 소개할 만하다.

민주주의가 케냐에 대해서 알지 못하는 고대 그리스의 철학자들에 의해서 발전되었다고 해서 민주주의의 기본적인 원칙들을 케냐와 무관하다고 여기고 이를 배척하는 태도를 정당화하기란 어렵다. 아프리카의 탈식민화 기간 동안 수입된 민주주의로 인한 실패를 거울삼아, 우리는 외지에서 발전된 민주주의의 원칙들을 케냐의 구체적인 상황에 적용시키는 법을 배울 필요가 있다.8) (134)

은조모는 이러한 주체적 수용의 자세를 포스트모더니즘과 케냐의 페미니즘의 관계에도 적용한다. 그녀는 근본적으로 포스트모더니즘이 케냐 여성의 해방운동에 장애가 될 것을 경계한다. 동시에 그녀는 포스트모더니즘이 근대화의 개발 이론이 실천해 온 여성의 주변화를 비판하는 데 도움을 준다는 사실을 인정하면서, 포스트모더니즘이 제3세계에서 의미와 가치를 획득하려면 제3세계의 역사적 현실과 페미니즘에 "적응"해야 한다고 주장한다. 요는 외래의 문화를 받아들이는 '태도'가 중요한 것이다. 포스트모던 페미니즘을 배척하는 태도를 우려하는 가장 큰 이유는 어떻게 보면 역사에 열려 있는 객관성기 총체성을 추구하는 학자들이나 절대 진리와 본질론적인 정체성에 대한 민주적이고도 다원적인 대안을 모색하는 포스트모던 페미니스트나 모두 크게 다르지 않은 고민을 하고 있는 셈이기 때문이다. 포스트모더니즘을 이러저러한 방식으로 전용하였다고 해서 후자의 페미니스트들의 작업을 비역사적이라고 단정짓고 이를 폐기하자고 하는 주장은 자칫하면 페미니즘 연구뿐만 아니라 여성해방운동까지 새롭게 편가르기 할 수도 있다는 점에서 위험한 발상일 뿐만 아니라, 보기에 따라서는 독선적이라는 비판도 초래할 수도 있다고 생각한다. 특정한 페미니즘만이 정도(正道)를 가며 다른 류의 페미니즘은 여성해방의 장애물이라는 사고를 할 때, 그러한 페미니즘은 또 하나의 '그들만의' 운동과 이론으로 남게 될 지도 모른다는 우려를 미리 해 본다.

---

8) 사실 은조모는 포스트모더니즘이 정치적 현실에서 케냐 여성들의 해방운동에 걸림돌이 될 것이라고 믿는다는 점에서 전통적인 반(反)포스트모던 페미니스트이다. 그럼에도 불구하고 그녀는 포스트모더니즘이 갖는 이점을 '사용'할 것을 인정하는 실용적인 입장을 취한다는 점에서 국내의 반(反)포스트모던 페미니스트에게 시사하는 바가 있다.

참고 문헌

「모성보호법으로부터의 또 다른 소외」.『연세춘추』1422호 2001년 9월 3일. 5면.

고갑희.「한국의 영문학 연구와 페미니즘」.『안과 밖』창간호(1996년 하반기), 335-65.

김영희.「여성문학론의 이론적 정초를 위한 검토－인식론적 문제를 중심으로」.『비평과 이론』2권(1997년): 5-28.

_____.「한국 페미니즘 이론의 반성」.『비평』2호(2000년 하반기): 394-412.

김영희 외.「포스트모던 여성해방론의 딜레마」.『여성과사회』3호(1992년): 35-79.

노승희.「페미니즘 이론의 실천적 지평」.『비평과 이론』4권 2호(1999년): 147-67.

이경덕.「페미니즘의 공과, 그리고 19세기 영국 소설 읽기」.『안과밖』10호 (2001년 상반기): 134-35.

Barriteau, Eudine. "Postmodernist Feminist Theorizing and Development Policy and Practice in the Anglophone Caribbean: The Barbados Case." *Feminism/Postmodernism/Development.* 142-58.

Brooks, Ann. *Postfeminisms: Feminism, Cultural Theory and Cultural Forms.* New York: Routledge, 1997.

Butler, Judith. *Gender Trouble.* New York: Routledge, 1990.

Derrida, Jacques. "Choreographies." *Diacritics* 12(1982): 66-76.

_____. *Dissemination.* Chicago: U of Chicago, 1981.

_____. "Women in the Beehive: A Seminar with Jacques Derrida." *Men in Feminism.* Ed. Alice Jardin & Paul Smith. New York: Methuen 1987.

Elam, Diane. *Feminism and Deconstruction.* New York: Routledge, 1994.

Grosz, Elizabeth. "Ontology and Equivocation." *Feminist Interpretations of Jacques Derrida.* 73-101.

Holland, Nancy J. *Feminist Interpretations of Jacques Derrida.* University Park, PA: Penn State UP, 1997.

Irigaray, Luce. *This Sex Which Is Not One*. Trans. Catherine Porter. 1977. Ithaca: Cornell UP, 1985.

Marchand, Marianne H. & Jane L. Parpart, Eds. *Feminism/Postmodernism/ Development*. New York: Routledge, 1995.

Nzomo, Maria. "Women and Democratization Struggles in Africa." *Feminism/ Postmodernism/Development*. 131-141.

Rabine, Leslie. "A Feminist Politics of Non-Identity." *Feminist Studies* 14.1 (Spring 1988) 11-31.

Sawicki, Jana. "Foucault and Feminism: Towards a Politics of Difference." *Feminist Interpretations and Political Theory*. Eds. Mary Lyndon Shanley and Carole Pateman. University Park, PA: Penn State UP, 1997. 217-231.

Weisser, Susan Ostrov & Jennifer Fleischner. *Feminist Nightmares: Women at Odds*. New York: New York UP, 1994.

고부응

헤겔 미학에서의 문학의 위치

문학을 전문적으로 연구한다는 것과 문학 작품 자체를 읽고 즐기는 것 사이에 요즘만큼 거리가 있는 시대도 드물 듯하다. 재미있다거나 감동적이었다는 식의 문학 작품을 읽고 난 다음의 직접적이고 감정적인 반응은 일반독자의 독후감에만 해당되는 얘기인 것 같다. 문학 연구자의 문학에 대한 진술은 문학 작품에 대한 직접적 경험하고는 거리가 먼 진술들이라 할 수 있다. 그들의 진술은 문학 작품 자체가 아닌 어떤 다른 것을 전제로 하는 듯 싶다. 그들의 문학론에서 그 논의 대상인 문학 작품 자체는 문학 연구자가 미리 설정해 놓은 이론적 틀 — 해체이론이든, 탈식민 이론이든, 페미니즘 이론이든 — 을 확인하는 부수적인 자료로만 작용하는 것 같기도 하다. 이론적 토대를 의식하지 않고 문학 작품을 읽는 일반 독자들은 전문적인 문학 연구자들의 문학 작품에 대한 진술을 보고 그 새로운 시각이나 분석에 경의를 표할 수도 있겠지만 문학 연구자들이 문학 작품의 직접적이고 자연스런 의미를 왜곡하고 있다고 생각할 수도 있을 것이다. 전문적 문학 연구자들의 문학 작품에 대한 해석이 더 바람직한 해석인지 아니면 일반 독자의 자연스런 반응이 문학 작품의 이해에 더 좋은 것인지는 쉽게 결정할 수 없는 문제일지도 모른다. 문학을 소위 전문적으로 연구하는 사람 중의 하나라고 생각하는 내가 이 글에서 문학 전문가들의 문학 작품에 대한 해석이 잘못되었고 문학

작품을 직접적이고 자연적으로 대하는 일반 독자의 반응이 문학작품 읽기에
더 바람직하다는 주장을 하려는 것은 물론 아니다. 이 글의 관심거리는 문학
작품 읽기에 있어 왜 문학 연구자들이 그 문학 작품 자체와는 다른 어떤 것
을 진술하는 것일까라는 문제이다. 얼른 생각하기에 문학작품 읽기가 필연
적으로 해석의 과정이고 해석이란 해석의 대상에 대한 다시 쓰기 즉 원래의
대상과는 다른 어떤 것을 진술하는 것이라고 생각하면 문학작품 읽기는 주
어진 대상과는 다른 어떤 것을 만들어내는 것일 수밖에 없다고 생각할 수도
있다. 또 다른 한편으로는 새로운 지식생산을 요구받는 지식노동자인 문학
연구자들이 끊임없이 기존의 해석과는 다른 해석을 함으로써 그들의 노동생
산성을 인정받을 수밖에 없는 제도로서의 문학연구의 장을 그 이유로 생각
해 볼 수도 있다. 문학도 다른 학문과 다름없이 새로운 지식을 만들어 내어
야 그 새로운 지식의 전달 형식인 논문이 가치있는 논문으로 인정받을 수
있기 때문이다. 이러한 생각들이 분명히 타당하기는 하지만 이 글에서 주장
하려는 것은 문학이라는 예술 자체가 문학예술의 속성에 의하여 주어진 대
상과는 다른 진술을 할 수밖에 없다는 것이다. 이러한 논의를 위하여 나는
헤겔의 미학을 빌려오려 한다.

I. 헤겔 미학 개요

헤겔의 모든 철학 체계가 그러하듯이 헤겔의 미학 역시 방대하기가 이를
데 없다. 1817년부터 시작하여 여러 해에 걸쳐 진행된 그의 예술에 대한 강
의를 채록한 제자들의 작업으로 현재의 모습을 갖추고 있는 그의 『미학 강
의』는 20권으로 된 독일어판 헤겔 전집 중 3권을 차지한다. 3권으로 나누어
놓은 한국어 번역본으로는 1600쪽이 넘는 분량이다1). 헤겔의 미학 강의를

---

1) 게오르크 W. 프리드리히 헤겔, 두행숙 옮김『헤겔미학』I, II, III. (나남출판, 1996) 이
글에서 나는 이 한국어 번역본과 더불어 영역본인 G. W. F. Hegel, *Aesthetics: Lectures
on Fine Art.* Trans. T. M. Knox(Oxford: Clarendon, 1975)를 사용하고 있다. 인용 문헌
은 한국어 번역본이며 필요에 따라 한국어 번역본을 수정하기도 한다.

이 짧은 글에서 요약하는 것은 불가능하지만 논의의 필요상 헤겔의 미학 강의를 도식적으로 우선 제시한다.

헤겔 미학의 주요 내용은 예술의 개념과 예술미의 여러 형태에 대한 사유이다. 헤겔은 자의식, 타자의식, 절대의식의 과정을 거치며 궁극적으로 절대정신에 이르는 의식의 역사적 발전을 사유의 틀로 삼고 있다. 이 절대 정신의 세 가지 형태가 철학, 종교, 그리고 예술이다. 철학 및 종교와 그 영역을 공유하면서도 예술은 철학과 종교와는 구별되는 데 그것은 철학이나 종교가 외부의 감각적 표상을 필요로 하지 않는 데 비하여 예술은 절대정신이 감각적 형태로 나타난 것이라 보고 있다. 말하자면 예술은 정신이라는 내용이 감각적 표상이라는 외부적 형식과의 결합이며 이의 조화로운 결합이 예술미라고 한다. 즉 예술미는 "이념의 감각적 이현(the sensory manifestation of the idea)"인 것이다.

헤겔의 미학에서 예술의 일반적인 정의이기도 하고 이상적인 예술미의 정의이기도 한 '이념의 감각적 외현'은 영미의 형식주의자들의 문학이론에서와 같이 예술에 있어 내적인 내용과 그 내용에 적절한 외부에서 가져온 형식의 결합을 의미하지는 않는다. 이 말은 의식의 발전 단계에서 그 의식이 감각으로 지각할 수 있는 외부적 형태를 취한 것이 예술이 된다는 것이다. 그가 "철학이란 어떤 대상을 그 필연성에 따라 고찰해야 하며, 그것도 주관적인 필연성이나 외적인 질서 혹은 분류에 따라 고찰해서는 안되며 대상을 그 자체가 지닌 내적으로 필연적인 성질에 따라 전개시키고 증명해 가야 한다"(『헤겔미학』 I, 41)고 말할 때에 예술에 있어 감각적 외현인 예술미의 형식은 내용인 정신이 필연적으로 그 내용에 맞는 감각적 형태로 그 모습을 드러낸 것을 말하기 때문이다. 따라서 예술로 표현되는 내용은 그 내용 자체가 감각적이면서 구체적인 형태로 표현될 수 있는 것이며 그 내용과 형식의 결합으로서의 예술 형태는 개별적인 예술로 존재하게 된다.

의식의 발전 형태로서의 정신의 그 외적 표현을 예술이라고 볼 때 정신의 발전에 따라 예술은 다른 모습을 띠게 된다. 이러한 예술의 역사적 발전 단계를 헤겔은 상징적 예술 형식(the symbolic form of art), 고전적 예술 형식(the classical form of art), 그리고 낭만적 예술 형식(the romantic form of art)이라고 구분하여 설명한다. 상징적 예술 형식은 예술의 내용이 되는 이념이 아직 충분히 발전 안된 단계의 예술 형태로서 이념이 추상적인 상태로 남아 있기 때문에 그 감각적 외현 역시 추상적인 상태로 있는 예술 형태를 말한다. 이때에 이념은 자신 속에서 아직 제대로 형식을 발견하지 못하였으며 이 형식을 찾기 위해 분투하는 상태에 놓여 있다. 따라서 상징적 예술 형식에서는 내용인 이념과 그 감각적 형태가 완전한 조화를 이루지 못한다. 상징적 예술 형식의 대표적인 예는 건축물인데 예를 들어 신전이라는 건축물은 신적인 어떤 것을 상징하기는 하지만 그 신전이 신의 형태를 취하는 것은 아니어서 신적인 내용과 그 형태는 일치하지 않는 상태에 놓여 있는 것이다. 건축물이 상징적 예술 형식을 갖는 대표적인 예라는 말은 조각이나 미술 등 다른 형태의 예술 형태가 상징적 예술 형식을 갖지 않는다는 말은 아니다. 다른 형태의 예술 형식도 상징적 예술 형식을 가질 수 있는 데 예를 들어 조각은 헤겔이 말하는 고전적 예술 형식의 대표적인 예지만 원시 사회에 볼 수 있는 형체가 제대로 이루어지지 않은 인물을 표현하는 조야한 석조상은 인성과 돌이라는 감각적 표상이 조화를 이루지 못한 단계에 있기 때문에 상징적 예술 형식을 갖게 된다고 할 수 있다.

　헤겔이 말하는 예술미는 고전적 예술 형식에 이르러 그 완성을 보게 된다. 고전적 예술 형식에는 그 내용인 이념과 외형인 형상이 조화로운 일치를 보인다. 고전적 예술 형식에서는 내용과 형식의 조화는 그 내용인 이념이 그 이념 맞는 적절한 외부적 형식을 취하였다는 의미는 아니다. 오히려 내용 자체가 구체적이 되어 형상화될 준비가 되어 있다는 의미이며 이때 형식은 내용의 자연스런 발현이 된다. 고전적 예술 형식에서 대표적인 예술 형태는 인물의 내면을 그대로 드러내는 조각이 된다. 조각은 정신의 내면이 감각적인 형상과 일치되어 정신이나 형태가 어느 쪽이 더 우세하지 않고 그 양자 간에 평정이 유지된다. 따라서 인물의 정신의 외면적인 발현의 형태로서 조각이 되는 것은 인간 자체의 모습이 인간의 내면적인 정신의 발현인 것과 같다고 할 수 있다. 고전적 예술 형식에서 예술의 감성화가 이룰 수 있는 최고조에 이르렀기 때문에 여기에서 예술미의 이상인 '이념의 감각적 외현'은 완성된다.

고전적 예술 형식에서 내적인 이념과 외형인 감각적 형상은 일치를 보이며 예술미가 완성되지만 예술성 자체가 갖고 있는 한계에 의하여 문제적이 된다. 예술의 내적인 이념으로서의 정신은 그 본질상 무한히 자유로운 것인데 예술이 갖고 있는 질료적 형상이 자유로운 정신을 속박하기 때문에 정신은 예술의 감각적 질료를 넘어서려 한다. 따라서 상징적 예술 형식에서와 같이 다시 이념과 감각적 형태가 조화를 이루지 못한 것과 같이 낭만적 예술 형식에서도 이념과 감각적 형태가 부조화의 상태에 놓이게 된다. 그러나 상징적 예술 형식에서 내용과 형식의 불일치가 내용인 이념이 충분히 구체화되지 못하는 데서 오는 것이었다면 낭만적 예술 형식에 내용과 형식의 불일치는 내용인 이념이 감각적 형식을 넘어서 발전한 것이기 때문에 생긴다. 말하자면 정신의 내면성은 "외적인 것에 지기의 승리를 구가하며 외적인 것 안에서 이 승리를 드러낸다. 그때 감각적인 현상은 무가치한 것으로 격하되고 만다."(『헤겔미학』I, 133) 낭만적 예술 형식의 대표적인 예술 형태는 회화, 음악, 그리고 시문학인데 이들 각각에서 외형적 형태인 평면에서의 색채, 공간의 제약에서 자유로운 음향, 그리고 감각적 질료 상태를 벗어난 기호는 질료적 형태가 예술의 내용인 정신을 질료에서 벗어나게 한다. 특히 시문학에서의 형식이라고 할 수 있는 언어 기호는 질료적 제약을 완전히 벗어났기 때문에 시문학은 순수 사유의 영역에 도달한 예술이다.

'이념의 감각적 외현'으로서의 예술은 위와 같이 상징적 형식에서 시작하여 고전적 형식을 거쳐 낭만적 형식으로 발전한다는 것이 헤겔이 보는 예술의 역사이며 낭만적 형식이 이미 기독교 문화에서 완성된 것이기에 예술은 발전이 완성된, 즉 '과거의 것'이라고 된다고 헤겔은 보고 있다.

II. 사유로서의 시문학

지나치게 단순화시키기는 했지만 위에서 요약한 헤겔의 미학을 보면 헤겔의 미학 강의가 예술이나 문학을 이해하는 데 별 도움을 주지 못한다는 생각을 할 수도 있다. 19세기 초에 이루어진 그의 미학 강의가 20세기나 21

세기의 예술이나 문학에 적용될 수 없다는 이유 때문만이 아니라 그의 미학 강의 자체가 18세기나 19세기까지의 예술에 대해서도 설득력 있게 설명을 못하는 듯이 보이기 때문이다. 그러나 예술사를 상징적, 고전적, 낭만적 형식으로 나누는, 현실성이 없어 보이는 헤겔의 예술사를 살펴봄으로써 오히려 나는 이 글의 서두에 제시한 문학적 연구와 문학이 주는 예술적 경험 사이의 괴리를 우리가 이해할 수 있을 것이라고 생각한다.

헤겔의 미학은 표면적으로는 납득하기 어려운 주장으로 이루어져 있다. 헤겔에 따르면 예술은 상징적 예술 형식에서 시작하여 고전적 예술 형식을 거쳐 낭만적 예술 형식으로 발전한다. 그러나 헤겔은 예술미의 완성은 고전적 예술 형식에서 이루어진다고 말하기 때문에 낭만적 예술 형식은 예술미에서 벗어나는 과정이라고 할 수 있고 이때 헤겔의 철학 체계가 명제와 반명제의 대립과 이의 극복을 통하여 궁극적인 화해를 이룬다는 것을 상기해 보면 예술의 역사에 관한 한 발전의 과정이 아니라 부정의 과정이라고 이해할 수 있다는 것이다. 그러면 결국 헤겔의 미학에서 예술은 그 위치가 없어져버린다고 할 수 있을 것이다. 그 잃어버린 예술이 무엇인지가 문제로 남을 수 있다. 또한 예술의 역사에 관한 진술에서 고전적 예술 형식과 낭만적 예술 형식이 현실의 역사에서 일반적으로 사용되는 용어를 쓰고 있다면(고전적 예술 형식은 헬레니즘 시대를 말하고 있고 낭만적 예술 형식은 서구의 중세 이후 기독교 시대를 말하고 있다) 상징적 예술 형식이란 역사상에 존재하지 않은 예술의 시대이고 헤겔의 조어에 해당된다. 이때 상징적, 고전적, 낭만적이란 용어로 시대를 구분하는 헤겔의 방식은 예술사를 기술하는 과제를 제대로 수행하지 않고 있다고 해석할 수 있다. 예술은 "이미 지나간 과거의 것"(『헤겔 미학』 I, 40)이라는 헤겔의 진술은 예술이 헤겔 당대에 뿐만 아니라 헤겔이 죽고 난 다음 시대에도 계속하여 만들어지고 있다는 사실을 보면 헤겔의 미학 강의가 현실의 예술사를 제대로 진술하지 못하고도 할 수 있는 것이다. 다음으로 시문학이 예술의 궁극적 발전 형태로서 보편적 예술 형식이라고 헤겔이 말하면서도 동시에 시문학이 형상적 질료를 필요로 하지 않는 예술 형식이라는 말은 시문학이 헤겔의 예술의 정의인 '이념의 감각적 외현'에 적용될 수 없다는 것일 수도 있다. 그러면 예술의 세계에서 시문학 또는 문학의 위치가 문제된다. 이와 같은 여러 문제는 결국 헤겔이 말하는 예술의 역사성을 어떻게 이해해야 하는 문제로 귀결될 수 있을 것이다. 또한 이러한 예술의 역사성은 시문학의 역사성을 살펴봄으로써 그 해결을 시도할 수도 있을 것이다.

헤겔 미학의 내용 중 가장 이해할 수 없어 보이는 진술 중의 하나가 예술이 '과거의 것(a thing of the past)'이라는 말이다. 예술 창작이 헤겔 당대에 이루어지지 않고 있다거나 앞으로 예술의 창작이 불가능하다는 의미로 헤겔이 이 진술을 하고 있다고 생각할 수는 없다. 오히려 헤겔이 생존하던 시대나 그 후에 예술의 창작은 더욱더 활성화되었다고 볼 수 있기 때문이다. 현실에서의 예술 창작의 시대가 종식되었다는 의미로 헤겔이 예술을 '과거의 것'으로 규정하지 않고 있있나년 이 말은 '이념의 감각적 외현'이라는 예술미의 이상이 더 이상 실현되지 않고 있음을 의미할 수도 있다. 즉 이념과 그 이념의 감각적 표상의 완전한 조화가 더 이상 예술 창작에서 불가능해졌거나 이 이상이 실현되지 않고 있음을 의미하는 말일 수도 있다는 것이다. 그러나 헤겔의 미학 강의에서 예술이 '과거의 것'이라는 진술은 현실에서 진행되는 예술 창작을 염두에 두고 쓰여진 말이라고 볼 수는 없다. 헤겔은 미학 강의에서 예술 작품 창작을 논하는 것이 아니라 철학적 사유의 대상으로서 예술 작품에 대해 얘기하고 있다. 말하자면 학문적 대상으로서 예술을 보고 있으며 중요한 것은 예술이 아니라 학문이다. 학문의 대상이 그의 미학 강의에서는 예술이 된 것이다. 『법철학(*The Philosophy of Right*)』의 서문에 있는 그의 유명한 진술인 "미네르바의 부엉이는 어둠이 시작될 때 날아오르기 시작한다"(*Philosophy of Right* 13)는 철학적 사유가 현실 역사를 직접적으로 다루지 않는다는 사실을 진술하는 말이다. 이 말은 미학에도 적용되어야 한다. 말하자면 예술이 과거의 것이라는 진술은 예술에 대한 사유의 대상으로 삼을 때에 과거의 것, 이미 완성된 것으로 볼 때에만 제대로운 철학적 사유를 시작할 수 있다는 진술인 것이다. 헤겔의 미학은 예술 창작에 대한 처방이나 예술 작품에 대한 평가가 아니라 예술 작품을 매개로 정신의 발전 과정을 다루고 있는 학문적 사유이기 때문이다. 헤겔의 미학을 현실에서 창작되는 예술 작품과 분리했을 때에야 그의 미학 강의에서 다루는 예술사의 시대 구분인 상징적 형식, 고전적 형식, 낭만적 형식 중 현실의 예술사에서는 해당되지 않는 상징적 형식이라는 개념이 의미있는 개념이 된다고 볼 수 있다.

'상징적 형식'에서 상징이란 예술 작품 자체를 기술하는 개념이 아니라 예술에 대한 사유의 방식이다. 이는 또한 헤겔의 미학체계에서 예술에 대한 사유의 출발점이 된다. 상징(symbol)이란 일반적으로 A(tenor; 의미하는 것)를 말하기 위해 A가 아닌 어떤 것(vehicle; A의 매체)을 말하는 것이다. 예를 들어 사자를 용맹의 상징이라 할 때 용맹을 의미하기 위해 용맹이란 말 대신에 사자라는 말을 쓰는 것이다. 사나우면서 용감하다는 뜻인 용맹은 사자뿐만 아니라 호랑이나 독수리, 또는 그 외의 어떤 다른 동물이나 인물도 갖고 있는 속성이라고 할 수 있다. 또한 용맹을 의미한다는 사자는 단지 용맹스러운 속성뿐만 아니라 동물성, 빠름, 육식성, 무자비함 등의 속성을 갖고 있다고 할 수 있다. 따라서 사자를 가지고 용맹을 상징하는 것은 사자가 가지고 있는 여러 속성과 용맹이 가지고 있는 여러 속성 중 공통되는 부분을 추려내어 언어적 관습에 의하여 연결시킨 결과이다. 여기에서 A와 A가 상징하는 것 사이의 관계는 유사성과 차이성을 동시에 갖고 있는 관계이다. 유사성만 작용하거나 차이만이 존재한다면 상징적 관계는 성립하지 않는다. 그런데 유사성에 의하여 사자가 상징으로서 용맹을 의미할 수 있다면 차이성은 사자가 용맹만을 의미하는 것을 방해한다. 사자라는 말을 하면 우리는 감각적으로 지각 대상이 되는 사자의 외형적 심상(image)을 떠올리게 되는데 이때 감각적 심상인 사자의 모습은 그것이 상징하는 용맹과 일 대 일 대응이 되지 않는다. 따라서 상징에서는 내용이 되는 용맹과 형식이 되는 사자는 서로 일치되지 않는 상태에서 일치되기 위하여 준비하거나 노력하는 상태에 있다고 말할 수 있다. 이것이 헤겔이 예술에 대한 사유의 과정으로서 초기의 단계에 해당하는 상징적 예술 형식이다.

예술성의 출발점이 되는 상징은 그러나 애초부터 예술에 대한 부정이기도 하다. 외부적 표상인 사자가 내부적 의미인 용맹이 결합될 때, 즉 사자가 용맹을 상징할 때, 용맹뿐만 아니라 그 외의 속성도 또한 갖고 있는 사자의 전체성은 상징행위에서 용맹이라는 제한된 의미에 의하여 제한을 받게 된다. 용맹은 사자의 전체성을 말하지 못한다는 것이다. 또한 용맹의 의미 자체는 사자로 상징되었을 때 사자의 다른 속성에 의하여 용맹 그 자체의 의미가 제대로 발현되지 못한다고 할 수 있다. 헤겔의 상징적 예술형식이라고 예를 드는 왕의 무덤인 이집트의 피라미드에서 외형적 건축물로서의 피라미드는 죽은 왕의 영혼이 살아있는 곳이며 그 영혼을 보호한다. 영생하는 영혼이 그 안에 있기 때문에 그 영혼의 외부적 표상으로서의 건축물인 피라미는 영혼의 영원성. 또는 살아있는 영혼을 상징한다. 그러나 이 상징행위에서 영원불멸하고 자유로워야 하는 영혼은 구조물로서의 물질적인 피라미드에 의하여 사실상 갇혀 있다. 상징으로서의 피라미드에서 영혼은 그 속성상 자유로워야 하는 것이기 때문에 외적 표상으로서의 피라미드를 부정하는 것이 되고 또한 외부 물길로서의 피라미드는 자유로운 영혼을 제한한다는 의미에서 내부의 영혼을 부정한다. 이렇게 삶(영혼)과 죽음(무덤인 피라미드)이 공존한다고 할 수 있는 피라미드에서 사실상 삶과 죽음 어느 것도 완전히 부정되지 않으며 또한 어느 것도 완전히 긍정되지 않는다. 이러한 상징행위에서의 피라미드의 작용을 데리다가 보는 것 같이 이미 기호가 작용하는 것으로 볼 수 있지만(Derrida, 83) 헤겔의 미학 체계에서는 피라미드가 상징적 예술 형식으로 제시되기 때문에 상징 자체가 이미 기호적 속성을 갖고 있는 것이라고 이해하는 것이 더 옳을 것이다 (기호적 속성은 뒤에서 논의한다). 상징행위 자체가 내부적으로 외부적 표상과 내적인 의미가 긴장관계에 있다는 것은 예술 행위 자체가 이러한 긴장관계에 있다고 볼 수 있을 것이다. 말하자면 예술은 이미 시초부터 예술을 넘어서려는 시도를 시작하고 있다는 것이다.

상징이 내부적 의미와 외부적 형상의 불일치에 의하여 긴장상태에 있다면 당연히 그 극복을 생각할 수 있다. 헤겔의 미학 강의가 사유에 관한 강의임을 염두에 두면 상징에서의 의미와 형상의 불일치의 문제는 상징적 사유행위에서 사유의 대상과 사유의 의식 사이의 불일치의 문제라고 생각할 수 있다. 상징의 문제가 언어의 비유적 사용에서 오는 것이라 볼 수 있기 때문에 이의 극복은 언어의 비유적 사용을 극복하는 것이다. 비유적 의미 없이 언어가 지시 대상과 일 대 일 대응관계를 갖는다면 외부적 표상과 내부적 의미의 불일치의 문제는 생기지 않을 것이라고 생각할 수 있다는 것이다. 언어가 다루는 대상과 그 언어를 일치시키려는 노력은 언어에 대한 사유가 시작될 때부터 있어 왔다고 할 수 있다. 아리스토텔레스가 『수사학』에서 언어의 수사적 또는 비유적 사용을 옹호하는 것은 언어가 그 다루는 대상과 일치해야 한다고 믿는 견해가 지배적이었음을 의미한다. 사실 소쉬르 이전의 언어관은 언어와 그 언어의 지시체가 일 대 일 대응이 된다는 것이었다. '나무'라는 말은 현실에 실제로 존재하는 나무와 필연적 연관관계가 있다는 것이었다. 자연주의적 언어관이라 할 수 있는 이러한 언어관은 오랜 역사에도 불구하고 소쉬르에 의하여 사실 근거 없는 것임이 밝혀졌다. 즉 외부적 표상과 내적인 의미를 일치시키려는 노력은 사실상 불가능한 것이며 따라서 헤겔의 예술미의 이상인 '이념의 감각적 외현' 역시 이상적인 상태로는 불가능한 것이다.

외부적 형상과 내부적 의미의 불일치를 극복하려는 노력은 기호에서도 발견되기는 한다. 기호에서는 외부적 표상과 내부적 의미가 일차적으로는 일치를 보인다. 신호등의 기호 체계에서 빨간 불(signifier)이 의미하는 것은 멈추라는 것(signified) 말고는 다른 의미가 없기 때문이다. 그러나 빨간 불이 멈춤을 의미하는 것은 빨간 불 자체에 멈춤의 어떤 속성을 가지고 있는 것이 아니라 사회적 약속이 개입하여 멈춤을 의미하는 것이기 때문에 외부적 형상과 내부적 의미의 일치는 내적인 필연성에 의한 것이 아니다. 헤겔이 예술미를 다루면서 내적인 필연성을 드러내는 것이 철학이라고 말할 때 헤겔이 상정했던 철학으로서의 미학은 기호의 단계에서는 부정되거나 극복된다. 소쉬르의 견해를 쫓아 기호의 일반적인 형태가 언어라는 사실을 염두에 두고 또 헤겔이 말하는 예술의 최고의 발전단계인 시문학이 언어예술임을 염두에 두면 헤겔의 예술에 대한 사유는 결국 상징적 사유에서 시작하여 기호적 사유로 발전하는 과정임을 알 수 있다.

소쉬르에 의하여 체계화되기 시작한 기호체계의 분석이 있기 훨씬 전에 기호의 작용을 이미 헤겔이 인식하고 있었다. 그는 "상징은 먼저 하나의 기호이다"(『헤겔미학』II, 32)라고 하면서도 곧 이어서 상징과 기호의 차이에 대해 설명하고 있다. 헤겔은 의미와 그 표현 사이의 관계가 자의적인 관계를 갖는, 그 표현의 감각적 심상이 의미와는 이질적인 것을 기호라고 설명하고 있다. 이는 소쉬르가 설명하는 기호와 사실상 같다고 할 수 있다. 기호와는 달리 상징은 감각적 표상을 전제하고 그 감각적 표상은 의미와 차이도 있지만 유사성에 근거한다. 상징이 감각적 표상을 매개로 하여 의미를 전달하는 것이기 때문에 상징은 기본적으로 헤겔이 예술 또는 예술미를 정의하는 '이념의 감각적 외현'의 다른 표현이고 따라서 헤겔의 미학은 상징에 대한 사유의 과정이 된다.

헤겔의 미학이 감각을 통한 사유의 과정을 다루는 것이라고 이해할 때 헤겔은 이른 그의 미학보다는 백과전서(*Encyclopaedia of The Philosophical Sciences*)의 3부인 『정신철학(Philosophy of Mind)』의 심리(psychology; 정신의 작용)의 부분에서 더 분명하게 다루고 있다. 그는 여기에서 사유가 직관(intuition), 표상(representation)의 과정을 거쳐 궁극적인 사유(thinking)로 발전한다고 설명한다. 표상(representation)의 과정은 다시 회상(recollection) 상상(imagination) 그리고 암기(memory)의 과정으로 이루어져 있다. 여기에서 표상에 해당되는 것이 미학에서의 상징이고 암기에서 사유로 전이되는 과정이 기호에 해당하는 것이라 할 수 있다.

정신의 작용에 있어 최초의 인식 작용은 직관이다. 이 단계는 외부에 존재하는 어떤 대상에 대한 즉각적인 반응이다. 외부의 감각적 대상에 대한 감정적 반응인 직관의 단계에서 인식 작용은 개별적이고 주관적인 것이어서 감정적 반응(feeling)의 형태로 나타난다. 직관의 내용은 개별적이기 때문에 그 해당되는 주체에게만 의미 있을 뿐 다른 주체에는 해당되지 않고 또한 그 해당 주체 자신에게도 일반성을 갖지 않는다. 이 단계에서는 개념이라고 말할 수 있는 어떤 것도 아직 형성되지 않았으므로 올바른 의미에서 지적 작용이 시작되었다고 볼 수 없다. 표상의 단계에서 지적 작용은 시작된다. 표상의 처음 단계는 회상이라고 할 수 있다. 회상은 직관의 개별적인 작용에 의하여 모여진 심상(image)이 내화되고 보편성을 갖기 시작하는 단계이다. 회상의 단계는 외부의 감각적 경험이 내적인 정신으로 변화하기 시작한다는 의미에서 감각적 경험과 정신적 이념이 화해를 모색하는 단계라고 이해할 수 있다. 그 다음 단계는 상상(imagination)이다. 이 단계는 회상의 지적 작용에 의하여 내면화된 감각적 심상들이 보편성을 갖고서 외화되는 단계이다. 헤겔의 미학의 정의인 '이념의 감각적 외현'은 사유의 과정 중 상상의 단계에서 이루어진다. 상상의 단계는 처음에는 직관과 회상에 의해 형성된 심상들이 내면화되어 일반적인 심상으로 재생되는 것이지만 이 심상은 다른 심상과 연결되는 과정을 거쳐 원래의 심상과는 구분되는 새로운 심상을 만들어낸다. 이러한 창조적 단계의 상상이 시적 작용이라고 또는 일반적으로 예술의 창작 과정이라고 할 수 있다. 워즈워드가 시의 창작을 '고요 속에서 회상된 정서가 넘쳐난 것'이 시라고 정의할 때 고요 속에 회상된 것이 회상이라면 이의 넘쳐난 것, 즉 외부로 표현된 것은 상상인 것이다. 또한 콜르리지가 일차적 상상력과 이차적 상상력을 구분한 것은 헤겔이 말하는 재생의 과정 중에 있는 상상(reproductive imagination)과 창조 또는 생산의 과정에 있는 상상(creative or productive imagination)을 달리 부른 말이라고 할 수도 있다. 헤겔이 "생산적 상상은 보편적 존재와 자기 존재, 그 자체의 것과 외부에서 취해진 것, 내적인 것과 외적인 것이 완전히 하나로 합쳐지는 중심지"(*Philosophy of Mind* 211)라고 한 것은 미학 강의에서 외부적 감각과 내부적 이념이 완전한 조화를 이룬 상태인 '이념의 감각적 외현'을 달리 표현한 것이다.

상상의 단계에서 내면화된 감각적 심상과 그에 해당되는 의미가 일치된다는 점에서 헤겔이 미학에서 말하는 형식과 내용의 일치에 대응된다면 그 본질상 자유로운 이념 또는 정신은 감각적 심상의 구속을 받는 상태이고 따라서 정신의 본질이 아직 발현이 안된 상태이다. 이 말은 '이념의 감각적 외현'으로서의 예술이 본질적으로 자유로운 정신이 충분히 발현되지 못하는 상태에 놓여 있으며 궁극적으로 헤겔이 말하는 종교와 철학적 사유로 진행되어야 함을 의미하기도 한다. 사유의 과정에서 상상의 단계는 암기(memory)의 단계로 진행된다. 암기는 회상과는 달리 감각적 심상을 필요로 하지 않는 사유 과정이다. 학습에 있어 어떤 것을 외운다(learn by heart)는 것은 그 어떤 것과 연상되는 대상과 관계없이 그 어떤 것 자체만을 암기한다는 뜻이다. 암기의 대상은 이름(name)이다. 예를 들어 그림이나 글로 쓰여진 종이를 여러 장 겹쳐 묶은 것은 '책'이라고 이름을 붙일 때 그리고 그런 것을 '책'이라고 암기할 때 '책'이라는 말은(일반적으로 기호[sign] 또는 기호학적 용어로는 기표[signifier]) 그 의미되는 내용과는 아무런 관계도 없는 것이다. 그런 대상은 '책'이라고 이름을 붙여도 되고 펜이라고 이름 붙여도 되고 그 외 어떤 이름을 붙여도 된다. 즉 이름은 그 이름에 해당되는 외부적, 감각적 실체와는 전혀 관계없는 것이고 따라서 이름은 외부의 감각의 세계에서 독립하여 존재하는 것이다. 헤겔은 암기의 작용이 곧 진정한 의미의 사유의 과정이 시작되는 것이라고 독일어 어원을 들어 설명하기도 한다. 즉 독일어로 암기를 뜻하는 Gedaechtnis는 사유를 뜻하는 Gedanke와 같은 어원이고 궁극적으로 같은 의미를 갖는다고 한다.(*Philosohpy of Mind* 223) 사유는 암기의 과정에 의해 감각적 심상으로부터 해방되었을 때 본격적으로 시작된다는 것이다. 사유는 외부적 대상과 독립하여 사유의 주체 내부에서 만들어지는 대상들에 대해 자유롭게 지적 활동을 하는 것을 말하기 때문이다.

헤겔의 사유의 과정을 살펴볼 때 이는 곧 사유의 대상이 상징에서 기호로 전이되는 것임을 알 수 있다. 상징과 기호의 차이에 대해 헤겔은 다음과 같이 말한다.

기호(sign)는 상징(symbol)과 다르다. 상징에서는 그 상징으로서 취하는 시각적 대상이 (본질적으로 그리고 개념적으로) 원래 갖고 있는 자질들이 그 상징이 의미하는 것과 크게 보아 같은 것이다. 반면 기호에서는 해당 기호의 직관적인 감각적 속성들과 그 기호가 의미하는 것 사이에는 아무런 관련이 없다. 다라서 상징적으로가 아니고 지시적으로 (즉 기호적으로) 대상들을 다룰 때에 지성이 직관적 대상들을 이용함에 있어 더 선택의 폭이 넓어지고 더 큰 권위를 행사한다는 것이 증명된다.(*Philosophy of Mind* 213)

이를 소쉬르의 용어로 설명하면 상징적 사유란 표상과 그 표상과 연관되는 지시체(referent)가 표상이 갖고 있는 속성과 같은 것이거나 그 속성의 발현이 표상이 된다는 방식으로 사유하는 것을 말한다. 지시체와 표상이 같은 것이라고 생각할 때 표상의 내용이 되는 지시체는 표상에 갇혀 있게 되고 외부적 표상을 갖지 않는 순수한 정신적 의미에 대한 사유는 원칙적으로 불가능한 상태에 놓인다. 반면 기호적 사유에 있어서는 표상(signifier)과 표상의 의미(signified)가 독립되어 있기 때문에 표상의 의미는 표상으로부터 자유롭고 따라서 사유 역시 자유롭게 된다. 소쉬르가 언어의 기표(signifier)와 기의(signified)가 서로 아무런 필연성도 없는 자의적 관계라고 설명한 것은 기의의 세계가 그 자체로 독립하여 존재함을 말하는 것이며 이때 기의는 기의들 간의 관계에서만 의미를 형성하게 된다는 것이다. 즉 헤겔이 말하는 사유의 자유성과 독립성에 해당되는 것이다.

이제 다시 헤겔의 미학으로 돌아와 생각해보면 『정신철학』에서 상징적 사유에 해당되는 것은 예술의 형식에서 상징적 예술 형식과 고전적 예술 형식을 말하는 것이며 예술 형태는 기호를 사용하는 언어 예술을 제외한 건축, 조각, 그리고 회화, 음악 등 감각적 심상을 필요로 하는 예술 작품들이다. 기호적 사유에 해당하는 것은 예술의 형태에서 시문학을 말한다. 시문학은 언어를, 즉 기호 체계를, 매개로 하는 예술이기 때문이다. 기호의 내적 의미가 그 기호 자체와는 아무런 관련이 없다는 의미에서 시문학의 내용은 외연적인 감각적 표상으로부터 독립하여 존재하며 그 독립하여 존재하는 내적 의미가 헤겔의 미학에서 다루는 예술로서의 시문학의 사유 대상이다. 『정신철학』과 미학 강의를 읽음으로써 시문학이 감각적 외현을 필요로 하지 않는 예술이라고 이해할 때 예기치 않은 결과가 도출된다고 할 수 있다. 그것은 시문학이 예술일 수 있느냐는 것이다. 예술의 정의가 '이념의 감각적 외현'이라면 감각적 외현 없이 이념만이 존재하는 시문학은 예술이 될 수 없는 것이다. 이런 문제를 헤겔 자신이 "시문학은 정신적인 내면성과 외적 존재가 융합되었던 것을 해체함으로써 예술의 원래의 개념에 더 이상 부합될 수 없는 상태에 이르게 된다"(『헤겔 미학』 III. 433)고 한다. 달리 말하면 시문학은 예술이면서도 예술의 기본적인 속성인 이념의 감각적 외현에서 벗어나기 때문에 예술의 영역에 더 이상 속하지 않는 것이다. 시문학은, 일반적으로 말해 문학은, 예술이면서 예술의 이데올로기, 즉 감각적 외현과 그것이 의미하는 내용이 조화로운 관계에 있다는 믿음 체계를 부정하는 예술이 된다.

여기에서 이 글의 처음에 제기한 문제, 왜 문학 비평이 문학 작품 자체라고 생각되는 어떤 것과는 다른 진술을 하는가라는 문제에 대한 대답을 시도해 볼 수 있겠다. 그것은 다른 예술과는 달리 문학이 기호로 쓰여진 예술이기 때문이다. 외부적 표시인 기호는 그 기호의 의미와는 아무런 상관이 없기 때문에 개별 문학 작품에 표면적으로 나타나는 기호는 그 문학 작품의 의미와는 아무런 상관이 없는 것이다. 문학 작품을 기호로 파악하는 것은 구조주의 문학 이론 이후 일반적으로 받아들여지는 사실이다. 물론 소쉬르가 언어 현상을 설명할 때 사용했던 기표(signifier)와 기의(signified)의 개념을 표면적으로 진술된 문학 언어를 기표로 그리고 이와 연관된 문학적 의미를 기의로 직접 대입할 수는 없지만 문학작품을 표면적 의미와 심층적 의미, 1차적 의미와 2차적 의미 등으로 파악해 왔던 신비평 시대의 문학작품 읽기의 방식부터 시작하여 롤랑 바르트의 의미의 여러 층위를 구조적으로 읽는 방식이나 그레마스의 의미의 사각형 구조 등은 문학작품을 기표와 기의로 나누어보는 방식이다. 따라서 문학 비평이 문학 작품의 의미를 진술하는 작업이라고 할 수 있다면 그것은 문학 작품의 표면에 드러난 기호를 넘어서야 하는 것이다. 예를 들어 윤선도의 『사미인곡』이나 『속미인곡』의 비평 작업은 표면적 기호에 해당하는 남녀의 사랑 이야기와는 구별되는 어떤 의미를 진술하는 것이 된다. 이들 작품의 표면에 나타나는 여성의 연정은 정치 권력의 작용 방식과 그에 대한 갈망을 전달하는 매개체의 역할을 하고 있을 뿐이라고 읽는 것이다. 이와 같이 문학 작품에 대한 비평적 진술은 표면적 진술 또는 표면적으로 드러나는 예술성 너머에 있는 어떤 다른 것을 진술하는 것이 되는 것이다.

III. 문학과 이데올로기

헤겔의 미학을, 특히 기호로서의 시문학을, 염두에 둔다면 문학은 예술이면서 예술을 넘어서는, 그렇지만 순수 사유로서의 철학에는 아직 이르지 않은, 예술과 철학의 중간에 위치한 어떤 것이라 할 수 있다. 헤겔의 미학 강의로부터 도출되는 이러한 진술은 알뛰세르의 예술에 대한 진술과 결부시켜 생각해 볼 수 있게 한다. 왜냐하면 철학과 예술의 중간 단계로서의 문학은 알뛰세르의 예술에 대한 진술에서도 볼 수 있기 때문이다. 알뛰세르는 예술과 지식을 구분하면서 진정한 예술(authentic art)은 "실체를 암시하는(allude) 어떤 것을 '눈으로 보게, 인지하게, 느끼게'하는 것"("A Letter on Art in Reply to André Daspre", Althusser 222)이라고 한다. 여기에서 실체를 암시하는 어떤 것은 다른 말로 하면 이데올로기이다. 알뛰세르가 이데올로기를 "실제 존재조건에 대해 개인들이 가지는 상상적 관계의 재현(representation)" ("Ideology and Ideological State Apparatuses (Notes towards an Investigation)", Althusser 162)이라고 정의할 때 (이 정의는 사실 헤겔의 예술의 개념인 '이념의 감각적 외현'과 상당히 유사하다) 상상적 관계의 재현으로서의 이데올로기는 현실인 실제적 존재조건 자체와는 구별되면서도 실제존재조건과 관련된 어떤 것이다. 말하자면 이데올로기는 환상(illusion)이기도 하지만 동시에 실제존재조건에 대한 암시(allusion)이기도 하다. 따라서 실제존재조건은 궁극적으로 과학의 작용으로 인식할 수 있는 것이다. 그러나 그 과학의 영역으로 가기 위해 중간단계라고 할 수 있는 이데올로기가 필요하다. 알뛰세르가 예술과 이데올로기 이론에서 예술의 대상이 이데올로기라고 말할 때 그 이데올로기는 과학 자체는 아니지만 과학에 근접한 어떤 것이다. 알뛰세르는 개념을 다루어서 지식을 얻게 하는 과학(science)과는 달리 예술은 이데올로기를 다루며 그 이데올로기의 작용을 독자로 하여금 감각적으로 인지하게 함으로써 과학의 영역에 접근하게 한다는 것이다. 알뛰세르가 예를 드는 진정한 예술가의 하나인 발자크의 예술이 위대한 것은 루카치가 말하는 것 같이 보수적이고 반동적인 정치적 입장을 견지했던 발자크가 예술의 논리에 의하여 그의 소설에서 개인적인 정치적 입장에서 벗어났던 것이 아니라 바로 그 보수적이고 반동적인 정치적 입장을 그의 소설에 드러냄으로써 우리로 하여금 발자크가 내보이는 이데올로기를 인지할 수 있게 해준다는 점에서 위대하다는 것이다. 말하자면 진정한 예술은 이데올로기를 제대로 드러냈을 때 위대한 예술이 된다는 것이다. 알뛰세르가 진정한 예술의 예를 소설가인 발자크나 사실적 묘사를 거부하는 표현주의 미술가인 레오나르도 크레모니니에서 찾고 있는 것을 보면 알뛰세르의 진정한 예술은 헤겔의 미학에서 보면 기호로서의 시문학이라고 할 수 있다.

문학의 내용이 결국 이데올로기라는 것을 알뛰세르를 통하여 받아들일 때 문학 연구는 결국 이데올로기의 분석이라고 할 수 있다. 헤겔이 예술의 내용이라고 생각했던 의식의 궁극적 발전 단계에 이른 절대정신으로서의 이념 역시 이데올로기이다. 헤겔의 절대정신으로서의 이념이라는 이데올로기는 그것이 철학 또는 과학이라고 위장되어 있기 때문에 더욱 더 집요하게 분석을 필요로 하는 대상이 된다. 프리드리히 쉴러가 『인간의 심미적 교육에 대하여』에서 감성과 이성의 완전한 조화로서의 예술미가 국가의 최고형태라고 주장한 것을 철학적 사유의 형태로 완성된 것이 헤겔의 미학임을 염두에 둘 때 예술로서의 문학을 연구하는 것은 국가체제의 전반적인 지배 이데올로기를 분석하는 것이라 할 수 있을 것이다.

참고 문헌

게오르크 W. 프리드리히 헤겔, 두행숙 옮김. 『헤겔미학』 I, II, III. 나남출판, 1996.

Althusser, Louis. *Lenin and Philosophy and Other Essays*. Tr. Ben Brewster. New York: Monthly Review, 1977.

de Man, Paul. *Aesthetic Ideology*. Minneapolis: U of Minnesota P, 1996.

Derrida, Jacques. *Margins of Philosophy*. Tr. Alan Bass. Chicago: U of Chicago P, 1982.

G. W. F. Hegel. *Aesthetics: Lectures on the Fine Art*. vol. I, II. Tr. T. M. Knox. Oxford: Clarendon, 1975.

_____. *Philosophy of Mind, Part III of the Encyclopaedia of the Philosophical Sciences*. Tr. William Wallace. Oxford: Clarendon, 1971.

_____. *Philosophy of Right*. Tr. T. M. Knox. London: Oxford UP, 1977.

Saussure, Ferdinand de, *Course in General Linguistics*. Tr. W. Baskin London:

Fontana, 1974.

Schiller, Friedrich. *On the Aesthetic Education of Man.* Tr. Elizabeth M. Wilkinson and L. A. Willoughby. Oxford: Clarendon, 1982.

여건종

마르크스에서의 인간 자유와 문화 유물론

문화는 물질적이다

문화 유물론은 서로 다른 지적 전통과 발전 과정을 가진 두 개의 핵심 개념을 통합하려는 시도이다. 즉, 문화는 물질적이라는 것이다.[1] 이론적인 관점에서 볼 때, 이 시도는 혁명적인 것이다. 지난 100여 년 간 인간의 삶을 이해하는 지배적인 생각의 체계들은 모두 문화적이라고 부를 수 있는 인간 행위의 과정을 노동과 생산의 장으로서의 물질성의 영역과 분리된 것으로 정의해 왔다.[2] 문화가 물질적이라는 것은 문화에 대한 급진적인 재정의이면

---

1) 문화와 물질성의 개념은 둘 다 정의하기 어려운 매우 논쟁적인 개념이다. 윌리암즈 본인이 문화를 "영어에서 가장 정의하기 어려운 2-3 단어 중의 하나"라고 말한 바 있지만, 물질성의 개념은 많은 Marxist들이 윌리암즈의 개념 중 가장 불만스럽게 규정된 것이라고 지적하고 있다. 이 논문의 많은 부분에서 이 두 개념은 비교적 자세히 설명되고 논의될 것이다. 어떤 의미에서 이 두 개념에 대한 설득력 있는 정의를 제공하는 것이 이 글의 목적이라고도 할 수 있다. 다만 논의의 전개 상, 서두 부분에서는 본격적인 개념 규정을 미루려고 한다.
2) 이러한 분리는 문화라는 개념을 발전시켜온 다양한 지적 전통에서는 물론이고, 문화이론으로 생각되는 여러 종류의 마르크스주의 전통에서도 드러난다. 문화의 개념을 발전시킨 대표적인 지적 전통인 영국 문화 비평전통에서 문화는 정신적 행위로 규정되고, 문화와 물질적 영역 사이의 긴밀한 관련을 강조하는 서구 마르크스주의에서도 (그람시, 루카치, 아도르노 등) 문화의 "물질성"에 대한 논의는 없다고 할 수 있다.

서 동시에 마르크스에 대한 근본적인 재해석이다. 문화 유물론을 정초한 레이몬드 윌리암즈에 의하면 "문화가 물질적"이라는 명제는 마르크스의 철학적 인간학의 기반일 뿐만 아니라, 후기 자본주의 상황에서 대안적 삶의 양식을 만들어 나갈 수 있는 새로운 인간 이해를 모색하는 문화적 기획의 출발점이다. 문화 유물론을 최초로 이론적으로 체계화한 것으로 평가되는『마르크스주의와 문학』의 결론 부분을 레이몬드 윌리암즈는 다음과 같이 시작하고 있다.

> 마르크스주의의 바로 핵심에 인간의 창조력과 자기 창출 (human creativity and self-creation)에 대한 각별한 강조가 존재한다. 마르크스 이전의 사상가들에 의해 시민 사회와 언어의 영역으로 확장되었던 자기 창출의 개념은 마르크스주의에 의해, 기본적인 노동과정과 깊게 (창조적으로) 변형된 물리적 세계와 스스로에 의해 창출된 인간성 (self-created humanity)의 영역까지 근본적으로 확장되었다.3)

인간의 창조성과 자기 창출은 문화와 물질성을 이어주는 키워드이다. 윌리암즈가 마르크스의 유물론의 핵심으로 포착하고 있는 것은 바로 노동과 생산을 통한 인간의 자기 창출 과정이다. 마르크스에게 인간의 노동 행위는 물질적 재화를 생산하는 것을 넘어서서 인간이 스스로를 생산하고 스스로를 실현해 나가는 행위이다. 인간이 노동을 통해 외부 세계를 변화시키는 것은 인간이 자기 스스로를 창출해 나가는 것과 동일한 과정이며, 창조적 자기 실현은 인간의 노동의 본질이다. 마르크스는 노동을 인간의 가장 기본적인 "생명활동" (life-activity) — 살아있음을 확증해 주고 지속시키는 것 — 으로 규정하고, 그것을 인간 자유의 확장이라고 이해했다. 윌리암즈에게 인간의 본질적인 생명활동이자 자유의 확장은 "문화"라는 이름으로 표현된다. 이글의 의도 중의 하나는 마르크스의 인간 노동과 윌리암즈의 문화는 동일한 인간 행위를 가리키는 것이라는 것을 규명하려는 것이다.

---

3) Raymond Williams, *Marxism and Literature* (Oxford University Press, 1977), 206. 이하 이 책의 인용은 책이름과 함께 본문에 괄호로 표기함.

월리암즈가 친절하게 부연하고 있듯이 대부분의 마르크스주의 전통은 "마르크스주의의 바로 핵심에 있는" 이 인간 창조력에 대한 강조를 대체로 간과해 왔다. 월리암즈에게 그 결과는 인간의 개체적 공동체적 삶을 이해하는 핵심적 화두로서의 문화와 물질성 사이의 상호 구성적 관계를 인식하지 못하게 되는 것이다. 한가지 지적할 것은 월리암즈 자신도 마르크스의 사상 체계에서 창조력이 구체적으로 무엇을 의미하는지 별로 자상하게 얘기하고 있지 않다는 것이다. 매우 산발적으로 몇 군데에 언급된 것 외에는, 마르크스의 저작을 통해 창조적 자기 실현이 가지는 의미를 성의있게 해독하는 작업을 찾아볼 수 없다. 더욱이, 필자가 아는 한, 문화 유물론이 학문적 연구의 대상이 된 지난 20여 년 간 마르크스주의와 문화 유물론의 문제적 관계를 다루는 연구에서 창조적 자기 실현을 특별히 강조하고 있는 초기 마르크스의 인간 이해와 문화 유물론의 문화 개념 사이의 친연적 관계를 본격적으로 규명해 보려는 시도는 없었다.4) 본 논문은 우선 마르크스의 초기 저작 — 특히『경제학 철학 수고』— 에서 인간 노동의 본질로서 자기 창출, 창조성, 자기 실현, 적극적 자유 등의 개념이 어떠한 의미를 가지는가를 살펴보고, 그것이 월리암즈가 문화 유물론이라는 이름 하에 개진하고 있는 문화의 개념과는 어떠한 유사성을 갖는가를 밝히려고 한다. 이러한 이론적 작업이 궁극적으로 얘기하고 싶은 것은 문화 유물론의 관점 — 즉 마르크스에 대한 문화적 해석과 동시에 문화가 물질적 과정이라는 점에 대한 강조 — 가 후기 자본주의 상황에서 인간의 자유와 "사람다운 삶"의 대안적 전망을 만들 수 있는 새로운 문화학적 패러다임의 가능성을 제기해 주고 있다는 것이다.

---

4) Raymond William와 Marxism의 관계를 다룬 대표적인 논문으로는 Micheal Merrill "Raymond Williams and the Theory of English Marxism" (Radical History Review, 10), Anthony Barnett "Raymond Williams and Marxism" (New Left Review 99) Terry Eagleton "Base and Superstructure in Raymond Williams" (*Raymond Williams: Critical Perspectives*) 등이 있으나 이 논문들은 모두 Williams가 Marx의 유물론을 어떻게 재해석했는가에 논의를 집중하고 있다.

초기 마르크스에서의 인간 자유와 인간 소외

일반적으로 대부분의 마르크스 연구자들은 두 개의 마르크스가 존재한다는 사실을 인정한다. 다소 도식적으로 얘기한다면, 후기의 마르크스가 『자본론』의 마르크스, 알튀세의 "과학적" (scientific) 마르크스라면, 초기의 마르크스는 인간주의적 (humanistic) 마르크스라고 부를 수 있다. 초기의 마르크스를 대표하는 저작이 『경제학 철학 수고』라는 데 이견은 별로 없는 것 같다. 이러한 동의는 이 저작이 특별히 뛰어나거나 (예를 들어 같은 초기 저작으로 『독일 이데올로기』와 비교할 때), 혹은 미숙하기 (일부 마르크스 해석자들은 이렇게 보고 싶어한다) 때문이 아니라, 후기 마르크스와는 뚜렷이 구분된다고 할 수 있는 독자적인 깊이의 철학적 인간학을 개진하고 있기 때문이다. 부르조아 자본주의 하에서의 인간의 삶의 조건을 간파한 인간 소외라는 단어는 그 뒤의 저작에서 거의 사라졌고, 헤겔적인 수사로 특징지어지는 인간 본성에 대한 철학적 탐색도 그 뒤의 저작과는 뚜렷한 차이를 보이고 있다.

한 마디로 『경제학 철학 수고』를 관통하고 있는 것은 "인간의 인간적 해방 (human emancipation of man)"에 대한 관심이라고 할 수 있다. 이 책에 실린 글들이 쓰여지기 1년 전인 1843년 마르크스는 당대의 대표적인 사회주의 사상가인 아놀드 루게 (Arnold Ruge)에게 쓴 편지에서 그 자신을 "사람들을 인간적 존재로 만들려는 주제 넘는 욕심을 가진 이상주의자 (an idealist who had impertinence to try to make a man a human being)"라고 표현하고 있다.[5] 실제로 별로 길지 않은 이 책에는 "인간적 (human)"이라는 수식어가 매우 빈번하게 등장한다. 인간적 욕구 (human need), 인간적 실재 (human reality), 인간적 감각 (human senses)에서부터 심지어는 인간적 눈 (human eye)까지 등장한다. 인간을 "인간적으로" 해방한다는 것, 사람들을 "인간적" 존재로 만든다는 말은 동어 반복이 아니라면 어떻게 해석해야 할

---

5) K. Lowith, "Man's Self-Alienation in the Early Writings of Marx" *Social Research* V. 21, 1954, 205.

것인가? 마르크스에게 "인간적"이라는 수식어는 매우 강한 규범적 보편성을 담지하는 것으로 보인다. 초기 마르크스의 철학적 인간학을 가장 중요하게 생각한 에리히 프롬은 마르크스의 철학이 서구의 인간중심주의적 전통에 뿌리박고 있음을 간파하고 이 전통의 내적인 본질을 "인간의 가능성의 실현에 대한 사려"로 파악한다. 프롬은 마르크스의 철학이 근본적으로 저항의 철학인데 이러한 저항 속에는 인간에 대한 믿음이 들어 있다고 주장한다. 이것은 "스스로 해방하고, 자기 자신 속에 잠재된 가능성을 실현하는 능력을 인간은 가지고 있다는 믿음"이다. 프롬에 의하면 "마르크스의 사회주의를 낳은 서구의 인간중심주의적 전통이란, 인간의 자유에 대한 희망과 믿음으로서의 전통을 가리킨다." 따라서 『경제학 철학 수고』에서의 인간은 무엇보다 "행위를 통해서 존재하는 인간을 말하며, 자연으로서의 인간이며 동시에 자기 자신을 역사 속에서 선개하고 개현하는 인간"이다.6) 프롬의 해석을 다른 말로 표현하면, 인간은 자기 실현을 향해 운동하는 존재이며, 이러한 부단한 자기 실현의 확장 운동이 인간의 본질이다. 이런 의미에서 "인간의 인간적 해방"이란 부당한 속박과 억압으로부터의 자유라는 소극적 의미의 자유뿐만 아니라, 인간이 자신에게 본질로서 주어진 가능성을 이 세계 속에 실현시켜 나가는 자유로서의 적극적 의미에서의 자유, 자기 창출의 자유를 의미한다고 할 수 있다.

이러한 적극적 의미에서의 자유의 실현은 마르크스의 노동의 정의에 가장 중요한 요소이다. 매우 잘 알려진 『자본론』의 한 구절에서 마르크스는 인간 노동을 다음과 같이 정의한다.

노동이란 우선, 인간과 자연 사이에 이루어지는 하나의 과정이다. 그리고 이 과정 속에서 인간은 자발적으로 자신과 자연과의 물질적 신진대사를 매개하고 규제하고 통제한다. 그는 자신의 자연적인 고유한 힘을 사용하여, 자연과 관계한다. 팔 다리를 움직이고, 머리와 손을 사용하는 등, 그의 신체의 고유한 능력들을 사용하여, 외부의 자연에 영향을 미치고 그것을 변화시킨다. 그러한 과정을 통해

---

6) 에리히 프롬, 『마르크스의 인간관』, 김창호 옮김 (동녘, 1983) 12.

서 인간 자신의 본성도 변하게 된다. 그는 자신 속의 잠재력들을 개발하여 그것들을 주체적으로 사용한다.7)

마르크스에게 '생산하는 인간'이란 자기 밖에 존재하는 이 자연 세계와 능동적인 관계를 맺는 존재를 의미한다. 인간은 노동을 통해 물리적 세계를 변형하고, 새로운 세계를 창조하고, 동시에 그 스스로를 형성해 가면서, 사회적 역사적으로 존재하게 된다. 사회적 역사적으로 존재하게 된다는 것은, 또한, 인간이 노동을 통해 자기 자신을 의식적인 주체로서 경험하게 된다는 것을 의미한다. 이러한 노동을 통한 외부 자연 세계의 변화와 인간의 자기 형성의 동시성의 의미는『경제학 철학 수고』의 인간 소외를 논의하는 장에서 매우 풍부한 철학적 함의를 통해 개진되고 있다.

생명활동이자, 생산적 삶 그 자체인, 노동은 무엇보다도 먼저, 욕구를 충족하는 수단 — 즉 물리적 존재를 지속시키려는 욕구를 충족시키는 수단으로 보여진다. 그러나 생산적 삶은 보편적인 인간적 존재의 삶 (life of the species)8)이다. 그것은 삶을 산출하는 삶이다. (life-engendering life) … 그의 실제적 행위, 비유기적 자연에 가한 그의 작업을 통해 대상의 세계를 창조해 가면서, 인간은 의식적인, 보편적 인간 존재로서 그 스스로를 증명한다. … 인간이 보편적 인간 존재로서 그 스스로를 증명하는 것은 실로 그가 이 객관적 세계에 작용했기 때문이다. 이러한 생산은 바로 보편적 인간 존재의 삶이다. 이 생산행위를 통해 그리고 그것으로 인해, 자연은 그의 생산물이며, 또한 그의 현실 (his reality)로 나타난다. 노동의 대상물은 따라서 그의 보편적 인간 존재의 삶의 객체화 (objectification of his species life)이다. 왜냐하면, 그는 그 자신을 의식 속에, 머리 속에 복제할 뿐 아니라, 활동적으로 실제 세계에도 복제하기 때문이다. 따라서 그는 그가 창조한 이 세계 속에서 그 자신을 바라본다.9)

---

7) 칼 마르크스,『자본론』1, 상, 226. 김수행 역 (비봉출판사). 번역은 필자가 수정했음.
8) species life, species being은 일반적으로 유(類)적 삶, 유(類)적 존재로 번역되지만, 이해를 위하여 보편적 인간 존재의 삶, 보편적 인간 존재로 의역했다.

26살의 청년 마르크스가 자신의 망명생활을 시작한 파리에서 쓴 글들을 수록한 이 책은 파편적이고, 경구적이며, 몇몇 구절은 끝내 해석을 거부하는 듯이 보인다. 서로 논리적으로 긴밀하게 연결되어 있지 않으면서도, 지나치게 반복적인 이 아포리즘의 연속은 그러나 후기의 마르크스에서는 찾아볼 수 없는 매우 풍부하고 깊은 인간 이해의 체계를 이루고 있다. 인간 존재의 보편적 본성을 자연과 인간을 매개하는 생산과 노동의 행위를 통해 설명하고 있는 위의 인용문은 다음과 같이 해석될 수 있을 것이다. 자연적 존재로서의 인간은 자연적인 욕구를 가지고 있으며, 그 욕구를 충족시키는 자연적인 능력을 가지고 있다. 인간은 이 능력을 통해 자연 세계를 변형시킨다. 그러나 생산적 존재로서의 인간을 동물과 구별해 주는 변별적 특질, 마르크스가 보편적 인간 존재라고 부른 것의 특질은 그것이 일회적인 욕구 충족의 단순한 반복 (적어도 그 생이 끝날 때까지)이 아니라, 새로운 욕구를 생산하며, 그 욕구에 대한 충족을 생산하는 과정을 통해, 스스로를 지속적으로 확장한다는 것이다. 청년 마르크스는 그것을 "삶을 산출하는 삶" (life-engendering life)이라고 부른다. 이 자기 생산의 역사적 과정 속에서 인간의 정의는 계속 갱신되며 확장된다. 잠재된 가능성의 실현을 통한 존재의 확장은 인간의 보편적인 유적 본질이다. 이런 의미에서 인간은 인간 자신의 산물이다. 이때 변화된 자연은 인간 행위의 확장의 결과이며, 인간의 연장이며, 인간은 변화된 자연 만큼 새로워진다. 세계와 자아는 그 둘이 교섭하기 전까지는 하나의 가능성으로 남아있는 것이며, 이 세계와의 상호작용을 통해 인간은 자기 자신을 "자연 속에 복제"한다. 마르크스의 표현을 따르면 "인간은 그가 창조한 세계 속에서 그 자신을 바라본다". "바라본다"라는 것은 이 과정을 통해 인간은 자신을 의식적 주체로서 경험한다는 것을 의미한다. 즉 대자적 존재가 된다는 것이다. 이제는 거의 구호 수준으로 전락한 "창조적 자기 실현"은 마르크스의 인간학에서 자신의 존재를 확증해 주는 본능적이고 근본적인 인간 행위, 즉 생명활동 (life-activity)이다.

---

9) Karl Marx, *The Economic and Philosophic Manuscript of 1844*, ed. Dirk Struik (International Publishers, 1964) 113-114. 이하 인용은 EPM으로 표기하고 괄호 속에 쪽수 명기.

마르크스의 유물론적 인간관이 보다 체계적으로 정립된 『독일 이데올로기』에서 노동의 역사적 형태인 생산 양식은 단지 물리적 생존의 생산을 넘어서서 인간 삶의 "표현"의 형식으로 정의된다. "생산 양식은 단순히 개인들의 물리적 존재의 생산으로 간주되어서는 안 된다. 오히려 그것은 이러한 개인들의 행위의 특정한 형태, 그들의 삶을 표현하는 특정한 형태, 특정한 삶의 방식이다. 개인들은 그들의 삶을 표현하면서 존재하게 된다"[10] 생산 양식은 개인이 삶을 표현하는 역사적 형식이다. 노동이 인간의 표현이라고 할 때의 표현의 의미는 자기 안에 하나의 가능성으로 존재하는 것을 세계 속에서 현실화시키는 것이다. 이런 의미에서 인간은 "표현", 즉 자기 실현의 가능성의 풍요로움을 향해 열려 있는 존재이다. 마르크스의 인간학이 저항의 철학이라면, 그것은 인간의 자유로운 자기 실현의 확장 운동을 억압하는 모든 힘들에 대한 저항이며 거부이다. 자본주의 하에서의 삶의 조건으로 제기된 인간 소외는 외부 세계가 자기 실현의 장이 되지 못하고, 인간과 외부 세계와의 관계가 다른 어떤 비인간적인 힘 (결국 시장과 자본의 힘)에 의해 지배되는 것을 의미한다. 이런 관점에서 마르크스가 자본주의를 비판하는 것은 부의 불공정한 분배 때문이라기보다는 그것이 소외된 노동, 자기 실현을 불가능하게 하는 노동, 인간의 가능성을 소진시키고 인간을 축소하는 노동이기 때문이다. 자유의 제약이 바로 인간의 자기 소외이다. 마르크스가 『경제학 철학 수고』에서 소외의 극복으로서의 공산주의, 사유재산의 지양으로서의 공산주의에 대한 정의를 규정하는 방식은 마르크스에 대한 다소 편향된 문화적 해석이라고도 생각될 수 있는 이러한 이해를 확실하게 뒷받침해 준다.

인간의 자기 소외, 사유재산의 적극적 지양으로서의 공산주의, 인간에 의한 인간을 위한 인간적 본질의 진정한 전유로서의 공산주의는 인간이 사회적 (인간적) 존재로서의 그 자신에게로 완전하게 회귀하는 것을 의미한다. … 사유재산의 지양으로서의 공산주의는 인간의 감각과 속성의 완전한 해방이다. 이 감각과 속성

---

10) Karl Marx and F. Engels, *The German Ideology*, tran. C. J. Arthur (International Publishers, 1970), 42.

들이 주관적으로 객관적으로 인간적인 것이 될 경우에만 이 해방은 가능하다. [완성된 공산주의 사회는] 그의 존재의 총체적인 풍요성 속에 인간을 생산한다 —아주 깊고 풍요롭게 그의 모든 감성을 부여받은 풍부한 인간을 생산한다. (EPM 135)

마르크스가 인간 노동의 상품화로 특징지어지는 자본주의의 인간 소외에 대한 대립으로 설정한 것은 부의 공정한 분배나 생산 수단의 공유가 아니라 "풍부한 인간 존재 (the rich human being)"이다. 마르크스의 표현을 따르면 "풍부한 인간 존재란 삶의 인간적 현현의 총체성을 욕구하고 있는 (in need of a totality of human manifestation of life) 인간 존재" (EPM 144)이다. 풍부한 인간 존재와 풍부한 인간 욕구는 그가 적어도 『경제학 철학 수고』의 단계에서 상정한 인간의 자기 소외의 극복으로서의 공산주의의 핵심적 내용을 구성한다. 마르크스는 이 풍부한 인간 존재가 "인간적인 세계 관계"에 의해 가능하다고 말한다. 즉 "보고, 듣고 냄새 맡고, 맛보고, 느끼고, 생각하고, 관찰하고, 경험하고, 욕구하고, 행위하고, 사랑하는 인간 존재의 모든 생물적 기관들" (EPM 138)의 역동적 활동이다. 이것이 "인간의 감각과 본질적 속성의 해방"으로서의 공산주의이다. 청년 마르크스에게 인간의 자유란 세계를 보다 온전하고 충만하게 전유함으로서 자아와 그 삶을 더욱 풍요롭게 형성하는 것을 의미한다. 부르주아 정치 경제학이 자기 부정 (self-negation)의 윤리학이라고 비판하면서 그는 이렇게 말한다. "너의 존재가 축소될수록, 네가 너의 삶을 덜 표현할수록, 너의 소외된 삶은 더욱 커진다. (the less you are, the less you express your life, the greater is your alienated life)" (EPM 150) 표현되지 않은 존재, 실현되지 않은 삶은 본질적 인간 존재의 부정이다. 인간의 (잠재적이지만) 본원적인 풍요로움으로부터의 소외는 인간에게 주어진 가능성의 박탈이며, 인간 존재의 왜소화이다. 존재의 왜소화는 보다 풍부한 삶을 영위할 수 있는 역동적 삶의 원천의 고갈이 되는 것을 의미한다.

창조적 자기 창출로서의 문화

레이몬드 윌리암즈가 마르크스주의의 핵심에 존재하고 있다고 주장한 "인간의 창조력과 자기 창출에 대한 각별한 강조"는 『경제학 철학 수고』에서 개진된 초기 마르크스의 철학적 인간학의 기본 전제를 이루고 있다. 노동을 통한 외부 세계의 변화와 인간의 자기 갱신의 동시성은 초기 마르크스를 이해하는 출발점이다. 노동은 자기 갱신이며, 자기 확장이며, 결국 자기 실현이다. 표현을 통해 실현되는 풍부한 자기 형성으로서의 인간의 생산 행위는 마르크스에서 노동이 물질적 재화의 생산이라는 경제적 의미를 훨씬 넘어서는 것이라는 것을 여실히 보여준다. 영국 문화 비평 전통이 발전시켜 온 창조적 인간에 대한 이해를 "일반 사람들이 주체적인 삶을 살 수 있는" 문화적 민주화의 이상과 결합시키려고 한 문화이론가로서의 레이몬드 윌리암즈에게 청년 마르크스의 "생산하는 인간"에 대한 철학적 사유는 자신이 문화라는 말로 표현하려고 했던 인간의 행위 — 본질적이면서도 역동적인 과정, 마르크스의 표현을 빌리자면, 생명활동 — 를 개념화하는 데 중심적인 이론적 원천을 제공해 주는 것이었다고 할 수 있다.

초기 마르크스의 인간학의 영향이 가장 결정적으로 나타나는 것은, 역설적으로, 윌리암즈가 표면적으로는 마르크스주의를 부정했던 초기 문화이론에서이다. 윌리암즈 문화이론의 최초의 체계적 논의라고 할 수 있는 『장구한 혁명』의 "창조적 정신"이라는 제목의 글에서 그는 플라톤 이후 리비스까지의 인간 창조력에 대한 생각이 인간 행위에 대한 이해를 결여하고 있다고 비판한 뒤, 인간이 무언가를 기술(記述)하고 표현하는 행위에 대한 새로운 관점을 전개한다.[11] 레이몬드 윌리암즈에게 문화는 무엇보다도 한 개인이 외부 세계를 인지하고 기술하고 반응하는 과정에 필연적으로 개입하게 되는 창조적 자기 창출 행위이다. 윌리암즈는 문화의 정의를 기술하는 행위에 대한 설명으로 시작한다. 경험을 기술한다는 것은 인간이 밥 먹고, 배설하고,

---

11) 이후 Williams의 문화의 개념에 대한 논의는 졸고 "문화연구와 문학" (『비평』 1호)와 "문화는 현실을 구성하는가" (『21세기 문학』 10호)의 일부에 발표된 내용을 수정한 것이다.

외부 세계, 즉 자연의 위협으로부터 자신을 보호하고, 여러 가지 다양한 생물적 욕구를 충족하는 행위와 똑 같이 본능적이고 근본적인 행위의 일부이다. 윌리암즈는 "기술하는 행위"가 "긴급한 개체적 중요성 urgent personal importance"를 가진다고 말한다[12].

모든 사람에게 있어, 그의 경험을 '기술'한다는 것은 긴급한 개체적 중요성을 갖는 문제이다. 왜냐하면 이것은 말 그대로 그 자신을 새롭게 만드는 일 (remaking of himself), 즉 그의 개체적 유기체 속에 창조적 변화를 가져오는 것이다. 그렇게 함으로서 그의 경험을 자기 안으로 가져오고, 그 경험을 통제하게 되는 것이다. 자기 자신을 새롭게 만들려는 이 투쟁 ─ 즉 우리의 개체적 유기체를 변화시켜 외부 세계와 적절한 관계를 유지하며 살게 되는 것 ─ 은 사실 종종 고통스러운 과정이다. … [기술을 통해] 의사 소통하려는 충동은 외부세계의 혼란에 대한 습득된 인산 반응이다.

인간 경험을 기술한다는 것의 중요성은 바로 그것을 통해 인간이 그 자신을 계속 다시 만들어가고 있다는 것, 생물학적 비유를 들자면, 그의 개체적 유기체 속에 계속 창조적 변화를 가져오는 것이다. 윌리암즈가 경험을 기술하는 인간의 행위를 설명하는데 생물학적인 비유를 쓰고 있다는 것은 주목할 필요가 있다. 한 생물체가 외부 환경과 적절한 관계를 유지하며 살기 위해서는 ─ 이것이 모든 생물체의 가장 근본적인 본능적 행위인데 ─ 외부 환경을 노동을 통해 변화시킴으로서 유기체로서의 자신의 생존 조건을 재창출해야 한다. 우리가 경험을 기술하는 행위는 외부 세계의 혼란 ─ 그것은 생물학적 충동의 경우와 똑 같이 우리의 존재에 위협스러운 것인데 ─ 에 대응하고 그것을 파악하고 이해할 수 있는 형태로 만들고 그것을 통제해야만 하는 긴급한 "존재의 요구"에서 나오는 것이라고 할 수 있다. 따라서 적절하게 기술한다는 것은 단지 좋은 표현을 찾는다는 것을 넘어서서 우리의 생존조건과 관련된 것이다.

---

12) Raymond Williams, *The Long Revolution* (Penguin Books, 1962), 40. 이하 인용은 책 제목과 함께 괄호로 표기.

기술 행위를 통해 우리 자신의 생존 조건을 재창출한다는 것을 이해하기 위해서는 앞의 생물학적 비유를 연장할 필요가 있다. 우리가 외부 세계의 혼란에 반응하는 것은 스스로를 재창출함으로서 뿐만 아니라 외부 환경을 변화시킴을 통해서이다. 윌리암즈는 우리 스스로의 재창출과 외부 세계의 변화시키는 것은 사실은 동일한 과정을 가리키는 것이라고 말한다. 우리의 여러 가지 욕구를 만족시키기 위하여 노동을 통해 외부 세계를 변화시킴으로서 우리의 생존 조건이 변하게 되고, 그것을 통해 내 자신이 변하는 것이기 때문이다. 이것이 바로 "자기 자신을 갱신해 나가는 것 "remaking of ourselves"의 의미이다. 외부 세계의 변화에 반응하여 하나의 기술을 하고, 그것을 통해 외부 세계를 "변용"시키면서 하나의 표현을 획득하면, 그만큼 이 세계는 확장되는 것이며, 그것은 나의 경험의 영역의 확장을 의미하며, 그것은 곧, 나 자신의 확장이다. 왜냐하면 한 개체는 그 확장된 경험 세계를 통해 다시 외부 세계에 반응하기 때문이다. 표현을 통한 자기 창출의 과정은 낭만주의자들이 인간의 상상력을 통해 자연을 변용하고 동시에 정신을 확장시킨다는 방식으로 창조성을 설명한 것과 밀접하게 연관되어 있으면서, 한편으로는 외부 세계의 변용을 통해 스스로를 형성하고 갱신시켜 나가는 마르크스의 생산적 인간 개념의 영향을 보여준다

이러한 개별적인 창조적 기술(記述)의 과정을 통해 인간의 공동체가 총체적으로 성장한다. 성장을 유지하기 위해서는 공유된 기술과 반응의 중요한 영역이 유지되어야 하며, 예술은 이 영역을 역동적인 에너지로 충전시키는 기능을 하는 것이다.(Long Revolution 50) 인간 공동체는 공유된 의미와 공유된 의사소통을 통해 성장한다. 보다 상승되고 고양된 기술과 반응을 통한 한 유기체의 형성과 성장, 그리고 공동체의 성장에 대한 생각은 결국 문화에 대한 새로운 이해와 정의를 가져오게 된다. 우리가 언어 등의 표현을 통해 영위하는 문화적 삶이 우리 삶을 재생산하는 과정에 있어서 생물적, 경제적, 정치적 행위를 하는 것과 같은 정도의 기본적이고 필수적의고 본능적인 부분이라는 주장이다. 어떤 의미에서 이것은 "문화가 중요한 것이다"라는 주장 중 가장 설득력 있고 효과적인 설명 중의 하나라고 할 수 있다. 경험의 기술의 축적이 이루어 놓은 이 의미의 망 속에 편입됨으로서 우리는 비로소

사람으로서의 삶을 영위할 수 있으며, 그 뿐 아니라, 이것이 우리 삶의 새로운 가능성을 끊임없이 열어놓고 있는 것이다. 따라서 "우리가 사물을 보는 방식은 바로 우리 삶의 방식이며, 의사소통의 과정은 사실은 공동체의 과정"이다. 즉 "공통의 의미를 공유하고, 공통의 행위와 목적들을 공유하며, 또한, 새로운 의미를 제기하고 받아들이고, 비교하고, 그것을 통해 성장과 변화의 긴장과 성취를 이룩하는 것"이다.(Long Revolution 55) 이 과정은 역동적이며 때로는 고통스러운 과정이면서, 이것을 통해 삶의 경험이 확장되고 심화된다. 우리는 한 개인이 구체적 인간으로 형성되는 과정을 달리 생각할 수 없다.

외부 세계를 변화시키는 것은 곧 자기 자신을 갱신시키는 것이며, 이것이 인간의 자기 창출 과정이라는 것, 그리고 그것을 생물학적 비유 — 즉 인간의 본능적 행위로서의 노동 과정의 비유 — 로 설명하고 있다는 것은 초기의 윌리암즈의 문화 개념이『경제학 철학 수고』의 인간의 자기 창출로서의 "생산하는 인간"의 개념을 그 철학적 기반으로 하고 있다는 것을 확실하게 보여주고 있다. 이것은 또한 일견 수정과 단절이 있는 것으로 보이는 초기 윌리암즈의 문화 개념과 문화 유물론 사이에 상당한 연속성이 있다는 사실도 보여준다.

물질성의 재해석: 상부구조, 토대, 생산력

70년대에 들어서면서 윌리암즈는 자신의 초기 문화 이론을 마르크스주의를 통해 다시 정의하고, 자신의 시대의 문화 상황을 분석하고 대안을 생각해 볼 수 있는 새로운 문화이론을 모색하게 되는데 그것이 바로 문화유물론(cultural materialism)이다. 윌리암즈에게 1960~70년대의 영국의 구체적 상황은 이러한 인간의 자기 실현의 가능성을 심각하게 제한하는 어떤 강력한 힘에 의해 통제되고 있는 것이었다. 그것은 정치적, 경제적, 문화적인 인간 삶의 모든 영역을 지배하면서, 인간과 인간, 인간과 공동체, 인간과 자연의 관계에 대한 지배적 생각을 가공할 만큼 완벽하게 재생산하고 있는, 삶의 총체적 양식으로서의 자본주의라고 부를 수 있는 것이었다. 그가 마르크스주의를 통해 새로운 이론을 정립하려고 한 이유는 구체적인 사회적 삶의 상황, 즉, 힘의 불균형 상태가 지속적으로 존재하고, 현존하는 중요한 의미 생산의 제도와 지적 원천들이 인간의 창조적 자기 실현을 심각하게 제한하고 있고, 그러한 경향이 점점 심화되고, 확대 재생산되고 있는 상황에서 어떠한 문화적 생산이 필요한가 하는 실천적 모색에서 나온 것이라 할 수 있다. 이런 의미에서 실천 철학으로서의 마르크스주의, 자본주의 비판 이론으로서의 마르크스주의는 그에게 많은 잠재력을 가진 것이었다.

윌리암즈는 마르크스의 기본 개념들을 재해석을 통해, 문화적 의미 생산의 공간이 한편으로는 억압적 구조가 재생산되는 의미 생산의 원천으로 작용하는 방식을 드러내면서, 동시에 그것을 거부하고, 대안적 삶의 양식을 만들 수 있는 새로운 의미 생산의 문화적 실천을 모색할 수 있는 이론적 틀을 만들려고 했다. 문화유물론에서 두 단어의 관계는 수식 관계라기보다는 "문화는 물질적"이라는 술어적 관계이다. 이것은 전통적인 마르크스 해석에 있어서는 혁명적인 변화라고 할 수 있다. 왜냐하면, 문화는 마르크스주의에서 대체로 부차적인 위치에 있었을 뿐 아니라, 특히 물질성의 영역과는 대립되는 지점에 항상 있어왔기 때문이다. 따라서 윌리암즈의 논의는 기존의 마르크스주의의 기본 개념들을 다시 재규정하는 것으로 시작한다. 그는 그동안의 마르크스주의자들이 마르크스의 유물론의 핵심 개념인 토대, 상부구조, 생산력을 잘못 이해해 왔다고 비판한 뒤, 마르크스를 문화적인 관점에서 다시 해석한다. 마르크스에게 인간의 역사는 인간의 구체적 삶의 경험으로 이루어지며, 일반 사람들의 노동의 과정이 이 역사적 경험의 가장 핵심적인 부분이다. 그에게 관념이란 이런 개별적인 인간 경험의 과정으로부터 분류되고 추상화된 결과에 지나지 않는 것이었으며, 이때 관념에 대립되는 구체적 인간 노동으로 이루어진 영역이 물질적 영역이다.

윌리암즈의 토대결정론의 해체는 우선 "결정된다"는 것의 의미를 재정의하는 것으로 시작한다. 인간의 의식이 무엇인가 다른 어떤 요소에 의해 결정된다는 것은 마르크스주의가 현대 인문학에 가지는 가장 의미있는 명제 중의 하나라고 할 수 있다. 즉 인간의 의식은, 우리가 흔히 믿고 있듯이 보편적이거나, 당연한 것이 아니며, 다른 외적 조건, 즉, 사회적, 역사적 조건에 의해 그렇게 생각하도록 만들어진 것이며, 다르게 생각 할 수 있는 가능성도 항상 열어 놓아야 된다는 인식이 바로 우리 의식이 '결정'된다는 것의 의미인데, 이러한 인식의 원조 중의 하나가 바로 마르크스인 것이다. 윌리암즈는 토대결정론의 명제, 즉 결정하는 토대와 결정되는 상부구조의 명제를 마르크스의 보다 근본적인 명제인 "사회적 존재가 의식을 결정한다"는 명제로 바꿀 것을 제안한다. 그것이 마르크스의 원래 의도였다는 것이다. "사회적 존재가 의식을 결정한다"는 명제는 경제적 토대와 상부구조라는 정태적 이분법을 부정하면서, 우리의 의식이 무언가에 의해 결정된다는 중요한 진실을 보여준다. 사회적 존재란 마르크스가 독일관념론을 부정하면서 인간 삶을 구성하는 가장 실체적인 영역으로 설정한 것으로, 바로 우리 구체적인 삶을 지속해 나가는 행위가 이루어지는 과정을 가리킨다고 할 수 있다. 이런 의미에서 사회적 존재란 인간의 삶을 만들어 나가고, 역사의 변천을 움직여 가는 근본적인 추동력의 장으로서의 물질적 토대를 가리킨다고도 할 수 있다.

이 점을 마르크스의 또 다른 핵심 개념으로 표현하면, 사회적 존재란 우리 삶의 "생산"이 일어나는 영역이다. 윌리암즈는 마르크스에서 생산의 근본적인 의미는 경제적 생산만을 의미하는 것이 아니라, 우리 삶을 재창출하고 지속시키는 모든 중요한 행위를 가리키는 것이라고 말한다.

> 생산력에 대한 마르크스의 보다 중심적인 설명에서, 노동자가 생산하는 가장 중요한 것은 그 자신이다. 그 자신을 생산한다는 것은 노동을 통해서 그 자신을 생산한다는 것이며, 보다 넓은 역사적 의미에서는 그들 자신과 그들의 역사를 생산하며, 공동체 자체를 생산하는 인간이다. 이것이 실제적 삶의 물질적 생산과 재생산의 의미이다.[13]

노동자가 노동을 통해 생산하는 것은 바로 그 자신이며, 그것을 통해 사

---

13) Raymond Williams, "Base and Superstructure in Marxist Cultural Theory" Problems in Materialism and Culture (Verso, 1980), 35.

회와 역사를 만들어 간다는 것이 바로『경제학 철학 수고』의 “스스로를 역사 속에서 전개하고 개현하는 창조적 인간”의 관점에서 유물론을 보는 것이다. 이것이 마르크스가 의미한 “실제 삶의 물질적 생산과 재생산 (material production and reproduction of real life)”의 개념이다. 따라서 생산력은 우리 삶이 생산되고 재생산되는 모든 수단을 포함한다. 그것은 특정한 종류의 물질적 생산 — 농업 생산과 산업 생산 — 으로 볼 수도 있지만, 그러한 생산은 이미 특정한 형태의 사회적 협동이며, 이미 사회적 지식이 개입되어 있는 것이다. 이러한 사회적 협동, 사회적 지식 역시 특정한 생산력을 통해 가능한 것이라고 윌리엄즈는 말한다. 우리의 모든 행위 속에서 우리는 우리의 욕구의 충족을 생산할 뿐 아니라, 새로운 욕구를 생산하고, 그 욕구에 대한 정의를 생산한다. “새로운 욕구를 생산하고 그러한 욕구의 새로운 정의를 생산한다는 것”은 물질적 생산이 우리의 의식 작용을 필연적으로 포함하고 있다는 것을 의미한다. 즉, 사회적 실재와 의미 생산의 과정은 분리된 것이 아니다. 왜냐하면 공동체는 의사소통 과정과 동시에 존재하는 것이기 때문이다.

문화적 의미 생산과 언어의 물질성

마르크스의 인간의 자기 창출로서의 노동과 생산의 개념이 윌리엄즈의 문화 이론으로 결정적으로 전화되는 지점은 자기 창출로서의 언어의 물질성에 대한 논의에서이다. 언어 행위가 사회적 실재라는 물질적 사회적 과정에 대한 반영에 지나지 않은 것으로 간주하거나, 생산은 사회적 경제적 과정이며, 재생산은 그러한 토대가 형성된 뒤에 그것을 재현하고 표현하는 상징적 의미화라고 보는 것은 모두 마르크스가 얘기한 실천적 의식의 본질적이며 구성적인 과정을 충분히 이해하지 못한 것이라고 윌리엄즈는 주장한다.

언어는 실천적 구성적 행위이다 (practical constitutive activity). 그것이 “구성적”이라는 의미가 가능한 것은 바로 언어가 인간의 자기 창출에 분리할 수 없는 요소라는 의미에서이다. … 의미 작용, 즉 형식적 기호의 사용을 통한 의미의 사회적 생산은 실천적 물질적 행위 (practical material activity)이다, 따라서 그것은 문자 그대로 생산 수단이다. 이 실천적 의식의 특정한 형태는 모든 사회적 물질적 행위로부터 분리할 수 없는 것이다. (*Marxism and Literature* 29, 38)

언어를 통한 의미 생산은 앞에서 살펴보았듯이 본질적이며 "구성적인", 물질적 사회적 과정의 분리할 수 없는 요소이며, 항상 생산과 재생산에 깊이 관여하고 있는 것이다. '물질적 사회적 과정'은 윌리암즈가 토대와 상부구조의 정태적 이분법을 거부하고, 마르크스의 물질성에 부여한 새로운 이름이다. 문화적 의미 생산은 의식을 통해 일어나는 것이지만 그것은 새로운 실재와 관계를 만들어 나가는 실천 행위이며 그런 의미에서 "실천적 의식"이라는 이름을 붙이고 있다. 따라서 실천적 의식은 '구성적' 힘을 갖는다. 즉, 문화적 의미 생산은 이 물질적 사회적 과정을 구성하고 있는 한 부분인 것이다.

언어가 인간의 자기 창출 (human self-creation)의 불가분의 요소이며, 따라서 물질적 행위, 즉 생산 행위라는 것은 윌리암즈가 마르크스를 문화적으로 해석하는 과정에서 나타나는 가장 과감한 수정이다. 왜냐하면, 적어도 마르크스는 어디에서도 공개적으로 언어가 물질적 행위 (material activity)라는 언급은 하지 않기 때문이다. 윌리암즈가 마르크스를 재해석하는 방식을 이해하기 위해서는 그의 초기 문화 이론과 연결시키는 것이 필수적이다. 즉 인간이 의미 생산을 통하여 창조적으로 자기 실현을 해나가는 과정에 대한 이해가 없으면, 이 이론은 많은 다른 마르크스주의자들이 비판했던 것처럼, 마르크스를 다시 관념화하는 것에 지나지 않은 것으로 보이기 때문이다. 윌리암즈에게 의미 생산으로서의 언어 행위는 인간에게 가장 핵심적인 자기 창출, 자기 실현의 기제였으며 이 지점은 사실은 낭만주의 이후의 영국 문화 비평 전통의 문화 개념과 마르크스의 유물론이 조우하는 지점이라고 할 수 있다. "언어는 지속되는 사회적 과정의 살아있는 증거이다. 창조적 의미 생산이며, 실천적 의식인 언어행위를 통해서 개체는 그 속에서 태어나고 형성되며, 다시 그 사회적 과정을 구성한다. 이것은 개체화인 동시에 사회화이다." (Marxism and Literature 37) 즉 사회적 의사소통과정을 통해 한 개체가 형성되며, 그 과정은 사회적 실재가 내화되는 과정에 다름 아니기 때문이다. 개체는 언어를 통해 사회라는 공간에 상호 침투해 있게 된다. 어떤 의미에서 이것은 사회적 삶의 영역을 의미 생산의 공간으로 환원시키는 것으로서, 전통적 혹은 정통적 마르크스주의의 관점에서 볼 때 용서할 수 없는 관념화이며 신비화라고도 할 수 있다. 윌리암즈에게는, 그러나 이 의미 생산의 영역은 다른 어떤 구체적인 생산 행위보다 더 효과적이고 강력한 실천적, 구성적 힘의 원천이 되는 공간인 것이다.

물질적 생산으로서의 문학

문화는 물질적이며 구성적이며, 미리 존재하는 현실을 반영, 재현하거나, 일반 사람들의 감상과 해석을 기다리는 고정된 생산물로 존재하는 것이 아니라, 인간의 삶을 창출하고 사회적 관계를 만들어 가는 실천 행위의 형태로 사회 속에 존재한다는 것이다. 문화유물론은 문화적 실천 혹은 문화적 생산으로서의 문학을 접근하는 전혀 다른 방식을 제시한다. 우선 문화란, 우리가 전통적으로. 그리고 일반적으로 생각해 왔듯이, 기존의 사회 관계를 반영하거나 재현하는 "상부구조"로 존재하는 것이 아니라는 것이다. 문화적 실천은, 사회적 실재가 구성되는 과정 그 자체의 핵심적인 부분이며, 앞서 다루었던 문화유물론의 용어로 표현하면, 사회의 총체적 물질적 과정 (the whole social material process)의 일부인 것이다. 여기에서 "물질적"이란 개념의 의미를 다시 상기하면, 문화적 실천은 인간의 기본적인 자기 생산과정에서 생산력을 가진다는 것이며, 그것은 문화가 근본적으로 "결정력", 구성력을 가진다는 것이다. 따라서 문학과 사회, 문학과 삶과의 관계는 문학이 사회를 반영한다는 식으로 둘을 추상적 실체로 고정시켜서 보면 안 된다. 오히려 문학은 하나의 실천 행위로서, 사회라는 과정 속에 처음부터 함께 했다고 할 수 있다. 즉, 사회란 그 안에서 작동하는 모든 실천 행위들을 포함하는 개념이어야 하기 때문이다. 이런 의미에서 우리는 문학과 예술을 다른 종류의 사회적 실천 행위들과 분리시켜서는 안 된다. 윌리암즈에게 그것은 일반적 사회과정의 일부인 것이다. 여기에서 윌리암즈는 사회라는 것을 이미 형성된 고정된 실체, 혹은 대상으로 보는 것이 아니라, 끊임없이 유동하고 있는, 관계와 조건과 가치와 실천의 총체로 파악하고 있다. 그것은 인간을 구성하고 결정하지만, 또한 인간에 의해 확장되고 수정되고, 변화되고 있는 특정한 공간을 가리키는 것이라고 할 수 있다.

　우리에게 문학은 — 특히 대학이라는 제도를 통해 그것을 정의하고 연구대상으로 했을 때의 문학은 — 주로 감상하고 해석할 대상으로 존재하는 것이었다. 따라서 문학 연구란 어떤 작품이 나에게 특정한 효과를 발생하는 내재적 구조는 무엇인가를 분석하거나, 그 시대의 특정한 사고 방식, 세계관, 인간에 대한 이해 등을 어떻게 우리에게 보여주고 재현하고, 반영하고 있는가를 분석하는 것이었다. 이것을 우리는 "대상으로서의 문학"이라고 할수 있다. 문화유물론적 관점에서 문학은 우리에게 해석되어야 할 고정된 대상으로서 존재하는 것이 아니라, 우리의 삶의 여러 관계와 조건들을, 가치와의미들을 구성하고 만들어 주는 하나의 실천 행위로 존재하게 된다. 우리는이것을 "실천 행위로서의 문학"이라고 할 수 있다. 이것이 윌리암즈가 얘기한 "대상으로부터 실천으로"from object to practice의 의미이다. 문학은 의미를 "생산"하는 기제가 되는 것이다. 즉, 관계와 조건과 가치와 실천의 총체로서의 사회적 실재를 구성하고 있는 역동적인 생산적 과정으로서의, 따라서 "물질적 과정"으로서의 문화와 문학의 개념이 등장한다. 이런 의미에서 우리는 문학적 경험의 외연을 확장시킬 필요가 있다. 즉, 몇 가지 장르로분류되는 고정된 대상으로서의 문학작품이 아니라, 외부 세계를 경험하는특정한 방식으로서의 문학적 경험을 생산하는 문화적 실천 행위의 많은 부분들이 포함되게 된다. 다양한 대중매체를 통해 생산되는 모든 표현 양식들 — 단 그것들이 문학적 경험이라고 부를 수 있는 것을 제공하고, 따라서, 의미생산의 기제로서 작용한다면 — 드라마나 영화는 물론이고, 대중가요, 라디오 음악 프로에서의 편지 읽기나 대화, 광고의 이미지에까지 확장될 수있다. 뿐만 아니라, 우리 일상생활에서 삶의 결을 이루고 있는 많은 의식(儀式)화된, 혹은 일상적인 언어 행위들까지도 포함될 수 있을 것이다.

감상과 해석을 기다리는 고정된 생산물로서의 문학의 개념으로부터 벗어나서, 의미생산의 장에서 적극적이고 능동적으로 작용하는 문화적 실천으로서의 문학을 이해한다는 것은, 다른 한편으로는 문화적 과정에서의 문학적 경험의 중요성을 이야기하는 것이기도 하다. 즉, 문학적 경험이라고 부를 수 있는, 우리가 외부 세계와 관계를 맺는 특정한 양식 — 말하자면 강렬하고 깊고 고양된 세계 관계 — 이 한 공동체에서 의미와 가치가 생산되는 과정에 핵심적인 부분을 이룬다는 것이다. 문화는 지속적인 의미 생산을 통해 스스로를 확장하고, 갱신하는 자기 창출 행위이다. 의미 생산을 통한 인간의 자기 창출로서의 문화의 개념은 영국 문화 비평 전통이 발전시켜온 창조적 인간에 대한 이해와 마르크스적 의미에서의; 역사를 만들어나가는 "생산하는 인간"의 개념이 만나는 지점이다. 이러한 자기 창출은 우리 삶의 특별한 영역에서 이루어지는 것이 아니라, 우리가 외부 세계를 경험하고, 기술하고 반응하는 일상적이면서 기본적인 과정에서부터 일어나는 것이다. 그리고 우리에게 이러한 자기 창출의 역동적인 원천은 언어이며, 그것이 근본적으로 창조적 과정이라는 것을 보여주는 것이 문학적 경험이다.

박찬부

담론의 구조와 주체의 자리

I

라캉이 그의 말년의 글, 유작, 세미나 *XVII*(1969~70), 세미나 *XX: Encore* (1972~73) 등에서 제시하고 있는 이른바 4가지 종류의 담론 구조는 현대의 각종 담론의 분석에 새로운 전기를 마련해 주었다는 점에서 다각도로 조명해 볼 가치가 있다. 지배자 담론, 대학 담론, 히스테리 담론, 분석가 담론으로 구성된 이 네 가지 담론은 담론 사이의 구조적 차이에 의해서 구분된 것인데 이렇게 다르게 구조화된 담론은 4가지 서로 다른 중심적 요소들을 정면에 부각시키면서 지배와 통치의 논리, 교육과 교리, 욕망과 저항, 그리고 분석과 혁명의 문제들에 깊은 통찰력을 제공하고 있다. 라캉이 네 가지 담론의 정면에 부상시켜 그 담론의 성격을 결정하는 네 가지 지배적 요소들의 기호는 각각 지배자 기표 S_1, 지식의 기표 S_2, 분열된 주체 S, 그리고 오브제 a이다. 라캉은 이 네 가지 기호들을 적절히 배열하여 네 가지 담론의 구조를 형성하는데 S_1이 정면에 부상한 것이 지배자 담론, S_2가 지배적인 담론이 대학 담론, 그리고 S와 a가 강조되면 각각 히스테리 담론, 분석가 담론이라 이름 붙였다. 그리고 이 요소들이 차지하는 자리를 다음과 같은 구조적 다이어그램으로 제시하고 있다.

$$\frac{\text{담론의 주체(agent)}}{\text{진리}} \rightarrow \frac{\text{타자}}{\text{생산}}$$

이 다이어그램의 왼쪽 자리는 메시지를 말하고 전달하는 주체에게서 특징적으로 드러나는 능동적/적극적 요소들이 차지하고 오른쪽 자리는 메시지를 받아들이는 타자의 몫이다. 위의 화살표는 담론의 과정에서 드러나는 전달체계를 나타낸다. 다른 각도에서 보았을 때 이 다이어그램의 상부 구조는 담론의 명시적인 차원과 관련되고 하부 구조는 암시적, 잠재적, 억압적 요소들과 관계된다. 더 구체적으로 말해서 왼쪽의 상단부는 담론의 성격을 결정짓는 행위 주체의 지배적(dominant) 요소가 차지하고 그 하단부는 그 지배적 요소를 생산하고 지원하는 요소, 즉 숨겨진 "진리"의 자리이다. 반면에 타자의 몫인 오른쪽의 상단부는 행위 주체의 지배적인 요소의 영향 하에 있는 접수자의 자리이고 그 행위 주체의 메시지가 전달된 결과로 드러난 생산물의 표시는 오른쪽 하단부에 기록되어 있다.

이 담론 구조의 특징은 그것이 주체 내의(intrasubjective) 심리적 관계를 보여 줄 뿐만 아니라 주체간의(intersubjective) 사회적 관계를 보여주고 나아가서는 인간 외적 세계와의 관계까지를 말해 준다는 것이다. 이 각각에서 담론은 형성적이고 변형적인 기능을 한다는 것을 이 담론 구조는 설명해 준다.

이 다이어그램의 각 자리에 S_1, S_2, S, a가 어떻게 위치하느냐에 따라 담론의 구조가 결정된다. 대표적인 지배자 담론의 경우 "에이전트"의 자리에 S_1이, "타자"의 자리에 S_2가 위치하고 "진리"에는 S가 "생산"에는 a가 자리잡는다. 그리고 이 구조의 각 요소들을 시계 바늘의 반대 방향으로 하나씩 옮겨가면서 순서대로 S_2, a, S가 행위의 주체 자리를 점하게 됨에 따라 대학 담론, 분석가 담론, 히스테리 담론이 결정된다. 만약 지배자 담론 속에 드러나는 순서 $S_1 \rightarrow S_2 \rightarrow a \rightarrow S$를 예컨대, $S_2 \rightarrow S_1 \rightarrow S \rightarrow a$로 바꾼다면 또 다른 네 가지 담론을 얻을 수 있고 결과적으로 이 기호들의 배열에 따라 우리들은 24개의 서로 다른 담론을 확보할 수 있을 것이다. 라캉이 굳이 네 가지 종류의 담론만 언급하고 있는 것은 그가 제시하고 있는 네 가지 요소들의 순서에 특별한 중요성을 부여하고 있는 듯하다. 이 순서를 존중하면서 그가 제시하고 있는 네 가지 담론을 하나씩 살펴보기로 한다.

II

네 가지 담론 중 가장 대표적이고 원형적인 담론 구조는 지배자 담론(master's discourse)이다.

$$\frac{S_1}{\$} \rightarrow \frac{S_2}{a}$$

지배자 담론(S XVII, 12)

이 지배자 담론이 원형적인 것은 그것이 계통 발생적으로, 존재 발생론적으로 일차적이면서 주체의 소외화(alienation), 상징화(symbolization) 과정과 구조적으로 동일하기 때문이다. 라캉의 의미론에서 상징질서에의 진입을 통한 주체의 형성, 주체화 과정(subjectification)은 제1기표 S_1과 제2기표 S_2의 $S_1 \rightarrow S_2$ 관계를 통해 완성되고 그 결과는 예비주체 S에 빗금이 간 분열된 주체 \$의 탄생이고 언어에 의한 "사물의 타살(murder of the Thing)"의 흔적으로 드러나는 오브제 a의 생성이다. 다시 말해서 라캉의 주체화, 상징화 과정은 S_1, S_2, \$, a라는 네 가지 기호들에 의해 설명되고 그 구조는 바로 지배자 담론의 그것과 동일하다. 그러나 이 두 과정은 구조적으로 동일하면서도 여기 지배자 담론의 경우 그것이 나머지 세 담론, 즉 대학 담론, 히스테리 담론, 분석가의 담론과의 관계 속에서 설명되면서 네 가지 기호가 나타내는 요소들의 기능과 역할이 주체화 과정을 설명할 때와는 다소간의 차이와 변화를 가져왔다.

지배자 담론에서 지배자의 위치에 군림하는 것은 비의미(non-meaning)의 지배 기표 S_1이다. 라캉의 기호적 용어 체계에서 S_1은 원래 단일 기표(unary signifier)로 표현되다가 여기서는 지배하고 명령하는 의미가 강화된 명령으로서의 기표, 지배 기표 혹은 지배자 기표(master signifier)로 통칭된다. 단일 기표의 경우, 이 제1기표 S_1이 제2의 대항 기표(binary signifier) S_2와의 관계가 중요시된다. 만약 비의미 S_1이 S_2와 관계를 형성하지 못하고 고립되어 있으면 주체를 석화(石化)시키고 응결(solidification)시키는 사건이 발생할 수 있다. 반면에 정상적인 S_1-S_2의 관계 정립에 성공할 때 의미의 주체, 의미로서의 주체가 형성되는 주체화 과정이 일어난다. 지배 기표로서의 S_1은 이러한 단일 기표로서의 S_1의 성격을 이어받으면서도 지배와 명령의 함의가 강조되어 있다. 주인/지배자의 명령은 무조건 복종되어야 한다. 그것이 이론적으로, 논리적으로 옳아서라기보다는 그가 그렇게 말하기 때문이다. 그의 절대자는 어떠한 약점도 보여서는 안 된다. 그래서 그는 자신이 $S_1 \rightarrow S_2$의 상징화 과정을 통해 상징적 거세(symbolic castration)를 당한 분열된 주체 S라는 사실을 가름대 밑으로 숨김으로써 그 진실은 다이어그램의 왼쪽 하단에 은폐된/억압된 진리로써만 드러난다.

헤겔의 주인-노예의 변증법에 따르면 주인 S_1은 노예 S_2에게 모든 것을 명령하고 복종을 강요한다. 그 과정에서 노예는 무엇인가를 배우고 어떤 지식(S_2)을 습득한다. 주인은 지식에는 관심이 없다. 모든 것이 잘 되고 자기의 힘과 세력이 건재하는 한 사물의 이치와 운행 방식에 대한 어떤 물음에도 관심을 갖지 않는다. 마르크시스트 메타포로 표현하면 주인은 자본가이고 노예는 노동자이다. 노동자를 노예로 해서 주인의 자본으로 생산 활동을 한다. 결과로 나타난 이윤이 잉여가치(surplus value)를 형성한다. 노동자의 노동력을 통해서 생산된 잉여가치는 대부분 자본가에 의해서 "착복"된다. 이러한 고전적 마르크시스트 이론을 지배자 담론에 적용해 볼 때 주인/지배자의 막강한 담론화 결과로 빚어진 것이 다이어그램의 오른쪽 하단에 위치한 오브제 a이다. 이 오브제 a는 라캉에 의해서 잉여가치라는 마르크스의 용어에 따라 "잉여 주이상스(surplus jouissance)"라고 명명되었다(*S XVII*, 19). 이 잉여 주이상스는 다시 마르크스의 논리에 따라 주인/지배자의 몫으로 귀착된다.

앞에서 지배자 담론이 여러 다른 담론들 가운데서도 가장 대표적이고 기본적인 구조를 갖고 있다고 말한 것은 그것이 라캉의 유명한 "기표는 다른 기표를 위해서 주체를 재현한다"(*Écrits*, 315)는 주체론적 언명을 실천적으로 보여주고 있기 때문이다. 주체가 한 기표와 다른 기표와의 관계 속에서 탄생한다는 라캉의 생각은 여기 지배자 담론의 경우, 지배자 기표 S_1과 보통 기표 S_2가 연출하는 전형적인 $S_1 \rightarrow S_2$의 공식으로 구체적으로 표현되어 있다. 그런데 이 주체화 과정에서 기표들의 은유적 대치 못지 않게 주목을 받아온 것은(특히 라캉의 말년에) 그 주체화, 상징화 과정의 결과로 빚어지는 오브제 a의 존재양식이다. "목구멍 속의 뼈"로서 상징적 재현(symbolic representation)에 절대적으로 저항하는 실재계적 산물인 오브제 a, 더 정확하게 말해서 <상징계적> 거세과정에서 상실한 <실재계적> 잃어버린 대상(lost object)에 대한 <상상계적> 복원 의지의 현현체인 오브제 a가 지배자 담론의 구조에서 특히 중요한 것은 그것이 분열된 주체 $와 맺는 환상의 구조 때문이다. 이 다이어그램의 상층부 $S_1 \rightarrow S_2$와 대조적으로 그 하층부 $와 a를 연결하면 $\lozenge a$가 되어 라캉의 전형적인 환타지의 구조가 형성된다. 무소불위이 권력과 힘의 담론, 지배자 담론은 그 하부 구조에 무의식적 환타지를 일종의 "역(逆)담론"으로 간직하고 있다는 것이 라캉의 다이어그램이 가시적으로 보여주고 있는 현상이다.

그럼에도 불구하고 라캉은 지배자 담론이 여러 담론 중에서 유일하게 환타지의 차원을 배척하고 있는 담론이라고 말하고 있다. 우리는 이런 모순적 발언을 어떻게 이해해야 할 것인가? 지젝의 정확한 지적대로, "지배자의 몸짓이 내포하고 있는 환상은 발화 행위의 수준(내가 말하고 있는 주체의 위치)과 발화 내용의 수준이 완전히 일치한다는 것이다"(Žižek 76). 발화 내용(énoncé)과 발화 행위(énonciation)의 일치는 "나는 곧 내가 말하는 것이다(I am what I say)"라는 의미이며 "나는 내가 말하는 것을 의미하고" 동시에 "나는 내가 의미하는 것을 말한다"는 것으로서 언술 차원과 의미 차원의 일치를 말한다. 이러한 발화 행위와 발화 내용의 일치가 바로 환타지의 가능성을 사전에 차단한다. 왜냐하면 환타지란 바로 발화 내용과 발화 행위 사이의 간극을 메우려는 시도로 발생하기 때문이다. 다른 말로 표현해서 환타지는 "너는 나에게 이 모든 이야기를 하는데 그것은 왜 그런가?" 혹은 "너는 나에게 이 말을 함으로써 도대체 네가 나에게서 원하는 것이 무엇인가?"라는 질문에 대한 답변이라고 할 수 있다(76). 라캉의 주체는 근본적으로 발화 내용과 발화 행위 사이의 갈라진 틈이나 벌어진 입을 통해서 그 존재성을 획득한다. 따라서 그의 주체론에서 환타지 차원은 어떤 내재적 필연성이다. 그러므로 지배자 담론이 환타지의 차원을 결여하고 있다는 논리는 성립되지 않는다. 그러므로 이 문제와 관련된 라캉의 자기 모순적 발언은 힘과 권위를 바탕으로 한 지배자 담론이 그 밑바닥에 깔려있는 환상의 차원을 우악스럽게 억압하고 있다는 사실을 역설적으로 강조한 말이며 따라서 지배자 담론은 궁극적으로 실패할 수밖에 없다는 진단적 발언이라고 말할 수 있을 것이다. 권세와 힘의 상징인 전설적인 정치가가 유약한 환상에 시달렸다는 전기적 사실이나 성스런 성직자가 불경스런 환상을 꿈꾸었다는 이야기, 그리고 가장 가학적(sadistic)인 사업가가 가장 피학적(masochistic)인 성생활을 즐겼다는 일화들은 한결같이 지배자 담론이 갖는 빛과 그림자의 양면을 잘 말해준다. 그들의 공적/외적 얼굴, 페르조나(persona) 차원에서는 이 담론의 상부 구조 $S_1 \rightarrow S_2$가 작동하지만 그들의 사적/내적 삶에서는 하부 구조 $\$ \diamondsuit a$가 환타지의 형태로 세(勢)를 얻는 것이다. 그것은 빛이 강렬할수록 어둠이 짙어지듯이 지배자 기표의 강도와 장악력이 높을수록 환상의 구조도 활발하게 활성화된다는 말이기도 하다.

그렇다면 다시 지배자 기표란 무엇인가? 이 문제를 대중문화나 일상적인 현실에서 날카로운 예(例)들을 끌어오는데 탁월한 능력을 보이는 지젝의 말을 통해 재현해 보자(76-77). 세계 2차 대전의 영웅 윈스턴 처칠은 각종 전문가 집단으로 구성된 참모들로부터 들어오는 각기 다른 수많은 정보에 접한다. 총사령관 처칠이 할 일은 이 많은 정보를 정리하고 분석하여 "이것이냐 저것이냐"라는 이분법적 대답으로 묶는 것, 다시 말해서 "공격을 할 것인가, 혹은 계속해서 기다릴 것인가"라는 양자 택일적 선택을 하는 것이다. 혼자만의 외롭고 고통스런 과정을 거쳐서 결정된 선택은 — 대부분의 이분법적 선택은 선택에서 배제된 다른 것들의 가능성을 희생하고 이루어진다 — 일단 그것이 선택되면 그것은 병사들의 생사를 가름하고 평화와 전쟁을 갈라놓는 엄청난 위력과 파괴력을 지닌다. 이것이 지배자 기표 S_1이 갖고 있는 힘의 논리이다. 그런데 이 선택적 결정 과정을 자세히 들여다보면 지배자 기표라는 것이 S_2와 S_1 사이의 간격, 다시 말해서 참모들이 가져오는 각종 정보와 같은 "보통의" 기표 연쇄와 총사령관 처칠이 최종적으로 선택한 "초과적" 지배자 기표 사이의 간격에 의존하고 있다는 사실을 알 수 있다. 이와 같이 S_1과 S_2 사이의 차이와 대비를 통해 드러나는 지배자 기표는 "미 8군 사령관, ○○○ 장군"하는 식으로 군대의 계급 서열인 "장군"이라는 기표와 직함을 나타내는 "사령관"이라는 기표를 병치해서 사용하는 관례에서도 나타난다. 여기서 사령관이라는 기표가 지배자 기표로서 작용한다. 같은 맥락에서 동일 인물이 자신의 본명과 사회적 직책에 따른 또 다른 이름을 동시에 사용할 때도 지배자 기표의 논리가 작용한다. 예컨대 로마 교황청의 교황 요한 바오로 2세(John Paul II)는 본명이 카롤 보이틸라(Karol Wojtyla)이다. "보통의" 기표로서 존재하는 실제 인물 카롤은 술을 마시고 불경한 말을 하는 등 인간적인 약점을 드러낼 수 있지만 지배자 기표로 군림하는 교황 요한 바오로 2세는 신의 대변자로서 어떠한 세속적 오류도 허용되지 않는다. 왜 이와 같이 두 이름을 겹쳐 사용하는가? 바로 이 겹침의 필요성이 사회적 위계질서 속에 주어진 자신의 자리를 지칭하는 보통의 일반적 기표들 위에 권위와 힘의 상징인 지배자 기표를 덧씌울 필요성을 말해 준다.

III

지배자 담론의 구조에서 시계 반대 방향으로 한 자리씩 움직이면 다음과 같은 대학 담론(university discourse)을 얻게 된다.

$$\frac{S_2}{S_1} \rightarrow \frac{a}{\$}$$

대학 담론(S XVII, 31)

이 담론의 구조에서 지배적, 명령적 위치를 점하는 것은 지식의 기표 S_2이다. 객관적 지식, 체계적 지식의 위치에서 실재계의 나머지/기억체(rem(a)inder)

인 오브제 *a*에게 강론한다. 이 오브제 *a*는 교육학적 관점에서 볼 때 "야생으로서의 미개화된 어린아이"와 같은 존재이다. 우리 모두는 부모들의 결핍을 채워주는 오브제 *a*로서 인생을 시작한다는 라캉의 말은 이것과 맥락을 같이한다. 언어 이전의 상태에서 이 "자연의 아들"은 그의 자신과 세계에 대한 경험을 그의 부모나 보호자와 같은 상징질서의 매개자들을 통해 지식과 이념의 세계에서 얻게 된다. 그리고 그가 언어를 습득하고 상징질서에 진입한 연후에는 그 자신이 지식의 체계 S_2가 제공하는 주체의 위치로부터 자신의 의미와 정체성을 배워간다. 이러한 가르침과 배움의 구조는 그대로 대학 강단으로 연결되어 탄탄한 지식 체계로 무장한 교수들의 지적 담론을 "순진한" 학생들이 일방적으로 전수 받는 $S_2 \rightarrow a$의 구조를 형성한다. 이러한 구조는 지식의 전수자 학생들의 저항의 논리를 설명해 준다. 라캉은 대부분이 학생들인 그의 세미나 청중들을 향해 오늘날 전 세계에서 벌어지고 있는 특이한 현상들을 대학 담론의 구조와 그 속에 처한 학생들의 위치를 통해 설명해낼 수 있다고 말하고 있는데(*S XVII*, 172) 그가 말하는 "특이한 현상들"은 1968년의 프랑스의 학생 봉기와 문화적 저항 운동을 포함한다. 구조적으로 학생들은 "착취" 당하는 소외의 구조를 형성한다. 그러나 이러한 대학 담론의 구조적 문제점의 해결 방안으로 라캉이 어떤 혁명 사상에 동조하는 것은 아니다: "혁명 아들로서 여러분이 진정 원하는 것은 큰 지배자(Master)에 다름 아니다. 여러분은 곧 그런 지배자를 갖게 될 것이다!"(*S XVII*, 239). 그는 구체적인 예로 노동자–농민의 동맹으로 구성된 구 소련의 혁명 전략이 전체주의 체제(S_2)의 지배를 강화하는 또 다른 대학 담론을 생산해냈음을 지적하고 있다.

이와 같이 대학 담론은 지배자 담론과 친화성을 갖는다. 구조적으로는 이 담론의 "진리"의 위치에 지배자 기표 S_1이 포진하고 있는 것에 주목할 필요가 있다. 대학 담론은 지배자의 의지와 구상을 정당화하고 합리화하는 경향이 있어 대학 담론의 뒤에 숨겨진 진실이 지배자 기표라는 사실은 "대학 담론이 그 자신을 명시적으로 드러내는 것은 지배자 담론의 점증적 폭로 행위를 통해서이다"(*S XVII*, 173)라는 말과 통한다. 지배자 기표가 어떤 식으로든 대학 담론을 지배하게 된다면 대학 담론은 결국 지배자 담론에 봉사하는 결과로 이어질 수 있다. 힘과 권위의 상징인 지배자 담론이 억압되면 체계적 지식으로 무장한 대학 담론이 그 자리에 들어서서 지식 체계 밑에 숨겨진 지배자 기표를 가동시킬 것이다. 대학 담론의 전횡에 맞서는 한 가지 방법은 밑으로부터 그것의 진리성을 형성하고 있는 지배자 기표를 폭로하는 것이다.

대학 담론의 저변을 이루는 지배자의 자리를 잘 말해주는 대표적인 사례 중의 하나가 의학 담론이다(Žižek 78). 표층 구조적 측면에서 이 담론이 다루는 것은 환자를 탈주체화시켜 그를 단순한 진찰과 치료, 연구의 대상으로 보는 순수하게 객관적이고 중립적인 의학 지식 체계 S_2이다. 그러나 그 밑바닥에는 의사를 "마스터"라고 부르며 그에게 매달려 있는 불안에 시달리고 근심 걱정에 찌든 "히스테리화된 주체"가 사리잡고 있음을 알 수 있다. 이 불안의 구조는 이 대학 담론의 하부 구조를 형성하는 $S \rightarrow S_1$이 바로 다음에서 보게 될 히스테리 담론의 상부 구조라는 사실로부터 유추된다.

지식 체계 S_2가 "잉여가치" a를 심문하는 대학 담론의 결과는 분열의 주체 S의 생성이다. 교육의 결과가 상징 질서의 강조로 나타나고 그것은 또한 의식과 무의식의 분할 구도의 심화, 자기 모순적 욕망의 발현, 몸통에 빗금이 쳐진 분열되고 소외된 주체성의 강화로 연결된 것이다. 이 분열된 소외의 주체가 지배자 기표 S_1과 맺는 관계가 바로 히스테리 담론의 구조를 형성한다.

IV

$$\frac{S}{a} \rightarrow \frac{S_1}{S_2}$$

히스테리 담론(*S XVII*, 13)

히스테리 담론(hysteric's discourse)의 특징은 지배자 담론과 대학 담론에서 억압되었던 소외와 분열의 주체가 정면에 부상하고 그것이 권력과 힘의 지배자 기표 S₁과 저항과 굴종이라는 독특한 관계를 형성하는 데 있다. 히스테리 담론은 무엇보다도 저항의 담론이다. 우선 이 담론은 히스테리 증상에서 볼 수 있듯이 상징과 언어를 통해 사회가 개인에게 부하한 지배 기표들을 수용하기를 거부한다. 이 거부의 몸짓은 마비나 최면 상태와 같은 육체적 증상으로 나타난다. 이 증상들은 프로이트가 관찰했듯이 어떤 기질적 문제가 아니라 몸의 기호적, 상징적 재현체가 빚어내는 심리적, 의미론적 갈등의 문제와 관련된다. 히스테리 담론은 또한 다른 형태의 저항과 불만의 표현들, 예컨대 노예들의 영탄조의 저항의 노래에서부터 혁명아들의 억센 우상 타파적 수사학에 이르기까지 다양한 몸짓과 언술 속에 나타난다. "어떤 담론이 화자의 증상에 의해서 지배받을 때, 다시 말해서 그가 주이상스를 경험하는 독특한 방식에 의해서 지배받을 때는 언제나 히스테리컬한 구조가 작동한다"(Bracher 122). 달리 표현해서 상징 질서에 의한 거세의 징표로 드러난 분열된 주체 S가 사회와 문화가 제공하고 사회적 이상으로서 추앙 받는 지배 기표들에 도전하고 그것들을 심문하려 들 때 히스테리 담론의 구조가 작동한다고 말할 수 있다.

이렇게 지배자 기표에 저항하려는 일반적 경향에도 불구하고 다른 한편으로 이 분열과 소외의 주체는 그 지배자 기표에 의존하고 그것과 어떤 유대감을 형성하려는 시도를 보이는 것은 히스테리 담론의 아이러니컬한 측면이다. 이 결핍과 분열, 소외의 주체 S는 힘과 권력의 상징인 지배자에게서 불안을 막아줄 안정적 보호막을, 삶의 무의미성을 덮어 줄 의미와 아이덴티티를 끊임없이 구한다. 이것은 라캉이 혁명의 정열로 불타고 있는 학생들에게 그들이 진정 원하는 것은 다름 아닌 힘의 지배자(Master)라고 경고한 말과 맥락을 같이 한다. 구조적으로 히스테리 담론은 갈등하는 주체가 "나는 타자(the Other)에 대해서 무엇인가, 나는 타자의 욕망 속에서 어떤 역할을 해야할 것인가"를 묻는 물음하고도 관련되어 있다.

히스테리 담론의 오른쪽 하단 생산/손실란에는 지식의 기표 S₂가 자리잡고 있다. 지배자 담론에서 S₂는 지배자에게 접근 불가능하지만 그것이 어떤 식으로든 지배자에게 봉사하는 한 높이 평가되었다. 대학 담론에서는 이 S₂가 지식 그 자체를 목적으로 하고 있다기보다는 대학과 교육기관의 존재와 활동을 정당화하는 요인으로서 부정적 평가를 받았다. 그렇다면 히스테리 담론의 S_2는 어떠한가?

이 담론의 S_2가 위치하고 있는 그 자리는 원래 지배자 담론, 혹은 상징적 거세를 통한 주체화 과정의 결과로 주이상스의 근원인 오브제 a가 들어서는 자리다. 그런 점에서 히스테리 담론에서 지식 S_2는 상당한 정도로 에로스화되어 있을 가능성이 있다. 이 담론에서 불안과 갈등의 주체 S는 지식에 홀리거나 빠져 있을 수 있다. 이 문제는 지식의 극치라는 과학적 지식의 문제하고 연결시켜 생각할 수 있다.

핑크의 조사에 따르면(35), 라캉은 1969년 말 여기서 논하고 있는 네 가지 담론이 거론되고 있는 세미나 *XVII*의 벽두에서 과학이 지배자 담론과 같은 구조를 갖고 있는 것이라고 말하고 있다. 과학은 결국 고대 철학이 그랬듯이 지배자에게 봉사하는 것으로 보았던 것 같다. 그러나 1971~72의 세미나 *XIX*나 『텔레비전』(1973)에서 라캉은 과학 담론과 히스테리 담론이 거의 같은 것으로 보고 있다. 그렇다면 어떤 의미에서 과학이 히스테리 담론에 속하는가?

이것은 아인슈타인의 상대성 원리, 하이젠베르크의 불확실성 원리, 쿤의 과학적 패러다임에 대한 재해석 등과 관련하여 생각할 문제이다. 포스트모던 상황 하에서 종래에 절대적 진리, 객관적 지식이라고 믿어왔던 것에 대한 비판이 제기되었고 이것은 과학적 지식에 대해서도 예외가 아니었다. 예컨대, 하이젠베르크는 인간의 측정 능력에 대한 관계, 과학적 지식에 대한 피할 수 없는 한계성을 제시하였다. 라캉의 패러다임에서도 이론상 전체(whole)라고 믿어왔던 큰 타자(the Other)에는 이미/벌써 구멍(hole)이 뚫려 있었다. 타자 속에 있는 결핍의 기표, $S(\emptyset)$는 이러한 "whole/hole"의 역설적 상황을 잘 전달해 준다.

그러므로 히스테리 담론이 산출해 내는 지식은 난공불락의 객관적, 절대적 지식이 아니라 어딘가 틈새가 벌어져 있는 불완전한 지식이다. 히스테리 주체는 지배자의 지식이 결핍을 드러낼 때까지 지배자 기표 S_1을 심문한다. 다시 말해서 $S \rightarrow S_1$의 담론 과정은 한편으로는 지배자가 지식을 생산해내기를 요구하면서 다른 한편으로는 그 지식의 오류나 불완전성을 증명해내려

한다. 이것은 히스테리 환자들의 담론을 통해 정신분석학적 발견이 이루어진 역사적 사실로도 입증된다. 그 환자들은 마스터 "프로이트로 하여금 정신분석학적 이론과 실제를 개발하도록 유도하는 한편 그의 상담실에서는 그의 지식과 치료 방법의 부적절성을 입증해 보여주려 했기"(Fink 36) 때문이다.

히스테리 담론에서 진리의 위치를 차지하는 것은 이 담론 구조의 왼쪽 하단에 자리잡고 있는 오브제 a이다. 이것은 이 담론의 숨겨진 진실과 동력이 오브제 a, 다시 말해서 실재계와 관계 있음을 말해준다. 앞에서 본 지식의 불확실성, 논리의 뒤틀림, 이성의 아포리아(aporia) 현상 등이 바로 이 실재계적 a에 근원하고 있음을 히스테리 담론의 다이어그램은 가시적으로 보여주고 있다. 그러므로 라캉이 과학의 담론을 히스테리 담론의 범주 속에 포함시켰을 때 그것도 역시 실재(實在)의 문제와 연관되어 있음을 강력히 시사한 것이다. 과학적 지식과 담론 곳곳에 산견되는 역설과 모순의 논리들은 라캉의 세 질서 중 모태를 형성하고 있는 실재계의 일탈현상과 무관하지 않다는 것이다.

V

이제 라캉의 네 가지 담론 중 마지막으로 살펴볼 것은 분석가 담론이다 그러나 정확하게 말하자면 분석가 담론이 세 번째이고 네 번째가 히스테리 담론 순이다. 그것은 네 개의 기호를 지배자 담론을 중심으로 시계바늘 반대 방향으로 한 칸씩 이동하면서 담론의 명칭을 붙였기 때문이다. 분석가 담론의 구조는 다음과 같다.

$$\frac{a}{S_2} \rightarrow \frac{\$}{S_1}$$

분석가 담론(S XVII, 13)

이 구조는 첫 번째의 지배자 담론과 좌우, 상하면에서 정확하게 반대이다. 그것은 앞에서 본 대학 담론과 히스테리 담론이 정확하게 대극적 구조를 형성했던 사실에 조응한다. 이러한 구조적 대극성은 의미의 대극성으로 연결되어 대학 담론과 히스테리 담론을 병치해서 논했던 것이 유의미했듯이 분석가 담론도 지배자 담론과의 관계 속에서 관찰하는 것이 필요할 것이다.

분석가 담론은 라캉이 제시하고 있는 네 가지 담론 중 가장 "인간적이고 참된" 담론을 구성한다. 그것은 지배자 담론의 언어의 폭력성도, 대학 담론의 지식의 전횡성도, 히스테리 담론의 병리적 현상도 다 같이 극복한다. 그것은 이 담론의 정면에 실재적 오브제 a가 배치되어 있는 구조적 특성에서도 잘 드러난다. "기표들, 특히 지배자 기표들이 포착하지 못하는 이 실제게를 드러내 보여줌으로써 소외의 주체들이 자신의 소외적 상황과 지배자 기표들과의 비일치성을 자각하도록 할 수 있고 새로운 지배자 기표의 생산에 추동력을 제공할 수 있다"(Bracher 126). 이런 의미에서 분석가 담론은 중요한 의미에서 창조적이고 "혁명적" 담론이라 할 수 있을 것이다.

구조적으로 보아서 분석가 담론은 분석가와 갈등하는 주체인 피분석가 사이에서 발생한다. 오브제 a로서 분석가는 욕망의 원인체(cause of desire)로서 작용하며 분열과 소외의 주체 S를 심문하여 새로운 지배자 기표 S_1을 생산하도록 한다. 분석가 담론과정에서 생성된 이 지배자 기표가 지배자 담론의 S_1과 다른 것은 이 담론의 왼쪽 하단 "진리"의 자리에 위치하고 있는 S_2가 대학 담론의 "지식"과 다른 것과 같다.

이 담론 과정에서 "타자"의 자리에 선 피분석가는 히스테리화 된다. 환자가 의식적으로 대학 담론의 지식 S_2를 구사하려 하나 분석가와의 분석적 관계 속에서 그는 불가피하게 무의식적 "타자의 담론"(discourse of the Other)에 편입되고 히스테리컬한 구조를 가진 담론을 구사하게 된다. 이때 분석가는 그 환자가 자기 집에서 주인이 되지 못하고 자신의 담론의 지배자가 되지 못한다는 점을 지적해 줌으로써 그를 의식적 주체와 무의식적 주체, 혹은 자아 담론(ego discourse)과 타자 담론(Other discourse) 사이의 분열된 주체로 드러낸다. 이 과정은 자유 연상법과 같은 분석적 장치를 통해서 이루어지고 말의 실수, 언어의 실착, "비정상적" 행위 등에서 타자 담론의 무의식적 기표가 묻어난다. 이 과정에서 만나는 것이 S₁이다. 그것은 환자의 말의 흐름을 막을 수도 있고 반대로 그것을 크게 활성화시킬 수도 있는 그에게 절실하고 중요한 의미를 지닌 기표들(significant signifiers)이다. 그것은 어떤 특정한 이름일 수도 있고 지금까지 망각 속에 묻혀 있던 어린 시절의 작은 사건일 수도 있다. 분석의 초점은 새로이 무대에 등장한 이 새로운 지배자 기표 S₁을 집중적으로 관찰하는 것이다. 그리고 그것을, 라캉의 표현을 빌려, "변증법화"(dialectization)하는 것이다. 무엇과의 변증법인가? S₂이다. 다시 말해서 라캉의 분석과정은 지배자 기표와 다른 기표들 사이에 변증법적 관계를 형성하는 것, 즉 S₁−S₂의 관계 정립이다. 분석가 담론의 하부 구조가 역방향으로 바로 이 구조를 하고 있다는 것은 이를 잘 반영해 준다. 그리고 S₁−S₂의 의미구조는 앞에서 본 지배자 담론의 상부 구조일 뿐만 아니라 단일 기표 S₁과 대항 기표 S₂가 연결된 라캉의 의미화 구조 일반을 말하고 있다는 점에서 분석가 담론이 그 저변에 이 담론들과의 연계성을 깔고 있다는 사실을 강하게 암시하고 있다.

분석가 담론의 진리란에 자리잡고 있는 지식의 기표 S₂는 대학 담론의 그것과는 구별되는 무의식적 지식, 혹은 "신화적 지식"이다. 그것은 의미화 과정 속에 내재된 지식이고 주체화 과정을 통해 주체에게 편입될 지식이다. 지식이 있었던 곳에 주체가 들어서는 것이다. 그 지식은 분석가의 분석 행위를 떠받쳐 주고 욕망의 원인체, 오브제 *a*로서 그의 위치를 정당화시켜 준다. "*a*를 제외시키는 것을 피할 수 있게 해주는 것이 바로 지식의 신화적 형태인데 그것은 어떤 절대적이고 분명하게 확립된, 자기 지시론적 아이덴티티를 제시하지 않고 단선적인 아이덴티티나 의미, 가치가 아닌 이미지나 환타지 속에 육화된 대극의 체계를 제시해 준다"(Bracher 125). 이런 신화적, 무의식적 지식 체계가 분석가 담론의 구조를 밑으로부터 받쳐주고 있는 것이다.

분석 과정에서 분석가가 피분석가에게 보통 사람과 같은 작은 타자(o)로 비치면 그 분석가는 상상적 타자(imaginary other)로 드러나고 재판관이나 부모와 같은 큰타자(O)로 비치면 상징적 타자(symbolic Other)로 드러난다. 반면에 피분석가에게 분석가가 자신의 욕망을 불러일으키는 욕망의 원인자로서 자리 매김될 때 그 분석가는 피분석가에게 "실재적" 대상, 즉 오브제 a로서 드러난다. 분석가 담론에서 라캉이 에이전트의 자리에 오브제 a를 포진시킨 것은 바로 이런 맥락에서이다.

분석가가 피분석가에게 욕망의 원인체로 드러나는 $a-\$$의 분석 관계 속에서 후자는 전자에게 자신이 과거에 겪은 트라우마(trauma)적 상황이나 의미 있는 타자와의 관계를 투사한다. 무의식적으로 형성되는 이러한 투사적 관계를 프로이트의 용어로 "전이"(transference)라고 한다. 이 전이에는 "전이적 사랑"이라 불리는 "긍정적 전이"가 있을 수 있고 "저항"의 의미가 포함된 "부정적 전이"가 있을 수 있다. 라캉의 분석 담론에서 특히 중요한 것은 바로 이 부정적 전이 문제이다. 그것은 전통적 분석 현장에서 환자가 분석가에게 보이는 분노와 공격성 등 "부정적 치료 빈응"이라 하여 치료에 방해가 되는 것으로 애써 외면하려 했던 문제이다. 그러나 라캉은 그것을, 핑크의 표현을 빌려, "분석의 아르키메데스적 점"으로 보고 있다: "분석가에게 욕망의 '원인'의 자리를 점하고 있는 분석가는 라캉에 따르면 바로 '분석의 동력'이다; 다시 말해서 그것은 전이가 분석의 최종 목표로서 분석가와의 동일시를 지향하지 않도록 하기 위해서(어떤 분석가들은 이 분석가와의 동일시를 분석의 목표로 삼고 있다) 분석가가 필히 점해야 하는 자리이다"(40).

피분석가가 부하하는 부정적 전이 감정에 대해 분석가가 취할 태도는 그것을 서둘러 덮으려하거나 외면하는 일, 혹은 "합리적으로" 설명하여 그 정동적(情動的) 강도를 희석시키려 들지 않는 것이다. 그것은 분석가가 분석 현장에서 벌어지고 있는 뜨거운 전이 현상에 대해 단순한 관찰자로서 뿐만이 아니라 대상 관계 학파(object relations)의 위니콧(D. W. Winnicott)의 표현대로 자기 자신을 "사용"(use)하여 그 관계 속에 참여할 것을 요구한다. 이런 의미에서 프로이트도 분석가와 피분석가 사이의 전이적 관계를 투쟁과 전쟁의 메타포로 표현하지 않았던가.

의사와 환자 사이의 투쟁은 … 거의 전적으로 전이 현상 속에서 이루어진다. … 전이 현상의 통제는 정신분석가들에게 큰 난점을 제공한다는 사실에는 이론의 여지가 있을 수 없다. 그러나 바로 그것이 우리에게 환자의 숨겨지고 잊혀진

성적 충동들을 즉물적으로 눈앞에 보여주는 측정할 수 없이 귀한 기여를 한다는 사실을 잊어서는 안되겠다. 모든 것은 말하고 행할 때 <부재중>이거나 <상징 속에> 있는 사람을 파괴하는 것은 불가능한 일이다. (*SE XII*: 108)

「전이의 역동성」(1912)의 마지막 단락에 나오는 이 글은 부재(*in absentia*)와 상징(*in effigie*)으로 대변되는 전이 현상이 과거의 현재적, 기호적 재현 현상임을 분명히 말해주고 있다. 그것은 과거 의미 있는 타자들과의 의미 있는 관계를 지금 여기서 새로운 타자인 분석가에 투사하여 기호적으로 재현하고 있는 것이다. 부재로서 존재하는 이 기호적 재현 현상의 특징은 분석 현장에 참여하고 있는 두 주인공들의 "전투" 같은 관계를 통해 "숨겨지고 잊혀진" 과거가 "즉물적으로 눈앞에 보여주는" 현재적 상황으로 드러난다는 것이다. 다시 말해서 전이는 "과거의 역사, 과거의 극중 인물들(*dramatis personae*)과 정서적 갈등들이 특별한 종류의 현재, 즉 과거의 재현과 상징적 되풀이를 선호하고 청자의 '개입'을 통해 과거의 궁극적 재편 작업에 동조하는 특별한 종류의 현재 속에 투여되는 어떤 '가설적'(as-if) 영역"(Brooks 53)이다.

이 상황에서 분석가가 피분석가에게 할 일은 그러한 현상에 대한 단순히 지적인 설명이나 해석이 아니라 그가 자신과의 현재적 관계 속에서 과거의 격정적 사건을 정서적으로 다시 살아가도록 도와주는 일이며 이 분석적 관계 속에서 튀어나오는 새로운 지배자 기표 S_1을 활성화하여 다른 일상적 기표들 S_2와 연결고리를 형성함으로써 S_1-S_2의 관계를 변증법화하는 것이다. 라캉의 이론가일 뿐만 아니라 현역 분석가인 핑크는 이 상황을 정확하게 전달하고 있다: "분석가는 전이의 <사실>을 해석하거나 피분석가가 분석가인 자신에게 어떤 것을 투사하거나 전이한다는 사실을 단순히 지적하는데 그치지 말고 투사의 (관념적, 정서적) <내용>에 그의 주의를 환기시키며 그로 하여금 <그것>을 언어로 표현하도록 유도해야 한다. 그것을 희석시키거나 금하지 말고, 피분석가가 그것에 대해 죄의식을 느끼게도 하지 며 오직 그것을 말하게 하는 것이다. 여기서 분석가는 해석보다는 질문을 통해서 (사상과 감정의) 내용과 그것을 최초로 야기시켰던 사람들, 상황, 관계들 사이의 연결 고리를 재정립하는 것이다"(42).

전이 현상 속에서 과거에 대한 회상은 보통 무의식적 반복의 형태를 띤다. 이 반복 현상은 지적 의미에서의 정통 기억이 억압에 의해 차단되었을 때 일어나는 일종의 기억 행위이다. 이와 비슷하게 부정적 전이의 일환인 저항(resistance)은 상징화가 실패한 곳에서 일어나는 실재적 거부의 몸짓이다. 과거의 트라우마적 사건이 언어적 표현으로 상징화되는 길이 막혀 있을 때 실재계는 저항의 형태로 자기 표현을 시도한다. 따라서 분석 현장에서 산견되는 환자들의 저항은 일종의 "구조의 필연성"(Fink 43)이라고 할 수 있다. 그러므로 분석 과정에서의 해석 행위는 저항이라는 사실 자체를 지적하는 것으로 끝날 것이 아니라 언어화, 상징화를 저항하는 트라우마적 경험이나 사건을 목표로 하는 것이 되어야 할 것이다.

VI

지금까지 네 가지 기호 S_1, S_2, S, a의 배열에 따라 네 가지 담론이 형성되는 과정을 살펴보았다. 담론 구조의 왼쪽 윗 부분, 지배와 명령의 에이전트 자리에 네 기호 중 어느 것이 위치하느냐에 따라 지배자 담론, 대학 담론, 히스테리 담론, 분석가 담론이 결정되었다. 그리고 그 자리는 바로 담론의 주체의 자리였다. 각 담론의 주체는 다른 것들과 구별되는 나름대로의 변별적 자질을 갖고 담론의 중심에 위치해 있었다.

인간의 언술활동 중에 자신이 관여하고 있는 언술 영역의 밖에 서서 그것을 거리를 두고 객관적으로 관찰할 수 있는 메타언어(metalanguage), 혹은 메타담론(metadiscourse)의 가능성이 포스트모던 상황 하에서 부정된다고 볼 때 누구도 자기가 사용하는 담론의 밖/위의 관점을 획득할 수는 없다. 이 말은 라캉이 담론 현상을 네 가지 부류로 범주화했을 때 담화자는 반드시 이 중 어느 하나에 속하고 그것의 한계성을 극복하려는 노력도 그 담론 내에서 이루어진다는 것을 의미한다.

그러나 주체가 참여하는 담론의 영역이 고정불변인 것은 아니다. 예컨대, 어떤 사람이 "나는 너희들의 지배자로서 나의 뜻을 펼쳐 보이겠다"라고 선언하면서 "지배자"라는 지배자 기표를 정면에 내세우는 힘과 권위의 지배자 담론을 구사하는 경우에도 만약 그 사람이 지도자로서 자신의 자격을 스스로 의심하며 "나는 과연 그들의 지배자인가? 나에게 그런 행동을 정당화하여 주는 자질은 무엇인가?"라고 물으면서 자신의 존재 이유를 타자의 욕망과의 관계 속에서 찾으려할 때 이미 그 주체는 "히스테리화"되어 지배자 담론이 아닌 히스테리 담론의 영역에 들어서고 있는 것이다.

그리고 또 하나 지적해 둘 점은 라캉의 여러 기호나 도식을 설명할 때 항상 문제시되는 것이지만 담론의 다이어그램에서도 네 가지의 구성 요소를 정의하고 뜻매김할 때 유연한 태도를 가질 필요가 있다는 것이다. 앞에서 보았듯이, 분석가 담론의 하층 구조를 형성하고 있는 S_1과 S_2는 각각 지배자 담론의 S_1이나 대학 담론의 S_2와는 상당히 다르게 해석되었다. 그리고 지배자 담론의 결과로 생성된 오브제 a와 대학 담론의 타자로서 등장하는 a, 그리고 분석가 담론의 주체 a는 동일한 사전적 의미로 뜻풀이 될 수 있는 성질의 것이 아니었다. 라캉이 자신의 도식을 "도식적으로" 설명하려는 사람들에게 일갈했듯이, 그의 도식과 다이어그램은 설명의 필요를 위해 도입된 하나의 허구적 가능성이지 그 자체로 이론의 원판이 아님을 명심할 필요가 있다.

라캉 담론의 구조적 특성은 다른 일반 담론 분석에서 볼 수 없듯이 S_1과 S_2와 같은 언어적/기호적 요소와 S와 a와 같은 심리적/육체적 요소들을 결합하고 있다는 것이다. 따라서 이러한 종합적 접근법은 우리 사회를 구성하고 있는 기호와 상징의 세계를 담론의 차원에서 그것이 인간 주체에게 심리적으로, 정신적으로 끼치는 영향과의 관계 속에서 살필 수 있는 거점을 제공해 준다. 그런 점에서 라캉의 담론 분석은 사회 비평이나 이데올로기 비판, 문화와 문명 비판에도 유익하게 적용될 수 있을 것이다. 그리고 그것이 담론의 수신자와 송신자 사이의 관계를 표층 구조적으로 다루고 있을 뿐만 아니라 그것의 억압되고 감추어진 "진리"와 "생산"의 하층 구조까지를 포괄적으로 다루고 있다는 점에서 라캉의 담론 분석은 "심층" 심리학이라는 정신분석학의 기초 원리를 충실하게 실천하고 있다고 말할 수 있을 것이다.

참고 문헌

Bracher, Mark. "On the Psychological and Social Functions of Language: Lacan's Theory of the Four Discourses." In *Lacanian Theory of Discourse: Subject, Structure, and Society.* Ed. Mark Bracher et al. New York: New York UP, 1994.

Brooks, Peter. *Psychoanaiysis and Storytelling.* Oxford: Blackwell, 1994.

Fink, Bruce. "The Master Signifier and Four Discourses." In *Key Concepts of Lacanian Psychoanalysis.* Ed. Danny Nobus. New York: Other Press, 1998.

Freud, Sigmund. *The Standard Edition of the Complete Works of Sigmund Freud.* 24 vols. Trans. and ed. James Strachey. London: Hogarth, 1953-74. Abbreviated as *SE.*

Lacan, Jacques. *Écrits: A Selection.* Trans. Alan Sheridan. New York: W. W. Norton, 1977.

_____. *Le Séminaire, Livre XVII: L'envers de la psychanalyse*(1969-70), Paris: du Seuil, 1991.

Žižek, Slavoj. "Four Discourses, Four Subjects." In *Cogito and the Unconscious.* Ed. Slavoj Žižek. Durham: Duke UP, 1998.

박찬부

김종갑

"보다"의 정치성: 광고를 통한 접근

서술이론에서 시점이나 초점화의 문제는 인간 일상성의 근저에 놓인 "보다"의 문제와 떼어놓고 생각할 수가 없다. "보다"라는 지각 활동이 서술되면서 서술물의 형태로 서술이론의 영역으로 접어드는 것이다. 무엇보다 서술이론에서 사안은 보는 주체의 문제로 집중된다. "누가 바라다보는가?" 눈빛은 특정 주체에게서 새어나와 특정한 대상을 향해 나아간다. 보는 행위에 공간과 시간이 동시에 관여되는 것이다. 그래서 보는 문제는 다음과 같이 다시 언표될 수 있다. "[텍스트의 한 대목에서] 누가 직접적으로 대상을 바라다보고 있는가? 누구의 시선이 … 원점(zero point)을 차지하는가? 누구에게 시공간적(spatio-temporal) 정위가 부여되는가?" 미루어 짐작할 수 있겠지만 여기서 이 시공간은 자연적이거나 중립적 시공간이 아니다. 문화적·역사적 거미줄이 촘촘히 쳐진 시공간이다. 그리하여 바라다보는 주체는 이데올로기적 좌표계에 놓이게 되면서, 다음과 같은 질문이 제기될 수 있는 빌미를 마련한다. "심리적이거나 이데올로기적 힘의 흔적이나 드러남의 몫이 과연 누구에게 주어지는가?" (Toolan 75) 말하자면 보고 보여지는 시공간에서 누가 권력의 장, 원점을 장악하고 있는가 하는 문제가 제기되는 것이다.1) 시각 혹은 서술로 짜여진 거미줄의 저편에는 이데올로기적 거미, 권력의 거미가 웅크리고 있다. 이때 보이고 보여지는 시각의 관계는 먹고 먹히는 투쟁의 관계로 바뀐다.

이 글에서 필자는 시선의 원점과 관련해서 "보다"의 이데올로기적·권력 지향적 성격에 초점을 맞추려 하는데, 우선 준비 작업으로 현상학적 논의에 기대어 시각의 의미를 점검하게 될 것이다. 필자의 소견에 훗설(Edmund Hussserl)과 하이데거(Martin Heidegger), 메를로-뽕띠(Merleau-Ponty)의 현상학은 시각의 윤리학적 차원을 드러내 보여준다. 반면, 사르트르(Jean-Paul Sartre)의 현상학은 — 뒤를 이어 라캉(Jacques Lacan)의 정신분석이나 푸코 (Michel Foucault)의 계보학에서도 마찬가지이겠지만 — 시각의 정치성에 치우쳐있다. 참고로, 시각의 윤리성과 정치성은 배타적이기보다는 상보적인 관계에 놓여있으며, 양자는 실체의 차이가 아니라 관점의 차이에 의존하고 있다. 시각의 윤리성과 정치성에 대한 이론적 작업이 마무리 된 다음, 필자는 구체적 텍스트를 대상으로 시각의 정치성 문제를 더욱 확대 논의하게 될 것이다. 분석의 대상으로는 문학 텍스트가 아니라 시각적 광고물을 선택하였다. 예술적 배려의 단계를 밟으면서 이데올로기적 요소가 은폐되거나 간접화된 문학 텍스트와 달리, 대중문화의 텍스트에서는 그러한 요소가 걸러지지 않고 더욱 노골적으로 드러나는 속성을 지니기 때문이다.2) 어쩌면 시각을 화두로 삼아서 비판적으로 쓰여진 문학 작품들이 분석 대상으로 더욱 적합하리라는 지적이 있을지도 모른다. 가령 서구의 이성중심주의를 시각중심주의(ocularcentrism)로 재해석하는 바타이유(Georges Bataille)의 작품을 비롯해서 초현실주의적 텍스트, 그리고 흑백의 피부색으로 담론이 엮어지는 탈식민주의적 문학 텍스트를 손꼽을 수 있다. 그럼에도 시각적 광고물을 대상으로 선택한 이유는 두 가지가 있다. 하나는 서술이론과 관련된 것으로, 보다가 서술하다와, 즉 지각행위가 언어와 불가분의 관계에 있다는 사실을 강조하고 싶었다. 시각은 곧 글이며 서술이다.3) 다른 하나의 이유는 광고

---

1) 필자가 사용하는 권력이나 정치학이라는 개념은 푸코가 『성의 역사』 및 『감시와 처벌』 등의 저서에서 발전시킨 맥락에서 미시정치학(micropolitics) 혹은 몸의 정치학(body politics)을 의미한다.
2) 안토니 이스토호프의 『문학에서 문화연구로』의 제2장 「고급문화/대중문화」를 참조하기 바람.
3) 가령 다음과 같은 데리다의 말을 참조할 수 있다. "순수한 지각이란 존재하지 않는다.

이미지에 우리의 일상성을 구성하는 "보다"의 문제, 일상적인 응시 행위에 깃든 권력과 이데올로기의 문제가 깊이 관여해 있기 때문이다. 개인적으로, 필자는 인터넷에 올려진 유명 연예인의 비디오 파일 사건들을 계기로 "보다"의 문제에 관심을 갖기 시작하였다. 왜 우리는 그토록 보고 싶어하는 것일까? 결론을 앞당겨 말하면, 바라봄(voir)는 앎(savoir)이며 권력(pouvoir)이다. 응시자는 바라보이는 대상을 지각할 뿐 아니라 동시에 권력마저 행사하는 것이다. 이때 지각의 인지적 힘은 현실을 움직이는 수행적 힘으로 발전한다. 특히 광고 이미지는 독자의 응시 행위를 재빨리 권력으로 옮겨놓음으로써, 바라보는 눈이 구매하는 손으로 옮겨지도록 만드는 메커니즘으로 특징지어진다고 할 수 있다.

I

당연한 사실이지만 인간은 몸을 가진 존재이다. 사유하는 존재이면서 동시에 몸으로 느끼며 움직이는 존재이다. 사유를 중시하는 데카르트적 유산이 몸을 부차적인 위치로 내려뜨렸다면, 훗설과 하이데거, 메를로-뽕띠는 몸의 권리와 가치를 다시 복원시켜 놓았다. 몸을 통해서 비로소 세계와의 개방성, 세계와의 교통이 이루어지는 것이다. 우선 지각의 기관으로서 몸이 없으면 세계는 아예 지각될 수도 없다. 또 수동적으로 세계를 지각할 뿐 아니라 몸은 적극적으로 세계에 관여하며 간섭하고 작용한다. 말하자면 지각의 주체이면서 인간은 자유로운 움직임의 주체, 의욕하고 의지하는 주체가 된다. 그래서 세계와 인간의 몸 사이에는 중단되지 않는 상호 작용과 상호 교통이 있다. 메를로-뽕띠의 개념을 빌리면 세계도 몸이다. 사회적 존재로서 사회와 인간의 교통도 몸을 통하여 이루어진다. 나는 친구에게 고개를 숙여 인사하고, 손을 내밀어 악수한다. 그와 나의 몸이 있기 때문에 멀리서도 친구는 나를 식별할 수 있으며, 다리로 걸어서 나에게 다가올 수 있다.

요컨대 지각이 외재적인 것이든 내재적인 것이든 언제나 이미 지각을 감시하고 있는 우리 내면의 심급에 의해, 글을 쓰면서만 우리는 글로 쓰여진다." 데리다. 『글쓰기와 차이』, 356.

나는 바라볼 뿐 아니라 보여지기도 한다. 공간과 시간 속에 놓인 나의 몸은 능동적으로 지각하면서 동시에 수동적으로 지각이 되기도 한다.

세계에 대한 나의 관계가 능동과 수동으로 맺어지듯이, 세계를 구성하는 부분으로서 나와 타인의 관계도 능동과 수동이라는 두 가닥으로 엮어진다. 상황의 변화에 따라서 나는 주체로 발돋움할 수도, 아니면 객체의 위치로 내팽개쳐질 수도 있다. 훗설에 의하면 관점에 따라 나는 돌이나 나무토막과 마찬가지인 자연 대상으로, 혹은 사자나 토끼와 같은 동물의 하나로, 아니면 의식을 가진 인간으로 간주될 수도 있다.4) 「결의와 독립」(Resolution and Independence)에서 워즈워스(William Wordsworth)가 그러했듯이 멀리서 보면 어떤 사람이 "커다란 돌"과 흡사하다가도, 조금 더 가까이 다가서면 "바다 동물"로 보이기도 하고, 마침내 더욱 가까이 접근하면 비로소 온전하게 사람으로 드러날 수 있다. 이것은 단순한 착각이나 착시로 치부해 버릴 수 없는 존재론적 무게와 깊이를 지닌다. 인간은 자연 대상과 마찬가지로 물질이지만, 자연 대상과 달리 의식이 부여된 존재이기 때문이다. 그래서 인간에게는 심리적 · 사회적 · 철학적 접근뿐 아니라 물리적 · 신경학적 접근도 허용된다. 다시 훗설의 용어를 빌면, 물질로서 인간은 살과 뼈로 이루어진 육체로서(Koerper) 보여질 수도, 아니면 동물의 한 종으로서 유기적인 몸(Leib)으로 보여질 수가 있다.5) 예를 들어, 저울 위에 올려놓으면 한편으로 한 무더기의 장작 60킬로그램과, 다른 한편으로 나의 육체 60킬로그램 사이에는 아무런 차이가 없으며, 마찬가지로 이들 모두 인과 관계와 물리법칙의 지배를 받는다. 높은 곳에서 "물체가 낙하하듯이 나의 육체도 낙하하는 것이다"(Husserl 68), 돌덩이와 마찬가지로 나도 물질이다. 워즈워스가 멀리에서 낯선 사람을 돌덩이로 보았던 존재론적 근거가 여기에 있다. 물론, 두 말할 나위 없이 나는 한갓 물질이 아니다. 느끼고 의욕하며 움직이는 육체로서 유기적인 몸, 즉 시각, 촉각, 청각, 후각, 미각이라는 오관을 갖춘 몸이다.

---

4) 이러한 훗설의 관점주의에 대해서는 David Smith의 "Mind and Body"를 참조하기 바람.

5) 이러한 구별은 훗설의 Ideas 2권, 『유럽학문의 위기와 선험적 현상학』의 28절과 62절에 나타나 있다.

「결의와 독립」에 나타나는 "바다 동물"도 이러한 오관을 갖추고 있다는 점에서 인간과 같은 존재론적 조건을 갖추고 있는 셈이다. 물론 바다 동물 및 나의 몸도 물리법칙과 인과법칙의 지배 아래에 놓인다. 칼로 베이면 바다 동물과 나의 몸에서 똑같이 피가 나오며, 총에 심장이 관통되면 그 자리에서 즉사한다. 이것이 바야흐로 나의 사실성을 구성한다. 나의 생각이나 의지와 전적으로 무관하게 객체로서 나는 장작처럼 내던져지고 공처럼 차일 수 있으며, 바다 동물처럼 작살로 찔리거나 총으로 사살될 수 있다.

자연으로서의 인간이 수동적인 대상으로 취급될 수 있는 빌미를 만들어 준다면 의식으로서의 인간은 능동성과 주체성의 근거로 작용한다. 멀리에서 타인에게 바위나 바다 동물로 보여질지라도 지각하고 생각하는 주체로서 내가 어디까지나 의식이며 인간이라는 사실에는 변함이 없다. 또 나에 대해서 타인이 그러했듯이 나도 타인을 자연 대상으로 바라다 볼 수가 있다. 이것은 특히 교차대구적 시각의 특징에서 잘 드러난다. "나는 그를 본다."라는 문장은 "그는 나를 본다"라는 문장으로 전환될 수 있다. 보다라는 능동적 지각이 보이다라는 수동적 지각으로 바뀔 수가 있는 것이다. 이때 바라봄이라는 능동적 지각과 주체성의 관계는 성찰을 요하는 문제이다. 훗설에 의하면, 시각을 포함한 지각 기관으로써 인간의 몸은 정위의 원점(zero point of orientation)으로 작용한다(Husserl 166). 멀다, 가깝다, 이쪽, 저쪽, 여기, 저기와 같이 방향과 거리를 가리키는 관념들은 나의 몸이 차지하고 있는 시공간으로서 "지금, 여기"가 원점으로서 전제되지 않으면 공소해져버린다. 바로 "지금과 여기"를 통해서 나는 공간과 지각의 세계를 직관할 수가 있는 것이다(Husserl 61). 저기에 있는 대상도 나의 원점과 관련해서 비로소 의미를 갖는다. 나에게 지각되는 세계는 그리하여 나의 원점으로 삼투되어 있다.

지각적인 삼투의 정도는 지각의 기관에 따라서 다양한 모습을 보인다. 시각과 촉각의 차이와 관련해서 훗설의 설명에 따르면, 촉각은 국지적(localization)이고 부분적이다. 손으로 책상을 만지는 경우, 내 몸의 한 부분만이 대상의 한 부분만을 만진다. 부분과 부분이 일 대 일로 상응하는 것이다. 이때 상응은 만지고 만져지는 상호 관계를 특징으로 가지는 바, 만지기 위해서는 반드시 내 몸의 한 부분이 동시에 만져져야 한다. 상호 주관적으로 촉각이 이루어지는 것이다. 그러나 시각은 그러한 국지성이나 상호 주관성에 의해 제한되지 않는다(Husserl 60-63). 예컨대 바위를 바라보기 위해서 내 눈의 한 부분을 바위를 가져다 댈 필요가 없다. 닿지 않으면서도, 혹은 대상에 의해서 내 눈이 이렇다할 영향을 받지 않으면서도 나는 대상의 전체를 한꺼번에, 그것도 일방적으로 바라볼 수가 있다. 바로 이 점에서 촉각의 교차대구적 특징과 시각의 교차대구적 특징 사이에 심연의 골이 깊어진다. "나는 그를 본다"가 "그가 나를 본다"와 상호 교차될 수 있는 시각의 교차대구는 "나는 그를 만진다"와 "그가 나를 만진다"라는 촉각적 교차대구의 관계와 동질적이 아니다. 비록 훗설이 명시적으로 언급을 하지 않았지만, 지각의 경제성에서 시각이 총체적이라면 촉각은 부분적이며 파편적이다. 국지적인 접촉에 의해 이루어지는 촉각은 공간적으로 1 대 1의 상응 관계를 특징으로 갖는 데, 바로 이 접촉성이 촉각의 경제성에 제한을 가한다. 하나가 입력되면 하나의 결과만이 출력되기 때문이다. 반면, 가깝고 먼 거리를 두고 이루어지는 시각은 1 대 1의 상응 관계에 묶여 있지 않다. 바라다보는 특정 주체의 시야에 수많은 대상들이 한꺼번에 담기는 것이다. 과장의 위험을 무릅쓰고 촉각과 비교해 말하면, 시각은 1 대 무한의 관계, 총체화시키는 관계이다. 수사법적으로 촉각이 부분과 부분의 관계로서 환유적이라면 시각은 부분과 전체의 관계로서 제유적이다. 가령 공원에서 주위를 둘러보는 나는 바라보이는 공간에서 한 점으로 그만 사라져버릴 정도로 조그마함에도 불구하고 그 어마어마한 하늘과 풍경을 한꺼번에 바라다 볼 수가 있다. 거리의 지렛대로 시각은 온 우주를 들어 올릴 수 있는 것이다. 이 지렛대의 받침대는 물론 주체가 서있는 현재의 시공간, 정위의 원점이다. 이 원점에서 바라보는 주체는 전지적인 신의 속성을 부여받는다. 원점으로부터의 바라봄이 주체에게 초월성을 부여하는 것이다. 때문에 "내가 그를 만진다"와 "그가 나를 만진다"가 상호호환이 가능한 평형적이며 등가적인 관계, 상호 주관적인 관계라면, "내가 그를 바라다본다"와 "그가 나를 바라본다"는 호환이 불가능한 비평형적 관계라 할 수 있다. 바라보는 내가 주체라면 바라보이는 그는 객체이며, 무한히 뻗어 나가는 시야의 장에서 작은 한 점으로 축소되고 것이다.

바라보고 보이면서 주체와 객체의 자리가 수시로 바뀌는 시각의 변증법은 정치성과 불가분의 관계로 맺어진다. 주체와 객체가 존재의 시이소를 오르내리면서 자연대상으로 하강하거나 의식으로 상승하기도 하는 것이다. 그럼에도 훗설은 비롯한 현상학자들은 시각을 그렇게 야박한 권력적 함수관계에서 파악하지 않았다. 훗설에 있어서 지각 및 인식은 생활세계(Lebenswelt)와 떼어놓고 생각할 수가 없다. 인식은 유아론적이 아닌 상호 주관적인 생활세계에서 이루어지는 것이다. 이러한 맥락에서 보면 보여지는 대상으로서의 타인을 자연 대상으로 파악하는 것은 "유아론적 사유 실험"이나 추상화의 태도를 넘어서지 못한다. 건조한 문체를 구사했던 훗설로서는 참으로 드물게 감동적인 한 구절에서, 인류가 비록 전멸하고 단 한명의 생존자만 남을지라도 여전히 그는 간주관적으로 지각하고 사유할 것이라고 말한 바 있다(Husserl 86). 결국 인간은 타인을 자연 대상으로 바라볼 수가 없다. 「결의와 독립」에서도 화자는 처음에는 타인을 커다란 돌과 바다 동물로서 오인했지만, 나중에는 노인으로 재지각하고 그에게 말을 건넨다. 밀폐된 유아론의 세계가 아니라 대화적 세계에서 바라보고 보이는 시선의 교환이 이루어지는 것이다. 이 점은 특히 기투성과 피투성을 중시하고 다자인(Dasein)으로서 혹은 세계 내 존재(In-der-Welt-sein)로서 인간을 이해하고 일상적 "있음"의 현상학적 분석을 시도했던 하이데거와 지각의 현상학을 탐구했던 메를로-뽕띠에게서 두드러진다. 나는 그냥 사물을 바라보지는 않는다. 반드시 "…하기 위해서"(Um-zu) 사물이나 사람을 바라본다. "존재자를 … 물질적 경험 사물로서 만나는 것이 아니라, 둘러보면서 배려된 도구로서 만나는 것이다"(헤르만 94). 더구나 공존재(Mitsein)이라는 개념이 말해주듯 나는 홀로서가 아니라 더불어서 함께, 그리하여 끊임없이 주위 세계에 관심을 가지고 염려하고 보살피면서 함께 존재한다. "보다"도 이러한 관심과 심려의 구조 속에 맞물려 있다. 단순한 시각적 현상으로 간주될 수 있는 "보다"에 해석학적인 차원이 덧붙여지는 것이다. 바라봄(Sicht)은 동시에 심려로서 고려(Umsicht)이면서, 돌봄으로서 참작(Rúcksicht)이며, 자기 인식으로서 간파(Durchsichtigkeit)이다(Heidegger 194-95). 보여지는 대상은 …로서의 구조(die Struktur des Etwas als Etwas) 속에서 심려나 참작, 배려의 대상으로서, 혹은 "…하기 위해서" 보이는 것이다(Heidegger 198). 하이데거에 비해서 몸 및 바라봄의 문제에 대해서 훨씬 많은 관심을 가졌던 메를로-뽕띠는 아예 주체와 객체라는 이분법적 용어를 거부하고 대신 "보는 것"과 "보이는 것"이라는 새로운 용어를 사용함으로써 봄과 보임의 공감각성, 바라봄의 고귀성을 강조하였다. 메를로-뽕띠에 따르면, 보는 것과 보이는 것 사이의 "사이 세계"가 하나의 체내 공감각적인 살(la chair)을 형성하는 것이다(김형효 331-32). 보는 것과 보이는 것 모두 살의 바탕에 그려진 하나의 무늬와 비슷하다. 이와 같은 하이데거와 메를로-뽕띠의 현상학적 관점에 서면, 주체와 객체의 위치를 두고서 벌어지는 정위의 주도권 싸움이 벌어질 수가 없다.

하이데거6)와 메를로-뽕띠가 그려놓은 윤리학적 지형도에서는 바라보는 주체나 바라보이는 객체 모두 세계의 지평에서 생활 세계에 뿌리를 내리고 있으며 세계라는 살의 일부를 이룬다. 이러한 세계에 함께 더불어 살아가는 공존재로서 인간은 모름지기 서로 배려하고 염려하면서 생활 세계를 가꾸어 나가야 한다. 그런데 문제는 이러한 윤리적인 요청이 실현되어야 할 세계가 정치적·권력적·이데올로기적 갈등과 긴장의 근육으로 이루어진다는 사실이다. 이 근육이 팽창하고 이완하면서 윤리적 지형이 정치적으로 재편성되게 마련이다. 예컨대 훗설의 정위의 원점 개념은 지나치게 중립적인 원근법을 보여준다. 균질적인 공간을 가로지르는 태양의 빛처럼 주체가 위치한 원점으로부터 시선이 사방팔방으로 자유롭게 뻗어나가는 것이다. 그래서 눈빛이 오고가는 이 중립적인 공간에서 누구나 보는 주체에서 보이는 객체, 반대로 보이는 객체에서 보는 주체로 입장 전환이 자유로운 듯이 보인다. 그러나 현실은 그러하지 못하다. 가령 나보다 훨씬 권위가 있는 사람의 앞에 서면 나는 주눅이 든다. 권위자로서 그는 내가 가지고 있어야 할 정위의 원점을 자신에게로 귀속시킨다. 그와 내가 정면으로 시선이 부딪힐 때에는 당연히 내가 눈을 내리깔아야 하는 상황이 이미 전제되어 있는 것이다. 나의 몸이 지각의 장에서 지배적인 위치를 점할 경우에만 나는 정위의 원점을 차

---

6) 그러나 하이데거는 몸의 문제나 시각의 문제를 독립적인 주제로서 논의한 적은 한 번도 없다. 그러나 그의 저서에서 그러한 주제에 대한 충분한 유추가 가능하다. 몸에 대한 하이데거의 입장을 정리한 논문으로 David Levin의 "The Ontological Dimension of Embodiment: Heidegger's Thinking of Being"을 참조하기 바람.

지할 수가 있기 때문에, 주도적 위상을 상실하는 순간 나는 객체로 전락하는 위험을 감수해야 한다. 이때 세계는 더불어 사는 세계가 아니라 적대적인 세력이 시선의 주도권을 장악하기 위한 벌이는 전쟁터로, 하이데거적인 배려는 조작과 이용으로 바뀐다. 공동체적 세계로부터 빠져나와 냉정한 거리를 두고서 존재자의 주판알 튕기기에 여념이 없는 것이다. 후기의 하이데거는 이러한 세계 상실의 상황을 프레임화(Ge-stell)라는 개념으로 표현한 바 있다. 결코 대상화될 수 없는 세계를 대상화시킴으로써 조작과 착취를 위한 원자재로 만들어놓는7) 권력의 장에서는 보이는 자가 보는 자의 지배 아래에 놓인다. 특히 이러한 시각의 정치성의 모습은, 권력적 눈의 특성에 대해 철두철미하게 비판적이었던 사르트르의『존재와 무』에서 정점에 이른다.8) 간단히 요약하면, 즉자인 사물과 달리 내자인 인간은 자유를 본질로 하는데, 이 자유는 나무나 망치처럼 손에 쥐어지는 개별적 실체의 자격으로서가 아니라 인간의 사회적 관계 속에서 존재한다. 인간과 인간의 관계 속에서, 그러나 상호 배타적으로 자유가 생성한다. 나의 자유의 획득은 타인의 자유의 손실을 의미하는 것이다. 그리하여 사르트르의 시각적 세계는 제한된 에너지의 세계, 자유의 총량이 한정된 세계로서, 바라보는 입장을 선점해야만 주체는 자신의 자유를 향유할 수 있다. 반면, 시선의 주도권을 잃고 반대로 바라보이는 순간에 그는 대상으로 추락한다. 눈빛은 상호 교감과 상호 인정이 아니라 긴장과 적대 관계로 가득 채워져 있는 것이다. 더욱 고약하게 때로 시선의 방향은 상하 위계처럼 일방적으로 굳어져서 상호호환이 아예 불가능할 수도 있다. 가령 백인과 흑인의 관계와 관련해서 사르트르는 "삼천 년 동안이나 백인은 보여지지는 않으면서 보기만 하는 특권을 누려 왔다"라며 제국주의적 시선에 대해 말한 적이 있다.9) 일방적으로 보여지기만 하는 흑인은 객체라는 굴욕적인 위치에서 노예의 처지를 감수해야 한다. 반면 스스로는 보이지 않으면서 마음껏 흑인을 바라보며 평가하고 감독하는 백인은

---

7) Heidegger의 "The Age of the World Picture"를 참조하기 바람.
8) Sartre, Being and Nothing의 3부의 1장, 4절 "The Look"(pp. 340-400)에 응시의 이론이 전개되어 있다
9) Sartre, *Black Orpheus*, 8. Martin Jay의 *Downcast Eyes*, 294에서 재인용.

주인으로서 초월적 특권의 소유자로 발돋움한다. 그래서 비록 프랑스어로 생각을 하고 말을 함에도 불구하고 알제리의 흑인은 백인의 눈에 검게 비치는 피부색의 존재, 그러한 "자기의 신체에서 도망칠 수 없는 불안에 찬 남자가 된다"(파농 73. 69)이와 같이 사르트르에게 있어서 본다는 능동성은 주체화의 사다리를 오르는 특권적 범주인 반면, 보여지는 수동성은 끔찍한 악몽으로서 경험된다.

II

보여지는 대상의 자유를 마비하고 대상화하는 시선의 힘은 나체화와 시각적 광고물에서 두드러지게 나타난다. 나체화는 보여지는 여성을 바라보는 특권을 남성 관람자에게 선사한다. "남성은 여성을 보고, 여성은 보여지고 있는 자기 자신을 본다"(버거 84). 말하자면 가부장적 시선이 나체화에 전제되어 있는 것이다. 이러한 남성적 시선에 배인 권력에 대해서는 새삼 특별한 증명이나 설명이 필요치 않다. 이미 너무 많은 연구 결과가 그것을 소리 높여 증언하고 있기 때문에, 또 하나의 그러한 시도는 구태의연하다는 비난을 면치 못한다. 필자가 시도하는 광고의 분석도 그러한 비난에서 자유롭지 못할 것이다. 그럼에도 광고의 예를 빌어서 권력적 시선의 문제를 되짚으려는 것은 현상학적 관점에서 바라봄의 문제가 구체적으로 거론된 적이 없기 때문이다. 말하자면 페미니즘적 맥락이나 영상 연구적인 맥락에서 이미 진부해진 문제를 현상학적 관점으로 "재맥락화"하려는 것이다. 앞서 언급되었던 지각의 현상학은 다음과 같이 정리될 수가 있다. 첫째, 바라보는 주체는 시각의 장에서 정위의 원점으로서의 특권을 소유하는데, 이 시각의 장은 생활 세계로 구성된다. 둘째, 생활 세계에서 타인 및 사물과 더불어 살아가는 다자인은 그냥 대상을 바라보지 않는다. "…하기 위해서" 바라보거나, "…로서" 바라본다. 그냥 여자는 없다. 매력적으로 보이거나 매력적으로 보이지 않는, 혹은 친구나 동료로서 보이는 여자가 있을 따름이다. 그런데 이러한 지각의 장은 동시에 정치적·권력적 장으로, 지각의 현상학은 지각의 정치학으로 발전한다. 첫째, 정위의 원점은 권력적이다. 시각의 장을 주도하고 지배하는 자에게 원점의 특권이 주어진다. 둘째, 촉각과 비교에서 드러나듯이 시각은 전방위 감시 체제적인 경제성을 약속한다. 정위의 원점에서 선시각 주체(부분)는 전체를 한꺼번에 파악한다. 그럼으로써 시각의 장이 온통 권력적(이데올로기적) 시선으로 삼투된다. 다시 말해, 권력의 네트워크 속에서 바라보는 지각 행위가 이루어지는 것이다. 셋째, 이 권력적 시선은 의식으로 자신의 정체를 확인하기 위해 보여지는 타인을 대상의 위치로 떨어뜨린다. 앞으로 살펴볼 광고 이미지와 관련해서 말하면, 이미지를 바라보는 독자의 눈은 중립적이며 물리적인 공간이 아니라 가부장적 시각의 장을 가로지른다. 보여지는 여성을 억압하면서 남성 주체를 우월한 의식의 위치로 끌어올리는 가부장적 권력의 손과 악수하고 타협하면서 광고의 지각이 이루어지는 것이다. 남성은 여성을 성적인 대상으로서 바라보게 된다. 독자는 광고이미지를 특정한 가부장적 방식"으로 바라보"는 프레임화된 세계(Ge-stell) 속에 놓여 있는 것이다.

물론 어느 정도 중립적인 바라봄이 전혀 불가능하지는 않다. 자연 대상을 무심하게 바라보듯이 독자는 광고에 실린 여성을 자신의 욕망과는 무관하게 수많은 시각 대상 중의 하나로서 바라볼 수도 있다. 그러나 정상적인 — 메를로-뽕띠가 사용한 표현이기는 하지만, 여전히 오해의 위험이 있는 표현임에 틀림이 없는 — 경우에, 모든 보이는 대상은 생활 세계의 일부를 형성하고 있기 때문에 그러한 생활 세계와 동떨어진 것으로 대상을 그냥 지각할수는 없다. 메를로-뽕띠에 의하면, 성불구자에게 "여자의 얼굴은 매력적이지도 그렇다고 혐오스럽지도 않다. … 태양과 비도 기분을 우쭐하게 만들어주거나 슬프게 만들지 않는다"(Merleau-Ponty 157). 여자는 다만 여자이며, 태양과 비도 다만 태양과 비에 불과할 따름이다. 그가 살고 있는 세계의 몸과 동떨어진 물리적 현상으로서 사물이나 사건이 지각이 되는 것이다. 이때 그는 생활세계에 속해 있다기보다 물리세계에 속해 있다고 말해야 옳으리라. 아무튼 정상적인 사람의 경우에 이러한 중립적·물리적 바라봄은 항상 욕망의 방정식과 맞물린다. 물리적으로 보이는 대상은 기껏해야 권력적인 바라봄을 위한 원재료의 수준에 머무르는 것이다. 이것은 사전적인 1차적 외연적 의미가 상징적이며 함축적인 2차적 의미, 즉 내포를 획득하는 과정과 마찬가지이다. 사랑하는 사람의 눈에는 식물의 종류로서 장미는 곧 정열적인 사랑이라는 또 다른 의미를 생성한다. 그래서 그는 식물 장미가 아니라 장미를 정열적인 사랑"으로서 바라보게 된다." 그렇다고 1차적인 의미가 전적으로 사라지지는 않는다. 사라지는 대신 다만 배경으로 물러나면서 2차적 의미에게 전경의 권리를 양보한다. 그런데 여기서 식물로서 장미에 사랑의 정열을 재각인한 사람은 다름 아닌 사랑에 빠져있는 사람이라는 점이 간과되지 말아야 할 것이다. 2차적 의미는 대상을 바라보는 자가 속해 있는 세계를 반영한다. 다음에 논의되는 광고 이미지에서 여성이라는 기표는 가부장적인 코드를 통해서 해독이 된다. 바라봄이 코드를 동반하면서 이루어지기 때문에 단순 지각(외연적 의미)이 의미(내포적 의미)를 얻는 계기가 마련되는 것이다.10)

필자가 논의의 대상으로 삼는 대상은, 1993년에 발행된 신문의 전단 광고로 「현대 카메라 수퍼줌 800」의 광고이다. 나무가 무성한 숲 속의 빈터에서 한 여자가 전화를 하고 있다. 낙엽이 가득히 쌓인 빈터에 공중전화기가 있고, 그녀가 이 전화로 통화를 하고 있다. 그녀의 얼굴에는 놀란 표정이 역력하다. 이유는 곧 분명해진다. 일진의 광풍이 불어와 그녀의 치마를 걷어올리기 때문이다. 허둥대면서 재빨리 그녀는 오른손으로 치마폭을 거머쥔다. 전화 수화기를 쥐고 있는 왼손은 그야말로 속수무책이다. 그래서 방치된 치마의 왼쪽 끝자락이 바람에 말려 올라가면서 나풀거리고 있다. 이 거센 바람은 치맛자락뿐 아니라 낙엽까지도 동시에 날려보내고 있다. 바람의 힘이 얼마나 거센지, 전화기 기둥까지도 한껏 휘어져 있다. 전화하는 여자의 오른편 상단으로는 카메라가 보인다. 줌렌즈가 앞으로 뛰어나온 카메라이다. 알고 보니, 바람은 줌 카메라에서 새어나오는 듯이 보인다. 카메라의 줌이 진공청소기라도 되는 듯이 거세게 전화하는 여자를 빨아 당기고 있다. 이 빨아들이는 바람 속으로 글씨가 보인다. "생생하게 빠르게 줌으로 당긴다!"

다시 한번 광고 이미지를 자세히 살펴보기로 하자. 광고의 중앙에 전화를 하는 여인이 당황한 표정으로 바람에 말려 올라가는 치마를 한 손으로 잡아

---

10) 이미지에 새겨지는 내포적 의미 및 코드에 대해서는 Roland Barthes, "The Photographic Message"를 참조하기 바람.

내리고 있다. 안개가 자욱히 깔린 숲 속의 빈터에 혼자 있음에도 그녀는 수
치스러운 듯이 치마를 움켜잡고 있다. 왠지 그녀는 방어적이며 수비적이다.
어떤 거대한 힘이 그녀를 위협하고 있음이 분명하다. 이미 그녀는 그 위협적
인 세력에 어느 정도 굴복한 듯이 보인다. 수화기를 들고 통화하던 그녀가
불가항력적 자장에 휩쓸려 들어가면서 전화기로부터 점차 멀어지고 있는 것
이다. 원래 전화기를 마주보고 있던 그녀는 이제 전화기로부터 등을 돌리고
있다. 그녀는 오른쪽의 상단에 놓인 카메라의 줌 속으로 빨려들고 있는 것이
다. 그녀를 향해 솟아오른 카메라 줌이 그녀를, 아니 그녀의 치마를 끌어올
리고 있다. 무엇보다 카메라의 줌은 특히 그녀의 치마를 들어올리고 있는데,

끌어당기는 인력이 너무나 강력하기 때문에 그녀는 도저히 저항할 길이 없다. 그 강력한 힘에 휩쓸려서 전화기의 기둥까지도 휘어진 것을 보면 그녀의 저항은 간단히 무시해도 좋을 정도이다.

수퍼줌 카메라 광고의 이미지가 성적이라는 점은 구태여 설명이 필요치 않은 듯이 보인다. 카메라가 피사체 여인에게 초점을 맞추어지자 줌렌즈가 앞으로 튀어나오면서 여인의 치마가 급격히 걷어올려진다는 사실에서 그 점이 분명해진다. 여성을 강력하게 끌어당기는 카메라의 줌은 남성의 성기, 그것도 융기된 성기이다. 오로지 성기 하나로 압축된 수컷에게 어쩔 수 없이 끌려가는 피사체도 성기를 가진 암컷에 불과하다. 그래서 카메라의 성능을 소개하기 위해 쓰여진, 기능적인 카피의 문구 "생생하게 빠르게, 줌으로 당긴다!"도 성적으로 읽히게 된다.

이 광고에서 여성은 그야말로 피사체에 불과하다. 줌의 시계 속으로 대책없이 노출된 그녀에게서 정위의 원점은 기대할 수가 없다. 그녀는 자신을 둘러싼 주위와 상황에 압도당해 있다. 뒤에 배경으로 굵직굵직하게 서있는 나무마저도 그녀를 위협하는 듯이 보인다. 가령 내가 확 트인 평지에서 터널로 들어서자마자 사방에서 밀고 들어오는 어둠이 시계를 압박하고, 그럼으로써 내가 가지고 있던 정위의 원점이 터널에게 양도되듯이(Holenstein 59-61), 광고의 여인도 주위의 사물에게 완전히 시계의 장을 내어 주고 있다. 오른쪽, 왼쪽, 위, 아래의 정위도 그녀가 다스리지 못한다. 그녀가 볼 수 있는 것은 아무 것도 없다. 시계를 주위에 내어 준 그녀는 자신의 무력감을 내적으로 경험할 뿐, 원칙적으로 아무 것도 볼 수가 없다. 다만 그녀는 피사체로서 보여질 따름이다. 더구나 보여지면서 그녀의 치마가 벗겨지고, 정위의 원점인 카메라는 여인을 욕망의 대상으로서 자기의 품으로 끌어당기고 있다. 이 줌은 바라보기는 하지만 여인에 의해서 보여지지 않기 때문에 독자는 마음껏 대상을 시각적으로 소유할 수 있다. 열려있는 욕망의 조리개가 뒤돌아보는 여인의 시선에 의해서 발각 당한다면 남성적 시선은 수치감에 사로잡히면서 대상의 위치로 떨어질 수도 있다. 그러나 이 광고에서 줌은 결코 응시의 대상으로 자신을 낮추지 않는다. 줌의 시선에 끌려가면서도 여인의 시선은 여전히 전화기에 붙박여 있다. 그리하여 줌이 완벽한 의식이라면 여인은 완벽한 자연 대상으로 머물게 된다.

이 광고를 바라보는 독자로서 나의 시선도 카메라 줌을 닮아 있다. 나는 광고 속의 여인을 일방적으로 바라보기만 한다. 자신의 몸을 끌어당기는 카메라를 뒤돌아서 바라보지 못하듯이 그녀는 독자인 나도 정면으로 바라보지 못한다. 몸의 자세와 위치로 보면 그녀의 얼굴과 시선이 당연히 나를 향해야 마땅하지만, 그녀의 눈은 전화기를 향해 쏠려 있다. 치마가 들려 올라가는 자신의 몸을 나의 시선에 고스란히 노출시키면서도 그녀는 정작 내가 보고 있다는 사실을 모르고 있다. 그래서 나는 완벽하게 시야의 장을 주도하고 제압한다. 그녀는 이미 나의 시선에 굴복하고 있으며, 보고 싶은 나의 욕망의 요구에 자진해서 치마까지 걷어올리고 있다. 그럼에도 나는 다만 카메라의 줌이 보여주는 여인을 보고 있을 따름이라는 사실에는 변함이 없다. 나에게는 하등의 책임도 뒤따르지 않는다. 여인에게 성적으로 무례한 책임이 있다면 그 소재는 당연히 카메라의 몫이다. 카메라가 나에게 면죄부를 제공하는 것이다.

카메라의 시선과 독자의 시선이 구조적으로 동일함에도 불구하고, 그러나 질적인 차원에서 독자는 초월성을 획득한다. 카메라가 일방적으로 피사체를 바라봄으로써 의식의 자리로 올라서듯이 나도 마찬가지로 의식의 주체이지만, 어디까지나 물질적인 카메라와 달리 나는 초월적 의식의 주체가 된다. 시각의 장에서 충분히 보일 수 있음에도 불구하고 여인은 다만 카메라의 존재를 의식하지 못할 따름이다. 비록 피사체에 대해서 응시의 주체가 되기는 하지만 카메라도 피사체와 마찬가지로 시각의 장의 일부를 점유하고 있다. 그래서 공간적으로 피사체의 시선과 카메라의 시선은 상호 호환될 수 있는 구조적 가능성을 가진다. 여인이 고개를 돌리기만 하면 카메라를 볼 수가 있다. 그러나 어떠한 경우에도 여인은 독자인 나를 볼 수가 없다. 너무나 당연한 사실이지만 나는 시각의 장에서 벗어나 있기 때문이다. 시계의 일부를 차지하지 않으면서, 아니 바로 그러한 이유로 인해서 나는 시계 전체를 장악하고 지배하며 군림한다. 이를테면 나는 절대적인 눈이 된다. 전체를 지배하지만 전체의 바깥에 서있는 눈, 속해 있는 듯이 보이지만(카메라로서) 동시에 벗어나 있는 눈(나의 눈), 흔들리지 않는 중심이기 위해서는 시각의 장으로부터 초월해야 하는 것이다.

III

 줌 카메라 광고에서 독자는 절대적인 눈의 소유자가 되도록 프레임되어 있다. 쉽게 짐작할 수 있겠지만, 이 눈은 가부장적인 시선, 여성을 성적 대상으로 격하시키는 남성의 시선, 그럼에도 그러한 권력적 시선의 역학에서 초월적으로 멀찌감치 벗어나 있는, 죄의식으로 빛이 바래지 않아도 되는 투명한 시선이다. 광고 제작자들은 나에게 절대적 시선의 특권을 선사하고 싶어 하는데, 독자로서 나는 기꺼이 특권의 제안을 수락한다. 그러면서, 사랑하는 사람의 눈에 장미가 정열로서 보이듯이 독자에게 일차적 텍스트는 권력적으로 지각되고 읽히며 이해되는 것이다. 물론 광고 제작자들은 내가 가부장적인 주체라는 사실을 잘 알고 있다. 독자의 가부장적 정체성이 제작자로 하여금 특정 이미지를 만들고 다듬으며 최종 형태로 마무리짓는 배경으로 작용한다. 그래서 피사체와 독자 사이의 상호 교환적 바라봄의 가능성은 원천적으로 봉쇄되어 버린다. 이와 같이 프레임화된 상황은 훗설적인 의미의 생활 세계로부터 아예 동떨어져 있거나, 아니면 하이데거적 의미에서 테크놀로지의 세계, 혹은 시각중심 문화와 관련되어있다. 독자가 바라보이는 위험에 노출되지 않으면서 언제나 바라보는 주체의 위치를 유지할 수 있도록 보장하는 모종의 공모가 광고에 이면에 숨어있는 것이다. 하이데거나 제시한 다자인의 세계, 메를로-뽕띠의 세계 내 존재에서는 보고 보이는 상호 호환적인 시선이 오고간다. 바라보는 나도 바라보이는 장의 한 부분을 이루기 때문에 절대로 초월적 주체의 위치로 군림하지 못한다. 그러나 독자를 광고 프레임의 바깥에 두고서 만들어지는 광고 이미지의 세계는 시선의 일방성을 특징으로 한다. 어찌 보면 상호호환적 시선의 역학 관계에서 대상화될 수도 있다는 불안 — 사르트르의 불안 — 에 시달리지 않아도 되는 시각의 유토피아가 광고의 세계인지도 모른다. 두 말할 나위 없이 이러한 유토피아는 배타적 시선으로 점철된, 흑인과 여성 및 비특권 계층이 철저하게 배제되는 특권적 유토피아임에는 틀림이 없지만 말이다.

지금까지 논의된 광고 이미지의 문제와는 직접적인 관련이 없지만, 글의 결론 부분인 이 자리에서 광고 바라보기와 문학 텍스트 읽기의 차이를 간단히 언급해도 큰 무리는 아닐 것이다. 문학 텍스트 읽기와 대조되면서 광고 이미지 읽기의 성격이 더욱 분명해질 수도 있기 때문이다. 앞서 언급했던 바, 일방적인 카메라의 시선은 피사체를 자신에게로 끌어당긴다. 움직이지 않는 부동의 원점에서 카메라(이제부터 독자라고 말해도 좋으리라)는 전화 통화를 하는 여인을 욕망의 대상으로서 끌어당긴다. 그 결과, 자신의 고유한 세계 — 광고에서 여인은 전화기의 끈으로 자신의 세계와 관계한다 — 를 잃고서 여인은 시각적 욕망의 한 부분이 되어버린다. 그러나 초월적 특권의 주체인 독자에게는 아무런 변화도 일어나지 않는다. 일방성의 구조에서 독자는 보여진 이미지에 의해서 영향을 받지 않기 때문이다. 카메라가 언제나 변함 없이 카메라로 머물러 있듯이 욕망의 대상으로서 광고의 여인을 바라보는 나도 그러한 가부장적 특권의 위치에 계속 머무르고 싶어한다. 광고를 보면서 나는 가부장적 중심에서 한 치도 움직이지 않는다. 다만 나의 가부장적 이데올로기가 확인되고 재확인되며 확증될 따름이다. 이것이 바로 광고의 일방성, 객체에 대한 주체의 위계적인 특권을 구성한다. 그러나, 문학작품에서는 그러한 일방성이 아예 허용되지 않거나, 아니면 전도된 일방성이 작용한다. 예를 들어, 광고의 여인이 문학작품의 주인공이라면 그녀는 오히려 독자를 자기 자신에게로 끌어당긴다. 과거의 경험과 현재의 희망, 미래의 기획을 가진 입체적 존재, 자신의 독자적인 세계를 가진 흥미진진한 그녀의 존재와 대면하면서 나는 특권적 정위의 원점을 잃는다. 그녀의 세계로 내가 끌려드는 것이다.11) 독서의 시공간에서는 독자가 아니라 주인공이 시각의 장을 지배한다. 광고의 이미지가 보여주듯이, 만약 그녀의 신변에 위험한 일이 닥쳤다면 근심과 염려로 달아오른 나의 몸은 전화기의 기둥처럼 그녀를 향해 한껏 휘어진다. 휘어지면서 내가 가지고 있던 가부장적 이데올로기가 비틀거리고, 주도적 시선의 원점이 흔들린다. 내가 그녀를 욕망의 대상으로서 응시하고 있었다면 되돌아보는 그녀의 시선에 나는 움찔하며 죄의식에

---

11) 이러한 이끌림에 대해서는 Gadamer의 *Truth and Method*에서 "이해의 조건으로서 편견" (pp. 245-73)항목을 참조하기 바람.

젖어든다. 일방적 주체로서의 안정성과 견고성, 항구성이 유지되지 않는 것이다.

지각이 권력과의 함수 관계 속에서 이루어지기는 하지만 광고와 문학작품에 작용하는 권력의 양상에는 부정할 수 없는 차이가 있다. 광고에서 카메라의 권력적 시선은 일방적으로 대상을 변화시킨다. 단지 멀리에서 바라볼 뿐만 아니라 피사체를 쥐고 흔든다. 그래서 전화기의 기둥이 휘어지며 여인의 치마가 들어올려지는 것이다. 바라봄에는 인지적 기능과 더불어 수행적 기능이 뒤따르는 것이다. 이 수행적 힘은 대상을 마음껏 조작하고 이용하는 파괴적이며 정복적인 세력이다. 바로 이러한 세력의 결과로, 시각에 본질적으로 전제된 거리가 소멸하고, 쥐어흔드는 촉각적인 힘까지도 주어진다. 문학작품에도 이와 같이 쥐고 흔드는 힘, 촉각적 시각이 작용한다. 그러나 이 힘은 광고와는 정반대의 방향으로, 즉 읽는 독자를 향해서 움직인다. 눈으로 텍스트를 보고 이해하는 독자는 동시에 텍스트의 힘에 뒤흔들리면서 숨이 가빠지기도 하고 가슴이 두근거리거나 두 주먹이 불끈 쥐어지기도 한다. 독서에서보다의 능동적 경험은 곧 만져지다, 흔들림을 당하다의 수동적 경험으로 바뀐다. 텍스트의 플롯에 빨려들면서 시각적인 거리가 소멸하고 상호교감적 촉각의 영역으로 접어드는 것이다.

그러나 시각과 촉각의 문제와 관련해서 문학과 광고의 차이를 너무나 과장하는 위험을 경계해야 할 것이다. 광고가 독자에게 내재하는 욕망이나 이데올로기에 기생한다면[12], 문학의 독자는 작가의 이데올로기 속으로 빠져들 수 있는 위험으로부터 안전하지 않다. 광고의 이미지를 보면서 독자의 내면에 숨겨진 욕망이 재확인된다면, 문학 작품을 읽으면서 독자는 오히려 작가의 욕망을 인가하고 추인하는 계기가 된다. 말하자면 작가가 독자를 통해서 자기 자신을 확인한다면, 광고 독자는 광고 이미지를 통해서 자기 자신을 확인한다. 다만, 서론에서 언급했듯이, 문학 작품에서는 권력이나 이데올로기의 작용이 보다 은근하고 간접적이며 무의식적이다. 미학적 배려에 의해서 이데올로기적 작용이 매개되기 때문이다. 그리고, 아이러닉한 일이기는

---

12) "광고는 그 이미지를 통하여 그 사회의 본질적인 통념을 선전한다" (버거 214).

하지만, 바로 이러한 문학적 미학성과 전혀 상반되게 기능하는 광고의 특징으로 인해서 광고는 자기 비판적, 자기 파괴적인 결과를 가져오기도 한다. 전혀 의도되지 않았던 자기 비판성이 광고 이미지의 뒤를 따르기도 하는 것이다. 가령, 카메라 광고에 드러나는 가부장적·남성적 시선은 너무나 노골적이다. 너무 노골적이기 때문에, 어둠 속에 숨겨져야 하는 욕망의 정체가 백일하에 폭로되어 버린다. 카메라 앞에 태연히 서있는 여성의 모습만 광고에 담겨있다면, 보고자 하는 남근적 욕망이 독자에게 충분히 전달되지 않을지도 모른다는 우려에서, 광고 제작자는 사진이 찰칵 찍히면서 피사체의 치마가 걷어올려지도록 광고 이미지를 노골적으로 제작한다. 그래서 남근적 시선의 힘을 강조하기 위해서 전화기의 기둥까지도 휘어놓는다. 그러나 중세와 르네상스시대의 회화에 나타나는 남근 덮개가 현대 독자의 눈에 우스꽝스럽게 보이듯이, 너무 적나라하게 드러난 남근적 카메라 줌의 모습을 보고서 독자는 냉소적으로 웃어버릴 수도 있다. 그렇게 되면 광고 제작자는 자신이 파놓은 함정에 스스로 빠져버리는 셈이 된다. 카메라의 줌과 동일시되면서 여인을 성적 대상으로 바라보는 대신에 독자는 그러한 광고를 만든 제작자를 오히려 조소하는 것이다. 이 냉소적 웃음이 풍선처럼 부풀어오르던 남근적 시선을 그만 터뜨려 버린다. 억압적이던 광고 이미지의 메시지가 절로 해체되는 것이다. 어쩌면 장래 광고 이미지에 대한 분석의 방향은 이와 같이 의도되지 않은 비판적 순간에 모아져야 할는지 모른다.

참고 문헌

김형효. 『메를로-뽕띠와 애매성의 철학』. 철학과 현실사, 1996.
안토니 이스토호프. 『문학에서 문화연구로』. 임상훈 옮김. 현대미학사, 1994.
에드문트 후설. 『유럽 학문의 위기와 선험적 현상학』. 이종훈 옮김. 이론과
　　실천, 1993.

자크 데리다. 『글쓰기와 차이』. 남수인 옮김. 동문선, 2001.

존 버거. 『이미지: 시각과 미디어』. 동문선, 1990.

프란츠 파농. 『자기의 땅에서 유배당한 자들』. 김남주 옮김. 청사, 1978.

프리드리히 빌헬름 폰 헤르만. 『하이데거의 존재와 시간을 찾아서』. 신상희 옮김. 한길사, 1997.

Gadamer, Hans-Georg. *Truth and Method*. New York: Crossroad, 1988.

Heidegger, Martin. "The Age of the World Picture." *The Question Concerning Technology and Other Essays*, Ed. William Lovitt. New York, 1977. 134.

_____. *Sein und Zeit*. Frankfurt am Mein: Vittorio Klostermann, 1977.

Holenstein, Elmar. "The Zero-Point of Orientation: The Placement of the I in Perceived Space." *The Body*. Ed. Donn Welton. Ed. Donn Welton. New York: Blackwell, 1999. 57-94.

Husserl, Edmund. *Ideas Pertaining to a Pure Phenomenology and to a Phenomenological Philosophy*. Second Book. *Studies in the Phenomenology of Constitution*. Trans. Richard Rojcewicz and Andre Schuwer. Boston: Kluwer Academic Publishers, 1989.

Jay, Martin. *Downcast Eyes: The Denigration of Vision in Twentieth-Century French Thought*. Berkeley: U of California P, 1993.

Levin, David. "The Onotological Dimension of Embodiment: Heidegger's Thinking of Being. *The Body*. 122-49.

Sartre, Jean-Paul. *Being and Nothing*. Tr. Hazel Barnes. New York: Washington Square Press, 1956.

_____. *Black Orpheus*, Tr. S.W.Allen. Paris, 1976. 8.

Smith, David. "Mind and Body." *The Cambridge Companion to Husserl*. Eds. Rarry Smith and David Smith. Cambridge: Cambridge UP, 1995. 323-93.

Toolan, Michael. *Narrative: A Critical Linguistic Introduction*. London: Routledge, 1988.

근대성의 황혼
—프랑코 모레티의 모더니즘론

1. 모레티 읽기의 의미

이 글은 프랑코 모레티(Franco Moretti)의 모더니즘론을 살펴보는 것을 목적으로 한다. 모레티는 우리 학계에는 비교적 덜 알려져 있지만,[1] 서양문학에 대한 맑스주의적인 접근을 고수해 온 진보적 비평가 가운데 한 사람이다. 미국 평단과 학계가 포스트모더니즘과 해체주의에 휩싸여 있던 시기에, 이 같은 경향에 휩쓸리지 않으면서 일관되게 문학의 사회적 의미와 방향을 모색해 오기도 했고, 한편으로는 최근 이론들의 문법을 구사하여 맑스주의를 재 가동하려 한다는 점에서는 프레드릭 제임슨(Fredric Jameson)의 작업과도 이어지는 면이 있다. 그러나 모레티 스스로 밝힌 바처럼, 그는 '새로운 이론을 구축하는 사람이라기보다는, 구체적인 사례들을 통해 기존 이론들의 적합성을 검증하는' 편이며,[2] 실제로 교양소설의 의미를 근대성과 관련하여

---

1) 모레티의 중심 저작들이 번역 출간될 예정으로 알려져 있지만, 현재로서 국내에 소개된 모레티의 글은 다음과 같다. 「근대 유럽문학의 지리적 소묘」(Modern European Literature: A Geographical Sketch, *New Left Review* 1994, 7-8)(설준규 역)『창작과비평』 1995년 봄호; 「1850년경의 서사」(Narrative Market, ca. 1850)(신현욱 안수진 역)『안과밖』 1997 하반기. 또 필자가 알기로 그에 대한 국내 학계의 유일한 논의는 유희석, 「자본주의 세계체제와 근대성: 『근대의 서사시』의 비판적 소개」, 『안과밖』 1998 상반기.

고찰한 그의 첫 저서 『세상의 길』(The Way of the World, 1987)부터, 최근의 중요 업적인 『근대 서사시』(Modern Epic, 1996)에 이르기까지, 그는 서양의 수많은 작품들을 거론하고 분석한다.

이 같은 풍성한 작품과의 만남 때문에 그의 저서를 읽은 체험은 대개의 딱딱하고 추상적인 이론서들의 그것과는 다르다. 더구나 구어체에 가까운 날렵하고 현란하고 수사적인 문체 또한 통상의 이론가의 논문 투와는 거리가 멀다. 그래서 모레티를 읽는 일은 마치 모험으로 가득 찬 무성한 서양문학의 숲을 헤매고 다니는 듯한 느낌을 준다. 그런 만큼 (서양문학의 소양이 깊지 않은 사람으로서는 더욱이) 그의 생각을 정리하는 일이 수월치 않은데, 그럼에도 불구하고 모레티의 논점 자체는 선명하다고 할 정도의 명쾌함을 보여주기도 하고 도처에서 빛나는 통찰을 전해주기도 한다. 비교문학자로서의 그의 소양에 도저히 미치지 못하면서도 필자가 그의 논의를 정리해보기로 한 것도 이 같은 매력 때문이다.

모레티의 모더니즘에 대한 생각들은 그 독특성 때문에 우선 주목을 받을 만하다. 그가 미국 학계의 일반화된 평가, 이를테면 포스트모더니즘적인 모더니즘관에 비판적이라는 점은 짐작되는 바이고, 특히 모더니즘을 실제로 수백 년에 걸친 근대성(modernity)의 한 국면으로 규정하고 나아가서 그 개념 자체를 혁신적으로 해소하고 있는 것은 우리의 흥미를 끌기에 족하다. 워낙 근대성과 모더니즘의 관계에 대한 관찰이 그의 작업의 중요한 부분을 이루고 있기 때문에, 이 문제를 살펴보는 것은 모레티를 이해하는 관건이기도 하다. 무엇보다도 모레티는 모더니즘까지 포함하여 문학형식에 관심을 놓지 않으면서도 그것의 역사적인 부침을 거시적인 시각에서 고찰한다. 형식과 사회변화의 유기적인 관련성에 주목하는 것이 모레티 비평의 특성으로서, 그 스스로 '반은 형식주의자고 반은 사회학자인, 켄타우루스 같은 비평가'의 필요성을 강조하기도 한다.3)

---

2) Franco Meretti, *Signs Taken for Wonders* (Revised Edition)(New York: Verso, 1988), p.1. 앞으로 이 책에 대한 인용은 *Signs*로 약하고, 본문 중에 면수만 표시한다.
3) Franco Moretti, *Modern Epic: The World-System from Goethe to Garcia Marques*(tr. Quintin Hoare)(New York: Verso, 1996), p.6. 앞으로 이 책에 대한 인용은 *Modern Epic*으로 줄이고, 본문 중에 면수만 표시.

모레티는 미국 대학에 자리잡은 이탈리아 출신의 학자로서 지금은 미국 학계에서 중견의 위치에 있지만, 저서가 그다지 많은 편은 아니다. 앞에서 거론한 둘 외에, 논문집『경이로 여겨진 기호들』(*Signs Taken for Wonders*, 1983)과 지난 해 출간된 『1800~1900 유럽 소설의 지도』(*Atlas of the European Novel 1800~1900*, 2000)가 전부다. 이 글은 이 중에서 모더니즘 문학을 본격적으로 다룬『경이로 여겨진 기호들』과『근대 서사시』를 중심으로 하되,『세상의 길』에 밀도 있게 나타난 근대와 근대문학에 대한 그의 생각들도 고려하게 될 것이다. 모레티가 우리에게 생소한 이론가인만큼, 필자의 주장을 내세우기보다 그의 모더니즘론을 될수록 충실하게 소개하는 방식을 택하고자 한다.

2. 모더니즘의 역사적 위치

모더니즘이란 말은 여러 차원의 의미를 내포하고 있어 쓰임새에 따라서 달라진다. 문학이나 예술에서의 용법인가 철학적인 논의의 일부인가에 따라서도 달라지겠고, 전자라 하더라도 그것이 하나의 특성을 말하는가 아니면 시기상의 한 사조나 경향을 말하는가에 따라서도 다르다. 또 일정한 시기의 사조를 지칭하는 경우에조차도, 그 시기를 어떻게 설정할 것인가에 따라서 그 내포가 달라지게 된다. 여기에 모더니즘이라는 영어식 표현과 아방가르드(avant-garde)나 표현주의처럼 프랑스와 독일 등 대륙의 용법이 겹치는 부분이 있으면서도 또 달라서, 가령 모더니즘을 아방가르드와 동의어로 사용하는 예가 있는가 하면 둘을 구별하거나 나아가 서로 대립시키는 관점까지 있다. 그렇기 때문에 모더니즘이란 용어를 확정하기는 그만큼 어렵고, 난처한 일이 된다.

그러나 이 같은 난점에도 불구하고, 서구의 경우 좁은 의미의 모더니즘은 대개 1890년부터 시작해서 20세기 전반기 동안 서구 문학의 중심을 이룬 문학적 흐름의 통칭으로 이해하는 것이 일반적이다. 이 중에서도 1차 대전을 전후한 20~30년 간의 폭발적인 문학 활동을 대개 모더니즘의 전성기로 일컫는다. 모레티의 논의도 모더니즘에 대한 이 같은 일반화된 시기 규정에서 특별히 벗어나 있지 않다. 다만 모레티의 관심사는 이러한 서구 모더니즘이 서구사에서, 특히 자본주의적인 근대성의 발현으로 이해되는 서구 근대사에서 어떤 위치에 있는가 하는 점이다. 실상 모더니즘을 역사적으로 위치 지우는 문제는 서구문학사 기술 전체에서 가장 중요한 과제 중의 하나이기도 한 것이다.

모레티에게 일차적으로 모더니즘은 서구역사의 근대적 흐름의 한 극점이자 중요한 무엇의 상실이라는 이중적인 의미를 가진다. 모더니즘은 공적 삶과 사적 삶의 분리로 현상하는 서구 근대화의 분리현상이 완성되는 시점에서 발흥하고 번성한다.

> 모더니즘의 상상력은 과거보다도 엄청나게 더 아이러니컬하고 자유롭고 놀라운 것이 되었지만, 우리의 '일차적' 삶에서 이러한 성질들(영감과 변화의 원천이라는 — 인용자)을 완전히 박탈해버리는 대가를 치르고서다. 이런 관점에서, 모더니즘은 다시 한번 당대의 서구 사회에서 일어난 저 거대한 상징적 변화의 핵심 요소로 나타난다. 즉 삶의 의미가 더 이상 공적 삶과 정치 그리고 일의 영역에서 찾아지지 않고, 소비와 사적 삶의 세계로 이주해버린 것이다(*Signs*, 246).

당대 서구사회에서 일어난 '거대한 상징적 변화'는 생산이 아니라 소비가 중심을 이루게 된 사회적 성격의 변화를 이름이다. 근대성이 서구사회에서 모습을 드러내던 르네상스 시대 이후로, 문학형식과 성과들은 근대성의 변화하는 단계들을 반영하고 상징적으로 재현해낸다. 근대성이 기본적으로 자본주의 체제의 형성과 발전과정에서 발현되는 가치와 특성들을 총칭하는 것이라면, 서구사회를 근본에서부터 변혁하고 있는 이 기나긴 혁명의 와중에서, 문학형식과 장르들은 등장하고 발전하고 소멸하고 새롭게 의미를 부여받기도 한다. 모레티는 특히 문학사를 기술함에 있어, 문학의 형태와 기법들이 사회적 변화와 맞어져 있는 불가피한 관련 양상에 주목하는데, 모더니즘이라는 현상에 대해서도 그러하다.

역사적으로 모더니즘을 위치 짓는 문제에서, 먼저 주목할 발언은 "모더니즘이 서구 모더니티의 더 광범한 역사에서의 단지 한 장(章)일뿐이며, 이 장은 불가피하게 일어나야만 했다"(*Modern Epic*, 194)는 판단이다. 인간중심주의(anthropocentrism)가 무너지기 시작하는 18세기 말부터 모더니즘에로의 흐름이 일어났던 바, 20세기 초 모더니즘은 그 몰락의 가장 철저한 표현이라고 할 수 있다. 서구에서 일어난 근대화는 한편으로 역동적이면서도 다른 한편으로 파괴적인 힘을 동반하고 있고, 이 모순적인 근대의 움직임은 그것을 합법화하는 상징화를 필연적으로 동반하게 된다. 크게 보아 문학도 그 같은 상징적 작용의 하나라면, 근대가 발흥하여 진행되면서 문학적 형식 혹은 장르의 부침에 사회적 내용의 변화가 개입되어 있는 것은 당연하다.

모더니즘이 어떤 점에서 이 같은 근대성의 최종 국면의 상징적 형태라고 해석될 수 있는지가 모레티를 읽는 데서 피힐 수 없는 물음이겠다. 모레티가 근대와 문학 깅트의 상관성에 주목한 것은 당연한데, 그의 『경이로 여겨진 기호들』은 이 문제에 대한 일관된 관심을 가지고, 르네쌍스 비극에서부터 현대 모더니즘까지의 문학적 양식의 변화를 다룬다. 모레티가 보기에, 16~17세기 비극의 탄생과 번성은, 근대의 도래로 이미 유기적인 세계가 무너진 상황에서 현실적으로 파괴된 유기적 통일성이 여전히 지배 이데올로기로 기능하던, 그런 의미에서 반복될 수 없는 역사적 종합국면에서 가능하였다. 현실과 이념의 이 같은 간격에서 고통스럽고 이해 불가능하고 따라서 '비극적'인 정서가 형성되었다는 것이다. 그런 의미에서, 근대문학은 비극 '이후'일뿐 아니라 비극에 '맞서서' 탄생하였으니, 이제 그것은 '연민과 공포'로 사회를 그려내는 것이 아니라, "상호 적대되는 가치체계와 이해관계들이 비록 진정한 화해는 아니라 할지라도 적어도 어떤 종류의 공존과 타협에 늘 도달할 수 있음을 보여주는 것을 과제"로 삼게 된다(*Signs*, 28-29).

이처럼 근대 자본주의 체제가 굳어져 가면서 문학에서 비극적인 인식이 약화되는 대신, 타협과 공존의 논리가 그 자리를 대신하게 되는 것은 근대사회가 애초부터 어떤 통합을 향해서가 아니라 분리를 향해 나아가고 있다는 것을 말해준다. 모레티의 일관된 문학사적 관심은 이 같은 분리현상을 상징적으로 해결해내려는 이데올로기적 기획의 일환으로 근대문학을 관찰하는 것이며, 이 상징화 과정에서 서구문학이 도달한 성취의 성격을 짚어 보자는 것이다. 여기서 '타협'과 '공존'이라는 용어는 모레티의 문학사 평가에서 핵심어라고 할 수 있다. 가령 19세기 부르주아 문학의 가장 높은 성취 가운데 하나인 발자크의 작품들이 가지는 활력에 대해서 말하면서 모레티는 발자크에게서 보이는 '근대적 긴장'(modern suspense)이 그 이전의 '비극적 아이러니'(tragic irony)와 대비된다는 점을 지적하는데(*Signs*, 117), 도시적 삶을 통해 가능해진 일상의 모험이 이 같은 긴장을 하나의 문학적 관습으로 탄생시켰음을 말하는 한편으로, 범속성이 지배적인 윤리로 자리잡는 근대 자본주의의 한 단계에 대한 판단도 자리한다. 모더니즘 문학은 이러한 반비극으로서의 문학, 범속한 문학이라는 추세가 필연적으로 낳을 수밖에 없는 최종적인 결과이다.

그런데 근대의 초기부터 '유럽 문화의 발생 약호' 속에 이미 인각되어 예정되어 있던, 그리고 수많은 징후들에 의해서도 나타나던 이러한 광범한 모더니즘의 흐름이, 150년이 지난 20세기 초에 와서야 비로소 본격적으로 등장하게 되는 것일까? 『근대 서사시』의 다음 대목은 모더니즘의 위상, 나아가서 근대 서구문학사를 정립하는 모레티의 핵심적인 생각을 담고 있다.

도대체 무엇이 그것이 도착하는 것을 백년 이상이나 막고 있었던가?
내가 믿기로는, 장편소설(novel)이다. 즉 미래의 위기의 첫 징후들이 나타나고 있었을 때, 서구가 운 좋게도 써먹을 수 있었던 형식, 그리고 위대한 인간 중심적 장치들의 전체적인 복합체를 포함하고 있었던 형식 바로 그것이다. 꼭히 보수적이라고는 하지 못할, 그러나 분명히 완화시켜주는 그런 형식이 바로 장편소설이다. 즉 근대성에 대한 상징적 제동장치인 것이다.
이것은 내가 다른 곳(『세상의 길』─ 인용자)에서도 시도한 가설이다. 여기서는 다만 장편소설조차도 짐멜(Simmel)이 가리킨 바 저 점증하는 균열에 굴복하는 것으로 막을 내린다는 점만 추가하자. 서너 세대 사이에, 영혼에게는 너무 강하게 되어버린 형식들은 괴테적인 교양소설의 위대한 타협을 분쇄한다. 20세기의 초기에, 마치 어떤 비밀스런 신호에 복종하는 것처럼, 콘라드와 만, 무질과 릴케, 카프카와 조이스, 이들 모두는 '형성'(formation)(빌둥, Bildung)의 이야기를 쓰는 데 착수하나, 거기서 빌둥은 일어나지 않는다. 즉 관습과 제도로 응고된 객관적 문화는 개별적 주체를 구축하는 데 더 이상 도움을 주지 않고, 그것에 상처를 주고 그것을 와해시킨다(*Modern Epic*, 195).

"근대성에 대한 상징적 제동 장치로서의 장편 소설!" 이 가설은 무척 흥미롭다. 이것은 18세기 중반 이후부터 19세기에 걸쳐서 이룩된 서구 리얼리즘 소설을 염두에 두고 있는 것이며, 분리 현상이 사회 내에서 뚜렷해지던 근대 초기에 서구는 장편 소설의 양식을 통해서 이 균열의 현실에 적절히 대응하고 또 그것을 상징적으로 해결해냄으로써 분리를 당연시하는 모더니즘의 필연적인 도래를 저지하였다는 말이다. 그리고 그 장편 소설이 근대사회와 맞서는 혹은 대응하는 과정에서 내세우고 구축한 것은 다름 아닌 '빌둥의 기획'이다. 즉 서구가 근대성의 흐름에 휩쓸리는 와중에서, 그 문화적 기획의 핵심에 교양소설의 형성으로 대변되는 빌둥이 존재하며, 이 빌둥이 무너짐으로써, 근대성에 대한 상징적 저지선도 무너지고 마치 둑이 터지듯 결국 서구문학은 모더니즘의 홍수에 휩쓸려 들게 된 것이다.

근대사회에서 빌둥의 과제는 한 개인이 사회 속에서 삶의 의미를 발견해내는 과정이자, 사회의 규범에 스스로를 종속시키는 사회화의 과정이라는 양면성을 가진다. 모레티는 이 빌둥의 과제가 근대성의 핵심에 자리잡고 있음에 주목한다는 점에서, 가령 『소설의 이론』의 루카치와 문제의식을 공유한다. 모레티의 『세상의 길』은 이 빌둥의 모험을 서사화한 서구 교양소설의 형식적 구조와 근대성의 사회적 구조를 대비하면서, 교양소설의 성과와 그 의미를 짚어 본 이 분야의 대표적인 저서인데, 그에 따르면 서구 소설은 18세기 말 괴테의 『빌헬름 마이스터의 수업시대』와 19세기 초 제인 오스틴의 『오만과 편견』이라는 고전적인 교양소설에서 시작하여, 19세기 발자크와 스탕달, 그리고 푸쉬킨의 성취를 거쳐, 19세기 말 플로베르와 조지 엘리어트를 마지막으로 중심적인 형식으로서는 종말을 고한다. 교양소설의 문제를 따지는 것이 이 글의 목적은 아니지만, 교양의 기획과 그 문학형식으로서의 교양소설의 존재와 그 전개는 서구 모더니즘의 의미와 문제를 분명히 하기 위해서도 짚어보아야 할 사항이다.

교양소설을 통해 모레티가 읽어내는 서구문화의 변화양상은 그것이 '근대성의 상징적 형식'(symbolic form of modernity)이라는 그의 규정에 축약되어 있다. 교양소설은 혁명적인 변화로 서구가 돌연 근대로 뛰어들게 되지만 근대성의 '문화'는 미처 생성하지 못한 시기에, 근대사회의 상충된 요구들을 합법화할 필요에 따라 등장하게 된다. 즉 근대성은 특유의 역동성과 파괴성을 가지고 극도의 유동성과 불안감을 산출하는데, 교양소설은 젊음을 하나의 기호로 하여, 이 모순적인 속성들을 서사 속에 용해하고 상징적으로 해결해내는 형식이 된다. 교양소설에서 중심이 되는 것은 물론 '형성' 그 자체이되, 그 한편에는 '타협' '승복' 나아가서는 '기만'이라는 말들이 중요한 의미를 띠게 되는 것이다. 모레티의 표현에 따르면, 근대세계는 자유와 행복, 정체성과 변화, 안전과 변혁 등 상반된 충동들의 공존을 "재현하고 탐구하고 검증할 수 있는 문화적 메커니즘"을 요구하고 있는바, 그것은 일찍이 『파우스트』가 모색하고 실패한 통합(synthesis)이 아니라 "훨씬 덜 야심적인 타협 (compromise)", 달리 말해, '이것이냐 저것이냐'가 아니라, '이것과 저것 모두'라는 이념을 모색한다. 사회 속에서의 삶을 이룩하려는 노력인 교양소설이 근대문학에서 살아남고 중심적이 된 것은 이러한 시대의 요구에 부응하였기 때문이다.4)

　이것이 교양소설을 다룬 이 책의 제목을 '세상의 길'이라고 지칭한 까닭이기도 한데, 과연 그 고전적인 성취인 『빌헬름 마이스터의 수업시대』와 『오만과 편견』의 행복한 결말은 개인과 사회가 갈등관계에 있을 수밖에 없는 근대사회에서 현실에서는 가능하지 않은 통합의 비전을 꾸며내는 이념적 기능을 가진다. 이런 속성을 가리켜 모레티는 '문명의 위안'(comfort of civilization)이라는 말로 표현하고 있거니와, 19세기가 진전하면서 이 같은 고전적 이상이 더 이상 지탱할 수 없을 때도, 비록 간극은 드러나기 시작하나 거기에 함유된 이념성이 사라진 것은 아니다. 19세기 교양소설은 사회와의 통합을 지향하거나 꿈꾸지는 않고 그 불가능성을 인정하지만, 일정한 타협을 통해서건 냉소를 통해서건 사회에 쓰라리게 적응하는 절충의 양식을 선택하게 된다. 가령 스땅달의 『적과 흑』에서 주인공 줄리앙 소렐이 선택한 기회주의의 전략은 이 같은 타협과 절충이 부르주아 사회의 피할 수 없는

4) Franco Moretti, *The Way of the World: The Bildungsroman in European Culture*(New York: Verso, 1987), pp. 9-10. 앞으로 이 책의 인용은 본문 중 괄호에 면수만 표시한다.

일상의 조건임을 말해준다.

그렇다면 모레티는 결국 교양소설을 부르주아의 이데올로기로 환원시키는 것일까? 그렇게는 생각되지 않는다. 교양소설은 개인과 사회의 이룩될 수 없는 통합을 한편으로는 인식하면서도 그 모순을 견디고 지양해내려는 시도를 내포하고 있다. 부르주아 사회가 초기 단계를 벗어나 혁명의 이념이 퇴색해버린 19세기 중엽 이후 나타난 교양소설의 경우를 보자. 형식상으로는 더 이상 고전적인 교양소설의 존립이 불가능해진 '고도로 모호해진 분위기'에서 교양의 형성이 가지는 의미는 무엇인가?

> 푸시킨과 스탕달은 무엇보다도 통합이라는 이념을 포기함으로써 이러한 근본적인 질문들에 대답한다. 불일치들을 누그러뜨리고 그 딜레마를 해소하는 대신에, 그들의 작품은 그 모순들에, 심지어는 그들이 택한 소재의 부조리성에 오히려 역섬을 둔다. 그 지성과 용기로 우리를 아직도 놀라게 하는 그런 노력으로, 『적과 흑』, 『파르므의 승원』, 그리고 『에우게니 오네긴』은 개인적 형성의 새롭고도 기만적인 길을 추구하는 집요함에 의해 온통 팽팽하게 긴장되고 그리고 때때로 착란상태에 빠진다. 이 활기찬 물음의 결과들이 과연 지속적인 가치를 가지는지는 말하지 않겠으나, 이것이 부르주아 의식의 최고의 순간들 중 하나였다는 점은 보여주고자 한다(*The Way of the World*, 76-77).

부르주아지가 서구사회의 지배세력으로 굳어지면서, 이제 사회는 혁명적인 영웅들의 예외적인 삶이 아니라 점차 범인들의 평범한 일상, 즉 '세상의 길'의 지배 하에 놓이게 된다. 세상과 화해하고 성숙하려는 빌둥의 꿈은 범속한 일상을 받아들일 수밖에 없는 상황에서, 위기에 처한다. 결국 자신의 진실과 세상의 허위라는 모순, 헤겔이 정리한 바 '시적인 가슴'과 '산문적인 현실' 사이의 간극이 명료하게 되는 시기에, 범속성에 굴복할 수 없는 정신이 겪는 형성의 모험이 교양소설의 한 극점을 이루고 있다는 판단이 있는 것이다.

이것은 교양소설이 서구 문학의 정전(正典)으로 형성되는 과정과도 유관한 것이니, 가령 교양소설과 유사한 시기에 발생한 공포소설이나, 19세기의 탐정소설 등 하위 장르와의 차이점도 근대성을 대하는 시각차에서 엿볼 수 있다. 이 후자들이 그 소재의 특이성에도 불구하고 범속성의 이념에 철저하게 종속되어 있다면, 교양소설의 추구는 그 너머를 바라보는 비전에 의해 늘 부르주아 의식의 한계를 지양하려는 충동에 의해 뒷받침된다. 『경이로여겨진 기호들』에 수록된 두 편의 논문, 「공포의 변증법」(Dialectic of Fear)과 「단서들」(Clues)은 전자가 『프랑켄슈타인』과 『드라큘라』라는 공포문학을, 그리고 후자가 셜록 홈즈를 중심으로 한 탐정소설들을 분석한 흥미로운 글로, 이들에서 모레티가 주목하는 바는 이 장르들의 속성이 다름 아닌 부르주아 사회의 범속성에 대한 철저한 긍정에 기초해 있다는 것이다. 즉 공포문학에서 괴물은 예외적인 존재로 상정되고 결국 죽임을 당하는데, 그 괴물의 적은 "만족한 19세기 범속성의 정수"이며, 작품의 결말은 늘 "예외에 대한 관습의 승리"를 증명한다는 것이다(84-85). 또한 탐정소설에서도 죽음을 피하려면 상투형이 되는 수밖에 없는 플롯에 주목하여 결국 "문화가 개인적 삶의 자료들을 속속들이 파악하고 있는 상황"임을 입증하려고 한다. 모레티의 흥미로운 통찰은 탐정소설에서 빌둥이 존재하지 않는다는 점, 즉 소설 내부에서도 독자와의 관계에서도 증발해 있다는 지적에 이른다. 아울러 홈즈라는 탐정의 성격을 "엘리어트가 말하는 몰개성론에 딱 들어맞는 인물"이라고 지적하는데, 이것은 빌둥의 과업이 불가능해짐으로써 현대문학이 대중문학과 모더니즘이라는 양 방향으로 분화되는 양상에 대한 통찰로 읽힐 수 있는 대목이다(137-143).

이제 우리는 다시 근대성과 모더니즘의 관련이라는 문제로 돌아오게 된다. 빌둥의 과업이 불투명해지고 현저히 약화되는 상황에서 범속성이 지배적이 되면서, 가까스로 지탱되던 교양소설의 양식은 19세기 중엽 이후로 소멸된다고 모레티는 판단한다. 그리고 앞에서 인용한 구절에서처럼, 이 같은 교양소설이라는 제동장치가 사라짐으로써, 개인과 사회의 분리와 통합이라는 틀은 무너지고, 범속성이 사회 전반에 확산되고 지배하는 서구 근대성의 한 단계가 도래한 것이다. 모더니즘은 바로 이 긴장의 소멸과 유관한데, 그렇다고 이것이 근대성 자체의 약화를 말해주는 것은 결코 아니며 오히려 그 반대다. 즉 근대 경제 체제가 이처럼 형식의 족쇄를 풀고 무한정한 기법실험과 대중화에 열려 있게 된 것은, 그 체제가 이미 세계에 더욱 강고하게 족쇄를 채워두고 있다는 현실을 반증한다. 모더니즘은 유럽문학의 '대폭발'(Big Bang)이며 '갑작스런 에너지의 해방'이기는 하지만, (*Modern Epic*, 200), 동시에 통합의 비전이 상실됨으로써 문학적 발현의 양상은 산지사방으로 분산되며 분출하는 혼란상을 보여주는 것이다. 이 모두를 모더니즘이란 이름으로 포괄한다는 것이 문제성을 띠게 되는 것도 이 때문이다.

여기에 모레티가 모더니즘이라는 범주나 개념을 해체하고, '근대 서사시'라는 새로운 모델을 내세우게 된 연유가 있다. 모레티는『근대 서사시』라는 비교적 최근의 저서에서 모더니즘이라는 용어를 포기하고, 그것을 훨씬더 폭넓은 역사, 즉 1800년에서부터 현재에까지 이르는 역사의 일부에 위치시킨다. 즉 모더니즘은 이 전 과정의 '높은 지점'이기는 하나, "더 이상 특수한 범주를 요구하는 자율적이고 일관된 실체"는 아니다(*Modern Epic*, 3). 이처럼 모더니즘의 범주를 허물고 그것을 더 긴 근대성의 장기국면에 위치시키는 것은, 모레티가 보기에 모더니즘의 옹호로 현격하게 기울고 있는 맑스주의 비평의 최근 경향에 대한 불만과 비판과도 연관되어 있다.『경이로 여겨진 기호들』에 실린 「비결정의 마법」(The Spell of Indecision)에서 그는 최근 맑스주의 비평이 해체주의에 기울어 "좌파적인 '모더니즘 옹호'"로 떨어지고 있음을 비판하고, 총체성에 대한 모더니즘의 부정은 전복적 이미지라기보다 오히려 현대적인 광고의 기본 기법과 극히 유사하다는 점을 짚는데 (*Signs*, 240-41), 이 같은 인식이 그로 하여금 모더니즘이라는, 너무 광범하여 확정할 수도 없는 용어를 버리고 새로운 모색을 하게끔 한 요인이라고 보인다.

모레티는 근대 서사시라는 새로운 개념을 서구문학사를 읽는 새로운 전략으로 내세움으로써, 19세기 리얼리즘 소설의 소멸과 20세기 모더니즘의 등장이라는 기성의 틀을 해체하고 근대성과 문학형식의 관계를 재해석하고자 한다. 근대 서사시는 기존의 장르나 범주를 가로질러, 그리고 지역적인 경계를 넘어, 근대화라는 장기적이고 세계적인 현상에 대응하는 유형의 대작들을 일컫는다. 이 범주에 들어가는 것으로 모레티가 열거하는 작품들은『파우스트』,『모비딕』,『니벨룽겐의 반지』,『율리시즈』,『황무지』,『특징 없는 남자』(Musil) 그리고『백년 동안의 고독』등 일곱 편에 불과하다. 여기에 그가 적극적으로 활용하고 있는 것이 월러스틴(Wallerstein)의 '세계체제'(world system) 개념이며, 이 세계체제의 작동이 이루어지면서 결국 세계 텍스트(world text)라고 할 수 있는 근대적 서사시가 탄생하고 이 체제가 진전됨에 따라 그 유형의 문학이 계속하여 산출되었다는 것이다. 이러한 작품들은 분명 걸작임에 틀림없으나 그것은 '결함 있는' 걸작, 또는 때때로는 '반실패작'이 되기도 한다. 그것은 이 근대적 서사시들은 '근대'와 '서사시'라는 두 항목 사이의 불일치, 즉 근대 세계의 분리된 현실과 서사시의 총체화하는 의지 사이의 불일치를 드러낼 수밖에 없는 만큼, 불완전하기 때문이다. 그가 근대 서사시로 꼽는 작품들 가운데, 기존의 본격 모더니즘 문학의 범주에 들어가는 것은 조이스, 엘리어트, 그리고 무질(Robert Musil)의 작품 뿐으로, 모레티가 집중적으로 다루는 것은 『율리시즈』와 『황무지』 두 편인데, 이들이 그가 말하는 세계 텍스트로서 어떤 성취와 결함을 내보이는가를 살피는 일은 모더니즘을 자리 매김하는 한 방법이 될 것이다.

3. 기법혁신과 모더니즘의 이데올로기

20세기 초 봇물처럼 넘쳐흘렀던 모더니즘의 활력은 그 이후 기대와는 달리 "몇몇 고립된 빙하들과 많은 모방자들"을 낳았을 뿐 과거에 비할 만한 성취는 나오지 않는다는 것이 모레티의 판단이다. 한 마디로 모더니즘의 성취는 "서구문화의 마지막 문학의 계절"이었다는 것이다(*Signs*, 209). 모레티는 엘리어트의 『황무지』를 다룬 장문의 논문 「『황무지』에서 인공낙원으로」(From *The Waste Land* to the Artificial Paradise)에서, 다름 아닌 『황무지』가 그 같은 최후의 경계에 서 있었던 대표적인 문학적 산물이라고 지적하지만, 크게 보아 제임스 조이스와 프란츠 카프카를 포함하는 모더니즘의 거장들이 모두 여기에 해당된다고 할 수 있다. 근대성과 문학형식의 변화에 대한 앞장의 논의를 원용하자면, 모더니즘은 공사의 분리 등 분리추세가 극단화되고 생산 대신에 소비가 중심을 이루는 근대성의 한 단계에서 나온 것이며, 이 가운데서도 세계 텍스트들은 세계 체제가 서구 중심의 완벽한 지배를 형성하게 된 국면을 반영한다.

실상 모레티의 모더니즘에 대한 논의는 무엇보다도 조이스의 『율리시즈』에 집중되어 있고, 『근대 서사시』에서 20세기 부분의 대부분이 이 작품에 대한 논의에 바쳐져 있다. 그것은 모레티가 이 작품을 어떤 작품보다 높이 평가한다는 말도 되고, 동시에 모더니즘 작품들 가운데서도 이 작품이 유독 다른 작품들과 구별되는 어떤 전형성을 보여주고 있다는 말도 된다. 이는 다른 두 대표적 모더니스트 T.S. 엘리어트와 카프카를 그와 구별하는 맥락에서 더욱 분명해진다. 『율리시즈』의 조이스가 어떻게 엘리어트 및 카프카와 갈라지는지를 따져보는 것은 모레티의 모더니즘 평가의 핵심에 한 도달하는 방법이 될 것이다.

단적으로 말해, 모레디는 『율리시즈』가 부르주아 자유주의 형식의 종언을 말해준다는 것이며, 여기에는 20세기 초에 들어 고전적 자본주의의 자율적인 시장이 결정적으로 쇠퇴하고 있는 (그리고 이처럼 변화하는 상황에 영국이 제대로 대처하지 못함으로써 야기되는 영국의 쇠퇴도 동반되는) 그런 시기에, 조이스는 "고전적 자본주의의 위기의 시인"으로서, "전체적인 사회 구성체의 기념비적인 시체 해부"를 해냈다는 것이다. 맑스주의 비평(가령 루카치)이 이 작품 세계의 정태성과 평범성을 공격한다는 점을 언급하고 나서 모레티는 이렇게 말한다.

『율리시즈』는 사실 정태적이며, 그 세계에서는 위대한 것은 아무것도 ─ 완벽하게 아무것도 없다. 그러나 이것은 조이스 편에서의 무슨 기법적인 혹은 이념적인 결함 탓이 아니라, 오히려 그가 영국사회에 종속된 탓이다. 즉 조이스에게 영국사회가 분명 상상할 수 있는 유일한 사회였다. 비록 그가 그 최악의 특성들에 대한 과장법의 묘사를 통해 그것을 마비된 평범성의 미래로 선고해 버리기는 하지만.(.....) 조이스의 글쓰기를 두고 '혁명적'이라는 말을 쓰기는 아무래도 어울리지 않겠지만, 그러나 소설가든 아니든 어떤 맑시스트도 그토록 지성을 가지고 혹은 그토록 분노를 가지고 자유주의 세기의 종언을 포착할 수 있었던 사람은 없었다(Signs, 189).

이것은 맑시스트를 자처하는 비평가로서는, 모더니즘 문학에 바칠 수 있는 최대의 경의라고 할 것이다. 『율리시즈』에서 구현된 모더니즘의 문학적 성과는 바로 "근대 자본주의의 거창한 세계"가 기실 역동성을 잃어버린 평범성의 극치임을 꿰뚫어 보고 그것을 말하자면 "있는 그대로" 제시한 그 가차없음에 있다.5) 근대 자본주의는 애초 농촌 중심의 봉건체제를 허물어뜨리고 도시화를 진행하였고 도시는 생산과 소비의 양면이 공존하는 역동적인 공간이었다. 그러나 세기 전환기인 조이스의 시기에 이르러 생산의 모습은 자취를 감추고 대도시는 소비생활로 넘쳐난다. 수많은 생산물들은 상품으로 화하여 홍수처럼 대중들에게 밀려들고 그것은 도시인들의 삶에 매혹과 위험을 동시에 던져주는, 극도의 긴장과 연속적인 자극을 제공하게 된다. 『율리시즈』는 이미 소비사회로 진입한 영국 자본주의의 한 국면에서 이 근대성의 자극을 "그 하나도 잃어버리지 않고서 모두 현전하게 하는"(*Modern Epic*, 163) 그런 작업을 해낸 점에서 탁월하다. 이 같은 모레티의 평가로 미루어 『율리시즈』는 말하자면 '리얼리즘의 접경'에 있는, 그런 점에서 모더니즘의 최고 성취라고 이해되어도 틀린 것은 아닐 법하다.6)

대도시의 삶을 리얼리스틱하게 제시하고자 하는 조이스의 과업을 가능케한 것이 바로 '의식의 흐름'(stream of consciousness)이다. 한 마디로 의식의 흐름은 대도시에서 격렬하고 과도해진 자극에 종속되어 있는 현대인을 모습을 포착해내는 가장 효과적인 기법이다. 소비중심으로 전환된 자본주의 사회의 대도시는 거리마다 넘치는 자극들로 현란하고, 무한한 듯 보이는 상품의 환상은 거의 피할 수 없으며, 심지어 우리의 사적인 마음의 공간까지 침

---

5) 이같은 판단이 루카치의 그것과 차이가 있다는 것은 지적할 만하다. 가령 루카치는 『율리시즈』의 기법적 특성(내적 독백)이 그 나름대로 성공을 거두고 있음을 인정하면서도, 그 '정태적인 세계관'을 '역동적인 세계관'(가령 토마스 만)과 대비하여 비판한다. 모레티는 조이스의 정태성이 '이념적인 결함'에 있지 않음을 분명히 함으로써 모더니즘 성과의, 그리고 당대 유럽문학의 성과의 극대치로서 『율리시즈』를 제시하고 있는 듯 보인다. Georg Lukacs, *The Meaning of Contemporary Realism* (London: Merlin Press, 1963), pp. 17-19.

6) 이 표현은 프레드릭 제임슨의 것으로, 모더니즘의 성취를 리얼리즘과 관련하여 이렇게 관찰한 대목은 Fredric Jameson, *The Political Unconscious: Narrative as a Socially Symbolic Act* (Ithaca: Cornell Univ. Press, 1981), p. 266.

범해 들어온다. 그러나 일반 대중이 그 상품들을 온통 소유할 수는 없는 이상, 도시는 이 욕망을 대리 충족하는 메커니즘, 모레티의 표현으로는 "이러한 '끔찍스러운 불균형'을 치유하는, 그리고 부르주아 상품의 거창한 세계를 모두에게 접근 가능케 만드는 메커니즘"이 필요하니, 그것이 바로 광고이며, 의식의 흐름이다(*Modern Epic*, 132).

말 말 말 말. 이것은 아무도 예상치 않은 폭격이며, 그리고 19세기 문법이 견뎌낼 수 없는 폭격이다. 주의, 명료, 집중, 이 옛 미덕들은 쓸모 없는 정도가 아니라 그 이상으로 나쁘기까지 하다. 광고와 조화를 이루는 대신에, 그것들은 광고를 신경 쓰이는 소음으로 인식한다. 말의 도시에서 길을 찾기 위해서는 다른 스타일이 요구된다. 의식의 문법보다 더 약한 문법, 뾰족하고 불연속적인 구분, 말하자면 언어의 입체파 같은 것이다. 그리고 의식의 흐름은 정확하게 그것을 제공한다. 즉 주체는 물러나 사물들의 침입을 위해 자리를 마련해주는 단순하고 조각난 문장들, 문을 활짝 열어제치고 늘 한 문장 더, 한 자극 더 들어올 자리가 보장되는 병렬적인 문단들이다 (*Modern Epic*, 134-36).

의식의 흐름을 광고와 동일시하고 "현대 생활의 속도"에 대응하는 핵심적인 형식으로 이해하는 것은 모레티의 번득이는 재기(번쩍이는 네온사인의 언어들과 이미지들의 연쇄로서의 대도시의 거리와, 끊임없는 그리고 불연속적인 말의 연쇄로 이루어진 의식의 흐름이 대칭을 이룸을 포착하는 탁월한 지적 연결!)를 엿보게 하지만, 사회현상 혹은 구조와 문학형식을 통합적으로 사고하는 그의 문학사가로서의 안목이 발휘된 대목이기도 하다. 즉『율리시즈』에서 의식의 흐름과 광고는 "사회현상과 문학형식 사이의 특별한 야합"으로 서로 연결되어 있으니, 광고가 자본주의적 대도시의 지칠 줄 모르는 송신기라면, 의식의 흐름은 요동하는 자극들을 붙들어내어 조직하는 수신기라는 것이다. 이점에서『율리시즈』의 주인공 레오폴드 블룸(Leopold Bloom)의 직업이 광고업자라는 사실은 암시적이며, 모레티의 분석도 이 주인공의 삶의 양상이 어떻게 자본주의적인 대도시의 삶의 현상과 철저히 일치하는가를 밝히는 데 집중된다. 가령 광고가 상품과 맺는 관계가 일종의 '집적대기'

(flirtation)인 점과 블룸의 집적거리는 행위가 유비되고, 블룸이 어느 한곳에 집중하지 않고 '정신을 딴 데 팔고 있는' 것도 주목할 수 없게 정신 없이 지나가 버리는 광고의 그것과 유비된다. 블룸은 이처럼 아무 생각 없이 눈앞에 전개되는 도시의 자극을 부담 없이 받아들이고 그것을 가지고 집적거린다. 거기에는 아무런 목적성도 없으며 의미도 부재한데, 이 의미부재가 어떤 점에서는 주인공으로 하여금 이 대도시에서 살아남을 수 있게 하는 것이다. 마치 광고처럼 수없이 되풀이되면서도 의미는 없는, 늘 우리를 자극하지만 이미 친숙해져서 더 이상 놀랄 일도 없는 그런 세계상과 그 속에서 살아가는 속물적인 평범한 인간상을 블룸은 대변한다. 그리고 이 같은 '정신 없음'을 오히려 대도시적 삶의 한 존재방식으로 전환시킨다.7)

이미지와 말들로 가득한 현대의 대도시를 그려내는 언어가 19세기적인 것일 수 없고 그 주인공도 더 이상 주체적 행위를 통해 플롯에 개입하는 그런 인물이 될 수 없다면, 과연 블룸이라는 인물의 의식의 흐름이야말로 그것을 포착하는 가장 효과적인 길일 수도 있겠다. 의식의 흐름이라는 기법은 비단 조이스만 사용하는 것은 아니고, 포크너나 프루스트 그리고 울프 등 대표적인 모더니스트들이 애용하던 수법이기도 하다. 더 나아가서 이 기법이 모더니스트의 전유물만도 아니다. 문제는 그것이 『율리시즈』처럼 지배적인 서술방식으로 될 때의 효과와 성격에서 일어나는 어떤 질적인 변환이라고 할 것이다. 과연 모레티는 모더니스트가 아닌, 톨스토이의 『안나 카레니나』의 한 대목을 들어, 안나의 의식의 흐름이 어떻게 그녀의 삶의 한 결단과 결합되어 활용되고 배치되어 있는가를 보여준다(*Modern Epic*, 168-73). 톨스토이의 경우, 안나의 의식의 흐름 장면은 하나의 징후로서 제시되며, 스스로를 통제하려는 격렬하고 불균등한 고투를 동반하는데, 이 같은 특성은 블

---

7) 이와 관련하여 모레티는 원래 블룸이 『더블린 사람들』의 '마비'의 마지막 주인공으로 의도되었다는 점을 들면서, 조이스가 『율리시즈』에서 '극적인 기능 변화'를 통해, 이 주인공의 이 같은 수동성을 오히려 세계에 대한 수용성과 개방성으로 전환하고 있다고 한다(*Modern Epic*, 142-43). 즉 조이스의 작품 중에서도, 『율리시즈』는 『젊은 예술가의 초상』이나 『더블린 사람들』과 성격이 다르고 이 후자들과 구별되어야 한다는 것인데, 이 점이 『율리시즈』를 대표적인 근대 서사시로 따로 분류해낸 모레티의 의도와 유관하다고 하겠다.

룸의 완전한 자기방기와는 전혀 다른 것이다.

이처럼 조이스와 유사한 기법이 리얼리즘 소설에서는 달리 쓰이는 점에 대한 지적에 이어서, 모레티는 포크너나 울프의 그것조차도 조이스의 경우와 구별짓는다. 이 두 작가들에게 의식의 흐름이 예외적인 상황을 위한 문체였다면, 조이스의 경우에는 "절대적인 정상성의 문체, 평범한 하루의 한 평범한 개인의 문체"라는 것이다. 이 점에서 조이스의 『율리시즈』는 비단 리얼리즘과 구별될 뿐 아니라 모더니즘의 다른 유형과도 구별된다. 블룸이 아무 기대도 없이 이미 다 알고 있는 친숙한 것들 속을 걷는 일은, 20년대의 '위대한 문학적 신화들 가운데 하나'를 허물어뜨린다고 모레티는 말한다 (*Modern Epic*, 141). 그 신화가 초현실주의에 해당되는 것으로, '산책' (Promenade)이라는 목표 없는 헤매기를 통해 수많은 놀람과 계시를 얻을 수 있다는 생각이다. 『율리시즈』는 우리의 운명이 일상을 통해 바뀔 수 있다는 생각에 대한 조이스의 냉소를 전해준다.[8]

이처럼 모더니즘이 여러 갈래로 나누어져 있다고 보는 모레티의 생각이 앞장에서 말한 것처럼, 모더니즘이라는 '실체 없는' 개념을 포기하고, 새롭게 '근대 서사시'를 규정하는 작업으로 이어졌지만, 이 새로운 개념틀을 통해서 배제된 모더니스트 가운데서 가장 핵심 인물이 바로 카프카이다. 『율리시즈』와 『황무지』가 세계 텍스트의 속성을 가지고 있는 데 비해서, 카프카는 이 대열에서 배제된다. 그렇다고 이를 카프카의 작업이 전자들의 성과에 비해 떨어진다는 증거로 읽을 필요는 없다. 세계 텍스트로 분류된다는 것은 그만큼 그것이 세계체제의 이데올로기 작업에 가장 합당한 상징화 형식이라는 의미가 부과되는 것이며, 애초부터 모레티는 카프카와 아울러 상징주의가 이 틀에서 빠지게 됨을 언급해 두기도 하였다. 역시 모레티는 모더니즘의

---

8) 이 대목은 아방가르드와 모더니즘을 구분하는 모더니즘 논의와 통하는 바가 있되, 전자의 전복성과 그같은 성격이 박탈된 모더니즘의 비정치성을 비판하는 관점, 가령 유명한 모더니즘 이론가 뷔르거와 만나면서도 또한 대비된다. 모레티는 모더니즘의 비정치적 성격을 비판하면서도, 『율리시즈』가 당대로서 가능한 '리얼리스틱'한 성과의 한 극점임을 인정하기 때문이다. 뷔르거의 모더니즘관에 대해서는 Peter Burger, *Theory of the Avant-Garde* (Minneapolis: Univ. of Minnesota Press, 1984)에 부친 Jochen Schulte-Sasse의 서문 참조.

이 같은 내부적인 분열에서 조이스와 카프카를 각 상반되는 두 경향을 대변하는 작가로 읽고 있는데, 이 양극화는 근대성 속에 내재한 모순들의 20세기적인 발현이라고 보아야 할 것이다.

조이스/카프카의 양극화를 전자의 다성성(polyphony)과 후자의 알레고리 (allegory)로 대비하면서 고찰하는 다음 구절을 읽어 볼 필요가 있다.『율리시즈』의 첫 여섯 장이 의식의 흐름에 지배된다면, 마지막 일곱 장은 다성성에 지배되며 조이스에서 다성성은 의식의 흐름에 그 기원을 두고 있다. 모레티는 주로『율리시즈』와『심판』을 대비하여 이렇게 설명한다.

> 19세기에, 이 두 장치는 여전히 광범하게 서로 얽혀져 있었다. 즉 위대한 역사적 새로움은 다의성(polysemy)에 의해 구성되었고, 그 특수 양태(다성적이거나 혹은 알레고리적이거나)는 상대적으로 배경에 남아 있었다. 그러나 한 세기 후에, 차이점들이 점점 커져서 마침내 모든 유사성을 지워버리게 되었다. 다성성 쪽(조이스의 쪽)에서는 기표의 거의 한없는 증식이 있어 왔고, 알레고리 쪽(카프카 쪽)에서는 기의의 그와 동등하게 제한 없는 성장이 있어 왔다. 전자의 경우에는 그것이 생성할 수 있는 언어의 수, 혹은 그것들의 자유에 한도가 없으니, 무슨 문체이든 나머지에 덧보태어질 수가 있고 우선권이나 특유성을 내세우는 법이 없다. 알레고리의 경우에는, 그렇지만 강제적 제한이 있고 그것은 매우 강력한 것, 즉 법(the Law)이다(*Modern Epic*, 201).

모레티의 설명대로, 다성성과 알레고리는 실상 근대성의 발흥과 긴밀하게 맺어진 양식으로, 19세기의 서사들 속에 병존하고 있었다. 가령 근대 초기의 세계 텍스트『파우스트』에서 다성성은 다양하고 확장되고 이질적인 근대의 모습을 나타내기 위해, 그리고 알레고리는 "자본주의적 근대성의 시적 비유"라는 표현대로, 구체적 현실(즉 사용가치)을 감추는 추상적 현실(즉 교환가치)을 나타내기 위해 사용된다. 이후 근대가 진행되면서 세계 텍스트에서는 다성성의 장치는 점차 축소되어 왔고, 알레고리는 다의성이 증가해 오는 방향을 취해 왔다는 것이 모레티의 판단인데, 이처럼 다의적으로 의미가 확산되는 것은 통일된 의미가 사라진다는 것을 뜻하며, 20세기 초의 모더니즘의 '빅 뱅'도 여기서 예고되는 셈이다. 불확실한 의미의 무한한 가능성을 허용하면서도 출처를 알 수 없는 '법'이 지배하는 악몽을 그려내는 카프카의 알레고리 소설이 그 한 증좌이되, 또 다른 방향에서 조이스는 다성성을 재기능화하여 인간중심주의의 틀을 완전히 벗어버린, 그런 점에서는 '현대적 개인의 최후의 언어'라고도 할 의식의 흐름조차 벗어나 버린, 말하자면 '현대적 제도들의 최초의 언어'로 진입한다는 것이다(*Modern Epic*, 202).

조이스나 카프카에게 있어, 이 같은 의미의 확산과 궁극적인 소멸에 대한 관찰은 결국 총체적인 현실 이해나 묘사의 가능성에 대한 점증해 온 의구심과 깊이 연관되어 있다. 과연 세계를 이해하는 전체적인 틀이나 전망이 형성될 수 있는가의 물음에서, 그 방향은 다르지만, 이 두 모더니스트가 내놓는 답은 그 불가능함에 대한 철저한 자인이다. 카프카의 알레고리에는 어떤 단일한 목소리에 지배되고 강제되는 양상이 그려지지만, 소위 공식적이라고 알려진 '법'은 철저하게 신비에 싸여 있고, 어떤 공적인 영역에서 나오는 것이 아니라 제도의 질곡과 관련되어 있다. 한편 조이스의 의식의 흐름과 거기서 발흥한 다성성은 스쳐 지나가는 삶의 흐름들을 포착하는 주체의 중심성보다 결국 자본주의적인 대도시의 양상들을 수동적으로 받아들이는, 그런 점에서 주체의 부정에로 다가가는 경향을 보여주고 있다. 이것이 말하자면 모더니즘적 성취의 한 극점이라면, 그것이야말로 이미 내용을 상실한 근대성의 한 국면의 전체상에 가장 근접하는 성과라고 볼 수는 없을까? 그 불가능성에 대한 인정에도 불구하고, 모더니즘을 총체성에 대한 모색과 무관한 것으로만 치부할 수 없는 것도 이 같은 물음 때문이다. 그러나 이 같은 '총체성'이 통일된 어떤 의미보다 오히려 분열에 근거하고 있다는 것은 모레티가 내세우는 모더니즘 유형의 성취가 근원적으로 내포하는 한계를 말해준다.

그렇다면 모더니스트 가운데 총체성에 대한 새로운 지향을 언표하는 경우는 어떤가? 몰개성적인 객관성을 중시하고 일종의 심층구조로서의 신화를 새로운 이념으로 제시한 엘리어트의 모더니즘이 여기에 해당한다. 엘리어트의 『황무지』는 대개 시의 '율리시즈'라는 평을 듣고 있는데, 모레티의 관점은 전혀 다르다. 『황무지』는 황폐한 도시문명에 대한 가차없는 기록이란 점에서나 『율리시즈』의 중심 기법을 이루는 다성성을 그 나름대로 실현하고 있다는 점에서나 후자와 유사한 점이 많다. 『황무지』는 수많은 단편

(fragment)들로 구성되어 있는 셈이고, 이 단편들이야말로 조이스적인 의미에서의 다성성을 엘리어트 나름대로 구현한 것이다. 그러나 동시에『황무지』의 밑바탕에는 신화라는 층위가 깔려 있고 그것을 이해하기 위해서는 "역사적 특수성을 괄호 치고, 즉 그 이질적인 표면을 꿰뚫고 신화적 지층"에 도달해야 한다는 모레티의 지적은 시사하는 바가 크다. 엘리어트의 단편들은 심층의 신화구조에 종속되는 나머지, 신화를 통해 "다성성을 길들인" 셈이며, 이것은 이질성들의 공존을 한없이 허용하는『율리시즈』의 세계와는 다르다(Modern Epic, 226-27).

이와 같은 시각에서 모레티는 엘리어트가『율리시즈』를 읽는 방식을 비판한다. 엘리어트는『율리시즈』와『황무지』의 심층구조를 말하면서 신화적 방법이란 "단적으로 당대의 역사인 황폐함과 무질서의 거대한 파노라마를 조절하고 질서잡고 거기에 형태와 의무를 부여하는 방식"이라고 주장한다.9) 이 유명한 구절은 모더니즘이 새로운 질서를 창출하는 문학임을 선포한 대목으로 흔히 인용되는데, 모레티는 이 같은 관점이야말로 오히려『율리시즈』를 취소하는 꼴이라고 통박한다.『율리시즈』가 신화를 사용하고 있는 것은 사실이나 신화를 탈성화(脫聖化)하기 위해서 그러한 것이며 거꾸로 당대역사도 탈성화된다. 신화와 역사는 서로를 패러디하는 것이다. 그러나 '신화 즉 질서잡기－역사 즉 무의미와 혼란'이라는 식의 엘리어트의 관점은, "새 단계의 자본주의의 기본 욕구를 표현"하고 있는 것으로 극히 이데올로기적인 것이다. 이에 반해 조이스는 이처럼 쇠퇴하는 영국 지배계급의 위기에 어떤 종류의 '해결책'도 제시하지 않고 다만 그 세계에 대한 '끔찍한 캐리커처'를 그려낼 따름이다(Signs, 191-92).

하여간 총체성의 문제에 있어서, 파편에 머물러 있기를 지향하는 조이스에 비해 엘리어트의 신화 창조가 새로운 의미의 총체성에 대한 물음을 던진 것은 분명하다.『황무지』가 구성하는 '신화적 총체성'은 가령 빌헬름 마이스터에게 구현된 빌둥, 즉 '유기적 총체성'과는 분명 다르며, 그 "부르주아 문명의 '위대한 통합적' 순간들"은 앞장에서 말한 것처럼 19세기로 그 가능성

---

9) T.S. Eliot, "*Ulysses*, Order and Myth" *The Dial*, November 1923. 여기서는 *Modern Epic*, 227에서 재인용.

이 상실되었다는 것이 모레티의 판단이기도 한 것이다. 그렇다면 파편적인 표면과 심층의 신화가 이룩하는 『황무지』의 효과는, 사회에 대한 총체성의 회복이라는 관점에서, 어떻게 해석되는가?

엘리어트의 독자는 도시 운전자나 텔레비전 시청자처럼 정말 이상한 입지에 있다. 보이고 읽히고 혹은 들리는 모든 것은 그것이 어떤 밑바탕의 '총체성'에 연결되어 있는 한에서만 의미를 띤다. 그러나 그 메시지의 효과, 매혹은 그것의 약호가 확실하게 추적될 수 없다는, 그리고 그 총체성이 드러날 수 없고, 오히려 아른거리고 규정할 수 없는 상태에서 유지된다는 사실, 바로 거기에 있다(*Signs*, 231).

이 대목이 흥미로운 것은, 모레티가 모더니즘의 거장의 독자를 대중문화의 소비자와 같은 자리에 놓고 있다는 것이다. 대중문화의 소비자가 진짜 세계와 관계 맺는 방식은 이해관계나 책임 등이 아니라 호기심이다. 이 호기심은 불안감에 의해서 동기 부여되어 있지만, 그 불안은 가령 프로이트적인 트로마의 공포에 추동된 그런 불안이 더 이상 아니라는 것이다. 말하자면 진리에 대한 추구가 사라지고 한 문장에 의미(sense)만 있고 지시대상(referent)은 사라져버린 세상, 그것이 근대적인 혹은 현대적인 삶의 양태라면, 『황무지』를 읽는 체험은 딱히 무엇을 지칭하는지가 모호해진 그런 세계를 겪는 것이다. 모레티의 표현대로, 이것이 바로 '의식의 황혼 상황'이니, "소통의 구조 자체가 당혹과 분리와 주저의 지배를 세워온 곳에서, 어떤 결론도 확실함도 없는 것"(*Signs*, 232)이다. 그리고 이와 같은 신화적 총체성, 즉 서로 다른 이미지를 연속으로 보여줄 뿐 스스로를 나타내지는 않는 그런 총체성이야말로, "자본주의 세계체제에서 상상할 수 있는 가장 추상적인 형태의 '총체성'"이라는 것이다(*Modern Epic*, 229). 『황무지』와 대중문화 그 양자에서 공히 사실이 문제가 아니라 '상징적 효과성'(*Signs*, 234)이 문제이며, 이는 가치체계 혹은 문화의 수립이 중시되는 데서도 엿보인다. 즉 20세기에 일어난 '문화의 미학화라는 막강한 경향'(235)은 모더니즘과 대중문화를 한꺼번에 몰아가는 흐름이 된다.

엘리어트의 '신화적 방법'은 개별적인 해석의 가능성을 약화시키는 대신 '객관적인' 상관물들에 대한 '즉각적' 인식으로 그것을 대체하는데, 이처럼 신화구조라는 '객관적인' 가치체계를 만들어냄으로써 역사는 그 모든 구체적인 맥락을 상실하고 정지된다. 여기서 엘리어트의 객관적 상관물론이 실상 "독자들을 다시 한번 '편하게' 느끼도록 하기에, 즉 의미와 가치, 가치와 현실 사이의 갭을 채우기"에 그 목적이 있다는 모레티의 지적(*Signs*, 218)이 통렬하다. 우리는 여기서 모더니즘의 미학주의가 몰역사적인 관점에 입각해 있음으로써 당대 자본주의 근대의 양상 즉 소비사회의 이데올로기로 기능하며, 그런 점에서 늘 유행과 호기심에 추동되는 대중문학을 뒷받침하는 이념에 맥이 닿아 있다는 점을 확인한다. 즉 이 둘은 모두 생산이라는 문제를 아득한 어렴풋한 공간으로 밀어내어 결국 망각케 하고, 소비라는 현상에 매혹된 세상을 그려냄으로써 극도로 미혹되고 가망 없이 진행되어버린 근대의 한 국면을 증언하고 합리화한다. 모더니즘이 결국 소비사회의 세계상과 일치하는 것이라는 점은 『율리시즈』를 논의하면서도 지적한 바지만, 다만 조이스가 이 국면을 그 자체대로 가혹하리 만치 냉정하게 그려낸 리얼리스트라면, 엘리어트는 여기에 의미를 부여하고 구축하려한 이데올로그인 점이 다르다.

모더니즘의 폭발이 기법들의 혁신과 함께 왔음은 주지의 사실인데, 역시 모레티에게 있어서도 이 같은 기법혁신의 의미를 평가하는 일이 모더니즘의 성격과 의미를 가늠하는 중요한 기준이 될 법하다. 의식의 흐름을 비롯하여 다성성, 다의성 등 모레티가 말하는 바 소위 '브리콜라쥬'(bricolage)는 문학사적인 진화의 과정을 거쳐서 등장하게 된다. 혁신과 진화의 관계에 대해서도 다윈의 진화론에 입각하여 진화의 과정이 돌연변이를 수반하고 있다는 생물학적 가정이 문학사에도 성립한다고 본다. 이 자리에서 상술할 수는 없지만, 이는 문학사에서 뿐 아니라 한 작품에서도 적용되는데, 가령 『율리시즈』에서 초반의 서술을 지배하던 의식의 흐름이 후반에서 다성성에로 진행하는 것은 조이스가 애초부터 계획한 일이 아니라, 우연히 발생한 것이라는 설명이 그런 예이다. 그런 점에서 모더니즘의 기법적 실험의 '과감성'(daring)이 거론될 수 있고, 새로운 형식과 기법의 등장이 세계를 보는 새로운 시각과 연결되고 있다는 점도 수긍된다.

그러나 역시, 조이스와 엘리어트의 새로운 기법들이 그러하듯, 그것은 근대성의 새 국면에 대한 합리화이자 상징화일 수 있으며, 여기에는 문학의 근본 기능이 "동의를 확보하는 것"이라는 모레티의 기본 가정이 깔려 있다. 동시에 '과감성'이 부각되기 위해서는 '관례성'이라는 배경이 필요하듯, 단절을 강조하느냐 안정을 강조하느냐에 따라, 관습과 혁신을 보는 시각이 달라진다는 점이다. 여기서 모레티가 학계에서 대체로 혁신이 강조되고 관습은 지식의 대상조차 되지 못했다고 비판하는 대목은, 모더니즘의 기법혁신에 대한 판단과도 맺어져 있다(*Signs*, 14-15). 즉 모레티는 기법 혁신을 예찬하고 그 의미를 높이 평가하는 모더니즘적 시각에 부정적이고, 오히려 이 같은 자유로운 실험이 가능하게 된 것은 그만큼 조직화가 강화되고 족쇄가 사회 일반에 채워져 있기 때문에 상대적으로 관대하게 된 근대체제 덕이라는 관찰을 일관되게 전하는 것이다. "일단 자본주의 경제의 말없는 족쇄가 장착되면, 이데올로기적 사슬은 느슨해질 수 있고 사회는 분열된 상징적 선택지들에 열려 있을 수 있다. 더 강해졌기에 더 자유로울 수 있기도 한 것이다." (*Modern Epic*, 89)라는 통찰은, 모더니즘의 형식실험들의 '자유'가 결국 막바지에 도달한 근대성의 강화되고 완벽해진 '족쇄'와 유관함을 시사한다. 여기에 서구 모더니즘의 영광과 오욕이 있는 것이다.

4. 결백의 수사학과 제3세계적 전망

모레티의 근대성과 근대문학 논의는 서구문학에 집중되어 있다. 물론 모레티가 큰 규모로 그리고 있는 것은 세계적인 문학의 지형도라고 할 수 있지만, 그러나 근대 이후가 서구적인 근대체제의 형성이라는 시각은 여전하다. 월러스틴의 세계체제론을 문학사의 해석에 활용하게 된 것도 그렇고, 세계체제의 형성이라는 장기적 사건을 서사 속에 담아내는 세계 텍스트도 서구 중심의 것이 될 수밖에 없다. 앞에서도 논의하였듯이 특히 『근대 서사시』는 이 같은 세계 텍스트의 형성과 전개를 세계체제의 발전과정과 관련하여 구성해본 야심적인 저서인데, 이 목록에 흥미롭게도 남미 작가 마르케스의『백년 동안의 고독』이 포함되어 있는 것이다. 모더니즘 시대의 작품들 이후로는 서구문학 대신에 제3세계의 이 작품이 근대적 서사시로 지목되고 거론되고 있는 것은 주목을 끈다. 이 문제를 살펴보는 것으로 논의를 끝맺기로 한다.

서구에서 발원한 근대성이 세계로 확장되어 나가는 수백 년의 기간 동안 (월러스틴은 15세기 말부터 세계체제가 작동하기 시작한다고 본다), 이 과정에는 비서구에 대한 서구의 정복과 지배 즉 제국주의의 문제가 필연적으로 포함된다. 세계체제의 합법화이자 상징화인 세계 텍스트가 이 같은 현실에 정면대응을 하지 않거나 혹은 의도적 비의도적으로 무시한다 하더라도, 폭력과 정복의 서사는 억압된 형태로나마 세계 텍스트에 내재되어 있다고 보아야 한다. 모레티가 이 문제를 본격적으로 거론하는 것은 아니지만,『근대 서사시』의 군데군데에는 이 같은 인식이 나타난다. 그는『파우스트』부터 시작하여『율리시즈』로 이어지는 세계 텍스트의 전개과정에서 서양의 지배가 점차 광범해지고 마침내 완성됨에 따라, 이 문제가 담론에서 사라져 가는 현상에 주목한다. 즉『파우스트』에서처럼 자본주의의 도약단계인 산업화 국면에서는 정복이 근대화의 이름으로 옹호되는 만큼 서구의 타자에 대한 의식이 존재하는 데 비해서, 정복이 이미 완료된 시기의 소산인『율리시즈』에 이르자 옹호가 필요 없을 정도로 오히려 세계의 좁음은 당연시되고 타자는 소멸한다(*Modern Epic*, 160).

세계 텍스트에서 이처럼 제국주의의 문제를 감추거나 합법화하거나 해소하려는 노력을 모레티는 '결백의 수사학'(rhetoric of innocence)이라고 지칭하는데,『파우스트』가 그 발원지다. 메피스토펠레스라는 인물을 창조하여 주인공 파우스트가 자신이 저지른 죄에서 벗어나게 하는 장치로 사용하고 있다는 것이다. 즉 제1부에서 마가레타를 유린하고 파멸시킨 죄도 파우스트가 악마에게 유혹된 결과이므로 책임이 없고, 제2부에서 헬레나와의 장면에서도 파우스트는 정복자가 아니라 야만주의로부터의 해방자로 그려지며 이처럼 서양인과 원주민 여성의 결혼이라는 플롯은 식민지의 정복을 승인하고 합법화하는 것이다.『파우스트』가 '본원적 축적에 관한 시'라는 루카치의 평가에 동의하면서, 모레티는 이 같은 거짓과 진실의 혼합이 "그 자신의 세계 지배에 자랑스러워하면서도 그것을 지탱하는 폭력을 간과하기를 택하는 서양에 전형적인 것"이라고 지적한다(*Modern Epic*, 26).

그렇다면 이 같은 '결백의 수사학'이 비서구 작품으로서 세계 텍스트의 반열에 오른 『백년 동안의 고독』에도 관철되는가? 이것은 이른바 '마술적 리얼리즘'(magical realism)의 성취를 설명하는 일과도 별개가 아닌데, 모레티는 우선 이 작품이 모더니즘 기법에 현실성을 회복시키고, 아방가르드 문학을 땅에 발붙이게 한다는 점을 높이 산다. 즉 동기가 상실된 채 기법으로만 형식화된 다성성과 의식의 흐름을 재동기화하여, 조이스의 세대가 분리해놓았던 기법과 인간중심주의의 연계를 회복한다는 것이다. 이것은 분명 마다른 골목에 다다른 서구문학의 범위를 넘어선 새로운 현대문학의 가능성을 말하는 것이며, 그 같은 성취가 제3세계 특유의 조건에서 가능했다는 지적도 시사적이다. 이 작품을 두고 1960년대에 서구에서 '서사의 복귀'(return of narrative)가 거론된 것만 봐도 그렇듯, "아방가르드 작품이면서도 흥미로운 줄거리를 가진" 그런 작품은 분명 유럽과는 다른 문학적 진화의 산물이다. 모레티는 여기서 서구적인 장편소설의 부재가 오히려 전-사실주의적인 서사형태들(신화, 전설, 로맨스)을 살아남게 하였다는 점에 주목하는 동시에, 서구로부터의 강요된 근대화가 창출한 이 지역에서의 '비동시성'(non-contemporaneity)이 가능케한 어떤 활력, 혹은 긴장을 지적한다. 한마디로 "불균등하고 뒤섞인 발전에 관한 소설"이라는 것이다(*Modern Epic*, 243).

이상의 평가는 서구의 정복대상이었던 비서구의 문학에서 돌파구를 찾고자 하는 제3세계적 관점과도 연결되는 것이며, 실상 서구문학의 한계치를 『율리시즈』로 잡고 있는 모레티로서도 매력을 느낄만한 시도다. 그러나 그럼에도 여전히 『백년 동안의 고독』이 '결백의 수사학'에서 비켜나 있는가의 의문이 해소되는 것은 아니다. 과연 모레티는 서구지식인들이 이 작품에 열광한 이면에 음험하게 작동하는 세계체제의 이데올로기에 의혹의 눈길을 돌린다. 『근대 서사시』의 「에필로그」에 해당하는 제9장의 결론 부분에서 모레티는 특히 '서구에서' 마술적 리얼리즘이 한 역할에 대해 말하면서 "마술과 제국 간의 야합"의 가능성을 제시한다.

유럽에서 웨버적인 차가움의 세기들에 맞서 떠오르는 하나의 소망('의미', 상상력, 매력 되살리기를 향한 당대 사회들의 욕망 — 인용자)은 충족되기 어렵다. 그러나 **또 다른 문화**에 속하는 이야기들 속에서 출구를 아주 잘 발견할 수 있다. 특히 그 문화가 완벽한 타협적 구성이면 말이다. 이해가 가능할 만큼 충분히 유럽적('라틴적')이며, 또 비판적 통제를 회피할 만큼 충분히 이국적('아메리카적')이면 말이다. 우리는 우리에게서 멀리 떨어진 것에는 거의 믿을 준비가 되어 있다. 즉 정복자의 연대기(cronicas)에 해당되었듯이, 마술적 리얼리즘에도 다시 해당되는 것이다(249).

이와 같은 가설은 마르케스가 특히 소설에서 마술로 제시하는 것이, 사실 마술이 아니라 영화나 전화와 같은 기술이라는 점에 대한 주목과 이어진다. 서구의 기술이 두려운 것이기는커녕 오히려 '놀라운 현실'이라는 점, 그것은 『백년 동안의 고독』의 강요된 근대화가 특별한 환희의 이야기라는 것이 된다. 모레티가 마지막 대목에서, 이처럼 자신의 과거에 대한 사면(赦免)이 바로 그 희생자에게서 나온다는 것이 또 한 번의 '결백의 수사학'임을 암시하는 것으로 이 책을 끝맺는 것은, 서구 지식인의 엄혹한 자기질문을 동반하는 것이면서, 세계 텍스트가 결국 세계 체제에 대한 이념적 합법화라는 기본가정에 충실한 것이다.

모레티가 이처럼 근대성의 발현과 그 문학적 소산으로서의 근대문학 특히 모더니즘의 자리를 둘러싸고 제기한 가설들과 해석들은 그 자체가 하나의 이론적 모험이기도 하다. 그리고 서구 모더니즘과 제3세계에서의 그 발현까지 아우르는 그의 거시적 안목과 통찰력 있는 관찰들은 근대성의 문제와 문학의 입지 및 진로에 대한 많은 시사를 던져준다. 다만 제3세계의 현대문학적 가능성이라면 반드시 마술적 리얼리즘만이 아니라 전통적 리얼리즘 양식 그 자체의 제3세계적 실현을 검토해보는 것이 필수이겠으되, 역시 이 점에 대한 관심의 부족은 모레티의 서구중심적 시각이 가지는 한계라면 한계라고 할 것이다. 그럼에도 불구하고, 모레티의 모더니즘론은 모더니즘의 가능성뿐 아니라 리얼리즘의 당대적 역할을 모색하는 우리 문학논의에 어떤 자극이 될만하다. 이 소개와 개괄이 여기에 조금이나마 기여한다면, 목적은 달성된 것이다.

참고 문헌

Burger, Peter. *Theory of the Avant-Garde*. Minneapolis: Univ. of Minnesota Press, 1984.

Eliot, T.S. "*Ulysses*, Order and Myth" *The Dial*, November 1923.

Jameson, Fredric. *The Political Unconscious: Narrative as a Socially Act*. Ithaca: Cornell Univ. Press, 1981.

Lukacs, Georg. *The Meaning of Contemporary Realism*. London: Merlin Press, 1963.

Moretti, Franco. *Signs Taken for Wonders*. Revised Edition. New York: Verso, 1988.

_____. *The Way of the World: The Bildungsroman in European Culture*. New York: Verso, 1987.

_____. *Modern Epic: The World-System from Goethe to Garcia Marques*. New York: Verso, 1996.

장경렬

본질 추구 경향의 비평적 사유를 뛰어넘어
—비평가의 역할을 재정립하기 위한 하나의 시론

1. 본질 추구 경향, 무엇이 문제인가

무언가 객관적이고 진정한 의미를 지닌 것 또는 이른바 진리라고 하는 것을 추구하려는 경향을 우리는 '본질 추구 경향'(the essentialism)으로 규정할 수 있을 것이다. 이 같은 본질 추구 경향은 객관적 비평의 꿈을 간직했던 모든 비평가나 이론가들의 비평 및 이론화 작업에서뿐만 아니라, 놀랍게도 언어의 시간성에 주목했던 폴 드 만(Paul de Man)과 같은 사람의 논리에서도 확인된다. 주목할 만한 드 만의 논문 가운데 하나인 「시간성의 수사학」("The Rhetoric of Temporality")이 보여 주고 있듯이, 그는 '시간적 차이'(*temporal difference*)라는 논리에 근거한 언어 이론을 설정함으로써, 또한 초시간적이고 안정된 객관적 언어의 세계에서 우리를 영원히 해방시켜 줄 시간성의 개념을 제시함으로써, 여타의 비평가들과는 다른 길을 걷고 있는 것처럼 보인다. 그러나 시간의 경과에 따라 잃게 된 의미를 추적하려는 의지를 보이는 가운데, 또한 비평가는 "근원에 이르기까지 글 쓰기 행위를 분석"해야 한다[1])는 등의 말이 암시하듯이 원래 표상되었던 바의 그 무엇이 언어

---

1) Paul de Man, *Blindness and Insight: Essays in the Rhetoric of Contemporary Criticism*,

안에 남아있고 이를 찾는 것이 비평가의 의무임을 인정하는 가운데, 그는 불변하는 원래의 그 무엇을 추적하려는 유혹에서 벗어나지 못한다. 결국 비평의 객관성을 향한 의지는 의식적으로든 무의식적으로든 그의 비평 세계와 이론의 저변을 이루고 있는 것처럼 보이기까지 한다. 여기에서 우리는 드 만의 비판 대상이었던 신비평가들의 직관적 인식론 — 새뮤얼 테일러 코울리지(Samuel Taylor Coleridge)의 철학적 사유를 소박하게 받아들임으로써 정립된 직관적 인식론2) — 이 형태만 바뀌었을 뿐 드 만의 논리에서도 여전히 그 힘을 발휘하고 있다는 주장까지 할 수도 있다. 이제 직관적 인식론은 체험과 체험의 표현 사이의 불연속적 관계를 문제시하는 전략으로 전용되고 있을 뿐, 여전히 영향력을 상실하지 않은 것처럼 보인다. 어떤 의미에서 보면, 순수 직관 자체는 여전히 해석학적 객관성을 가늠하는 비평 기준의 역할을 하고 있다고 볼 수도 있다. 드 만이 어떤 형태로든 본질 추구의 경향에서 벗어나고자 했다면, 그는 최소한 '근원'(*origin*)이라는 개념도 역시 일종의 신화라는 점을, 또한 외부의 현실(the outer reality) — 예컨대, 어느 한 시인이 처해 있던 역사적 현실 — 과 하나의 가능 세계(a possible world) — 그 시인의 시에 등장하는 시적 화자의 세계 — 사이에 존재하는 상관 관계가 진리라는 환상을 줄 수도 있으나 진리 그 자체는 아니라는 점을 깨달았어야만 했다.

모든 점을 고려하여 오늘날을 대표하는 비평가의 모습을 그리는 경우, 아마도 다음과 같은 하나의 전형이 제시될 수도 있을 것이다. 즉, 문학 텍스트가 드러내고 있거나 또는 감추고 있는 것으로 여겨지는 객관적 의미의 영역을 장악하기 위해 작품의 벌어진 틈새로 비집고 들어갈 목적을 간직한 사람들, 그 틈새를 찾기 위해 자신의 시선을 더욱 더 날카롭게 연마하는 사람들, 그처럼 시선을 연마할 자신의 방법론에 대해 더할 수 없는 확신에 차 있는 사람들, 그들이 바로 오늘날 비평가가 아닐까. 물론 드 만은 시간적으로 안정된 언어의 존재 가능성을 부정한다는 점에서 이와 같은 비평가의 모습에

2nd ed., rev. (1970; Minneapolis: U of Minnesota P, 1983), 14.
  2) 장경렬, 「신비평, 무엇이 여전히 문제인가」, 『현대 비평과 이론』 제4권 1호 (1994): 113-145 참조.

결맞지 않는 것처럼 보일 수도 있다. 그러나 그의 글에서 우리는 자신의 언어에 의식적으로든 무의식적으로든 권위(authority)와 진정성(authenticity)을 부여하는 비평가, 따라서 마치 자신의 비평이야말로 객관적 지식의 영역에 도달한 것이라는 인상을 주고 있는 비평가와 만나게 된다. 따라서 우리가 그리는 비평가의 모습에서 드 만도 예외일 수는 없다. 물론 이들 비평가 사이에는 객관적 의미의 영역을 장악하기 위한 방법과 관련하여 서로 양립하기 어려운 다양한 의견 차이와 입장 차이가 존재하리라는 점은 쉽게 예상할 수 있다. 이러한 의견의 다양성과 비평적 입장들 사이의 양립 불가능성으로 인해 동일한 텍스트에 대해 서로 용납하기 어려운 다양한 해석들이 난립할 수밖에 없으리라는 점도 충분히 예견할 수 있을 것이다.

하나의 문학 텍스트 안에 또는 그 저편에 서로 양립할 수 없는 수많은 본질 또는 객관적 의미가 존재할 수 있다고 한다면, 이는 정말로 기괴한 일이 아닐 수 없다. 바로 이런 이유 때문에 많은 비평가들은 단순히 서로 상반되는 비평적 입장을 견지하는 데서 만족하지 않고 그들 자신의 것만이 배타적으로 또는 유일하게 타당성을 지닌다는 주장을 서슴지 않았던 것도 사실이다. 이처럼 본질 추구 경향을 보이는 비평가나 이론가들은 그들 자신의 비평 논리가 절대성 또는 무류성(無謬性)에 근거한 것임을 암시하면서, 그들의 선배나 동시대 비평가나 이론가들의 비평 논리에 내재되어 있는 근원적 오류를 해결할 수 있다는 투의 암시를 숨기지 않은 것도 사실이다. 여기에서 문제가 되는 것은 아무리 엄밀한 방법론적 절차에 따라 해결책을 모색하려고 하더라도 여전히 그들의 해결책은 또 다른 검토와 재검토의 대상이 되지 않을 수 없다는 데 있다. 무한 퇴행이 우리의 피할 수 없는 현실이라는 비관론자들의 주장은 바로 이 때문에 상당한 설득력을 지닌 것이 될 수도 있다. 물론 낙관론자들이라면 진정한 지식을 향한 우리의 길고 긴 여행은 무한 퇴행이 아니라 무한 진전으로 여겨져야 한다는 반론을 세울 수도 있을 것이다. 의문의 여지없이, 당면 문제들을 끊임없이 검토하고 다시 검토하는 가운데 우리가 궁극적 지식 또는 진정한 지식이라고 명명한 바의 것에 조금씩 다가갈 수 있다는 주장을 펼 수도 있을 것이다. 그러나 우리는 언제 최종적인 '도달점'(*terminus ad quem*)에 다다를 수 있는가. 이 물음과 관련하여 우리가 유의해야 할 점은 우리가 알아야 할 것에 대한 '예지'(foreknowledge)를 갖추고 있지 않다면 우리가 앞으로 나가는지 뒷걸음질치고 있는지 결코 알 수 없다는 사실이다. 동일한 논리로, 본질의 세계가 진정 어떤 것인지를 알지 못하는 한에는 본질에 대한 본질 경향을 보이는 사람들의 주장을 일거에 수용할 수도 없고 또한 일거에 부정할 수도 없다.

어떤 의미에서 보면, 본질에 좀더 가까이 다가가고자 하는 비평가나 이론가들의 염원은 그 자체가 일종의 꿈, 이룰 수 없기 때문에 존재하는 꿈인지도 모른다. 현대 비평사에서 그 꿈의 무게는 20세기 중엽 신비평과 함께 견디기 어려운 것이 되었는지도 모른다. 그러나 신비평에 대한 모든 공격이 그 꿈을 깨뜨리는 데 있었던 것이 아니라 여전히 그 꿈을 버리지 않는 가운데 시도되었다는 데 문제가 있다. 꿈을 버리지 않다니? 무엇보다도 비평의 객관성에 대한 믿음을 갖는 본질 추구 경향에서 벗어나지 못했다는 뜻에서이다. 하나의 전형적인 예를 우리는 에드문트 후설(Edmund Husserl)의 선험주의 철학을 발판으로 하여 비평 이론을 전개하다가 모호한 형태의 경험주의로 치닫고 있는 에릭 도날드 허쉬(Eric Donald Hirsch)의 경우3)에서 우선 확인할 수 있을 것이다. 허쉬의 경우는 그 자신이 희망한 대로 논쟁의 여지가 없는 결정적인 글읽기에 도달하기 위한 '기준'을 설정하는 일이 얼마나 허망하고 기만적인 것인가를 선명하게 보여주는 예라고 하지 않을 수 없다. 어떤 의미에서 보면, 아무리 이상적인 것이라고 하더라도 하나의 '기준'이 이상적인 해결책으로 우리는 인도하지는 못한다. 그 이유는 명백하다. 인식론적으로 이상적인 조건은 우리들 자신의 '사적 또는 경험적 자아'(personal or empirical Ego)에서 완벽하게 벗어날 때를 전제로 하지만, 우리가 그러한 상태에 이르기 전에 설정한 기준은 그 어떤 것이라도 우리의 '자아'를 일정한 방향으로 몰아갈 것이기 때문이다.

신비평이 실패할 수밖에 없었던 이유를 우리는 또한 여기에서 찾을 수도 있다. 코울리지의 직관적 인식론에 바탕을 둔 신비평가의 비평 이론은 물론 개인적 또는 경험적 자아로부터의 완벽한 결별을 전제로 한다. 다시 말해,

---

3) E. D. Hirsch, Jr., "Objective Interpretation," *Validity in Interpretation* (New Heaven: Yale UP, 1967), 209-244.

시인 자신의 사적 자아는 물론 비평가 자신의 경험적 자아와도 완벽하게 분리된 '순수 자아'(*pure Ego*)의 상태에서 문제의 작품에 접근할 것을 신비평은 요구하고 있다. 이와 관련하여 '의도론의 오류'(*intentional fallacy*)를 내세운다든가, 작가든 비평가든 그들이 처한 역사적/사회적 맥락에서 작품을 분리시켜 작품 자체의 의미를 읽어야 한다든가 등의 주장을 신비평이 내세우고 있음에 유의해야 할 것이다. 궁극적으로 이와 같은 비평적 태도는 문학 작품을 언어적 실체로서 보는 가운데 작품의 언어 구조를 비평의 알파와 오메가로 간주하도록 신비평가들을 유도하였고, 이에 따라 신비평가들은 "반어"(irony)라든가 "역설"(paradox)과 같은 자의적(恣意的)인 언어적 기준을 내세워 작품을 분석하였다는 점에도 유의해야 할 것이다. 문제는 이 같은 언어적 기준들이 일종의 '터널 비전'(*tunnel vision*)을 통해 문학 작품을 보도록 강요한다는 데 있다. 그러나 보다 더 심각한 문제는 신비평의 독해 전략이 언어의 역동성을 간과하고 있다는 점이다. 즉, 신비평은 문학 작품이란 작가의 손을 떠나면 그 자체로 고정되어 변함 없는 의미를 갖는 언어적 실체로 간주하고 있거니와, 이와 같은 언어의 화석화가 신비평 특유의 객관적 의미를 지향한 독해 전략의 이면에 놓여 있다. 어떤 의미에서 보면, 직관적 인식 능력으로서의 상상력에 대한 코울리지의 논의에서 확인할 수 있는 것과 같은 종류의 언어와의 싸움 또는 언어의 문제로 인한 고뇌4)를 신비평의 비평 논리에서는 확인할 길이 없다. 요컨대, 인식론적 고뇌의 과정을 거치기에 앞서 성급하게 객관주의적 비평 이론을 정립하려다보니, 언어라는 역동적 요소를 화석화하는 우를 범했다는 혐의에서 신비평가들은 결코 자유로울 수 없을 것이다. 신비평의 비평 전략이라는 베일을 들추는 경우 우리는 객관적 의미라는 꿈을 실현하기 위해 조바심하고 있는 비평가들의 '사적 자아'와 만나지 않을 수 없는 것이다.

결국 사적 또는 경험적 자아를 완벽하게 초월할 수 있는가의 문제로 되돌아가지 않을 수 없다. 논리적으로 보면, 우리가 만일 개인적 또는 경험적 자아를 완벽하게 초월하는 경우, 우리는 진정코 후설이 말하는 "순수 자아"

---

4) Gyung-ryul Jang, "The Imagination *Beyond and Within* Language: An Understanding of Coleridge's Idea of Imagination," *Studies in Romanticism* 25.4 (1986): 505-520 참조.

(*das reinen Ich*)의 경지에 이를 수 있을 것이다. 이와 관련하여 후설의 다음과 같은 언명에 주목하지 않을 수 없다.

> 이때 체험되는 자아는 그 자체로서 받아들여지거나 또는 독자적 탐구 대상이 될 성질의 그 무엇도 아니다. "관련 양상"이라든가 "행동 양식"이라는 측면을 떠나서는, 그 어떤 본질적 요소도 완벽하게 결여하고 있으며, 그 어떤 설명 가능한 내용도 갖추고 있지 않으며, 아울러 자체로서는 설명이 불가능한 그 무엇이다. 즉 순수 자아라는 말 이외에는 어떤 말도 할 수 없다.5)

순수 자아란 "그 어떤 본질적 요소도 완벽하게 결여하고 있는 동시에 그 어떤 설명 가능한 내용도 갖추고 있지 않고, 따라서 독자적 탐구 대상이 될 성질의 그 무엇도 아니"라면, 심지어 언어조차 순수 자아의 영역에서 부정되지 않을 수 없다. 그러나 그와 같은 상황은 결코 상정될 수 없는데, 위에 인용한 후설의 언명이 하나의 반증 자료가 될 수 있듯이, 언어를 통하지 않고서는 우리가 순수 직관에 도달해 있는가에 대해 알거나 말할 수조차 없기 때문이다. 어떤 의미에서 보면, 언어는 그 자체로서 우리의 존재를 규정하는 필요 불가결의 조건이기 때문에 일종의 역설을 피할 수 없게 된다. 즉, 언어조차 부정되어야만 하는 순수 직관의 상황에서도 언어는 결코 부정될 수 없다. 바로 이와 같은 모순으로 인해 "순수 자아"란 관념 속에서나 존재하는 비현실적 개념이라고 하지 않을 수 없다. 바꿔 말해, 이론적인 사색의 자리에서가 아니라면 어떤 비평가나 이론가도 순수 자아의 상태에 도달할 수는 없다. 따라서, 제 아무리 완벽한 인식론적 주장을 내건다고 하더라도, 그 어느 누구도 문학 텍스트에 존재한다고 믿어지는 본질 세계에 도달할 수는 없다.

따라서, 머리 크리거(Murray Krieger)와 같은 비평 이론가가 지적한 바 있듯이, 사적 자아의 개입은 필연적이라는 점을 우리 모두는 인정해야 할 것이다. 그렇다면 이를 인정함으로써 모든 문제가 끝나는 것일까. 물론 그렇지

---

5) Edmund Husserl, *Ideen zu einer reinen Phänomenologie und phänomenologischen Philosophe*, Erstes Buch, 1 Halbband (Den Hague: Martinus Nijhoff, 1976), 179.

않다. 크리거 자신만 보더라도 그는 사적 자아의 개입이 필수적임을 공공연하게 인정한 다음에도 여전히 이른바 "물 자체"(*ding-an-sich*)의 상태를 갈망하고 있거니와,[6) 여기에서 알 수 있듯이 그 역시 본질 추구라는 질곡에서 벗어나지 못하고 있는 것처럼 보인다. 자아의 개입을 인정하면서 동시에 자아의 개입을 막으려는 크리거의 모순된 비평 태도가 암시하듯이, 누구도 본질 추구라는 질곡에서 벗어나기 어려울지도 모른다.

우리에게 남은 선택은 무엇일까. 본질의 세계로 침투해 들어가려는 헛된 희망에 이끌려 비평적 객관성을 추구하겠다는 의지 자체를 포기하는 일이 아닐까. 의문의 여지없이, 본질의 세계가 하나의 접근 불가능한 환상이라면, 객관적 지식이라는 개념 역시 또 하나의 환상에 불과한 것이다. 아울러, 동일한 논리에 따라, 객관적 진리에 대한 한 개인의 주장은 단순히 객관적인 것이기를 희망하는 주관적 의지의 표현에 불과한 것일 뿐이라고 할 수도 있다. 또는 자신의 비평이나 방법론이 객관적인 것이 되기 바라는 마음의 우회적인 표현이라고 할 수도 있다. 좀 더 긍정적으로 표현하자면, '공적 인정' (*intersubjective recognition*)에 대한 주관적 갈망을 의식적으로든 무의식적으로든 표출한 것이 다름 아닌 객관성에 대한 주장이라고 할 수 있다. (이렇게 말한다고 해서 본질이라는 개념 자체를 완전히 폐기되어야 한다는 뜻은 아니다. 사실 대상과 대상에 대한 이해 사이에 존재하는 관계를 이해하는 데 이 용어의 사용을 국한시킨다면, 나아가서 이러한 이해에 근거하여 우리들 나름의 방법론적 입장을 정립하고자 한다면, 이는 진실로 유용한 개념이 된다.)

2. 본질 추구 경향, 어떻게 극복할 것인가

이 지점에 이르러 우리는 신비평가들에서 시작하여 드 만에 이르기까지

---

6) Murray Krieger, "Literary Analysis and Evaluation — and the Ambidextrous Critic," *Criticism: Speculative and Analytical Essays*, ed. L. S. Dembo (Madison: U of Wisconsin P, 1968), 16-36 참조.

본질 추구 경향을 보이는 모든 사람들이 공통적으로 안고 있는 근본적 문제는 무엇인가의 문제를 검토하지 않을 수 없다. 무엇보다도 그들의 문제는 현실 세계와 인위적 창작물인 문학 작품 사이에 존재하는 '형식적 차이' (*formal difference*)를 간과하는 데 있는 것처럼 보인다. 말하자면, 이들은 현실 세계를 이해하는 일과 문학 작품이 제시하고 있는 세계를 이해하는 일이 근본적으로 다를 것이 없는 작업이라고 믿음으로써 언어 이전의 세계와 언어화된 세계를 동일한 차원에서 이해하려는 오류를 범하고 있는 것처럼 보인다.7) 결국 현실 세계에 '일 대 일'로 상응되는 객관적 의미를 문학 작품에서 확인하는 일이 비평가의 궁극적 임무라고 생각하는 가운데 문학 작품을 현실 세계를 파악하기 위한 보조 수단으로 전락시키고 있는지도 모른다. 그러나 문학 작품이 '개진'하는 세계의 '실체'는 자연 과학이나 경험 과학의 세계에서 통용되고 있는 "인식과 사실 사이의 일치"(die Übereinstimmung der Erkenntnis mit der Sache)8)라는 규범적 진리 개념에 의해 설명될 수 있는 것은 아니다. 더욱이 문학 작품 속에 구축되어 있는 '가능 세계'(*possible world*)와 실재로 우리 앞에 펼쳐져 있는 '실제 세계'(*actual world*) 사이에는 공통 요인이 존재하지만, 그렇다고 해서 '일 대 일'의 대응 관계에 있는 것은 아니다. 따라서 문학 작품의 '실체'를 현실 세계와 대응되는 객관적 내용의 지식으로 환원시키려는 시도는 무의미한 것이 되지 않을 수 없다.

그렇다면 비평가들이 본질 추구 경향적 사유 방식을 포기하지 못하는 이유는 무엇인가. 무엇보다도 불확실한 대상에 대해 느끼는 지식인들 특유의 지적 불안감을 들 수 있을 것이다. 말하자면, 이들은 '궁극적' 진리를 밝히기 위한 지적(知的)인 작업을 수행하지 않는다고 했을 때 느끼는 불안감을 떨

---

7) 드 만의 그의 논문 「이론에의 저항」("Resistance to Theory")에서 실제로 존재하는 사물과 그 사물에 대한 언어적 표현 사이에 존재하는 차이에 유념해야 함을 강조한 바 있다 (Paul de Man, "Resistance to Theory," *Resistance to Theory* [Minneapolis: U of Minnesota P, 1986], 11쪽 참조). 그러나 드 만의 실제 비평문 — 예컨대, 「시간성의 수사」라는 논문에 담긴 워즈워스의 「엷은 잠이 내 영혼을 닫아 놓았지」("A Slumber Did My Spirit Seal")에 대한 그의 논의 — 에서는 역사적 워즈워스와 시적 화자 사이의 구분에 유념하지 않고 있는 것처럼 보인다.

8) Martin Heidegger, *Holzwege* (Frankfurt am Main: Vittorio Klostermann, 1957), 40.

쳐버리기 위해 그들의 활동 영역에서 모든 불확실성의 요인들을 배제하려는 충동을 느끼고 있는지 모른다. 또한 본질 추구 경향을 포기하는 경우 가시적 목표의 부재로 인해 이들은 자신들의 지적 작업 자체가 존재 이유를 상실할지 모른다는 두려움을 느끼는 것이 아닐까. 그러나 인류의 지성사(知性史)를 전체적으로 놓고 볼 때 단 한 조각의 지식조차도 영원한 객관성을 획득한 것은 없다고 해도 지나친 말이 아닐 것이다. 바꿔 말해, 시간을 초월하여 존재하는 불변의 지식은 아직 확인된 것이 아무 것도 없으며, 추측컨대 앞으로도 사정이 달라지지는 않을 것이다. 앞에서 '순수 자아'라는 개념과 관련하여 언급했듯이 인간은 언어의 예속에서 벗어날 수 없을 뿐만 아니라 시간의 예속에서도 벗어날 수 없기 때문이다. 따라서 언어를 초월한 '순수 자아'의 경지를 세울 수 없는 것처럼 시간의 개념을 초월한 진리의 개념을 세울 수도 없다. 요컨대, 우리의 지식은 언어적으로 구속받는 동시에 시간적으로도 구속받는 상대적이고 조건적인 것이다.

역으로 말하자면, 진리나 본질에 도달함으로써 시간과 언어를 초월할 수 있다고 믿기 때문에 사람들은 바로 이러한 본질 추구 경향에 맹목적으로 집착하고 있는지 모른다. 즉, 무의식적으로나마 진리가 모든 속박으로부터 인간을 자유롭게 해줄 것이라는 종교적 신념으로 인해 사람들은 본질 추구 경향을 벗어나지 못하고 있는지도 모른다. 그러나 적어도 문학 비평의 경우 비평가들이 본질 추구 경향에 집착을 보이지 않을 수 없었던 데에는 보다 더 직접적 이유가 존재하는 것으로 판단된다. 즉, 비평가들이 그들의 작업을 수행해 나가는 데 사용하는 '언어'라는 사유 매체를 문제삼을 수 있을 것이다.

이와 관련하여 우리에게는 우선 알프레드 탈스키(Alfred Tarski)가 "일상 언어"의 진위 조건에 대한 탐구 과정에 제시하고 있는 "거짓말쟁이의 자기 모순"(the antinomy of the liar)에 주목할 것이 요구된다. 왜 그러한 "자기 모순"이 피할 수 없는 것인가를 검토하는 가운데 우리는 언어가 비평가의 본질 추구 경향에 어떠한 영향을 미치는가를 유추해 낼 수 있을 것이다. 다음의 문장에 유념해 보기로 하자.

이 논문집의 406쪽 첫 번째 줄에 나오는 문장은 진이 아니다.

간단하게 표현할 목적으로 위에 진술된 문장을 "S"라는 기호로 표현하기로 하자. 논리적 진을 나타내는 공식을 사용하여 이를 다음과 같이 기술할 수 있을 것이다.

>   (1) 이 논문집의 406쪽 첫 번째 줄에 나오는 문장이 진이 아닐 경우에만 "s"는 진이다.

기호 "s"가 무엇을 의미하는지에 근거하여 다음과 같은 또 하나의 공식을 제안할 수 있다. 다시 말해, "s"는 "이 논문집의 406쪽 첫 번째 줄에 나오는 문장"을 나타내기 위한 것이기 때문에, 다음과 같은 결론을 얻을 수 있다.

>   (2) "s"가 진이 아닐 경우에만 "s"는 진이다.9)

탈스키에 의하면, (2)와 같은 자기 모순이 필연적일 수밖에 없는 이유는 여기에서 사용되고 있는 언어가 "언어적 표현뿐만 아니라 그 표현의 명칭은 물론 이 언어의 문장을 지시하는 '진'과 같은 의미론적 용어까지도 포함하고 있기"("SCT," 53) 때문이라는 것이다.10) 명백히 "'논의되고 있는' 언어"("대상 언어," *object language*)와 "'논의하는 데' 사용된 언어"("매개 언어," *metalanguage*) 사이에 구분이 없는 한 이와 같은 혼란을 피할 수 없다. 따라서 있을 수 있는 모든 혼란을 피하기 위해 탈스키는 "진의 문제를 논의할 때나 보다 일반적으로 의미론 분야의 어떤 문제를 논의할 때에는 두 개의 서로 다른 언어를 사용할 것"("SCT," 54)을 제안하고 있다.

비록 완전히 같은 종류의 것이라고 할 수는 없을지 몰라도 적어도 이와

---

9) Alfred Tarski, "The Semantic Conception of Truth and the Foundations of Semantics," *The Philosophy of Language*, ed. A. P. Martinich (New York: Oxford UP, 1985), 52-53. 이 글에 대한 앞으로의 인용은 본문에서 "SCT"로 밝히기로 함.
10) 이러한 특성을 가진 언어를 탈스키는 "의미론적으로 닫힌" 언어라고 부르고 있다 ("SCT," 53).

유사한 혼란이 문학 비평의 영역에서 추적될 수 있다. 바로 위에 설명한 자기 모순의 경우와 마찬가지로, 문학 작품을 창작할 때 사용한 언어와 같은 언어를 사용하여 문학 작품에 대한 비평이 이루어진다는 사실에 주목할 수 있을 것이다. 비평가들은 자신의 언어가 작가의 언어와 달리 논리적이고 엄밀한 것이라고 주장할지 모른다. 그러나 이러한 구별은 다만 '심리적' (*psychological*)인 것일 뿐, 비평가의 언어와 작가의 언어 사이에는 그 어떤 '형식적'(*formal*)인 차이가 존재하지 않는다. 즉, 비평가는 수학자나 작곡가들이 소유하고 있는 '매개 언어' ─ 또는 탈스키적 논리학의 세계가 갈망하는 '매개 언어' ─ 를 가지고 있지 못하다. 그러나 적지 않은 문학 비평가들은 탈스키와 딜리 '대상 언어'와 '매개 언어' 사이의 혼란으로 야기되는 문제에 별다르게 신경을 써오지 않았음도 사실이다. 아마도 이를 잘 보여 주는 예가 드 만의 다음과 같은 진술일 것이다.

> 언어는 단정하기도 하고 (표명할 수 있기에) 의미하기도 하지만 의미를 단정할 수는 없다. 다만 언어는 의미라는 것이 거짓된 것임을 재차 확인하면서 이를 되풀이(또는 반영)할 수 있을 뿐이다.[11]

우선 이 진술에서 개진되고 있는 드 만의 생각이 옳은 것이라면, 이 진술 역시 어떠한 의미도 단정하지 않은 채 다만 허위로 밖에 확인될 수 없는 그러한 의미를 반영한다고 말할 수 있다. 한편, 이 진술 자체가 거짓된 의미밖에 지니지 못한다면, 결국 이 진술은 무의미한 것이 되고 만다. 바꿔 말해, 위의 진술이 의미론적으로 진(眞, true)이라면, 이 진술은 실제적으로 그 어떤 의미론적 진리치(truth value)도 지닐 수가 없는데, 그 이유는 말할 것도 없이 드 만의 진술 자체가 언어로 되어 있기 때문이다. 위의 진술을 진으로 인정하고자 하면, 동시에 이 진술의 진리치를 부정해야만 하는 모순을 피할 수 없게 된다.

어떤 의미에서 보면, '매개 언어'와 '대상 언어'가 구분되지 않는 한, 누구

---

11) Paul de Man, "Shelley Disfigured," *Disconstruction and Criticism* (London: Routledge & Kegan Paul, 1979), 64.

도 드 만적 모순에서 벗어나기란 불가능하다. 또한 수많은 비평가들이 비록 자신의 소임이 작가의 것과는 다르다는 점을 인정하면서도 '대상 언어'와 '매개 언어' 사이의 구별이 존재하지 않는 까닭에, 의식적으로든 무의식적으로든 작가의 역할을 떠맡아 왔던 것이 사실이다. 즉, 문학 작품을 대상으로 비평을 시도하는 순간, 비평가는 작가가 사용한 것과 동일한 언어와 씨름하는 가운데 일종의 심리적 전이(轉移) 현상을 거치는 경우가 적지 않다. 그리하여 작가가 밝히려 애썼던 현상 세계의 숨은 의미를 작가의 위치에 서서 밝히려고 애쓰는 예를 우리는 적지 않게 목도하게 된다.

이 지점에 이르러 작가의 역할과 구분하여 비평가의 역할이 어디에 놓이는가에 대해 생각해 볼 수 있다. 무엇보다도 작가의 일차적 관심이 현상을 이해하거나 해명하는 데 있다면, 비평가의 경우 그의 관심은 일차적으로 문학 작품 그 자체를 검토하는 데 주어져야 할 것이라는 점을 지적할 수 있을 것이다. 바꿔 말해, 작가의 임무가 현상을 이해하고 그 세계의 내부에 또는 그 이면에 숨어 있는 '의미'(*meaning*) 또는 '본질'(*essence*)이 무엇인지를 밝히는 데 있다면, 비평가의 의무는 문학 작품 자체를 이해하고 나아가 그 문학 작품 속에 작가가 구축해 놓은 '가능 세계'를 밝히는 데 있다고 할 수 있다. 즉, 비평가는 작가가 추구하는 것과 동일한 차원의 세계를 추구하거나 구현하는 데에서 자신의 역할을 찾아서는 안될 것이다. 한 마디로 말해, 비평가는 자신의 역할과 작가의 역할을 혼동해서는 안 될 것이다. 의문의 여지 없이, 자신의 비평을 "문학에 기생하는 해설"(a commentary parasitic on [literature])12)로 전락시키고 싶어하는 비평가는 없을 것이다. 이와 같은 경멸적인 언사로부터 벗어나려면 비평가는 무엇보다도 먼저 작가를 대신해서 그가 못 다한 일을 자신이 떠맡아 마저 한다는 투의 소박한 가정을 포기해야만 한다.

위에서 논의된 사항들을 정리하기 위해 우리는 다시 탈스키의 '매개 언어'라는 개념에 주의를 돌릴 수 있을 것이다. 바로 이러한 탈스키의 개념은 어떠한 체계든 또 하나의 "보다 높은 차원"의 체계로 "번역될 수 있으며" 동시

---

12) Allan Rodway, "Criticism," *A Dictionary of Modern Critical Terms*, ed. Roger Fowler (London: Routledge & Kegan Paul, 1973), 44.

에 "조직화될 수 있다"는 가정("SCT," 54)에 근거해서 정립된 것이다. 만일 "보다 높은 차원"의 체계를 '상위 체계'(meta-system)로 규정한다면, '대상 언어'와 '매개 언어' 사이의 관계는 다음과 같이 정리될 수 있다. 즉, '대상 언어'에 대해 '매개 언어'는 일종의 '상위 체계'로 규정될 수 있다. 마찬가지 논리로 '현상 세계'란 우리가 소위 '본질'이라고 부르는 그 무엇 위에 세워진 일종의 '상위 체계'로 이해될 수 있을 것이다. 또한 '문학 작품'이란 '현상 세계'를 바탕으로 해서 세워진 또 하나의 '상위 체계'로 이해될 수 있을 것이며, '문학 비평'이란 '문학 작품'을 기본으로 해서 세워진 또 다른 '상위 체계'로 이해될 수 있을 것이다. 마지막으로 '비평 이론'이란 '문학 비평'을 기본 대상으로 하여 세워진 또 하나의 '상위 체계'로 이해될 수 있다. (마찬가지의 논리로 '문학 이론'이란 '문학 작품'을 대상으로 하여 세워진 또 하나의 상위 체계라고 할 수 있거니와, 이로 인해 '문학 이론'과 '문학 비평'의 위상은 같은 것일 수 있다. 그러나 넓은 의미에서 '문학 이론'은 '비평 이론'까지 포괄할 수 있기 때문에, 이에 대한 논의는 개념 규정을 명확히 한 다음 별도의 지평 위에서 수행해야 할 것이다.)

나아가서 '상위 체계'와 '하위 체계'라는 두 요소를 문제삼는 이원론적 관점을 바탕으로 하여, '궁극적 관심사,' '일차적 관심사,' '언어 행위'라는 세 요소를 문제삼는 삼원론적 관점을 정립할 수 있다. 먼저 '문학 작품'이라는 '언어 행위'는 '현상 세계'에 일차적인 관심을 보이지만, 궁극적으로는 '현상 세계'의 이면에 초월적으로 숨어 있는 그 무언가의 '본질'을 밝혀내기 위한 것이라고 할 수 있다. 이어서 '문학 비평'이라는 '언어 행위'는 '문학 작품'에 일차적으로 관심을 보이지만, 궁극적으로 '문학 작품'이 구축하고 있는 이른바 '가능 세계'('현실 세계'도 역시 하나의 '가능 세계'라는 점에 유의할 것)를 드러내기 위한 것으로 볼 수 있다. 마찬가지의 논리로 '비평 이론' 또는 '비평에 대한 비평'(meta-criticism)이라는 '언어 행위'는 '문학 비평'을 검토하는 가운데 '문학 작품'에 대한 이해 방식을 규명하기 위한 것이라고 할 수 있다. 이를 도식화하면 다음과 같다.

a) 본질 세계	b) 현상 세계	c) 문학 작품		
	a) 가능 세계	b) 문학 작품	c) 문학 비평	
		a) 문학 작품	b) 문학 비평	c) 비평 이론

a) 궁극적 관심사 b) 직접적 관심사 c) 언어 행위

일단 이러한 관계를 인정하게 되면, 비평가의 역할은 보다 확실하게 규명될 수 있다. 그의 궁극적 관심사는 바로 작가가 '현상 세계' 또는 '실제 세계'를 참조하여 구현해 놓은 '가능 세계'에 놓이는 것이며, '현상 세계'의 '의미'나 '본질'을 드러내는 일은 비평가의 소관이 아니다. 사실 세계의 '의미'나 '본질'이란 비평가의 논리적인 언술 행위를 통해 밝혀지거나 또는 설명되어질 수 있는 성질의 것이 아니다. "예술 작품은 나름의 방법으로 존재자의 존재를 개진한다"(Das Kunstwerk eröffnet in seiner Weise das Sein des Seienden)[13]라는 하이데거의 언명이 암시하듯이, '의미'나 '본질'이란 개별적이고도 구체적으로 문학 작품 자체를 통해 우리에게 이미 제시되는 그 무엇일 뿐이다. 비평가 쪽에서 문학 작품이 '개진'하는 '본질'을 밝히고 설명하려는 경우, 이는 이미 작품의 '본질'이 아니며 기껏해야 '환원된' (reduced) 추상적 논리에 지나지 않는다. 요컨대, 비평가는 스스로의 역할을 작가의 역할과 혼동함으로써 문학 작품이 이미 드러내고 있는 것을 '재차' 드러내는 어리석음을 범하지 말아야만 할 것이다. 그러한 작업을 통해 얻어지는 것은 고작해야 문학 비평이라는 이름 아래 문학 작품에 갖다 붙이는 사족(蛇足)이 될 뿐이다. 그렇다면, 문학 비평에서 우리의 관심을 세계의 '본질'에 대한 탐구가 아닌 '현상 세계'나 '가능 세계'에 머무르게 할 수 있을 것인가? 이와 관련하여 논리학에서의 '가능 세계'에 대한 정의에 주목할 것이 요구된다.

가능 세계란 … 가능한 상황이나 상태를 말한다. 이는 하나의 상정 가능한 상황, 또는 세계가 어떠할 수 있는가(또는 어떠할 수 있었던가)에 대한 가상적인 묘사이다. 사실 책들이라는 것은 가능 세계에 대한 부분적인 설명에 해당하는 것이다.

---

13) Heidegger, 28.

비허구(논픽션)를 다룬 작품은 실제 세계를 기술해 준다. (또는, 적어도 그렇게 하려고 하거나 그러는 척한다.) 허구를 다룬 작품은 여타의 가능 세계들을 기술하며, 하나의 가능 세계는 완벽하거나 자체로서 완결된 것이다.14)

말할 것도 없이 문학 작품은 허구를 다룬 작품이며, 따라서 '가능 세계'를 다양하게 서술해 줄 수 있다. 이 때문에 우리가 할 일은 우선 문학 작품이 어떤 방법으로 '가능 세계'를 드러내고 있는가, 또한 작품 속의 '가능 세계'가 어떤 구조와 형태를 취하고 있는가를 파악해야 할 것이다. 이어서 문학 작품이 드러내고 있는 '가능 세계'를 체험하고 이해하는 동시에 재구성해야 할 것이다. 그러나 체험하지 않은 '가능 세계'를 어떻게 체험할 수 있겠는가의 문제가 제기될 수 있을 것이다. 한 마디로 말해, 모든 '가능 세계'는 '실제 세계'라는 특정한 '가능 세계'와 어떤 특성을 공유하고 있기 때문에 가능하다. 말하자면, 자코 힌티카(Jaakko Hintikka)의 말대로 "개인들을 교차 확인할 수 있는 방법 — 즉, 하나의 가능 세계에 형상화된 인물이 또 다른 세계의 어떤 한 인물과 동일한가 그렇지 않은가라는 문제에 대해 이해하는 방법 — 이 우리에게 주어져 있으며,"15) 따라서 위의 문제는 심각한 문제가 될 수 없다.

3. 자기 반성의 비평을 향하여

끝으로 하나 짚고 넘어가야 할 점이 있다면, 문학 비평가의 역할이 작가의 역할과 다르다고 해서 반드시 세계에 대한 문학 비평가의 정신적 대응 자세가 작가의 그것과 달라야 한다는 뜻은 아니다. 사실 넓은 의미에서 보면 작가든 문학 비평가든 모두 인간과 인간 조건에 대한 비판자라고 할 수 있다. 즉, 이들의 주된 관심사가 각각 다른 곳에 놓여야 하지만 항상 인간 조건

---

14) Daniel Bonevac, *Proof* (Austin; U of Texas at Austin, 1985), 13.
15) Jaakko Hintikka, "Semantics for Propositional Attitudes," *Reference and Modality*, ed. Leonard Linsky (Oxford: Oxford UP, 1979), 158.

그 자체에, 나아가서 자기 자신에게로 눈을 돌릴 수 있어야 할 것이다. 또 하나 언급해야 할 점은 작가의 '대상 언어'와 비평가의 '매개 언어'가 서로 구분되지 않는다고 해서 수학이나 음악에서와 같이 또 하나의 '언어'를 만들어내야 한다는 뜻은 아니다. '대상 언어'와 '매개 언어'에 대한 논의를 통해 우리가 의도하는 취지는 다만 전략적으로나마 그러한 구분을 가정하지 않고서는 문학에 대한 올바른 논의가 쉽지 않다는 데 있다. 사실 이러한 차이를 염두에 둘 때 자신의 비평 행위, 비평 정신, 비평 언어에 대해서 뿐만 아니라 문학의 언어에 대해서도 적절한 '형이상학적 거리'(*metaphysical distance*)를 유지해야 할 것으로 판단된다.

마지막으로 한 마디 첨언하자면, 문학 비평의 문제를 검토한다는 명분 아래 우리 스스로가 문학 비평의 당위성과 객관성을 확립하려는 허망한 생각을 앞세우며 또 하나의 '비평 이론'을 세우고 있는 것은 아닐까. 우리는 이 같은 물음에 항상 유념해야 하는데, 그 이유는 당위성과 객관성을 전제로 하는 문학 비평의 이론화는 여전히 또 다른 의미에서의 '본질 추구 경향'을 유도할 수 있기 때문이다. (따지고 보면, '본질 추구 경향'을 극복해야 한다는 논리 자체가 또 하나의 '본질 추구 경향'일 수 있다!) 아울러, 문학 비평의 세계에는 이미 너무도 많은 '본질 추구 경향'의 비평을 추구하는 이론의 홍수에 허우적거리고 있으며, 우리의 이론 — 만일 우리의 의사와 관계없이 '이론'으로 불리게 된다면 — 은 물론 그 어떤 이론도 인간의 비평 행위에 연루되는 문제들을 완벽히 해결해 줄 수 없다는 점을 우리는 너무도 잘 알고 있기 때문이다. 문학 비평의 문제를 검토하는 가운데 우리가 갖는 희망이란 아주 소박한 것이다. 즉, 인간의 비평적 작업에는 나름대로의 한계가 있다는 평범한 논리를 먼저 우리 스스로, 이어서 모든 사람이 깨닫거나 주목하게 되기를 우리는 바랄 따름이다. 마치 아인슈타인의 우주가 중력에 의한 빛의 구부러짐으로 인해 유한한 것이 되고 있듯이, 우리의 비평적 우주는 '언어'라는 '한계 요인'으로 인해 유한한 것이 될 수밖에 없다. 따라서 여타의 모든 비평 행위와 마찬가지로 문학 비평도 언어의 한계에 스스로를 순응시키고 자신의 한계를 인정해야 한다. 스스로의 한계를 초월하고 싶어하는 유혹을 극복하기 어려운 것도 사실이지만, 모든 문학 비평가는 여전히 자신의 언어와 이론, 방법론에 대해 스스로 비판하고 반성할 수 있도록 항상 마음을 열어 놓아야 할 것이다. 무엇보다도 비평의 성실성은 얼마나 자신에 대해 반성하고 비판하고 있는가에 의해 측정될 수 있기 때문이다.

김욱동

문학을 위한 변명

문학에 대한 도전은 그 역사가 꽤나 오래이다. 일찍이 플라톤이 자신이 상정하는 이상적인 공화국에서 시인을 추방하여야 한다고 주장한 것은 너무나 유명하다. 이러한 시인 추방론은 비록 시대마다 그 모습은 달리하지만 인류 역사를 통하여 지금까지 끊임없이 제기되어 왔다. 가령 17세기 중엽 영국에서 청교도들이 정권을 잡으면서 극장을 폐쇄한 것도 그 가운데 하나로 꼽을 만하다. 20세기에 들어와 공산주의 국가에서 문학을 정치의 시녀로 삼으려고 한 사회주의 리얼리즘도 엄밀히 따지고 보면 시인 추방론과 맞닿아 있음이 드러난다. 영국 옥스퍼드대학에서 최초의 영문학 교수를 지낸 월터 롤리 경(卿)은 1921년 한 친구에게 보낸 편지에서 "최후 심판의 날 문학을 가르친 것에 대하여 하나님으로부터 비난을 받으면, 나는 결코 문학을 믿지 않았으며 다만 아내와 아이들을 먹여 살리려고 하였을 뿐이라고 옹호할 것"이라고 말한 적이 있다.

사정은 동양에서도 크게 다르지 않아서 진시황(秦始皇)의 분서갱유(焚書坑儒)는 여러모로 플라톤의 시인 추방론과 맞먹는다. 문학가들이나 학자들이 이상국 건설이나 정치 개혁에 걸림돌이 된다고 생각한 점에서 진시황은 플라톤과 크게 다르지 않을 듯하다. 진시황이 문학서를 비롯한 온갖 책을 불사르고 오직 민간에 나도는 의약 · 복서(卜筮) · 종수(種樹)에 관한 책만

남겨 놓았다는 것은 시사하는 바 자못 크다. 조선시대 영정 조에 걸쳐 활약한 실학자 아정(雅亭) 이덕무(李德懋)는 "소설에는 세 가지 의혹이 있으니, 허구를 일삼아 귀신과 꿈을 이야기하니 소설을 짓는 것이 첫째 의혹이요, 허황된 것을 돕고 천하고 더러운 것을 북돋우니 소설을 평하는 것이 두 번째 의혹이요, 기름과 시간을 허비하고 경전을 등한히 하게 되니 소설을 읽는 것이 세 번째 의혹이다"라고 개탄한 적이 있다. 비록 소설에 국한된 것이라고는 하지만 넓게는 문학, 더 넓게는 예술 일반에 대한 불신으로 보아 크게 틀리지 않는다. 문학과 예술에 대한 실학자들의 생각은 여러모로 청교도들의 그것을 쉽게 떠올리게 한다.

이렇게 문학이 지금까지 큰 도전을 받아왔다는 것은 그만큼 막강한 힘을 떨치고 있었다는 반증이기도 하다. 플라톤이나 진시황이 문학을 그토록 적대시한 것은 그것이 일반 대중에 끼치는 힘이 무척 큰 탓에 그 영향력을 두려워하였기 때문이다. 인간의 에토스나 로고스가 아닌 파토스에 호소한다는 점에서 문학은 그 영향력에서 다른 분야와는 크게 차이가 난다. 문학의 강풍 앞에서 철학이나 도덕과 윤리 또는 정치는 나뭇잎처럼 무력할 수밖에 없다. 그러므로 절대성에 무게를 싣는 엄숙주의자들에게 문학은 크나큰 도전이 아닐 수 없었던 것이다.

새로운 밀레니엄을 맞이하여 여러 분야에 걸쳐 장밋빛 환상에 젖어 있지만 유독 문학에서만은 잿빛 그림자가 짙게 드리워져 있다. 21세기의 문턱을 막 넘어선 지금 문학은 역사상 그 유례를 찾아보기 어려운 위기에 놓여 있다. 이제까지 문학은 늘 도전을 받아왔지만 아마 지금처럼 그렇게 심각한 위기에 놓여 있은 적도 일찍이 없을 것 같다. 그리하여 1980년대부터 몇몇 이론가들이 심심지 않게 '문학의 위기'를 이야기하더니 1990년대에 들어와서는 아예 '문학의 죽음'을 이야기하는 상황에 이르렀다. 저 19세기의 이단아 프리드리히 니체가 신의 죽음을 선포한 것처럼 그들은 이제 문학에 죽음을 선포하는 것이다.

지금까지 문학이 진리를 비롯하여 선이나 정의 또는 계급 없는 이상 사회의 이름으로 단죄되었다면, 20세기 후반부터 문학은 영상–전자 매체의 이름으로 도전을 받는다. 빅토르 위고의 『노트르담의 꼽추』(1831)에는 한 작중 인물이 아직도 잉크 냄새가 나는 갓 인쇄되어 나온 책을 손에 들고 성당을 향하여 "이제 이것이 저것을 죽이게 될 것이다"라고 외쳐대는 장면이 나온다. 위고는 활자 매체가 신의 존재와 그 믿음까지도 없애게 될 것이라고 예언하였고 그의 예언은 적잖이 들어맞았다. 그로부터 줄잡아 두 세기가 가까워오는 지금 그 작중인물은 아마 손에 책 대신에 CD-ROM이나 컴퓨터 디스켓을 들고 있을 것이다. 그리고 성당을 향하여 외쳐대는 것이 아니라 출판사나 대형 서점을 향하여 외쳐댈 것이다. 그러고 보니 이 장면은 활자 매체의 출현에 못지 않게 앞으로 활자 매체가 겪게 될 위기를 웅변적으로 말해준다. 지난 몇 세기 동안 책이 맡고 있던 역할과 임무를 이제 영상–전자 매체가 대신 맡고 있는 것이다.

그런데 영상–전자 매체의 도전은 그 성격과 영향력에서 그 이전의 도전과는 판이하게 다르다. 지금까지의 도전이 문학 외적인 도전이라고 한다면, 영상–전자 매체의 도전은 어디까지나 문학 내적인 도전이라고 할 수 있다. 왜냐하면 영화를 비롯한 텔레비전, VTR, CD-ROM, DVD, 비디오 디스크, 그리고 컴퓨터 같은 매체는 하나같이 넓은 의미에서 문학과 마찬가지로 예술의 범주에 들어가기 때문이다. 그렇다면 문학은 말하자면 집밖의 적에 의하여 도전을 받고 있다기보다는 오히려 집안의 적에 의하여 도전을 받고 있는 셈이다.

지금까지 정보 기술은 크게 네 단계에 걸쳐 발전을 거듭해 왔다. 첫째는 구술 매체에서 문자 매체로의 변화이다. 구술 매체는 서구 문학사의 첫 장을 장식하는 호메로스가 『일리아스』와 『오디세이아』를 지은 시대에 큰 힘을 떨쳤다. 그가 앞을 보지 못하는 맹인이었다는 사실은 시사하는 바 자못 크다 할 것이다. 이 무렵은 눈보다는 입과 귀가 훨씬 더 큰 역할을 맡던 시대이기 때문이다. 그로부터 몇 세기가 지난 뒤, 그러니까 서력 기원 전 5세기와 4세기에 이르러서야 비로소 입에서 입으로 지식과 정보를 전하던 구술 매체는 문자 기술이 등장하면서 문자에게 그 자리를 내어준다. 흔히 '4대 성인'으로 일컫는 예수 그리스도와 소크라테스와 공자(孔子) 그리고 붓다의 등장은 문자 매체의 출현과 거의 때를 같이한다는 점도 흥미롭다면 흥미롭다.

그런데 여기에서 한 가지 눈여겨보아야 할 것은 구술 문화에서 문자 문화로의 이행은 급격하게 이루어진 것이 아니라 어디까지나 눈에 띄지 않게 점진적으로 이루어졌다는 점이다. 몇 세기 동안 옛 그리스 시대에서는 문자가 쓰이고 있었으면서도 구술 문화가 여전히 큰 힘을 떨치고 있었다. 문자 문화가 제대로 뿌리를 내릴 수 있었던 것은 비로소 플라톤 시대에 이르러서이다. 그렇다면 구술 문화에서 문자 문화로의 이행은 시에서 철학의 이행으로 보아도 크게 틀리지 않는다.

서양에서 정보 기술은 15세기 말엽 요한 구텐베르크가 금속 활자를 발명하면서 다시 한번 크나큰 전환점을 맞이한다. 물론 인쇄 기술은 서양보다 우리나라가 훨씬 더 앞선다. 일찍이 고려시대에 목판 인쇄로 『대장경』(大藏經)을 간행하였다는 기록이 보인다. 금속 활자를 처음 사용한 것은 고려시대 고종 21년, 그러니까 1234년에 『상정고금예문』(詳定古今禮文)을 간행하면서부터이다. 이러한 인쇄술은 조선시대에 이르러 더욱 눈부시게 발달한다. 태종 3년(1403)에는 활자를 주조하는 주자소를 설치하였는가 하면, 흔히 계미자(癸未字)로 일컫는 구리활자를 만들어 쓰기도 하였다. 그러나 동양 문화에 대하여 별로 아는 것이 없는 서양 사람들은 활자의 발명하면 거의 무의식적으로 구텐베르크를 떠올린다. 우리나라의 금속활자와 구리활자를 비롯한 고도의 인쇄 기술에 대해서는 까맣게 모르고 있기 때문이다.

어찌 되었든 서양에서는 구텐베르크가 활자 매체를 발명한 뒤부터 지식과 정보에 그야말로 혁명적인 변화가 일어났다. 세계 문학사에서 가장 오래된 문학 작품으로 흔히 꼽는 고대 왕국 수메르의 서사시 『길가메시』는 진흙으로 만든 토판(土版)에 적혀 있다. 그 뒤 이집트 사람들은 나일강 유역에 나는 수생식물인 파피루스에 글씨를 적었다. 호메로스의 『일리아스』나 『오디세이』는 바로 파피루스에 적혀 있다. 그러나 파피루스는 수명이 짧다는 한계를 지니고 있었고 그래서 생겨난 것이 두루마리로 된 양피지이다. 서력 기원 후 2세기에서 5세기 사이에 '코덱스'라고 하여 양피지에 적은 필사본을 앞뒤로 철하여 오늘날의 책과 비슷한 형태로 만들기도 하였다.

그러나 금속활자가 등장하면서 종이에 글자를 인쇄하여 짧은 시간에 몇 백 부 몇 천 부를 찍어 낼 수 있었다. 발터 벤야민이 「기술 복제 시대의 예술 작품」(1933)에서 말하는 '아우라'는 비단 그림이나 음악 같은 예술 작품에 그치지 않는다. 그것은 책의 경우에도 크게 다르지 않다. 책은 이제 몇몇 지식인들의 전유물이 아니라 웬만한 사람이라면 누구나 쉽게 접할 수 있는 물건이 되어 버리다시피 하였다. 이것은 달리 바꾸면 지식과 정보는 전보다 훨씬 더 보편적인 것이 되었다는 말이 된다. 만약 서양에서 활자가 발명되지 않았더라면 계몽주의는커녕 그 컴컴한 중세의 터널을 아직껏 빠져 나오지 못하였을 것이라고 주장하는 학자들이 있다.

물론 인쇄술이 발달한 뒤에도 서양 학자들 사이에서는 인쇄된 책보다는 손으로 직접 쓴 필사본을 더 좋아하였다고 하지만 그것은 이와는 또 다른 이야기이다. 인쇄본은 한동안 종이 표지를 한 싸구려 문고판과 같은 대접을 받았다. 그리하여 몇몇 인쇄업자들이나 출판업자들은 책을 인쇄하면서도 마치 손으로 직접 쓴 것처럼 필체를 흉내내기도 하였다. 그러나 이것은 어디까지나 필사본에 향수를 느끼는 몇몇 딜레탕트의 개인적 취향에 지나지 않는다.

그러나 20세기 후반에 들어와 마침내 활자 매체는 영상-전자 매체에게 그동안 제왕처럼 누려 온 자리를 내어 준다. '문학의 죽음'이니 '휴머니즘의 종말'이니 하는 문제는 하나같이 영상-전자 매체의 대두와 그에 따른 활자 매체의 약화에서 비롯한다. 많은 학자들은 활자 매체는 이제 지난 몇 세기에 걸쳐 누려 온 그 찬란한 영광을 다시는 누리지 못하게 될 것이라고 내다본다. 홍콩과학기술대학의 총장이며 세계적으로 저명한 물리학자인 우치아웨이는 이보다 한 발 더 나아가 어쩌면 인간의 언어 자체가 시대착오적인 것이 될 날이 오게 될는지도 모른다고 예언한다.

지난 몇 십 년 전부터 미국을 중심으로 서구에서는 문학 정전(正典)을 둘러싼 문제를 놓고 여간 시끄럽지 않다. '문화 전쟁'이라는 용어에서도 잘 드러나듯이 마치 치열한 전쟁을 방불하게 한다. 적지 않은 학자들이 총알 대신에 침을 튀기며 열띤 싸움을 벌인다. 다문화주의의 거센 물결을 타고 진보적 성향을 띤 학자들은 그 동안 서구 세계를 지탱해 온 정전에 의문을 제기하며 그 정전을 새로이 개편할 것을 주장한다. 지금까지는 주로 인종적으로는 백인, 성별로는 남성, 그리고 주로 서유럽과 미국 국적의 작가들이 쓴 작품이 정전의 반열에 올라와 있었다. '서구의 지적 유산'이니 '서구의 고전'이니 또는 '위대한 책'이니 하고 일컫는 작품들은 하나같이 서구 세계의 백인 남성 작가들이 쓴 것이 거의 대부분이다. 중등학교나 대학에서 가르치거나 교과목에 수록되어 있는 작품들이 바로 그러한 것들이다.

새로이 정전을 개편할 것을 주장하는 학자들은 이러한 작가들의 작품을 정전으로 받아들이는 행위를 적잖이 의혹의 눈길로 바라본다. 기득권 층이 자신들의 기득권이나 현 상태를 계속 유지하려는 권력 의지이거나, 더 나쁘게 말하면 남을 지배하려는 음흉한 음모에서 비롯한 것에 지나지 않는다는 것이다. 그렇기 때문에 그러한 작품보다는 차라리 그 동안 소외되어 온 작가들의 작품을 정전으로 삼아야 한다고 주장한다. 가령 영국 문학과 미국 문학의 경우 구로다 이시구로(黑田石黑)나 맥신 홍 킹스턴 또는 강용흘(姜容訖) 같은 소수 민족에 속한 작가들, 앨리스 워커나 토니 모리슨처럼 남성 작가들의 그늘에 가리워 제대로 빛을 보지 못해 온 여성 작가들의 작품이 바로 그러한 예이다.

그렇다면 하필이면 왜 20세기 후반에 들어와 갑자기 이 정전 문제가 핫이슈로 떠올랐을까. 여기에는 지그문트 프로이트가 말하는 '억압된 것들의 복귀'라든지, 권위의 상실이라든지 여러 까닭이 있을 것이다. 그런데 흥미롭게도 케이서 폴릿은 바로 영상-전자 매체의 힘에 눌려 활자 매체가 제대로 힘을 쓰지 못하는 데에서 그 까닭을 찾는다. 자원이 부족해지면 그것을 먼저 차지하려고 서로 싸우는 것과 같은 논리라는 것이다. 폴릿은 영상-매체 시대에 접어들면서 문학 텍스트의 범위가 줄어들자 그것을 두고 싸움을 벌이게 되었다고 지적한다. 만약 영상-전자 매체가 대두되기 이전처럼 문학 텍스트를 얼마든지 마음놓고 가르칠 수 있다면 아마 정전을 둘러싼 문제는 아예 일어나지도 않았거나, 설령 일어났다고 하더라도 지금처럼 그렇게 치열하지는 않을 것이라고 말한다. 문학 텍스트가 한정되어 있는 상황에서 누가 먼저 교과목을 장악하느냐에 따라 앞으로 권력의 향배가 결정된다. 아무리 그럴듯하게 포장을 하여도 결국 "모든 것은 이데올로기적이고 정치적"이라는 명제를 새삼 떠올리게 하는 대목이다.

커뮤니케이션 이론가들이 하나같이 주장해 왔듯이 의사소통 방식의 변화는 단순히 매체의 변화에 그치지 않고 더 나아가 의식의 변화 그리고 진리 내용의 변화를 뜻한다. 사람들이 하도 많이 써서 닳고닳아 지금 실오라기가 훤히 들여다보이는 말이 되어버렸지만 "매체가 곧 메시지"라는 캐나다의 커뮤니케이션 이론가 마셜 맥루헌의 그 유명한 말은 바로 이러한 의식의 변화를 가리킨 말이다. 그 동안 인류 역사에 일어난 중요한 정보 기술의 변화는 인간의 인식 작용을 바꾸었을 뿐만 아니라 진리의 내용조차 바꾸어 놓았던 것이다. 다시 말해서 어떻게 지식과 정보를 전달하느냐에 따라 그 지식과 정보의 내용이 달라지는 셈이다.

좀더 구체적으로 말해서 구술 매체는 삶에 대한 슬기나 지혜에 무게를 싣는다. 흔히 지혜의 화신이라고 일컫는 이스라엘 왕 솔로몬이나 아테네의 철인 소크라테스 같은 사람이 나타날 수 있었던 것도 따지고 보면 구술 매체 문화 때문이었다고 하여도 크게 틀리지 않을 듯하다. 오로지 구술에 의존하여야 하였던 이 무렵 사람들은 현대인들보다 기억력이 훨씬 더 뛰어났다. 한편 문자 매체나 활자 매체는 지혜나 슬기보다는 지식에 무게를 싣는다. 지혜나 슬기가 삶의 본질이나 과정에 좀더 관심을 기울인다면, 지식은 객관적 사실에 좀더 관심을 쏟는다. 전자가 삶의 모습과 그 법칙을 총체적으로 바라보는 반면, 후자는 그것을 부분적으로 바라볼 뿐이다. 그리고 데이터를 바이트 단위로 처리하는 영상-전자 매체는 두말할 나위 없이 전통적 의미의 지혜나 지식보다는 정보 쪽에 훨씬 더 무게를 싣는다.

이러한 정보 매체의 변화는 사회 구조의 발전과 거의 맞먹는다. 좀더 구체적으로 말해서 구어 매체를 주로 쓰던 사회가 원시 부족 사회라면, 문자와 활자가 지배적인 매체로 군림하던 사회는 근대와 현대 사회라고 할 수 있다. 그리고 영상-전자 매체가 큰 힘을 떨치고 있는 사회는 흔히 포스트모던 사회나 포스트산업 사회라고 부르는 20세기 후반 이후의 사회를 말한다. 온갖 정보가 마치 홍수처럼 밀려오는 정보화 시대에 구어 매체를 비롯한 다른 매체는 가히 공룡처럼 시대 착오적이라고 할 만하다. 물론 영상-전자 매체는 구어 매체와 비슷한 점이 적지 않다. 그리하여 월터 옹 같은 이론가는 영상-전자 매체 문화를 두고 '제2의 구어 매체' 문화라고 부르기도 한다.

한편 스벤 버커츠는 『구텐베르크 만가』(1994)에서 영상-전자 매체의 출현을 15세기 말엽 활자 매체의 그것에 견준다. 요한 구텐베르크가 금속 활자를 만들면서 양피지에 필사하던 관습이 점차 사라진 것처럼 영상-전자 매체가 등장하면서 활자 매체는 필사 매체와 똑같은 운명을 맞이하게 되었다는 것이다. 가히 혁명적이라고 할 그 파급 효과로 말하자면 영상-전자 매체의 출현은 어쩌면 인쇄 활자 매체의 그것보다 훨씬 더 클는지도 모른다. 버커츠가 활자 매체에 지칠 줄 모르는 애정과 관심을 보이면서도 막상 자신의 책에 '만가'라는 제목을 붙인 것은 바로 그 때문이다. 구텐베르크에 대하여 만가를 부른다는 것은 활자 매체가 이제 죽음을 맞이하였음을 받아들이는 증거이다. 그의 주장대로라면 '구텐베르크 만가'가 아니라 '구텐베르크 찬가'라고 불러야 마땅할 것이다.

2

영상-전자 매체의 도전은 지금까지 철학을 비롯한 도덕과 윤리 그리고 정치의 도전과는 비교도 되지 않을 만큼 그 위력이 아주 크다. 흰 종이에 박힌 검은 글씨와 비교해 보면 모니터나 스크린에서 움직이는 이미지는 눈이 부시다 못하여 정신이 아찔할 정도이다. 활자 매체가 흑백 사진이나 무성 영화라면 전자 매체는 칼라 사진이나 돌비 시스템을 갖춘 최첨단 발성 영화라고 할 만하다. 활자 매체가 정지 화면에 해당한다면 전자 매체는 동영상에 해당한다고 할 수 있다. 이렇듯 영상-전자 매체의 이미지나 소리는 그 효과 면에서 볼 때 활자화된 언어와는 도저히 비교가 되지 않는다. 이와 관련하여 한 커뮤니케이션 이론가는 흥미로운 연구 결과를 발표한 적이 있다. 강연이나 연설 같은 일반 대중을 상대로 한 상황에서 화자가 말하는 내용은 청중이 이해하는 몫 가운데에서 겨우 7퍼센트밖에는 차지하지 않는 반면, 억양은 38퍼센트 그리고 얼굴 표정은 무려 55퍼센트를 차지한다는 것이다. 그리하여 그는 강연이나 연설의 내용보다는 그것을 표현하는 방법이나 표정이 훨씬 더 중요하다고 결론짓는다.

활자 매체와 영상-전자 매체는 말할 것도 없고 심지어는 청각 매체와 시각 매체 사이에도 그 차이가 적지 않다. 커뮤니케이션 이론가들은 1960년 미국 대통령 선거 때 민주당의 존 F. 케네디 후보가 공화당의 리처드 닉슨 후보를 이긴 이유를 그들이 유세 방법으로 사용한 매체에서 찾는다. 닉슨은 주로 라디오를 통하여 유권자에게 지지를 호소한 반면, 케네디는 주로 텔레비전을 통하여 유권자에게 호소하였던 것이다. 후보자들의 정치적 견해를 떠나 이 두 매체는 그 호소력에서 엄청난 차이를 보여주었다. 몇 해 전 통계이기는 하지만 미국 사람들은 하루에 평균 7시간씩 텔레비전을 시청하는 것으로 나타났다. 그러니까 일생 가운데 무려 7년에 해당하는 시간을 텔레비전 앞에서 보내는 셈이다.

더구나 영상-전자 매체는 활자 매체보다 세계를 좀더 넓게 그리고 빠르게 조망할 수 있게 해 준다. 사람들은 안방에 앉아 텔레비전을 통하여 지구촌 곳곳에서 벌어지고 있는 사건을 볼 수 있다. 그런가 하면 인터넷을 통하여 온갖 정보를 쉽게 접할 수도 있다. 전 같으면 책을 얻기 위하여 몇 일 몇 달 걸려야 할 것을 이제는 손끝으로 마우스를 작동하여 간단히 처리할 수 있다. 1755년 포르투갈의 수도 리스본에서 아주 큰 지진이 발생하였고, 이 소식이 바로 코앞에 있는 유럽에 알려지는 데 무려 몇 달이 걸렸다고 한다. 지금 같았으면 CNN이 아마 거의 같은 시간대에 생중계로 이 사건을 세계 구석구석까지 전달할 것이다.

이렇게 세계 곳곳에서 벌어지고 있는 사건을 폭넓게 접하다 보니 우물 안 개구리 식의 생각을 버리는 결과를 가져온다. 다시 말해서 좀더 상대주의적이고 다원론적인 관점에서 사물을 파악할 수 있게 되었다. 남의 문화에 대하여 선입견이나 편견을 버리고 좀더 관용적인 태도를 취하지 않을 수 없다. 마셜 맥루헌의 예언대로 옛날 같으면 외계와 다름없는 이 드넓은 세계가 이제 한낱 지구촌으로 바뀌었다. 블레즈 파스칼이 일찍이 공포감을 느꼈던 그 광활한 우주가 조그만 시골 마을에 지나지 않게 된 것이다. 이러한 과정에서 세계에 곳곳에 살고 있는 사람들은 이웃에 살고 있는 사람처럼 가깝게 느껴진다. 영상-전자 매체는 이렇게 동일자와 타자, 동일성과 차별성의 벽을 허무는 데 크게 이바지하였던 것이다.

정보 저장 능력이 뛰어나다는 점에서도 영상-전자 매체는 큰 매력을 지닌다. CD-ROM 한 장에 책 몇 십 권에서 몇 백 권에 이르는 분량의 정보를 저장할 수 있다. 가령 스무 권이 훨씬 넘는 브리태니커 백과사전은 CD-ROM 두세 장이면 그 내용을 충분히 담을 수 있다. 반도체 칩의 저장 능력은 이보다 훨씬 뛰어나서 가령 D메가 램은 그야말로 엄청난 양의 정보를 저장할 수 있다. 이러한 기술은 하루가 다르게 발달한다. 뿐만 아니라 이렇게 저장된 정보는 반영구적이거나 영구적이다. 아무리 산화 방지를 한다고 하여도 불과 몇 십 년 몇 백 년을 넘기기 어려운 종이와는 비교가 되지 않는다. 데이터 뱅크나 데이터 베이스는 영상-전자 매체가 지니고 있는 가장 큰 매력이라고 할 수 있다. 특히 수치나 도표 또는 이미지나 상호 참조할 정보를 저장하는 데에는 더할 나위 없이 효과적이다.

3

빛이 있으면 그늘이 있듯이 영상-전자 매체는 순기능에 못지 않게 적잖이 역기능을 지닌다. 무엇보다도 먼저 사회를 통제하는 힘이 다른 매체에 비하여 아주 크다. 영상-전자 매체는 이제 전 세계 통신망을 통하여 그 시청자를 통제하고 감시할 수 있게 되었다. 그러니까 미셸 푸코가 시민들의 움직임을 효율적으로 관리하는 근대 정부의 능력을 기술하기 위하여 사용한 '파놉티콘'은 은유가 아닌 실제 현실로 다가온 셈이다. 그도 아마 영상-전자 매체가 이렇게까지 눈부시게 발전하리라고는 미처 상상하지도 못하였을 것이다. 최근 한 미디어 리서치 기관에서 실시한 설문 조사에 따르면 대부분의 사람들은 신문 보도보다는 오히려 텔레비전 보도를 훨씬 더 신빙성 있는 보도로 믿는 것으로 나타났다. 이렇게 영상-전자 매체에 대한 의존도가 높다는 것은 그만큼 사회 통제력이 크다는 것을 뜻한다.

더구나 영상-전자 매체는 인간을 기술 의존적으로 만들 위험성을 안고 있다. 지나치게 기술에 의존하다 보면 인간은 스스로 문제를 해결할 능력을 잃어버리게 된다. 어두운 동굴에 사는 박쥐가 시각 능력이 퇴화하고 청각 능력이 발달하는 것과 똑같은 이치이다. 가령 컴퓨터에 전적으로 기대어 살고 있는 현대인들은 잠시 정전만 되어도 두 손을 들고 만다. 주식시장과 은행은 말할 것도 없고 모든 일이 거의 마비되다시피 한다. 인간은 기계를 노예처럼 부리고 있지만 일단 기계가 기능 장애를 일으키면 오히려 인간이 노예의 신분으로 전락할 수도 있다.

쓸모 없는 정보가 많다는 것도 영상-전자 매체가 지니고 있는 한계이다. 지나친 것은 부족한 것과 같다는 공자의 말도 있듯이 정보가 많다는 것은 부족하다는 것과 크게 다르지 않다. 온갖 정보가 흘러 넘치는 상황을 두고 흔히 '정보의 바다'라고 부른다. 그런데 현내인은 정보외 바다에서 유용한 정보를 얻기보다는 홍수처럼 밀려오는 수많은 정보에 넋을 잃을 따름이다. 말하자면 정보의 바다에서 유용한 정보를 낚아 올리기보다는 자칫 익사할 가능성이 높다. 인터넷을 탐색해 본 사람이라면 누구나 경험하는 것이지만 막상 필요한 정보는 가뭄에 나는 콩처럼 좀처럼 얻기 힘들다. 그렇기 때문에 영상-전자 매체를 통한 정보는 상당 부분 쓰레기 정보라고 하여도 크게 틀리지 않을 듯하다. 쓰레기와 다름없는 정보가 범람하여 혼돈 상태를 이루는 현상을 두고 한 이론가는 '인포카오스'(infochaos)라고 부른다.

정보의 양이 많다는 것은 그만큼 정보를 피상적으로 접할 가능성이 크다는 것을 뜻한다. 활자 매체를 통한 독서가 심층적이라면 영상-전자 매체의 정보는 피상적이다. 스벤 버커츠는 활자 매체에서 영상-전자 매체의 이행을 수직적 사고에서 수평적 사고로의 전환이라는 관점에서 다룬다. 수평적이고 측면적인 것에 관심을 기울이다 보면 어쩔 수 없이 수직적이고 심층적인 것을 희생하지 않을 수 없다는 것이다. 이러한 현상은 이미 독서에서도 그 예를 쉽게 찾아볼 수 있다. 서양에서 필사본이나 책이 귀하던 중세기부터 18세기 중엽까지 사람들은 정독을 하였다. 기껏해야 성경이나 연감 또는 예배서 같은 몇몇 책밖에 없었던 무렵이고 보면 책이 거의 헤어질 때까지 읽고 또 읽지 않을 수 없었다. 네덜란드의 인문학자요 서구 문예부흥운동의 선구자로 일컫는 에라스무스가 길거리를 지나가다가 진흙에 묻어 있는 인쇄된 종이 조각을 집어들었다는 일화는 너무 유명하다. 그만큼 이 무렵에는 읽을 거리가 없었던 것이다. 그러나 18세기 중엽 이후부터 사람들은 정독보다는 다독 쪽에 무게를 싣기 시작하였다. 출판의 자유가 허용된 뒤 신문과 잡지가 한꺼번에 쏟아져 나오면서 미처 자세히 읽을 만한 여유가 없었기 때문이었다.

영상-전자 매체의 독자들이나 시청자들도 마찬가지여서 정보나 지식을 깊이 있게 생각하여 내면화시키기보다는 한 사이트에서 다른 사이트로 쉽게 옮겨다니기 일쑤이다. 적어도 이 점에서 영상-전자 매체를 이용하는 사람들은 한 곳에 머물어 사는 정착민이 아니라 여기저기 떠돌아다니는 유목민과 같다고 할 수 있다. 이러한 과정에서 어떤 깊이 있는 지식이나 정보를 얻기란 사실상 거의 불가능하다. 그들이 얻는 정보나 지식이란 어쩔 수 없이 파편적인 것일 수밖에 없다. 정보를 측정하는 단위인 '바이트'나 '비트'란 말이 바로 작은 조각이나 파편을 뜻한다는 것은 결코 우연한 일이 아니다.

영상-전자 매체는 문맹을 양산한다는 점에서도 역기능을 지닌다. 구어 매체에서 문자 매체로 바뀌면서 기억력이 쇠퇴한 것과 마찬가지로 영상-전자 매체 시대로 접어들면서 글을 읽고 쓸 수 있는 능력이 크게 떨어졌다. 현란한 이미지와 소리에 정신을 빼앗기다 보면 어쩔 수 없이 문자와는 멀어지게 된다. 단기적으로는 어떠할는지 몰라도 장기적으로 보면 문자를 해독하고 책을 읽는 능력이 떨어지게 될 것이다. 실제로 비교적 최근 미국에서 나온 한 통계 자료는 이 점을 잘 뒷받침한다. 1982년에 미국 인구조사국이 조사한 결과에 따르면 미국 성인의 13퍼센트 가량이 문맹자로 나타났다. 1988년 9월 《뉴욕 타임스》지(紙)는 미국 성인 가운데 줄잡아 2천 3백만 명에서 2천 7천만 명, 그러니까 전체 인구의 10퍼센트 정도가 글을 읽고 쓸 줄 모른다고 보고하였다. 이러한 수치는 전 인구의 99퍼센트가 글을 쓰고 읽을 수 있다는 미국 정부의 공식 발표와는 사뭇 다르다. 그러고 보니 몇몇 이론가들이 현대의 위기를 두고 '문맹의 위기'라고 부르는 것도 그렇게 무리가 아닌 듯하다.

또한 영상-전자 매체는 언어의 힘을 약화시키거나 오염시키는 역기능을 지닌다. 활자 매체 문화에서 영상-전자 매체 문화로 옮겨오면서 언어를 사용하는 방법에서 큰 변화가 일어나리란 것을 예상하기란 그렇게 어렵지 않다. 앞에서 이미 밝혔듯이 의사소통 매체의 변화는 곧 사고의 변화를 뜻하기 때문이다. 컴퓨터가 등장하기에 앞서 전화나 전보 또는 텔레비전처럼 원거리를 두고 의사소통을 하는 통신 방법에서 비록 규모는 작지만 이미 그러한 변화가 일어났다. 구어이건 문어이건 사람들은 될 수 있는 대로 복잡한 구조를 지닌 문장을 피하고 좀더 쉽고 단순한 문장을 즐겨 쓰기 시작하였다. 물론 쉽고 단순한 문장을 쓴다는 것을 탓할 수 없을는지 모른다. 지나치게 현학적이고 복잡한 문장을 피하려는 태도는 오히려 바람직하다. 그러나 문제는 언어를 지나치게 단순화시키는 데 있다. 말하자면 언어가 지니고 있는 윤기나 뉘앙스 따위를 제거해 버리기 일쑤이다. 컴퓨터가 전화나 텔레비전처럼 널리 보급된 지금 언어는 걷잡을 수 없이 오염되고 있다. 인터넷을 통한 채팅은 이 점을 잘 보여준다. 표기만 한글로 되어 있을 뿐 때로는 외계인의 언어를 떠올리게 할 만큼 그 뜻을 헤아리기가 무척 어려운 지경에 이르렀다.

그런가 하면 영상-전자 매체는 공동사회를 약화시키는 결과를 가져오기도 한다. 혼자서 조용히 책을 읽는 행위와 비교해 보면 모니터나 스크린을 바라보는 행위는 언뜻 공동체적인 것처럼 보일는지 모른다. 책은 혼자서밖에는 읽지 못하지만 텔레비전이나 컴퓨터는 한 사람 이상이 함께 즐길 수 있기 때문이다. 전자가 사적 행위인 반면 후자는 좀더 공적 행위이다. 전자가 내적이라면 후자는 외적이다. 또한 전자가 다분히 수동적이라면 모니터나 스크린을 바라보는 후자의 행위는 좀더 능동적이라고 할 수 있다. 요즈음 교육용이건 오락용이건 CD-ROM을 통한 인터액티브 프로그램이 부쩍 인기를 끌고 있다. 말 그대로 이 프로그램에서는 저자와 시청자, 생산자와 소비자 사이의 관계가 전보다 훨씬 더 역동적이다.

그러나 문제는 겉으로 보이는 것처럼 그렇게 간단하지 않다. 좀더 꼼꼼히 따져보면 영상-전자 매체는 결과적으로 공동사회와는 적잖이 거리가 멀다는 사실이 곧 밝혀진다. 영상-전자 매체는 또 다른 형태의 파편화와 소외를 낳는다. 마셜 맥루헌은 일찍이 텔레비전이 책 속에 파묻혀 있던 사람들을 텔레비전이라는 공동체의 광장으로 끌어낼 것이라고 예언한 적이 있다. 현대인들은 이제 고독과 소외에서 벗어나 비로소 동료 인간과 상호 관심사를 토론하고 의사 결정에 참여한다는 것이다. 그리하여 '전자 민주주의'라는 새로운 용어가 유행하고 있다. 비단 정치에만 그치지 않고 함께 게임이나 스포츠도 즐기고 멜로드라마도 시청할 수 있다. 가령 올림픽 경기나 달 착륙 같은 역사적 사건을 지켜보기 위하여 전 세계 시청자들이 텔레비전 수상기 앞에 함께 앉아 있다. '지구촌'이란 바로 이러한 현상을 두고 이른 것이다. 그의 뒤를 이어 최근에는 제임스 J. 오도넬도 오늘날의 전자 매체가 시간적으로나 공간적으로나 공동사회를 연결시켜 줄 수 있다고 주장한다. 특히 교육적 면에서 큰 역할을 맡을 수 있다고 지적한다.

맥루헌도 오도넬도 텔레비전이나 컴퓨터의 효능을 지나치게 낙관적으로 생각한다는 비판을 면하기 어렵다. 시청자들은 물리적으로는 서로 가까이 있을는지 모르지만 심리적 또는 정신적으로는 여전히 멀리 떨어져 있다. 텔레비전의 시청자들이나 컴퓨터 이용자들은 작은 마을이나 읍에서 사람들이 서로 접촉하는 것 같은 그러한 관계를 맺고 있지 않다. 미국의 사회학자 데이빗 리즈먼이 말하는 대중 사회의 '고독한 군중'에 지나지 않을 따름이다. 더구나 별다른 비판 의식 없이 메시지를 수동적으로 소비하는 일반 시청자들은 텔레비전을 통제하는 권력 집단에 의하여 의식적 또는 무의식적으로 세뇌 당하기 일쑤이다. 그렇다면 맥루헌이 꿈꾸던 '지구촌'은 사막의 신기루처럼 한낱 부질없는 것인지도 모른다.

영상-전자 매체 시대에 경제적 불균형도 여간 큰 문제가 아니다. 최근 들어 기술을 먼저 개발하였거나 자본으로 그 기술을 사들인 사회나 국가의 정보독점 문제가 심심지 않게 거론되고 있다. 최근 한 이론가는 'www'를 두고 '월드 와이드 웹'의 약자가 아니라 '화이트 와이드 웹'이라고 빈정댄다. 거미줄처럼 전세계에 걸쳐 깔려 있어 세계 시민이라면 누구나 쉽게 접근할 수 있다는 그 정보망이 제1세계의 백인들이 판치는 공간이 되어버렸다는 것이다. 지식과 정보를 시장의 상품처럼 사고 판다는 이 정보화 사회에서 제3세계 국가의 국민들에게 영상-전자 매체는 그림의 떡이요 병풍 속의 닭이다. 비록 같은 제1세계 국가에 살고 있는 국민이라고 하더라도 교육 수준이 낮은 저소득층에게도 그것은 빛 좋은 개살구에 지나지 않는다.

그러나 영상-전자 매체의 가장 큰 역기능이라면 역시 비판적 사고와 창

의력 상실에서 찾아야 할 것 같다. 앞에서도 잠깐 밝혔듯이 시청자들은 영상
-전자 매체의 메시지를 단순히 수동적으로 받아들이는 경향이 있다. 의사소
통 행위에 능동적으로 참여하는 생산자라기보다는 시장이나 백화점에서 물
건을 구입하듯 메시지를 수동적으로 받아들이는 소비자로 떨어질 가능성이
무척 높다. 마치 종소리만 들어도 침을 줄줄 흘리는 파블로프의 개처럼 시청
자들은 메시지에 조건적으로 반응을 보인다. 이러한 상황에서 어떤 문제를
비판적으로 생각하고 창조적으로 해결하기란 여간 어렵지 않을 것이다.

2000년 9월 미국의 아동옹호단체인 '아동연합'은 「아동기 컴퓨터 사용에
관한 비판적 고찰」이라는 보고서에서 컴퓨터가 어린이의 신체 발달은 말할
것도 없고 정신 건강과 발달에도 치명적인 악영향을 끼친다고 밝혔다. "컴
퓨터는 어린이들에게 시력 저하나 비만 같은 신체적인 악영향을 줄뿐만 아
니라, 창의성을 떨어뜨리고 인간 관계를 악화시키는 등 정신발달 장애를 유
발하기 쉽다"고 지적한다. 컴퓨터가 흔히 어린이의 학습 능력을 높여 주는
것으로 알려져 있지만 그것을 뒷받침할 만한 연구 결과는 아직 없다는 것이
다. 그러므로 이 보고서는 초등학교에 값비싼 컴퓨터를 보급하는 것보다는
차라리 어린 학생들이 같은 또래 집단과의 게임이나 현장체험 학습 같은 구
체적으로 경험을 쌓을 수 있는 기회를 늘려 주는 것이 오히려 교육적이라고
결론짓는다. 그런가 하면 영상-전자 매체에 지나치게 몰두할 때 광기의 가
능성까지 있다고 주장하는 학자들도 있다. 몇 해 전 일본에서는 닌텐도 게임
을 하다 발작 증세를 일으킨 어린이들이 있어 큰 사회 문제가 되기도 하였
다.

4

영상-전자 매체의 위력 탓에 문학이 위기나 죽음을 맞이하였다는 것은
좀더 꼼꼼히 따져보면 곧 신의 죽음처럼 과장된 것임이 밝혀진다. 물론 문학
은 영상-전자 매체가 발달하기 이전과 비교해 볼 때 그 힘이 약화된 것은
부정할 수 없는 사실이다. 출판사나 서점에서는 전처럼 책이 팔리지 않는다
고 울상이다. 눈앞의 이익에 눈이 어두워 엄살을 떠는 것이 아니다. 실제로

최근 대한출판협회가 내놓은 통계 자료는 이를 잘 뒷받침한다. 출간은 전년 대비 크게 늘어난 반면, 판매는 오히려 줄어들었다고 한다.

실제로 많은 사람들은 좀처럼 책을 읽지 않는다. 미국 성인 가운데 무려 60퍼센트가 책을 한 권도 읽지 않는다고 한다. 그나마 책을 읽는 나머지 인구도 일년에 평균 한 권만을 읽을 따름이다. 사정이 조금 낫다는 영국에서도 전체 인구의 4분의 3정도는 아예 책을 사지 않고 오직 46퍼센트만이 일주일에 겨우 한 시간 가량 책을 읽는 것으로 집계되었다. 이러한 사정은 우리나라에서도 크게 다르지 않아서 성인 남녀는 일년에 평균 9.3권의 책을 읽는 것으로 나타났다.

조금이라도 생각하면서 읽어야 하는 책이라면 독자들로부터 따돌림받기 일쑤이다. 그러다 보니 출판사에서는 학술 서적을 비롯하여 조금이라도 내용이 무겁거나 읽기 어려운 책은 아예 출간을 꺼려한다. 그나마 시중에서 팔리는 책은 가벼운 잠언집이나 에세이집, 조앤 K. 롤링의 『해리 포터』 같은 대중을 겨냥한 판타지 소설류들이 거의 대부분을 차지한다. 국내에서 롤링의 소설을 출간한 출판사에서는 아예 일간 신문에 "컴퓨터 게임에 빠진 아이를 책벌레로 만든 그 책, 어른들마저 밤잠 설치게 한 바로 그 책"이라고 크게 광고하고 있다. 물론 전혀 책을 읽지 않는 것보다는 어떤 책이라도 읽는 것이 낫고, 아무리 일반 독자를 겨냥한 통속 문학 작품이라고 하더라도 고급 문학 작품에 못지 않게 그 나름대로의 역할과 기능이 있게 마련이다. 그러나 문제는 통속 문학 작품 때문에 독자들이 일반 문학 작품을 아예 거들떠보려고도 하지 않는다는 데 있다. 이러다가는 자칫 지식 기반 자체가 무너지게 될는지도 모른다고 우려하는 목소리도 만만치 않다. 몇 해 전 외환 위기를 맞아 국제통화기금(IMF)으로부터 구제 금융을 받는 수모를 겪었지만 그 위기를 가져온 여러 이유 가운데 하나는 아마 지나치게 실용적인 것만을 중시하고 문학과 학문 그리고 지식을 비실용적이라고 하여 푸대접하였기 때문이다.

이러한 과정에서 인류 문화의 심장이라고 할 도서관도 그 성격이 많이 달라졌다. 지식의 보고(寶庫)로서 도서관은 그 동안 활자 매체의 요람과 다름없었다. 도서관의 역사를 더듬어 올라가다 보면 까마득히 멀리 옛 그리스

시대로 거슬러 올라가게 된다. 이집트를 지배한 마케도미아의 왕 프톨레마이오스 밑에서 문화부장관 격인 직책을 맡은 데메테리우스가 알렉산드리아에 세계 최초의 도서관을 세운 것으로 알려져 있다. 그는 이 도서관에 이 세상의 모든 책을 수집하려는 원대한 꿈을 품고 있었다. 물론 이 무렵 책이라면 필사본을 가리킴은 두말 할 나위가 없다. 그에게 책은 좁게는 학문이나 지식, 넓게는 문화나 문명 그 자체였던 것이다. 움베르토 에코는 『장미의 이름』(1980)에서 책 한 권을 두고 도서관에서 일어나는 온갖 음모와 권력 투쟁을 실감나게 보여주었다. 20세기 초엽 아방가르드의 깃발을 내걸고 몇몇 전위 예술가들이 도서관을 불사르자고 외친 것도 따지고 보면 도서관이 차지하는 몫이 무척 컸기 때문이다.

그러나 영상-전자 매체 시대에 이르러 도서관은 그 체면이 말이 아니다. 1993년 미국에서 캘리포니아 주정부가 새로 주립대학 도서관을 건립하려고 하다가 갑자기 취소하여 큰 화제를 모은 적이 있다. 이렇게 그 계획이 취소된 것은 주 정책을 결정하는 당국자들이 전통적 도서관보다는 '가상 도서관'을 세우는 쪽이 여러모로 훨씬 더 효과적이라고 생각하였기 때문이다. 가상 도서관이란 모든 정보를 책이 아니라 컴퓨터와 CD-ROM을 통하여 제공하는 도서관을 말한다. 이러한 새 유형의 도서관에서는 컴퓨터와 소프트웨어만 구입하면 될 뿐 막대한 예산을 들여 도서관 건물을 새로 지을 필요가 없을 것이다.

회의적으로 보는 학자들은 앞으로 도서관은 그 기능이 전과는 전혀 달라지거나 아예 없어지게 될 것이라고 예언한다. 앞으로 박물관처럼 될 것이라고 주장하는 사람들이 적지 않다. 가령 미국의 국회도서관은 국립 미술관이나 스미소니언 박물관처럼 될 것이라는 것이다. 사람들은 이제 책을 '읽기' 위해서라기보다는 윌리엄 셰익스피어가 집필한 『햄릿』(1603)의 친필 원고본을 '구경하기' 위해서 도서관에 가게 되는 셈이다. 도서관은 이제 지식과 문화의 요람이 아니라 무덤이 될 가능성이 아주 높다.

그러나 활자 매체의 총아라고 할 문학은 다른 어떤 매체도 가져다줄 수 없는 그 나름대로의 특징이 있다. 문학은 영상-전자 매체에게 '양도할 수 없는' 활자 매체만의 독특한 기능이 있다. 다시 말해서 책을 읽으며 얻을 수 있는 지혜나 지식은 다른 어디에서도 얻을 수 없다. 아무리 과학 기술이 발달하여도 책이 지니고 있는 고유한 기능을 대신할 수는 없다. 그것은 마치 디지털 방식이 생겨났다고 하여 아날로그 방식을 완전히 버릴 수 없는 것과 꼭 같다. 아날로그 방식은 아직도 여전히 그 유용성을 잃지 않고 있다고 지적하는 학자들이 적지 않다. 이와 마찬가지로 활자 매체를 대변하는 문학은 그 나름대로 영상-전자 매체의 도전에 응전할 수 있는 힘을 지니고 있다. 문학이 완전히 그 기능을 상실한 것은 아니며 이럴 때일수록 오히려 문학이 맡아야 할 몫이 무척 크다.

영상-전자 매체의 약점이나 역기능이 활자 매체의 문학에서는 오히려 가능성이나 순기능으로 작용한다. 무엇보다도 영상-전자 매체가 일회적 소모품이라면 문학은 반영구적이거나 영구적이다. 영상-전자 매체의 이미지나 소리는 한번 보거나 듣고 나면 일단 폐기 처분해 버리기 일쑤이다. 아주 특별한 경우가 아니면 재생이 불가능하기 때문에 흔히 일회성으로 끝나고 만다. 문학과 비교해 볼 때 영상-전자 매체는 그만큼 생명이 짧다. 한편 문학 작품은 긴 세월을 두고 읽고 또 읽을 수 있다. 입에서 입으로 전해오던 고대 서사시들이 문자로 기록되다가 다시 활자로 인쇄되면서 그 생명은 거의 무한정적으로 확장되었다.

영상-전자 매체가 표피적이라면 문학은 좀더 심층적이다. 영상-전자 매체에서 어떤 깊이 있는 논의를 한다는 것은 거의 불가능하다. 구성 방법부터가 영상-전자 매체에서는 삽화적이고 산만한 구성 방법을 사용하는 반면, 문학에서는 좀더 짜임새 있고 체계적인 구성 방법을 사용한다. 영상-매체에서는 플롯과 줄거리를 최소한으로 줄이지만, 문학에서는 플롯과 줄거리를 훨씬 더 복잡하게 얽는다. 반어법이나 역설 또는 애매성 같은 기법은 영상-매체에서는 좀처럼 사용할 수 없다. 영상-전자 매체와는 달리 문학은 다층적이고 복잡한 의미를 전달할 수 있다는 이점을 지닌다. 더구나 작중인물의 심리를 묘사하는 점에서도 두 매체 사이는 큰 차이가 난다. 이것을 달리 바꾸면 영상 매체는 말초신경에 호소하는 오락적 기능이 문학보다 훨씬 더 뛰어나다는 말이 된다.

영상-전자 매체와는 달리 문학은 내면 성찰이요 관조의 기회를 가져다준다. 책을 읽는다는 것은 단순히 인쇄된 종이에서 지식과 정보를 얻는다는 것 이상의 깊은 의미를 지닌다. 책을 읽으면서 독자는 자신의 삶은 말할 것도 없고 자신의 역사와 문화 따위를 되돌아보게 된다. 독서에서 필요한 시간은 단속적인 시간이 아니라 어디까지나 지속적인 시간이다. 적어도 책을 읽는 동안만은 독자는 시끄러운 현상 세계에서 벗어나 조용히 명상의 시간을 갖는다.

스벤 버커츠가 독서 시간을 두고 이 세계의 시간이 아니라 '영혼의 시간'이라고 밝히는 까닭이다. 그리하여 그는 "나는 나 자신을 위하여 책을 읽는다"고 말하기에 이른다. 자아가 일관성 있게 집약되는 시간이라는 말이다. 독서를 뜻하는 영어 '리드'리는 말을 보아도 잘 알 수 있다. 이 말은 '이해하다' 또는 '해석하다'는 앵글로-색슨어 '래단'(raedan)에서 갈라져 나왔다. 근대 시민 사회의 발전과 개인주의의 성장도 하나같이 책이 가져다준 결과라고 하여도 크게 틀리지 않는다. 한편 흔히 '사이버 타임'이라고 일컫는 영상-매체의 시간에서는 내면 성찰이나 관조는 거의 불가능하다.

책을 읽으며 독자는 자신과 내적 대화를 나눌 뿐만 아니라 더 나아가서는 책을 쓴 저자와도 대화를 나눈다. 다른 사람이 쓴 책을 읽을 때 독자는 저자와 함께 독자 자신의 책을 쓰게 된다고 말하는 까닭이 바로 여기에 있다. 극단적으로 말하자면 참다운 독서 행위에서는 독자와 저자는 구별할 수 없다. 독자가 곧 저자요 저자가 곧 독자라고 할 수 있다. 저자는 책을 쓰면서 책을 읽고 독자는 책을 읽으면서 책을 쓰는 셈이다. 그리하여 몇몇 이론가들은 책의 내용보다 책을 읽을 때 얻게 되는 상황에 더 큰 의미를 부여하기도 한다. 루드비히 비트겐슈타인이 자신의 철학 명제에 대하여 말한 비유를 빌린다면, 책이란 어디까지나 나무나 지붕 위에 올라가기 위한 사다리에 지나지 않을는지도 모른다. 일단 목표물에 이르렀으면 그 사다리를 던져 버리게 마련이다.

더구나 문학을 비롯한 활자 매체는 논리적 사고를 기르는 데 크게 이바지한다. 활자 매체는 본질적으로 일직선적이며 논리적이다. 언어의 통사 규칙 자체가 논리적인 탓에 활자 매체는 논리를 떠나서는 존재할 수 없다. 영상-전자 매체가 연상에 기댄다면 활자 매체는 누적적 효과에 기댄다. 인상과 이미지에 무게를 싣는 영상-전자 매체와는 달리 활자 매체에서는 논리와 개념을 무엇보다도 중시한다. 이 말을 달리 바꾸면 책을 읽는 독자는 집중력을 요구받는다는 것을 뜻한다. 책을 읽는다는 것은 저자의 논리와 개념을 자신의 그것으로 바꾸는 작업이라고 할 수 있다.

그리고 무엇보다도 문학은 상상력을 자극한다. 물론 영상-전자 매체라고 하여 상상력을 완전히 배제하는 것은 아니지만 문학과 비교해 보면 그 정도는 아주 적다. 영상-전자 매체의 총아라고 할 영화와 문학을 비교해 보면 금방 알 수 있다. 구체적인 이미지와 소리는 상상력을 사상(捨象)해 버리는 결과를 낳는다. 눈이 부실만큼 현란한 이미지와 귀를 자극하는 소리는 좀처럼 상상력이 작용할 틈을 주지 않는다.

그런데 여기에서 한 가지 눈여겨보아야 할 것은 같은 문자 매체라고 하여도 스크린이나 모니터를 통한 문자와 종이에 인쇄된 문자는 서로 다르다는 점이다. 반짝인다고 모두 황금이 아니듯이 문자 매체라고 하여 다 같은 매체는 아니다. 컴퓨터 모니터나 텔레비전 스크린을 통해서도 얼마든지 문자가 가능하고, 심지어는 웬만한 휴대폰에도 문자 기능이 추가되어 있다. 그러나 좀더 꼼꼼히 따져보면 활자 매체와 영상 문자 매체 사이에는 큰 차이가 있음이 밝혀진다. 책을 통하여 글을 읽는 것과 스크린이나 모니터를 통하여 글을 읽는 것은 질적으로 다르다. 인쇄된 책과는 달리 회로를 통한 텍스트는 문자라기보다는 오히려 그래픽이나 이미지에 더 가깝다. 또한 이미지나 그래픽이 흔히 그러하듯이 스크린이나 모니터에 떠오르는 언어는 언제 없어져 버리게 될는지 모른다. 실제로 손가락 놀림 하나로 화면에서 금방 사라질 수도 있다. 종이에 인쇄한 활자가 구체적이어서 살갗에 와 닿는다면, 스크린이나 모니터의 문자는 좀더 추상적 성격이 짙다. 흔히 'e-북'이라고 일컫는 전자책의 경우에도 사정은 크게 다르지 않다. 전자책은 전통적인 책을 보완하는 기능을 맡을 수 있을는지는 몰라도 책을 대신할 수는 없다. 종이에 인쇄한 활자는 지금(地金) 방식을 통한 금본위 제도의 화폐와 같다면, 스크린이나 모니터를 통한 문자나 전자책은 연방준비은행이 보증한 명목 화폐와 같다고 할 수 있다.

물론 문학도 영상 매체의 도전에 안일하게 대처해서는 살아남기 어렵다.

새로운 매체의 발달에 맞추어 새롭게 변하여야 한다. 무엇보다도 고급 문학과 저급 문학, 엘리트 문학과 대중 문학, 기득권의 문학과 소수 문학의 벽을 허물어야 한다. 다시 말해서 우리가 흔히 저급 문학, 대중 문학, 소수 문학이라고 부르는 문학에 좀더 깊은 관심을 기울여야 한다. 그 동안 남성 문학의 그늘에 가리운 채 빛을 보지 못한 여성 문학, 정치적으로나 경제적으로나 제1세계 국가의 영향을 받아 온 제3세계 문학도 그 가운데 하나임은 두말할 나위가 없다. 한 마디로 앞으로 문학이 살아남기 위해서는 '타자'에 좀더 깊은 관심을 쏟지 않으면 안 될 것이다.

마찬가지로 문학은 그 영역을 좀더 넓힐 필요가 있다. 이제 더 이상 아름다운 문체리든지, 상상력의 산물이라든지, 문학 장르라든지 하는 전통적인 문학의 개념을 벗어나야 한다. 앞으로의 문학은 필요하다면 철학과 손을 잡고 역사와도 어깨를 마주하지 않으면 안 된다. 지금까지 철학과 역사는 문학의 동지라기보다는 오히려 적에 가까웠다. 그러나 이제는 동반자라는 사실을 깨달아야 할 것이다.

문학은 좀더 영상-전자 매체의 시각적 이미지를 강조할 필요가 있다. 실제로 영화에서 쓰는 몽타주나 클로즈업은 말할 것도 없고 줌인이나 페이드인 따위의 기법을 작품에 도입하여 성공을 거둔 작가들이 적지 않다. 전처럼 활자 매체의 매력에만 만족해서는 영상-전자 매체에 길들여진 젊은 독자들을 끌어들이기 어렵다. 책을 만들 때에도 젊은 독자의 취향에 맞게 편집을 하지 않으면 안 된다. 바꾸어 말해서 '마음의 눈'으로 읽는 책에서 실제 '물리적인 눈'으로 보는 책으로 바꾸어야 한다.

한편 영상-전자 매체 시대에 문학은 일방성을 극복하고 쌍방성을 지향하여야 한다. 지금까지의 전통적인 문학에서 저자는 신과 같은 절대적 권위를 가지고 있었다. 삶에 대하여 독자에게 비전을 제시해 주고 새로운 통찰과 인식을 가져다주는 위치에 있었다. 저자가 자본주의 시대의 생산자라면 독자는 한낱 소비자에 지나지 않았던 것이다. 독자는 다만 저자의 의미를 수동적으로 받아들일 뿐 어떤 능동적 역할을 기대할 수 없었다. 저자와 독자의 전통적인 관계가 독백적이거나 단성적(單聲的)이라면 영상-전자 매체 시대에 이르러 그 관계는 대화적이거나 다성적(多聲的)이라고 할 만하다.

김욱동

435

영상-전자 매체의 발달과 함께 문학은 좀더 독자와의 거리를 좁힐 수 있다. 가령 하이퍼링크 같은 정보 검색 기능을 통하여 독자의 능동적인 참여를 유도할 수 있게 되었다. 실제로 독자는 작품을 읽어가면서 그 내용과 형식을 수정할 수 있다. 다시 말해서 전통적 의미의 저자와 독자의 개념에 가히 혁명적이라고 할 변화가 일어나고 있다. 이렇듯 영상-전자 매체는 이른바 '하이퍼 문학' 또는 '사이버 문학'의 출현을 가능하게 하였던 것이다.

필자 소개

이상섭　연세대 졸업, 에모리대 영문학 박사(1967), 현 연세대 영문학 교수
　　　저서:『문학연구의 방법』,『문학이론의 역사적 전개』,『문학비평 용어사전』,
　　　『언어와 상상』,『영미비평사』 전 3권,『자세히 읽기로서의 비평』,『연세한국
　　　어사전』(편찬책임),『연세초등국어사전』(2001),『아리스토텔레스의 시학 연구』
　　　(2001),『역사에 대한 불만과 문학』(2001) 등

윤민우　연세대 영문과 졸업, North Carolina 대학 영문학 박사, 현 연세대 영어영문과
　　　조교수, 중세영문학에 관한 여러 편의 논문이 있음.

이진아　연세대 영어영문과 졸업, University of South Carolina 영문학 박사, 현 제주
　　　대 영문과 교수

진영종　연세대 영어영문과 졸업, 영국 Essex대 문학박사, 현 성공회대 영어학과 교수

이경원　연세대 영어영문학과와 동 대학원 졸업, 미국 인대애나 대학 영문학 박사, 현
　　　연세대 인문학부 부교수. 셰익스피어와 탈식민주의 이론에 관해 다수의 연구
　　　논문을 발표했으며, 역서로는『탈식민주의: 저항에서 유희로』(2001)가 있다.

정이화　연세대 졸업, Northwestern University 영문학 석 · 박사, 현 성신여대 영어영
　　　문과 교수
　　　저서:『Samuel Richardson's New Nation』(1998),『18세기 영국소설 강의』
　　　(1999, 공저),『영미문학의 길잡이 1』(2001, 공저), 역서:『영국 소설사』(2000,
　　　공역)

정정호　서울대 사범대학 영어과, 동 대학원 영문학과 졸업, 미국 위스컨신주립대(밀
　　　워키) 박사학위 취득, 현 중앙대 영어영문과 교수, 문학과 환경학회 회장
　　　저서:『탈근대 인식론과 생태학적 상상력』(1997),『전환기시대의 문학과 대화
　　　적 상상력』(1998),『현대영미 비평론』(1999),『팽팽한 밧줄 위에서 느린 춤
　　　을』(2000), 최근 관심분야는 탈근대론, 환경생태론, 페딤고지론 등이다.

임순희　연세대 영문학과 졸업, 연세대 대학원 석사, Michigan State University에서 19
　　　세기 영국 소설 연구로 박사학위 받음. 현 동의대학교 영문학과 교수
　　　논문: "Domestic Utopian Vision and Gendered Plots in Charles Dickens and
　　　George Eliot", "빅토리아 시대의 중산층 가정의 담론과 찰스 디킨즈의 황폐
　　　한 집", "폭력의 상상력과 20세기 여성 소설 – 비폭력에서 대항 폭력으로" 등

역서: 『현대 비극론』(레이몬드 윌리엄즈)

이경옥   연세대 졸업, 연세대학원 석사, 서울대 박사과정 수료, 영국 글라스고우대 박사, 현 연세대 강사, 서울대 언어교육원 연구원
논문: "Wholeness in Fragments: Coleridge's shakespearean Criticism Coleridge: a Closet Critic?", "코울리지가 본 시인으로서의 셰익스피어", "Character Criticism: From Psychological Interpretation to Organic View of Shakespeare"

김재인   연세대 대학원 영문학 석사, Roosevelt대 대학원 영문학 석사, 연세대 대학원 영문학 박사, 현 성신여대 교수
저서: 『Wordsworth의 상상력 연구』, 논문: "「삶의 승리」에 나타난 셸리의 삶 읽기", "해체적 글쓰기로서의 「알라스토르」", "「폐허된 시골집」에서의 마거리트의 고통 읽기", "「애도니스」에 나타난 시와 죽음", "「풀려난 프로메테우스」: 비쳐 보이는 행위에 의한 사랑의 구현" 등

박상기   연세대 영문학 학사, 인디애나대 영문학 석·박사, 현 서강대 영문과 교수
논문: "호미 바바의 포스트모더니즘 비판", "탈식민주의의 양기성과 혼성성", "'설득'에 나타난 도덕개혁" 등

윤혜준   외국어대 영어과 졸업, 서울대 대학원 영문과 석사, 뉴욕주립대(버팔로) 영문학 박사, 현 외국어대 영어과 교수
저서: 『The World of Prose:A Rhetorical Reader, Pyhysiognomy of Capital in Charles Dickens: An Essay in Dialectical Criticism』, 『주체개념의 비판』(공저), 『산업혁명과 기계문명』(공저), 『19세기 영국 소설 강의』(공저), 『성과 사회: 담론과 문화』(공편), 『포르노에도 텍스트가 있는가』 역서: 『올리버 트위스트』

오정화   이화여대 영어영문학과 졸업, Cornell대 영어영문학 박사, 현 이화여대 영어영문학과 교수
논문: "로체스터 부인의 자서전: 「제인 에어」", "독서하는 여성인물을 통한 글읽기─「설리」와 「플로스강의 물방앗간」", "「톰 아저씨의 오두막」에 나타난 어머니의 목소리", "Dorothea Brooke and the Story of Bildung", "Catherine Morland and Henry Tilney: Two Readers in Northanger Abbey"

이석구   연세대 영문과, 동 대학원 졸업, 미국 인디애나주립대 영문학 박사, 현 연세대 영문학과 부교수, 연구분야는 탈식민주의와 페미니즘 이론, 영소설과 영어권 문학이다. 최근 논문으로는 "탈식민주의와 후기/탈구조주의"(2000)가 있다.

고부응   연세대 영어영문과 졸업, 스토니 부룩 뉴욕주립대 비교문학/영문학 박사, 현 중앙대 영어영문과 부교수, 탈식민 이론과 민족 이론에 대한 여러 논문이 있음.

여건종   고려대 영어영문과 졸업, 미국 뉴욕주립대(버팔로) 영문학 박사, 숙명여대 영

문과 교수.

논문: 근대성과 문학, 문화 유물론 등에 관한 논문을 발표했고, '문화와 시장'에 관한 연구를 진행 중.

박찬부   서울대 문리대 영문과 및 동 대학원 졸업, 뉴욕주립대(버팔로) 영문학 박사, 현 경북대 영문과 교수, '라깡과 현대정신분석학회' 회장, '한국비평이론학회' 부회장.

저서: 『현대정신분석비평』, 『현대문학비평이론의 전망』(공저), 『우리시대의 욕망읽기』(공저), 역서: 『쾌락원칙을 넘어서』, 『페미니즘과 정신분석학 사전』(공역) 등

김종갑   건국대 영문과 졸업, 루이지애나주립대 영문학 박사, 현 건국대 영문학 교수

저서: 『워즈워스: 삶으로서의 문학』, 『서술이론과 문학비평』(공저), 역서: 『니체: 문학으로서의 삶』, 『20세기 프랑스 철학』, 논문: "문학을 바라보는 두 가지의 시각: 현론과 부새", "문학과 철학: 로비의 논증 없는 철학" 능 다수

윤지관   서울대 영어영문과 대학 및 대학원 졸업, 서울대 영문학 박사, 현 덕성여대 영문학과 교수

저서: 『민족 현실과 문학비평』, 『리얼리즘의 옹호』, 『근대사회의 교양과 비평』, 『놋쇠하늘 아래서―지구시대의 비평』, 역서: 『문화비평사』 등 다수

장경렬   서울대 인문대학 영문과 졸업, University of Texas at Austin에서 영문학으로 박사학위 취득. 서울대 인문대학 영문과 교수

저서: 『미로에서 길 찾기―장경렬 비평집』(1997)

김욱동   외국어대 대학원 영문과 졸업, 미시시피대 문학석사, 뉴욕주립대 문학박사, 현 서강대 영문학과 교수

저서: 『시인은 숲을 지킨다』, 『한국의 녹색 문화』, 『문학 생태학을 위하여』, 『윌리엄 포크너』, 『모더니즘과 포스트모더니즘』 등